船载危险货物申报员和集装箱装箱现场检查员培训教程 （第二版）

Ⓜ 中国海事服务中心　组织编审

田佰军　伊善强　周兆欣　张钢　主编

大连海事大学出版社
DALIAN MARITIME UNIVERSITY PRESS

图书在版编目(CIP)数据

船载危险货物申报员和集装箱装箱现场检查员培训教
程／田佰军等主编. — 2 版. — 大连：大连海事大学
出版社，2024．7. — ISBN 978-7-5632-4576-5

Ⅰ. U695.2

中国国家版本馆 CIP 数据核字第 2024YE9572 号

大连海事大学出版社出版

地址：大连市黄浦路523号　邮编：116026　电话：0411-84729665(营销部)　84729480(总编室)
http：//press.dlmu.edu.cn　E-mail：dmupress@ dlmu.edu.cn

大连天骄彩色印刷有限公司印装　　　　　　　大连海事大学出版社发行

2021 年 4 月第 1 版　　　2024 年 7 月第 2 版　　　2024 年 7 月第 1 次印刷
幅面尺寸：184 mm×260 mm　　　　　　　　　　印数：1～2000 册
印张：34.25　　　　　　　　　　　　　　　　　字数：872 千

出版人：刘明凯

责任编辑：王　琴　　　　　　　　　　　　　　责任校对：李继凯
封面设计：张爱妮　　　　　　　　　　　　　　版式设计：张爱妮

ISBN 978-7-5632-4576-5　　　定价：98.00 元

编 委 会

第二版前言

为了便于船载危险货物申报员和集装箱装箱现场检查员掌握和了解船舶载运危险货物的基本知识和相关的国际公约、规则和国内法规及申报要求，保证危险货物申报员和集装箱装箱现场检查员考核和培训工作的顺利开展，保障船舶、港口和人命财产安全，保护水域环境，方便运输生产，中国海事服务中心组织在危险货物水路运输方面具有深厚专业知识、丰富教学和培训经验的老师和专家编写了《船载危险货物申报员和集装箱装箱现场检查员培训教程》，并于2021年4月出版。

截至目前，该教材作为从事船载危险货物申报和集装箱装箱现场检查工作人员的培训教材、海事执法人员参考用书及其他相关人员从业的参考资料，起到了积极的、重要的作用。

但随着各种国际公约、规则和国内法规的不断更新，第一版教材中涉及的很多内容已不适用；同时，第一版教材的结构设计和内容也已无法满足中华人民共和国海事局新颁布的《从事船舶载运危险货物集装箱装箱现场检查人员考核大纲(2023版)》《从事船舶载运危险货物进出港口申报人员和集装箱装箱现场检查人员考核复习指南(2023版)》的要求，因此重新编写培训教材势在必行。

第二版教材以《从事船舶载运危险货物进出港口申报人员考核大纲(2023版)》《从事船舶载运危险货物集装箱装箱现场检查人员考核大纲(2023版)》为主线，设定全书章节，确定各章节内容，较第一版教材进行了较大的修改。第二版教材选用了最新版本的国内外各类公约、规则、规范和管理规定，内容全面、实用、新颖、时效性强，既满足了行业需求，又涵盖了《从事船舶载运危险货物进出港口申报人员考核复习指南(2023版)》《从事船舶载运危险货物集装箱装箱现场检查人员考核复习指南(2023版)》的全部要点。

本教材共分九章：第一章为危险货物水路运输管理概况及法规；第二章为危险货物定义、分类及特性；第三章为包装危险货物运输管理；第四章为集装箱装载危险货物运输管理；第五章为固体散装货物运输管理；第六章为散装油类货物运输管理；第七章为散装液体化学品运输管理；第八章为散装液化气体运输管理；第九章为危险货物事故应急处理。

本教材由田佰军、伊善强、周兆欣、张钢主编。其中，田佰军负责第一章、第二章、第三章、第五章和第八章的编写工作；伊善强负责第七章、第九章的编写工作；周兆欣负责第六章的编写工作；张钢负责第四章的编写工作。全书由田佰军统稿，李富玺、朱耀辉主审。

本教材在编写中参阅了大量的国内外相关书籍和资料，在此对相关作者深表谢意！

本教材在编写过程中得到了海事管理机构、航海院校、航运公司、港口企业等行业专家们的大力支持和帮助,特致谢意!

由于时间仓促,编者水平有限,书中难免存在错误和疏漏,敬请读者批评指正。

编　者
2024 年 6 月

第一版前言

据统计，国际货物贸易的 90% 依靠海运完成，中国 90% 以上的外贸物资亦通过海运完成。海上货物运输作为国民经济的基础性和服务性产业，为中国经济社会和对外贸易的发展发挥了重要的支撑和保障作用。

随着世界化工工业的发展，越来越多的危险货物进入海运市场，50% 以上的海运货物属于危险货物。海事部门的统计数据显示，我国进出港危险货物的数量和载运危险货物船舶的艘次逐年递增。

危险货物自身具有的燃烧、爆炸、腐蚀、毒害、放射性及污染危害等危险性质，加上海上运输的恶劣环境及航运业的风险特质，使危险货物海上运输的风险进一步增加。

为保障船舶、港口和人命财产安全，保护水域环境，方便运输生产，加强其运输和装卸过程中的安全与防污管理就显得尤为重要，船载危险货物申报和集装箱装箱现场检查就是其中重要的环节。船载危险货物申报员和集装箱装箱现场检查人员应了解和掌握船舶载运危险货物的基本知识，相关的国际公约、规则和国内法规及申报要求，通过专项培训或评估，取得相应的培训合格证书，并定期进行知识更新，确保申报正确、及时、规范，保障船载危险货物的安全运输。为增强培训效果和提高培训质量，保障船载危险货物申报员和集装箱装箱现场检查员考核和培训工作的顺利开展，中国海事服务中心组织具有丰富的教学和培训经验的专家、老师编写了本教材。

本教材既可作为船载危险货物申报员和集装箱装箱现场检查员的培训教材，又可作海事执法人员的参考用书，也可作为其他相关人员从业的参考资料。

本教材以中华人民共和国海事局印发的《从事船舶载运危险货物进出港口申报人员考核大纲》《从事船舶载运危险货物集装箱装箱现场检查人员考核大纲》为主线，设定全书章节，确定各章节内容。为适应各类培训对象的课外自学要求，本教材各章内容编排自成体系，注重由浅入深，表述清晰易懂。本教材中选用了最新版本的国内外各类公约、规则、规范和管理规定等资料。

本教材共分九章。其中，第一章为危险货物水路运输管理概况及法规；第二章为危险货物定义、分类及特性；第三章为包装危险货物运输管理；第四章为集装箱装运危险货物运输管理；第五章为固体散装货物运输管理；第六章为散装油类货物运输管理；第七章为散装液体化学品运输管理；第八章为散装液化气体运输管理；第九章为危险货物事故应急处理。

本教材由田佰军、周兆欣主编。其中，田佰军负责第一章、第二章、第五章和第八章的编写工作；张钢负责第四章的编写工作；周兆欣负责第六章和第九章的编写工作；包雄关负责第三章和第七章的编写工作。全书由田佰军统稿，李富玺、朱耀辉主审。

本教材在编写中参阅了大量的国内外相关书籍和资料，在此对作者深表谢意！本教材在编写过程中得到了海事管理机构、航海院校等行业专家们的大力支持和帮助，特致谢意！

由于时间仓促，编者水平有限，书中难免存在错误和疏漏，敬请读者批评指正。

编　者

2021 年 3 月

目　录

第一章 危险货物水路运输管理概况及法规

第一节　危险货物水路运输管理概况

一、危险货物水路运输概况

众所周知,国际货物运输方式共有四种:海上货物运输、道路货物运输、航空货物运输及管道货物运输。其中,海上货物运输(简称海运)是最主要的一种。据统计,国际货物贸易的90%依靠海运完成,中国90%以上的外贸物资亦通过海运完成。中国是全球最大的大宗商品买家,中国海运量占全球海运总量的70%左右。近年来,中国原油和铁矿石进口量均占据世界第一位:2021年原油进口量为51 297.8万吨,2022年原油进口量为50 827.6万吨,2023年原油进口量为56 399.38万吨,2024年第一季度原油进口量为13 736万吨;2021年铁矿石进口量为112 431.5万吨,2022年铁矿石进口量为110 686万吨,2023年铁矿石进口量为117 906万吨,2024年第一季度铁矿石进口量为31 017万吨。海上货物运输作为国民经济的基础性和服务性产业,对中国经济社会和对外贸易的发展具有重要的支撑和保障作用。

随着世界化学工业的发展,越来越多的危险货物进入海运市场。根据国际海事组织的统计,目前50%以上的海运货物属于危险货物。我国海事部门的统计数据显示,2019年,我国进出港危险货物为337 604.43万吨,其中包装危险货物4 176.52万吨、散装固体危险货物188 911.87万吨、散装液体危险货物144 516.04万吨(其中散装油类危险货物110 920.94万吨),载运危险货物船舶393 877艘次;2020年,进出港危险货物为353 562.36万吨,船舶为373 247艘次;2021年,进出港危险货物为375 590万吨,船舶为607 331艘次;2022年,进出港危险货物为 344 621.7 万吨,船舶为 606 481 艘次;2023 年,进出港危险货物为 437 252.3 万吨,船舶为 665 868 艘次。危险货物自身具有的燃烧、爆炸、腐蚀、毒害、放射性及污染危害等危险性质,加上海运的恶劣环境及航运业的风险特质,使危险货物海上运输的风险进一步增加。

为保障船舶、港口、人命和财产的安全,保护水域环境,便利运输生产,加强对运输和装卸过程中的安全与防污管理就显得尤为重要,危险货物申报和集装箱装箱现场检查就是其中重要的环节。海事部门根据托运人(或代理人)、承运人对船舶载运(简称船载)危险货物的正确报告和申报来确定货物是否适运、船舶是否适装、码头是否适靠,从而判断载运危险货物的船舶是否适合进出港。这是法律赋予海事管理机构的重要职责,也是保障船舶安全、人命安全、财产安全的重要措施。船载危险货物申报人员和集装箱装箱现场检查员应掌握和了解船载危险货物的基本知识,相关的国际公约、规则和国内法规及申报要求,以确保申报正确、及时、规范,保障危险货物的安全运输。

二、危险货物管理概况

(一)危险货物管理国际组织

19 世纪之前,由于当时海运技术条件的限制,许多国家禁止水上运输炸弹、硫酸等危险货物,海上危险货物的运输量较小。1929—1948 年,化学工业得到较大发展,海上危险货物运输的种类和数量也大大增加,相应地由危险货物导致的运输事故也逐渐增多。各国政府开始重视海上运输危险货物的安全管理,并制定了相应的管理规定,以消除运输过程中的危险,或使危险降至最低限度,从而使危险货物的运输成为可能。但 19 世纪 60 年代以前,危险货物的海上运输管理主要遵照各国政府所制定的原则和规定。由于各国的规定形式多样,习惯做法不尽相同,标准和要求也各异,这不仅给所有直接或间接从事危险货物运输的人员带来了困难,而且阻碍了国际贸易的发展。

为了实现危险货物的海上运输和其他运输方式在世界范围内的正常进行,有关国际组织成立了专门机构,负责对危险货物的运输方式进行研究,通过召开各种相关的国际会议,对各专门机构研究提出的有关危险货物运输管理的建议、规则等予以讨论,并以会议决议的形式建议或要求各国政府予以采纳,从而实现危险货物的海上运输和其他运输方式在世界范围内的统一。

目前,国际上海运危险货物的管理机构主要有两个:一是国际海事组织;二是联合国经济及社会理事会下设的危险货物运输和全球化学品统一分类和标签制度专家委员会。

1.国际海事组织

国际海事组织(International Maritime Organization,简称 IMO)是联合国系统内主管海上运输安全和船舶防污染及其法律问题的专门机构,其主要工作内容包括制定并通过有关海上安全、防污染和其他事务的国际公约和议定书以及相关的规则和技术指南等。

(1)成立背景

鉴于海运业的国际性,长久以来人们认识到要增进海上安全,就需要一个国际常设机构来协调和促进有关海上安全的国际公约和协定的执行。随着联合国的成立和各种专门的国际性机构的陆续建立,1948 年 3 月 6 日在日内瓦召开的联合国国际航运会议上,各国决定成立政府间海事协商组织(IMCO),并通过了《政府间海事协商组织公约》,该公约于 1958 年生效。后经数次修订,于 1982 年 5 月 22 日根据公约的 1975 年修正案将政府间海事协商组织正式更名为国际海事组织(IMO)。

（2）组织机构

《国际海事组织公约》第1(a)条阐明了国际海事组织的宗旨之一为："在与从事国际贸易的航运的各种技术问题有关的政府规章和惯例方面,为各国政府提供合作机构;并在与海上安全、航行效率和防止及控制船只对海上污染有关的问题上,鼓励各国普遍采用最高可行的标准;并处理与本条所规定宗旨有关的行政与法律问题。"该组织还负责处理与这一宗旨有关的行政和法律事宜。

国际海事组织是隶属于联合国的专业技术机构,由大会(Assembly)、理事会(Council)和5个主要委员会组成[海上安全委员会(Maritime Safety Committee,简称MSC)、海上环境保护委员会(Marine Environment Protection Committee,简称MEPC)、便利运输委员会(Facilitation Committee,简称FAL)、法律委员会(Legal Committee,简称LEG)及技术合作委员会(Technical Cooperation Committee,简称TC)],并下设7个对所有成员国开放的分委会[人的因素、培训和值班分委会(Sub-Committee on Human Element,Training and Watchkeeping,简称HTW),履行国际海事组织法律文书分委会(Sub-Committee on Implementation of IMO Instruments,简称III),航行、通信和搜救分委会(Sub-Committee on Navigation,Communication and Search and Rescue,简称NCSR),污染防止和应对分委会(Sub-Committee on Pollution Prevention and Response,简称PPR),船舶设备与构造分委会(Sub-Committee on Ship Design and Construction,简称SDC),船舶系统和设备分委会(Sub-Committee on Ship Systems and Equipment,简称SSE)及货物和集装箱运输分委会(Sub-Committee on Carriage of Cargoes and Containers,简称CCC)]。具体组织机构见图1-1。

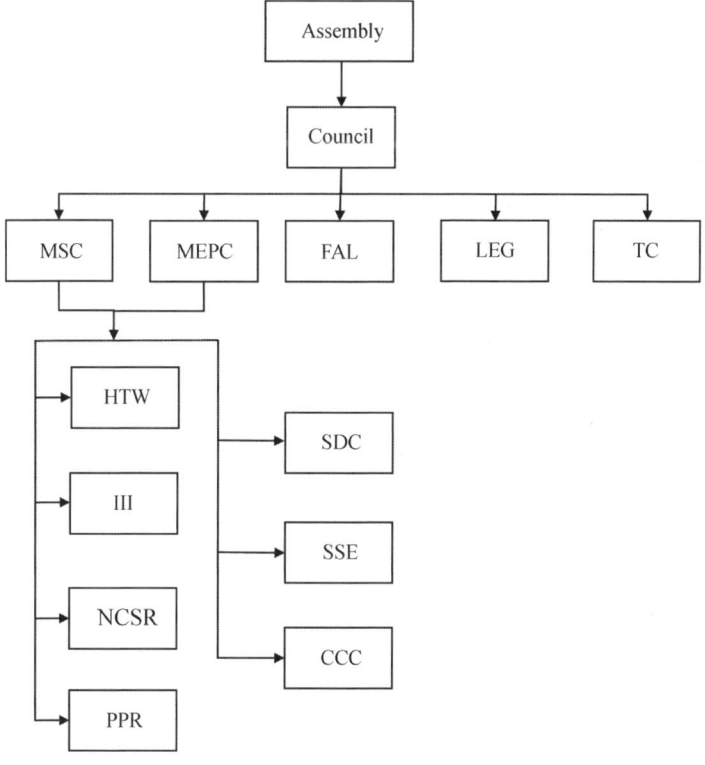

图 1-1　IMO 组织机构图

大会为国际海事组织的最高决策机构,由所有成员国组成,每 2 年召开一次,在必要时可以召开特别会议。理事会是 IMO 的执行机构,在大会的领导下监管 IMO 各项工作的进展情况。理事会由大会选举的 40 个成员国组成,每 2 年改选一次,其中 A 类理事国为 10 个航运大国,B 类理事国为 10 个海上贸易大国,C 类理事国为 20 个代表世界主要地理区域的重要海运国家。

国际海事组织在 2023 年 11 月 27 日—12 月 6 日召开的第 33 届大会上选举了下列 40 个国家为 2024—2025 两年期的理事会成员国:

A 类理事国:10 个在提供国际航运服务方面具有最大利害关系的国家,分别为中国、希腊、意大利、日本、利比里亚、挪威、巴拿马、韩国、英国、美国。

B 类理事国:10 个在国际海上贸易方面具有最大利害关系的国家,分别为澳大利亚、巴西、加拿大、法国、德国、印度、荷兰、西班牙、瑞典、阿拉伯联合酋长国。

C 类理事国:20 个未被选进 A 类和 B 类理事国的国家。这些国家在国际航运方面具有特别的利害关系,它们入选理事会能够确保代表世界主要地理区域,分别为巴哈马、孟加拉国、智利、塞浦路斯、丹麦、埃及、芬兰、印度尼西亚、牙买加、肯尼亚、马来西亚、马耳他、墨西哥、摩洛哥、秘鲁、菲律宾、卡塔尔、沙特阿拉伯、新加坡、土耳其。

我国于 1973 年 3 月 1 日正式加入国际海事组织并任 A 类理事国,2023 年是我国自 1989 年起第 18 次连任 A 类理事国,彰显了我国在国际海事界的地位和影响。我国在国际航运温室气体减排、船舶能效、海上安全等重大议题上发挥了重要作用。

截至 2024 年 6 月,国际海事组织共有 176 个成员国和 3 个联系会员(法罗群岛、中国香港、中国澳门)。

2.危险货物运输和全球化学品统一分类和标签制度专家委员会

联合国共有 6 个主要下设机构:大会、安全理事会、托管理事会、秘书处、国际法院、经济及社会理事会。其中,联合国经济及社会理事会(Economic and Social Council,简称 ECOSOC)是负责联合国经济和社会事务的最主要机构,它负责协调 14 个联合国专门机构、10 个职司委员会和 5 个区域委员会的经济、社会和相关工作。目前,负责国际海运危险货物管理的机构是危险货物运输和全球化学品统一分类和标签制度专家委员会(Committee of Experts on the Transport of Dangerous Goods and on the Globally Harmonized System of Classification and Labelling of Chemicals,简称 CETDG&GHS)。该委员会下设危险货物运输专家分委会和全球化学品统一分类和标签制度专家分委会。

(1)危险货物运输专家分委会

联合国经济及社会理事会于 1953 年成立了危险货物运输专家委员会(Committee of Experts on the Transport of Dangerous Goods,简称 CETDG)。它是一个从事危险货物运输、等级分类、包装、标志及危险等级划分试验方法、判据研究,并提出建议的专门组织,办公地点设在日内瓦。为缩减联合国工作人员,1957 年确定其日常秘书工作由联合国欧洲经济委员会代管。我国于 1988 年以成员国身份正式加入该委员会。

基于危险货物安全运输管理的需要,危险货物运输专家委员会于 1956 年编写了第一版《关于危险货物运输的建议书》(The Recommendations on the Transport of Dangerous Goods,简称 RTDG),因其封面颜色为橙色,又称为"橙皮书"。它是向各国政府和关心危险货物运输安全的各国际组织提出的。

联合国经济及社会理事会于 1999 年 10 月 26 日第 1999/65 号决议扩大了专家委员会的

任务范围,增加了不同管理制度适用的化学品分类和标签制度的全球统一问题,如运输和工作场所的安全、对消费者和环境的保护等。

委员会经过重组,更名为"危险货物运输和全球化学品统一分类和标签制度专家委员会",下设一个危险货物运输专家分委会和一个全球化学品统一分类和标签制度专家分委会。

危险货物运输专家分委会负责《关于危险货物运输的建议书》的编写、发行及推广。分委会每年召开2次会议,对《关于危险货物运输的建议书》进行研究和讨论,并做出修订。《关于危险货物运输的建议书》是全球危险货物运输和分类的基础,是各国制定本国运输法规的准绳,对于运输行业和国际贸易至关重要。

(2)全球化学品统一分类和标签制度专家分委会

随着各国经济的发展,尤其是危险货物运输相关规则的不断完善,为促进化学品的分类和标签系统的统一,联合国危险货物运输专家委员会制定了重组计划:

1992年,里约热内卢联合国环境与发展大会讨论通过议程,提出对化学品进行有效管理的计划;国际劳工组织、经济合作与发展组织、危险货物运输专家委员会和化学品有效管理组织成立协调工作组。

1994年,化学品安全政府间论坛提出机构改革框架。

1998年,化学品安全政府间论坛在日本举行会议,会间工作组提出增设全球化学品统一分类和标签制度专家分委会。

1999年,联合国经济及社会理事会通过决议,增设全球化学品统一分类和标签制度专家分委会。该分委会成立后,第一项任务就是将全球统一制度提供给全球使用和应用,并于2003年出版了第一版《全球化学品统一分类和标签制度》(Globally Harmonized System of Classification and Labelling of Chemicals,简称GHS)。GHS每两年修订一次。

全球化学品统一分类和标签制度专家分委会的主要职责包括:作为全球化学品统一分类和标签制度的管理者,管理并指导协调过程;保持该制度的实效性,为确保其实际效用和效率,考虑改进的需要,决定技术标准是否更新、更新时间及现有团体的工作;推动对该制度的了解和使用,鼓励信息反馈,使该制度能在全世界范围内广泛使用;在该制度技术标准的解释和应用上起指导作用,确保其顺利推广使用;制订工作计划,并将建议提交危险货物运输专家分委会和全球化学品统一分类和标签制度专家分委会。

(二)危险货物管理国内机构

1.船舶载运危险货物安全监督管理部门

船舶载运危险货物安全管理是水路运输领域安全管理的重要环节,也是重要的安全风险防控点。根据规定,交通运输部主管全国船舶载运危险货物的安全管理工作,国家海事管理机构负责全国船舶载运危险货物的安全监督管理工作,各级海事管理机构按照职责权限具体负责船舶载运危险货物的安全监督管理工作。

中华人民共和国海事局为交通运输部直属行政机构,实行垂直管理体制,履行水上交通安全监督管理、船舶及相关水上设施检验和登记、防止船舶污染和航海保障等行政管理和执法职责。其内设危管防污处,总体负责全国船舶载运危险货物的安全监督管理,具体职责为:

(1)组织起草船舶污染防治监督管理、船舶载运危险货物及其他货物监督管理方面的有关法律、法规、规章和标准草案及规范性文件,并监督实施。

(2)负责船舶载运危险货物及其他货物的监督管理工作;负责船载货物集装箱监督管理

和危险货物集装箱查验监督管理工作；负责船舶载运危险货物申报人员和船舶载运危险货物集装箱装箱现场检查人员从业资格和从业行为统一管理工作。

（3）负责防治船舶及其有关作业活动污染水域环境的监督管理工作；负责防治船舶压载水和沉积物携带外来生物入侵监督管理工作。

（4）负责船舶水污染物、大气污染物监视、监测及相关监督管理工作。

（5）负责对船舶溢油（化学品）污染应急体系建设以及应急防备和处置工作的监督管理；参与重特大船舶污染事故应急反应的组织、指挥与协调工作；参与重特大船舶污染事故的调查处理工作；组织重特大船舶污染事故国家索赔工作。

（6）负责航运温室气体排放控制和船舶能效监督管理工作。

（7）负责中国船舶油污损害赔偿基金管理委员会秘书处相关工作；指导中国船舶油污损害理赔事务中心、大连危险货物运输研究中心、秦皇岛海上溢油应急反应中心、烟台溢油应急技术中心的业务工作。

（8）承办局领导交办的其他事项。

中华人民共和国海事局设置直属海事局15个，包括上海海事局、天津海事局、辽宁海事局、河北海事局、山东海事局、浙江海事局、福建海事局、广东海事局、广西海事局、海南海事局、长江海事局、江苏海事局、黑龙江海事局、深圳海事局和连云港海事局。各直属海事局分别负责辖区水上安全监督和防止船舶污染等行政执法工作，履行水上交通安全监督管理的工作职能。各直属海事局亦设置危管防污处负责以下具体工作：

（1）负责辖区内船载危险货物及其他货物（A组或C组货物）、防治船舶及有关作业活动污染水域的监督管理工作。

（2）根据授权对从事船载危险货物运输及防污染作业的相关单位、人员进行管理，审批、办理船载危险货物管理和船舶防污染管理相关证书文书。

（3）负责辖区水上加油站、加气站的海事监督管理工作。

（4）负责辖区危险货物申报员、集装箱装箱现场检查员资质管理。

（5）归口管理辖区集装箱安全运输管理和危险品集装箱查验管理工作。

（6）参与辖区水域内较大及以上等级污染事故、涉外污染事故、水污染事故的应急处置、调查处理工作；负责污染事故索赔调解工作；指导分支机构开展其他等级污染事故的应急处置、调查处理和赔偿调解工作。

（7）负责辖区船舶溢油（化学品）污染及船载危险货物事故应急体系建设工作。

（8）负责辖区重大危防违法案件的调查处理工作。

（9）负责辖区内危防管理政策法规的贯彻实施工作，开展相关国际公约、国内政策法规及发展动态的跟踪研究和履约工作。

2.港口危险货物安全监督管理部门

依据《港口危险货物安全管理规定》，交通运输部主管全国港口危险货物安全行业的管理工作。

省、自治区、直辖市人民政府交通运输主管部门主管本辖区的港口危险货物安全监督管理工作。省、市、县级港口行政管理部门在职责范围内负责具体实施港口危险货物安全监督管理工作。

3.危险化学品安全管理部门

根据中华人民共和国国务院的相关规定，对危险化学品的生产、储存、使用、经营、运输负

有安全监督管理职责的有关部门应依照下列规定各司其职:

(1)中华人民共和国应急管理部负责危险化学品安全监督管理综合工作,组织确定、公布、调整危险化学品目录,对新建、改建、扩建生产、储存危险化学品(包括使用长输管道输送危险化学品,下同)的建设项目进行安全条件审查,核发危险化学品安全生产许可证、危险化学品安全使用许可证和危险化学品经营许可证,并负责危险化学品登记工作。

(2)公安机关负责危险化学品的公共安全管理,核发剧毒化学品购买许可证、剧毒化学品道路运输通行证,并负责危险化学品运输车辆的道路交通安全管理。

(3)质检部门负责核发危险化学品及其包装物、容器(不包括储存危险化学品的固定式大型储罐,下同)生产企业的工业产品生产许可证,并依法对其产品质量实施监督,负责对进出口危险化学品及其包装实施检验。

(4)环保部门负责废弃危险化学品处置的监督管理,组织危险化学品的环境危害性鉴定和环境风险程度评估,确定实施重点环境管理的危险化学品,负责危险化学品环境管理登记和新化学物质环境管理登记;依照职责分工调查相关危险化学品环境污染事故和生态破坏事件,负责危险化学品事故现场的应急环境监测。

(5)交通运输主管部门负责危险化学品道路运输、水路运输的许可以及运输工具的安全管理,对危险化学品水路运输安全实施监督,负责危险化学品道路运输企业、水路运输企业驾驶人员、船员、装卸管理人员、押运人员、申报人员、集装箱装箱现场检查员的资格认定。铁路监管部门负责危险化学品铁路运输及其运输工具的安全管理。民航部门负责危险化学品航空运输以及航空运输企业及其运输工具的安全管理。

(6)卫生部门负责危险化学品毒性鉴定的管理,负责组织、协调危险化学品事故受伤人员的医疗卫生救援工作。

(7)工商行政部门依据有关部门的许可证件,核发危险化学品生产、储存、经营、运输企业营业执照,查处危险化学品经营企业违法采购危险化学品的行为。

(8)邮政部门负责依法查处寄递危险化学品的行为。

第二节　危险货物水路运输相关国际公约及规则

一、1974 年国际海上人命安全公约

鉴于 1912 年"泰坦尼克"号邮船的失事,1914 年第一次海上人命安全会议制定了第一个关于海上人命安全的多边性条约,这就是《1974 年国际海上人命安全公约》的前身,其中规定"所载的货物由于其数量、性质及积载方式,被认为有害于旅客的生命或船舶安全的,原则上是被禁止的"。但至于哪些货物是危险的,这一问题留给缔约国政府来决定。虽然由于第一次世界大战的爆发,1914 年的海上人命安全多边性条约从来没有实施过,但已根据国家管理的原则以及国家的主管机关决定对危险货物的确认和处理方法的原则被确立。

后来,海上人命安全多边性条约分别在 1929 年、1948 年、1960 年、1974 年历经重大修改。目前使用的《1974 年国际海上人命安全公约》(International Convention for the Safety of Life at

Sea 1974,简称 SOLAS 74 公约）于 1980 年 5 月 25 日生效,生效后又经过 1978 年议定书、1988 年议定书及许多修正案的修正。截至 2024 年 6 月,现行的公约综合文本为 2020 版。

1929 年国际海事组织在制定新的国际海上人命安全公约时,第一次使用危险货物（Dangerous Goods）,但内容上仍保留禁运的原则。

第二次世界大战之后的世界经济复苏加之化学工业的发展,使海运危险货物的数量和种类剧增,且导致了一些事故的发生,迫使航运界重新审视危险货物运输这一问题。在 1948 年的修正案中新增了第六章"危险货物和谷物运输";同时认识到这一规定是不充分的,又通过了 22 号建议案,其中特别强调了海运危险货物有必要采取国际上统一的安全措施。

1960 年召开的海上人命安全会议修改的公约中分出了第七章"危险货物运输",该公约于 1965 年 5 月 26 日生效。除少数例外,公约适用于 500 总吨及以上且从事国际航线运输的船舶。

1974 年召开的海上人命安全会议,以议定书的形式对公约进行了较大的修改:加入了"默认接受程序""不优惠条款";修改了第七章的内容,修改后的第七章包括适用范围、分类、包装和标记、单证、免除要求、积载要求以及客船上的爆炸品。该修正案于 1980 年 5 月 25 日生效。我国于 1980 年 1 月 7 日被批准加入该公约,该公约于同年 5 月 25 日起在我国生效。

"默认接受程序"是在公约中写入有关条款,规定其技术条款的修正案经到会（1/3 缔约国到会即可）并投票的缔约国占 2/3 多数通过后,在通知缔约国后的一段时间（不少于 1 年）里,如果没有 1/3 以上的缔约国或超过世界商船船队总吨位的 50% 的国家明文通知 IMO 反对该修正案,该修正案就被认为接受了,再经过 6 个月的时间对所有的缔约国生效。与"明示接受程序"相比较,这样生效快,且生效日期明确。"不优惠条款"是在公约中的确切定义:对于非本公约缔约国的船舶,必要时缔约国应运用本公约的一些要求,以保证不给予这些船舶较为优惠的待遇。该条款迫使非缔约国加入公约并实施公约和修正案的所有要求。

1983 年 11 月通过的 SOLAS 公约修正案于 1986 年 7 月 1 日生效。修改后的第七章包括三部分:

A 部分:包装或散装固体危险货物的装运,并将其扩大了适用范围,包括了 500 总吨以下的船舶;

B 部分:散装运输危险液体化学品船舶的构造和设备（IBC 规则）;

C 部分:散装运输液化气体船舶的构造和设备（IGC 规则）。

1999 年 5 月通过的 SOLAS 公约修正案于 2001 年 1 月 1 日生效。《国际船舶安全运输密封装辐射性核燃料、钚和强放射性废料规则》（INF 规则）成为公约第七章下的强制性内容（增补为 D 部分）。该规则适用于小于 500 总吨的所有船舶。

SOLAS 74 公约仅适用于从事国际航行的船舶,但不适用于军船和运兵船、小于 500 总吨的货船、非机动船、制造简陋的木船、非营业性游艇和渔船。截至 2024 年,现行的公约综合文本为 2020 版,其主要包括:1974 年国际海上人命安全公约条款、1974 年国际海上人命安全公约 1988 年议定书、1974 年 SOLAS 公约及其 1988 年议定书附则的综合本。1974 年国际海上人命安全公约条款部分的 13 条规定了缔约国的法律义务,包括颁布一切必要的法律、法令、命令和规则,并采取一切必要的其他措施,使公约充分和完全有效,以便从人命安全的观点出发,保证船舶适合其预定的用途。

1974 年 SOLAS 公约及其 1988 年议定书附则的综合本是公约的主要内容,用于表达实施公约的技术性要求,有些章节还有专门的规则作为技术支持。1974 年 SOLAS 公约及其

1988 年议定书附则的综合本共包括 14 章和 1 个附录,依次为:

第Ⅰ章 总则。

第Ⅱ-1 章 构造——结构、分舱与稳性、机电设备。

第Ⅱ-2 章 构造——防火、探火和灭火。

第Ⅲ章 救生设备与装置。

第Ⅳ章 无线电通信设备。

第Ⅴ章 航行安全。

第Ⅵ章 货物和燃油运输。

第Ⅶ章 危险货物运输。

第Ⅷ章 核能船舶。

第Ⅸ章 船舶安全营运管理。

第Ⅹ章 高速船安全措施。

第Ⅺ-1 章 加强海上安全的特别措施。

第Ⅺ-2 章 加强海上保安的特别措施。

第Ⅻ章 散货船附加安全措施。

第ⅩⅢ章 符合性验证。

第ⅩⅣ章 极地水域营运船舶的安全措施。

附录 证书。

其中,与危险货物运输关联密切的章节主要有:

1.第Ⅱ-2 章 构造——防火、探火和灭火

公约第Ⅱ-2 章第 19 条是关于"危险货物运输"的要求,本条的目的是为载运危险货物的船舶规定附加安全措施,以实现本章的消防安全目标。第 19 条第 4 款"符合证明"规定:主管机关应向船舶提供一份适当的证明,作为其构造和设备符合本条要求的证据。除固体散装危险货物外,对于被确定为第 6.2 类感染性物质、第 7 类放射性材料的危险货物、限量危险货物和可免除量危险货物,不要求危险货物证书,即船舶载运公约定义的包装危险货物(不要求者除外)和固体散装危险货物时,应持有一份主管机关或其授权的机构签发的符合证明。

2.第Ⅵ章 货物和燃油运输

公约第Ⅵ章包括 A、B 及 C 三部分内容。A 部分为一般规定,B 部分为固体散装货物的特别规定,C 部分为谷物运输。

(1)A 部分:一般规定

A 部分对适用范围、散装固体货物的定义、货物资料、氧气分析和气体探测设备、船上使用杀虫剂、积载和系固等内容做了规定。

①第 1 条 适用范围

本章适用于对船舶或船上人员具有特殊危害的货物运输(散装液体、散装气体和其他各章已做出运输规定者除外),并因其运输的危险性而需在本规则适用的所有船舶以及小于500 总吨的货船上采取特别预防措施。但对小于 500 总吨的货船,如果主管机关认为因航行的遮蔽性和条件,应用本章 A 部分或 B 部分的任何具体要求为不合理或不必要时,可采取能够确保这些船舶所需安全的其他有效措施。

作为本章 A 部分和 B 部分规定的补充,各缔约国政府应确保提供有关货物及其积载和系

固的相应资料,特别应说明安全运输此类货物所必需的预防措施。

②第1-1条　定义

固体散装货物是指除液体或气体以外,由粒子、颗粒或较大块状物质组成的任何货物,成分通常一致,并直接装入船舶的货物处所而无须任何中间围护形式。

③第1-2条　谷物以外的固体散装货物运输要求

谷物以外的固体散装货物的运输应符合IMSBC规则的相关规定。

④第2条　货物资料

托运人须在装货前及早向船长或其代表提供关于该货物的有关资料,以使为此类货物的适当积载和安全装运所必需的预防措施得以付诸实施。此类资料须在货物装船前以书面形式和适当的运输单证予以确认。

对于杂货和以货物单元运输的货物,应有货物的一般说明、货物或货物单元的毛重和货物的任何有关特性。在货物单元装船前,托运人应确保这类货物单元的毛重与运输单证中标明的毛重一致。

对固体散货而言,应包括IMSBC规则第4节要求的货物资料,如散装货物运输名称、组别(A和B、A、B或C)、危险货物类别(如适用)、联合国编号(如适用)、交付运输的货物总重、积载因数、平舱要求和平舱程序、静止角(如适用)、与A组货物相关的证书、危险货物的特性说明、是否为海洋环境有害物质等。

⑤第3条　氧气分析和气体探测设备

在运输可能释放有毒或易燃气体或可能在货物处所中造成氧气耗尽的固体散装货物时,须备有测量空气中这类气体或氧气浓度的适当仪器,及其详细的使用说明书。这种仪器须令主管机关满意。主管机关须采取措施,确保船员在上述仪器使用方面受到培训。

⑥第4条　船上使用杀虫剂

在船上使用杀虫剂,尤其是为熏舱而使用杀虫剂时,须采取适当预防措施。

⑦第5条　积载和系固

在甲板上和甲板下装运货物、货物单元和货物运输单元,其装载、积载和系固须尽可能防止在整个航程中对船舶和船上人员造成损害或危险,以及防止货物落水灭失。

⑧第5-1条　物质安全数据单

载运MARPOL 73/78公约附则Ⅰ第1条中定义的油类或燃油的船舶,应在装载散装货油或添加燃油前,按IMO制定的建议案备有物质安全数据单(SDS)。

(2)B部分:固体散装货物的特别规定

①第6条　装运的可接受性

在固体散装货物装船前,船长须得到有关船舶稳性和标准装载条件下货物分布的综合资料。提供此类资料的方法须令主管机关满意。

②第7条　固体散装货物的装卸和积载

码头代表是指船舶装卸货物的码头或其他设施使用方指定的人员,其负责该码头或设施为特定船舶执行的作业。为使船长能防止船体结构中产生过大应力,须给船舶配备一本手册,至少包括下列内容:公约第Ⅱ-1章相应条款所要求的稳性数据,加压载和减压载的速率和能力,内底板上单位表面积的最大许用载荷,每舱最大许用载荷,有关船体结构强度的一般装卸须知,包括对装卸货物、压载作业及航行期间的最不利作业状态的任何限制和任何特别的限制,如主管机关或由其认可的组织所施加的最不利作业状态的限制(如适用),如要求装卸货物及航行期间进行船体强度的计算等。

在装卸固体散装货物之前,船长和码头代表须商定一项装卸计划,该计划须确保在装卸货物期间不超过船上的允许剪力和弯矩,同时还应包括装卸货物的次序、数量及速率,同时应考虑装卸货物的速度、船上添注口的数量及减压载或加压载的能力。该计划及其后的任何修改,须提交港口国的有关当局。

船长和码头代表须确保装卸货物作业按照商定的计划进行。如果在装或卸货物期间,已经超出或者如果装卸继续进行下去可能导致超出手册对船舶的任一限制,则船长有权中止装卸作业并有责任将此通知发给批准这个计划的港口国有关当局。船长和码头代表须确保采取纠正措施。当卸货时,船长和码头代表须确保卸货方法不损坏船体结构。

船长须确保船上人员连续不断地监视货物装卸作业。如有可能,在装卸货物期间须定期校核吃水以确认提供的吨位数。每次测得的吃水和吨位数须记入货物日志。如发现与商定的计划有显著的偏差,则须调整货物装卸或压载作业,以确保偏差得到纠正。

3.第Ⅶ章　危险货物运输

第Ⅶ章"危险货物运输"包括以下五部分,并分别对涉及的危险货物装运做出了原则性的规定。

A 部分:包装危险货物运输;

A-1 部分:固体散装危险货物运输;

B 部分:散装运输危险液体化学品船舶的构造和设备;

C 部分:散装运输液化气体船舶的构造和设备;

D 部分:船舶运输密封装辐射性核燃料、钚和强放射性废料的特殊要求。

(1)A 部分

①第 1 条　定义

危险货物是指 IMDG 规则中所述的物质、材料和物品。包装形式是指 IMDG 规则中规定的包装形式。

②第 2 条　适用范围

除另有明文规定外,本部分适用于公约适用的所有船舶和小于 500 总吨的载运包装危险货物的货船。但本部分的规定不适用于船用物料和设备。

③第 3 条　危险货物运输要求

包装危险货物运输应符合 IMDG 规则的有关规定。

④第 4 条　单证

与包装危险货物运输相关的信息和集装箱/车辆装箱证书应符合 IMDG 规则的相关规定,并可供港口国当局指定的人员或组织使用。每艘载运包装危险货物的船舶应具有一份特别清单、舱单或积载图,并按 IMDG 规则的相关规定,列出船上危险货物及其位置。船舶驶离前应备有一份这些单证的副本,以供港口国当局指定的人员或组织使用。

⑤第 5 条　货物系固手册

在整个航程中,货物、货物单元和货物运输单元应按照主管机关认可的货物系固手册进行装载、积载和系固。货物系固手册的编制标准应至少等效于 IMO 制定的指南(《经修订的货物系固手册编制指南》)。

⑥第 6 条　涉及危险货物事故的报告

在发生涉及包装危险货物从船上落入海中灭失或可能灭失的事故时,船长或该船的其他负责人应立即将此类事故的详细情况尽可能全面地向最近的沿岸国报告,该报告应根据 IMO 制定的一般原则和指南(《船舶报告系统和船舶报告要求的一般原则,包括涉及危险货物、有害物质和/或海洋污染物事故报告指南》)编写。

当船舶弃船或从该船发出的报告不完整或不能获得时,公约第Ⅸ/1.2 条定义的公司应在最大可能的范围内履行本条对船长规定的义务。

（2）A-1 部分

①第 7 条　定义

固体散装危险货物是指 IMDG 规则涵盖的除液体或气体以外的,直接装入船舶装货处所而不需要任何中间容器的,由成分大体一致的微粒、颗粒或任何较大块碎片组成的任何物质,包括装入载驳船上的驳船内的此类物质。

②第 7-1 条　适用范围

本部分适用于公约适用的所有船舶和小于 500 总吨的货船装运固体散装危险货物。除按照本部分的规定外,禁止装运固体散装危险货物。为补充本部分的规定,各缔约国政府应颁布或促使颁布关于涉及固体散装危险货物事故的应急响应和医疗急救的须知,并考虑到 IMO 制定的指南。

③第 7-2 条　单证

在有关海运固体散装危险货物的所有单证中,应使用固体散装货物的正确运输名称(不应单独使用商品名称)。每艘载运固体散装危险货物的船舶应具有一份特别清单或舱单,列出船上危险货物及其位置。一份标明所有危险货物的类别并表明其在船上位置的详细积载图,可用于代替上述特别清单或舱单。船舶驶离前应备有一份这些单证的副本,以供港口国当局指定的人员或组织使用。

④第 7-3 条　积载和隔离要求

固体散装危险货物应按其性质安全和适当地予以装载和积载。对于互不相容的货物,应将其彼此隔离。不得载运易自热或自燃的固体散装危险货物,除非已采取适当的预防措施以使发生火灾的可能性减至最小。会产生危险蒸气的固体散装危险货物应堆装于通风良好的货物处所内。

⑤第 7-4 条　涉及危险货物事故的报告

在发生涉及固体散装危险货物从船上落入海中灭失或可能灭失的事故时,船长或该船的其他负责人应立即将此类事故的详细情况尽可能全面地向最近的沿岸国报告,该报告应根据 IMO 制定的一般原则和指南编写。当船舶弃船时,或从该船发出的报告不完整或不能获得时,公约第Ⅸ/1.2 条定义的公司应在最大可能的范围内履行本条对船长规定的义务。

⑥第 7-5 条　固体散装危险货物的运输要求

固体散装危险货物的运输应符合 IMSBC 规则的相关规定。

（3）B 部分

①第 8 条　定义

化学品液货船是指经建造或改建用于散装运输 IBC 规则第 17 章所列的任何液体货品的货船。

②第 9 条　化学品液货船适用范围

本部分适用于 1986 年 7 月 1 日或以后建造的化学品液货船,也包括小于 500 总吨者。无论何时建造的船舶,一经改建成化学品液货船后,应视作在开始改建之日建造的化学品液货船。

③第 10 条 化学品液货船的要求

化学品液货船应符合 IBC 规则的要求,除了按公约相应条款的要求予以检验外,还应按 IBC 规则中的规定予以检验和发证。持有按 IBC 规则的规定签发证书的化学品液货船,均应受到公约相应条款规定的控制,因此该证书也应视为按公约相应条款要求签发的证书。

(4)C 部分

①第 11 条 定义

气体运输船是指经建造或改建用于散装运输 IGC 规则第 19 章所列的任何液化气体或其他货品的货船。

②第 12 条 气体运输船的适用范围

本部分适用于 1986 年 7 月 1 日或以后建造的气体运输船,也包括小于 500 总吨者。无论何时建造的船舶,一经改建成气体运输船后,应视作在开始改建之日建造的气体运输船。

③第 13 条 气体运输船的要求

气体运输船应符合 IGC 规则的要求,除了按公约相应条款的要求予以检验外,还应按 IGC 规则中的规定予以检验和发证。持有按 IGC 规则的规定签发证书的气体运输船,均应受到公约相应条款规定的控制,因此该证书也应视为按公约相应条款要求签发的证书。

(5)D 部分

①第 14 条 定义

INF 货物是指按 IMDG 规则中第 7 类货物载运的密封装辐射性核燃料、钚和强放射性废料。辐射性核燃料是指含有曾用于维持自续链式核反应的铀、钍和/或钚的同位素的材料。钚是指由辐射性核燃料再加工提炼出的材料,其为同位素的合成混合物。强放射性废料是指由第一阶段提炼系统作业所产生的废液或由随后提炼阶段在辐射性核燃料再加工装置中浓缩的废物或由液体废料转换成的固体。

②第 15 条 载运 INF 货物船舶的适用范围

本部分应适用于所有船舶,而不论其建造日期和尺度,包括从事运输 INF 货物的小于 500 总吨的货船,但不适用于军舰、海军辅助船或由缔约国政府拥有或经营,目前仅用于政府非商业性服务的其他船。

本部分的任何内容均不得损害各国政府根据国际法所具有的权利和义务,且为实施有关要求所采取的任何行动应符合国际法。

③第 16 条 载运 INF 货物船舶的要求

除本规则任何其他适用要求外,载运 INF 货物的船舶还应符合 INF 规则的要求并应按该规则中的规定予以检验和发证。持有按 INF 规则的规定签发证书的船舶,均应受到公约相应条款规定的控制,因此该证书也应视为按公约相应条款要求签发的证书。

4.第Ⅻ章 散货船附加安全措施

公约第Ⅻ章是关于"散货船附加安全措施"的内容和规定,主要包括散货船的定义、适用范围、实施计划、破损稳性、结构强度、检验和维护保养、固体散装货物密度的申报、装载仪及进水报警装置等。

(1)第 1 条 定义

散货船是指主要用于载运散装干货的船舶,包括诸如矿砂船和兼装船等船型。

单舷侧结构散货船是指货舱任何边界均为舷侧壳板的散货船或一个或多个货舱边界为双

舷侧结构的散货船。

双舷侧结构散货船是指所有货舱边界均为双舷侧结构的散货船。双舷侧是指船舶每侧均由舷侧壳板与纵舱壁组成的构造形式，该纵舱壁连接双层底和甲板。底边舱和顶边舱（如设有）可为双舷侧构造的组成部分。

（2）第 10 条　固体散货密度的申报

船长为 150 m 及以上的散货船装货之前，托运人除按本公约第Ⅵ章第 2 条的要求提交货物资料外，还应申报货物密度。申报密度在 1 250 kg/m³ 至 1 780 kg/m³ 范围内的任何货物应由有资质的试验机构验证其密度，除非承运船舶符合本章有关载运密度为 1 780 kg/m³ 及以上的固体散货的所有相关要求。

（3）第 11 条　装载仪

船长为 150 m 及以上的散货船均应配备装载仪，该装载仪应能提供船体梁的剪力和弯矩资料，并考虑到国际海事组织通过的相关建议案。2006 年 7 月 1 日或以后建造的船长小于 150 m 的散货船应配备能提供船舶完整稳性资料的装载仪。计算机稳性计算的软件应经主管机关认可，该软件还应备有标准工况用于与批准的稳性资料做有关的测试。

此外，作为公约内容的补充，IMO 海上安全委员会制定了有关危险货物运输的规则，包括：《国际海运危险货物规则》（IMDG 规则）、《国际海运固体散装货物规则》（IMSBC 规则）、《国际散装运输危险化学品船舶构造和设备规则》（IBC 规则）、《国际散装运输液化气体船舶构造和设备规则》（IGC 规则）、《国际船舶安全运输密封装辐射性核燃料、钸和强放射性废料规则》（INF 规则），并先后通过公约的修订成为公约体系内的强制性规则。

SOLAS 74 公约是目前海上危险货物运输管理法律体系的基石之一。随着科学技术的进步、社会经济的发展及安全需求的提高，SOLAS 74 公约需要不断地被修改和完善。

二、经 1978 年议定书修订的 1973 年国际防止船舶造成污染公约

《1973 年国际防止船舶造成污染公约》及其议定书 Ⅰ（关于涉及有害物质事故报告的规定）和 Ⅱ（仲裁）由国际海事组织在 1973 年 10 月 8 日—11 月 2 日召开的国际海洋污染会议通过。1978 年 2 月 6 日—17 日召开的国际油船安全和防污染会议（TSPP 会议），通过了其议定书的修订，故称为《经 1978 年议定书修订的 1973 年国际防止船舶造成污染公约》（International Convention for the Prevention of Pollution from Ships, 1973, as Modified by the 1978 Protocols，简称 MARPOL 73/78 公约）。该公约再经 1997 年议定书修订，形成了一个具有 6 个附则的技术性专门公约。

MARPOL 73/78 公约的生效使海洋环境保护工作取得了积极的成效。人类对生活质量、可持续发展的认识和经济水平的提高，对人类赖以生存和发展的海洋环境提出了更为严格的保护要求。

MARPOL 73/78 公约通过控制船舶及设备状态和人员操作来消除有意排放油和其他有害物质对海洋环境的污染，并将这些物质的意外排放减至最低限度。目前，MARPOL 73/78 公约的要求已成为几乎遍布全球的港口国监督组织的必查项目。如果防污染证书和设备不符合要求、违章操作、违反排放标准、记录不符合要求等，船舶就很可能被港口国滞留。

每年均有诸多修正案对 MARPOL 73/78 公约进行修订。截至 2024 年，现行的公约综合文本为 2022 版，由公约正文、2 个议定书和 6 个技术性附则组成。6 个附则名称及其生效情况如

表 1-1 所示。

表 1-1　MARPOL 73/78 公约附则名称及其生效日期

附则	附则名称	生效日期	对我国生效日期
附则 I	防止油类污染规则	1983 年 10 月 2 日	1983 年 10 月 2 日
附则 II	控制散装有毒液体物质污染规则	1987 年 4 月 6 日	1987 年 4 月 6 日
附则 III	防止海运包装有害物质污染规则	1992 年 7 月 1 日	1994 年 12 月 13 日
附则 IV	防止船舶生活污水污染规则	2003 年 9 月 27 日	2007 年 2 月 2 日
附则 V	防止船舶垃圾污染规则	1988 年 12 月 31 日	1989 年 2 月 21 日
附则 VI	防止船舶造成空气污染规则	2005 年 5 月 19 日	2006 年 8 月 23 日

根据我国加入公约及附则时的声明和国际公约国内化的转化实施,我国国际航行和国内航行船舶均应遵守 MARPOL 73/78 公约及其 6 个技术性附则的要求。

1.附则 I　防止油类污染规则

该附则主要对相关定义,适用范围,适用船舶的检验和发证,所有船舶机器处所的构造、设备及操作性排油的控制,油船货物区域的构造、设备及操作性排油的控制,船舶应急油污计划,油污接收设备及防止海上油船间过驳货油造成污染等做出了详细的规定和要求。

(1)第 1 条　定义

在本附则中,油类是指包括原油、燃油、油泥、油渣和炼制品(MARPOL 73/78 公约附则 II 所规定的石油化学品除外)在内的任何形式的石油,以及不限于上述一般原则下,包括本附则附录 I 中所列的物质。

原油是指任何天然存在于地层中的液态烃混合物,不论其是否经处理以适合运输,包括可能业已去除某些馏分的原油和可能业已添加某些馏分的原油。

油性混合物是指含有任何油分的混合物。

燃油是指船舶所载有并用作其推进和辅助机器的燃料的任何油类。

油船是指建造为或改造为主要在其货物处所装运散装油类的船舶,并包括全部或部分装运散装货油的兼装船、本公约附则 II 中定义的任何 NLS 液货船和 SOLAS 74 公约第 II 章中定义的任何气体运输船。

原油油船是指从事原油运输业务的油船。

成品油油船是指从事除原油以外的油类运输业务的油船。

兼用船是指设计为装运散装货油或者装运散装固体货物的船舶,如 O/O 船、O/B/O 船。

(2)第 2 条　适用范围

①除另有明文规定外,本附则的规定应适用于所有船舶。

②对于非油船,如果设有构造为用于装载散装油类的货物处所,且其总容量为 200 m^3 或以上,则本附则关于油船的与构造和作业相关的条款也适用于这些货物处所;但如果总容量小于 1 000 m^3,则可以用使用部分替代条款。

③受本公约附则 II 规定约束的货物,如果装载于油船的货物处所,则也应适用本公约附则 II 的相应要求。

④本附则相关条款不适用于装载沥青或受本附则的规定约束的其他油品的油船,这些油品的物理特性会妨碍油品和水的有效分离和监测。这种油船应将残余物留存于船上并将所有

污染的洗舱水排入接收设施,以符合本附则相关条款的排放控制。

(3)第6条 检验

对每艘150总吨及以上的油船和400总吨及以上的其他船舶应按照本附则的相关规定进行检验,包括初次检验、换证检验、中间检验、年度检验和附加检验。检验应由主管机关的官员进行,也可委托给为此目的而指定的验船师或由其认可的组织进行。

(4)第7条 证书的签发或签署

对每艘150总吨及以上的油船和400总吨及以上的其他船舶按照本附则的相关规定进行初次检验或换证检验后应签发国际防止油污证书(International Oil Pollution Prevention Certificate,简称IOPP证书)。该证书应由主管机关或经其正式授权的任何个人或组织签发或签署。在任何情况下,主管机关对证书负有全部责任。

对于悬挂非缔约国国旗的船舶,不得签发IOPP证书。

IOPP证书应按与本附则附录Ⅱ所示样本相一致的格式写成,并应至少使用英文、法文或西班牙文的其中一种语言。如同时使用发证国的官方语言,则在有争议或分歧时,应以该国官方语言为准。

(5)第10条 证书的有效期限

IOPP证书的有效期限应由主管机关规定,不得超过5年。

但如果换证检验在现有证书期满之日的前3个月内完成,则新证书应从换证检验完成之日起,至现有证书期满之日后不超过5年的日期内有效。如果换证检验在现有证书期满之日的前3个月前完成,则新证书应从换证检验完成之日起不超过5年的日期内有效。如果换证检验在现有证书期满之日后完成,则新证书应从换证检验完成之日起,至现有证书期满之日后不超过5年的日期内有效。

如果换证检验已完成,而新证书在现有证书期满之日前不能签发或不能存放于船上,主管机关授权的人员或组织可在现有证书上签署,签署后的证书自期满日起不超过5个月的期限内应视为继续有效。

如果证书期满时船舶不在应进行检验的港口,主管机关可延长该证书的有效期,但此项展期仅以能使该船完成其驶抵应进行检验的港口的航次为限,并且仅在正当和合理的情况下才能如此办理。证书的展期不得超过3个月。经展期的船舶在抵达应进行检验的港口后,不得因有此项展期而在未获得新证书前驶离该港口。换证检验完成后,新证书的有效期应自现有证书展期前的期满日起不超过5年。签发给短程航行船舶的证书未按前述规定展期时,主管机关可给予自该证书所示的期满之日起至多1个月的宽限期。换证检验完成后,新证书的有效期应自现有证书展期前的期满日起不超过5年。

按本附则的规定所签发的IOPP证书,在下列任一情况下即应中止有效:

①如果相关检验未在规定的期限内完成。

②如果证书未按本附则的规定予以签署(年度检验和中间检验)。

③船舶变更船旗国。只有当换发新证书的政府确信该船符合本附则的相关要求时,才能签发新的证书。如果变更船旗在缔约国之间进行,则在变更后的3个月内,前船旗国政府如收到申请,应尽快将变更船旗前该船所携证书的副本以及相关的检验报告副本(如备有)送交该船新的主管机关。

2.附则Ⅱ 控制散装有毒液体物质污染规则

附则Ⅱ主要包括总则,有毒液体物质的分类,检验和发证,设计、构造、布置和设备,有毒液体物质残余物作业排放,港口国控制措施,防止有毒液体物质事故引起的污染及接收设备等内容。

(1)第1条　定义

在本附则中,液体物质是指在温度为 37.8 ℃时,绝对蒸气压力不超过 0.28 MPa 的物质。有毒液体物质(Noxious Liquid Substance,简称 NLS)是指 IBC 规则第 17 或 18 章的污染类别栏中所指明的或根据本附则相关规定经临时评定列为 X、Y 或 Z 类的任何物质。

在本附则中,有毒液体物质分为下列 4 类:

X 类:这类有毒液体物质如从洗舱或排压载的作业中排放入海,将被认为会对海洋资源或人类健康产生重大危害,因而应严禁向海洋环境排放该类物质。

Y 类:这类有毒液体物质如从洗舱或排压载的作业中排放入海,将被认为会对海洋资源或人类健康产生危害,或对海上的休憩环境或其他合法利用造成损害,因而对排放入海的该类物质的质和量应采取限制措施。

Z 类:这类有毒液体物质如从洗舱或排压载的作业中排放入海,将被认为会对海洋资源或人类健康产生较小的危害,因而对排放入海的该类物质应采取较严格的限制措施。

其他物质:以 OS(其他物质)形式被列入 IBC 规则第 18 章污染类别栏目中的物质,并经评定认为不能列入上述定义的 X、Y 或 Z 类物质之内。因为这些物质如从洗舱或排压载的作业中排放入海,目前认为对海洋资源、人类健康、海上休憩环境或其他合法利用并无危害。排放仅含有被列为"其他物质"的物质的舱底水或压载水或其他残余物或混合物,不受本附则任何要求的约束。

固化物质是指熔点低于 15 ℃,卸载时处于熔点以上不到 5 ℃的温度或熔点等于或高于 15 ℃,卸载时处于熔点以上不到 10 ℃的温度的有毒液体物质。非固化物质是指非固化的有毒物质。

高黏度物质是指在卸货温度下黏度大于或等于 50 mPa·s 的 X 或 Y 类有毒液体物质。低黏度物质是指非高黏度物质的有毒液体物质。

化学品液货船是指建造为或改建用于散装运输 IBC 规则第 17 章所列的任何一种液体货品的船舶。

NLS 液货船是指建造为或改建用于运输散装有毒液体物质货物的船舶,包括本公约附则 I 定义的核准用于全部或部分运输散装有毒液体物质货物的油船。

(2)第2条　适用范围

本附则的规定适用于所有核准运输散装有毒液体物质的船舶。受本公约附则 I 规定约束的货物,如装载于 NLS 液货船的货物处所,则也应适用本公约附则 I 的相应要求。

(3)第8条　检验

对散装运输有毒液体物质的船舶应按照本附则的相关规定进行检验,包括初次检验、换证检验、中间检验、年度检验和附加检验。检验应由主管机关的官员进行,也可委托给为此目的而指定的验船师或由其认可的组织进行。

(4)第9条　证书的签发或签署

对驶往本公约其他缔约国管辖的港口或装卸站的拟承运散装有毒液体物质的船舶,在进行初次检验或换证检验后,由主管机关或经其正式授权的任何个人或组织签发或签署国际防止散装运输有毒液体物质污染证书(International Pollution Prevention Certificate for the Carriage of Noxious Liquid Substances in Bulk,简称 NLS 证书)。对于悬挂非缔约国国旗的船舶,不得签发 NLS 证书。

NLS 证书应按与本附则附录Ⅲ所示样本相一致的格式写成，并应至少为英文、法文或西班牙文的其中的一种。如同时使用船舶所悬挂国旗国家的官方语言，则在有争议或分歧时，应以该国的官方文字记录为准。

（5）第 10 条　证书的有效期限

NLS 证书的有效期限由主管机关规定，但不得超过 5 年。

但是如果换证检验在现有证书期满之日前 3 个月内完成，则新证书应从换证检验完成之日起，至现有证书期满之日后不超过 5 年的日期内有效。如果换证检验在现有证书期满之日后完成，则新证书应从换证检验完成之日起，至现有证书期满之日后不超过 5 年的日期内有效。如果换证检验在现有证书期满之日的前 3 个月前完成，则新证书应从换证检验完成之日起不超过 5 年的日期内有效。

如果换证检验已完成，而新证书在现有证书期满之日前不能签发或不能存放在船上，主管机关授权的人员或组织可在现有证书上签注，签注后的证书自期满之日起不超过 5 个月的期限内应视为继续有效。

如果证书期满时船舶不在应进行检验的港口，主管机关可延长该证书的有效期，但此项展期仅以能使该船完成其驶抵应进行检验的港口的航次为限，并且仅在正当和合理的情况下才能如此办理。证书的展期不得超过 3 个月。经展期的船舶在抵达应进行检验的港口后，不得因有此项展期而在未获得新证书前驶离该港口。换证检验完成后，新证书的有效期应自现有证书展期前的期满日起不超过 5 年。

签发给短程航行船舶的证书未按本条前述之规定展期时，主管机关可给予自该证书所示的期满之日起至多 1 个月的宽限期。换证检验完成后，新证书的有效期应自现有证书展期前的期满日起不超过 5 年。

按本附则的规定签发的 NLS 证书，在下列任一情况下即应中止有效：

①如果相关检验未在规定的期限内完成。

②如果证书未按本附则的规定予以签署（年度检验和中间检验）。

③船舶变更船旗国。只有当换发新证书的政府确信该船符合本附则的相关要求时，才能签发新的证书。如果变更船旗在缔约国之间进行，则在变更后的 3 个月内，前船旗国政府如收到申请，应尽快将变更船旗前该船所携证书的副本以及相关的检验报告副本（如备有）送交该船新的主管机关。

3.附则Ⅲ　防止海运包装有害物质污染规则

（1）第 1 条　适用范围

在本附则中，有害物质是指在《国际海运危险货物规则》（International Maritime Dangerous Goods，简称 IMDG 规则）中确定为海洋污染物的物质或满足本附则附录所述标准的物质。包装形式是指 IMDG 规则中对有害物质所规定的盛装形式。

除另有明文规定外，本附则的规定适用于所有装运包装有害物质的船舶，但不适用于船用物料和设备。对以前曾装过有害物质的空容器，除已采取足够的预防措施确保其已无危害海洋环境的残余物外，应视其本身为有害物质。除符合本附则各项规定外，应禁止装运有害物质；禁止将以包装形式装运的有害物质抛弃入海，但为保障船舶安全或救护海上人命所必需者除外。

（2）第 2 条　包装

根据其所装的特定物质,包装件应能使其对海洋环境的危害减至最低限度。

（3）第 3 条　标志和标签

容纳有害物质的包装件,应加上永久的标记或标签,以指明根据 IMDG 规则的相关规定该物质为有害物质。在容纳有害物质包装件上加标记和标签的方法应符合 IMDG 规则的相关规定。

（4）第 4 条　单证

有关载运有害物质的运输信息应符合 IMDG 规则的相关规定,并应向港口国当局指定的个人或组织提供。每艘装运有害物质的船舶,应具有一份特别清单、舱单或积载图,按 IMDG 规则的相关规定列明船上所装的有害物质及其位置。离港前应备有一份上述单证的副本,以供港口国当局指定的个人或组织使用。

（5）第 5 条　积载

有害物质应予正确积载和系固,以使对海洋环境的危害减至最低限度,而不损害船舶和船上人员的安全。

4.附则Ⅴ　防止船舶垃圾污染规则

（1）第 1 条　定义

在本附则中,垃圾是指产生于船舶正常营运期间并需要持续或定期处理的各种食品废弃物、生活废弃物、操作废弃物、所有的塑料、货物残留物、焚烧炉灰、食用油、渔具和动物尸体,但本公约其他附则中所规定的或列出的物质除外。垃圾不包括因航行过程中的捕鱼活动和为把包括贝类在内的鱼产品安置在水产品养殖设施内以及把捕获的包括贝类在内的鱼产品从此类设施转到岸上加工的运输过程中产生的鲜鱼及其各部分。

货物残留物是指 MARPOL 73/78 公约其他附则未规定的、货物装卸后在甲板上或舱内留下的任何货物残留物。其包括装卸过量或溢出物,不管其是在潮湿还是干燥的状态下,或是夹杂在洗涤水中,但不包括清洗后甲板上残留的货物粉尘或船舶外表面的灰尘。货物残留物大多是由货物操作不规范、卸货不彻底导致的。

距最近陆地是指距该领土按国际法划定其所属领海的基线。

特殊区域是指这样的一个海域,在该海域中,由于其海洋学和生态学的情况以及其运输的特殊性质等公认的技术原因,要求采取特殊的强制办法以防止垃圾污染海洋。就本附则而言,特殊区域为地中海区域、波罗的海区域、黑海区域、红海区域、海湾区域、北海区域、南极区域和大加勒比海区域。

（2）第 2 条　适用范围

除另有明文规定者外,本附则适用于所有船舶。

（3）第 3 条　禁止排放垃圾入海的一般规定

除本附则的特殊要求和例外规定外,禁止将一切垃圾排放入海。除本附则的例外规定外,一切塑料制品,包括但不限于合成缆绳、合成渔网、塑料垃圾袋和塑料制品的焚烧炉灰渣,均禁止排放入海。除本附则的例外规定外,禁止将食用油排放入海。

（4）第 4 条　在特殊区域外排放垃圾

船舶仅在航途中时才允许在尽可能远离最近陆地的特殊区域外将货物残余垃圾排放入海,但在任何情况下不得在距最近陆地不到 12 n mile 处将不能用通用的卸载方法回收的货物残余排放入海。根据国际组织制定的指南,这些货物残余不应包含任何被分类为对海洋环境有害的物质。可将货舱、甲板和外表面洗涤水中包含的清洁剂或添加剂排放入海，但根据国际海事组织制定的指南，这些物质必须对海洋环境无害。

（5）第 6 条　在特殊区域内排放垃圾

船舶仅在航行途中时才允许在特殊区域内将不能用通用的卸载方法回收的货物残余排放入海，但应满足下述所有条件：

①根据国际海事组织制定的指南，舱室洗涤水中包含的货物残余、清洁剂或添加剂中无任何被分类为对海洋环境有害的物质；

②驶离港和下一个到达港都在特殊区域内且船舶在这两个港口间航行时不会驶离特殊区域；

③这些港口不具备合适的接收设备；

④含有货物残余的货舱洗涤水应尽可能远离最近陆地或最近冰架排放，但距最近陆地或最近冰架应不少于 12 n mile。

可将甲板和外表面洗涤水中包含的清洁剂或添加剂排放入海，但根据国际海事组织制定的指南，这些物质必须对海洋环境无害。

需要说明的是，我国的《船舶水污染物排放控制标准》（GB 3552—2018）也对货物残余的排放进行了规定：在距最近陆地 12 n mile 以内（含）的海域，应收集并排入接收设施；在距最近陆地 12 n mile 以外的海域，不含危害海洋环境物质的货物残余方可排放。在任何海域，对于货舱、甲板和外表面洗涤水，其含有的清洁剂或添加剂不属于危害海洋环境物质的方可排放。

（6）第 10 条　告示、垃圾管理计划和垃圾记录保存

①总长度为 12 m 或以上的船舶和固定或浮动平台均应张贴告示以使船员和乘客知晓本附则相关条款适用的排放要求。

②告示应以船员的工作语言书写，对航行于其他本公约缔约国管辖权范围内的港口或近海装卸站的船舶，告示还应以英文、法文或西班牙文书写。

③100 总吨及以上的船舶和核准载运 15 名或以上人员的船舶以及固定或浮动平台，均应备有一份船员必须遵守的垃圾管理计划。该计划应就减少、收集、储藏、加工和处理垃圾以及船上设备使用等提供书面程序，还应指定负责执行该计划的人员。该计划应基于 IMO 制定的指南，并用船员的工作语言书写。

④100 总吨及以上的船舶和核准载运 15 名或以上人员，航行于其他本公约缔约国管辖权范围内的港口或近海装卸站的船舶，以及固定或浮动平台，均应备有一份垃圾记录簿。该垃圾记录簿不论是船舶的正式航海日志的一部分，还是其他形式，均应和本附则的附录格式相同。

⑤每次排放入海或至接收设备或完成的焚烧作业均应记入垃圾记录簿，并应由主管高级船员在排放或焚烧当日签署。船长应在垃圾记录簿完成记录的每一页上署名。垃圾记录簿的每项记载应至少使用英文、法文或西班牙文其中的一种书写。如果这些记载也使用该船船旗国的官方语言，在有争议或分歧时，应以船旗国官方语言的记载为准。

⑥每次排放或焚烧记录应包括日期、时间、船位、垃圾种类和被排放或焚烧的垃圾的估算量。

⑦垃圾记录簿应存放于船上或固定或浮动平台上的在任何合理时间随时可供检查的地方。该记录簿应自最后一次记录日期起保留 2 年。

⑧如发生本附则例外条款所述的任何排放或意外落失，应在垃圾记录簿上予以记录，或对任何小于 100 总吨的船舶，应在该船的正式航海日志中记录该排放或落失的地点、情况和原

因、排放或落失的物品细目,以及为防止或尽量减少这种排放或意外落失业已采取的合理预防措施。

(7)垃圾分类及垃圾记录簿

本附则将船舶垃圾分为 11 类,分别用 A 至 K 表示:

A 塑料、B 食品废弃物、C 生活废弃物、D 食用油、E 焚烧炉灰渣、F 作业废弃物、G 动物尸体、H 渔具、I 电子废弃物、J 货物残余(对海洋环境无害物质)及 K 货物残余(对海洋环境有害物质)。

其中,A 至 I 类垃圾适用于所有船舶,记录在垃圾记录簿第一部分中;J 和 K 类垃圾适用于载运固体散装货物船舶,记录在垃圾记录簿第二部分中。船上的垃圾数量应以立方米(m^3)估算,如有可能应按类别分别估算。

附则中相应条款规定除谷物以外的固体散装货物应按照《全球化学品统一分类和标签制度》(Globally Harmonized System of Classification and Labelling of Chemicals,简称 GHS)中规定的标准进行分类,以确定其是否对海洋环境有害。若货物残余满足标准中的任意一项,则货物残余即为 K 类垃圾。分类标准如下:

①水生生物急性毒性等级 1;及/或

②水生生物慢性毒性等级 1 或 2;及/或

③致癌性等级 1A 或 1B 以及不能快速降解的,在生物体内具有高积累性的;及/或

④生殖细胞突变性等级 1A 或 1B 以及不能快速降解的,在生物体内具有高积累性的;及/或

⑤生殖毒性等级 1A 或 1B 以及不能快速降解的,在生物体内具有高积累性的;及/或

⑥特异性靶器官毒性多次接触 1 类以及不能快速降解的,在生物体内具有高积累性的;及/或

⑦此固体散货含有或包括合成聚合物、橡胶、塑料,或塑料原料颗粒(包括切碎、刹碎、磨碎或浸渍或类似的材料)。

三、关于危险货物运输的建议书　规章范本

为了保障危险货物运输安全,并使各国和国际上对各种运输方式的管理规定能够统一发展,联合国经济及社会理事会的危险货物运输专家委员会于 1956 年编写了《关于危险货物运输的建议书》(俗称"橙皮书")。该建议书在 1957 年联合国经济及社会理事会的第 23 次会议上获得通过。

该建议书是危险货物运输专家委员会根据技术发展情况、新物质和新材料的出现及现代运输系统的要求,特别是确保人命、财产和环境安全的需要编写的用于所有运输方式危险货物运输的最低要求。其对象是各国政府和负责管理危险货物运输的国际组织。建议书适用于任何运输形式的包装危险货物,不适用于应遵守专门的国际或国家规定的远洋或内陆散装货船或油船的散装危险货物运输。

《关于危险货物运输的建议书》在国际上极具权威性,是全球危险货物运输和分类的基础。其中,许多规定被国际上各种运输形式的专业组织、协会以及各国采用或参考,作为制定各种运输工具危险货物运输管理法规或规章的基准。国际海事组织制定的 IMDG 规则就是以该建议书为依据的,而且其内容也越来越贴近该建议书。我国于 1988 年 12 月签署了"橙皮书",但未强制执行。

为了反映技术的发展和使用者不断变化的需要，《关于危险货物运输的建议书》每半年进行一次修订，每两年出版新的版本。

1996 年 12 月 2 日—10 日，危险货物运输专家委员会第 19 届会议通过了《危险货物运输规章范本》第一版，并作为附件收入《关于危险货物运输的建议书》的第十修订版。这样做是为了方便将《危险货物运输规章范本》直接纳入所有运输方式的国家和国际规章，从而加强协调统一，便利所有有关法律文书的定期修订，也可使各成员国政府、联合国、各专门机构和其他国际组织节省大量的资源。

虽然《危险货物运输规章范本》只是建议，但其措辞有强制性意义（即在英文本全文中均使用"shall"而不用"should"），以便于将《危险货物运输规章范本》直接用作国家和国际运输规章的基础。截至 2024 年，《关于危险货物运输的建议书　规章范本》（The Recommendations on the Transport of Dangerous Goods　Model Regulations）已更新至第二十三修订版（2023 年版）。

现行版《关于危险货物运输的建议书　规章范本》分一、二两卷，包括《关于危险货物运输的建议书》正文、附件《危险货物运输规章范本》及附录"类属的和未另外列明条目的正确运输名称清单""术语汇编"。

《危险货物运输规章范本》共有七部分内容，具体为：

第 1 部分：通用规定、定义、培训和安全。

第 2 部分：危险货物分类。

受本规章范本约束的物质（包括混合物和溶液）和物品，按其具有的危害或最主要的危害，划分为九大类、二十项：

第 1 类：爆炸品。

    1.1 项：有整体爆炸危害的物质和物品。

    1.2 项：有迸射危害但无整体爆炸危害的物质和物品。

    1.3 项：有燃烧危害并有局部爆炸危害或局部迸射危害或兼有这两种危害、但无整体爆炸危害的物质和物品。

    1.4 项：不呈现重大危害的物质和物品。

    1.5 项：有整体爆炸危害的非常不敏感物质。

    1.6 项：无整体爆炸危害的极端不敏感物品。

第 2 类：气体。

    2.1 项：易燃气体。

    2.2 项：非易燃、无毒气体。

    2.3 项：毒性气体。

第 3 类：易燃液体。

第 4 类：易燃固体、易于自燃的物质、遇水放出易燃气体的物质。

    4.1 项：易燃固体、自反应物质、固态退敏爆炸物和聚合物质。

    4.2 项：易于自燃的物质。

    4.3 项：遇水放出易燃气体的物质。

第 5 类：氧化性物质和有机过氧化物。

    5.1 项：氧化性物质。

    5.2 项：有机过氧化物。

第6类：毒性物质和感染性物质。

    6.1项：毒性物质。

    6.2项：感染性物质。

第7类：放射性材料。

第8类：腐蚀性物质。

第9类：杂项危险物质和物品，包括危害环境物质。

需要注意的是，类别和项别编号仅仅是危险货物分类的编号顺序，并非危险程度的顺序。

第3部分：危险货物一览表，特殊规定和例外。

第4部分：包装和罐体规定。

第5部分：托运程序。

第6部分：包装、中型散装容器（IBC）、大宗包装、可移动罐柜、多元件气体容器和散装容器的制造和试验要求。

第7部分：有关运输作业的规定。

为了对列入"橙皮书"的危险货物做合理且适当的分类，危险货物运输专家委员会编写了《关于危险货物运输的建议书　试验和标准手册》(The Recommendations on the Transport of Dangerous Goods　Manual of Tests and Criteria，俗称"小橙皮书")，1984年通过并颁布第一版，之后定期进行更新修订。从2001年起，危险货物运输和全球化学品统一分类和标签制度专家委员会取代了原先的委员会，该手册的更新工作由新的委员会负责。该手册是《关于危险货物运输的建议书　规章范本》《全球化学品统一分类和标签制度》的补充。手册中所载的各项标准、试验方法和程序，适用于根据《危险货物运输规章范本》第二和第三部分的规定对危险货物进行分类，以及根据《全球化学品统一分类和标签制度》对危险化学品进行分类。

2018年12月7日，危险货物运输和全球化学品统一分类和标签制度专家委员会第9届会议对《关于危险货物运输的建议书　试验和标准手册》的第六修订版通过了一系列修正。

此外，委员会考虑到促进在《全球化学品统一分类和标签制度》框架内使用《关于危险货物运输的建议书　试验和标准手册》的工作已经完成，该手册标题中"关于危险货物运输的建议书"一语已不合适，因此决定从第七修订版（2019年版）起，将其标题改为"试验和标准手册"(Manual of Tests and Criteria)。

截至2024年，联合国《试验和标准手册》已修订到第八版（2023年版），其主要包括5部分内容和7个附录：

第一部分：有关第1类爆炸品的分类程序、试验方法和标准。

第二部分：有关4.1项自反应物质和5.2项有机过氧化物的程序、试验方法和标准。

第三部分：有关第2类、第3类、第4类、5.1项、第8类和第9类的分类程序、试验方法和标准。

第四部分：有关运输设备的试验方法。

第五部分：有关运输以外环节的分类程序、试验方法和标准。该部分列出了根据《全球化学品统一分类和标签制度》对退敏爆炸品在供应和使用（包括储存）环节进行分类的联合国分类办法。

四、全球化学品统一分类和标签制度

《全球化学品统一分类和标签制度》（因其封面为紫色，又称为"紫皮书"）是联合国为了统一全球化学品危害分类所出台的一项重要制度，并陆续被世界各国采纳，是目前进出口危险化学品贸易中所需关注的重要法规之一。

随着经济的发展和科学的进步，人们越来越认识到健康和环保的重要性。在运输方面有关物理危险与急性毒性的化学品分类和标签工作已由联合国危险货物运输专家委员会完成，实行多年并被国际社会广泛接受。然而，在生产和消费等方面还未达成协调统一，特别是考虑到化学品对人类和环境的潜在危害性。

为了加强化学品的安全管理，欧盟及美国、日本等发达国家从20世纪50年代起相继出台了各类管理制度，但是各国对化学品危害的分类标准各不相同，甚至出现了同一化学品在一个国家被确认为危险化学品，而在另一个国家被认定为普通化学品的混乱局面。

为了统一全球化学品危害分类标准，加强对化学品致癌、生殖毒性等潜在危害的管理，组织间健全管理化学品方案（The Inter-organization Programme for the Sound Management of Chemicals，简称 IOMC）统一化学品分类协调小组协调和管理国际劳工组织（International Labour Organization，简称 ILO）、经济合作与发展组织（Organization for Economic Co-operation and Development，简称 OECD）及联合国危险货物运输专家委员会（CETDG）三个国际组织，经过十多年的共同努力，在借鉴联合国《关于危险货物运输的建议书》，欧盟、加拿大和美国相关化学品分类标签制度的基础上，于2001年完成 GHS 初稿；2002年12月，GHS 经联合国危险货物运输和全球化学品统一分类和标签制度委员会首次会议通过，并于2003年出版第一版。

GHS 国际标准是动态的，在全球化学品统一分类和标签制度分委会的主持下每两年修订更新一次，使之更加完善有效，以分享在各国、各地区和国际执行过程中所取得的经验。截至2024年，GHS 已经先后进行了10次修订和更新，现行版为2023年出版的第十修订版。

GHS 是为定义和分类化学品而制定的一种常规、连贯的方法，并通过标签和安全数据表向其他环节传递信息的制度。其目的在于提高对人类健康和环境的保护，完善现有的化学品分类和标签体系，减少对化学品的试验和评价，有利于化学品的国际贸易。它适用于所有化学品，包括纯物质及其稀释液、混合物，且适用于化学品的整个生命周期，包括化学品的生产、运输、存储、使用和废弃等各个环节，但不适用于美国职业安全和健康署"危险公示标准"（29 CFR 1910.1200）或类似定义界定的"物品"。

现行版 GHS 的主要内容包括化学品危害性的统一分类和危害信息的统一公示。

1.化学品危害性分类

GHS 把化学品的危害分为17项物理危害、10项健康危害和2项环境危害。17项物理危害包括：爆炸物、易燃气体、气雾剂和加压化学品、氧化性气体、加压气体、易燃液体、易燃固体、自反应物质和混合物、自燃液体、自燃固体、自热物质和混合物、遇水放出易燃气体的物质和混合物、氧化性液体、氧化性固体、有机过氧化物、金属腐蚀物、退敏爆炸物。10项健康危害包括：急性毒性、皮肤腐蚀/刺激、严重眼损伤/眼刺激、呼吸或皮肤致敏、生殖细胞致突变性、致癌性、生殖毒性、特定目标器官毒性-单次接触、特定目标器官毒性-反复接触、吸入危害。2项环境危害包括：危害水生环境、危害臭氧层。

2.化学品危害信息公示

GHS 关注的是化学品自身的危害，并期望通过标准化的标签和安全数据单，将其潜在危害告知化学品的所有潜在暴露者，即化学品危险要素的公示制度。

（1）标签

GHS 制度中一个完整的标签至少应包含以下 6 个信息要素：

①信号词：指标签上用来表明危害的相对严重程度和提醒读者注意潜在危害的单词。

GHS 使用的信号词是"危险""警告"。"危险"主要用于较为严重的危害类别，而"警告"主要用于较轻的类别。

②危害说明：指分配给一个危害种类和类别的短语，用来描述危害性产品的危害性质，酌情包括危害程度。

③象形图：指由一种图形构成，可包括一个符号加上其他图形要素，如边线、背景图样或颜色，用于描述一个危害种类和类别的主要危险性。

④防备说明：指一个短语（和/或象形图），用于说明为最大限度地减少或防止因接触危害性产品或因对它存放或搬运不当而产生的不利效应建议采取的措施。标签应包括适当的防备信息，但应由标签制作者或主管部门来选择提供哪些防备信息。

⑤产品标识符：包括物质或混合物的化学名称、成分等。标识符应与安全数据单上使用的产品标识符一致。如果物质或混合物属于《危险货物运输规章范本》规定的范围，包装件上还应使用联合国正确运输名称。

⑥供应商识别信息：包括物质或混合物的制造商或供应商的名称、地址和电话号码。

（2）安全数据单

安全数据单（Safety Data Sheet，简称 SDS）是一份传递化学品危害信息的重要文件，在我国标准中称为化学品安全技术说明书（简称 MSDS）。它简要说明了一种化学品对人类健康和环境的危害性，并提供如何安全搬运、储存、运输和应急处置该化学品的相关信息。SDS 应包括按顺序排列的 16 项内容，如表 1-2 所示。

表 1-2 SDS 内容表

1.标识	9.物理和化学特性
2.危害标识	10.稳定性和反应性
3.组成/成分信息	11.毒理学信息
4.急救措施	12.生态学信息
5.消防措施	13.处置考虑
6.意外泄漏措施	14.运输信息
7.搬运和存储	15.管理信息
8.接触控制/人身保护	16.其他信息

如果某危险化学品同时属于运输环节中的危险货物，则应在第 14 项内容中提供该货物在《关于危险货物运输的建议书 规章范本》中的联合国编号、正确运输名称、危险货物分类、包装类型等信息。

五、国际海运危险货物规则

《国际海运危险货物规则》（International Maritime Dangerous Goods，简称 IMDG 规则）是国际海事组织为实施经修订的 SOLAS 74 公约和经修订的 MARPOL 73/78 公约而制定的强制性规则，在保障包装危险货物安全运输和防止其污染海洋环境方面发挥着重要作用。

随着世界经济和国际贸易的发展，海运方式在各国国民经济发展中的地位和作用越来越突出，其中危险货物的运量也在逐年增加。为了合理地防止发生人身伤亡事故或对船舶、货物、海洋环境等的损害，应对海上运输危险货物加以管理。多年来，许多海运国家采取了种种措施管理船舶运输危险货物，但各种各样的规章和习惯做法导致其产生了不同的体系，危险货物的识别和标志存在差异、术语不一致、对包装和积载的规定因国而异等因素给所有直接或间接从事危险货物海上运输的人员造成了困难。因此，制定一个专门用于海上危险货物运输的国际规则势在必行。

1960 年召开的国际海上人命安全公约会议通过的第 56 号建议案要求，由国际海事组织负责，与联合国危险货物专家委员会合作，并考虑到现行的海运惯例和程序，针对包装危险货物的运输制定一个统一的国际规则。为此，国际海事组织海上安全委员会指派了在海上危险货物运输方面有丰富经验的国家组成工作组开展编制工作。1965 年，编制完成的 IMDG 规则经海上安全委员会 MSC 批准并由国际海事组织大会推荐给各国政府。

IMDG 规则的设计起初是用于海上运输并且是建议性的，但这并不影响它的广泛使用，包括生产商、包装商、仓储商、船东、港口经营人都使用了规则中的全部或部分内容，世界上的绝大部分国家把它作为立法和管理的依据。我国自 1982 年 10 月 1 日起在国际航线上开始使用 IMDG 规则。

IMDG 规则第一版于 1965 年出版，最初为活页本，在修正案出版之后，由各国自行插页替换。考虑到方便用户、强化遵守相关规则和利于危险货物的安全运输，自 2000 年第 30 次修正案（30-00 修正案）开始，对 IMDG 规则重新排版，将其修改为 3 册装订本（包括 2 个正本和 1 个补充本），与联合国《危险货物运输规章范本》在格式上一致。该修正案于 2001 年 1 月 1 日生效。

2002 年，海上安全委员会 MSC 通过的 SOLAS 74 公约第Ⅶ章修正案使 IMDG 规则第 31 次修正案（31-02 修正案）成为强制性的，生效日期为 2004 年 1 月 1 日。IMDG 规则每 2 年修正一次，单数年份自愿实施，双数年份强制实施。如 2018 年的第 39 次修正案（39-18 修正案）、2020 年的第 40 次修正案（40-20 修正案）、2022 年的第 41 次修正案（41-22 修正案）、2024 年的第 42 次修正案（42-24 修正案）等。41-22 修正案于 2023 年 1 月 1 日起自愿实施，于 2024 年 1 月 1 日起强制执行。

现行 IMDG 规则共 2 册，分为 7 部分：

第 1 部分：总则、定义和培训。

第 2 部分：分类。

第 3 部分：危险货物一览表、特殊规定和限量内免除。

第 4 部分：包装和罐柜规定。

第 5 部分：托运程序。

第 6 部分：包装、中型散装容器、大宗包装、可移动罐柜、多单元气体容器和公路罐车的构造和试验。

第 7 部分:运输作业的有关规定。

两册的具体内容分布为:

第一册:总则、定义和培训;分类;包装和罐柜规定;托运程序;包装、中型散装容器、大宗包装、可移动罐柜、多单元气体容器和公路罐车的构造和试验;运输作业的有关规定。

第二册:危险货物一览表、特殊规定和限量内免除。附录 A——通用的和未另列明条目的正确运输名称清单。附录 B——术语汇编;危险货物英文名称索引;危险货物中文名称索引(中文版 IMDG 规则附有)。

正式出版的 IMDG 规则文本还包括一个补充本,其主要内容有:船舶载运危险货物应急反应措施(EmS 指南)、危险货物事故医疗急救指南(MFAG 指南)、报告程序、船舶安全使用杀虫剂建议、INF 规则等。

IMDG 规则的上述内容和规定适用于《经修正的 SOLAS 74 公约》适用的且载运由该公约第Ⅶ章 A 部分第 1 条定义的危险货物的所有船舶,且所有船舶不论其船型与大小,装运本规则所规定的作为海洋污染物的物质、材料或物品时,必须符合本规则的规定。虽然根据 SOLAS 74 公约第Ⅶ章的规定,IMDG 规则在法律上是强制性文件,但是本规则的部分条款依然是建议性的,如第 1.1 章总则中"违反事项的通知"、第 1.3 章培训中的部分条款(1.3.1.4 至 1.3.1.7 段的规定)、第 1.4 章保安规定中除 1.4.1.1 外的所有条款、第 2.1 章中的绪注、第 2.3 章中的闪点的测定、第 3.2 章危险货物一览表中的第 15 栏(EmS)和第 17 栏(特性与注意事项)、第 5.4 章中危险货物多式联运表格的格式、第 7.2 章中规则的隔离流程和例子、第 7.8 章涉及危险货物事故和防火的特殊规定、第 7.9 章中的主要的指定国家有关当局联系方式及附录 B 等。

六、1972 年国际集装箱安全公约

为了保障集装箱的装卸、堆放和运输过程中人身的安全,同时便利集装箱国际运输,1972 年 12 月 1 日政府间海事协商组织 IMCO 在日内瓦联合召开的国际集装箱安全会议上通过了《国际集装箱安全公约》(The International Convention for Safe Containers,简称 CSC 公约),于 1977 年 9 月 6 日生效。截至 1984 年 8 月 31 日,公约有 38 个缔约国。中国于 1980 年 9 月 23 日加入该公约。根据公约规定的特定的修正程序,1981 年 4 月 2 日通过了一项修正案,对公约的附件做了适当修改和补充,对出厂时未经批准的新集装箱的批准以及现有集装箱的首次检验日期、重新检验日期和新集装箱的首次检验日期都做了规定,修正案于 1981 年 12 月 1 日起生效。到目前为止,最新一次修正为国际海事组织海上安全委员会第 92 届会议以第 MSC.355(92)号决议通过的 1972 年 CSC 公约修正案,该修正案已于 2014 年 1 月 1 日被视为默认接受,并于 2014 年 7 月 1 日生效。该公约共有 16 条正文和 2 个附件,主要内容是统一规定集装箱结构方面的技术要求,附件一为集装箱试验、检查、批准和维修规则,附件二为集装箱结构的安全要求和试验。

1.相关定义

(1)集装箱

集装箱是指一种满足下列要求的运输设备:

①具有耐久性和足够的强度,适于重复使用。

②经专门设计,便于以一种或多种运输方式运输货物,而无须中途换装。

③为了系固和(或)便于装卸,设有角件。

④4 个外底角所围蔽的面积应为下列两者之一。

a.至少为 14 m^2(150 ft^2);

b.如装有顶角件,则至少为 7 m^2(75 ft^2)。

集装箱一词既不包括车辆,也不包括包装;但是当集装箱在底盘车上运输时,则连同底盘车包括在内。

（2）角件

角件是指为了装卸、堆码和/或系固而在集装箱顶部和/或底部上安装的一种表面有孔的支撑配件。

（3）新集装箱和现有集装箱

新集装箱是指公约生效时或生效后开始制造的集装箱。现有集装箱是指不属于新集装箱的集装箱。

（4）最大营运总质量 R、空箱质量 T 和最大允许载货量 P

最大营运总质量 R 又称额定总重,是指集装箱空箱质量和载货质量两者之和的最大允许值,营运时不得超过该值,试验时不得小于该值。

空箱质量 T 又称皮重,是指包括固定附属装置在内的空载集装箱的质量。

最大允许载货量 P 是指最大营运总质量与空箱质量之差。

2.适用范围

1972 年 CSC 公约适用于国际运输中所使用的新集装箱和现有集装箱,但不包括为空运专门设计的集装箱。

3.试验、检查、批准和维修

为了使附件一中各项规定付诸实施,各主管机关应按本公约规定的标准,建立有效的集装箱试验、检查和批准程序。但主管机关可委托给它正式授权的机构来进行这些试验、检查和批准工作。主管机关将试验、检查和批准工作委托给一个机构时应通知国际海事组织秘书长以便其转告各缔约国。可向任何缔约国的主管机关申请批准。

集装箱均应按照附件一中的各项规定,保持在安全状态。如获得批准的集装箱实际上达不到附件一和附件二的要求,有关主管机关应采取必要的措施,使之达到上述要求或撤销批准。

4.管理

公约规定,根据其相应条款获得批准的每个集装箱,应在缔约国领土内受该缔约国正式授权的官员管理。这种管理仅限于证实集装箱上装有符合本公约要求的有效的安全合格牌照,除非有重要证据证明该集装箱的现状对安全有明显的危害,但即使在这种情况下,执行管理工作的官员所采取的必要行动也仅限于保证集装箱在继续投入营运之前恢复到安全状态。当集装箱由于某种缺陷似乎危及安全,而这项缺陷在该集装箱获得批准时可能业已存在时,则应由发现这种缺陷的缔约国通知负责批准该集装箱的主管机关。

七、国际海运固体散装货物规则

《国际海运固体散装货物规则》(International Maritime Solid Bulk Cargoes Code,简称

IMSBC 规则)的前身为《固体散装货物安全操作规则》(简称 BC 规则)。BC 规则是 IMO 根据 SOLAS 74 公约相关条款的建议,由集装箱分委会和固体货物分委会制定的关于固体散装危险货物的积载和运输安全的国际性规则。BC 规则第一版于 1965 年问世,是实施 SOLAS 74 公约第Ⅶ章危险货物运输部分的具体手段,但一直未被赋予强制约束力。

2007 年,IMO 集装箱分委会和固体货物分委会开始着手解决 BC 规则强制化过程中存在的问题,IMO 海上安全委员会于 2008 年 5 月公布了 BC 规则的修订版《国际海运固体散装货物规则》的草案。2008 年 12 月 8 日,海上安全委员会第 85 次会议以 SOLAS 74 公约第Ⅶ章修正案的形式通过了《国际海运固体散装货物规则》(IMSBC 规则),从而使得 IMSBC 规则成为强制性要求,并全面取代 BC 规则。

IMSBC 规则自 2009 年 1 月 1 日起自愿实施,自 2011 年 1 月 1 日起强制实施。规则每 2 年修正一次,双数年份自愿实施,单数年份强制实施,如 2011 年的第 1 次修正案(01-11 修正案)、2013 年的第 2 次修正案(02-13 修正案)、2015 年的第 3 次修正案(03-15 修正案)、2017 年的第 4 次修正案(04-17 修正案)、2019 年的第 5 次修正案(05-19 修正案)、2021 年的第 6 次修正案(06-21 修正案)、2023 年的第 7 次修正案(07-23 修正案)等。06-21 修正案于 2023 年 1 月 1 日起自愿实施,于 2023 年 12 月 1 日起强制执行;07-23 修正案于 2024 年 1 月 1 日起自愿实施,于 2025 年 1 月 1 日起强制执行。

现行版 IMSBC 规则主要内容包括 13 节正文、5 个附录。其中,第 1 节为一般规定,第 2 节为装载、载运和卸载的一般性预防措施,第 3 节为人员与船舶安全,第 4 节为评定货物的安全适运性,第 5 节为平舱程序,第 6 节为静止角的确定方法,第 7 节为易流态化或动态分离的货物,第 8 节为 A 组货物的测定程序,第 9 节为具有化学危险性的货物,第 10 节为散装固体废弃物运输,第 11 节为保安规定,第 12 节为积载因数换算表,第 13 节为参考相关信息和建议;附录 1 为固体散装货物明细表,附录 2 为试验室测试程序、使用的仪器和标准,附录 3 为固体散装货物的特性,附录 4 为索引,附录 5 为三种语言(英语、法语和西班牙语)固体散装货物运输名称。

IMSBC 规则的上述内容和规定适用于经修正的 SOLAS 74 公约适用的所有船舶,且适用于载运 SOLAS 74 公约第Ⅵ章 A 部分第 1-1 条定义的固体散装货物的船舶。该规则将所有列入其附录 1 的固体散装货物根据其海运特性分为 A、B、C 三组,即易流态化货物或动态分离货物、具有化学危险的货物、既不易流态化或动态分离又无化学危险的货物。

八、IBC 规则和 BCH 规则

散装液体化学品存在的危险特性及海上运输的发展,需要有一个国际准则来保证船舶及这类货物的安全,并减少给船员及周围环境所带来的危险。20 世纪 60 年代中期,在政府间海事协商组织 IMCO 会议中化学品船舶安全的议题被首次提出,海上安全委员会采纳了散装货物委员会的建议,组织有关专家开始筹备制定关于化学品船舶的设计规范、构造和设备的规则。

1971 年,政府间海事协商组织 IMCO 在第 7 次安全会议上做出决议 A.212(Ⅶ),通过了《散装运输危险化学品船舶构造和设备规则》(Code for the Construction and Equipment of Ships Carrying Dangerous Chemicals in Bulk,简称 BCH 规则),于 1972 年 4 月开始生效。

BCH 规则共有 7 章,对散装化学品船的结构和设备提出了要求。其中第六章列出了对船舶结构和设备有最低要求的散装液体化学品货物 68 种；第七章则列出了可散装运输，但对船舶结构和设备无最低要求（即不受 BCH 规则约束的）的货物 40 种。

BCH 规则的目的在于提供一个统一的安全运输散装化学品的国际准则。它提出涉及这类运输的船舶结构特性和考虑到货物特性的这类船舶所必须具备的设备。制定该规则的基本思路是把海上运输的化学品按其所具有的危害性进行分类，并将这些危害与运输这些货物的船舶类型联系起来，不同类型的船舶，其货物防护和自救能力也不同，化学品的危害性较大的，则应选择具有较强货物防护和自救能力的船型。

BCH 规则仅仅是对各国政府的一个建议，生效后至 1983 年间，又被修正了 10 次，使其不断得到改进并与技术发展同步。其间，建造了一些新的需同时适合于 BCH 规则与《国际散装运输液化气体船舶构造和设备规则》（简称 IGC 规则）的船舶，而这两个规则之间又有不统一的地方。为了协调两者的关系，综合 BCH 规则制定以来的实践，国际海事组织海上安全委员会 MSC 于 1983 年通过了《国际散装运输危险化学品船舶构造和设备规则》（International Code for the Construction and Equipment of Ships Carrying Dangerous Chemicals in Bulk，简称 IBC 规则）。同时规定，IBC 规则仅适用于 1986 年 7 月 1 日或以后建造的任何型式的化学品船，而现有船舶将继续（自愿地）执行原来的 BCH 规则。

海上安全委员会同时还通过了包括一些涉及 SOLAS 74 公约第Ⅶ章的修正案。经修正的 SOLAS 74 公约第Ⅶ章危险货物运输中的 B 部分为散装运输危险液体化学品船舶的构造和设备规则，其要求新造的化学品船应符合 IBC 规则，并按照规则中的规定进行检验和发证。由此，把 IBC 规则作为 SOLAS 74 公约修正案下的强制性规则，即 IBC 规则对于 1986 年 7 月 1 日或以后建造的化学品船是强制性的，BCH 规则及其修正案对 1986 年 7 月 1 日以前建造的化学品船是建议性的。

1985 年 12 月，国际海事组织环境保护委员会第 22 届会议通过了 MARPOL 73/78 公约附则Ⅱ的修正案，于 1987 年 4 月 7 日开始生效。该修正案规定，IBC 规则和 BCH 规则在本公约下都是强制性的。由此可见，BCH 规则在 MARPOL 73/78 公约下是强制性的，而在 SOLAS 74 公约下是建议性的。

为了进一步保证运输安全和防止污染海洋环境，BCH 规则和 IBC 规则需要不断地修正。截至 2024 年，IBC 规则有效版本为 IMO 于 2019 年 6 月 14 日通过的 MSC.460(101) 决议和于 2019 年 5 月 17 日通过的 MEPC.318(74) 决议，BCH 规则有效版本为 IMO 于 2019 年 6 月 14 日通过的 MSC.463(101) 决议和于 2019 年 5 月 17 日通过的 MEPC.319(74) 决议，两规则的生效日期均为 2021 年 1 月 1 日。

现行版 IBC 规则共有 21 章和 1 个附录，涵盖了船舶残存能力和液货舱位置，船舶布置，货物围护系统，货物驳运，环境控制，构造材料、防护衬料及涂层，货物温度控制，液货舱透气和除气装置，环境控制，电气装置，防火和灭火，货物区域的机械通风，测量设备，人员保护，特殊要求，操作要求，最低要求一览表，不适用本规则的货物清单，散装运输货物索引，液体化学品废弃物的运输，根据 IBC 规则确定运输规定的标准等内容。

其中第 17 章"最低要求一览表"列出了对化学品船舶结构和设备有最低要求的散装液体危险化学品物质清单，包括满足本规则适用的具有安全危害性的货物，具有污染危害性的货物及同时具有安全危害性和污染危害性的货物，其污染类别为 X、Y 或 Z 类。

第 18 章"不适用本规则的货物清单"包括其安全性和污染危害性已经过审查并确定其危害性尚不足以列入本规则适用范围的液体物质，其污染类别为 Z 或 OS 类；被确定属于 Z 类污染的物质载运时还须满足 MARPOL 73/78 公约附则Ⅱ的某些要求。虽然本章所列的液体物质不属于本规则的范围，但主管机关仍应注意，因为这些化学货物的安全运输可能需要采取某些安全措施，所以，主管机关还应规定相应的安全要求。

现行版的 BCH 规则共 8 章，涵盖了货物围护、安全设备及有关措施、特殊要求、操作要求、最低要求概要、不适用该规则的化学品名单和液体化学品废弃物的运输等内容。其中第 6 章"最低要求概要"列出了对化学品船舶结构和设备有最低要求的散装液体危险化学品物质清单，第 7 章列出了不适用该规则的化学品名单。

由此可见，在散装运输某一液体危险化学品时，对船型、舱型、设备的选择及安全操作要求等，均可在 IBC 规则第 17 章或 BCH 规则第 6 章中查得。

根据 IBC 规则或 BCH 规则，建造和装备的每一艘散装化学品船在进行初次检验或换证检验后，船旗国政府法定检验机构或其授权的船级社应签发一份《国际散装运输危险化学品适装证书》(International Certificate of Fitness for the Carriage of Dangerous Chemicals in Bulk，简称 COF 证书)或《散装运输危险化学品适装证书》。该证书附件中列出了允许该船装运的液体危险化学品清单。

MARPOL 73/78 公约缔约国按相应的 IBC 规则的规定，已进行检验并发证的化学品液货船应视为已符合 MARPOL 73/78 公约所述各条的规定，按 IBC 规则签发的 COF 证书应与按 MARPOL 73/78 公约的要求签发的 NLS 证书具有同等效力并得到同样的承认。

九、IGC 规则、GC 规则和 EGC 规则

为了保证液化气体船安全营运，国际海事组织 IMO 在 1975 年 11 月 12 日召开的第 7 届大会上同时通过了 A.328(Ⅸ)决议《散装运输液化气体船舶构造和设备规则》(Code for the Construction and Equipment of Ships Carrying Liquefied Gases in Bulk，简称 GC 规则)和 A.329(Ⅸ)决议《现有散装运输液化气体船规则》(简称 EGC 规则)。

GC 规则对新液化气体船的设计、建造(包括改装)、运输管理提出了第一个国际性的标准，主要适用于 1976 年 10 月 31 日以后建造的液化气体船。该规则公布后，IMO 对其进行了多次修正，目前仍在不断进行相应修订。

EGC 规则是一个过渡性的规则，它主要适用于 1976 年 10 月 31 日之前建造的液化气体船。该规则在设备方面的要求与 GC 规则基本相同，但在构造方面的要求低于 GC 规则。目前已经不再对该规则进行修订。

由于 GC 规则和 EGC 规则均为建议性的国际标准，在使用过程中不可避免地会出现一些混乱，影响了液化气体船的安全营运。因此，1983 年 6 月 17 日，IMO 海上安全委员会通过了《国际散装运输液化气体船舶构造和设备规则》(International Code for the Construction and Equipment of Ships Carrying Liquefied Gases in Bulk，简称 IGC 规则)，并把它作为 SOLAS 74 公约 1983 年修正案的一部分，使其成为强制性的规则，于 1986 年 7 月 1 日生效。

根据需要，IGC 规则不断以决议案的形式进行修正。截至 2024 年，有效版本为 IMO 于 2020 年 11 月 11 日通过的 MSC.476(102)决议，生效日期为 2024 年 1 月 1 日。

IGC 规则共 19 章、5 个附录。其中第 19 章"最低要求一览表"把货物的危险特性与船舶的设计要求联系起来，列出了所有可载运的液化气体名称，并为每种液化气体制定了船型、货舱、货舱蒸气空间控制、蒸气检测形式、液位仪等方面的要求。

IGC 规则的目的是为海上安全运输散装液化气体提供一个国际标准,在考虑所载货品性质的前提下,规定了该类运输船舶的设计和构造标准及应装配的设备,将其对人员、船舶、货物和环境所造成的危险减至最低。

符合 IGC 规则对结构、设备、附件、装置和材料规定的从事国际航行的液化气体船,经初次检验或换证检验后,船旗国法定检验机构或其授权的船级社应签发国际散装运输液化气体适装证书(International Certificate of Fitness for the Carriage of Liquefied Gases in Bulk)。该证书附件中列有船舶可装运的货品清单,如果货品清单中的货物既列入 IGC 规则第 19 章又列入 IBC 规则第 17 章,则载运此种货物的液化气体船除签发国际散装运输液化气体适装证书之外,还应签发 NLS 证书或 IBC 规则规定的 COF 证书。双规则货品清单见表 1-3。

表 1-3　双规则货品清单

序号	货品中文名称	货品英文名称	污染类别
1	二乙醚	Diethyl ether	Z
2	环氧乙烷/环氧丙烷混合物,但环氧乙烷含量按重量计不超过 30%	Ethylene exide-propylene oxide mixtures with ethylene oxide content of not more than 30% by weight	Y
3	异戊二烯(所有异构体)	Isoprene（all isomers）	Y
4	异戊二烯(部分精炼)	Isoprene（part refined）	Y
5	异丙胺	Isopropylamine	Y
6	乙胺	Monoethylamine（Ethylamine）	Y
7	戊烷(所有异构体)	Pentane（all isomers）	Y
8	戊烯(所有异构体)	Pentene（all isomers）	Y
9	环氧丙烷	Propylene oxide	Y
10	乙烯基乙醚	Vinyl ethyl ether	Z
11	二氯乙烯	Vinylidene chloride	Y

十、INF 规则

为了进一步加强放射性物质的安全运输,IMO 于 1999 年 5 月 27 日通过了《国际船舶安全运输密封装辐射性核燃料、钚和高放射性废料规则》(International Code for the Safe Carriage of Packaged Irradiated Nuclear Fuel,Plutonium and High-level Radioactive Wastes on Board Ships,简称 INF 规则),并于 2001 年 1 月 1 日生效,成为 SOLAS 74 公约下的强制性规则。该规则自生效之日起,共经过 4 次修正。INF 规则共 11 章,主要包括稳性的损害、防火、货物处所温度的控制、结构所考虑的问题、货物搜救安排、电力供应、防辐射装置和管理及训练和船上应急计划等内容。

INF 货物是指按照 IMDG 规则第 7 类的规定作为货物运输的密封装辐射性核燃料、钚和高放射性废料。辐射性核燃料是指含有铀、钍和/或已被用于维持自供式核连锁反应的钚同位素的物质。钚是指回收中从辐射性核燃料提取的钚的同位素的合成混合物。高放射性废料是指在辐射性核燃料的回收设施中,从第一阶段提取系统的操作中产生的液体废物,或在其后的提取阶段产生的浓缩废物,或由此种废物转化成的固体物质。

根据 INF 规则,装运 INF 货物的船舶被分成三类:

INF 1 类船:装载 INF 货物总放射活度小于 4 000 TBq。

INF 2 类船:装载的辐射性核燃料或高放射性废料总放射活度小于 $2×10^6$ TBq 或装载钚总活度为 $2×10^5$ TBq。

INF 3 类船:总放射活度没有最大限制的船舶。

符合 INF 规则规定的船舶,经初次检验后,船旗国法定检验机构或其授权的船级社应签发国际运输 INF 货物适装证书(International Certificate of Fitness for the Carriage of INF Cargo)。

船舶装运 INF 货物时,不但要遵守 INF 规则的规定,还应满足 IMDG 规则的相关要求。

十一、控制危险废物越境转移及其处置巴塞尔公约

废弃物,亦称废物,俗称垃圾,它是人类生产和生活的必然产物。随着工业的迅速发展,废物的种类和数量大幅度增加。由于各种简单的废物处置方法都存在一定的缺点,而先进的废物处置方法费用巨大,于是一些发达国家将废物运送到发展中国家去处置,而发展中国家技术比较落后,不了解这些物质的成分及特性,为此付出了巨大的环境代价,产生了严重的环境污染。这些做法不但引起了发展中国家的强烈抗议,而且遭到世界舆论的强烈反对。于是,1989年3月20日—22日在瑞士的巴塞尔召开了世界各国全权代表大会,会上104个国家共同签署了《控制危险废物越境转移及其处置巴塞尔公约》(Basel Convention on the Control of Transboundary Movements of Hazardous Wastes and Their Disposal,简称《巴塞尔公约》)。该公约共29条、6个附件,于1992年5月5日生效。我国参与了该公约的起草和通过,并于1991年9月4日被批准加入该公约。

《巴塞尔公约》的主要内容有:规定了危险废物越境转移及其处置所应遵循的原则、危险废物的范围、缔约国的一般义务、危险废物越境转移的控制措施、再进口的责任等。

《巴塞尔公约》是控制废物越境转移及其处置的国际准则和依据。它对抑制危险废物的跨国转移,保护发展中国家的环境不受废物污染和人民健康起了重大作用。

尽管《巴塞尔公约》对废物越境转移进行了严格控制,但它并没有完全禁止废物越境转移。公约仍然允许在特殊情况下进行废物越境转移,而大部分废物越境转移是利用海上运输,其中有些危险废物易导致船舶事故、人员伤亡或中毒,有些危险废物会对海洋造成污染。为此,IMO 在 IMDG 规则中也增加了关于废弃物运输的内容。

此外,与废弃物运输有关的国际公约还有《1972年防止倾倒废物及其他物质污染海洋公约》(简称《伦敦倾废公约》)、《1982年联合国海洋法公约》和 MARPOL 73/78 公约等。

十二、1992 年国际油污损害民事责任公约

由于全球海上散装油类运输而引起的污染危险日益严峻,对由于船舶溢出或排放油类造成污染而遭受损害的人给予适当的赔偿问题亟待解决,因此制定一个统一的国际规则和程序确定在上述情况下的责任问题和提供适当的赔偿势在必行。政府间海事协商组织 IMCO 于1969年11月29日通过了《1969年国际油污损害民事责任公约》[International Convention on Civil Liability for Oil Pollution Damage(1969),简称 1969 CLC 公约],该公约自1975年6月

19 日起生效。我国于 1980 年 1 月 30 日加入该公约,1980 年 4 月 29 日该公约对我国生效。

1992 年,在确认保持国际油污责任和损害赔偿系统生命力重要性的基础上,IMO 以议定书的形式对 1969 CLC 公约部分条款进行了修改,即《修正 1969 年国际油污损害民事责任公约的 1992 年议定书》,又称《1992 年国际油污损害民事责任公约》[International Convention on Civil Liability for Oil Pollution Damage（1992）,简称 1992 CLC 公约],该公约于 1996 年 5 月 30 日生效。经国务院批准,我国于 1999 年 1 月 5 日向国际海事组织交存了 1992 CLC 公约加入书,成为该议定书的缔约国,2000 年 1 月 5 日该公约对我国生效。国际海事组织于 2000 年 10 月召开的法律委员会第 82 届会议通过了对 1992 CLC 公约的修正案,该修正案于 2003 年 11 月 1 日生效。

1992 CLC 公约共 18 条,主要包括适用范围、责任主体、责任原则、责任限制、强制保险及诉讼时效等内容。

（1）相关定义:

①船舶是指为运输散装油类货物而建造或改建的任何类型的海船和海上航行器。

②油类是指任何持久性烃类矿物油,如原油、燃料油、重柴油和润滑油,不论其是在船上作为货物运输,还是在此种船舶的燃料舱中。

③污染损害是指:

a.因船舶泄漏或排放油类造成的在该船之外的损失或损害,不论此种泄漏或排放发生在何处。但对环境损害(不包括此种损害的利润损失)的赔偿,仅限于已实际采取或行将采取的合理恢复措施的费用。

b.预防措施的费用及因预防措施造成的进一步损失或损害。

④船舶所有人是指登记为船舶所有人的人。如果没有这种登记,则是指拥有该船的人。但如船舶为国家所有,并由在该国登记为船舶经营人的公司所经营,则船舶所有人即指这种公司。

（2）适用范围:

①本公约适用于在下列区域内造成的污染损害:缔约国的领土,包括领海和缔约国按照国际法设立的专属经济区;如果缔约国未设立专属经济区,则为该国按照国际法确立的、在其领海之外并与其领海毗连的、从测量其领海宽度的基线向外延伸不超过 200 海里的区域。

②本公约适用于不论在何处采取的用以防止或减少此种损害的预防措施。

（3）在事故发生时,船舶所有人须对船舶因该事故而造成的任何污染损害负责,除非船舶所有人证明损害属于以下情况:

①由于战争行为、敌对行为、内战、暴动,或特殊的、不可避免的和具有不可抗拒性质的自然现象所引起的损害;或

②完全是由于第三方故意造成损害的行为或不作为所引起的损害;或

③完全是由于负责维护灯标或其他助航设施管理的政府或其他主管当局在履行该职责时的疏忽或其他错误行为所造成的损害。

当然,如果船舶所有人证明污染损害完全或部分地由遭受损害的人故意造成损害的行为或不作为引起,或由该人的疏忽造成,则船舶所有人可全部或部分地免除对该人所负的责任。

船舶所有人有权利向第三者追偿,但是不得对以下人员提出污染损害赔偿要求:船舶所有人的雇员或代理人,或船员;引航员或为船舶提供服务但非属船员的任何其他人;船舶的任何承租人、管理人或经营人,及其所有雇员或代理人;经船舶所有人同意或根据主管公共当局指

示进行救助作业的任何人,及其所有雇员或代理人;采取预防措施的任何人,及其所有雇员或代理人。除非损害是由于他们本人有意造成,或是明知可能造成这种损害而毫不在意的行为或不为所引起。

(4)船舶所有人有权将其对任何一次油污事故的赔偿总额限定为:

①不超过 5 000 总吨的船舶为 451 万特别提款权(SDR);

②超过 5 000 总吨的船舶,在 451 万 SDR 的基础上,每增加 1 总吨,赔偿总额增加631 SDR,但该合计数额在任何情况下不得超过 8 977 万 SDR。

(5)在缔约国登记的载运 2 000 t 以上散装油类货物的船舶的所有人应按照公约的规定购买船舶油污保险或取得其他财务保证(如银行保证或国际基金出具的证明等),并办理和持有缔约国的主管当局颁发或签发的《油污损害民事责任保险或其他财务保证证书》,否则不得从事船舶的货油运输。证书的有效期不得长于保险或其他担保的有效期。

对于在缔约国登记的船舶,这种证书应由船舶登记国的主管当局颁发或签发;对于未在缔约国登记的船舶,证书可由任何一个缔约国的主管当局颁发或签发。证书应以发证国的一种或数种官方文字签发,如所用文字既非英文又非法文,则应包括这两种文字之一的译文。

证书应存于船上,其一份副本应交由保存该船登记记录的主管当局收存,如该船未在缔约国登记,则应由发证国的主管当局收存。

(6)一缔约国主管当局为满足公约要求的船舶颁发或签发的证书应被其他缔约国所接受并应视为与其签发的证书具有同等效力。如一缔约国认为证书上所列的保险人或保证人在财力上不能承担本公约所规定的各项义务,则可随时要求与发证国进行协商。

(7)诉讼时效为油污损害发生之日起 3 年,但无论如何不得在引起损害的事故发生之日起 6 年之后提出诉讼。如该事件包括一系列事故,则 6 年期限应自第一个事故发生之日起算。

十三、2001 年国际燃油污染损害民事责任公约

1992 CLC 公约解决了持久性油类船舶的油污染问题(包括货油和燃油),但其他船舶的燃油污染问题由于没有强制保险的规定,一直悬而未决。1996 年,燃油污染损害赔偿成为 IMO 法律委员会第 75 届大会的主要议题。在这次大会上,一份重大赔偿案件分析报告指出,有近半数的污染索赔是针对"非货油"的。基于上述原因,IMO 法律委员会于 1996 年拟定了《国际燃油污染损害民事责任公约》[International Convention on Civil Liability for Bunker Oil Pollution Damage(2001),简称 2011 燃油公约]草案,该草案于 2001 年 3 月 23 日获得通过,并于 2008 年11 月 21 日开始生效。我国政府已于 2008 年 11 月 17 日批准加入该公约,该公约于 2009 年3 月 9 日正式对我国生效。

(1)相关定义:

①船舶是指无论何种类型的任何海船和海上航行器。

②燃油是指用于或拟用于船舶运行或推进的包括润滑油在内的任何烃类矿物油以及此类油的任何残余物。

③污染损害是指:

a.从船体任何部位可能溢出或排出燃油的事故,从而造成船体外部水域的环境损失或损害。环境损害的赔偿应只限于使环境得以恢复所实际采取的或将要采取的合理措施,而不是此种损害的利润损失。

b.预防措施的费用和由预防措施造成的进一步损失或损害。

（2）适用范围：

①公约适用于在下列区域内造成的污染损害：缔约国的领土,包括领海；缔约国按照国际法确定的专属经济区,或者,如果缔约国未确定此种专属经济区,则由该国按照国际法确定的在该国领海外并与之毗邻的、从其领海宽度测量基线起算不超过200 n mile 的一个区域。

②公约适用于无论在何处采取的防止或尽量减少此种损害的预防措施。

（3）在缔约国登记的总吨位大于1 000 的船舶的登记所有人,应进行保险或诸如银行或类似金融机构的担保等其他经济担保,以承担登记所有人的污染损害责任,其金额等于适用的国家或国际限制机制规定的责任限制,但在所有情况下均不应超过按照经修正的《1976 年海事索赔责任限制公约》所计算的数额。

船舶登记国的有关主管当局在确定符合上述要求后,应向每艘船舶签发证书,证明按本公约规定维持的保险或其他经济担保有效。对于在缔约国登记的船舶,此类证书应由该船舶登记国的有关主管机关签发或认证；对于没在缔约国登记的船舶,此类证书可由任一缔约国的有关主管机关签发或认证。证书的有效期不得长于保险或其他担保的有效期。

证书应以签发国的一种或数种官方语言签发。如果所用文字不是英文、法文或西班牙文,则文本须包含这三种语言中任意一种的译文。

（4）一缔约国主管当局为满足公约要求的船舶签发或认证的证书应被其他当事国所接受并应视为与其签发或认证的证书具有同等效力。如一缔约国认为证书上所列的保险人或保证人在财力上不能承担本公约所规定的各项义务,则可随时要求与签发国或认证国进行协商。

（5）除非在损害发生之日起3 年内提起诉讼,否则本公约规定的求偿费用权利将被取消。但是,无论如何不得在造成损害的事故发生之日起6 年之后提起诉讼。如该事故包含一系列事件,6 年的期限应自第一个事件发生之日起算。

需要注意的是,适用于1992 CLC 公约的船舶不适用本公约的要求。

第三节　危险货物水路运输相关国内法律及法规

一、中华人民共和国海上交通安全法

《中华人民共和国海上交通安全法》（简称《海安法》）经1983 年9 月2 日第六届全国人民代表大会常务委员会第二次会议通过,并以第七号国家主席令形式公布,自1984 年1 月1 日起生效实施,是我国港口和海上交通安全管理的基本法,海事管理的绝大部分职能依据该法授权。此后,《海安法》历经2016 年修正、2021 年修订。

随着改革开放日益深化和经济社会快速发展,《海安法》有关内容已不能适应海运事业发展和海上交通安全管理的新形势、新要求,亟须修改完善。交通运输部研究起草了现行《海安法》修订送审稿,上报国务院；司法部按程序多次征求中央有关部门和单位、地方人民政府、企业的意见,并向社会公开征求意见。经反复研究论证和修改完善,形成了《中华人民共和国海上交通安全法(修订草案)》,并于2020 年9 月23 日经国务院第109 次常务会议讨论通过。

2021年4月29日,新《海安法》经第十三届全国人民代表大会常务委员会第二十八次会议审议通过,并于2021年9月1日正式实施。

现行《海安法》共10章122条。其中,与船舶载运危险货物直接相关的章节主要包括:第一章总则,第二章船舶、海上设施和船员,第五章海上客货运输安全,第八章监督管理,第九章法律责任及第十章附则。

1. 第一章 总则

(1)第1条:为了加强海上交通管理,维护海上交通秩序,保障生命财产安全,维护国家权益,制定本法。

(2)第2条:在中华人民共和国管辖海域内从事航行、停泊、作业以及其他与海上交通安全相关的活动,适用本法。

(3)第3条:国家依法保障交通用海。海上交通安全工作坚持安全第一、预防为主、便利通行、依法管理的原则,保障海上交通安全、有序、畅通。

(4)第4条:国务院交通运输主管部门主管全国海上交通安全工作。国家海事管理机构统一负责海上交通安全监督管理工作,其他各级海事管理机构按照职责具体负责辖区内的海上交通安全监督管理工作。

(5)第7条:从事船舶、海上设施航行、停泊、作业以及其他与海上交通相关活动的单位、个人,应当遵守有关海上交通安全的法律、行政法规、规章以及强制性标准和技术规范;依法享有获得航海保障和海上救助的权利,承担维护海上交通安全和保护海洋生态环境的义务。

2. 第二章 船舶、海上设施和船员

(1)第9条:中国籍船舶、在中华人民共和国管辖海域设置的海上设施、船运集装箱,以及国家海事管理机构确定的关系海上交通安全的重要船用设备、部件和材料,应当符合有关法律、行政法规、规章以及强制性标准和技术规范的要求,经船舶检验机构检验合格,取得相应证书、文书。证书、文书的清单由国家海事管理机构制定并公布。

设立船舶检验机构应当经国家海事管理机构许可。船舶检验机构设立条件、程序及其管理等依照有关船舶检验的法律、行政法规的规定执行。

持有相关证书、文书的单位应当按照规定的用途使用船舶、海上设施、船运集装箱,以及重要船用设备、部件和材料,并应当依法定期进行安全技术检验。

(2)第11条:中国籍船舶所有人、经营人或者管理人应当建立并运行安全营运和防治船舶污染管理体系。

3. 第五章 海上客货运输安全

(1)第57条:除进行抢险或者生命救助外,客船应当按照船舶检验证书核定的载客定额载运乘客,货船载运货物应当符合船舶检验证书核定的载重线和载货种类,不得载运乘客。

(2)第58条:客船载运乘客不得同时载运危险货物。

(3)第61条:船舶载运货物,应当按照有关法律、行政法规、规章以及强制性标准和技术规范的要求安全装卸、积载、隔离、系固和管理。

(4)第62条:船舶载运危险货物,应当持有有效的危险货物适装证书,并根据危险货物的特性和应急措施的要求,编制危险货物应急处置预案,配备相应的消防、应急设备和器材。

(5)第63条:托运人托运危险货物,应当将其正式名称、危险性质以及应当采取的防护措施通知承运人,并按照有关法律、行政法规、规章以及强制性标准和技术规范的要求妥善包装,设置明显的危险品标志和标签。

托运人不得在托运的普通货物中夹带危险货物或者将危险货物谎报为普通货物托运。

托运人托运的货物为国际海上危险货物运输规则和国家危险货物品名表上未列明但具有危险特性的货物的，托运人还应当提交有关专业机构出具的表明该货物危险特性以及应当采取的防护措施等情况的文件。

货物危险特性的判断标准由国家海事管理机构制定并公布。乘客不得随身携带或者在行李中夹带法律、行政法规或者国务院交通运输主管部门规定的危险物品。

（6）第 64 条：船舶载运危险货物进出港口，应当符合下列条件，经海事管理机构许可，并向海事管理机构报告进出港口和停留的时间等事项。

①所载运的危险货物符合海上安全运输要求；

②船舶的装载符合所持有的证书、文书的要求；

③拟靠泊或者进行危险货物装卸作业的港口、码头、泊位具备有关法律、行政法规规定的危险货物作业经营资质。

海事管理机构应当自收到申请之时起 24 h 内做出许可或者不予许可的决定。定船舶、定航线并且定货种的船舶可以申请办理一定期限内多次进出港口许可，期限不超过 30 日。海事管理机构应当自收到申请之日起 5 个工作日内做出许可或者不予许可的决定。海事管理机构予以许可的，应当通报港口行政管理部门。

（7）第 65 条：船舶、海上设施从事危险货物运输或者装卸、过驳作业，应当编制作业方案，遵守有关强制性标准和安全作业操作规程，采取必要的预防措施，防止发生安全事故。

在港口水域外从事散装液体危险货物过驳作业的，还应当符合下列条件，经海事管理机构许可并核定安全作业区：

①拟进行过驳作业的船舶或者海上设施符合海上交通安全与防治船舶污染海洋环境的要求；

②拟过驳的货物符合安全过驳要求；

③参加过驳作业的人员具备法律、行政法规规定的过驳作业能力；

④拟作业水域及其底质、周边环境适宜开展过驳作业；

⑤过驳作业对海洋资源以及附近的军事目标、重要民用目标不构成威胁；

⑥有符合安全要求的过驳作业方案、安全保障措施和应急预案。

对单航次作业的船舶，海事管理机构应当自收到申请之时起 24 h 内做出许可或者不予许可的决定；对在特定水域多航次作业的船舶，海事管理机构应当自收到申请之日起 5 个工作日内做出许可或者不予许可的决定。

4.第八章　监督管理

（1）第 88 条：海事管理机构对在中华人民共和国管辖海域内从事航行、停泊、作业以及其他与海上交通安全相关的活动，依法实施监督检查。

海事管理机构依照中华人民共和国法律、行政法规以及中华人民共和国缔结或者参加的国际条约对外国籍船舶实施港口国、沿岸国监督检查。

海事管理机构工作人员执行公务时，应当按照规定着装，佩戴职衔标志，出示执法证件，并自觉接受监督。海事管理机构依法履行监督检查职责，有关单位、个人应当予以配合，不得拒绝、阻碍依法实施的监督检查。

（2）第 89 条：海事管理机构实施监督检查可以采取登船检查、查验证书、现场检查、询问有关人员、电子监控等方式。

载运危险货物的船舶涉嫌存在瞒报、谎报危险货物等情况的,海事管理机构可以采取开箱查验等方式进行检查。海事管理机构应当将开箱查验情况通报有关部门。港口经营人和有关单位、个人应当予以协助。

5.第九章　法律责任

(1)第103条:船舶在海上航行、停泊、作业,有下列情形之一的,由海事管理机构责令改正,对违法船舶的所有人、经营人或者管理人处二万元以上二十万元以下的罚款,对船长、责任船员处二千元以上二万元以下的罚款,暂扣船员适任证书三个月至十二个月;情节严重的,吊销船长、责任船员的船员适任证书。

该条共有13项,相关项如下:

第2项:未按照有关规定显示信号、悬挂标志或者保持足够的富余水深。

第9项:船舶在不符合安全条件的码头、泊位、装卸站、锚地、安全作业区停泊,或者停泊危及其他船舶、海上设施的安全。

第10项:船舶违反规定超过检验证书核定的载客定额、载重线、载货种类载运乘客、货物,或者客船载运乘客同时载运危险货物。

第12项:未按照有关法律、行政法规、规章以及强制性标准和技术规范的要求安全装卸、积载、隔离、系固和管理货物。

(2)第108条:载运危险货物的船舶有下列情形之一的,海事管理机构应当责令改正,对违法船舶的所有人、经营人或者管理人处五万元以上五十万元以下的罚款,对船长、责任船员或者其他责任人员,处五千元以上五万元以下的罚款;情节严重的,责令停止作业或者航行,暂扣船长、责任船员的船员适任证书六个月至十二个月,直至吊销船员适任证书:

①未经许可进出港口或者从事散装液体危险货物过驳作业;

②未按规定编制相应的应急处置预案,配备相应的消防、应急设备和器材;

③违反有关强制性标准和安全作业操作规程的要求从事危险货物装卸、过驳作业。

(3)第109条:托运人托运危险货物,有下列情形之一的,由海事管理机构责令改正,处五万元以上三十万元以下的罚款:

①未将托运的危险货物的正式名称、危险性质以及应当采取的防护措施通知承运人;

②未按照有关法律、行政法规、规章以及强制性标准和技术规范的要求对危险货物妥善包装,设置明显的危险品标志和标签;

③在托运的普通货物中夹带危险货物或者将危险货物谎报为普通货物托运;

④未依法提交有关专业机构出具的表明该货物危险特性以及应当采取的防护措施等情况的文件。

6.第十章　附则

第117条:本法下列用语的含义。

船舶,是指各类排水或者非排水的船、艇、筏、水上飞行器、潜水器、移动式平台以及其他移动式装置。

危险货物,是指国际海上危险货物运输规则和国家危险货物品名表上列明的,易燃、易爆、有毒、有腐蚀性、有放射性、有污染危害性等,在船舶载运过程中可能造成人身伤害、财产损失或者环境污染而需要采取特别防护措施的货物。

二、中华人民共和国海洋环境保护法

《中华人民共和国海洋环境保护法》（简称《海环法》）是为了保护和改善海洋环境，保护海洋资源，防治污染损害，维护生态平衡，保障人体健康，促进经济和社会的可持续发展而制定的法规。该法于1982年8月23日经第五届全国人民代表大会常务委员会第二十四次会议通过，并以全国人民代表大会常务委员会第九号令形式公布实施。历经1999年修订，2013年、2016年和2017年三次修正，2023年修订。

现行《海环法》共9章124条。其中与船舶载运污染危害性货物直接相关的章节包括第一章总则、第七章船舶及有关作业活动污染防治、第八章法律责任，以及第九章附则。

1.第一章 总则

（1）第2条：本法适用于中华人民共和国管辖海域。

在中华人民共和国管辖海域内从事航行、勘探、开发、生产、旅游、科学研究及其他活动，或者在沿海陆域内从事影响海洋环境活动的任何单位和个人，应当遵守本法。在中华人民共和国管辖海域以外，造成中华人民共和国管辖海域环境污染、生态破坏的，适用本法相关规定。

（2）第4条：国务院生态环境主管部门负责全国海洋环境的监督管理，负责全国防治陆源污染物、海岸工程和海洋工程建设项目、海洋倾倒废弃物对海洋环境污染损害的环境保护工作，指导、协调和监督全国海洋生态保护修复工作。

国务院自然资源主管部门负责海洋保护和开发利用的监督管理，负责全国海洋生态、海域海岸线和海岛的修复工作。

国务院交通运输主管部门负责所辖港区水域内非军事船舶和港区水域外非渔业、非军事船舶污染海洋环境的监督管理，组织、协调、指挥重大海上溢油应急处置。海事管理机构具体负责上述水域内相关船舶污染海洋环境的监督管理，并负责污染事故的调查处理；对在中华人民共和国管辖海域航行、停泊和作业的外国籍船舶造成的污染事故登轮检查处理。船舶污染事故给渔业造成损害的，应当吸收渔业主管部门参与调查处理。

国务院渔业主管部门负责渔港水域内非军事船舶和渔港水域外渔业船舶污染海洋环境的监督管理，负责保护渔业水域生态环境工作，并调查处理前款规定的污染事故以外的渔业污染事故。

国务院发展改革、水行政、住房和城乡建设、林业和草原等部门在各自职责范围内负责有关行业、领域涉及的海洋环境保护工作。

海警机构在职责范围内对海洋工程建设项目、海洋倾倒废弃物对海洋环境污染损害、自然保护地海岸线向海一侧保护利用等活动进行监督检查，查处违法行为，按照规定权限参与海洋环境污染事故的应急处置和调查处理。

军队生态环境保护部门负责军事船舶污染海洋环境的监督管理及污染事故的调查处理。

2.第七章 船舶及有关作业活动污染防治

（1）第79条：在中华人民共和国管辖海域，任何船舶及相关作业不得违法向海洋排放船舶垃圾、生活污水、含油污水、含有毒有害物质污水、废气等污染物、废弃物、压载水和沉积物及其他有害物质。

船舶应当按照国家有关规定采取有效措施，对压载水和沉积物进行处理处置，严格防控引入外来有害生物。

从事船舶污染物、废弃物接收和船舶清舱、洗舱作业活动的,应当具备相应的接收处理能力。

(2)第80条:船舶应当配备相应的防污设备和器材。

船舶的结构、配备的防污设备和器材应当符合国家防治船舶污染海洋环境的有关规定,并经检验合格。

船舶应当取得并持有防治海洋环境污染的证书与文书,在进行涉及船舶污染物、压载水和沉积物排放及操作时,应当按照有关规定监测、监控,如实记录并保存。

(3)第81条:船舶应当遵守海上交通安全法律、法规的规定,防止因碰撞、触礁、搁浅、火灾或者爆炸等引起的海难事故,造成海洋环境的污染。

(4)第82条:国家完善并实施船舶油污损害民事赔偿责任制度;按照船舶油污损害赔偿责任由船东和货主共同承担风险的原则,完善并实施船舶油污保险、油污损害赔偿基金制度,具体办法由国务院规定。

(5)第83条:载运具有污染危害性货物进出港口的船舶,其承运人、货物所有人或者代理人,应当事先向海事管理机构申报。经批准后,方可进出港口或者装卸作业。

(6)第84条:交付船舶载运污染危害性货物的,托运人应当将货物的正式名称、污染危害性以及应当采取的防护措施如实告知承运人。污染危害性货物的单证、包装、标志、数量限制等,应当符合对所交付货物的有关规定。

需要船舶载运污染危害性不明的货物,应当按照有关规定事先进行评估。装卸油类及有毒有害货物的作业,船岸双方应当遵守安全防污操作规程。

(7)第85条:港口、码头、装卸站和船舶修造拆解单位所在地县级以上地方人民政府应当统筹规划建设船舶污染物等的接收、转运、处理处置设施,建立相应的接收、转运、处理处置多部门联合监管制度。

沿海县级以上地方人民政府负责对其管理海域的渔港和渔业船舶停泊点及周边区域污染防治的监督管理,规范生产生活污水和渔业垃圾回收处置,推进污染防治设备建设和环境清理整治。

港口、码头、装卸站和船舶修造拆解单位应当按照有关规定配备足够的用于处理船舶污染物、废弃物的接收设施,使该设施处于良好状态并有效运行。

装卸油类等污染危害性货物的港口、码头、装卸站和船舶应当编制污染应急预案,并配备相应的污染应急设备和器材。

(8)第86条:国家海事管理机构组织制定中国籍船舶禁止或者限制安装和使用的有害材料名录。

船舶修造单位或者船舶所有人、经营人或者管理人应当在船上备有有害材料清单,在船舶建造、营运和维修过程中持续更新,并在船舶拆解前提供给从事船舶拆解的单位。

3.第八章 法律责任

(1)第100条:违反本法规定,经中华人民共和国管辖海域,转移危险废物的,由国家海事管理机构责令非法运输该危险废物的船舶退出中华人民共和国管辖海域,处五十万元以上五百万元以下的罚款。

(2)第111条:违反本法规定,有下列行为之一,由依照本法规定行使海洋环境监督管理权的部门或者机构责令改正,处以罚款:

①拒报或者谎报船舶载运污染危害性货物申报事项的；

②托运人未将托运的污染危害性货物的正式名称、污染危害性以及应当采取的防护措施如实告知承运人的；

③托运人交付承运人的污染危害性货物的单证、包装、标志、数量限制不符合对所交付货物的有关规定的；

④托运人在托运的普通货物中夹带污染危害性货物或者将污染危害性货物谎报为普通货物的；

⑤需要船舶载运污染危害性不明的货物，未按照有关规定事先进行评估的。

有前款第①项行为的，处五万元以下的罚款；有前款第②项行为的，处五万元以上十万元以下的罚款；有前款第③项、第⑤项行为之一的，处二万元以上十万元以下的罚款；有前款第④项行为的，处十万元以上二十万元以下的罚款。

（3）第 112 条：违反本法规定，有下列行为之一，由依照本法规定行使海洋环境监督管理权的部门或者机构责令改正，处一万元以上五万元以下的罚款：

①载运具有污染危害性货物的船舶未经许可进出港口或者装卸作业的；

②装卸油类及有毒有害货物的作业，船岸双方未遵守安全防污操作规程的；

③船舶进行散装液体污染危害性货物的过驳作业，未编制作业方案或者未按照有关规定报经批准的。

4.第九章　附则

第 120 条：本法中下列用语的含义。

（1）海洋环境污染损害：是指直接或者间接地把物质或者能量引入海洋环境，产生损害海洋生物资源、危害人体健康、妨害渔业和海上其他合法活动、损害海水使用素质和减损环境质量等有害影响。

（2）排放：是指把污染物排入海洋的行为，包括泵出、溢出、泄出、喷出和倒出。

（3）油类：是指任何类型的油及其炼制品。

（4）油性混合物：是指任何含有油分的混合物。

三、中华人民共和国水污染防治法

《中华人民共和国水污染防治法》是为了保护和改善环境，防治水污染，保护水生态，保障饮用水安全，维护公众健康，推进生态文明建设，促进经济社会可持续发展而制定的法律。该法于 1984 年 5 月 11 日第六届全国人民代表大会常务委员会第五次会议通过，于 1984 年 11 月 1 日起实施。此后，该法历经 1996 年第一次修正、2008 年修订及 2017 年第二次修正，2017 年第二次修正自 2018 年 1 月 1 日起施行。

现行《中华人民共和国水污染防治法》共 8 章 103 条，其中涉及船舶和货物运输造成的水污染防治和事故处置章节主要包括：第一章总则、第四章水污染防治措施和第六章水污染事故处置。

1.第一章　总则

（1）第 2 条：本法适用于中华人民共和国领域内的江河、湖泊、运河、渠道、水库等地表水体以及地下水体的污染防治。

海洋污染防治适用《中华人民共和国海洋环境保护法》。

（2）第9条：县级以上人民政府环境保护主管部门对水污染防治实施统一监督管理。

交通主管部门的海事管理机构对船舶污染水域的防治实施监督管理。

县级以上人民政府水行政、国土资源、卫生、建设、农业、渔业等部门，以及重要江河、湖泊的流域水资源保护机构，在各自的职责范围内，对有关水污染防治实施监督管理。

（3）第10条：排放水污染物不得超过国家或者地方规定的水污染物排放标准和重点水污染物排放总量控制指标。

2.第四章　水污染防治措施

（1）第59条：船舶排放含油污水、生活污水，应当符合船舶污染物排放标准。从事海洋航运的船舶进入内河和港口的，应当遵守内河的船舶污染物排放标准。

船舶的残油、废油应当回收，禁止排入水体。禁止向水体倾倒船舶垃圾。船舶装载运输油类或者有毒货物，应当采取防止溢流和渗漏的措施，防止货物落水造成水污染。

进入中华人民共和国内河的国际航线船舶排放压载水的，应当采用压载水处理装置或者采取其他等效措施，对压载水进行灭活等处理。禁止排放不符合规定的船舶压载水。

（2）第60条：船舶应当按照国家有关规定配置相应的防污设备和器材，并持有合法有效的防止水域环境污染的证书与文书。

船舶进行涉及污染物排放的作业，应当严格遵守操作规程，并在相应的记录簿上如实记载。

（3）第62条：船舶及有关作业单位从事有污染风险的作业活动，应当按照有关法律法规和标准，采取有效措施，防止造成水污染。海事管理机构、渔业主管部门应当加强对船舶及有关作业活动的监督管理。

船舶进行散装液体污染危害性货物的过驳作业，应当编制作业方案，采取有效的安全和污染防治措施，并报作业地海事管理机构批准。

禁止采取冲滩方式进行船舶拆解作业。

3.第六章　水污染事故处置

（1）第77条：可能发生水污染事故的企业事业单位，应当制定有关水污染事故的应急方案，做好应急准备，并定期进行演练。

生产、储存危险化学品的企业事业单位，应当采取措施，防止在处理安全生产事故过程中产生的可能严重污染水体的消防废水、废液直接排入水体。

（2）第78条：企业事业单位发生事故或者其他突发性事件，造成或者可能造成水污染事故的，应当立即启动本单位的应急方案，采取隔离等应急措施，防止水污染物进入水体，并向事故发生地的县级以上地方人民政府或者环境保护主管部门报告。环境保护主管部门接到报告后，应当及时向本级人民政府报告，并抄送有关部门。

造成渔业污染事故或者渔业船舶造成水污染事故的，应当向事故发生地的渔业主管部门报告，接受调查处理；其他船舶造成水污染事故的，应当向事故发生地的海事管理机构报告，接受调查处理；给渔业造成损害的，海事管理机构应当通知渔业主管部门参与调查处理。

四、中华人民共和国港口法

《中华人民共和国港口法》是调整中国港口行政管理关系、加强政府对港口实施宏观管理的重要法规。该法于 2003 年 6 月 28 日第十届全国人民代表大会常务委员会第三次会议通过，2004 年 1 月 1 日起施行。此后，该法历经 2015 年、2017 年和 2018 年三次修正。2018 年第三次修正自 2018 年 12 月 29 日起施行。

现行《中华人民共和国港口法》共 6 章 62 条，其中与船舶载运危险货物申报直接相关的章节主要包括第一章总则和第四章港口安全与监督管理。

1. 第一章　总则

（1）第 3 条：本法所称港口，是指具有船舶进出、停泊、靠泊，旅客上下，货物装卸、驳运、储存等功能，具有相应的码头设施，由一定范围的水域和陆域组成的区域。港口可以由一个或者多个港区组成。

（2）第 6 条：国务院交通主管部门主管全国的港口工作。

地方人民政府对本行政区域内港口的管理，按照国务院关于港口管理体制的规定确定。

依照前款确定的港口管理体制，由港口所在地的市、县人民政府管理的港口，由市、县人民政府确定一个部门具体实施对港口的行政管理；由省、自治区、直辖市人民政府管理的港口，由省、自治区、直辖市人民政府确定一个部门具体实施对港口的行政管理。

依照前款确定的对港口具体实施行政管理的部门，以下统称港口行政管理部门。

2. 第四章　港口安全与监督管理

（1）第 34 条：船舶进出港口，应当依照有关水上交通安全的法律、行政法规的规定向海事管理机构报告。海事管理机构接到报告后，应当及时通报港口行政管理部门。

船舶载运危险货物进出港口，应当按照国务院交通主管部门的规定将危险货物的名称、特性、包装和进出港口的时间报告海事管理机构。海事管理机构接到报告后，应当在国务院交通主管部门规定的时间内做出是否同意的决定，通知报告人，并通报港口行政管理部门。但是，定船舶、定航线、定货种的船舶可以定期报告。

（2）第 35 条：在港口内进行危险货物的装卸、过驳作业，应当按照国务院交通主管部门的规定将危险货物的名称、特性，包装和作业的时间、地点报告港口行政管理部门。港口行政管理部门接到报告后，应当在国务院交通主管部门规定的时间内做出是否同意的决定，通知报告人，并通报海事管理机构。

五、中华人民共和国长江保护法

《中华人民共和国长江保护法》是为了加强长江流域生态环境保护和修复，促进资源合理高效利用，保障生态安全，实现人与自然和谐共生、中华民族永续发展而制定的一部法律。该法适用于在长江流域内开展的生态环境保护和修复，以及长江流域各类生产生活、开发建设活动。

其中，长江流域是指由长江干流、支流和湖泊形成的集水区域所涉及的青海省、四川省、西藏自治区、云南省、重庆市、湖北省、湖南省、江西省、安徽省、江苏省、上海市，以及甘肃省、陕西省、河南省、贵州省、广西壮族自治区、广东省、浙江省、福建省的相关县级行政区域。

该法自 2021 年 3 月 1 日起施行,共 9 章 96 条,其中与船舶载运危险货物密切相关的内容主要包括第 51 条和第 90 条。

(1)第 51 条:国家建立长江流域危险货物运输船舶污染责任保险与财务担保相结合机制。具体办法由国务院交通运输主管部门会同国务院有关部门制定。

禁止在长江流域水上运输剧毒化学品和国家规定禁止通过内河运输的其他危险化学品。长江流域县级以上地方人民政府交通运输主管部门会同本级人民政府有关部门加强对长江流域危险化学品运输的管控。

(2)第 90 条:违反本法规定,在长江流域水上运输剧毒化学品和国家规定禁止通过内河运输的其他危险化学品的,由县级以上人民政府交通运输主管部门或者海事管理机构责令改正,没收违法所得,并处二十万元以上二百万元以下罚款,对直接负责的主管人员和其他直接责任人员处五万元以上十万元以下罚款;情节严重的,责令停业整顿,或者吊销相关许可证。

六、危险化学品安全管理条例

《危险化学品安全管理条例》是为加强危险化学品的安全管理,预防和减少危险化学品事故,保障人民群众生命财产安全,保护环境而制定的国家法规,由中华人民共和国国务院于 2002 年 1 月 26 日发布,自 2002 年 3 月 15 日起施行。此后,该条例历经 2011 年和 2013 年两次修订。第一次修订以中华人民共和国国务院第 591 号令的形式发布,并于 2011 年 12 月 1 日起施行;第二次修订以中华人民共和国国务院第 645 号令的形式发布,并于 2013 年 12 月 7 日起施行。

现行《危险化学品安全管理条例》共 8 章 102 条,其中与船舶载运危险货物密切相关的章节主要包括:第一章总则、第五章运输安全、第六章危险化学品登记与事故应急救援和第七章法律责任。

1.第一章　总则

(1)第 2 条:危险化学品生产、储存、使用、经营和运输的安全管理,适用本条例。

废弃危险化学品的处置,依照有关环境保护的法律、行政法规和国家有关规定执行。

(2)第 3 条:本条例所称危险化学品,是指具有毒害、腐蚀、爆炸、燃烧、助燃等性质,对人体、设施、环境具有危害的剧毒化学品和其他化学品。

危险化学品目录,由国务院安全生产监督管理部门(应急管理部门)会同国务院工业和信息化、公安、环境保护、卫生、质量监督检验检疫、交通运输、铁路、民用航空、农业主管部门,根据化学品危险特性的鉴别和分类标准确定、公布,并适时调整。

2.第五章　运输安全

(1)第 43 条:从事危险化学品道路运输、水路运输的,应当分别依照有关道路运输、水路运输的法律、行政法规的规定,取得危险货物道路运输许可、危险货物水路运输许可,并向工商行政部门办理登记手续。

危险化学品道路运输企业、水路运输企业应当配备专职安全管理人员。

(2)第 44 条:危险化学品道路运输企业、水路运输企业的驾驶人员、船员、装卸管理人员、押运人员、申报人员、集装箱装箱现场检查员应当经交通运输主管部门考核合格,取得从业资格。具体办法由国务院交通运输主管部门制定。

危险化学品的装卸作业应当遵守安全作业标准、规程和制度,并在装卸管理人员的现场指挥或者监控下进行。水路运输危险化学品的集装箱装箱作业应当在集装箱装箱现场检查员的指挥或者监控下进行,并符合积载、隔离的规范和要求;装箱作业完毕后,集装箱装箱现场检查员应当签署装箱证明书。

（3）第45条:运输危险化学品,应当根据危险化学品的危险特性采取相应的安全防护措施,并配备必要的防护用品和应急救援器材。

用于运输危险化学品的槽罐以及其他容器应当封口严密,能够防止危险化学品在运输过程中因温度、湿度或者压力的变化发生渗漏、洒漏;槽罐以及其他容器的溢流和泄压装置应当设置准确、起闭灵活。

运输危险化学品的驾驶人员、船员、装卸管理人员、押运人员、申报人员、集装箱装箱现场检查员,应当了解所运输的危险化学品的危险特性及其包装物、容器的使用要求和出现危险情况时的应急处置方法。

（4）第52条:通过水路运输危险化学品的,应当遵守法律、行政法规以及国务院交通运输主管部门关于危险货物水路运输安全的规定。

（5）第53条:海事管理机构应当根据危险化学品的种类和危险特性,确定船舶运输危险化学品的相关安全运输条件。

拟交付船舶运输的化学品的相关安全运输条件不明确的,货物所有人或者代理人应当委托相关技术机构进行评估,明确相关安全运输条件并经海事管理机构确认后,方可交付船舶运输。

（6）第54条:禁止通过内河封闭水域运输剧毒化学品以及国家规定禁止通过内河运输的其他危险化学品。

前款规定以外的内河水域,禁止运输国家规定禁止通过内河运输的剧毒化学品以及其他危险化学品。

禁止通过内河运输的剧毒化学品以及其他危险化学品的范围,由国务院交通运输主管部门会同国务院环境保护主管部门、工业和信息化主管部门、安全生产监督管理部门,根据危险化学品的危险特性、危险化学品对人体和水环境的危害程度以及消除危害后果的难易程度等因素规定并公布。

（7）第57条:通过内河运输危险化学品,应当使用依法取得危险货物适装证书的运输船舶。水路运输企业应当针对所运输的危险化学品的危险特性,制定运输船舶危险化学品事故应急救援预案,并为运输船舶配备充足、有效的应急救援器材和设备。

通过内河运输危险化学品的船舶,其所有人或者经营人应当取得船舶污染损害责任保险证书或者财务担保证明。船舶污染损害责任保险证书或者财务担保证明的副本应当随船携带。

（8）第58条:通过内河运输危险化学品,危险化学品包装物的材质、型式、强度以及包装方法应当符合水路运输危险化学品包装规范的要求。国务院交通运输主管部门对单船运输的危险化学品数量有限制性规定的,承运人应当按照规定安排运输数量。

（9）第60条:船舶载运危险化学品进出内河港口,应当将危险化学品的名称、危险特性、包装以及进出港时间等事项,事先报告海事管理机构。海事管理机构接到报告后,应当在国务院交通运输主管部门规定的时间内做出是否同意的决定,通知报告人,同时通报港口行政管理部门。定船舶、定航线、定货种的船舶可以定期报告。

在内河港口内进行危险化学品的装卸、过驳作业,应当将危险化学品的名称、危险特性,包装和作业的时间、地点等事项报告港口行政管理部门。港口行政管理部门接到报告后,应当在国务院交通运输主管部门规定的时间内做出是否同意的决定,通知报告人,同时通报海事管理机构。

载运危险化学品的船舶在内河航行,通过过船建筑物的,应当提前向交通运输主管部门申报,并接受交通运输主管部门的管理。

(10)第61条:载运危险化学品的船舶在内河航行、装卸或者停泊,应当悬挂专用的警示标志,按照规定显示专用信号。

载运危险化学品的船舶在内河航行,按照国务院交通运输主管部门的规定需要引航的,应当申请引航。

(11)第63条:托运危险化学品的,托运人应当向承运人说明所托运的危险化学品的种类、数量、危险特性以及发生危险情况的应急处置措施,并按照国家有关规定对所托运的危险化学品妥善包装,在外包装上设置相应的标志。

运输危险化学品需要添加抑制剂或者稳定剂的,托运人应当添加,并将有关情况告知承运人。

(12)第64条:托运人不得在托运的普通货物中夹带危险化学品,不得将危险化学品匿报或者谎报为普通货物托运。

任何单位和个人不得交寄危险化学品或者在邮件、快件内夹带危险化学品,不得将危险化学品匿报或者谎报为普通物品交寄。邮政企业、快递企业不得收寄危险化学品。

对涉嫌违反本条第一款、第二款规定的,交通运输主管部门、邮政管理部门可以依法开拆查验。

3.第六章　危险化学品登记与事故应急救援

(1)第66条:国家实行危险化学品登记制度,为危险化学品安全管理以及危险化学品事故预防和应急救援提供技术、信息支持。

(2)第67条:危险化学品生产企业、进口企业,应当向国务院安全生产监督管理部门负责危险化学品登记的机构(以下简称危险化学品登记机构)办理危险化学品登记。

危险化学品登记包括下列内容:
①分类和标签信息;
②物理、化学性质;
③主要用途;
④危险特性;
⑤储存、使用、运的安全要求;
⑥出现危险情况的应急处置措施。

对同一企业生产、进口的同一品种的危险化学品,不进行重复登记。危险化学品生产企业、进口企业发现其生产、进口的危险化学品有新的危险特性的,应当及时向危险化学品登记机构办理登记内容变更手续。

危险化学品登记的具体办法由国务院安全生产监督管理部门制定。

(3)第68条:危险化学品登记机构应当定期向工业和信息化、环境保护、公安、卫生、交通运输、铁路、质量监督检验检疫等部门提供危险化学品登记的有关信息和资料。

（4）第 69 条：县级以上地方人民政府安全生产监督管理部门应当会同工业和信息化、环境保护、公安、卫生、交通运输、铁路、质量监督检验检疫等部门，根据本地区实际情况，制定危险化学品事故应急预案，报本级人民政府批准。

（5）第 70 条：危险化学品单位应当制定本单位危险化学品事故应急预案，配备应急救援人员和必要的应急救援器材、设备，并定期组织应急救援演练。危险化学品单位应当将其危险化学品事故应急预案报所在地设区的市级人民政府安全生产监督管理部门备案。

（6）第 71 条：发生危险化学品事故，事故单位主要负责人应当立即按照本单位危险化学品应急预案组织救援，并向当地安全生产监督管理部门和环境保护、公安、卫生主管部门报告；道路运输、水路运输过程中发生危险化学品事故的，驾驶人员、船员或者押运人员还应当向事故发生地交通运输主管部门报告。

4.第七章　法律责任

（1）第 86 条：有下列情形之一的，由交通运输主管部门责令改正，处 5 万元以上 10 万元以下的罚款；拒不改正的，责令停产停业整顿；构成犯罪的，依法追究刑事责任：

①危险化学品道路运输企业、水路运输企业的驾驶人员、船员、装卸管理人员、押运人员、申报人员、集装箱装箱现场检查员未取得从业资格上岗作业的；

②运输危险化学品，未根据危险化学品的危险特性采取相应的安全防护措施，或者未配备必要的防护用品和应急救援器材的；

③使用未依法取得危险货物适装证书的船舶，通过内河运输危险化学品的；

④通过内河运输危险化学品的承运人违反国务院交通运输主管部门对单船运输的危险化学品数量的限制性规定运输危险化学品的；

⑤用于危险化学品运输作业的内河码头、泊位不符合国家有关安全规范，或者未与饮用水取水口保持国家规定的安全距离，或者未经交通运输主管部门验收合格投入使用的；

⑥托运人不向承运人说明所托运的危险化学品的种类、数量、危险特性以及发生危险情况的应急处置措施，或者未按照国家有关规定对所托运的危险化学品妥善包装并在外包装上设置相应标志的；

⑦运输危险化学品需要添加抑制剂或者稳定剂，托运人未添加或者未将有关情况告知承运人的。

（2）第 87 条：有下列情形之一的，由交通运输主管部门责令改正，处 10 万元以上 20 万元以下的罚款，有违法所得的，没收违法所得；拒不改正的，责令停产停业整顿；构成犯罪的，依法追究刑事责任：

①委托未依法取得危险货物道路运输许可、危险货物水路运输许可的企业承运危险化学品的；

②通过内河封闭水域运输剧毒化学品以及国家规定禁止通过内河运输的其他危险化学品的；

③通过内河运输国家规定禁止通过内河运输的剧毒化学品以及其他危险化学品的；

④在托运的普通货物中夹带危险化学品，或者将危险化学品谎报或者匿报为普通货物托运的。

在邮件、快件内夹带危险化学品，或者将危险化学品谎报为普通物品交寄的，依法给予治安管理处罚；构成犯罪的，依法追究刑事责任。邮政企业、快递企业收寄危险化学品的，依照

《中华人民共和国邮政法》的规定处罚。

（3）第 92 条：有下列情形之一的，依照《中华人民共和国内河交通安全管理条例》的规定处罚：

①通过内河运输危险化学品的水路运输企业未制定运输船舶危险化学品事故应急救援预案，或者未为运输船舶配备充足、有效的应急救援器材和设备的；

②通过内河运输危险化学品的船舶的所有人或者经营人未取得船舶污染损害责任保险证书或者财务担保证明的；

③船舶载运危险化学品进出内河港口，未将有关事项事先报告海事管理机构并经其同意的；

④载运危险化学品的船舶在内河航行、装卸或者停泊，未悬挂专用的警示标志，或者未按照规定显示专用信号，或者未按照规定申请引航的。

未向港口行政管理部门报告并经其同意，在港口内进行危险化学品的装卸、过驳作业的，依照《中华人民共和国港口法》的规定处罚。

七、危险化学品目录及其实施指南（试行）

《危险化学品目录》是落实《危险化学品安全管理条例》的重要基础性文件，是企业落实危险化学品安全管理主体责任以及相关部门实施监督管理的重要依据。根据《危险化学品安全管理条例》的规定，国务院安全生产监督管理部门(应急管理部门)会同国务院工业和信息化、公安、环境保护、卫生、质量监督检验检疫、交通运输、铁路、民用航空、农业主管部门制定了《危险化学品目录(2015 版)》，并于 2015 年 5 月 1 日起实施。截至目前，现行版本为《危险化学品目录(2015 版)》。

同时，为了有效实施《危险化学品目录(2015 版)》，国家安全监管总局组织编制了《危险化学品目录(2015 版)实施指南(试行)》，于 2015 年 8 月 19 日起施行。

1.危险化学品目录(2015 版)

（1）相关定义

①危险化学品是指具有毒害、腐蚀、爆炸、燃烧、助燃等性质，对人体、设施、环境具有危害的剧毒化学品和其他化学品。

②剧毒化学品是指具有剧烈急性毒性危害的化学品，包括人工合成的化学品及其混合物和天然毒素，还包括具有急性毒性易造成公共安全危害的化学品。

剧烈急性毒性判定界限为：急性毒性类别 1，即满足下列条件之一：大鼠实验，经口 $LD_{50} \le$ 5 mg/kg，经皮 $LD_{50} \le 50$ mg/kg；吸入（4 h），$LC_{50} \le 100$ mL/m³（气体）或 0.5 mg/L（蒸气）或 0.05 mg/L（尘、雾）。经皮 LD_{50} 的实验数据，也可使用兔实验数据。

（2）确定原则

根据化学品危险特性的鉴别和有关化学品分类及标签标准，危险化学品分为物理危险性 16 类、健康危害 10 类、环境危害 2 类，每一类下面又进一步细分为 81 个危险类别。危险化学品的品种从 81 类中确定。

（3）危险化学品目录(2015 版)(部分)

《危险化学品目录(2015 版)》共包括 2 828 个危险化学品条目，其中剧毒化学品条目 148 个，具体形式和内容见表 1-4。

表 1-4　危险化学品目录（2015 版）（部分）

序号	品名	别名	CAS 号	备注
1	阿片	鸦片	8008-60-4	
2	氨	液氨；氨气	7664-41-7	
3	5-氨基-1,3,3-三甲基环己甲胺	异佛尔酮二胺；3,3,5-三甲基-4,6-二氨基-2-烯环己酮；1-氨基-3-氨基甲基-3,5,5-三甲基环己烷	2855-13-2	
4	5-氨基-3-苯基-1-［双（N,N-二甲基氨基氧膦基）］-1,2,4-三唑（含量>20%）	威菌磷	1031-47-6	剧毒
⋮	⋮	⋮	⋮	⋮
1674	柴油（闭杯闪点≤60 ℃）			
1675	氰	氰气	460-19-5	
1676	氰氨化钙（含碳化钙>0.1%）	石灰氮	156-62-7	
1677	氰胍甲汞	氰甲汞胍	502-39-6	剧毒
⋮	⋮	⋮	⋮	⋮
2828	含易燃溶剂的合成树脂、油漆、辅助材料、涂料等制品（闭杯闪点≤60 ℃）			

注：条目 2828，闪点高于 35 ℃，但不超过 60 ℃的液体如果在持续燃烧性试验中得到否定结果，则可将其视为非易燃液体，不作为易燃液体管理

表中：

①序号是指《危险化学品目录（2015 版）》中化学品的顺序号。

②品名是指根据《有机化学命名原则（1980）》确定的名称。

③别名是指除品名以外的其他名称，包括通用名、俗名等。

④CAS 号是指美国化学文摘社对化学品的唯一登记号。

⑤备注是对剧毒化学品的特别注明。

⑥第 1674 条目：应急管理部会同工业和信息化部、公安部、生态环境部、交通运输部、农业农村部、卫生健康委、市场监管总局、铁路局、民航局以 2022 年第 8 号公告发布，调整《危险化学品目录（2015 版）》，将"1674 柴油（闭杯闪点≤60 ℃）"调整为"1674 柴油"，并于 2023 年 1 月 1 日起施行。调整版中柴油将不区分闪点高低，均为危险化学品。

（4）使用注意事项

①《危险化学品目录（2015 版）》按品名汉字的汉语拼音排序；

②《危险化学品目录（2015 版）》中除列明的条目外，无机盐类同时包括无水和含有结晶水的化合物；

③序号 2828 是类属条目，《危险化学品目录（2015 版）》中除列明的条目外，符合相应条件的，属于危险化学品；

④《危险化学品目录（2015 版）》中除混合物之外无含量说明的条目，是指该条目的工业

产品或者纯度高于工业产品的化学品,用作农药时,是指其原药;

⑤《危险化学品目录(2015 版)》中的农药条目结合其物理危险性、健康危害、环境危害及农药管理情况综合确定。

2.危险化学品目录(2015 版)实施指南(试行)

(1)《危险化学品目录(2015 版)》所列化学品是指达到国家、行业、地方和企业的产品标准的危险化学品(国家明令禁止生产、经营、使用的化学品除外)。

(2)工业产品的 CAS 号与《危险化学品目录(2015 版)》所列危险化学品 CAS 号相同时(不论其中文名称是否一致),即可认为是同一危险化学品。

(3)企业将《危险化学品目录(2015 版)》中同一品名的危险化学品在改变物质状态后进行销售的,应取得危险化学品经营许可证。

(4)对生产、经营柴油的企业按危险化学品企业进行管理。

(5)主要成分均为列入《危险化学品目录(2015 版)》的危险化学品,并且主要成分质量比或体积比之和不小于70%的混合物(经鉴定不属于危险化学品确定原则的除外),可视其为危险化学品并按危险化学品进行管理,安全监管部门在办理相关安全行政许可时,应注明混合物的商品名称及主要成分含量。

(6)对于主要成分均为列入《危险化学品目录(2015 版)》的危险化学品,并且主要成分质量比或体积比之和小于70%的混合物或危险特性尚未确定的化学品,生产或进口企业应根据《化学品物理危险性鉴定与分类管理办法》(国家安全监管总局令第 60 号)及其他相关规定进行鉴定分类,经过鉴定分类属于危险化学品确定原则的,应根据《危险化学品登记管理办法》(国家安全监管总局令第 53 号)进行危险化学品登记,但不需要办理相关安全行政许可手续。

(7)化学品只要满足《危险化学品目录(2015 版)》中序号第 2828 项闪点判定标准即属于第 2828 项危险化学品。为方便查阅,危险化学品分类信息表中列举部分品名,其列举的涂料、油漆产品以成膜物为基础确定。

例如,条目"酚醛树脂漆(涂料)",是指以酚醛树脂、改性酚醛树脂等为成膜物的各种油漆涂料。各油漆涂料对应的成膜物详见国家标准《涂料产品分类和命名》(GB/T 2705—2003)。胶粘剂以粘料为基础确定。例如,条目"酚醛树脂类胶粘剂",是指以酚醛树脂、间苯二酚甲醛树脂等为粘料的各种胶粘剂。各胶粘剂对应的粘料详见国家标准《胶粘剂分类》(GB/T 13553—1996)。

(8)危险化学品分类信息表(指南附件)是各级安全监管部门判定危险化学品危险特性的重要依据。各级安全监管部门可根据指南中列出的各种危险化学品分类信息,有针对性地指导企业按照其所涉及的危险化学品危险特性采取有效防范措施,加强安全生产工作。

八、内河禁运危险化学品目录

内河危险化学品运输事关人民生命财产安全、公共环境保护。《内河禁运危险化学品目录》是落实《危险化学品安全管理条例》的重要基础性文件,是企业落实危险化学品安全管理主体责任以及相关部门实施监督管理的重要依据。根据《危险化学品安全管理条例》的规定,交通运输部会同生态环境部、工业和信息化部、应急管理部制定了《内河禁运危险化学品目录管理办法》,并相应调整发布了《内河禁运危险化学品目录(2019 版)》,以交通运输部公告2019 年第 30 号令的形式于 2019 年 5 月 24 日发布,并自发布之日起实施。

《内河禁运危险化学品目录(2019版)》共禁运313个品种,其中,全面禁运228个品种,禁止散装运输85个品种,分别见表1-5、表1-6。

表1-5　内河全面禁运危险化学品(228种)

序号	危险化学品目录序号	品名	别名	UN编号	正确运输中文名称	CAS号
1	4	5-氨基-3-苯基-1-[双(N,N-二甲基氨基氧膦基)]-1,2,4-三唑(含量>20%)	威菌磷	3018 2783	/	1031-47-6
2	20	3-氨基丙烯	烯丙胺	2334	烯丙胺	107-11-9
⋮	⋮	⋮		⋮	⋮	⋮
197	1929	砷酸		1553 1554	砷酸,液体的 砷酸,固体的	7778-39-4
⋮	⋮	⋮		⋮	⋮	⋮
225	798	高氯酸(浓度>72%)	过氯酸	/	/	7601-90-3
226	2490	亚硝酸甲酯		2455	亚硝酸甲酯	624-91-9
227	2494	亚硝酸锌铵		1512	亚硝酸铵锌	63885-01-8
228	2286	易于自热并足以引发其分解的硝酸铵(含可燃物≤0.2%)		1942	硝酸铵,含有不大于0.2%的可燃物质,包括以碳计算的任何有机物,但不包括任何其他添加物质	6484-52-2

表1-6　内河禁止散装运输危险化学品(85种)

序号	危险化学品目录序号	品名	别名	UN编号	正确运输中文名称	CAS号
1	1015	甲苯-2,4-二异氰酸甲酯	2,4-二异氰酸甲苯酯;2,4-TDI	2078	甲苯二异氰酸酯	584-84-9
2	2103	铊	金属铊	3288	/	7440-28-0
3	2540	氧化亚铊	一氧化二铊	1707	/	1314-12-1
⋮	⋮	⋮	⋮	⋮	⋮	⋮
83	1580	木防己苦毒素	苦毒浆果(木防己属)	2811	/	124-87-8
84	2016	丝裂霉素C	自力霉素	3249	/	50-07-7
85	398	O,O-二甲基-S-(2-乙硫基乙基)二硫代磷酸酯	甲基乙拌磷	3018	/	640-15-3

表中：

①序号是指本目录中化学品的顺序号。

②危险化学品目录序号是指《危险化学品目录(2015版)》中化学品的顺序号。

③品名是指根据《有机化学命名原则(1980)》标准确定的危险化学品品名。

④别名是指除品名以外的其他名称,包括通用名、俗名等。

⑤UN编号是指联合国危险货物运输专家委员会在《关于危险货物运输的建议书》中对危险货物指定的编号。在目录中标注2个UN号是指该化学品2种不同形态危险货物指定的编号。

⑥正确运输中文名称是指国际海事组织在IMDG规则中明确的危险货物正确运输名称。

⑦CAS号是指美国化学文摘社对化学品的唯一登记号。

九、中华人民共和国内河交通安全管理条例

《中华人民共和国内河交通安全管理条例》旨在加强内河交通安全管理,维护内河交通秩序,保障人民群众生命、财产安全。2002年6月28日,中华人民共和国国务院令(第355号)公布《中华人民共和国内河交通安全管理条例》。此后,该条例历经2011年1月、2017年3月及2019年3月三次修订。

现行《中华人民共和国内河交通安全管理条例》共11章95条,其中涉及船舶载运危险货物管理的章节包括:第一章总则、第四章危险货物监管和第十章法律责任。

1.第一章 总则

(1)第2条:在中华人民共和国内河通航水域从事航行、停泊和作业以及与内河交通安全有关的活动,必须遵守本条例。

(2)第3条:内河交通安全管理遵循安全第一、预防为主、方便群众、依法管理的原则,保障内河交通安全、有序、畅通。

(3)第4条:国务院交通主管部门主管全国内河交通安全管理工作。国家海事管理机构在国务院交通主管部门的领导下,负责全国内河交通安全监督管理工作。

国务院交通主管部门在中央管理水域设立的海事管理机构和省、自治区、直辖市人民政府在中央管理水域以外的其他水域设立的海事管理机构(以下统称海事管理机构)依据各自的职责权限,对所辖内河通航水域实施水上交通安全监督管理。

2.第四章 危险货物监管

(1)第30条:从事危险货物装卸的码头、泊位,必须符合国家有关安全规范要求,并征求海事管理机构的意见,经验收合格后,方可投入使用。

禁止在内河运输法律、行政法规以及国务院交通主管部门规定禁止运输的危险货物。

(2)第31条:载运危险货物的船舶,必须持有经海事管理机构认可的船舶检验机构依法检验并颁发的危险货物适装证书,并按照国家有关危险货物运输的规定和安全技术规范进行配载和运输。

(3)第32条:船舶装卸、过驳危险货物或者载运危险货物进出港口,应当将危险货物的名称、特性、包装、装卸或者过驳的时间、地点,以及进出港时间等事项,事先报告海事管理机构和港口管理机构,经其同意后,方可进行装卸、过驳作业或者进出港口;但是,定船、定线、定货的

船舶可以定期报告。

（4）第33条：载运危险货物的船舶，在航行、装卸或者停泊时，应当按照规定显示信号；其他船舶应当避让。

（5）第34条：从事危险货物装卸的码头、泊位和载运危险货物的船舶，必须编制危险货物事故应急预案，并配备相应的应急救援设备和器材。

3. 第十章　法律责任

（1）第71条：违反本条例的规定，从事危险货物作业，有下列情形之一的，由海事管理机构责令停止作业或者航行，对负有责任的主管人员或者其他直接责任人员处2万元以上10万元以下的罚款；属于船员的，并给予暂扣适任证书或者其他适任证件6个月以上直至吊销适任证书或者其他适任证件的处罚：

①从事危险货物运输的船舶，未编制危险货物事故应急预案或者未配备相应的应急救援设备和器材的；

②船舶装卸、过驳危险货物或者载运危险货物进出港口未经海事管理机构、港口管理机构同意的。

未持有危险货物适装证书擅自载运危险货物或者未按照安全技术规范进行配载和运输的，依照《危险化学品安全管理条例》的规定处罚。

（2）第90条：违反本条例的规定，触犯《中华人民共和国治安管理处罚法》，构成违反治安管理行为的，由公安机关给予治安管理处罚。

十、防治船舶污染海洋环境管理条例

1983年12月29日，国务院颁布了《中华人民共和国防止船舶污染海域管理条例》。2009年对原条例进行了大幅度的修订，修订后的条例更名为《防治船舶污染海洋环境管理条例》（简称《防污条例》），以国务院第561号令形式发布，自2010年3月1日起生效实施。此后，《防污条例》历经2013年7月、2013年12月、2014年7月、2016年2月、2017年3月及2018年3月六次修订。

《防治船舶污染海洋环境管理条例》是依据修订后的《中华人民共和国海洋环境保护法》制定的具体执法条例，以"防、治、赔"为主线，将原来所遵循的"防止污染"的管理理念转变为"防治污染"，建立了船舶污染事故应急反应制度和船舶污染事故调查处理制度，系统地设计了船舶污染事故损害赔偿制度，明确了责任原则、赔偿责任限额和优先受偿等重要问题，还建立了船舶油污损害赔偿基金制度，是目前我国防治船舶及其相关作业污染海洋环境法律体系中的重要支柱。

现行《防污条例》共9章76条，其中，相关的章节主要包括：第一章总则、第三章船舶污染物的排放和接收、第四章船舶有关作业活动的污染防治、第七章船舶污染事故损害赔偿及第八章法律责任。

1. 第一章　总则

（1）第1条：为了防治船舶及其有关作业活动污染海洋环境，根据《中华人民共和国海洋环境保护法》，制定本条例。

（2）第2条：防治船舶及其有关作业活动污染中华人民共和国管辖海域适用本条例。

（3）第 4 条：国务院交通运输主管部门主管所辖港区水域内非军事船舶和港区水域外非渔业、非军事船舶污染海洋环境的防治工作。

海事管理机构依照本条例规定具体负责防治船舶及其有关作业活动污染海洋环境的监督管理。

2.第三章　船舶污染物的排放和接收

（1）第 15 条：船舶在中华人民共和国管辖海域向海洋排放的船舶垃圾、生活污水、含油污水、含有毒有害物质污水、废气等污染物以及压载水，应当符合法律、行政法规、中华人民共和国缔结或者参加的国际条约以及相关标准的要求。

船舶应当将不符合前款规定的排放要求的污染物排入港口接收设施或者由船舶污染物接收单位接收。

船舶不得向依法划定的海洋自然保护区、海滨风景名胜区、重要渔业水域以及其他需要特别保护的海域排放船舶污染物。

（2）第 16 条：船舶处置污染物，应当在相应的记录簿内如实记录。

船舶应当将使用完毕的船舶垃圾记录簿在船舶上保留 2 年；将使用完毕的含油污水、含有毒有害物质污水记录簿在船舶上保留 3 年。

3.第四章　船舶有关作业活动的污染防治

（1）第 21 条：船舶不符合污染危害性货物适载要求的，不得载运污染危害性货物，码头、装卸站不得为其进行装载作业。

污染危害性货物的名录由国家海事管理机构公布。

（2）第 22 条：载运污染危害性货物进出港口的船舶，其承运人、货物所有人或者代理人，应当向海事管理机构提出申请，经批准方可进出港口或者过境停留。

（3）第 23 条：载运污染危害性货物的船舶，应当在海事管理机构公布的具有相应安全装卸和污染物处理能力的码头、装卸站进行装卸作业。

（4）第 24 条：货物所有人或者代理人交付船舶载运污染危害性货物，应当确保货物的包装与标志等符合有关安全和防治污染的规定，并在运输单证上准确注明货物的技术名称、编号、类别（性质）、数量、注意事项和应急措施等内容。

货物所有人或者代理人交付船舶载运污染危害性不明的货物，应当委托有关技术机构进行危害性评估，明确货物的危害性质以及有关安全和防治污染要求，方可交付船舶载运。

（5）第 25 条：海事管理机构认为交付船舶载运的污染危害性货物应当申报而未申报，或者申报的内容不符合实际情况的，可以按照国务院交通运输主管部门的规定采取开箱等方式查验。

海事管理机构查验污染危害性货物，货物所有人或者代理人应当到场，并负责搬移货物，开拆和重封货物的包装。海事管理机构认为必要的，可以径行查验、复验或者提取货样，有关单位和个人应当配合。

（6）第 26 条：进行散装液体污染危害性货物过驳作业的船舶，其承运人、货物所有人或者代理人应当向海事管理机构提出申请，告知作业地点，并附送过驳作业方案、作业程序、防治污染措施等材料。

海事管理机构应当自受理申请之日起 2 个工作日内做出许可或者不予许可的决定。2 个工作日内无法做出决定的，经海事管理机构负责人批准，可以延长 5 个工作日。

4.第七章　船舶污染事故损害赔偿

（1）第50条：船舶污染事故的赔偿限额依照《中华人民共和国海商法》关于海事赔偿责任限制的规定执行。但是，船舶载运的散装持久性油类物质造成中华人民共和国管辖海域污染的，赔偿限额依照中华人民共和国缔结或者参加的有关国际条约的规定执行。

前款所称持久性油类物质，是指任何持久性烃类矿物油。

（2）第51条：在中华人民共和国管辖海域内航行的船舶，其所有人应当按照国务院交通运输主管部门的规定，投保船舶油污损害民事责任保险或者取得相应的财务担保。但是，1 000总吨以下载运非油类物质的船舶除外。

船舶所有人投保船舶油污损害民事责任保险或者取得的财务担保的额度应当不低于《中华人民共和国海商法》、中华人民共和国缔结或者参加的有关国际条约规定的油污赔偿限额。

（3）第52条：已依照本条例第51条的规定投保船舶油污损害民事责任保险或者取得财务担保的中国籍船舶，其所有人应当持船舶国籍证书、船舶油污损害民事责任保险合同或者财务担保证明，向船籍港的海事管理机构申请办理船舶油污损害民事责任保险证书或者财务保证证书。

5.第八章　法律责任

（1）第65条：违反本条例的规定，有下列情形之一的，由海事管理机构处2万元以上10万元以下的罚款：

①船舶发生事故沉没，船舶所有人或者经营人未及时向海事管理机构报告船舶燃油、污染危害性货物以及其他污染物的性质、数量、种类、装载位置等情况的；

②船舶发生事故沉没，船舶所有人或者经营人未及时采取措施清除船舶燃油、污染危害性货物以及其他污染物的。

（2）第66条：违反本条例的规定，有下列情形之一的，由海事管理机构处1万元以上5万元以下的罚款：

①载运散装液体污染危害性货物的船舶和1万总吨以上的其他船舶，其经营人未按照规定签订污染清除作业协议的；

②污染清除作业单位不符合国家有关技术规范从事污染清除作业的。

十一、中华人民共和国船舶及其有关作业活动污染海洋环境防治管理规定

为了防治船舶及其有关作业活动污染海洋环境，交通运输部根据《中华人民共和国海洋环境保护法》、《中华人民共和国大气污染防治法》、《中华人民共和国防治船舶污染海洋环境管理条例》和中华人民共和国缔结或者加入的国际条约制定了《中华人民共和国船舶及其有关作业活动污染海洋环境防治管理规定》，并于2010年11月16日以交通运输部令2010年第7号令的形式发布，自2011年2月1日起施行。截至目前，历经2013年8月、2013年12月、2016年12月及2017年5月四次修正。第四次修正于2017年5月23日起施行。

现行的《中华人民共和国船舶及其有关作业活动污染海洋环境防治管理规定》共7章63条，其中，相关的章节主要包括：第一章总则、第二章一般规定、第三章船舶污染物的排放与接收、第四章船舶载运污染危害性货物及其有关作业和第六章法律责任。

1.第一章　总则

(1)第2条:防治船舶及其有关作业活动污染中华人民共和国管辖海域适用本规定。

本规定所称有关作业活动,是指船舶装卸、过驳、清舱、洗舱、油料供受、修造、打捞、拆解、污染危害性货物装箱、充罐、污染清除以及其他水上水下船舶施工作业等活动。

(2)第3条:国务院交通运输主管部门主管全国船舶及其有关作业活动污染海洋环境的防治工作。

国家海事管理机构负责监督管理全国船舶及其有关作业活动污染海洋环境的防治工作。

各级海事管理机构根据职责权限,具体负责监督管理本辖区船舶及其有关作业活动污染海洋环境的防治工作。

2.第二章　一般规定

(1)第4条:船舶的结构、设备、器材应当符合国家有关防治船舶污染海洋环境的船舶检验规范以及中华人民共和国缔结或者加入的国际条约的要求,并按照国家规定取得相应的合格证书。

(2)第5条:船舶应当依照法律、行政法规、国务院交通运输主管部门的规定以及中华人民共和国缔结或者加入的国际条约的要求,取得并随船携带相应的防治船舶污染海洋环境的证书、文书。海事管理机构应当向社会公布本条第一款规定的证书、文书目录,并及时更新。

(3)第6条:中国籍船舶持有的防治船舶污染海洋环境的证书、文书由国家海事管理机构或者其认可的机构签发;外国籍船舶持有的防治船舶污染海洋环境的证书、文书应当符合中华人民共和国缔结或者加入的国际条约的要求。

(4)第7条:船员应当具有相应的防治船舶污染海洋环境的专业知识和技能,并按照有关法律、行政法规、规章的规定参加相应的培训、考试,持有有效的适任证书或者相应的培训合格证明。

从事有关作业活动的单位应当组织本单位作业人员进行操作技能、设备使用、作业程序、安全防护和应急反应等专业培训,确保作业人员具备相关安全和防治污染的专业知识和技能。

(5)第8条:港口、码头、装卸站和从事船舶修造作业的单位应当按照国家有关标准配备相应的污染监视设施和污染物接收设施。

港口、码头、装卸站,以及从事船舶修造、打捞、拆解等有关作业活动的其他单位应当按照国家有关标准配备相应的防治污染设备和器材。

3.第三章　船舶污染物的排放与接收

第18条:船舶进行涉及污染物处置的作业,应当在相应的记录簿内规范填写、如实记录,真实反映船舶运行过程中产生的污染物数量、处置过程和去向。按照法律、行政法规、国务院交通运输主管部门的规定以及中华人民共和国缔结或者加入的国际条约的要求,不需要配备记录簿的,应当将有关情况在作业当日的航海日志或者轮机日志中如实记载。

船舶应当将使用完毕的船舶垃圾记录簿在船舶上保留2年;将使用完毕的含油污水、含有毒有害物质污水记录簿在船舶上保留3年。

4.第四章　船舶载运污染危害性货物及其有关作业

(1)第23条:本规定所称污染危害性货物,是指直接或者间接进入水体,会损害水体质量和环境质量,从而产生损害生物资源、危害人体健康等有害影响的货物。

国家海事管理机构应当向社会公布污染危害性货物的名录,并根据需要及时更新。

（2）第 24 条：船舶载运污染危害性货物进出港口，承运人或者代理人应当在进出港 24 h 前（航程不足 24 h 的，在驶离上一港口时）向海事管理机构办理船舶适载申报手续；货物所有人或者代理人应当在船舶适载申报之前向海事管理机构办理货物适运申报（货物适运报告）手续。

货物适运申报（货物适运报告）和船舶适载申报经海事管理机构审核同意后，船舶方可进出港口或者过境停留。

（3）第 25 条：交付运输的污染危害性货物的特性、包装以及针对货物采取的风险防范和应急措施等应当符合国家有关标准、规定以及中华人民共和国缔结或者加入的国际条约的要求；需要经国家有关主管部门依法批准后方可载运的，还需要取得有关主管部门的批准。

船舶适载的条件按照《中华人民共和国海事行政许可条件规定》关于船舶载运危险货物的适载条件执行。

（4）第 26 条：货物所有人或者代理人办理货物适运申报（货物适运报告）手续的，应当向海事管理机构提交下列材料：

①货物适运申报单（货物适运声明书），包括货物所有人或者代理人有关情况以及货物名称、种类、特性等基本信息。

②由代理人办理货物适运申报（货物适运报告）手续的，应当提供货物所有人出具的有效授权证明。

③相应的污染危害性货物安全技术说明书，安全作业注意事项、防范和应急措施等有关材料。

④需要经国家有关主管部门依法批准后方可载运的污染危害性货物，应当持有有效的批准文件。

⑤交付运输下列污染危害性货物的，还应当提交下列材料。

a.载运包装污染危害性货物的，应当提供包装和中型散装容器检验合格证明或者压力容器检验合格证明；

b.使用可移动罐柜装载污染危害性货物的，应当提供罐柜检验合格证明；

c.载运放射性污染危害性货物的，应当提交放射性剂量证明；

d.货物中添加抑制剂或者稳定剂的，应当提交抑制剂或者稳定剂的名称、数量、温度、有效期以及超过有效期时应当采取的措施；

e.载运限量污染危害性货物的，应当提交限量危险货物证明；

f.载运污染危害性不明货物的，应当提交符合第 30 条规定的污染危害性评估报告。

（5）第 27 条：承运人或者代理人办理船舶适载申报手续的，应当向海事管理机构提交下列材料：

①船舶载运污染危害性货物申报单，包括承运人或者代理人有关情况以及货物名称、种类、特性等基本信息；

②海事管理机构批准的货物适运证明；

③由代理人办理船舶适载申报手续的，应当提供承运人出具的有效授权证明；

④防止油污证书、船舶适载证书、船舶油污损害民事责任保险或者其他财务保证证书；

⑤载运污染危害性货物的船舶在运输途中发生过意外情况的，还应当在船舶载运污染危害性货物申报单内扼要说明所发生意外情况的原因、已采取的控制措施和目前状况等有关情况，并于抵港后送交详细报告；

⑥列明实际装载情况的清单、舱单或者积载图；

⑦拟进行装卸作业的港口、码头、装卸站。

定船舶、定航线、定货种的船舶可以办理不超过一个月期限的船舶定期适载申报手续。办理船舶定期适载申报手续的，除应当提交本条第一款规定的材料外，还应当提交能够证明固定船舶在固定航线上运输固定污染危害性货物的有关材料。

（6）第 28 条：海事管理机构收到货物适运申报（货物适运报告）、船舶适载申报后，应当根据第 25 条规定的条件在 24 h 内做出批准或者不批准的决定；办理船舶定期适载申报的，应当在 7 日内做出批准或者不批准的决定。

（7）第 29 条：货物所有人或者代理人交付船舶载运污染危害性货物，应当采取有效的防治污染措施，确保货物的包装与标志的规格、比例、色度、持久性等符合国家有关安全与防治污染的要求，并在运输单证上如实注明该货物的技术名称、数量、类别、性质、预防和应急措施等内容。

（8）第 30 条：货物所有人或者代理人交付船舶载运污染危害性不明的货物，应当委托具备相应资质的技术机构对货物的污染危害性质和船舶载运技术条件进行评估。

（9）第 31 条：曾经载运污染危害性货物的空容器和运输组件，应当彻底清洗并消除危害，取得由具有国家规定资质的检测机构出具的清洁证明后，方可按照普通货物交付船舶运输。在未彻底清洗并消除危害之前，应当按照原所装货物的要求进行运输。

（10）第 32 条：海事管理机构认为交付船舶载运的货物应当按照污染危害性货物申报而未申报的，或者申报的内容不符合实际情况的，经海事管理机构负责人批准，可以采取开箱等方式查验。

海事管理机构在实施开箱查验时，货物所有人或者代理人应当到场，并负责搬移货物，开拆和重封货物的包装。海事管理机构认为必要时，可以径行开验、复验或者提取货样。有关单位和个人应当配合。

（11）第 33 条：船舶不符合污染危害性货物适载要求的，不得载运污染危害性货物，码头、装卸站不得为其进行装卸作业。

发现船舶及其有关作业活动可能对海洋环境造成污染危害的，码头、装卸站、船舶应当立即采取相应的应急措施，并向海事管理机构报告。

（12）第 34 条：从事污染危害性货物装卸作业的码头、装卸站，应当符合安全装卸和污染物处理的相关标准，并向海事管理机构提交安全装卸和污染物处理能力情况的有关材料。海事管理机构应当将具有相应安全装卸和污染物处理能力的码头、装卸站向社会公布。

载运污染危害性货物的船舶应当在海事管理机构公布的具有相应安全装卸和污染物处理能力的码头、装卸站进行装卸作业。

（13）第 35 条：船舶进行散装液体污染危害性货物过驳作业的，应当符合国家海上交通安全和防治船舶污染海洋环境的管理规定和技术规范，选择缓流、避风、水深、底质等条件较好的水域，远离人口密集区、船舶通航密集区、航道、重要的民用目标或者设施、军用水域，制定安全和防治污染的措施和应急计划并保证有效实施。

（14）第 36 条：进行散装液体污染危害性货物过驳作业的船舶，其承运人、货物所有人或者代理人应当向海事管理机构提交下列申请材料：

①船舶作业申请书，内容包括作业船舶资料、联系人、联系方式、作业时间、作业地点、过驳种类和数量等基本情况；

②船舶作业方案、拟采取的监护和防治污染措施；

③船舶作业应急预案；

④对船舶作业水域通航安全和污染风险的分析报告；

⑤与具有相应能力的污染清除作业单位签订的污染清除作业协议。

海事管理机构应当自受理申请之日起2日内根据第35条规定的条件做出批准或者不予批准的决定。2日内无法做出决定的，经海事管理机构负责人批准，可以延长5日。

（15）第41条：船舶进行下列作业，且作业量超过300吨时，应当采取包括布设围油栏在内的防污染措施，其中过驳作业由过驳作业经营人负责：

①散装持久性油类的装卸和过驳作业，但船舶燃油供应作业除外；

②比重小于1（相对于水）、溶解度小于0.1%的散装有毒液体物质的装卸和过驳作业；

③其他可能造成水域严重污染的作业。

因自然条件等原因，不适合布设围油栏的，应当采取有效替代措施。

5.第六章　法律责任

（1）第49条：海事管理机构发现船舶、有关作业单位存在违反本规定行为的，应当责令改正；拒不改正的，海事管理机构可以责令停止作业、强制卸载，禁止船舶进出港口、靠泊、过境停留，或者责令停航、改航、离境、驶向指定地点。

（2）第50条：违反本规定，船舶的结构不符合国家有关防治船舶污染海洋环境的船舶检验规范或者有关国际条约要求的，由海事管理机构处10万元以上30万元以下的罚款。

（3）第51条：违反本规定，船舶、港口、码头和装卸站未配备防治污染设施、设备、器材，有下列情形之一的，由海事管理机构予以警告，或者处2万元以上10万元以下的罚款：

①配备的防治污染设施、设备、器材数量不能满足法律、行政法规、规章、有关标准以及我国缔结或者参加的国际条约要求的；

②配备的防治污染设施、设备、器材技术性能不能满足法律、行政法规、规章、有关标准以及我国缔结或者参加的国际条约要求的。

（4）第53条：违反本规定，船舶未持有防治船舶污染海洋环境的证书、文书的，由海事管理机构予以警告，或者处2万元以下的罚款。

（5）第58条：违反本规定，未经海事管理机构批准，船舶载运污染危害性货物进出港口、过境停留的，由海事管理机构对其承运人、货物所有人或者代理人处1万元以上5万元以下的罚款；未经海事管理机构批准，船舶进行散装液体污染危害性货物过驳作业的，由海事管理机构对船舶处1万元以上5万元以下的罚款。

（6）第59条：违反本规定，有下列第①项情形的，由海事管理机构予以警告，或者处2万元以上10万元以下的罚款；有下列第②项、第③项、第④项情形的，由海事管理机构处2万元以上10万元以下的罚款：

①船舶载运的污染危害性货物不具备适运条件的；

②载运污染危害性货物的船舶不符合污染危害性货物适载要求的；

③载运污染危害性货物的船舶未在具有相应安全装卸和污染物处理能力的码头、装卸站进行装卸作业的；

④货物所有人或者代理人未按照规定对污染危害性不明的货物进行污染危害性评估。

十二、海运污染危害性货物名录

为切实加强船载污染危害性货物的管理工作,根据《防治船舶污染海洋环境管理条例》《中华人民共和国船舶及其有关作业活动污染海洋环境防治管理规定》的有关规定,中华人民共和国海事局制定了《海运污染危害性货物名录》,以海船舶〔2011〕26 号文件的形式发布,并于 2011 年 1 月 18 日起施行。

《海运污染危害性货物名录》共收录污染危害性货物 2 812 种(见表 1-7),主要包括:

(1)MARPOL 73/78 公约附则 I 中列明的油类;

(2)IBC 规则第 17 章列明的全部货物及第 18 章中的 Z 类货物;

(3)IGC 规则中列明的货物;

(4)IMSBC 规则中的 B 组货物;

(5)IMDG 规则中除含有特殊规定 960 条目外的货物。

对未在名录中列明但怀疑具有污染危害性的货物及污染危害性不明的货物,应交由中国海事局认定的评估机构进行检测评估。

名录将随有关国际公约和规则的修订以及检测评估的结果进行更新。

表 1-7 海运污染危害性货物名录

序号	中文名称	英文名称	联合国编号	运输方式
1	(粗)氯乙醇	CHLOROHYDRINS(crude)		B
2	(动物)脂	TALLOW		B
⋮	⋮	⋮	⋮	⋮
244	艾氏剂	ALDRIN	*	P
245	安全导火索	FUSE, SAFETY	0150	P
246	氨,无水的	AMMONIA, ANHYDROUS	1005	B,P
⋮	⋮	⋮	⋮	⋮
2811	钻井盐水(含有锌盐)	DRILLING BRINES(CONTAINING ZINC SALTS)		B
2812	钻井盐水,包括:溴化钙溶液,氯化钙溶液和氯化钠溶液	DRILLING BRINES, INCLUDING:CALCIUM BROMIDE SOLUTION, CALCIUM CHLORIDE SOLUTION and SODIUM CHLORIDE SOLUTION		B

说明:

(1)序号是指本名录录入污染危害性货物的顺序;

(2)中文名称和英文名称是指污染危害性货物中文名称和英文名称。中文名称栏中小字号的文字和英文名称栏中小写的文字是对货物正确运输名称的补充说明,见名录原文。本名录以中文名称的拼音排序。

(3)在名录中标注多个联合国编号指该货物按照污染危害性货物的分类标准可以列入不同的编号。在名录中标注 * 指该货物的联合国编号需根据货物的具体性质而定。

(4)在运输方式一栏:B 代表散装类货物,P 代表包装类货物。

十三、中华人民共和国防治船舶污染内河水域环境管理规定

《中华人民共和国防治船舶污染内河水域环境管理规定》在 2015 年 12 月 15 日经交通运输部第 25 次部务会议通过后于 12 月 31 日正式公布，自 2016 年 5 月 1 日起实施。该规定作为我国第一部防治船舶污染内河水域环境的专门性法规，主要依据《中华人民共和国水污染防治法》的相关规定制定。截至目前，该规定于 2022 年 9 月 26 日进行了第一次修正。

现行《中华人民共和国防治船舶污染内河水域环境管理规定》共分 8 章 55 条，其中，相关章节主要包括：第一章总则、第二章一般规定、第三章船舶污染物的排放和接收、第四章船舶作业活动的污染防治、第五章船舶污染事故应急处置、第七章法律责任及第八章附则。

1.第一章　总则

（1）第 2 条：防治船舶及其作业活动污染中华人民共和国内河水域环境，适用本规定。

（2）第 4 条：交通运输部主管全国防治船舶及其作业活动污染内河水域环境的管理。

国家海事管理机构统一负责全国防治船舶及其作业活动污染内河水域环境的监督管理工作。各级海事管理机构依照各自的职责权限，具体负责管辖区域内防治船舶及其作业活动污染内河水域环境的监督管理工作。

2.第二章　一般规定

（1）第 5 条：中国籍船舶防治污染的结构、设备、器材应当符合国家有关规范、标准，经海事管理机构或者其认可的船舶检验机构检验，并保持良好的技术状态。

外国籍船舶防治污染的结构、设备、器材应当符合中华人民共和国缔结或者加入的有关国际公约，经船旗国政府或者其认可的船舶检验机构检验，并保持良好的技术状态。

船舶经船舶检验机构检验可以免除配备相应的污染物处理装置的，应当在相应的船舶检验证书中予以注明。

（2）第 6 条：船舶应当依照法律、行政法规、国务院交通运输主管部门的规定以及中华人民共和国缔结或者加入的国际条约、协定的要求，具备并随船携带相应的防治船舶污染内河水域环境的证书、文书。

（3）第 9 条：150 总吨及以上的油船、油驳和 400 总吨及以上的非油船、非油驳的拖驳船队应当制定《船上油污应急计划》。150 总吨以下的油船应当制定油污应急程序。

150 总吨及以上载运散装有毒液体物质的船舶应当按照交通运输部的规定制定《船上有毒液体物质污染应急计划》和货物资料文书，明确应急管理程序与布置要求。

400 总吨及以上载运散装有毒液体物质的船舶可以制定《船上污染应急计划》，代替《船上有毒液体物质污染应急计划》《船上油污应急计划》。

水路运输企业应当针对所运输的危险化学品的危险特性，制定运输船舶危险化学品事故应急救援预案，并为运输船舶配备充足、有效的应急救援器材和设备。

港口、码头、装卸站的经营人以及有关作业单位应当制定防治船舶及其作业活动污染内河水域环境的应急预案，每年至少组织一次应急演练，并做好记录。

（4）第 11 条：船舶或者有关作业单位造成水域环境污染损害的，应当依法承担污染损害赔偿责任。

通过内河运输危险化学品的船舶，其所有人或者经营人应当投保船舶污染损害责任保险

或者取得财务担保。船舶污染损害责任保险单证或者财务担保证明的副本应当随船携带。

通过内河运输危险化学品的中国籍船舶的所有人或者经营人,应当向在我国境内依法成立的商业性保险机构和互助性保险机构投保船舶污染损害责任保险。具体办法另行制定。

3.第三章 船舶污染物的排放和接收

(1)第13条:在内河水域航行、停泊和作业的船舶,不得违反法律、行政法规、规范、标准和交通运输部的规定向内河水域排放污染物。不符合排放规定的船舶污染物应当交由港口、码头、装卸站或者有资质的单位接收处理。

禁止船舶向内河水体排放有毒液体物质及其残余物或者含有此类物质的压载水、洗舱水或者其他混合物。禁止船舶在内河水域使用焚烧炉。禁止在内河水域使用溢油分散剂。

(2)第14条:150总吨及以上的油船、油驳和400总吨及以上的非油船、非油驳的拖驳船队应当将油类作业情况如实、规范地记录在经海事管理机构签注的油类记录簿中。

150总吨以下的油船、油驳和400总吨以下的非油船、非油驳的拖驳船队应当将油类作业情况如实、规范地记录在轮机日志或者航行日志中。

载运散装有毒液体物质的船舶应当将有关作业情况如实、规范地记录在经海事管理机构签注的货物记录簿中。船舶应当将使用完毕的油类记录簿、货物记录簿在船上保留3年。

(3)第15条:船长12米及以上的船舶应当设置符合格式要求的垃圾告示牌,告知船员和旅客关于垃圾管理的要求。

100总吨及以上的船舶以及经核准载运15名及以上人员且单次航程超过2千米或者航行时间超过15分钟的船舶,应当持有《船舶垃圾管理计划》和海事管理机构签注的船舶垃圾记录簿,并将有关垃圾收集处理情况如实、规范地记录于船舶垃圾记录簿中。船舶垃圾记录簿应当随时可供检查,使用完毕后在船上保留2年。

本条第二款规定以外的船舶应当将有关垃圾收集处理情况记录于航行日志中。

(4)第17条:船舶在内河航行时,应当按照规定使用声响装置,并符合环境噪声污染防治有关要求。

(5)第18条:船舶使用的燃料应当符合有关法律法规和标准要求,鼓励船舶使用清洁能源。

船舶不得超过相关标准向大气排放动力装置运转产生的废气以及船上产生的挥发性有机化合物。

4.第四章 船舶作业活动的污染防治

(1)第22条:托运人交付船舶载运具有污染危害性货物的,应当采取有效的防污染措施,确保货物状况符合船舶载运要求和防污染要求,并在运输单证上注明货物的正确名称、数量、污染类别、性质、预防和应急措施等内容。

曾经载运污染危害性货物的空容器和空运输组件,在未彻底清洗或者消除危害之前,应当按照原所装货物的要求进行运输。

交付船舶载运污染危害性质不明的货物,货物所有人或者其代理人应当委托具备相应技术能力的机构进行货物污染危害性评估分类,确定安全运输条件,方可交付船舶载运。

(2)第23条:船舶载运污染危害性货物应当具备与所载货物危害性质相适应的防污染条件。

船舶不得载运污染危害性质不明的货物以及超过相关标准、规范规定的单船限制性数量要求的危险化学品。

（3）第24条：船舶运输散发有毒有害气体或者粉尘物质等货物的，应当采取封闭或者其他防护措施。

从事前款货物的装卸和过驳作业，作业双方应当在作业过程中采取措施回收有毒有害气体。

（4）第25条：从事散装液体污染危害性货物装卸作业的，作业双方应当在作业前对相关防污染措施进行确认，按照规定填写防污染检查表，并在作业过程中严格落实防污染措施。

（5）第26条：船舶从事散装液体污染危害性货物水上过驳作业时，应当遵守有关作业规程，会同作业单位确定操作方案，合理配置和使用装卸管系及设备，按照规定填写防污染检查表，针对货物特性和作业方式制定并落实防污染措施。

5.第五章　船舶污染事故应急处置

（1）第33条：船舶发生污染事故，应当立即就近向海事管理机构如实报告，同时启动污染事故应急计划或者程序，采取相应措施控制和消除污染。在初始报告以后，船舶还应当根据污染事故的进展情况做出补充报告。

海事管理机构接到报告后应当立即核实有关情况，按规定向上级海事管理机构和县级以上地方人民政府报告。海事管理机构和有关单位应当在地方人民政府的统一领导和指挥下，按照职责分工，开展相应的应急处置工作。

（2）第34条：发生船舶污染事故的船舶，应当在事故发生后24小时内向事故发生地的海事管理机构提交《船舶污染事故报告书》。因特殊情况不能在规定时间内提交《船舶污染事故报告书》的，经海事管理机构同意可以适当延迟，但最长不得超过48小时。

《船舶污染事故报告书》应当至少包括以下内容：

①船舶的名称、国籍、呼号或者编号；

②船舶所有人、经营人或者管理人的名称、地址；

③发生事故的时间、地点以及相关气象和水文情况；

④事故原因或者事故原因的初步判断；

⑤船上污染物的种类、数量、装载位置等概况；

⑥事故污染情况；

⑦应急处置情况；

⑧船舶污染损害责任保险情况。

6.第七章　法律责任

（1）第47条：违反本规定第8条、第21条、第24条、第27条，有下列情形之一的，由海事管理机构责令改正，并处以1万元以上3万元以下的罚款：

①港口、码头、装卸站，以及从事船舶修造、打捞等作业活动的单位未按规定配备污染防治设施、设备和器材的；

②从事水上船舶清舱、洗舱、污染物接收、燃料供受、修造、打捞、污染清除作业活动未遵守操作规程，未采取必要的防治污染措施的；

③运输及装卸、过驳散发有毒有害气体或者粉尘物质等货物，船舶未采取封闭或者其他防护措施，装卸和过驳作业双方未采取措施回收有毒有害气体的；

④未按规定采取布设围油栏或者其他防治污染替代措施的。

（2）第48条：违反本规定第7条、第20条、第25条、第26条，有下列情形之一的，由海事管理机构责令停止违法行为，并处以5 000元以上1万元以下的罚款：

①从事有关作业活动的单位，未组织本单位相关作业人员进行专业培训的；

②船舶污染物接收单位未按规定向船方出具船舶污染物接收单证的；

③从事散装液体污染危害性货物装卸、过驳作业的，作业双方未按规定填写防污染检查表的。

（3）第49条：违反本规定第10条，船舶未遵守特殊保护水域有关防污染的规定、标准的，由海事管理机构责令停止违法行为，并处以1万元以上3万元以下的罚款。

（4）第50条：船舶违反本规定第23条载运污染危害性质不明的货物的，由海事管理机构责令改正，并对船舶处以5 000元以上2万元以下的罚款。

（5）第51条：船舶发生污染事故，未按规定报告的或者未按规定提交《船舶污染事故报告书》的，由海事管理机构对船舶处以2万元以上3万元以下的罚款；对直接负责的主管人员和其他直接责任人员处以1万元以上2万元以下的罚款。

7.第八章　附则

第53条：本规定中下列用语的含义。

（1）有毒液体物质，是指排入水体将对水资源或者人类健康产生危害或者对合法利用水资源造成损害的物质，包括在《国际散装运输危险化学品船舶构造和设备规则》的第17或18章的污染种类列表中标明的或者暂时被评定为X、Y或者Z类的任何物质。

（2）污染危害性货物，是指直接或者间接进入水体，会损害水体质量和环境质量，对生物资源、人体健康等产生有害影响的货物。

十四、船舶载运危险货物安全监督管理规定

《船舶载运危险货物安全监督管理规定》是为加强船舶载运危险货物监督管理，保障水上人命、财产安全，防止船舶污染环境，依据《中华人民共和国海上交通安全法》、《中华人民共和国海洋环境保护法》、《中华人民共和国港口法》、《中华人民共和国内河交通安全管理条例》、《中华人民共和国危险化学品安全管理条例》和有关国际公约的规定，对在中华人民共和国管辖水域载运危险货物活动的船舶制定的管理规定。《船舶载运危险货物安全监督管理规定》于2018年7月20日经交通运输部第12次部务会议通过，自2018年9月15日起施行，是目前为止海事主管机关对船舶载运危险货物行政执法的最主要依据。

该规定共8章52条，其中，相关章节和条款如下。

1.第一章　总则

（1）第2条：船舶在中华人民共和国管辖水域载运危险货物的活动，适用本规定。

（2）第3条：交通运输部主管全国船舶载运危险货物的安全管理工作。国家海事管理机构负责全国船舶载运危险货物的安全监督管理工作。各级海事管理机构按照职责权限具体负责船舶载运危险货物的安全监督管理工作。

2.第二章　船舶和人员管理

（1）第4条：从事危险货物运输的船舶所有人、经营人或者管理人，应当按照交通运输部有关船舶安全营运和防污染管理体系的要求建立和实施相应的体系或者制度。从事危险货物

运输的船舶经营人或者管理人,应当配备专职安全管理人员。

(2)第5条:载运危险货物的船舶应当编制安全和防污染应急预案,配备相应的应急救护、消防和人员防护等设备及器材。

(3)第6条:载运危险货物的船舶应当经国家海事管理机构认可的船舶检验机构检验合格,取得相应的检验证书和文书,并保持良好状态。

载运危险货物的船舶,其船体、构造、设备、性能和布置等方面应当符合国家船舶检验的法规、技术规范的规定;载运危险货物的国际航行船舶还应当符合有关国际公约的规定,具备相应的适航、适装条件。

(4)第7条:载运危险货物的船舶应当按照规定安装和使用船舶自动识别系统等船载设备。船舶经营人、管理人应当加强对船舶的动态管理。

(5)第8条:禁止通过内河封闭水域运输剧毒化学品以及国家规定禁止通过内河运输的其他危险化学品。其他内河水域禁止运输国家规定禁止通过内河运输的剧毒化学品以及其他危险化学品。

禁止托运人在普通货物中夹带危险货物,或者将危险货物谎报、匿报为普通货物托运。取得相应资质的客货船或者滚装客船载运危险货物时,不得载运旅客,但按照相关规定随车押运人员和滚装车辆的司机除外。其他客船禁止载运危险货物。

(6)第9条:船舶载运危险货物应当符合有关危险货物积载、隔离和运输的安全技术规范,并符合相应的适装证书或者证明文件的要求。船舶不得受载、承运不符合包装、积载和隔离安全技术规范的危险货物。

船舶载运包装危险货物,还应当符合《国际海运危险货物规则》的要求;船舶载运 B 组固体散装货物,还应当符合《国际海运固体散装货物规则》的要求。

(7)第11条:按照本规定办理危险货物申报或者报告手续的人员和集装箱装箱现场检查的人员,应当熟悉相关法规、技术规范和申报程序。

海事管理机构对危险货物申报或者报告人员以及集装箱装箱现场检查员日常从业情况实施监督抽查,并实行诚信管理制度。

3.第三章　包装和集装箱管理

(1)第12条:拟交付船舶载运的危险货物包装,其性能应当符合相关法规、技术规范以及国际公约规定,并依法取得相应的检验合格证明。

(2)第13条:拟交付船舶载运的危险货物使用新型或者改进的包装类型,应当符合《国际海运危险货物规则》有关等效包装的规定,并向海事管理机构提交该包装的性能检验报告、检验证书或者文书等资料。

(3)第14条:载运危险货物的船用集装箱、船用可移动罐柜等货物运输组件和船用刚性中型散装容器,应当经国家海事管理机构认可的船舶检验机构检验合格,方可用于船舶运输。

(4)第15条:拟交付船舶载运的危险货物包件、中型散装容器、大宗包装、货物运输组件,应当按照规定显示所装危险货物特性的标志、标记和标牌。

(5)第16条:拟载运危险货物的船用集装箱应当无损坏,箱内应当清洁、干燥、无污损,满足所装载货物要求。处于熏蒸状态下的船用集装箱等货物运输组件,应当符合相关积载要求,并显示熏蒸警告标牌。

(6)第17条:装入船用集装箱的危险货物及其包装应当保持完好,无破损、撒漏或者渗漏,并按照规定进行衬垫和加固,其积载、隔离应当符合相关安全要求。性质不相容的危险货物不得同箱装运。

(7)第18条:集装箱装箱现场检查员应当对船舶载运危险货物集装箱的装箱活动进行现场检查,在装箱完毕后,对符合《海运危险货物集装箱装箱安全技术要求》(JT 672—2006,被GB 40163—2021 替代)的签署《集装箱装箱证明书》。

(8)第19条:曾载运过危险货物的空包装或者空容器,未经清洁或者采取其他措施消除危险性的,应当视作盛装危险货物的包装或者容器。

4.第四章 申报和报告管理

(1)第20条:船舶载运危险货物进出港口,应当在进出港口24小时前(航程不足24小时的,在驶离上一港口前),向海事管理机构办理船舶载运危险货物申报手续,提交申请书和交通运输部有关规章要求的证明材料,经海事管理机构批准后,方可进出港口。

船舶在运输途中发生危险货物泄漏、燃烧或者爆炸等情况的,应当在办理船舶载运危险货物申报手续时说明原因、已采取的控制措施和目前状况等有关情况,并于抵港后送交详细报告。定船舶、定航线、定货种的船舶可以办理定期申报手续。定期申报期限不超过30天。

(2)第21条:海事管理机构应当在受理船舶载运危险货物进出港口申报后24小时内做出批准或者不批准的决定;属于定期申报的,应当在7日内做出批准或者不批准的决定。不予批准的,应当告知申请人不予批准的原因。海事管理机构应当将有关申报信息通报所在地港口行政管理部门。

(3)第22条:拟交付船舶载运的危险货物托运人应当在交付载运前向承运人说明所托运的危险货物种类、数量、危险特性以及发生危险情况的应急处置措施,提交以下货物信息,并报告海事管理机构:

①危险货物安全适运声明书。

②危险货物安全技术说明书。

③按照规定需要进出口国家有关部门同意后方可载运的,应当提交有效的批准文件。

④危险货物中添加抑制剂或者稳定剂的,应当提交抑制剂或者稳定剂添加证明书。

⑤载运危险性质不明的货物,应当提交具有相应资质的评估机构出具的危险货物运输条件鉴定材料。

⑥交付载运包装危险货物的,还应当提交下列材料:

a.包装、货物运输组件、船用刚性中型散装容器的检验合格证明;

b.使用船用集装箱载运危险货物的,应当提交《集装箱装箱证明书》;

c.载运放射性危险货物的,应当提交放射性剂量证明;

d.载运限量或者可免除量危险货物的,应当提交限量或者可免除量危险货物证明。

⑦交付载运具有易流态化特性的 B 组固体散装货物通过海上运输的,还应当提交具有相应资质的检验机构出具的货物适运水分限和货物水分含量证明。

承运人应当对上述货物信息进行审核,对不符合船舶适装要求的,不得受载、承运。

(4)第23条:船舶载运包装危险货物或者 B 组固体散装货物离港前,应当将列有所载危险货物的装载位置清单、舱单或者详细配载图向海事管理机构报告。

(5)第24条:船用集装箱拟拼装运输有隔离要求的两种或者两种以上危险货物,应当符合《国际海运危险货物规则》的规定。危险货物托运人应当事先向海事管理机构报告。

5.第五章 作业安全管理

(1)第25条:载运危险货物的船舶在装货前,应当检查货物的运输资料和适运状况。发现有违反本规定情形的不得装运。

（2）第26条：从事散装危险货物装卸作业的船舶和码头，应当遵守安全和防污染操作规程，建立并落实船岸安全检查表制度，并严格按照船岸安全检查表的内容要求进行检查和填写。

载运散装液体危险货物的船舶装卸作业期间，禁止其他无关船舶并靠。使用的货物软管应当符合相关法规、技术规范的要求，并定期进行检验。

（3）第27条：从事散装液化气体装卸作业的船舶和码头、装卸站应当建立作业前会商制度，并就货物操作、压载操作、应急等事项达成书面协议。

从事散装液化天然气装卸作业的船舶和码头、装卸站还应当采取装货作业期间在船上设置岸方应急切断装置控制点和卸货作业期间在岸上设置船方应急切断装置控制点等措施，确保在发生紧急情况时及时停止货物输送作业。

协助散装液化气船舶靠泊的船舶应当设置烟火熄灭装置及实施烟火管制。禁止其他无关船舶在作业期间靠泊液化气码头、装卸站。

（4）第30条：载运危险货物的船舶在港口水域内从事危险货物过驳作业，应当由负责过驳作业的港口经营人依法向港口行政管理部门提出申请。港口行政管理部门在审批时，应当就船舶过驳作业的水域征得海事管理机构的同意，并将审批情况通报海事管理机构。

船舶在港口水域外从事内河危险货物过驳作业或者海上散装液体污染危害性货物过驳作业，应当依法向海事管理机构申请批准。船舶进行水上危险货物和散装液体污染危害性货物过驳作业的水域，由海事管理机构发布航行警告或者航行通告。

（5）第31条：船舶在港口水域外申请从事内河危险货物过驳作业或者海上散装液体污染危害性货物过驳作业的，申请人应当在作业前向海事管理机构提出申请，告知作业地点，并提交作业方案、作业程序、防治污染措施等材料。

海事管理机构自受理申请之日起，对单航次作业的船舶，应当在24小时内做出批准或者不批准的决定；对在特定水域多航次作业的船舶，应当在7日内做出批准或者不批准的决定。

（6）第32条：船舶从事加注液化天然气及其他具有低闪点特性的气态燃料作业活动，应当遵守有关法规、标准和相关操作规程，落实安全措施，并在作业前将作业的种类、时间、地点、单位和船舶名称等信息向海事管理机构报告；作业信息变更的，应当及时补报。

通过船舶为液化天然气及其他具有低闪点特性的气态燃料水上加注船、趸船补给货物燃料的，应当执行本规定水上过驳的要求。

（7）第33条：载运危险货物的船舶应当遵守海事管理机构关于航路、航道等区域性的特殊规定。载运爆炸品、放射性物品、有机过氧化物、闪点28℃以下易燃液体和散装液化气的船舶，不得与其他驳船混合编队拖带。

（8）第34条：散装液化天然气船舶应当在抵港72小时前（航程不足72小时的，在驶离上一港口时）向抵达港海事管理机构报告预计抵港时间。预计抵港时间有变化的，还应当在抵港24小时前（航程不足24小时的，在驶离上一港口时）报告抵港时间。

（9）第35条：散装液化气船舶进出港口和在港停泊、作业，应当按照相关标准和规范的要求落实安全保障措施。在通航水域进行试气试验的，试气作业单位应当制定试验方案并组织开展安全风险论证，落实安全管理措施。

载运散装液化天然气船舶及载运其他具有低闪点特性的气态燃料的船舶，进出沿海港口和在港停泊、作业，应当通过开展专题论证，确定护航、安全距离、应急锚地、安全警示标志等安全保障措施。

载运散装液化天然气船舶及载运其他具有低闪点特性的气态燃料的船舶,在内河航行、停泊、作业时,应当落实海事管理机构公布的安全保障措施。海事管理机构根据当地实际情况评估论证,确定护航、合理安全距离、声光警示标志等安全保障措施,征求相关港航管理部门意见后向社会公布。在船舶吨位、载运货物种类、航行区域、航线相同,且周边通航安全条件没有发生重大变化的情况下,不再重新进行评估论证。

(10)第36条:载运危险货物的船舶发生水上险情、交通事故、非法排放、危险货物落水等事件,应当按照规定向海事管理机构报告,并及时启动应急预案,防止损害、危害的扩大。

海事管理机构接到报告后,应当立即核实有关情况,按照相关应急预案要求向上级海事管理机构和县级以上地方人民政府报告,并采取相应的应急措施。

(11)第37条:载运散装液体危险货物的内河船舶卸货完毕后,应当在具备洗舱条件的码头、专用锚地、洗舱站点等对货物处所进行清洗,洗舱水应当交付港口接收设施、船舶污染物接收单位或者专业接收单位接收处理。

载运散装液体危险货物的内河船舶,有以下情形之一的,可以免于前款规定的清洗:

①船舶拟装载的货物与卸载的货物一致;

②船舶拟装载的货物与卸载的货物相容,经拟装载货物的所有人同意;

③已经实施海事管理机构确认的可替代清洗的通风程序。

卸货港口没有接收能力,船舶取得下一港口的接收洗舱水书面同意,可以在下一港口清洗,并及时报告海事管理机构。

(12)第38条:载运危险货物的船舶航行、装卸或者停泊,应当悬挂专用的警示标志,按照规定显示专用信号。

载运散装液化天然气的船舶在内河航行,应当事先确定航行计划和航线。载运散装液化天然气的船舶由沿海进入内河水域的,应当向途经的第一个内河港口的海事管理机构报告航行计划和航线;始发地为内河港口的,船舶应当将航行计划和航线向始发地海事管理机构报告。

6.第六章　监督管理

(1)第39条:海事管理机构依法对船舶载运危险货物实施监督检查。海事管理机构发现船舶载运危险货物存在安全隐患的,应当责令立即消除或者限期消除隐患;有关单位和个人不立即消除或者逾期不消除的,海事管理机构可以依据法律、行政法规的规定,采取禁止其进港、离港,或者责令其停航、改航、停止作业等措施。

(2)第40条:船舶载运危险货物有下列情形之一的,海事管理机构应当责令当事船舶立即纠正或者限期改正:

①经核实申报或者报告内容与实际情况不符的;

②擅自在不具备作业条件的码头、泊位或者非指定水域装卸危险货物的;

③船舶或者其设备不符合安全、防污染要求的;

④危险货物的积载和隔离不符合规定的;

⑤船舶的安全、防污染措施和应急计划不符合规定的。

7.第七章　法律责任

(1)第41条:载运危险货物的船舶和相关单位违反本规定以及国家水上交通安全的规

定,应当予以行政处罚的,由海事管理机构按照有关法规执行。涉嫌构成犯罪的,由海事管理机构依法移送国家司法机关。

（2）第43条:违反本规定,载运危险货物的船舶及船用集装箱、船用刚性中型散装容器和船用可移动罐柜等配载的容器未经检验合格而投入使用的,由海事管理机构责令改正,属于危险化学品的处10万元以上20万元以下的罚款,有违法所得的,没收违法所得,属于危险化学品以外的危险货物的处1 000元以上3万元以下的罚款;拒不改正的,责令整顿。

（3）第44条:违反本规定,有下列情形之一的,由海事管理机构责令改正,属于危险化学品的处5万元以上10万元以下的罚款,属于危险化学品以外的危险货物的处500元以上3万元以下的罚款;拒不改正的,责令整顿:

①船舶载运的危险货物,未按照规定进行积载和隔离的;

②托运人不向承运人说明所托运的危险货物种类、数量、危险特性以及发生危险情况的应急处置措施的;

③未按照国家有关规定对所托运的危险货物妥善包装并在外包装上设置相应标志的。

（4）第45条:违反本规定,载运危险货物的船舶进出港口,未依法向海事管理机构办理申报手续的,在内河通航水域运输危险货物的,对负有责任的主管人员或者其他直接责任人员处2万元以上10万元以下的罚款;在我国管辖海域运输危险货物的,对船舶所有人或者经营人处1万元以上3万元以下的罚款。

（5）第46条:违反本规定,在托运的普通货物中夹带危险货物,或者将危险货物谎报或者匿报为普通货物托运的,由海事管理机构责令改正,属于危险化学品的处10万元以上20万元以下的罚款,有违法所得的,没收违法所得,属于危险化学品以外的危险货物的处1 000元以上3万元以下的罚款;拒不改正的,责令整顿。

（6）第47条:违反本规定,对不符合《海运危险货物集装箱装箱安全技术要求》的危险货物集装箱签署《集装箱装箱证明书》的,由海事管理机构责令改正,对聘用该集装箱装箱现场检查员的单位处1 000元以上3万元以下的罚款。

（7）第48条:违反本规定,有下列情形之一的,由海事管理机构责令改正,处500元以上3万元以下的罚款:

①交付船舶载运的危险货物托运人未向海事管理机构报告的;

②船舶载运包装危险货物或者B组固体散装货物离港前,未按照规定将清单、舱单或者详细配载图报海事管理机构的;

③散装液化天然气船舶未按照规定向海事管理机构报告预计抵港时间的;

④散装液化天然气船舶在内河航行,未按照规定向海事管理机构报告航行计划和航线的。

8.第八章　附则

（1）第50条:本规定所称船舶载运的危险货物。

①《国际海运危险货物规则》（IMDG规则）第3部分危险货物一览表中列明的包装危险货物,以及未列明但经评估具有安全危险的其他包装货物;

②《国际海运固体散装货物规则》（IMSBC规则）附录1中B组固体散装货物,以及经评估具有化学危险的其他固体散装货物;

③《国际防止船舶造成污染公约》（MARPOL公约）附则Ⅰ附录1中列明的散装油类;

④《国际散装运输危险化学品船舶构造和设备规则》（IBC规则）第17章中列明的散装液体化学品,以及未列明但经评估具有安全危险的其他散装液体化学品;

⑤《国际散装运输液化气体船舶构造和设备规则》(IGC 规则)第 19 章列明的散装液化气体,以及未列明但经评估具有安全危险的其他散装液化气体;

⑥我国加入或者缔结的国际条约、国家标准规定的其他危险货物;

⑦《危险化学品目录》中所列物质,不属于前款规定的危险货物的,应当按照《危险化学品安全管理条例》的有关规定执行。

(2)第 51 条:本规定所称 B 组固体散装货物,是指在《国际海运固体散装货物规则》附录 1"组别"栏中列为 B 组货物或者同时列入 A 和 B 组货物。

(3)第 52 条:本规定自 2018 年 9 月 15 日起施行。2003 年 11 月 30 日以交通部令 2003 年第 10 号发布的《船舶载运危险货物安全监督管理规定》、2012 年 3 月 14 日以交通运输部令 2012 年第 4 号发布的《关于修改〈船舶载运危险货物安全监督管理规定〉的决定》、1996 年 11 月 4 日以交通部令 1996 年第 10 号发布的《水路危险货物运输规则(第一部分 水路包装危险货物运输规则)》同时废止。

十五、中华人民共和国海事行政许可条件规定

《中华人民共和国海事行政许可条件规定》于 2015 年 5 月 29 日由交通运输部发布。截至目前,该规定历经 2016 年 9 月、2017 年 5 月、2018 年 10 月和 2021 年 9 月四次修正。第四次修正于 2021 年 9 月 1 日起施行。

海事行政许可是指依据有关水上交通安全、防治船舶污染水域等海事管理的法律、行政法规、国务院决定设定的,由海事管理机构实施,或者由交通运输部实施、海事管理机构具体办理的行政许可。

为依法实施海事行政许可,维护海事行政许可各方当事人的合法权益,根据《中华人民共和国行政许可法》和有关海事管理的法律、行政法规以及中华人民共和国缔结或者加入的有关国际海事公约,制定本规定。现行的《中华人民共和国海事行政许可条件规定》共 3 章 19 条,相关章节如下:

1.第一章　总则

(1)第 4 条:海事行政许可条件应当按照《交通行政许可实施程序规定》予以公示。申请人要求对海事行政许可条件予以说明的,海事管理机构应当予以说明。

(2)第 5 条:国家海事管理机构应当根据海事行政许可条件,统一明确申请人应当提交的材料。有关海事管理机构应当将材料目录予以公示。

申请人申请海事行政许可时,应当按照规定提交申请书和相关的材料,并对所提交材料的真实性和有效性负责。申请变更海事行政许可、延续海事行政许可期限的,申请人可以仅就发生变更的事项或者情况提交相关的材料;已提交过的材料情况未发生变化的可以不再提交。

2.第二章　海事行政许可条件

(1)第 9 条:国际航行船舶进出口岸审批的条件。

国际航行船舶进口岸审批的条件:

①船舶具有齐备、有效的证书、文书与资料。

②船舶配员符合最低安全配员的要求,船员具备适任资格。

③船舶拟进入水域为对国际航行船舶开放水域,停靠的码头、泊位、港外装卸点满足安全、

防污染和保安要求。

④载运货物的船舶所载货物没有国家禁止入境的货物或者物品；载运危险货物和污染危害性货物的船舶，按规定已办理船舶载运危险货物和污染危害性货物进港审批。

⑤核动力船舶或者其他特定的船舶，符合我国法律、行政法规、规章的相关规定。

国际航行船舶出口岸审批的条件：

①船舶具有齐备、有效的证书、文书与资料；

②船舶配员符合最低安全配员的要求，船员具备适任资格；

③载运货物的船舶所载货物，符合安全积载和系固的要求；

④载运危险货物和污染危害性货物的船舶，按规定已办理船舶载运危险货物和污染危害性货物出港审批，载运情况符合船舶载运危险货物的安全、防污染和保安管理要求；

⑤船舶船旗国或者港口国对船舶的安全检查情况和缺陷纠正情况符合规定的要求，对海事管理机构的警示，已经采取有效的措施；

⑥已依法缴纳税、费和其他应当在开航前交付的费用，或者已提供适当的担保；

⑦违反海事行政管理的行为已经依法予以处理；

⑧禁止船舶航行的司法或者行政强制措施已经依法解除；

⑨核动力船舶或者其他特定的船舶，符合我国法律、行政法规、规章的相关规定；

⑩已经其他口岸检查机关同意。

（2）第 12 条：载运危险货物或者海上载运污染危害性货物进出港口审批的条件。

①所载运的危险货物或者污染危害性货物符合水上安全运输和防治船舶污染水域环境要求，且不属于国家规定禁止通过水路运输的货物；

②船舶的装载符合所持有的证书、文书的要求；

③拟靠泊或者进行危险货物或者污染危害性货物装卸作业的港口、码头、泊位具备有关法律、行政法规规定的危险货物作业经营资质；

④需要办理货物进出口手续的已按有关规定办理。

船舶载运的污染危害性货物同时属于危险货物的，其货物所有人、承运人或者代理人可将船舶载运污染危害性货物进出港口申报和船舶载运危险货物进出港口申报合并办理。对于过境停留的污染危害性货物，免于办理货物适运申报或者报告。

（3）第 13 条：船舶从事散装液体污染危害性货物过驳作业，在港口水域外从事内河危险货物过驳作业或者海上散装液体危险货物过驳作业审批的条件。

①拟进行过驳作业的船舶或者水上设施满足水上交通安全与防治船舶污染水域环境的要求；

②拟过驳的货物符合安全过驳要求；

③参加过驳作业的人员具备法律、行政法规规定的过驳作业能力；

④拟作业水域及其底质、周边环境适宜过驳作业；

⑤过驳作业对水域资源以及附近的军事目标、重要民用目标不构成威胁；

⑥有符合安全与防治船舶污染要求的过驳作业方案、安全保障措施和应急预案。

（4）第 14 条：危险化学品水路运输人员（申报人员、集装箱现场检查员）资格认可的条件。

①具有中华人民共和国国籍；

②年满 18 周岁，具有完全民事行为能力；

③近 2 年内经海事管理机构考核合格；

④首次申请的,应当具有在同一个从业单位连续 3 个月的相应业务实习经历;

⑤检查员具有正常辨色力;

⑥无因谎报、瞒报危险化学品违规行为曾被吊销从业资格的情形。

十六、海运固体散装货物安全监督管理规定

《海运固体散装货物安全监督管理规定》是为了加强海运固体散装货物监督管理,保障海上人命、财产安全,依据《中华人民共和国海上交通安全法》《中华人民共和国港口法》等法律制定的,同时,也是履行 IMO IMSBC 规则,将国际公约国内化,进一步规范履约工作的需要。该规定以中华人民共和国交通运输部 2019 年第 1 号令的形式公布,并自 2019 年 3 月 1 日起施行。为了更合理、有效地对海运固体散装货物运输进行安全监督管理,理顺与上位法的关系,交通运输部决定对《海运固体散装货物安全监督管理规定》进行修正,以 2022 年第 25 号部令的形式公布,并自 2022 年 9 月 26 日起施行。修正后的规定共 9 章 43 条,相关章节如下:

1.第一章　总则

(1)第 2 条:船舶在中华人民共和国管辖海域内从事载运固体散装货物,适用本规定。

(2)第 3 条:交通运输部主管全国海运固体散装货物的安全管理工作。国家海事管理机构按照职责负责全国海运固体散装货物的安全监督管理工作。其他各级海事管理机构按照各自职责权限具体负责海运固体散装货物的安全监督管理工作。

(3)第 4 条:船舶载运 B 组固体散装货物的,还应当遵守《船舶载运危险货物安全监督管理规定》。

2.第二章　一般规定

(1)第 5 条:从事固体散装货物运输的船舶所有人、经营人或者管理人,按照交通运输部有关规定建立和实施的船舶安全营运和防污染管理体系或者制度,应当包括载运固体散装货物的程序、须知或者管理制度。

(2)第 6 条:载运固体散装货物的船舶,其船舶装载手册或者稳性计算书中应当列出所载货物安全适运的典型工况。

(3)第 7 条:船舶载运固体散装货物,应当符合有关积载、隔离和运输的安全技术规范,并符合相应适装证书或者证明文件的要求。

(4)第 8 条:船舶所有人、经营人或者管理人应当对船员进行固体散装货物专业知识培训和考核,保证船员熟悉固体散装货物的特性、操作规程及应急预案。

(5)第 9 条:按照本规定办理报告手续的人员,应当熟悉相关法规、标准规范和报告程序。

(6)第 10 条:拟交付船舶运输的固体散装货物如果未在《国际海运固体散装货物规则》中列出,其托运人应当提交具有相应资质的检测机构(以下简称检测机构)出具的鉴定材料,明确货物的分组、分类、危险性、污染危害性和船舶载运技术条件后,方可交付船舶运输。

(7)第 11 条:对环境有害的固体散装货物,船舶卸货完毕后,货物残余物及其洗舱水应当由港口接收设施或者船舶污染物接收单位接收,禁止排放入水,并按照规定在垃圾记录簿中如实记载。

3.第三章　报告管理

（1）第 12 条:载运 B 组以外固体散装货物船舶进出港口,应当在进出港口 24 小时前向海事管理机构报告。航程不足 24 小时的,应当在驶离上一港口前报告。报告应当包括以下信息内容:

①船名、航次、国籍、始发港、卸货港、作业地点、预计进出港口和作业时间等船舶信息;

②货物名称、组别、类别、联合国编号、总重量和装载位置等货物信息。

（2）第 13 条:拟交付船舶运输固体散装货物的托运人,应当在交付运输前向承运人提交以下货物信息,并报告海事管理机构:

①固体散装货物安全适运声明书;

②属于易流态化固体散装货物的,应当提交检测机构出具的货物适运水分限和货物水分含量证明;

③载运未在《国际海运固体散装货物规则》中列出的货物,应当提交检测机构出具的货物运输条件鉴定材料;

④国际航行船舶按照规定需要进出口国家的有关部门批准后方可载运的,应当提交有效的批准文件;

⑤海事管理机构根据《国际海运固体散装货物规则》的规定,要求提供的其他证书或者文书。

港口作业委托人应当在固体散装货物装载前,将前款第①项至第③项的货物信息提供给港口经营人。

（3）第 14 条:需要通过检测获得货物信息的,应当由托运人与检测机构共同对货物进行采样。

（4）第 15 条:承运人应当对货物信息进行审核,对不符合船舶适装要求的,不得承运。承运期间相关材料、证书或者文书应当保存在船上。

4.第四章　作业管理

（1）第 16 条:载运固体散装货物船舶在装货前,应当按照船舶装载手册或者船舶稳性资料,检查货物的运输资料和适运状况,发现不符合本规定情形的不得装运。

（2）第 17 条:从事固体散装货物装卸作业的船舶和港口经营人,应当遵守安全和防污染操作规程,建立并落实船岸安全检查表制度,严格按照船岸安全检查表的要求进行检查和填写。

从事固体散装货物装卸作业的港口经营人,应当指定具有相应专业和履职能力的人员负责对船舶装卸作业进行巡查监督。港口经营人应当加强作业人员相应专业知识和业务操作能力培训。作业人员在装卸作业期间应当遵守相关安全制度和作业规程。

（3）第 18 条:载运固体散装货物船舶和港口经营人应当在固体散装货物装卸作业前以书面形式确定装卸计划,并按照装卸计划进行作业。

发现货物装卸作业与装卸计划不符或者可能存在安全隐患的,载运固体散装货物船舶和港口经营人应当共同进行核实,并采取必要的安全措施。

（4）第 19 条:港口经营人应当根据载运固体散装货物船舶提供的配载、积载要求装载货物,进行平舱。装载完毕后,港口经营人应当进行检查并由船长书面确认。

（5）第 20 条:船舶应当根据固体散装货物性质合理装载和积载。不相容货物之间应当进行隔离。船舶载运高密度固体散装货物时,应当在各舱及同一舱内合理分布,避免对船舶结构和强度造成不利影响。

5.第五章 易流态化固体散装货物的特别规定

(1)第21条:易流态化固体散装货物的托运人,应当按照《国际海运固体散装货物规则》的规定,制定并实施货物取样、试验和控制水分含量的程序。

(2)第22条:拟交付船舶载运的易流态化固体散装货物,水分含量不得超过其适运水分限。但是,已经建造或者设置防止货物移动的特殊结构、设备,并持有相应检验证书的中国籍船舶,或者持有相应检验、批准证书的外国籍船舶除外。

(3)第23条:拟交付船舶载运的易流态化固体散装货物,其托运人应当提交检测机构出具的含有货物适运水分限、水分含量等技术指标的检测报告。

适运水分限的采样和检测应当在货物计划装船前6个月内完成;水分含量的采样和检测应当在货物计划装船前7天内完成。货物装船前或者装船期间有下列情形之一的,托运人应当重新对货物水分含量进行采样和检测:

①因降水等情形可能引起货物水分含量升高或者其他特性变化;

②船长有充分理由认为拟装载货物与其水分含量证明不相符。

(4)第24条:利用船舶或者码头装卸设施直接转运易流态化固体散装货物,转运作业委托人应当提供货物原有的安全适运声明书、适运水分限和水分含量证明等资料。

转运作业前,转运作业委托人、承运转运货物船舶应当共同对拟转运货物进行检查,确认货物形态无变化的,方可进行转运作业。转运作业委托人应当在转运货物船舶离港前,向船舶和海事管理机构提交检测机构对转运货物水分含量的检测报告。

(5)第25条:露天储存易流态化固体散装货物,所用堆场应当具备良好的排水功能并根据天气情况和货物性质采取适当措施,防止货物水分含量增加。

港口经营人装载易流态化固体散装货物的,应当对适运水分限、水分含量检测报告等货物信息进行核对,经核对无误后方可作业。港口经营人在作业过程中应当做好作业情况记录,将装卸作业有关信息和单证存档,并自觉接受和配合港口行政管理部门依据职责实施监督管理。港口经营人在装船前或者装船过程中发现货物不符合规定要求的,应当告知船舶并配合船舶不予装载或者停止装载。

(6)第26条:在易流态化固体散装货物装船前,船舶应当检查货物处所舱盖风雨密状况,测试货物处所的污水系统是否工作正常,采取措施防止货物进入舱底污水井,并做好记录。

(7)第27条:易流态化固体散装货物装船期间,遇降水等可能引起货物水分含量升高或者其他特性变化的情形,船舶和港口经营人应当立即采取停止作业、关闭舱盖等安全措施。

(8)第28条:载运易流态化固体散装货物船舶,应当根据所载货物的特性和航行区域特点制订货物处所定期巡查计划。

船舶在航行过程中应当按照巡查计划进行定期巡查,并记录巡查情况。发现货物具有流态化趋势或者已经流态化的,应当立即采取应急措施,并向就近的海事管理机构报告。

6.第六章 人员防护与事故预防

(1)第29条:船舶载运可能释放有毒气体、易燃气体或者造成货物处所缺氧的固体散装货物时,应当配备相应的气体测量仪器及其使用说明书,按照规定定期测量货物处所气体浓度,并记录测量结果。

（2）第30条：船舶载运可能释放有毒气体的固体散装货物时，应当对货物处所提供机械通风或者自然通风。

船舶载运可能释放易燃气体的固体散装货物时，应当对货物处所提供机械通风。

（3）第31条：船舶应当制定针对人员进出封闭处所和货物熏蒸处所的安全程序及应急救援措施，在处所入口处设立警示标志。

（4）第32条：装载具有毒害性、腐蚀性或者造成货物处所缺氧的固体散装货物时，相关作业人员应当事先经过训练，配备防护设备。紧急情况下需进入货物处所的，应当按照安全程序在船长或者其指定的具有管理职责的船员监督下进行。

7.第七章　监督管理

（1）第33条：海事管理机构发现载运固体散装货物的船舶存在安全隐患的，应当责令立即或者限期消除隐患，不立即消除或者逾期不消除的，采取禁止其进港、离港或者责令其停航、改航、停止作业等措施。

（2）第34条：港口行政管理部门应当依据职责对辖区内固体散装货物港口储存、装卸作业实施监督管理。发现港口经营人储存、装卸固体散装货物存在安全隐患的，应当责令立即或者限期消除隐患，不立即消除或者逾期不消除的，采取责令其停止作业等措施。

8.第八章　法律责任

（1）第35条：违反本规定，有下列情形之一的，由海事管理机构责令改正，处1万元以上3万元以下的罚款：

①船舶未按照规定采取停止作业、关闭舱盖等安全措施的；

②船舶未配备气体测量仪器或者未对货物处所气体浓度进行测量的；

③船舶未建立并落实船岸安全检查表制度，或者未按照船岸安全检查表的要求进行检查和填写的。

（2）第36条：违反本规定，有下列情形之一的，由海事管理机构责令改正，处3 000元以上3万元以下的罚款：

①船舶在进出港口前未向海事管理机构报告的；

②固体散装货物的托运人、转运作业委托人未向承运人、海事管理机构提交货物相关信息的。

（3）第37条：违反本规定，有下列情形之一的，由港口行政管理部门责令港口经营人立即纠正或者限期改正：

①未根据天气情况和货物性质对易流态化固体散装货物采取适当措施防止货物水分含量增加的；

②未根据船舶提供的配载、积载要求装载货物或者进行平舱的。

（4）第38条：违反本规定，有下列情形之一的，由港口行政管理部门责令改正，处1万元以上3万元以下的罚款：

①港口经营人在装船前或者装船过程中发现货物不符合规定要求，未告知船舶或者停止装载的；

②港口经营人在装船过程中遇降水等情形无法保证作业和运输安全时，未停止作业的。

（5）第39条：违反本规定，有下列情形之一的，由港口行政管理部门责令改正，处1万元以上3万元以下的罚款：

①港口经营人未建立并落实船岸安全检查表制度,或者未按照船岸安全检查表的要求进行检查和填写的;

②港口经营人未指定人员在装卸作业期间进行巡查监督的;

③港口经营人未对货物信息进行核对的。

(6)第40条:船舶载运的固体散装货物属于危险化学品并违反本规定的,按照《危险化学品安全管理条例》进行处罚。

(7)第41条:海事管理机构、港口行政管理部门的工作人员有滥用职权、徇私舞弊、玩忽职守等严重失职行为的,由其所在单位或者上级机关依法处理;情节严重构成犯罪的,由司法机关依法追究刑事责任。

9.第九章 附则

第42条:本规定下列用语的含义。

(1)固体散装货物:是指除谷物以外的,不需包装可直接装入船舶的货物处所,由基本均匀的微粒、颗粒或者较大的块状固体物质组成的货物。

(2)B组固体散装货物:是指在《国际海运固体散装货物规则》附录1"组别"栏中列为B组货物或者同时列入A和B组货物。

(3)典型工况:是指船舶满载出港、满载到港、压载出港、压载到港的基本装载情况。

(4)对环境有害的固体散装货物:是指符合《国际防止船舶造成污染公约》附则V有关对海洋环境有害物质判定标准的固体散装货物。

(5)高密度固体散装货物:是指每吨货物在货舱中正常堆积时所占空间小于或者等于0.56 m³的固体散装货物。

(6)易流态化固体散装货物:是指含有部分细颗粒和一定量水分的、当水分含量超过适运水分限时会流态化的固体散装货物。

(7)适运水分限:是指确保易流态化固体散装货物安全运输的最大水分含量。

十七、中华人民共和国船舶油污损害民事责任保险实施办法

《中华人民共和国船舶油污损害民事责任保险实施办法》是依据《中华人民共和国海洋环境保护法》《中华人民共和国海商法》《防治船舶污染海洋环境管理条例》等国内法律、行政法规,《1992年国际油污损害民事责任公约》《2001年国际燃油污染损害民事责任公约》等法律、行政法规和我国缔结或者参加的有关国际条约要求制定的我国第一部船舶油污损害民事责任保险制度的管理规定,以交通运输部2010年3号令形式颁布,自2010年10月1日起施行。截至目前,该办法经过了2013年8月31日的第一次修正。修订后的《中华人民共和国船舶油污损害民事责任保险实施办法》共5章20条,相关章节如下:

1.第一章 总则

(1)第2条:在中华人民共和国管辖海域内航行的载运油类物质的船舶和1 000总吨以上载运非油类物质的船舶,其所有人应当按照本办法的规定投保船舶油污损害民事责任保险或者取得相应的财务担保。

承担船舶油污损害民事责任保险的商业性保险机构和互助性保险机构,应当遵守本办法。

(2)第3条:国务院交通运输主管部门负责统一管理全国船舶油污损害民事责任保险

船载危险货物申报员和集装箱装箱现场检查员培训教程（第二版）

工作。

国家海事管理机构负责组织实施全国船舶油污损害民事责任保险工作。沿海各级海事管理机构依照各自职责负责具体实施船舶油污损害民事责任保险工作。

2.第二章　船舶油污损害民事责任保险及额度

第4条:在中华人民共和国管辖海域内航行的船舶应当按照以下规定投保油污损害民事责任保险或者取得其他财务保证:

①载运散装持久性油类物质的船舶,投保油污损害民事责任保险,其保险标的应当包括持久性油类物质造成的污染损害;

②1 000总吨以上载运非持久性油类物质的船舶,投保油污损害民事责任保险,其保险标的应当包括非持久性油类物质造成的污染损害和燃油造成的污染损害;

③1 000总吨以上载运非油类物质的船舶,投保油污损害民事责任保险,其保险标的应当包括燃油造成的污染损害;

④1 000总吨以下载运非持久性油类物质的船舶,投保油污损害民事责任保险,其保险标的应当包括非持久性油类物质造成的污染损害。

3.第三章　船舶油污损害民事责任保险证书

(1)第8条:中国籍船舶的所有人应当向在我国境内依法成立的商业性保险机构、在我国境内依法成立或者在我国境内设有代表机构或者代理机构的互助性保险机构投保船舶油污损害民事责任保险,或者取得上述保险机构以及境内银行所出具的保函、信用证等其他财务保证。

中国籍船舶的所有人应当向具有赔付能力的保险机构投保船舶油污损害民事责任保险或者取得财务保证,保险机构应当向中国籍船舶的所有人出示能够证明其具有赔付能力的相关文件。

(2)第9条:中国籍船舶投保船舶油污损害民事责任保险或者取得其他财务保证之后,应当按以下规定向船籍港所在地的直属海事管理机构申请办理相应船舶油污损害民事责任保险证书:

①载运持久性油类物质的船舶,应当办理《油污损害民事责任保险或其他财务保证证书》;

②1 000总吨以上载运非持久性油类物质的船舶,应当办理《燃油污染损害民事责任保险或其他财务保证证书》《非持久性油类污染损害民事责任保险或其他财务保证证书》;

③1 000总吨以下载运非持久性油类的船舶,应当办理《非持久性油类污染损害民事责任保险或其他财务保证证书》;

④1 000总吨以上载运非油类物质的船舶,应当办理《燃油污染损害民事责任保险或其他财务保证证书》。

(3)第13条:在我国管辖海域内航行的外国籍船舶应当符合以下规定。

①适用《1992年国际油污损害民事责任公约》的,应当持有缔约国主管机关或其授权机构签发的《油污损害民事责任保险或其他财务保证证书》;

②适用《2001年国际燃油污染损害民事责任公约》的,应当持有缔约国主管机关或其授权机构签发的《燃油污染损害民事责任保险或其他财务保证证书》;

③1 000总吨以下载运非持久性油类物质的船舶,应当持有有效的非持久性油类污染民事

责任保险单证或其他财务保证证明。

4.第五章 附则

第 19 条:本法中下列用语的含义。

(1)油类是指任何类型的油及其炼制品。

(2)持久性油类是指任何持久性烃类矿物油,例如原油、燃油、重柴油和润滑油等。

(3)非持久性油类是指持久性油类以外的任何油类。

十八、船舶载运散装液体物质分类评估管理办法

为加强船舶载运散装液体物质的监督管理,保障航行安全,保护水域环境,交通运输部海事局根据《中华人民共和国船舶载运危险货物安全监督管理规定》及相关国际公约、规则制定并颁布了《船舶载运散装液体物质分类评估管理办法》(海船舶〔2007〕239 号),并自 2007 年 5 月 15 日起施行。该办法共 5 章 20 条,相关章节如下:

1.第一章 总则

(1)第 2 条:本办法适用于在中华人民共和国管辖水域内载运未分类散装液体物质的分类评估。

(2)第 3 条:中华人民共和国海事局负责分类评估的管理工作。各级海事管理机构负责本办法的实施。

(3)第 4 条:大连危险货物运输研究中心作为中华人民共和国海事局委托的评估机构,具体负责对未分类散装液体物质进行分类评估。

(4)第 5 条:未分类散装液体物质应当按照本办法的规定进行分类评估,否则不得载运。

(5)第 6 条:本办法下列用语的定义。

①未分类散装液体物质是指未收录在 IBC 规则第 17、18 和 19 章中的物质。

②三方协定是指 MARPOL 73/78 公约附则 Ⅱ 所规定的与作业有关的缔约国政府就未分类散装液体物质的暂定类别所达成的一致意见。

2.第四章 审定与公布

(1)第 15 条:当地海事管理机构依据评估报告,制定对未分类散装液体物质的分类及运输要求,报中华人民共和国海事局确认。

(2)第 16 条:中华人民共和国海事局与相关国家就涉及三方协定的散装液体物质分类及运输要求进行协商。

(3)第 17 条:对已确认的散装液体物质分类及运输要求,由中华人民共和国海事局予以公布。

十九、危险货物水路运输从业人员考核和从业资格管理规定

为规范危险货物水路运输从业人员的从业资格,提高从业人员的安全、法制、业务素质,防止和减少生产安全事故,依据《中华人民共和国安全生产法》《危险化学品安全管理条例》等有关法律、行政法规,制定本规定。该规定于 2016 年 6 月 28 日由交通运输部发布实施,2021 年 9 月进行了第 1 次修正。

现行的《危险货物水路运输从业人员考核和从业资格管理规定》共 5 章 31 条,其中,第一章为总则,第二章为港口危货储存单位主要安全管理人员考核管理,第三章为装卸管理人员、申报员、检查员从业资格管理,第四章为法律责任,第五章为附则。

1.第一章　总则

(1)第 2 条:危险货物水路运输从业人员的考核和从业资格管理适用本规定。

危险货物水路运输从业人员包括:

①从事港口危险货物储存作业的港口经营人的主要负责人和安全生产管理人员(以下简称港口危货储存单位主要安全管理人员);

②危险化学品港口经营人的装卸管理人员(以下简称装卸管理人员);

③水路运输企业从事船舶载运危险化学品进出港口申报的人员(以下简称申报员);

④水路运输企业从事船舶载运危险化学品集装箱装箱现场检查的人员(以下简称检查员)。

本规定所称水路运输企业包括港口经营人、水路运输经营者、无船承运业务经营者、船舶代理业务经营者和水路货物运输代理经营者等。

①中所称从业人员的考核和从业资格管理包括港口危货储存单位主要安全管理人员的考核管理和装卸管理人员、申报员、检查员的从业资格管理。

②中所称船舶载运危险化学品集装箱装箱现场检查是指托运人委托检查员对其托运的危险化学品的装箱过程、标牌标志、积载隔离等是否符合国际公约、规则和国内技术标准要求进行的现场检查。

(2)第 3 条:交通运输部指导全国危险货物水路运输从业人员的考核和从业资格管理。

县级以上地方人民政府交通运输主管部门(含港口行政管理部门)负责本行政区域内港口危货储存单位主要安全管理人员考核和装卸管理人员的从业资格管理。

各级海事管理机构依据职责负责申报员、检查员的从业资格管理。

(3)第 4 条:危险货物水路运输企业应当对危险货物水路运输从业人员进行安全教育、法治教育和岗位技术培训,制订培训计划,安排安全生产培训经费,建立培训管理档案。

危险货物水路运输从业人员应当接受教育和培训,未经安全生产教育和培训合格的,不得上岗作业。

(4)第 5 条:港口行政管理部门及各级海事管理机构应当依据职责对辖区内装卸管理人员和申报员、检查员的从业资格进行监督检查。

监督检查中可以行使以下职权:

①查阅相应岗位人员的劳动合同、培训档案、年度考核材料等有关资料,向有关人员了解情况;

②检查核对相应岗位人员从业资格证书。

2.第三章　装卸管理人员、申报员、检查员从业资格管理

(1)第 12 条:装卸管理人员、申报员、检查员应当按照本规定经考核合格,具备相应从业条件,取得相应种类的《危险化学品水路运输从业资格证书》(以下简称《资格证书》,见附件),方可从事相应的作业。

《资格证书》按照危险化学品国际水路运输和国内水路运输类型,细分为包装、散装固体、散装液体等种类,并在证书备注栏中予以注明。

《资格证书》由交通运输部统一式样及编号,在全国范围内有效。

(2)第13条:交通运输部负责制定装卸管理人员、申报员、检查员从业资格考核大纲。

省级交通运输主管部门应当按照交通运输部制定的考核大纲,编制装卸管理人员考核题库,并制定本行政区域内装卸管理人员的考核程序。

交通运输部海事局应当按照交通运输部制定的考核大纲,编制申报员和检查员的考核题库,制定考核程序。

(3)第14条:省级交通运输主管部门按照考核程序和考核题库,组织装卸管理人员的从业资格考核工作。

交通运输部直属海事管理机构应当按照交通运输部海事局制定的考核程序和编制的考核题库,组织开展辖区内申报员和检查员的从业资格考核工作。

省级地方海事管理机构应当按照交通运输部海事局制定的考核程序和编制的考核题库,组织开展辖区内仅从事危险化学品国内水路运输的申报员和检查员的从业资格考核工作。

交通运输部直属海事管理机构、省级地方海事管理机构可以决定由下一级海事管理机构具体实施申报员、检查员的从业资格考核。实施机构的名录应当向社会公告。

(4)第15条:报名参加考核的人员应当向组织考核的机关提交报名申请和有效身份证件的复印件。

(5)第16条:组织从业资格考核的部门,应当在考核结束后20个工作日内公布考核合格人员名单。参加考核人员可以向组织考核部门查询考核成绩。

(6)第20条:经考核合格拟从业申报员和检查员的,应当向组织考核的海事管理机构申请从业资格证书。

(7)第21条:申请申报员、检查员从业资格的,应当符合以下条件并提供相应的证明材料:

①近2年内的考核合格证明;

②首次申请的,应当具有在同一个从业单位连续3个月的相应业务实习经历,提交从业单位的实习证明;

③检查员具有正常辨色力,提交医疗机构出具的体检证明;

④无因谎报、瞒报危险化学品违规行为曾被吊销从业资格的情形。

(8)第22条:符合第21条规定的,海事管理机构应当在10个工作日内,做出是否给予从业资格的决定。同意的,应当签发《资格证书》;不同意的,应当向申请人说明原因。

(9)第23条:2年内未从事船舶运输危险化学品申报或者危险化学品集装箱装箱现场检查的,应当重新申请考核和从业资格。

(10)第24条:需要聘用装卸管理人员、申报员、检查员的水路运输企业,应当聘用依照本规定取得相应从业资格的装卸管理人员、申报员、检查员。

装卸管理人员、申报员、检查员应当按照所取得的《资格证书》注明的类型和种类范围从事相关作业活动。

(11)第25条:水路运输企业应当将本单位的装卸管理人员、申报员、检查员的以下信息及时报送具有相应职责的管理部门,装卸管理人员信息报送港口所在地港口行政管理部门,申报员、检查员信息报送所在地海事管理机构:

①被聘用从业人员的有效身份证明复印件;

②被聘用从业人员的《资格证书》编号;

③被聘用从业人员的从业区域；

④解聘从业人员的姓名、有效身份证明证号和《资格证书》编号。

3.第四章 法律责任

（1）第27条：水路运输企业的装卸管理人员、申报员、检查员未取得从业资格上岗作业的，由所在地港口行政管理部门或者海事管理机构责令改正，处5万元以上10万元以下的罚款；拒不改正的，责令停产停业整顿。

（2）第28条：未按本规定第25条报送信息的，分别由所在地港口行政管理部门或者海事管理机构按照职责分工责令限期改正，可处以1 000元以下罚款；提供虚假信息或者1年之内多次未报信息的，处以3 000元以上1万元以下罚款。

（3）第29条：装卸管理人员、申报员和检查员有下列行为之一的，分别由所在地港口行政管理部门或者海事管理机构按照职责分工责令改正，并处以5 000元的罚款：

①将《资格证书》转借他人使用的；

②涂改《资格证书》的。

二十、船载危险货物申报员和集装箱装箱现场检查员管理办法

为加强船舶载运危险货物申报人员和船舶载运危险货物集装箱装箱现场检查人员的从业管理，规范船载危险货物申报或者集装箱装箱现场检查行为，交通运输部海事局根据《危险货物水路运输从业人员考核和从业资格管理规定》、《中华人民共和国船舶载运危险货物安全监督管理规定》以及我国缔结或者加入的有关国际公约的规定制定了《船载危险货物申报员和集装箱装箱现场检查员管理办法》（海危防〔2017〕548号），2017年11月1日印发，自2018年1月1日起施行。

现行的《船载危险货物申报员和集装箱装箱现场检查员管理办法》共6章32条，其中：第一章为总则，第二章为考核管理，第三章为从业资格证书核发，第四章为信息报送，第五章为记分管理，第六章为附则。主要条款如下：

1.第一章 总则

（1）第2条：本办法适用于中华人民共和国管辖范围内从事船舶载运危险货物申报或者船舶载运危险货物集装箱装箱现场检查的人员的从业管理。

（2）第3条：交通运输部海事局统一负责船舶载运危险货物申报人员和船舶载运危险货物集装箱装箱现场检查人员从业资格和从业行为的管理工作。

各级海事管理机构按照各自职责负责本辖区船舶载运危险货物申报人员和船舶载运危险货物集装箱装箱现场检查人员从业资格和从业行为的具体管理工作。

（3）第4条：按照规定从事船载危险化学品申报或者报告的申报人员（简称申报员）或者从事船载危险化学品集装箱装箱现场检查的检查人员（简称检查员），应当按照《危险货物水路运输从业人员考核和从业资格管理规定》的规定，参加海事管理机构组织的从业资格考核，取得相应的从业资格证书。

申报员和检查员取得从业资格证书后，可以通过网上办理船载危险化学品以及船载危险化学品之外的货物的申报、报告或者集装箱装箱现场检查。未持有从业资格证书的人员拟从事船载危险化学品之外的货物的申报、报告或者集装箱装箱现场检查的，应当按照有关规定接

受与其所从事作业相匹配的培训,符合本办法第 5 条规定的能力要求,并通过纸质材料送交所在地海事管理机构办理。

聘用上述人员的单位应当对所聘用人员的从业行为进行管理,对其从业行为所造成的后果负责。

(4)第 5 条:船舶载运危险货物申报人员和船舶载运危险货物集装箱装箱现场检查人员,应当了解船载危险货物的危险性、危害性及污染预防措施,掌握安全运输、防污染国际公约和国内法规、标准及申报程序、装箱现场检查的要求,熟悉海事管理机构有关船舶载运危险货物和污染危害性货物安全管理的规定等相关知识。

(5)第 6 条:申报员或检查员有下列权利。

①在所在从业单位的管理下,从事危险货物申报或者集装箱装箱现场检查业务。

②查询其办理的申报或者装箱现场检查业务情况。

③对海事管理机构对其做出的决定进行陈述、申辩、申诉。

④依法申请行政复议或者提起行政诉讼。

申报员或者检查员应履行以下义务:

①妥善保管海事管理机构核发的《危险化学品水路运输从业资格证书》,参加相关培训并保存培训记录。

②熟悉所申报货物的基本情况,审查所申报内容和有关材料的真实性、完整性。妥善保管申报或者装箱检查业务相关文档,供海事管理机构抽查。

③准确、清楚、完整地填制相关单证,并按照规定办理危险货物申报、装箱现场检查业务及相关手续。

④配合海事管理机构实施开箱查验,以及对违法案件的查处。

⑤向海事管理机构报告所发现的船载危险货物违法行为。

⑥与从业单位解除劳动合同时或者不再从业时,及时向海事管理机构报告。

(6)第 7 条:企业应当与其所聘用的申报员或者检查员签订劳动合同,制订安全生产培训计划,落实培训经费,开展安全教育、法治教育和岗位技术培训,建立培训档案和年度考核制度。

2.第二章　考核管理

(1)第 8 条:拟报名参加从业资格考核的人员,应当符合以下条件。

①具有中华人民共和国国籍。

②年满 18 周岁,具有完全民事行为能力。

(2)第 14 条:考核合格证明损毁、遗失或者个人信息发生变更的,可向原发证海事管理机构申请补发或者换发,颁发日期为原考核合格证明的颁发日期。

3.第三章　从业资格证书核发

(1)第 15 条:取得考核合格证明,拟从事船载危险化学品申报和集装箱装箱现场检查的申报员和检查员,应当向组织考核的海事管理机构申请从业资格。

(2)第 16 条:申请申报员或者检查员从业资格的,应当符合以下条件并提供相应的证明材料:

①近 2 年内的考核合格证明。

②首次申请的,应当具有在同一个从业单位连续 3 个月的相应业务实习经历,提交从业单

位的实习证明。

③检查员具有正常辨色力,提交医疗机构出具的体检证明。

对符合规定且无因谎报、瞒报危险化学品违规行为曾被吊销从业资格的情形的,海事管理机构应当在 10 个工作日内,做出是否给予从业资格的决定。同意的,应当签发《危险化学品水路运输从业资格证书》;不同意的,应当向申请人说明原因。

《危险化学品水路运输从业资格证书》的编号、适用的运输类型和种类应当和考核合格证明保持一致,并在全国范围内有效。

(3)第 17 条:2 年内未从事船载危险化学品申报或者集装箱装箱现场检查的,应当重新申请参加考核并取得从业资格后方可从业。

4.第四章　信息报送

(1)第 18 条:聘用申报员、检查员以及其他从事船载危险化学品以外货物申报或者集装箱装箱现场检查人员的单位应当将本单位的企业信息表及以下人员信息及时报送所在地海事管理机构:

①被聘用从业人员的姓名及其有效身份证明证号。

②被聘用从业人员的从业区域。

③解聘或者终止劳动合同的从业人员姓名及其有效身份证明证号。

单位应将所报送信息的证明材料存档,以备海事管理机构抽查。

(2)第 19 条:申报员或者检查员应当在《危险化学品水路运输从业资格证书》中明确签注的运输类型和种类范围内依法为其所在从业单位从事船舶载运危险货物的申报与报告、装箱现场检查工作。

《危险化学品水路运输从业资格证书》中签注的运输类型为国际水路运输的申报员或者检查员可以从事国内水路运输的船舶载运危险货物的申报与报告或者装箱现场检查工作。

申报员或者检查员从业区域超出范围的,其所在单位应当向新从业区域所在地海事管理机构报送第 18 条要求的相关材料。

申报员或者检查员不得同时在 2 个及以上申报或者装箱单位从业。

(3)第 20 条:申报员或者检查员更换从业单位的,其新任职的从业单位应当按照本办法第 18 条的要求报送相关材料,并提供与上一家从业单位已解除劳动合同的证明。

(4)第 21 条:组织考核的海事管理机构应当将申报员和检查员的姓名、身份证号码、《危险化学品水路运输从业资格证书》编号、适用的运输类型和种类录入交通运输部海事局申报员或者检查员管理系统。

从业区域所在地海事管理机构应当将从业单位按照本办法第 18 条要求报送的人员信息录入交通运输部海事局申报员或者检查员管理系统。

5.第五章　记分管理

(1)第 22 条:海事管理机构对申报员或者检查员在从业过程中发生的船载危险货物运输安全违法或者违规行为实施记分管理。具体记分行为及相应分值见《危险货物申报员和集装箱装箱检查员记分细则》。

(2)第 23 条:船载危险货物运输安全违法或者违规行为累计记分周期为 12 个月,记分周期从每年 1 月 1 日起至 12 月 31 日止。新从业的申报员或者检查员记分周期自从业之日起至当年 12 月 31 日止,不足 1 年的,按 1 个记分周期计算。

（3）第24条：申报员或者检查员在1个记分周期内累计记分达到或者超过10分的，由发证地海事管理机构暂停其通过网上办理申报手续2个月，并参加船舶载运危险货物安全管理法律、法规的学习。暂停期满后可恢复通过网上办理申报手续。

（4）第25条：申报员或者检查员在1个记分周期内累计记分达到15分的，由发证地海事管理机构暂停其通过网上办理申报手续6个月，并应当参加船舶载运危险货物安全管理法律、法规的学习并参加考核。考核合格的，暂停期满后可恢复通过网上办理申报手续。

（5）第26条：申报员或者检查员在1个记分周期内累计记分达到20分的，由发证地海事管理机构暂停其通过网上办理申报手续12个月，并参加船舶载运危险货物安全管理法律、法规和业务知识的学习，按照本人《危险化学品水路运输从业资格证书》注明的从业范围，参加相应科目申报员或者检查员从业资格考核。考核合格的，暂停期满后可恢复通过网上办理申报手续，记分清零。

（6）第27条：申报员或者检查员在1个记分周期内累计记分未达到20分，无行政处罚行为或者所处行政处罚已经办结的，记分周期届满时记分予以清除；记分虽未达到20分，未办结的行政处罚对应的记分转入下一记分周期。

累计达到需学习和考核的记分值，但未参加学习和考核的，暂停其通过网上办理申报手续，直至按照本办法参加学习和考核合格。

（7）第28条：海事管理机构对申报员或者检查员记分时，应当将记分原因和分值在交通运输部海事局申报员或者检查员管理系统中进行签注。

（8）第29条：申报员或者检查员发生下列行为的，发证地海事管理机构应当公告其《危险化学品水路运输从业资格证书》停止使用：

①申报员或者检查员自行申请停止使用的。

②申报员或者检查员死亡或者丧失民事行为能力的。

③2年内未从事申报或者装箱现场检查的。

（9）第30条：被停止使用的《危险化学品水路运输从业资格证书》需恢复使用的，申报员或者检查员应当按照本办法重新申请从业资格考核。

6.第六章　附则

第31条：本办法所称从业单位系指承运人及其代理人，货物生产企业、所有人或者托运人及其代理人以及受货物生产企业、所有人或者托运人委托进行集装箱装箱现场检查的单位。

二十一、危险货物申报员和集装箱装箱检查员记分细则（试行）

《危险货物申报员和集装箱装箱检查员记分细则（试行）》作为《船载危险货物申报员和集装箱装箱现场检查员管理办法》的附件存在，是海事管理机构对申报员或者检查员在从业过程中发生的船载危险货物运输安全违法或者违规行为实施记分管理的依据。该细则规定了具体的记分行为及相应分值。

（1）一次记分的分值，依据违法违规行为的严重程度，分为20分、10分、5分、3分、2分五种。一次有两种及以上记分行为的，应当分别记分，累加分值执行。

（2）申报员按下列标准记分：

①申报员有下列行为之一的，一次记20分：

a.未按规定进行申报或者报告，导致危险货物在装卸或者运输过程中发生事故的。

b.欺骗、造假、提供虚假证明材料等违法行为。

c.冒用他人《危险化学品水路运输从业资格证书》办理申报的。

d.对危险货物发生重大事故负有责任的。

e.将《危险化学品水路运输从业资格证书》转借或者转让他人使用的。

f.涂改《危险化学品水路运输从业资格证书》的。

g.对谎报、瞒报危险货物负有责任的。

②申报员有下列行为之一的，一次记10分：

a.未按规定进行申报或者报告，导致危险货物在装卸或者运输过程中发生险情的。

b.主管机关在实施监督管理时不予配合的。

c.申报时申报材料与实际货物状况严重不符或者申报内容与实际船载危险货物状况严重不符的。

d.发生危险货物漏报、错报行为，情节严重的。

e.对主管机关提出的整改要求不予落实，或者对发现的违章行为不予纠正的。

f.从业单位发生变更，继续以原从业单位名义进行申报或者报告的。

③申报员有下列行为之一的，一次记5分：

a.未对申报或者内容和有关材料的真实性、完整性进行合理审查，导致申报内容与实际船载危险化学品（货物）状况不符，且影响船舶运输安全的。

b.申报或者报告时未认真审核、填写或者上报申报或者报告相关材料的。

c.使用无有效资质部门出具的包装适运申报附件单证的。

d.使用无效船舶适载、货物适运证明材料的。

e.未向海事管理机构报告，申报员超出从业区域范围从事船舶载运危险化学品（货物）的申报或者报告的；

f.对执业从业单位不履行规定导致违规运输的情形，申报员未向海事管理机构报告的。

④申报员有下列行为之一的，一次记3分：

a.不按规定要求填写申报单证或者发送电子申报信息的。

b.船载危险化学品（货物）运输作业取消，未及时办理申报撤销手续的。

c.需要核销的包装适运证明未及时注销出运数量的。

d.从业单位发生变更，未及时向海事机构报送信息的。

e.申报所需的相关书面材料未按规定妥善保存的。

f.船载危险货物实际状况发生变化，未在船舶进、出港前办理申报变更手续的。

g.无法完整提供要求留存的申报相关的证明文书的。

h.留存的附件单证与电子申报附件信息不一致的。

⑤申报员有下列行为之一的，一次记2分：

a.申报内容与实际船载危险货物状况不符，情节轻微的。

b.发生错报或者漏报，情节轻微的。

c.申报材料或者信息不全，情节轻微的。

d.无法完整提供要求留存的申报或者报告的相关的附件证明材料的。

（3）检查员按下列标准记分：

①检查员有下列行为之一的，一次记20分：

a.未按规定签发《集装箱装箱证明书》，导致危险化学品（货物）集装箱在装卸或者运输过程中发生事故,造成严重后果的。

b.欺骗、造假、提供虚假《集装箱装箱证明书》的。

c.冒用他人检查员证书签发《集装箱装箱证明书》的。

d.检查员账号转借或者出租给他人使用的。

e.为非本人从业的单位所装的集装箱签发《集装箱装箱证明书》的。

f.未到现场监装检查签发《集装箱装箱证明书》的。

②检查员有下列行为之一的,一次记10分:

a.未按规定签发《集装箱装箱证明书》,导致危险化学品(货物)集装箱在装卸、运输过程中发生事故的。

b.主管机关在实施监督管理时不予配合的。

c.检查员签发的《集装箱装箱证明书》与装箱实际情况严重不符的。

d.未按照《海运危险货物集装箱装箱安全技术要求》检查,导致危险货物集装箱装箱质量存在严重缺陷,对船舶运输造成较大安全风险的。

e.对主管机关提出的整改要求不予落实,或者对发现的违章行为不予纠正的。

f.从业单位发生变更,继续以原从业单位名义签发《集装箱装箱证明书》或者填报电子集装箱装箱证明信息的。

③检查员有下列行为之一的,一次记5分:

a.未按照《海运危险货物集装箱装箱安全技术要求》检查,导致危险货物集装箱装箱质量存在缺陷,影响船舶运输安全的。

b.检查员签发的《集装箱装箱证明书》与装箱实际情况不符的。

c.装箱检查工作尚未结束,签发《集装箱装箱证明书》的。

d.未向海事管理机构报告,检查员超出从业区域范围从事集装箱装箱检查的。

e.对执业的从业单位不履行规定导致违规运输的情形,检查员未向海事管理机构报告的。

f.《集装箱装箱证明书》未签字确认和加盖从业单位印章的。

g.不按规定要求填写《集装箱装箱证明书》或者填报电子集装箱装箱证明信息的。

④检查员有下列行为之一的,一次记3分:

a.《集装箱装箱证明书》或者电子集装箱装箱证明信息与危险货物申报或者报告信息不符的。

b.从业单位发生变更,从业单位未及时向海事机构报送信息的;

c.未核验危险货物适运证明的。

d.未查核CSC标牌和集装箱箱体状况的。

e.装箱检查情况未按照规范要求现场拍照的。

f.装箱检查所需的相关书面材料或者照片未按规定妥善保存的。

g.留存的书面材料或者照片与申报或者报告的《集装箱装箱证明书》或者电子集装箱装箱证明信息不一致的。

⑤检查员有下列行为之一的,一次记2分:

a.集装箱标志未按规定粘贴的。

b.使用的《集装箱装箱证明书》格式不符合规定要求的。

c.《装箱作业记录》未如实或者按照规定记录的。

d.无法完整提供要求留存的装箱检查相关的证明文书的。

第四节　船载危险货物申报员和集装箱装箱现场 检查员的权利、义务和职责

　　载运危险货物申报人员和船舶载运危险货物集装箱装箱现场检查人员应持有有效的从业资格证书,充分了解船载危险货物的危险性、危害性及污染预防措施,掌握安全运输、防污染国际公约和国内法规、标准及申报程序、装箱现场检查的要求,熟悉海事管理机构有关船舶载运危险货物和污染危害性货物安全管理的规定等相关知识;准确、清楚、完整地填制相关单证,严格审查所申报内容和有关材料的真实性、完整性,仔细核对网上申报填报内容,保持与所上传附件材料的一致性。认真、及时地按照我国相关法律法规的要求完成申报和装箱工作,保证船载危险货物运输安全,防治船舶污染环境。

一、船载危险货物申报员的权利、义务和职责

　　1.申报员拥有的权利

　　(1)在所在从业单位的管理下,从事危险货物申报、报告业务。

　　(2)查询其办理的申报、报告业务情况。

　　(3)对海事管理机构对其做出的决定进行陈述、申辩、申诉。

　　(4)依法申请行政复议或者提起行政诉讼。

　　2.申报员应履行的义务和职责

　　(1)妥善保管海事管理机构核发的《危险化学品水路运输从业资格证书》,参加相关培训并保存培训记录。

　　(2)熟悉所申报、报告货物的基本情况,审查所申报、报告内容和有关材料的真实性、完整性。妥善保管申报、报告相关文档,供海事管理机构抽查。

　　(3)准确、清楚、完整地填制相关单证,并按照规定办理危险货物申报、报告及相关手续。

　　(4)配合海事管理机构实施开箱查验,以及对违法案件的查处。

　　(5)向海事管理机构报告所发现的船载危险货物违法行为。

　　(6)与从业单位解除劳动合同时或者不再从业时,及时向海事管理机构报告。

二、集装箱装箱现场检查员的权利、义务和职责

　　1.检查员拥有的权利

　　(1)在所在从业单位的管理下,从事危险货物集装箱装箱现场检查业务。

　　(2)查询其办理的装箱现场检查业务情况。

　　(3)对海事管理机构对其做出的决定进行陈述、申辩、申诉。

　　(4)依法申请行政复议或者提起行政诉讼。

2.检查员应当履行的义务和职责

（1）妥善保管海事管理机构核发的《危险化学品水路运输从业资格证书》，参加相关培训并保存培训记录。

（2）熟悉装箱货物的基本情况，审查装箱所涉及的有关材料的真实性、完整性。妥善保管装箱检查业务相关文档，供海事管理机构抽查。

（3）准确、清楚、完整地填制相关单证，并按照规定办理装箱现场检查业务及相关手续。

（4）配合海事管理机构实施开箱查验，以及对违法案件的查处。

（5）向海事管理机构报告所发现的船载危险货物违法行为。

（6）与从业单位解除劳动合同时或者不再从业时，及时向海事管理机构报告。

第五节　船载危险货物和污染危害性货物申报管理

船载危险货物和污染危害性货物申报是海事管理机构对危险货物运输管理的重要内容。船舶载运危险货物进出港口或者在港口过境停留，承运人或其代理人必须事先按规定向海事管理机构办理危险货物和污染危害性货物申报手续，经批准后方可进出港口、过境停留。《中华人民共和国海上交通安全法》《中华人民共和国海洋环境保护法》《中华人民共和国港口法》《中华人民共和国船舶载运危险货物安全监督管理规定》《中华人民共和国船舶及其有关作业活动污染海洋环境防治管理规定》等法律、法规中均对其进行了明确规定。

一、船载危险货物和污染危害性货物申报要求

为进一步贯彻执行国家法律、法规，规范船载危险货物和污染危害性货物申报行为，交通运输部以部令的形式颁布了《中华人民共和国海事行政许可条件规定》，将船载危险货物和污染危害性货物申报审批纳入行政许可的范畴，并规定了许可条件。中华人民共和国海事局还制定了《海事政务服务指南》，详细规定了申报应提交的各项材料。

船载危险货物和污染危害性货物申报从环节上分为适载申报和适运报告，适载申报简称船报，适运报告简称货报，两者均包括包装危险货物、固体散装危险货物和液体散装危险货物的申报和报告。适载申报的申请人为承运人或其代理人，适运报告材料可由货物所有人或其代理人自行或通过承运人或其代理人提交。货物所有人在货物交付载运前应先向海事管理机构办理适运报告。

1.申报应具备的条件

（1）船舶持有齐备、有效的证书、文书与资料；

（2）申报的危险货物、污染危害性货物符合船舶的适装要求，且不属于国家规定禁止通过水路运输的货物；

（3）船舶的设施、装备满足载运危险货物、污染危害性货物的要求，船舶的装载符合载运危险货物和污染危害性货物安全、防污染和保安的管理规定和技术规范；

（4）拟进行危险货物和污染危害性货物装卸作业的港口、码头、泊位，具备危险货物和污

染危害性货物作业的法定资质,符合危险货物和污染危害性货物作业的安全和防污染要求;

（5）需要办理货物进出口手续的已按有关规定办理;船舶载运的污染危害性货物同时属于危险货物的,其货物所有人、承运人或者代理人可将污染危害性货物申报和危险货物申报合并办理;对于过境停留的污染危害性货物,免予办理货物适运报告。

2.申报时间

船载危险货物/污染危害性货物进出港口,应当在进出港口24小时前(航程不足24小时的,在驶离上一港口前),向海事管理机构办理船舶载运危险货物/污染危害性货物申报手续,提交申请书和交通运输部有关规章要求的证明材料,经海事管理机构批准后,方可进出港口。

3.申报和报告应提交的材料

（1）货物所有人或其代理人可自行或通过承运人或其代理人向海事管理机构提交的材料包括:

①危险货物和污染危害性货物的安全适运声明书。

②货物安全技术说明书。

③装运下列危险货物和污染危害性货物出港提供的资料:

a.使用集装箱装运危险货物和污染危害性货物的,需提供危险货物集装箱装箱现场检查员签发的《集装箱装箱证明书》;

b.装载包装危险货物/污染危害性货物的,需提供符合规定的包装检验合格证明;

c.装载放射性物品的,应提交放射性剂量证明;

d.货物需要添加抑制剂或者稳定剂的,应提交添加的抑制剂或稳定剂的名称、数量、温度要求、有效期及超过有效期时应采取的措施;

e.装运限量或可免除量危险货物和污染危害性货物的,应提交《限量/可免除量危险货物/污染危害性货物证明》;

f.托运危险/污染危害性质不明的货物,应提交具有相应资质的评估机构出具的危险货物/污染危害性货物运输条件鉴定材料;

g.交付运输具有易流态化特性或动态分离特性的B组固体散装货物应当提交具有相应资质的检验机构出具的货物适运水分限和货物水分含量证明;

h.按规定满足相应条件,可降低安全运输条件的,应提供相应的证书或证明。

④按规定尚需国家有关主管部门或进出口国家的主管机关同意后方能载运进出口的货物,应持有办理完有关手续的证明。

⑤委托证明及委托人和被委托人身份证明及其复印件(委托时)。

（2）承运人或其代理人应提交下列材料:

①船舶载运危险货物/污染危害性货物申报单;

②危险货物/污染危害性货物安全适运声明书;

③(国际)防止油污证书、船舶适航证书、船舶适装证书或符合证明复印件(适用时);

④载运危险货物/污染危害性货物的船舶在运输途中发生过意外情况的,还应当在船载危险货物/污染危害性货物申报单内扼要说明所发生意外情况的原因、已采取的控制措施和目前状况等有关情况,并于抵港后送交详细报告;

⑤列明实际装载情况的清单、舱单或者积载图;

⑥定期申报还应提交定期申报申请、证明在固定航线上运输固定危险货物/污染危害性货

物的有关材料；

⑦委托证明及委托人和被委托人身份证明及其复印件(委托时)。

4.船载危险货物申报办理结果

符合条件的,在船舶载运危险货物申报单"主管机关签证栏"里加盖"危险货物管理专用章"并注明审批人和日期;定期申报的,还应注明批准的期限。不符合条件的,不予许可并说明理由。

二、船载危险货物和污染危害性货物申报途径

长期以来,船载危险货物和污染危害性货物申报工作一直采用填写纸质申报单、提交纸质申请材料、面对面审批的形式,虽然运作良好,但是存在效率较为低下、申报成本较高等问题。为了适应海事信息化建设要求、提高申报效率、减轻申报相对人负担,中华人民共和国海事局自 2007 年起在全国范围内推广使用船载客货管理系统进行船载危险货物申报和船载污染危害性货物的申报和许可工作。申报单位和申报员通过海事系统内网登录该系统进行"船舶载运危险货物申报""危险货物安全适运报告""船舶载运污染危害性货物申报""污染危害性货物安全适运报告"等网上申报。在推广使用船载客货管理系统的同时,各地海事管理机构根据自身的实际情况开发了一些互联网申报平台,利用互联网信息平台与海事内网船载客货管理系统的对接,实现电子数据交换(EDI)远程申报。为此,各直属海事局均开设了互联网网上政务大厅或电子申报大厅以完成申报工作。

近年来,为全面贯彻落实国务院深化"放管服"改革、"互联网+政务服务"、"互联网+监管"等工作要求,实现与全国一体化在线政务服务平台的对接,中华人民共和国海事局建设了海事一网通办门户。申报单位和申报员登录中华人民共和国海事局海事一网通办平台(https://zwfw.msa.gov.cn/)后按要求操作即可进行申报或报告。

因此,船舶载运危险货物和污染危害性货物的申报虽然存在纸质申报、海事内网电子申报和互联网电子申报三种模式,但目前主要使用互联网电子申报模式。

危险货物定义、分类及特性

第一节　危险货物、危险化学品及污染危害性货物定义

危险货物的定义一般是明确的,但在不同的公约、规则和规定中,其表述和内涵会存在差异。

一、国际公约和规则中对危险货物的定义

1.SOLAS 74 公约

SOLAS 74 公约第Ⅶ章"危险货物运输"包括五部分,依次为:A 部分"包装危险货物运输",A-1 部分"固体散装危险货物运输",B 部分"散装运输危险液体化学品船舶的构造和设备",C 部分"散装运输液化气体船舶的构造和设备"及 D 部分"船舶运输密封装辐射性核燃料、钚和强放射性废料的特殊要求",对各种运输形式下的危险货物做了定义和要求。

(1)包装危险货物是指 IMDG 规则中所述的物质、材料和物品。

(2)固体散装危险货物是指除液体或气体以外,由粒子、颗粒或较大块状物质组成的并在 IMDG 规则中列明的任何物质,成分通常一致,并直接装入船舶的货物处所而无须任何中间围护形式,包括装入载驳船上的驳船内的此类物质。

(3)INF 货物是指按 IMDG 规则中第 7 类货物载运的密封装辐射性核燃料、钚和强放射性废料。

2.IMDG 规则

IMDG 规则中定义的危险货物是指由 SOLAS 74 公约第Ⅶ章 A 部分第 1 条定义的危险货物。

3.港区危险货物装卸、储存和运输建议书

国际海事组织《港区危险货物装卸、储存和运输建议书》中定义的危险货物是指以包装或散装形式运输的以下货物:

(1)MARPOL 73/78 公约附则Ⅰ的附录 1 中列明的油类货物;

(2)IGC 规则中的气体物质;

(3)IBC 规则和 MARPOL 73/78 公约附则Ⅱ中的有毒液体物质/化学品,包括废弃物;

(4)IMSBC 规则中的 B 组货物,包括废弃物;

(5)MARPOL 73/78 公约附则Ⅲ中的包装形式有害物质;

(6)IMDG 规则中的危险货物。

综上所述,就包装形式而言,上述公约和规则对危险货物的定义是一致的。

二、国内规则和规定对危险货物的定义

1.中华人民共和国海上交通安全法

《中华人民共和国海上交通安全法》中,危险货物是指 IMDG 规则和我国《危险货物品名表》(GB 12268—2012)上列明的,具有易燃、易爆、毒害、腐蚀、放射、污染等特性,在船舶载运过程中可能造成人身伤害、财产损失或者环境污染而需要采取特别防护措施的货物。

2.危险货物分类和品名编号

在《危险货物分类和品名编号》(GB 6944—2012)中,危险货物也称危险物品或危险品(Dangerous Goods),其定义为:具有爆炸、易燃、毒害、感染、腐蚀、放射性等危险特性,在运输、储存、生产、经营、使用和处置中,容易造成人身伤亡、财产毁损或环境污染而需要特别防护的物质和物品。

3.海运危险货物集装箱装箱安全技术要求

《海运危险货物集装箱装箱安全技术要求》(GB 40163—2021)中,危险货物是指 IMO IMDG 规则中列明的,具有易燃、易爆、毒害、腐蚀、放射、污染等特性,在船舶载运过程中可能造成人身伤害、财产损失或者环境污染而需要采取特别防护措施的货物。

4.船舶载运危险货物安全监督管理规定(2018)

《船舶载运危险货物安全监督管理规定(2018)》中明确规定了危险货物的范围,危险货物包括:

(1)IMDG 规则第 3 部分危险货物一览表中列明的包装危险货物,以及未列明但经评估具有安全危险的其他包装货物;

(2)IMSBC 规则附录 1 中的 B 组(B 组和 A&B 组,包括 MHB 货物)固体散装货物,以及经评估具有化学危险的其他固体散装货物;

(3)MARPOL 73/78 公约附则Ⅰ附录 1 中列明的散装油类;

(4)IBC 规则第 17 章中列明的散装液体化学品,以及未列明但经评估具有安全危险的其

他散装液体化学品；

（5）IGC 规则第 19 章列明的散装液化气体，以及未列明但经评估具有安全危险的其他散装液化气体；

（6）我国加入或者缔结的国际条约、国家标准规定的其他危险货物；

（7）《危险化学品目录》中所列物质，不属于前款规定的危险货物的，应当按照《危险化学品安全管理条例》的有关规定执行。

5.危险货物集装箱港口作业安全规程

《危险货物集装箱港口作业安全规程》（JT 397—2007）对危险货物集装箱和易燃易爆危险货物做了明确的定义。

危险货物集装箱是指从装入危险货物起，至该箱经拆箱、清扫或清洗干净止，并带有危险货物标志的集装箱。

易燃易爆危险货物是指 GB 6944 中第 1 类爆炸品、第 2.1 项易燃气体和第 2.3 项中毒性气体中兼有易燃气体、第 3 类包装类别 Ⅰ 和 Ⅱ 的易燃液体、第 4.1 项包装类别 Ⅰ 的易燃固体和自反应物质、第 4.2 项易自燃物质、第 4.3 项中包装类别 Ⅰ 的遇水放出易燃气体的物质、第 5.1 项中包装类别 Ⅰ 的氧化物质、第 5.2 项有机过氧化物等。

6.港口作业安全要求

《港口作业安全要求　第 3 部分：危险货物集装箱》（GB 16994.3—2021）中，危险货物集装箱是指装有具有爆炸、易燃、毒害、腐蚀、放射性等危险特性货物的集装箱，包括危险货物残留物，以及危害性未被消除且仍标有危险货物标志、标记的集装箱。

危险货物是指列入 IMDG 规则或 GB 6944、GB 12268 的危险货物。

7.港口危险货物安全管理规定

《港口危险货物安全管理规定》（中华人民共和国交通运输部令 2017 年第 27 号）中，危险货物是指具有爆炸、易燃、毒害、腐蚀、放射性等危险特性，在港口作业过程中容易造成人身伤亡、财产毁损或者环境污染而需要特别防护的物质、材料或者物品，包括：

（1）《国际海运危险货物规则》（IMDG 规则）第 3 部分危险货物一览表中列明的包装危险货物，以及未列明但经评估具有安全危险的其他包装货物；

（2）《国际海运固体散装货物规则》（IMSBC 规则）附录 1 中的 B 组中含有联合国危险货物编号的固体散装货物，以及经评估具有安全危险的其他固体散装货物；

（3）《经 1978 年议定书修订的 1973 年国际防止船舶造成污染公约》（MARPOL 73/78 公约）附则 Ⅰ 附录 1 中列明的散装油类，以及国际海事组织通过文件强制要求各缔约国按照 MARPOL 73/78 公约附则 Ⅰ 管理的散装油类；

（4）《国际散装运输危险化学品船舶构造和设备规则》（IBC 规则）第 17 章中列明的散装液体化学品，以及未列明但经评估具有安全危险的其他散装液体化学品，港口储存环节仅包含上述中具有安全危害性的散装液体化学品；

（5）《国际散装运输液化气体船舶构造和设备规则》（IGC 规则）第 19 章中列明的散装液化气体，以及未列明但经评估具有安全危险的其他散装液化气体；

（6）我国加入或者缔结的国际条约、国家标准规定的其他危险货物；

（7）《危险化学品目录》中列明的危险化学品。

综上所述，就包装形式而言，上述规则和规定对危险货物的定义基本相同，变化主要体现在《船舶载运危险货物安全监督管理规定》《港口危险货物安全管理规定》中危险货物的涵盖范围纳入了危险化学品。此外,还有一个区别需要注意,《船舶载运危险货物安全监督管理规定》中的固体散装危险货物既包括列入 IMDG 规则的货物,又包括仅在散装运输时才有危险的固体散货(MHB 货物);而《港口危险货物安全管理规定》中的固体散装危险货物仅包括列入 IMDG 规则中的固体散货。

三、国内规则和规定对危险化学品的定义

1.危险化学品

《危险化学品安全管理条例》(2013 年 12 月 7 日中华人民共和国国务院令第 645 号)中,危险化学品是指具有毒害、腐蚀、爆炸、燃烧、助燃等性质,对人体、设施、环境具有危害的剧毒化学品和其他化学品。

2.剧毒化学品

《危险化学品目录》(2015 版)和《危险化学品目录》(2022 调整版)中列出了 2 828 个危险化学品条目,其中明确标示出来的剧毒化学品条目有 148 个。

剧毒化学品是指具有剧烈急性毒性危害的化学品,包括人工合成的化学品及其混合物和天然毒素,还包括具有急性毒性易造成公共安全危害的化学品。

剧烈急性毒性判定界限:

急性毒性类别 1,即满足下列条件之一:大鼠实验,经口 $LD_{50} \leqslant 5$ mg/kg,经皮 $LD_{50} \leqslant 50$ mg/kg,吸入(4 h)$LC_{50} \leqslant 100$ mL/m³(气体)或 0.5 mg/L(蒸气)或0.05 mg/L(尘、雾)。经皮 LD_{50} 的实验数据,也可使用兔实验数据代替。

四、国内规则和规定对污染危害性货物的定义

1.中华人民共和国船舶及其有关作业活动污染海洋环境防治管理规定和中华人民共和国防治船舶污染内河水域环境管理规定

《中华人民共和国船舶及其有关作业活动污染海洋环境防治管理规定》(交通运输部 2017 年 5 月23 日修订)和《中华人民共和国防治船舶污染内河水域环境管理规定》(交通运输部令 2015 年第 25 号)对"污染危害性货物"做出的定义是一致的。所谓污染危害性货物,是指直接或者间接地进入水体,会损害水体质量和环境质量,对生物资源、人体健康等产生有害影响的货物。

2.海运污染危害性货物名录

为切实加强船载污染危害性货物的管理工作,根据《防治船舶污染海洋环境管理条例》《中华人民共和国船舶及其有关作业活动污染海洋环境防治管理规定》的有关规定,中华人民共和国海事局制定了《海运污染危害性货物名录》,并以规范性文件(海船舶〔2011〕26 号)进行了公布。

《海运污染危害性货物名录》(2011 版)共收录 2 812 种货物,主要包括:

(1)MARPOL 73/78 公约附则 I 中列明的油类。

(2)IBC 规则第 17 章中列明的全部货物及第 18 章中的 Z 类货物。

（3）IMSBC 规则中的 B 组货物。

（4）IGC 规则中列明的货物。

（5）IMDG 规则中除含有特殊规定 960 条目外的货物。"含有特殊规定 960 条目"是指不适用于本规则的规定,但可能适用其他危险货物运输方式的规则。

对未在名录中列明但怀疑具有污染危害性的货物及污染危害性不明的货物,应交由具有相应资质的评估机构进行检测评估。

3.码头、装卸站安全装卸污染危害性货物能力要求

《码头、装卸站安全装卸污染危害性货物能力要求》(JT/T 878—2013)中,污染危害性货物是指国家海事管理机构公布的污染危害性货物名录中包括的物质、物品和材料。

第二节　危险货物分类

一、危险货物水路运输形式

船舶载运的危险货物根据其在水路运输中的表现形式不同,可分为包装运输和散装运输两种。其中,散装运输根据货物的物质表现形态又分为散装固体运输和散装液体运输形式,而散装液体运输根据其货物种类的不同可进一步细分为散装油类运输、散装液体化学品运输及散装液化气运输。其中,包装危险货物水路运输依据的规则主要包括 IMDG 规则、《危险货物分类和品名编号》(GB 6944—2012)、《危险货物品名表》(GB 12268—2012)、《全球化学品统一分类和标签制度》(GHS)、《危险化学品目录》及《危险化学品安全管理条例》等;散装固体危险货物水路运输依据的规则主要包括 IMSBC 规则、《固体散装货物海运安全技术要求》(GB 40558—2021)和《海运固体散装货物安全监督管理规定》等;散装油类运输主要依据的规则是 MARPOL 73/78 公约附则 Ⅰ;散装液体化学品运输主要依据的规则包括 IBC 规则或 BCH 规则及 MARPOL 73/78 公约附则 Ⅱ;散装液化气体运输主要依据的规则为 IGC 规则或 GC 规则。

值得注意的是,上述所有形式的危险货物在水路运输时均应满足《船舶载运危险货物安全监督管理规定》的相关要求。

二、危险货物分类

（一）包装危险货物分类

1.IMDG 规则中危险货物分类

包装危险货物是指以 IMDG 规则中规定的盛装形式交付船舶运输的危险货物。而包装是指满足 IMDG 规则相关要求的一个或多个容器及为容器完成盛装和其他安全功能所必需的任何其他组件或材料。

为了安全运输和便于管理,IMDG 规则按照危险货物具有的危险性或最主要的危险性,将包装危险货物分为 9 大类 20 小类,依次为:

第 1 类:爆炸品。

 第 1.1 类:具有整体爆炸危险的物质和物品。

 第 1.2 类:具有抛射危险但无整体爆炸危险的物质和物品。

 第 1.3 类:具有燃烧危险和较小爆炸或较小抛射危险或同时具有此两种危险,但无整体爆炸危险的物质和物品。

 第 1.4 类:无重大危险的物质和物品。

 第 1.5 类:具有整体爆炸危险的很不敏感的物质。

 第 1.6 类:无整体爆炸危险的极度不敏感的物质。

第 2 类:气体。

 第 2.1 类:易燃气体。

 第 2.2 类:非易燃、无毒气体。

 第 2.3 类:有毒气体。

第 3 类:易燃液体。

第 4 类:易燃固体、易自燃物质和遇水放出易燃气体的物质。

 第 4.1 类:易燃固体、自反应物质、固体退敏爆炸品和聚合性物质。

 第 4.2 类:易自燃物质。

 第 4.3 类:遇水放出易燃气体的物质。

第 5 类:氧化物质和有机过氧化物。

 第 5.1 类:氧化物质。

 第 5.2 类:有机过氧化物。

第 6 类:有毒物质和感染性物质。

 第 6.1 类:有毒物质。

 第 6.2 类:感染性物质。

第 7 类:放射性材料。

第 8 类:腐蚀性物质。

第 9 类:杂类危险物质和物品(第 9 类)和环境有害物质。

需要说明的是,上述类别号顺序仅代表危险货物的危险性质,不表示危险货物的危险程度。

2.GB 6944—2012 中危险货物分类

我国颁布的《危险货物分类和品名编号》(GB 6944—2012)中,按危险货物具有的危险性或最主要的危险性将其分为 9 个类别,有些类别再分成项别。由于《危险货物分类和品名编号》引用的规范性文件为联合国的《关于危险货物运输的建议书 规章范本》(第 16 修订版),因此其分类与《关于危险货物运输的建议书 规章范本》是一致的,个别项别和类别的说法不同只是翻译或称呼上的问题。同样,类别和项别的号码顺序并不是危险程度的顺序。

(二)散装固体货物分类

散装固体货物是指除液体和气体外由微粒、颗粒或较大块碎片等构成的货物,其成分基本均匀,不需要任何包装,可直接装入船舶载货处所运输,如谷物类、矿石类、煤炭、水泥、化肥、饲料等。

IMSBC 规则把除谷物以外的散装固体货物按照其主要的海运特性分成了 A、B、C 三组,即:

A 组:指易流态化货物或动态分离货物,包括含有水分且运输时的水分含量超过适运水分限可能会发生流态化或动态分离的货物。

B组：指具有化学危险的货物，包括那些运输时会使船舶产生危险局面的具有化学危险性的货物。

C组：指既不属于A组也不属于B组的货物。

此外，有的散装固体货物既属于A组货物，又属于B组货物。运输此类货物时，必须同时兼顾其易流态化或动态分离特性和化学危险性对运输安全的影响。

上述的B组货物即为海运散装固体危险货物，根据其化学性质或特性，可分为以下三类：

（1）列入IMDG规则的散装固体货物，包括第4.1类、第4.2类、第4.3类、第5.1类、第6.1类、第7类、第8类、第9类货物。

（2）仅在散装运输时具有化学危险性的固体散货（MHB），化学危险性包括易燃危险性（CB）、自热危险性（SH）、遇湿放出易燃气体危险性（WF）、遇湿放出有毒气体危险性（WT）、有毒危险性（TX）、腐蚀危险性（CR）及其他危险性（OH）。

（3）既列入IMDG规则，又体现仅在散装运输时具有化学危害的固体散货。

（三）散装液体货物分类

1.散装油类

在海上运输中，油类包括原油、燃料油、油泥、油渣和石油炼制品在内的任何形式的石油。这些油类均属于危险货物，有的属于第3类易燃液体，有的对海洋环境具有污染危害，具体见MARPOL 73/78公约附则Ⅰ油类清单中所列的物质，如表2-1所示。

表2-1　油类清单

Asphalt solutions	沥青溶液
Blending stocks	调和油料
Roofers flux	屋顶用柏油
Straight run residue	直馏渣油
Oils	油类
Clarified	澄清油
Crude oil	原油
Mixtures containing crude oil	含原油的混合物
Diesel oil	柴油
Fuel oil No.4	4号燃料油
Fuel oil No.5	5号燃料油
Fuel oil No.6	6号燃料油
Residual fuel oil	渣油
Road oil	铺路沥青
Transformer oil	变压器油
Aromatic oil（excluding vegetable oil）	芳烃油类（不包括植物油）
Lubricating oils and blending stocks	润滑油和调和油料

续表

Mineral oil	矿物油
Motor oil	马达油
Penetrating oil	渗透润滑油
Spindle oil	锭子油
Turbine oil	透平油
Distillates	**馏分油**
Straight run	直馏油
Flashed feed stocks	闪蒸原料油
Gas oil	**瓦斯油**
Cracked	裂化瓦斯油
Gasoline blending stocks	**汽油调和料类**
Alkylates-fuel	烷基化燃料
Reformates	重整油
Polymer-fuel	聚合燃料
Gasolines	**汽油类**
Casinghead（natural）	天然汽油
Automotive	车用汽油
Aviation	航空汽油
Straight run	直馏汽油
Fuel oil No.1（kerosene）	1 号燃料油（煤油）
Fuel oil No.1-D	1-D 号燃料油
Fuel oil No.2	2 号燃料油
Fuel oil No.2-D	2-D 号燃料油
Jet fuels	**喷气燃料类**
JP-1（kerosene）	JP-1（煤油）喷气燃料
JP-3	JP-3 喷气燃料
JP-4	JP-4 喷气燃料
JP-5（kerosene，heavy）	JP-5（煤油,重质）喷气燃料
Turbo fuel	燃气轮机燃料
Kerosene	煤油
Mineral spirit	矿物溶剂油
Naphtha	**石脑油**
Solvent	溶剂
Petroleum	石油
Heartcut distillate oil	窄馏分油

2.散装液体化学品

散装液体化学品是指除了石油及石油制品这些主要具有易燃性的化学品以外,还有其他危险性而且是以散装形式运输的液体化学品。散装液体化学品具有易燃性、毒害性、腐蚀性、反应性、污染性等。由于散装液体化学品的种类繁多且性质各异,无法对其进行统一分类,但当强调某一危险性时,国际上或某些国家有相应的分类系统。

根据 MARPOL 73/78 公约附则Ⅱ,水路运输中所涉及的散装液体化学品是指那些在温度为 37.8 ℃时,其绝对蒸气压力不超过 0.28 MPa 的液体物质。根据其对海洋资源或人类健康产生的危害程度可分为 X、Y、Z 和 OS 四类。

(1) X 类:指排放入海后将被认为会对海洋资源或人类健康产生重大危害的有毒液体物质。应严禁向海洋环境排放该类物质。

(2) Y 类:指排放入海后将被认为会对海洋资源或人类健康产生危害,或对海上的休憩环境或其他合法利用造成损害的有毒液体物质。对排放入海的该类物质的质和量应采取限制措施。

(3) Z 类:指排放入海后将被认为会对海洋资源或人类健康产生较小危害的有毒液体物质。对排放入海的该类物质应采取较严格的限制措施。

(4) OS 类:指以 OS(其他物质)形式被列入 IBC 规则第 18 章污染类别栏目中的物质,并经评定认为不能列入上述定义的 X、Y 或 Z 类物质之内。因为这些物质如从洗舱或排压载的作业中排放入海,目前认为对海洋资源、人类健康、海上休憩环境或其他合法利用并无危害。

3.散装液化气

液化气是指在常温、常压下为气体,通过降温、加压或在临界温度以下加压成为液体的物质。国际海事组织制定的 IGC 规则中的液化气是指温度在 37.8 ℃时,其绝对蒸气压力超过 0.28 MPa的液化气。在不同的原则下,散装液化气有不同的分类。根据其主要成分,散装液化气可分为液化石油气、液化天然气和其他液化气。

(1)液化石油气(Liquefied Petroleum Gas,简称 LPG):主要成分为丙烷和丁烷。

(2)液化天然气(Liquefied Natural Gas,简称 LNG):主要成分为甲烷。

(3)其他液化气:如氨气、乙烯、氯气、氢气、二氧化碳等。

三、危险化学品分类

现行修订版《全球化学品统一分类和标签制度》(GHS)按物理危害、健康危害和环境危害原则,对化学物质和混合物进行了统一的分类,共有 29 个危险性分类,其中物理危害 17 个、健康危害 10 个、环境危害 2 个,具体内容见表 2-2。

我国的《危险化学品目录》(2015 版)根据 GHS 第五次修订版、我国的化学品分类和标签系列国家标准,按物理危害、健康危害和环境危害原则将化学品分为 28 类,其中物理危害 16 个、健康危害 10 个、环境危害 2 个,具体内容见表 2-2 中深色背景的分类。

需要特别说明的是,从 2015 年实施的 GHS 第六次修订版开始,物理危害增加了退敏爆炸物,所以《危险化学品目录》(2015 版)中的分类与现行的 GHS 有所区别。

表 2-2　化学品危害分类表

危害	危害种类	细分危害种类					
物理危害	爆炸物	不稳定爆炸物	1.1	1.2	1.3	1.4	1.5	1.6
	易燃气体	1A	1B	2			
	气雾剂和加压化学品	1	2	3			
	氧化性气体	1					
	加压气体	压缩气体	液化气体	冷冻液化气体	溶解气体		
	易燃液体	1	2	3	4		
	易燃固体	1	2				
	自反应物质和混合物	A	B	C	D	E	F	G
	自燃液体	1					
	自燃固体	1					
	自热物质和混合物	1	2				
	遇水放出易燃气体的物质和混合物	1	2	3			
	氧化性液体	1	2	3			
	氧化性固体	1	2	3			
	有机过氧化物	A	B	C	D	E	F	G
	金属腐蚀物	1					
	退敏爆炸物	1	2	3	4		

续表

危害	危害种类	细分危害种类						
健康危害	急性毒性	1	2	3	4	5		
	皮肤腐蚀/刺激	皮肤腐蚀1A	皮肤腐蚀1B	皮肤腐蚀1C	皮肤刺激2	皮肤刺激3		
	严重眼损伤/眼刺激	眼损伤1	眼刺激2A	眼刺激2B				
	呼吸道或皮肤致敏	呼吸道致敏物1A	呼吸道致敏物1B	皮肤致敏物1A	皮肤致敏物1B			
	生殖细胞致突变性	1A	1B	2				
	致癌性	1A	1B	2				
	生殖毒性	1A	1B	2	附加类别（哺乳效应）			
	特定目标器官毒性(一次接触)	1	2	3				
	特定目标器官毒性(反复接触)	1	2					
	吸入危害	1	2					
环境危害	危害水生环境	急性（短期）1	急性（短期）2	急性（短期）3	慢性（长期）1	慢性（长期）2	慢性（长期）3	慢性（长期）4
	危害臭氧层	1						

注：（1）深色背景的是作为我国《危险化学品目录》(2015版)危险化学品的确定原则类别。

（2）易燃气体：分类发生了变化，将发火和/或化学性质不稳定的易燃气体一律划为类别1A；原来的分类是类别1、类别2、类别A(化学不稳定性气体)、类别B(化学不稳定性气体)。

（3）易燃液体：类别1为极度易燃液体，闪点<23 ℃，初始沸点≤35 ℃；类别2为高度易燃液体，闪点<23 ℃，初始沸点>35 ℃；类别3为易燃液体，闪点≥23 ℃但≤60 ℃；类别4为可燃液体，闪点>60 ℃但≤93 ℃。

（4）危害水生环境：慢性类别4是指没有准确的毒性数值，不能快速降解，但又表现出生物积累潜力的化学品

第三节　危险货物的危险特性

危险货物的危险性取决于货物本身的理化性质及外界的环境条件。当它们受到一定外界条件的影响（如摩擦、撞击、火源、热源、阳光直射、遇水受潮、温湿度变化等），或与性质相抵触的货物接触时，往往会造成燃烧、爆炸、腐蚀、毒害和放射线辐射等严重事故。

危险货物所具有的燃烧、爆炸、腐蚀、毒害、放射性和污染等危险特性对其安全运输、装卸、储存及处置等有着重要的影响。这些危险特性可以通过物理反应或化学反应来体现。其中，燃烧、爆炸(化学爆炸)、腐蚀、毒害等是通过化学反应来体现的；放射性是物理性质，它通过物理反应来体现；而危险货物对水环境的污染危害比较复杂，既有可能是单一的物理反应、化学反应或生物化学反应，也有可能是前述几种反应的综合作用。

许多危险货物容易发生化学反应，在一定的条件下，或者与性质相抵的其他危险货物发生化学反应，或者是自身发生化学反应，或者是与杂质或空气发生化学反应。因此化学反应性是影响水运危险货物的主要因素。

化学反应是一种重要的物质变化过程，具有可逆性、能量参与、遵循一定化学反应定律、速度受多种因素影响、产生新的化学物质等特点。它包括化合反应、分解反应、置换反应和复分解反应四种基本类型。此外，化学反应根据电子得失还可分为氧化还原反应和非氧化还原反应，根据热效应可分为吸热反应和放热反应等。

(1)化合反应是指由两种或两种以上的物质反应生成一种新物质的反应。其中部分反应为氧化还原反应，部分反应为非氧化还原反应。化合反应一般释放出能量。

(2)分解反应是指由一种物质生成两种或两种以上其他物质的反应。只有化合物才能发生分解反应。

(3)置换反应是指一种单质与化合物反应生成另外一种单质和化合物的化学反应，包括金属与金属盐的反应、金属与酸的反应等。

(4)复分解反应是指由两种化合物互相交换成分，生成另外两种化合物的反应。

(5)氧化还原反应是指在反应前后元素的氧化数具有相应升降变化的化学反应。其由氧化反应和还原反应组成，并符合电荷守恒定律。

从得失氧的角度来说，氧化反应是物质得到氧的反应，还原反应是物质失去氧的反应。从元素化合价升降的角度来说，有元素化合价升降的反应就是氧化还原反应，物质所含元素化合价升高的反应是氧化反应，物质所含元素化合价降低的反应是还原反应；所含元素化合价升高的物质是还原剂，所含元素化合价降低的物质是氧化剂。化合价升降的本质是电子的转移(得失或偏移)，失去电子的过程是氧化反应，得到电子的过程是还原反应。

氧化还原反应是船舶载运危险货物可能发生的化学反应中最主要的一种，如危险货物发生燃烧、化学爆炸、腐蚀金属，氧化性物质和有机过氧化物遇酸或碱、受热、受潮或接触有机物发生的反应等。

一、危险货物的燃烧、爆炸特性

无论是从种类还是从数量来看，易燃易爆货物在危险货物中都占有很大的比例。而在水路运输涉及危险货物的各类事故中，燃烧、爆炸事故所占比例最大，它不仅对人命和财产造成损失，还往往给环境造成很大的危害。

(一)燃烧性

燃烧通常是指物质与氧气发生剧烈作用发出火光，放出热量的过程。燃烧必须具备三要素，即可燃物、助燃物(通常指氧气)和热能。从燃烧反应的机理看，固体和液体的燃烧大多是它们受热后分解或挥发出来的气体或蒸气的燃烧。

衡量危险货物燃烧性的指标有燃烧范围、燃烧极限、闪点、燃点、自燃点、蒸气压等。

1.燃烧范围和燃烧极限

气体的燃烧,除了有温度的要求,还有浓度的要求。易燃气体与空气组成混合气体,遇到明火能够燃烧的浓度范围称为易燃气体的燃烧范围。燃烧范围由燃烧下限和燃烧上限组成,燃烧下限和燃烧上限由易燃气体占混合气体的体积百分数表示。当易燃气体浓度低于其燃烧下限时,因初始燃烧产生的热量不足而不能维持持续燃烧;而当易燃气体浓度高于其燃烧上限时,空气(即空气中的氧气)含量过低,不能维持充分燃烧。可燃气体的燃烧范围是可燃气体运输中必须注意的一项重要指标,燃烧范围越大,发生燃烧、爆炸的可能性也就越大。有毒易燃液体二硫化碳(CS_2)的燃烧范围为 1%~44%,远远大于其他物质,在运输中应予以足够的关注。

2.闪点

闪点是易燃液体的蒸气与空气形成的混合物遇明火接触发生瞬间闪火的最低温度。在此温度以下,该易燃液体就不会被点燃,因此,闪点是描述液体易燃特性的重要指标。闪点因测试方法不同又分为闭杯闪点和开杯闪点,同一物质其开杯闪点要比闭杯闪点高出 3~5 ℃。闪点越低物质越容易燃烧。IMDG 规则中将闭杯闪点等于或低于 60 ℃(相当于开杯试验65.6 ℃)的液体或液体混合物,或含有处于溶液中悬浮状态的固体或者液体归类为易燃液体;GHS 中将闭杯闪点等于或低于 93 ℃的液体定义为易燃液体。

3.燃点

燃点是在常压下能维持物质燃烧的最低温度。对某一易燃液体而言,若在闪点温度上继续加热,使易燃液体挥发出来的蒸气闪火后能维持燃烧 5 s 以上。

4.自燃点

物质在某一温度下,无须明火点燃就能发生燃烧的现象称为自燃。自燃点是物质发生自燃的最低温度。

5.蒸气压

蒸气压是某一温度下液体物质蒸发的气体在周围环境所产生的压力。它反映液体物质形成蒸气的能力,蒸气压越大越容易形成蒸气。饱和蒸气压是指在密闭容器中,在一定的温度下,液体蒸发为气态与气态液化为液态达到平衡状态时,液体蒸气所具有的压力。它是描述该液体物质挥发特性的重要指标,由于液体物质的燃烧实际上是液体物质所蒸发出的气体的燃烧,因此,在相同的条件下,物质蒸气压越大越容易燃烧。

（二）爆炸性

化学爆炸是指有些物质得到足够的能量而迅速分解,生成大量高温、高压的气体,迅速膨胀做功,并伴有声、光效应。化学爆炸是一种特殊形式的燃烧,形成爆炸的要素是:能释放大量的热;能产生大量的气体;高速进行并瞬时完成。除了易燃物体本身所具有的易燃特性容易引起爆炸外,还有一种爆炸是由粉尘引起的。以极小的粒度悬浮在气相空间的一些可燃固体的微粒,当达到一定浓度时,遇到明火即可能发生爆炸。这些可燃固体可能是煤粉、面粉、棉麻纤维以及某些金属粉末等。衡量爆炸性的主要指标如下:

1.敏感度

爆炸品的敏感度(简称感度)是指在外界作用影响下发生爆炸反应的难易程度,通常以引起爆炸品爆炸所需的最小外界初始能量来表示。引起爆炸所需的外界初始能量愈小,其感度愈高。根据外界作用的不同,感度可分为冲击感度、摩擦感度、热感度和爆轰感度等。

（1）冲击感度

它是指爆炸性物质在机械冲击的外力作用下对冲击能量的敏感程度。冲击感度的测定目前普遍采用的是爆炸百分数法,用立式落锤试验仪来测定,即以一定重量(10 kg)落锤,从一定高度(25 cm)处落下撞击爆炸品,试验50~100次。冲击感度用发生爆炸次数与总试验次数求得的爆炸百分数表示。把10 kg锤重和25 cm落高,爆发率在2%以上作为爆炸品分类的标准。

爆炸品的纯净度对其冲击感度的影响很大,当爆炸品中混入坚硬物质时,其冲击感度增加,所以运输中一定不能混入金属屑、碎玻璃、砂石之类的坚硬物质;当爆炸品中混入惰性物质(如石蜡、硬脂酸、机油等)时,其冲击感度降低。有些较敏感的爆炸品,如黑索金、泰安等,为确保其安全可加入一些石蜡使其钝感。有些较敏感的爆炸品则加入水使其钝感。

（2）摩擦感度

它是指爆炸品受到短暂而强烈的摩擦作用后的起爆程度。我国一般采用摩擦感度仪或摩擦摆来测定摩擦感度,并同样用试验50~100次爆炸的百分数表示。

（3）热感度

它是指爆炸性物质因受热引起爆炸的敏感程度,一般用爆发点表示。爆发点是指爆炸性物质在一定的延滞期内发生爆炸的最低温度。延滞期是指从开始对爆炸性物质加热到发生爆炸所需要的时间。由于加热速度不一样,同一爆炸性物质,延滞期越短,爆发点越高;延滞期越长,爆发点越低。

（4）爆轰感度

它是指爆炸性物质对起爆物质产生的爆轰波能量的敏感程度,通常以极限起爆药量来表示。极限起爆药量是指起爆物质爆炸时,能引起所试验的爆炸性物质完全爆轰所需要的最小起爆药量。

2.爆轰速度

爆轰速度又称爆速,是指爆炸品爆炸时,爆轰波沿炸药内部传播的速度。爆速的大小在一定程度上反映了爆炸性物质的爆炸功率及破坏能力。

3.爆热和爆温

（1）爆热是指单位质量的炸药在爆炸反应时所释放出的热量,单位为kJ/kg、kJ/mol。

（2）爆温是指炸药爆炸时所放出的热量将爆炸产物加热到的最高温度。

4.威力和猛度

这两个参数都用来衡量爆炸品对周围环境的破坏程度。

（1）威力是指爆炸品爆炸时的做功能力,一般用来衡量爆炸品爆炸时的总体破坏能力。威力的大小主要取决于爆热、气体生成量和爆温的高低。

（2）猛度又称猛性作用或粉碎作用,是指爆炸品爆炸后爆轰产物对周围物体破坏的猛烈程度,一般用来衡量炸药的局部破坏能力。猛度的大小取决于爆轰压力的大小和压力作用的时间长短。

5.安定性

爆炸性物质的安定性是指爆炸性物质在一定的储存期间,不改变自身的理化性质和爆炸能力的性质,分为物理安定性和化学安定性。一定的安定性是爆炸品运输的先决条件。

（1）物理安定性:指爆炸品的吸湿性、挥发性、可塑性、机械强度、结块老化、冻结和收缩变形等一系列物理性质不容易改变的性质。如黑火药、硝铵炸药等易吸湿受潮,严重时会丧失爆炸能力。

（2）化学安定性:指爆炸品不容易发生分解而变质的性质。化学安定性取决于化学物质本身的化学性质和环境温度。化学安定性用热分解速度来表示。热分解速度越快,其化学安定性越低。如黑火药、硝铵炸药、TNT 等在正常储存条件下较稳定,不改变性能;而硝化甘油类化学稳定性很低,即使在常温下也会分解,长期存放会加速分解,甚至发生自燃或爆炸,温度、湿度和日光会使其分解速度加快,所以,在仓库或船舱内都需加强通风。

二、危险货物的腐蚀、毒害特性

（一）腐蚀性

腐蚀性是指某些危险货物的化学性质非常活泼,能与接触的很多金属、非金属及动植物机体等发生化学反应,并使其遭到实质性损害甚至毁坏的性质。具有这种特性的物质称为腐蚀性物质。

危险货物中除了第 8 类腐蚀性物质具有很强的腐蚀性外,其他类别的危险货物也具有一定的腐蚀性。如第 1 类的催泪弹（UN 0301）,第 2 类的无水氨（UN 1005）、三氟化硼（UN 1008）、氯气（UN 1017）、无水溴化氢（UN 1048）、无水氯化氢（UN 1050）,第 3 类的二乙胺（UN 1154）、甲胺水溶液（UN 1235）、易燃的甲醛溶液（UN 1198）、第 4 类的甲醇钠（UN 1431）、三氯硅烷（UN 1295）,第 5 类的过氧化氢脲（UN 1511）、三氟化溴（UN 1746）、高氯酸（UN 1873）、过氧化氢水溶液（UN 2014、UN 2015）和第 6 类的三氯化磷（UN 1809）、氯甲酸氯甲酯（UN 2745）等都具有一定的或明显的腐蚀特性。

IMDG 规则按照一定的标准,根据引起完好皮肤组织产生不可逆损伤所需的接触时间长度划分腐蚀性物质的包装类,即判定腐蚀性物质的危险程度。

其中,在 3 min 或更短的接触时间后,在 60 min 的观察期内,将对完好皮肤组织造成不可逆损伤的物质划定为包装类Ⅰ,表示高度腐蚀的物质和混合物。在 3 min 以上且不超过60 min 的接触时间后,在 14 天的观察期内,将对完好皮肤组织造成不可逆损伤的物质划定为包装类Ⅱ,表示中度腐蚀的物质和混合物。在 60 min 以上且不超过 4 h 的接触时间后,在14 天的观察期内,将对完好皮肤组织造成不可逆损伤的物质划定为包装类Ⅲ,表示低度腐蚀的物质和混合物;如果在 60 min 以上且不超过 4 h 的接触时间后,在 14 天的观察期内,对完好皮肤组织不造成不可逆损伤,但在 55 ℃的试验温度下,对规定型号的钢或铝进行试验时其表面年腐蚀率超过 6.25 mm,则该物质也被划定为包装类Ⅲ,表示低度腐蚀的物质和混合物。当对钢或铝的任何一种进行的第一个试验表明被试验的物质具有腐蚀性时,则无须对另一种金属进行后续的试验。具体标准汇总见表 2-3。

表 2-3 腐蚀性物质包装类确定标准表

包装类	接触时间	观察周期	影响结果
Ⅰ	≤3 min	≤60 min（1 h）	完好皮肤组织不可逆损伤
Ⅱ	>3 min 且≤60 min（1 h）	≤14 天	完好皮肤组织不可逆损伤

续表

包装类	接触时间	观察周期	影响结果
III	>60 min(1 h)且≤4 h	≤14天	完好皮肤组织不可逆损伤
	—	—	在55 ℃的试验温度下,对规定型号的钢或铝进行试验时其表面年腐蚀率超过6.25 mm

腐蚀性物质与很多物品、人体接触后,都能形成不同程度的腐蚀。其中,腐蚀性物质对人体的伤害称为化学烧伤或化学灼伤,化学灼伤除了往往伴有剧烈疼痛外,它比普通烧伤更不易痊愈。例如浓硫酸能使有机体严重脱水而碳化,浓硝酸能与动物蛋白发生氧化还原反应而导致不可逆转的损害。腐蚀性物质对人体的严重腐蚀能导致死亡。

腐蚀性物质若发生泄漏,则可能与船体、船舶部件或其他船载货物的包装材料接触而发生腐蚀反应,导致船体或船舶部件的损坏或强度降低,导致包装材料损坏而失去或降低保护功能。腐蚀性物质泄漏还有可能与其他不相容的物质发生危险的化学反应。即使是耐腐蚀性极好的玻璃、陶瓷器皿等,如果与氢氧化钠长期接触也会发生渗漏事故;氟化氢的水溶液(氢氟酸)对玻璃、其他硅质材料和大多数金属具有强腐蚀性,氢氟酸及其烟雾会严重灼伤人的皮肤、眼睛和黏膜,因此应引起注意。

(二)毒害性

一定剂量的某些物质进入人或动物的机体后,能损害机体的组织与器官,并能在组织与器官内发生生物、化学等作用,扰乱或破坏机体的正常生理功能,使机体发生病理变化,甚至危及机体的生命安全,该类物质称为有毒物质,所具有的这种特性称为毒害性。不同物质的毒性大小各不相同,毒性越大,导致机体损害的能力就越强,危害就越大。影响毒害性大小的主要因素有:毒物元素的化学组成和结构、溶解性和溶解度、颗粒大小、沸点高低、蒸气密度、环境温度等。此外,该类物质在水路运输中体现出来的毒害危险性还与接触剂量、接触时间有关。

IMDG规则中第6.1类有毒物质主要包括吞咽、吸入或与皮肤接触易于严重伤害或损害人体健康,甚至造成死亡的物质。利用动物致毒实验测定的该类物质的半数致死剂量 LD_{50} 或半数致死浓度 LC_{50} 来衡量其毒性大小,并定义运输包装类。

1.衡量指标定义

(1)急性口服毒性半数致死剂量 LD_{50}

该指标是指通过口服,能够在14天内,使刚成熟的大白鼠半数死亡所施用的物质剂量。其结果以 mg/kg 为单位。

(2)急性皮肤接触毒性半数致死剂量 LD_{50}

该指标是指在白兔裸露皮肤上连续24 h接触,在14天内使受试验白兔半数死亡所施用的物质剂量。其结果以 mg/kg 为单位。

(3)急性吸入毒性半数致死浓度 LC_{50}

该指标是指使雄性和雌性刚成熟的大白鼠连续吸入1 h,在14天内使试验大白鼠半数死亡所施用的蒸气、烟雾或粉尘的浓度。其结果对粉尘和烟雾而言,以每升空气中的毫克数 mg/L 为单位;对蒸气而言,以每立方米空气中的毫升数 mL/m^3 或 ppm 为单位。

2.有毒物质包装类确定

根据运输中毒害危险程度,就包装而言,第6.1类有毒物质分为三个包装类：

包装类Ⅰ：呈现高度毒性危险的物质和物品；

包装类Ⅱ：呈现中度毒性危险的物质和物品；

包装类Ⅲ：呈现低度毒性危险的物质和物品。

其包装类确定标准如表2-4所示。

表2-4　有毒物质包装类确定标准

包装类	经口吞咽毒性 $LD_{50}/(mg/kg)$	皮肤接触毒性 $LD_{50}/(mg/kg)$	粉尘、烟雾吸入毒性 $LC_{50}/(mg/L)$	含有毒性蒸气的液体 (mL/m^3)
Ⅰ	≤5	≤50	≤0.2	$V \geq 10LC_{50}$ 且 $LC_{50} \leq 1\,000$
Ⅱ	>5 且 ≤50	>50 且 ≤200	>0.2 且 ≤2	$V \geq LC_{50}$ 且 $LC_{50} \leq 3\,000$ （未达到包装类Ⅰ标准）
Ⅲ	>50 且 ≤300	>200 且 ≤1\,000	>2 且 ≤4	$V \geq \frac{1}{5}LC_{50}$ 且 $LC_{50} \leq 5\,000$ （未达到包装类Ⅰ或Ⅱ标准）

注：(1)尽管催泪气体的毒性数据与包装类Ⅲ的数值相对应,但应将其划分为包装类Ⅱ；

(2)表中粉尘、烟雾和蒸气吸入毒性的 LC_{50} 数据为基于1 h暴露过程获得；

(3)表中的"V"表示在20 ℃、标准大气压下的每立方米空气中饱和毒性蒸气浓度毫升数；

(4)符合第8类标准且其粉尘或烟雾吸入毒性的 LC_{50} 数据达到包装类Ⅰ的标准,只有当经口吞咽或皮肤接触毒性的 LD_{50} 数据至少达到包装类Ⅰ或Ⅱ的范围时才能被确定为第6.1类,反之,确定为第8类。

3.有毒物质判定标准

根据表2-4可知,第6.1类有毒物质的判定标准为：经口吞咽毒性 $LD_{50} \leq 300$ mg/kg,皮肤接触毒性 $LD_{50} \leq 1\,000$ mg/kg；粉尘、烟雾的1 h吸入毒性 $LC_{50} \leq 4$ mg/L。

4.剧毒化学品判定标准

我国颁布实施的《危险化学品目录》(2015版)中对剧毒化学品也规定了判定标准：急性毒性类别1,即满足下列条件之一：大鼠实验,经口 $LD_{50} \leq 5$ mg/kg,经皮 $LD_{50} \leq 50$ mg/kg,吸入 $(4\ h)LC_{50} \leq 100$ mL/m³(气体)或0.5 mg/L(蒸气)或0.05 mg/L(尘、雾)。经皮 LD_{50} 的实验数据,也可用兔实验数据替代。

值得注意的是,危险货物的毒害性不单单是通过第6.1类有毒物质反映出来的,某些其他类别的危险货物也具有毒害性。如第1类的二硝基苯酚(UN 0076)、二硝基苯酚盐类(UN 0077),第2类的氯气(UN 1017)、无水氨(UN 1005)、一氧化碳(UN 1016)、磷化氢(UN 2199),第3类的二氯化乙烯(UN 1184)、二硫化碳(UN 1131),第4类的白磷(UN 1381)、磷化镁(UN 2011)、磷化铝(UN 1397),第5类的硝酸钡(UN 1446)、硝酸铅(UN 1469)、亚硝酸钠(UN 1500),第8类的氢氟酸(UN 1790)、发烟硫酸(UN1 831)等。列入IMDG规则的这些物质将毒害性定为副危险。

还有些危险货物既不是第6.1类有毒物质,也不是其他具有副危险毒性的物质,但当它们发生某些化学反应时均会产生有毒物质。例如,大多数氧化物质在与酸液作用或受热时,会放出有毒气体：

$$Ca(ClO)_2+4HCl \rightarrow CaCl_2+2H_2O+2Cl_2\uparrow$$

$$NH_4NO_3 \rightarrow NH_3\uparrow+HNO_3$$

上述第一个方程式中次氯酸钙与盐酸反应产生的氯气会对人体产生毒害作用,同时也对玻璃和大多数金属具有腐蚀性。第二个方程式中硝酸铵受热(110 ℃左右)会分解生成氨气和硝酸,氨气是一种刺激性的有毒气体。

三、危险货物的放射特性

某些危险货物的原子核能通过衰变自发地放出有穿透能力和/或电离作用的、人体器官看不见也察觉不到的射线的性质,称为放射性;具有这种特性的危险货物称为放射性材料。当人体接触放射性材料时,可造成外照射或内照射,发生电离辐射作用而引起急性或慢性放射性疾病。若发生泄漏,则发生放射性污染。

(一)射线的种类、性质及危害

放射性材料放出的射线包括 α 射线、β 射线、γ 射线和中子流等。在各种放射性材料中,有些只能放出一种射线,有些能同时放出几种射线,如镭的同位素,在其核衰变中,就能同时放出 α 射线、β 射线和 γ 射线,这类物质的危险在于辐射污染。不同射线的性质和对人体造成的辐射危害是不相同的。

1.α 射线

α 射线是带正电的粒子流,具有很强的电离作用,但射程很短,穿透能力很弱,因而 α 射线对人体不存在外照射,仅用一层衣服、纸张等即能被完全屏蔽。一旦进入人体,α 射线源因不能穿透人体,会使人体器官和组织因电离作用而受到严重损伤。

2.β 射线

β 射线是带负电的粒子流,电离作用比 α 射线弱,但因其速度较大,穿透能力比 α 射线强。因此,这类射线对人体外照射危害较 α 射线大。一般用 9 mm 厚的铝片、塑料板、木板或多层厚纸等足以将它挡住。

3.γ 射线

γ 射线是一种波长很短的电磁波,即光子流,不带电,以光速运动,能量大,穿透能力很强(约为 α 射线的 1 万倍,为 β 射线的 50~100 倍),不易被其他物质吸收。要完全阻挡或吸收 γ 射线是非常困难的。因此,这类射线对人体的主要危害是外照射。一般用原子序数较高的金属(如铁、铅),能起到一定的屏蔽作用。

4.中子流

只有在原子核发生裂变时,才能从中释放出中子束。运输中常见的是由中子源放出的一种不带电的粒子源。因为中子不带电,不能产生电离作用,所以中子对人体的危害主要是外照射。一般认为,中子引起人体损伤的有效性是 γ 射线的 2.5~10 倍。但中子最容易被氢原子或含有氢原子的化合物吸收,因此常用石蜡、水、有机纤维、水泥等作为吸收材料。

(二)放射性材料对人体的危害及防护

放射性材料主要通过外照射(外辐射)和内照射(内辐射)两种途径对人体产生危害。其对人体的危害有急性和慢性之分。短时间内受到大剂量体外辐射,人的机体会产生急性放射效应,其临床表现为红细胞突然降低,出血、腹泻、呕吐、失水、脱发、抽筋、休克、生理失调和神经部分瘫痪。虽然正常的运输环境不易出现急性放射效应,但是参与放射性材料运输的工作人员若长期不注意防护,也可能出现慢性放射效应,其临床症状则是白细胞和红细胞减少、头疼、恶心、精神不振、食欲减退、睡眠不好、消化不良、疲劳乏力等。高能射线通过人体组织时,使各种器官、组织的细胞发生破坏和病变,除了导致癌症外,还会引发内分泌失调、白内障、肝硬化、糖尿病、不育症和遗传变异等多种严重疾病。

对放射性材料外辐射危害的防护,主要是屏蔽防护,包括对放射性材料的屏蔽和对放射性环境的屏蔽、距离防护和时间防护等。对放射性材料的内辐射危害的防护,主要是防止放射性材料通过呼吸系统、消化系统或皮肤进入人体。

（三）放射性衡量指标

1.放射性活度

放射性活度又称放射性强度,是指单位时间内某放射性材料发生核衰变的次数。它是度量放射性材料放射性强弱程度的一个物理量,单位为贝可（Bq）,1 Bq＝1 衰变/s。

2.放射性比活度

放射性比活度也称放射性比度,是指单位质量放射性材料的放射性活度,单位为贝可/克（Bq/g）。

3.剂量当量

剂量当量表示生物体受射线照射,每千克体重所吸收的相当能量。其具体计算为:受照射生物体组织中某点处的吸收剂量、射线品质因数和其他所有修正因数的乘积。单位为希沃特（Sv,简称希）,用以衡量生物体受射线照射危害的程度。国际相关机构和我国国标均将公众受到的年辐射剂量限值定为 0.001 Sv/y。

4.剂量当量率

剂量当量率又称剂量率,指单位时间的剂量当量,常用单位为希/小时（Sv/h）、希/秒（Sv/s）。

IMDG 规则规定,放射性材料是指托运货物中任何含有放射性核素活度和总活度超过规定数值的物质。

第 7 类放射性材料中包括辐射源钴-60、核燃料铀-235、镭-铍中子源、放射性制品夜光粉等,但不包括人体内的辐射性同位素心脏起搏器和辐射药物。

5.运输指数

运输指数（Transport Index,TI）是指分配给运输放射性材料的包装、集合包件或货运集装箱,或无包装的低比度放射性材料（LSA-Ⅰ）或表面受放射性污染的物体 SCO-Ⅰ 或 SCO-Ⅲ,用于控制辐射照射的数值。对于包件和集合包件,距离其外表面 1 m 处的最大剂量率（mSv/h）乘以 100 即为运输指数;对于罐柜、货物集装箱和 LSA-Ⅰ 或 SCO-Ⅰ 或 SCO-Ⅲ,距离其外表面 1 m 处的最大剂量率（mSv/h）乘以 100 所得数值再乘以相应的系数即为运输指数,系数大小与装载单元的最大横截面面积有关。

6.临界安全指数

临界安全指数（Criticality Safety Index,CSI）是指用于控制含有裂变物质的包件、集合包件或集装箱临界安全的累加数字。

四、危险货物的污染特性

危险货物的污染危害性是指具有污染性的货物直接或者间接地进入水体,会损害水体质量和环境质量,对生物资源、人体健康等产生有害影响的性质。

中华人民共和国海事局根据《防治船舶污染海洋环境管理条例》《中华人民共和国船舶及其有关作业活动污染海洋环境防治管理规定》的有关规定制定了《海运污染危害性货物名录》,并于 2011 年 1 月 18 日发布实施。该名录包括具体的包装危险货物、散装固体危险货物、散装油类、散装液体化学品及散装液化气,共 2 812 种。

海运污染危害性货物的泄漏或排放会破坏海洋生态系统、损害生物资源、危害人类健康、妨碍捕鱼和人类在海上的其他活动、降低海水质量和环境质量等。

(一)海洋污染物的污染危害

IMDG 规则中,海洋污染物是指经修正的 MARPOL 73/78 公约附则Ⅲ(防止海运包装有害物质污染规则)规定的物质。而在 MARPOL 73/78 公约附则Ⅲ中,有害物质是指在 IMDG 规则中被确定为海洋污染物或符合本附则附录中标准的物质。由此可见,海洋污染物和包装有害物质在 IMDG 规则与 MARPOL 73/78 公约附则Ⅲ中是互相定义的,且其危害分类和判定标准相同。

1.海洋污染物危害类别

根据 IMDG 规则,海洋污染物按照环境有害物质(水生环境)的物质分类标准进行危害性分类。在考虑急性水生毒性、慢性水生毒性、潜在的或实际的生物积累和有机化学品的降解等影响因素的基础上,将海洋污染物危害细分为三类,依次为:

①急性(短期)水生生物危害类别 1;

②慢性(长期)水生生物危害类别 1;

③慢性(长期)水生生物危害类别 2。

托运的物质或混合物只要满足上述危害类别中的一个或多个,即被判定为海洋污染物。

2.环境有害物质危害类别

环境有害物质(水生环境)主要包括对水生环境造成污染的液体或固体物质,以及此类物质的溶液和混合物,如制剂和废弃物等。该类物质的危害类别与 IMDG 规则一样,也细分为三类:

①急性(短期)水生生物危害类别 1;

②慢性(长期)水生生物危害类别 1;

③慢性(长期)水生生物危害类别 2。

目前,环境有害物质(水生环境)在 IMDG 规则中被确定为 UN 3077(对环境有害的固态物质,未另列明的)和 UN 3082(对环境有害的液态物质,未另列明的)两个条目。这些条目还适用于在其他方面不受 IMDG 规则约束但受《巴塞尔公约》管制的废弃物,以及不符合 IMDG 规则环境有害物质的标准或任何其他危险类别的标准,但被原产国、过境国或目的地国主管当局确定为危害环境的物质。

联合国 GHS 中的环境有害物质(水生环境)分类与 IMDG 规则有所差异,它细分为七类,依次为:

①急性（短期）水生生物危害类别1；

②急性（短期）水生生物危害类别2；

③急性（短期）水生生物危害类别3；

④慢性（长期）水生生物危害类别1；

⑤慢性（长期）水生生物危害类别2；

⑥慢性（长期）水生生物危害类别3；

⑦慢性（长期）水生生物危害类别4。

3.海洋污染物确定

船舶载运危险货物时，根据 IMDG 规则中的相关要求可以正确、快速地确定货物是否为海洋污染物。

（1）IMDG 规则的危险货物中、英文索引表"海洋污染物（MP）"栏中以符号"P"标记的物质、材料或物品为海洋污染物。

（2）IMDG 规则危险货物一览表"副危险"栏中以符号"P"标记的物质、材料或物品为海洋污染物。

需要特别注意的是，"海洋污染物"栏和"副危险"栏无符号"P"的或显示为"—"的，并不代表该物质、材料或物品一定不是海洋污染物，还需根据 IMDG 规则中海洋污染物的分类标准来做进一步判定。

（3）满足 IMDG 规则第 1 类至第 8 类的任一标准的海洋污染物应依据其性质在相应的条目下运输，而海洋污染危害作为"副危险"在危险货物一览表中标注。不满足第 1 类至第 8 类的任一标准的海洋污染物，除非在第 9 类中列有其他专门的条目，否则应根据物质的形态按第 9 类中的 UN 3077（对环境有害的固态物质，未另列明的）或 UN 3082（对环境有害的液态物质，未另列明的）条目运输。

（4）如果一种物质、材料或物品具有符合海洋污染物标准的性质，但未在 IMDG 规则中列明，则该物质、材料或物品应按 IMDG 规则作为海洋污染物运输。

（5）经主管当局批准，被 IMDG 规则列明为海洋污染物但不再符合海洋污染物标准的物质、材料或物品，不需要按照 IMDG 规则适用海洋污染物的规定运输。

（6）IMDG 规则规定，如果海洋污染物装在独立或组合包装中，每个独立包装或内包装内装有净容量 5 L 及以下的液体，或净质量 5 kg 及以下的固体，且包装符合一定的要求，则不适用本规则中与海洋污染物相关的其他规定。但是在海洋污染物也满足其他的危险性分类标准的前提下，本规则中与任何附加危险性相关的所有规定继续适用。

（二）散装固体危险货物的污染危害

散装固体危险货物的污染危害主要是由 B 组固体散货发生泄漏或排放入海导致的。此外，散货固体运输中产生的货物残留物如果不正确地排放入海，则也有可能导致海洋污染。

1.B 组固体散货

B 组货物包括列入 IMDG 规则的货物、MHB 货物和既列入 IMDG 规则又体现出 MHB 货物危险性的固体散货，其危险性质和污染危害与 IMDG 规则的货物基本相同，应依据 IMSBC 规则的规定并参考 IMDG 规则的要求进行安全运输。

2.货物残余物

根据 MARPOL 73/78 公约附则 V，船舶垃圾分为 A～K 共 11 类，其中 J 类和 K 类为货物残余物。J 类垃圾为对海洋环境无害的物质,K 类垃圾为对海洋环境有害的物质。

货物残余物作为船舶垃圾的一部分,其排放入海时应遵循 MARPOL 73/78 公约附则 V 的要求。

(1)在特殊区域内排放

船舶仅在航途中,且在满足下列所有条件的前提下,才可以将无法以常用卸载方法回收的货物残余物排放入海:

①根据 IMO 制定的指南,舱室洗涤水中包含的货物残余物、清洁剂或添加剂中无任何对海洋环境有害的物质;

②驶离港和下一个到达港都在特殊区域内且船舶在这两个港口之间航行时不会驶离特殊区域;

③根据 IMO 制定的指南,这些港口不具备合适的接收设备;

④在满足①、②、③要求的前提下,含有货物残余物的货舱洗涤水应尽可能远离最近陆地或最近冰架排放,但与最近陆地或最近冰架的距离应不小于 12 n mile。

(2)在特殊区域外排放

船舶仅在航途中,且尽可能远离最近陆地时,才可以将无法以常用卸载方法回收的货物残余物排放入海,但与最近陆地的距离应不小于 12 n mile。根据 IMO 制定的指南,这些货物残余物不得含有任何对海洋环境有害的物质。

货物残余物大多是由货物操作不规范、卸货不彻底导致的,因此建议港口、码头和船舶应严格规范货物装卸程序以最大限度地减少货物残余物的产生。船舶经营人应确保船舶适合装运所载货物,港方应采用适宜的卸货方法,充分利用安全、有效的装卸设备及程序,保持船岸双方良好的沟通,尽可能减少货物残余物的产生以及货物在传输过程中的泄漏以及漏卸事故。

(三)散装油类的污染危害

船舶造成海上油类污染主要有操作性排油和事故性溢油两个方面的原因。操作性排油包括向海上排放含油的压载水、含有大量油污的洗舱水和机舱含油污水;事故性溢油包括油船发生碰撞、搁浅、触礁等海上事故而导致大量散装油类流入海中,以及油船在装卸过程中由于装卸设施失效或作业操作失误而造成的跑、冒、滴、漏油事故。

散装油类入海后,立即发生一系列复杂变化,包括扩散、蒸发、溶解、乳化、光化学氧化、微生物降解、沉降、形成沥青球等,导致多方面的损害,主要体现在危害人类健康,影响水生生物、渔业生产、旅游业,危害滨海湿地及海洋环境等。

石油氧化会造成海水严重缺氧,使大量海洋生物窒息死亡;其中含有的烃类等有害物质,会造成大量海洋生物的急性死亡或慢性中毒,导致受污染海域不可修复的生态灾难。海面上的油膜能阻碍大气与海水之间的气体交换,影响海洋植物的光合作用,进而危及整个海洋生物食物链。皮毛和海鸟羽毛被石油沾污后,海兽就会失去保温、游泳或飞翔能力。散装油类进入海洋后,还可能通过食物链最终在人体内聚集,从而对人体健康造成严重危害。

因此,应采取以下措施,防止和控制油类污染危害:

(1)以公约及法规约束操作性排油,严格执行 MARPOL 73/78 公约及各国对有关油类和油性混合物的排放规定。

(2)设置和增加船舶、港口接收与处理含油污水的设施和装置。

(3)制定有效的规章制度并认真执行,防止操作性排油和事故性溢油。

（四）散装液体化学品的污染危害

散装液体化学品是指 IBC 规则第 17 章中列明的液体有毒物质。如果这些物质在海运中泄漏或排放入海,会对海洋环境造成巨大的污染危害,主要包括:生物积聚性危害,缺乏生物降解性而造成的危害,对水中有机体的急性毒性和慢性毒性危害,对人类健康具有长期的不利影响,引起货物漂浮或下沉的物理特性对海洋生物的不利影响等。

从污染危害的角度,散装液体化学品可分为 X、Y、Z 三类,其具体定义为:

(1) X 类:这类有毒液体物质如从洗舱或排压载的作业中排放入海,将被认为会对海洋资源或人类健康产生重大危害,因而应严禁向海洋环境排放该类物质。

(2) Y 类:这类有毒液体物质如从洗舱或排压载的作业中排放入海,将被认为会对海洋资源或人类健康产生危害,或对海上的休憩环境或其他合法利用造成损害,因而对排放入海的该类物质的质和量应采取限制措施。

(3) Z 类:这类有毒液体物质如从洗舱或排压载的作业中排放入海,将被认为会对海洋资源或人类健康产生较小的危害,因而对排放入海的该类物质应采取较严格的限制措施。

（五）散装液化气的污染危害

散装液化气是指 IGC 规则第 19 章中列明的货品。如果这些货品在海上运输过程中由于各种原因发生泄漏,则会因其燃烧、爆炸、毒害、水溶性及与水反应等理化特性而对水生环境产生不利影响。其中乙醛、氨和环氧乙烷全溶于水,二甲基胺和氧化丙烯易溶于水,氯气、乙醚、溴甲烷、二氧化硫、氯乙烷等可溶入水或微溶于水。下面以几种货物为例,说明散装液化气对水生环境的污染危害。

(1) 液化天然气(甲烷)泄漏后与空气混合,在一定浓度范围内如遇火源则极易发生燃烧、爆炸。同时,液化天然气泄漏后与水接触时,会产生快速相变,导致物理爆炸,危害环境。

(2) 氯气是一种在常温、常压下为黄绿色并具有强烈刺激性气味的剧毒气体。氯气与水反应产生氯化氢和次氯酸。如果氯气泄漏到水体中,则会导致水中氯酸盐的浓度增加,影响水体生物的生存繁殖和水体的生态平衡。

(3) 氨是一种具有刺激性气味的、非易燃的、有毒和具有腐蚀性的液化气体。液化氨发生泄漏后会对水生环境造成毒害污染影响。

(4) 环氧乙烷是一种易燃、易爆、有剧毒的有机化合物,发生泄漏时不但会对水质造成污染,会使水生生物产生毒性和影响生态环境,还会对人体的呼吸系统和神经系统产生严重的毒性危害,若人体长期暴露在这种环境中,还可能产生癌变。

第三章 包装危险货物运输管理

危险货物是指具有燃烧、爆炸、毒害、感染、腐蚀、放射性或污染危害等特性,在运输过程中,容易造成人身伤害、财产损失或环境污染而需要特别防护的物质和物品。若无特别说明,本章中的包装危险货物是指带包装的各类危险货物,也包括装于公路罐车或货车、铁路罐车或货车、多式联运货物集装箱或可移动罐柜等货物运输组件内的无包装或有包装的固体或液体危险货物。包装是指一个或多个容器及为容器完成盛装和其他安全功能所必需的任何其他组件或材料。

海上危险货物运输具有运量大、品种多、涉及部门广、风险大和运价高的特点。为了保证安全,IMO 和世界许多国家以立法形式制定了相应的危险货物运输规则。IMO 制定的 IMDG 规则中对包装危险货物的分类、包装和罐柜、托运程序、包装的构造和试验及运输作业等内容做了具体要求。

第一节 包装危险货物分类及特性

包装危险货物品种繁多,性质各异,且危险程度大小不一,多数兼有多种危险性质。为便于危险货物的安全运输和管理,有必要对其进行科学分类。IMDG 规则中,根据危险货物所呈现的危险性或最主要的危险性,将其划分为 9 大类,部分类别又进一步细分成小类。对于具有一种以上危险性质的货物,应以占主导地位的危险性确定其归类,其他危险为副危险,在运输中必须兼顾此类货物的副危险。在确定了危险货物类别的基础上,又需要划分危险货物的包装类,以确定其危险程度。危险货物的分类应由托运人或发货人或依照规则要求由有关主管当局划定。如果发货人在试验数据基础上已经确认，一种在 IMDG 规则危险货物一览表第 2 栏中列出的物质符合某种类别或小类的分类标准，而这个类别或小类又未在一览表中列明，则发货人应在有关当局的批准下，按照以下规定托运该物质：

（1）在能够反映所有危险性的最适合的类属条目下或者未另列明的（Not Otherwise Specified，简称 N.O.S.）条目下运输；或者

（2）如果危险性类别不变，且通常适用于该物质的任何其他运输条件与危险货物一览表中列出的相同，则该物质可在原有的 UN 编号和正确运输名称（PSN）下运输，但是应增加合适的反映其新增副危险的危险货物沟通信息（单证、标签、标牌）。

一、危险货物的危险性分类

符合 IMDG 规则规定的物质（包括混合物和溶液）和物品被划分到 1~9 类别中的一个或进一步细分的小类中的一个，这些类别和小类如下：

第 1 类：爆炸品。

 第 1.1 小类：具有整体爆炸危险的物质和物品。

 第 1.2 小类：具有抛射危险但无整体爆炸危险的物质和物品。

 第 1.3 小类：具有燃烧危险和较小爆炸或较小抛射危险或同时具有此两种危险，但无整体爆炸危险的物质和物品。

 第 1.4 小类：无重大危险的物质和物品。

 第 1.5 小类：具有整体爆炸危险但很不敏感的物质。

 第 1.6 小类：无整体爆炸危险的极度不敏感物品。

第 2 类：气体。

 第 2.1 类：易燃气体。

 第 2.2 类：非易燃、无毒气体。

 第 2.3 类：有毒气体。

第 3 类：易燃液体。

第 4 类：易燃固体、易自燃物质、遇水放出易燃气体的物质。

 第 4.1 类：易燃固体、自反应物质、固体退敏爆炸品和聚合性物质。

 第 4.2 类：易自燃物质。

 第 4.3 类：遇水放出易燃气体的物质。

第 5 类：氧化性物质和有机过氧化物。

 第 5.1 类：氧化性物质。

 第 5.2 类：有机过氧化物。

第 6 类：有毒和感染性物质。

 第 6.1 类：有毒物质。

 第 6.2 类：感染性物质。

第 7 类：放射性材料。

第 8 类：腐蚀性物质。

第 9 类：杂类危险物质和物品。

各类别、小类的排列序号不代表其危险程度的顺序。

（一）第1类：爆炸品

1.定义

爆炸品是指在外界作用下（如受热、撞击等），能发生剧烈的化学反应，瞬时产生大量的气体和热量，使周围压力急剧上升，引发爆炸的物质和物品，也包括仅产生热、光、声响或烟雾等一种或几种作用的烟火物品。爆炸品具体包括爆炸性物质、爆炸性物品及产生实用爆炸或烟火效果而制造的物质和物品（即烟火物质）。

（1）爆炸性物质：指能通过本身的化学反应产生气体，其温度、压力和爆速会对周围环境造成破坏的固体或液体物质或几种物质的混合物，包括不释放气体的烟火物质。

（2）爆炸性物品：指含有一种或多种爆炸性物质的物品。

（3）烟火物质：指设计上为产生热、光、声、气体或所有这一切的结合达到某种效果的一种或几种物质的混合物，这些效果通过非爆燃性、持续放热等一些化学反应产生。

2.分类

（1）按爆炸产生的危险性大小，IMDG 规则将爆炸品分为以下 6 个小类：

第1.1 小类：具有整体爆炸危险的物质或物品，如黑火药、A 型爆破炸药、爆破用电雷管、带有爆炸装药的火箭（UN 0181）、按质量含水或酒精小于25%的硝化纤维素（硝化棉）、按质量含水小于 10%的苦味酸铵等。所谓整体爆炸，是指一经引发，瞬间几乎影响到全部装载的爆炸。

第1.2 小类：具有抛射危险但无整体爆炸危险的物质或物品，如引火物品、抛绳用火箭（UN 0238）、带有爆炸装药的火箭（UN 0182）、练习用手榴弹或枪榴弹（UN 0372）等。

第1.3 小类：具有燃烧危险和较小爆炸或较小抛射危险或同时具有此两者危险，但无整体爆炸危险的物质或物品，如按质量含水小于 20%的苦味酸钠、导火索、抛绳用火箭（UN 0240）等。该类物质能产生相当大的辐射热或相继燃烧，产生较小爆炸或抛射作用或兼有两种作用。

第1.4 小类：无重大危险的物质或物品，如练习用手榴弹或枪榴弹（UN 0452）、安全导火索等。此类货物万一被点燃或引爆，其危险仅限于包装件内部，而对包装件外部无重大危险。

第1.5 小类：具有整体爆炸危险但很不敏感的物质，如 E 型和 B 型爆炸药等。此类货物性质比较稳定，在着火试验中不会爆炸。当船上大量运载时，则其由燃烧转变为爆炸的可能性大为增加。

第1.6 小类：无整体爆炸危险的极不敏感的物品。该物品主要由极不敏感的爆炸性物质组成，被意外起爆或传爆的可能性极小，且其仅限于单个物品的爆炸。

按照爆炸产生的危险性大小，其排列顺序依次为 1.1、1.5、1.2、1.3、1.6、1.4，第 1.1 小类危险性最大，第 1.4 小类危险性最小。

（2）按爆炸品的相容性，IMDG 规则将其分为 13 个配装类：

第 1 类货物中，如果在一起能安全地积载或运输而不会明显地提高事故率或在一定量的情况下不会明显提高事故后果等级，可视其为"可配装的"。根据这一标准，此类中所列货物被分为 13 个配装类，分别用大写英文字母 A~K（不包括 I）、L、N 和 S 来表示，如表 3-1 所示。

表 3-1　配装类和分类代码

物质和物品种类	配装类	分类代码
起爆物质	A	1.1A
含有起爆物质,但不具备两种或两种以上有效保护装置的物品。有些物品,诸如爆炸性炸药,为爆炸和起爆物品装配的炸药,帽型的,即使不含有起爆物质,也属于该类物质	B	1.1B 1.2B 1.4B
推进性的爆炸性物质或其他爆燃性的爆炸性物质或含有该种爆炸性物质的物品	C	1.1C 1.2C 1.3C 1.4C
含有能够引爆的次级爆炸性物质,或黑火药或含有能够引爆的爆炸性物质的物品,在每种情况下,没有点火装置和推进剂时,或含有起爆物质并具备两种或两种以上的保护装置的物品	D	1.1D 1.2D 1.4D 1.5D
含有能够引爆的次级爆炸性物质,不带有点火装置但带有推进剂(含有易燃液体或凝胶体或自燃液体的物品除外)的物品	E	1.1E 1.2E 1.4E
含有能够引爆的次级爆炸性物质的物品,自带点火装置和推进剂(含有易燃液体或凝胶体或自燃液体的物品除外)或不带推进剂	F	1.1F 1.2F 1.3F 1.4F
烟火物质,或含有烟火物质的物品,或同时含有爆炸性物质和照明物质的物品,燃烧的、产生烟雾和催泪的物质(水激活物品或含有白磷、磷化物、发火物质、易燃液体或凝胶体或自燃液体的物品除外)	G	1.1G 1.2G 1.3G 1.4G
同时含有白磷和爆炸性物质的物品	H	1.2H 1.3H
同时含有爆炸性物质和易燃液体或凝胶体的物品	J	1.1J 1.2J 1.3J
同时含有爆炸性物质和有毒化学制剂的物品	K	1.2K 1.3K
含有爆炸性物质并具有特殊危险性(例如由于水激活或含有易自燃液体、磷化物或发火物质)并且需要彼此隔离的物品	L	1.1L 1.2L 1.3L
仅含有极不敏感的物质	N	1.6N
物质或物品的包装或设计能确保发生事故时,所产生的危险性影响能够限制在包件内,除非包件在遇火时已经受损,在这种情况下,所遇的爆炸或抛射影响都应限制在与包件邻近的地方,不致阻止或妨碍救火或采取其他应急反应措施	S	1.4S

注:(1)配装类 D 和 E 的物品,可安装本身的引发装置或与之包装在一起,但该引发装置至少应配备两个有效的保护功能,防止在引发装置意外启动时引起爆炸。此类物品和包装应划为 D 或 E 配装类。

(2)配装类 D 和 E 的物品,可与本身的引发装置包装在一起,该引发装置虽未配备两个有效的保护功能,但原籍国有关当局认为,在正常运输条件下,引发装置意外启动不会引起爆炸。此类包件应划为 D 或 E 配装类。

第 1 类爆炸品在运输中应明确标示出其危险类别和配载类,而每一小类对应的配装类又有所不同,具体可见表 3-2。

表 3-2　爆炸品危险性分类与配装类组合表

危险性分类	配装类													
	A	B	C	D	E	F	G	H	J	K	L	N	S	ΣA~S
1.1	1.1A	1.1B	1.1C	1.1D	1.1E	1.1F	1.1G		1.1J		1.1L			9
1.2		1.2B	1.2C	1.2D	1.2E	1.2F	1.2G	1.2H	1.2J	1.2K	1.2L			10
1.3			1.3C			1.3F	1.3G	1.3H	1.3J	1.3K	1.3L			7
1.4		1.4B	1.4C	1.4D	1.4E	1.4F	1.4G						1.4S	7
1.5				1.5D										1
1.6												1.6N		1
Σ1.1~1.6	1	3	4	4	3	4	4	2	3	2	3	1	1	35

属于同一配装类的爆炸品可以混装运输,属于不同配装类的爆炸品原则上不能混装运输,有特殊要求的除外。

3.分类程序

(1)所有具有或怀疑具有爆炸特性的物质或物品均应考虑划分到第 1 类,第 1 类物质或物品应划分成适当的小类和配装类,分类应根据联合国经修订的《试验和标准手册》进行。但下列情况的货物不划入第 1 类:

①除非特别授权,禁止运输的敏感性过高的爆炸性物质;

②属于第 1 类货物定义排除范围内的物质或物品;

③不具有爆炸性的物质和物品。

(2)基于联合国《试验和标准手册》试验系列 6 得出的试验数据,烟花通常被分类为第 1.1 类、第 1.2 类、第 1.3 类和第 1.4 类。包装在同一个包件内的具有多于一种危险性小类的烟花,应按其最高危险性小类进行分类,除非根据《试验和标准手册》试验系列 6 的数据表明情况并非如此。

(3)在运输前,所有爆炸性物质和物品的小类、配装类以及准备运输货物的正确运输名称应得到生产国家主管机关的批准。下列情况需要新的批准手续:

①新的爆炸性物质;

②与以前制造及批准的爆炸性物质或混合物有显著区别的一种新的爆炸性物质的组合物或混合物;

③一种新设计的爆炸性物品,一种含有新爆炸性物质的物品,或一种含有新的爆炸性物质组合物或混合物的物品;

④使用新设计或新包装类型包括新型内包装的爆炸性物质或物品。

4.衡量指标

爆炸是一种特殊形式的燃烧,形成爆炸的要素是:能释放大量的热,能产生大量的气体,高速进行并瞬时完成。化学爆炸是爆炸品的主要特性。当物品受到摩擦、撞击、振动、高热、点燃、静电感应或与氧化剂、还原剂等不相容物质接触时都有引发爆炸的危险,会对周围环境造成破坏。此外,大多数爆炸品本身还具有不同程度的毒性,爆炸过程中也会产生毒性气体(如一氧化碳)或窒息性气体(如二氧化碳、氮气)。

衡量爆炸品危险性的指标包括:

(1)敏感度:爆炸性物质的敏感度是指在外界作用影响下发生爆炸反应的难易程度,又称感度,通常以引起爆炸性物质爆炸所需的最小外界初始能量来表示。引起爆炸所需的外界初始能量越小,其敏感度越高。根据外界作用的不同,感度分为撞击感度、摩擦感度、热感度和爆轰感度。

其中,热感度是指爆炸性物质因受热引起爆炸的敏感程度,通常用爆发点表示。爆发点是指爆炸性物质在一定的延滞期内发生爆炸的最低温度。

(2)爆轰速度:爆炸性物质爆炸时,其爆轰波沿爆炸性物质内部传播的速度,用每秒传播的长度(m/s)来表示。

(3)爆热和爆温:爆热是指单位质量的爆炸性物质在爆炸反应时所释放出的热量;爆温是指爆炸性物质爆炸时所放出的热量将爆炸产物加热到的最高温度。

(4)威力和猛度:威力是指爆炸性物质爆炸时对周围环境的破坏能力;猛度是指爆炸性物质爆炸后对周围环境破坏的程度。

(5)安定性:爆炸性物质的安定性是指爆炸性物质在一定的储存期间,不改变自身的理化性质和爆炸能力的性质,分为物理安定性和化学安定性。一定的安定性是爆炸性物质运输的先决条件。

（二）第2类：气体

1.定义

IMDG 规则中的气体是指在50 ℃时其蒸气压力大于300 kPa,或在标准大气压101.3 kPa、温度为20 ℃时,完全呈气态的物质,以及经压缩或降温加压后,贮存于耐压容器或特制的高绝热耐压容器或装有特殊溶剂的耐压容器中的物质。本类气体包括压缩气体、液化气体、冷冻液化气体、溶解气体和吸附性气体。气体需要在不同的压力下运输,通常情况下,压缩气体在高压下运输,冷冻气体在低压下运输。

(1)压缩气体:在压力下包装载运且当温度为−50 ℃时完全呈气态的气体,包括临界温度低于或等于−50 ℃的所有气体。

(2)液化气体:在压力下包装载运且当温度高于−50 ℃时部分呈气态的气体。它分为高压液化气体和低压液化气体。其中高压液化气体是指临界温度在−50~65 ℃的气体,低压液化气体是指临界温度在65 ℃以上的气体。

(3)冷冻液化气体:包装载运时,由于温度低而部分气体处于液态的气体。

(4)溶解气体:在压力下包装载运时,溶解在液相溶剂中的气体。

(5)吸附性气体:以包装形式运输时,吸附到固体多孔材料上的气体。其内容器压力在20 ℃时不超过101.3 kPa,在50 ℃时不超过300 kPa。

2.分类

根据气体在运输中的主要危险性,可细分为三个小类。

第2.1类:易燃气体。该气体在温度为20 ℃、标准气压101.3 kPa时,在与空气的混合物中体积分数为13%或更低时可点燃;或该气体在温度为20 ℃、标准气压101.3 kPa时,不管最低燃烧极限是多少,与空气混合形成的混合物的体积分数至少有12%。如氢气、甲烷、乙炔等都是易燃气体。

第2.2类:非易燃、无毒气体。该类气体主要包括那些具有窒息性、氧化性的气体和在其他类别中没有被列入的气体,如氧气、压缩空气、氮气、二氧化碳等。

但在20 ℃时以低于200 kPa压力运输的且不是液化气或冷冻液化气的第2.2类气体,不适用IMDG规则的规定。此外,下列物品中所含的第2.2类气体也不受IMDG规则的限制,如食品[包括碳酸充气饮料(UN 1950气雾剂除外)]、体育用球类、轮胎(航空运输除外)。

第2.3类:有毒气体。该类气体包括对人类有毒或者有腐蚀性以至于危害健康的气体或被推定对人类有毒或有腐蚀性的气体,其LC_{50}的值应小于等于5 000 mL/m³(ppm),如氯气、氨气、硫化氢、磷化氢、光气等。

在腐蚀性上符合上述标准的气体应被划分为带有腐蚀性副危险的有毒气体。

气体或气体混合物的危险性超过一种时,其危险性先后顺序为第2.3类、第2.1类、第2.2类。如果某种气体既易燃又有毒,则应归为第2.3类。

(三)第3类: 易燃液体

1.定义

根据IMDG规则,该类货物包括易燃液体和液态退敏爆炸品两类物质。

易燃液体是指在闭杯闪点等于或低于60 ℃(相当于开杯试验闪点65.6 ℃)时放出易燃蒸气的液体或液体混合物,或含有处于溶液中或悬浮状态的固体或液体。

液态退敏爆炸品是指溶于或悬浮于水或其他液体物质,形成均质的液体混合物以抑制其爆炸特性的爆炸性物质,包括危险货物UN 1204、UN 2059、UN 3064、UN 3343、UN 3357和UN 3379。

该类货物还包括交付运输时温度等于或高于其闪点的液体以及在加温条件下运输或交付运输时其温度等于或低于最高运输温度时会放出易燃蒸气的液体,但不包括闪点在35 ℃以上不持续燃烧的液体。

不持续燃烧的液体是指着火点大于100 ℃的液体,或与水混合且按质量计含水量大于90%的液体,或通过了联合国《试验和标准手册》中可持续燃烧试验认定不持续燃烧的液体。

2.危险特性

(1)挥发性

液体物质在任何温度下都会蒸发,在沸点时,液体开始沸腾,此时液体的蒸气压与外界气压达到了平衡,所有的液体都趋于变成气体。沸点和饱和蒸气压是衡量液体挥发性的主要指标,一般来说,沸点低的液体挥发性大,沸点越低,饱和蒸气压越高,危险性就越大。

(2)易燃性

易燃液体挥发出的蒸气及易燃液体自身遇明火极易燃烧。易燃液体的易燃性以闪点表示。它是指在给定的条件下,可燃气体或易燃液体的蒸气与空气的混合物接触火焰时产生瞬间闪火的最低温度。液体的闪点越低,其易燃性及危险性越大。闪点依据其测试仪器是在密闭容器还是在开敞容器中加热液体而分为闭杯试验闪点（Closed Cup，用 c.c. 表示）和开杯试验闪点（Open Cup，用 o.c. 表示）。一般同一物质的闭杯试验闪点要比开杯试验闪点低 3~6 ℃。

燃点是指在给定的条件下，可燃气体或易燃液体的蒸气与空气的混合物接触火焰时能产生持续燃烧时的最低温度。对可燃液体，在相同条件下，其燃点通常比闪点高出 5 ℃左右。

（3）爆炸性

易燃液体挥发出来的蒸气与空气混合后一旦接触火种就容易着火燃烧。易燃液体的燃爆性质用爆炸极限来表示，爆炸极限是指易燃液体的蒸气与空气的混合物，能被点燃而引起燃烧爆炸的浓度范围，通常用蒸气在混合物中所占体积的百分比浓度来表示。浓度的最低值称为爆炸下限，最高值称为爆炸上限。爆炸下限越小、浓度范围越大的液体，越容易发生燃爆。例如，二硫化碳的爆炸极限为 1%~60%，乙醇的为 3.3%~19%，氢气的为 4%~75%，甲烷的为 5%~16%。

（四）第 4 类：易燃固体、易自燃物质、遇水放出易燃气体的物质

第 4 类危险货物分为三个小类：第 4.1 类、第 4.2 类和第 4.3 类。其中绝大多数是固体，少量的液体货物主要包含在第 4.2 类和第 4.3 类中。

1. 第 4.1 类：易燃固体、自反应物质、固体退敏爆炸品和聚合性物质

该类物质包括在运输条件下易于燃烧或易于通过摩擦可能起火的易燃固体、易于发生强烈热反应的自反应物质（固体和液体）、在没有充分稀释的情况下可能爆炸的固体退敏爆炸品和聚合性物质。

（1）易燃固体

该类物质是指易于燃烧和经摩擦可能起火的固体，如赤磷、硫黄、萘、赛璐珞制品、铝粉（有涂层的）、干的棉麻（植物纤维）等。易于燃烧的固体是指纤维状、粉末状、颗粒状或糊状物质。如果该物质与燃烧的火柴等火源短暂接触时易于被点燃且火焰迅速蔓延，则体现出其危险性。其危险性不仅来自火，还可能来自有毒的燃烧产物。金属粉末尤其危险，一旦着火，难以扑灭，因为常用的灭火剂，如二氧化碳或水，只能增加其危险性。

粉末状、颗粒状或糊状物质，如果按照联合国《试验和标准手册》第Ⅲ部分 33.2.1 的试验方法，一个或多个试验的燃烧时间低于 45 s 或燃烧速率高于 2.2 mm/s，该物质须被划分为第 4.1 类易燃固体。金属粉末或金属合金如果可被点燃且在 10 min 以内蔓延到样品的全部长度时，则该物质须被划分到第 4.1 类。

直到确定明确的标准以前，经摩擦可能起火的物质须比照现行条目（如火柴）划分到第 4.1 类。

（2）自反应物质

该类物质是指热不稳定物质，即使没有氧气的参与也易产生强烈的放热分解。

自反应物质的分解可因加热、与催化性杂质（如酸、重金属化合物、碱）接触、摩擦或撞击发生。分解速度随温度升高而升高，也随着物质不同而不同。该物质的分解，特别是在没有着火的情况下，可能导致有毒气体或蒸气的产生；一些自反应物质可能会爆炸分解，尤其是在封闭条件下，该特性可以通过加入一些退敏物质或使用合适的包装进行改变。有些自反应物质可猛烈燃烧。对特定的自反应物质，须控制温度；自加速分解温度（SADT）小于或等于 55 ℃的自反应物质应在控制温度下进行运输。

自反应物质包括脂肪族偶氮化合物（—C—N＝N—C—）、有机叠氮化合物（—C—N$_3$）、重氮盐（—CN$_2$+Z—）、N-亚硝基化合物（—N—N＝O）、芳族硫代酰肼（—SO$_3$—NH—NH$_2$）等。但符合以下条件的物质不被视为第 4.1 类自反应物质：

①根据第 1 类的标准它们是爆炸品；

②除含 5% 及以上可燃有机物的氧化性混合物须遵守相应定义的分类程序外，按照第 5.1 类的分类程序，它们是氧化性物质；

③根据第 5.2 类的标准，它们是有机过氧化物；

④其分解热小于 300 J/g；

⑤对于 50 kg 的包件，其自行加速分解温度（Self-accelerating Decomposition Temperature, SADT）大于 75 ℃。

为了便于控制和运输，IMDG 规则中按自反应物质的危险程度将其划分为 A～G 共 7 种类型。对于 A 类自反应物质，不可接受在其试验所用的包装中运输。对于 G 类自反应物质，则不必遵循第 4.1 类中自反应物质的规定；另外，B 类～F 类自反应物质的划分与允许的单位包装最大重量直接相关。

允许以包装形式运输的自反应物质见"目前已确定的包装自反应物质清单"，允许以中型散装容器 IBCs 形式运输的自反应物质见包装导则 IBC520，允许以可移动罐柜形式运输的自反应物质见可移动罐柜导则 T23。对于所列出的每一种允许运输的物质，在危险货物一览表中指定了适当的类别条目（UN 3221～UN 3240），也提供了适当的副危险性和相关运输信息的备注包装自反应物质清单。

对于未列入"目前已确定的包装自反应物质清单"的物质，应按下列原则确定其自反应物质类型：

①A 型自反应物质：任何在包装运输中能爆炸或迅速爆燃的物质，应禁止在这种包装中运输。

②B 型自反应物质：具有爆炸性质的任何物质，如果在包装运输过程中既不会爆炸也不会迅速爆燃，但在包装中可能发生热爆炸，须贴有"爆炸物"副危险标志。该物质装在容器中允许的最大量为 25 kg，但为了排除包件爆炸或快速爆燃的危险性，可把最大量限制到较低者除外。

③C 型自反应物质：任何具有爆炸性质的物质，当包装后运输（最大量 50 kg）时不会发生爆炸、迅速爆燃或引起热爆炸，运输时可不贴"爆炸物"副危险标志。

④D 型自反应物质：任何物质在实验室中实验时，如果部分引起爆炸，不迅速爆燃，在封闭条件下加热不会呈现任何强烈的效应，或绝对不爆炸，只是慢慢爆燃且在封闭条件下加热不呈现任何强烈的效应，或绝对不爆炸或爆燃，在封闭条件下加热呈中度效应，则允许以每件净重不超过 50 kg 的形式运输。

⑤E 型自反应物质：任何物质在实验室中实验时，既不爆炸也不爆燃，在封闭条件下呈现低度或不呈现任何效应，则允许以每件净重不超过 400 kg/450 L 的形式运输。

⑥F 型自反应物质：任何物质在实验室中实验时，既绝不引起空化状态的爆炸，也绝不爆燃，在封闭条件下加热呈现出微弱效应或不呈现效应，而且爆炸力微弱或没有爆炸能力，则可考虑用中型散装容器 IBCs 形式运输。

⑦G 型自反应物质：任何物质在实验室中实验时，既不引起空化状态的爆炸，也不爆燃，在封闭条件下加热时，不呈现任何效应，而且无任何爆炸力，则不应被划为第 4.1 类自反应物质，但条件是配制品须是热稳定的（50 kg 包件的自行加速分解温度为 60～75 ℃），而且任何稀释剂都应符合相关要求。如果配制品不是热稳定的，或用沸点不到 150 ℃ 的相容的稀释剂退敏，配制品须定为 F 型自反应液体或固体。

（3）固体退敏爆炸品

该类物质是指被水或酒精浸湿或被其他物质稀释后,形成均一的固体混合物来抑制其爆炸性的爆炸性物质,如苦味酸铵(湿的,含水量不少于 10%)、三硝基苯(湿的,含水量不少于30%)等。本类物质燃点低,对热、撞击、摩擦较为敏感,易被外部火源点燃,燃烧迅速,并可能散发有毒烟雾或有毒气体。在运输状态中,退敏试剂须均匀地分布在所运物质中。对于含有水或被水浸湿的物质,如果预计需在低温条件下运输,可添加诸如乙醇等适当的相容的溶剂来降低液体的冰点。

对于被水或其他液体浸湿的物质,只有在明确说明的浸湿条件下,才须作为第 4.1 类物质交付运输。有的物质在干燥的状态下仍应被视为第 1 类爆炸品。

（4）聚合性物质及其混合物(稳定的)

该类物质是指在不加稳定剂的情况下,正常条件运输时易发生强烈的放热反应,形成大分子或聚合物的物质。符合下列条件的物质即为第 4.1 类聚合性物质:

①在运输条件下(交付运输时不管是否添加化学稳定剂),在包装、中型散装容器或可移动罐柜中,物质的自加速聚合温度(Self-accelerating Polymerization Temperature,SAPT)为 75 ℃或以下;

②物质表现出的反应热大于 300 J/g;

③不满足其他任何第 1 类到第 8 类的分类标准。

如果聚合性物质的自加速聚合温度 $SAPT$ 满足下述条件,则其在运输中须进行温度控制:

①当采用常规包装或中型散装容器运输时,其内物质的自加速聚合温度 $SAPT \leqslant 50$ ℃;

②当采用可移动罐柜运输时,其内物质的自加速聚合温度 $SAPT \leqslant 45$ ℃。

但符合聚合性物质归类标准并列入第 1 至第 8 类的物质须遵守 IMDG 规则中特殊规定的要求。

（5）自反应物质的温度控制和退敏规定

①温度控制规定

自行加速分解温度 $SADT \leqslant 55$ ℃的自反应物质应在控制温度下进行运输。对于目前划定的自反应物质,其控制温度和应急温度见"目前已确定的包装自反应物质清单"。

②退敏规定

为确保运输安全,可用稀释剂对自反应物质进行退敏。如果使用稀释剂,须对自反应物质及运输中使用的稀释剂一起进行浓度和形式的测定。

稀释剂须与自反应物质相容,相容的稀释剂是那些对自反应物质的热稳定性和危险类型没有不利影响的固体和液体。一旦包装泄漏,可使自反应物质浓缩到危险限度的稀释剂不得使用。

需要对温度进行控制的液态配制品中的液态稀释剂的沸点至少为 60 ℃,闪点不低于 5 ℃。该液体的沸点至少比自反应物质的控制温度高 50 ℃。

2.第 4.2 类:易自燃物质

本类物质是指在运输条件下易于自发升温或遇空气易于升温,然后易于起火的液体或固体物质,包括引火物质和自热物质。

（1）定义

引火物质是指即使数量很少,与空气接触 5 min 内即可着火的物质,包括混合物和溶液。这些物质最容易自燃,如钡合金(引火的)、钙合金(引火的)等。

自热物质是指除引火物质外,在不提供能量的情况下与空气接触易于自行发热的物质。这些物质只有在数量大、时间长的情况下才会着火。物质的自热是该物质与空气中的氧气逐渐发生反应产生热的过程。如果热产生的速度超过热损耗的速度,物质的温度便会上升,在经过一段时间的诱导期后,可自发起火或自燃。如黄磷、鱼粉(不稳定的)、铁屑、种子饼等都属于自热物质。

（2）判定标准

①在按照联合国《试验和标准手册》第Ⅲ部分 33.3.1.4 规定的试验方法进行的试验中,固体样品在其中一个试验中着火,则该物质须划归为第 4.2 类的引火固体。

②在按照联合国《试验和标准手册》第Ⅲ部分 33.3.1.5 规定的试验方法进行的试验中,液体样品在试验的第一部分着火,或者它点燃或烧焦了滤纸,则该物质须划归为第 4.2 类的引火液体。

③在按照联合国《试验和标准手册》第Ⅲ部分 33.3.1.6 规定的试验方法进行的试验中,一种物质发生下列情况,则该物质须划归为第 4.2 类的自热物质:

a.在 140 ℃情况下使用边长为 25 mm 的立方体样品得到肯定结果。

b.在 140 ℃情况下使用边长为 100 mm 的立方体样品的试验中得到肯定结果;在 120 ℃情况下使用边长为 100 mm 的立方体样品的试验中得到否定结果,且该物质交付运输的包件容积大于 3 m^3。

c.在 140 ℃情况下使用边长为 100 mm 的立方体样品的试验中得到肯定结果;在 100 ℃情况下使用边长为 100 mm 的立方体样品的试验中得到否定结果,且该物质交付运输的包件容积大于 450 L。

d.在 140 ℃情况下使用边长为 100 mm 的立方体样品的试验中得到肯定结果;在 100 ℃情况下使用边长为 100 mm 的立方体样品的试验中得到肯定结果。

④在按照联合国《试验和标准手册》第Ⅲ部分 33.3.1.6 规定的试验方法进行的试验中,一种物质发生下列情况,则该物质不得划归为第 4.2 类:

a.在 140 ℃情况下使用边长为 100 mm 的立方体样品的试验中得到否定结果。

b.在 140 ℃情况下使用边长为 100 mm 的立方体样品的试验中得到肯定结果,使用边长为 25 mm 的立方体样品的试验得到否定结果;在 120 ℃情况下使用边长为 100 mm 的立方体样品的试验中得到否定结果,且该物质交付运输的包件容积不超过 3 m^3。

c.在 140 ℃情况下使用边长为 100 mm 的立方体样品的试验中得到肯定结果,使用边长为 25 mm 的立方体样品的试验得到否定结果;在 100 ℃情况下使用边长为 100 mm 的立方体样品的试验中得到否定结果,且该物质交付运输的包件容积不超过 450 L。

3.第 4.3 类:遇水放出易燃气体的物质

该类物质是指与水反应易于自燃或放出一定数量易燃气体的液体或固体物质,如碳化钙(电石)、铝粉(无涂层的)、磷化铝、硅铁(含硅不小于 30%,但小于 90%)、锂、钠、钾等。

在按联合国《试验和标准手册》第Ⅲ部分 33.4.1 规定的试验方法进行的试验中,遇水放出易燃气体的物质发生下列情况,则须将其划分到第 4.3 类:

（1）在试验程序的每一步都发生自燃;或

（2）每千克该物质产生易燃气体的速率大于 1 L/h。

（五）第 5 类: 氧化性物质和有机过氧化物

该类物质分为第 5.1 类和第 5.2 类两个小类。

1. 第 5.1 类：氧化性物质

氧化性物质是指其本身未必可燃，但可释放出氧气增加或促使其他物质着火的物质。该类物质可能包含在一个物品里。

（1）氧化性物质具有的危险性

①分子组成中含有高价态的原子，显示出强氧化性；

②易于受热分解，放出氧气，促使易燃物燃烧；

③大多数氧化性物质和液体酸类会发生剧烈反应，可能放出助燃或剧毒气体；

④氧化性物质与可燃物质的混合物，甚至与糖、面粉、食用油、矿物油等物质的混合物易于点燃，有时因摩擦或碰撞而着火，混合物能剧烈燃烧并导致爆炸。

（2）氧化性物质判定标准

①氧化性固体

通过试验测定一种固体物质与可燃物充分混合时增加其燃烧速度和燃烧剧烈程度的潜力。试验程序见《试验和标准手册》第Ⅲ部分 34.4.1。进行试验的物质是待评估的物质与纤维素的混合物，待评估的物质与纤维素的质量比为 1：1 或 4：1。将上述混合物的燃烧特征与标准 3：7（溴酸钾和纤维素的质量比）混合物的燃烧特征进行比较。如果其燃烧时间等于或少于标准 3：7 混合物，那么该燃烧时间须与包装类Ⅰ或Ⅱ的参考标准（溴酸钾和纤维素的质量比分别为 3：2 和 2：3）相比较。

如果进行试验的固体物质与纤维素的质量比为 4：1 或 1：1，显示的平均燃烧时间等于或少于标准 3：7（溴酸钾和纤维素的质量比）混合物，该物质划归为第 5.1 类。

②氧化性液体

通过试验测定一种液体物质与可燃物质充分混合时增加其燃烧速度和燃烧剧烈程度或自燃的潜力。试验程序见《试验和标准手册》第Ⅲ部分 34.4.2。在燃烧过程中测试其压力提高的时间。

如果进行试验的液体物质与纤维素的比例为 1：1（质量比），显示的平均压力提高时间等于或少于 1：1（65% 的硝酸水溶液与纤维素的质量比）混合物，则该物质须划归为第 5.1 类。

2. 第 5.2 类：有机过氧化物

有机过氧化物是指含有两价的—O—O—结构可被认为是过氧化氢的衍生物的有机物质，其中一个或两个氢原子被有机原子团取代。这类物质比第 5.1 类具有更大的危险性，其中许多物质在运输中必须控制温度。

（1）有机过氧化物具有的危险性

①有机过氧化物在常温或高温下易于放热分解。

②有机过氧化物受热、接触杂质（如酸类、重金属化合物、胺类）、摩擦或碰撞能引发分解，分解速率随温度及过氧化物组成的不同而不同。分解能放出有害的或易燃的气体或蒸气。对某些有机过氧化物须控制其运输温度。

③有些有机过氧化物可能发生爆炸性分解，尤其是在封闭情况下。这种特性可用添加稀释剂或使用适当的包装来缓和。

④有些有机过氧化物对皮肤有腐蚀性或与眼睛有短暂的接触时，会对眼角膜造成严重的伤害。

（2）有机过氧化物判定标准

任何过氧化物都须考虑划归为第 5.2 类，但满足下列条件之一的有机过氧化物除外：

①当含有不超过 1.0% 的过氧化氢时,有机过氧化物的有效含氧量不超过 1.0%;

②当含有多于 1.0% 但不超过 7% 的过氧化氢时,有机过氧化物的有效含氧量不超过 0.5%。

（3）有机过氧化物分类

有机过氧化物根据其显示出来的危险程度,可划分为 A~G 共 7 种类型。对于 A 型有机过氧化物,不可接受在其测试所用包装中运输;对于 G 型,可不遵循第 5.2 类有机过氧化物的规定。B 型~F 型的分类与每一包装所允许的最大量直接相关。

允许以包装形式运输的有机过氧化物见现已确定的有机过氧化物一览表,允许以 IBCs 形式运输的见包装导则 IBC520,允许以可移动罐柜形式运输的见可移动罐柜导则 T23。对于每一种允许运输的有机过氧化物,在 IMDG 规则危险货物一览表中对其指定了通用条目（UN 3101~3120）,并提供了副危险性及相关运输信息的特性和注意事项。

对于未列入现已确定包装的有机过氧化物一览表的物质,应按下列原则确定其有机过氧化物类型:

①A 型有机过氧化物:任何在包装运输中能爆炸或迅速爆燃的物质,应禁止在这种包装中按第 5.2 类运输。

②B 型有机过氧化物:具有爆炸性质的任何物质,如果在包装运输过程中既不会爆炸也不会迅速爆燃,但在包装中可能发生热爆炸,须贴有"爆炸物"副危险标志。该物质装在容器中允许的最大量为 25 kg,但为了排除包件爆炸或快速爆燃的危险性,可把最大量限制到较低者除外。

③C 型有机过氧化物:任何具有爆炸性质的物质,当包装后运输（最大量 50 kg）时不会发生爆炸、迅速爆燃或引起热爆炸,运输时可不贴"爆炸物"副危险标志。

④D 型有机过氧化物:任何物质在实验室中实验时,如果部分引起爆炸,不迅速爆燃,在封闭条件下加热不会呈现任何强烈的效应,或绝对不爆炸,只是慢慢爆燃且在封闭条件下加热不呈现任何强烈的效应,或绝对不爆炸或爆燃,在封闭条件下加热呈中度效应,则允许以每件净重不超过 50 kg 的形式运输。

⑤E 型有机过氧化物:任何物质在实验室中实验时,既不爆炸也不爆燃,在封闭条件下只呈现微弱效应或不呈现任何效应,则允许以每件净重不超过 400 kg/450 L 的形式运输。

⑥F 型有机过氧化物:任何物质,如在实验室中实验时,既绝不引起空化状态的爆炸,也绝不爆燃,在封闭条件下加热只呈现出微弱效应或不呈现效应,而且爆炸力微弱或没有爆炸能力,则可考虑用中型散装容器 IBCs 形式运输。

⑦G 型有机过氧化物:任何物质在实验室中实验时,既不引起空化状态的爆炸也不爆燃,在封闭条件下加热时,不呈现任何效应,而且无任何爆炸力,则不应划为第 5.2 类,但条件是配制品须是热稳定的（50 kg 包件的自行加速分解温度为 60 ℃ 或更高）,对液体配制品则使用 A 型稀释剂退敏。如果配制品不是热稳定的,或使用 A 型以外的稀释剂作为退敏剂,则该配制品须定义为 F 型有机过氧化物。

（4）有机过氧化物的温度控制

为了保证运输中的安全,应对下列有机过氧化物进行温度控制:

①自加速分解温度 $SADT \leqslant 50$ ℃ 的 B 型和 C 型有机过氧化物;

②在封闭条件下加热时,呈现出中等反应,自加速分解温度 $SADT \leqslant 50$ ℃ 的或在封闭条件下加热呈现微弱效应或没有任何效应,自加速分解温度 $SADT \leqslant 45$ ℃ 的 D 型有机过氧化物;

③自加速分解温度 $SADT \leqslant 45$ ℃的 E 型和 F 型有机过氧化物。

（六）第 6 类：有毒和感染性物质

1.第 6.1 类：有毒物质

（1）定义

有毒物质是指少量吞咽、吸入或皮肤接触时能破坏机体的正常生理机能，严重伤害或损害人体健康，甚至危及生命的物质。

归入这一小类的均为常温、常压下呈液态或固态的物质，如氰化钠、苯胺、四乙基铅（四乙铅）、砷及其化合物等。

（2）衡量指标

这类物质的毒性主要用半数致死量 LD_{50}（分口服和皮肤接触）或半数致死浓度 LC_{50} 来衡量。

①急性经口吞咽毒性 LD_{50}：指通过口服毒物，在 14 天内，使刚成熟的大白鼠半数死亡所施用的物质剂量。其结果以平均每千克动物体重所用毒物的剂量 mg/kg 表示。

②急性皮肤接触毒性 LD_{50}：指在白兔裸露皮肤上连续接触毒物 24 h，在 14 天内，使试验白兔半数死亡所施用的物质剂量。其结果以 mg/kg 表示。

③急性吸入毒性 LC_{50}：指使雄性和雌性刚成熟的大白鼠连续吸入 1 h，在 14 天内，使其死亡半数所施用的蒸气、烟雾或粉尘的浓度。其结果如为粉尘和烟雾，则以 mg/L 表示；如为蒸气，则以 mL/L 或 ppm 表示。

显然，有毒物质的 LD_{50} 或 LC_{50} 越小，其毒害性越大。同时，有毒物质的颗粒度、水溶性和脂溶性、挥发性也对其毒害性大小有直接的影响：固体有毒物质的颗粒越小，其毒害性越大；有毒物质的水溶性与脂溶性越大，其毒害性也越大；液体有毒物质的挥发性越大，其毒害性也越大。

2.第 6.2 类：感染性物质

感染性物质是指已知或有理由认为含有病原体的物质。病原体是指能引起人或动物感染疾病的微生物（包括细菌、病毒、寄生虫、真菌）和其他病原体。

该类物质主要包括含有感染性物质的生物制品（如疫苗等）、培养物、患者试样、医疗或临床废弃物等。

（1）相关术语定义

①生物制品是指从活生物体取得的，根据可能有特别许可证发放要求的国家主管当局的要求制造或发放的，并用于预防、治疗或诊断人或动物的疾病，或用于与此类活动有关的开发、实验或调查的产品。生物制品包括（但不限于）诸如疫苗等成品或半成品。

②培养物是指人为培养病原体的产物。它不包括受感染的人或动物样本。

③患者试样是指人类或动物材料，直接从人或动物采集，包括（但不限于）为研究、诊断、调查、治疗及预防疾病而运输的排泄物、分泌物、血液及其成分、组织及其组织液，以及身体的某部位。

④医疗或临床废弃物是指来自动物兽医治疗或人类医疗或生物研究过程中产生的废料。

（2）感染性物质分类

感染性物质分为 A 类和 B 类两种。

①A 类：以某种形式运输的感染性物质，当接触该物质时，可造成健康的人或动物的永久性致残、危及生命或引发致命疾病。

符合上述标准,能引起人体或人体和动物疾病的感染性物质须指定为 UN 2814;只能引起动物疾病的感染性物质须指定为 UN 2900。UN 2814 的正确运输名称是感染性物质,只感染人;UN 2900 的正确运输名称是感染性物质,只感染动物。

划为 UN 2814 或 UN 2900 须基于已知的医学史和人或动物的征候、地方条件,或对人或对动物个体条件的专业判断。

②B 类:不符合 A 类标准的感染性物质。B 类感染性物质须指定为 UN 3373。UN 3373 的正确运输名称是生物物质,B 类。

(3)其他规定

①生物制品分为两类:第一类为按照国家有关当局的要求生产和包装,并为了最后包装或经销目的进行运输,用于医疗机构或个人的人体健康治疗的生物制品,本类物质不适用 IMDG 规则的规定;另一类是指未划到第 1 类,且已知或有理由相信其含有感染性物质,并符合 A 类或 B 类标准的生物制剂,本类物质须指定为 UN 2814、UN 2900 或 UN 3373。

②医疗或临床废弃物:含有 A 类感染性物质的医疗或临床废弃物须相应指定为 UN 2814 或 UN 2900。含有的 B 类感染性物质的医疗或临床废弃物须指定为 UN 3291,有理由相信含有感染性物质的可能性极低的医疗或临床废弃物须指定为 UN 3291。UN 3291 的正确运输名称是临床废弃物,未列明的,N.O.S.或(生物)医疗废弃物,N.O.S.或受管制医疗废弃物,N.O.S.。

对于此类物质适用条目的指定,可考虑国际性、区域性或国家性的废弃物目录。除非满足其他类别的分类标准,经过消毒的原先含有感染性物质的医学或临床废弃物不适用 IMDG 规则的规定。

③受感染动物:除非感染性物质不能以其他任何方式运输,否则不能使用活体动物作为载体运输该物质。故意使其感染和已知或怀疑含有感染性物质的活体物体,只能在有关当局批准的条件下运输。

(七)第 7 类: 放射性材料

列入 IMDG 规则的放射性材料是指所托运的货物中任何含有放射性核素的材料,其放射性活度和总活度超过规则规定的相应数值。该类货物的危险性在于辐射危害,即通过其原子核衰变或裂变时放出的射线照射生物体导致机体损坏。辐射危害包括外照射(外辐射)和内照射(内辐射)两种。

1.射线的种类、性质及危害性

放射性材料放出的射线包括 α 射线、β 射线、γ 射线和中子流等。在各种放射性材料中,有些只能放出一种射线,有些能同时放出几种射线。不同射线的性质和对人体造成的辐射危害是不同的。

(1)α 射线

α 射线是带正电的粒子流,具有很强的电离作用,但穿透能力很弱,仅用一张白纸就能将其完全屏蔽,对人体的辐射危害主要是内照射。

(2)β 射线

β 射线是带负电的粒子流,其电离能力比 α 射线弱,穿透能力比 α 射线强,对人体的外照射危害较 α 射线强,用一定厚度的塑料板或铝板等可以将其完全屏蔽。

(3)γ 射线

γ 射线是一种波长很短的电磁波,不带电,以光速传播,能量大,穿透能力强,且不易被其他物质吸收,对人体的辐射危害主要体现为外照射,需要用适当厚度的铅板或混凝土等进行有效的阻挡。

（4）中子流

中子流是由中子组成的射线,可以通过核反应、裂变或从加速器中产生,不带电,穿透能力很强,对人体的危害比相同剂量的 γ 射线更为严重。对中子流的防护应选用氢元素含量高或其他原子量小的物质作为快中子的减速剂,如水、石蜡、聚乙烯等。

对放射性材料外照射危害的防护是采用屏蔽、控制接近的时间和距离等措施。运输中要确保其包装完整无损,近距离作业人员必须穿戴防护用品,如铅手套、铅围裙、防护目镜等,有关人员应尽量缩短受强照射伤害的时间并延长与辐射源的距离,因为放射线的强度与距放射源距离的平方成反比。对放射性材料内照射危害的防护是防止放射源由消化道、呼吸和皮肤三个途径进入体内。

2.放射性衡量指标

（1）放射性活度

放射性活度指某放射性核素单位时间(s)内发生的核衰变原子的数目。它是度量放射性材料放射性强弱的物理量,国际单位为贝可(Bq)。

（2）放射性比活度

放射性比活度指单位质量放射性核素的放射性活度,常用单位为 Bq/g。

（3）剂量当量

剂量当量表示生物体受射线照射,每千克体重所吸收的相当能量。其具体计算:受照射生物体组织中某点处的吸收剂量、射线品质因数和其他所有修正因数的乘积。单位为希沃特(Sv),用以衡量生物体受射线照射危害的程度。国际相关机构和我国国标均将公众受到的年辐射剂量限值定为 0.001 Sv/y。

（4）剂量当量率

剂量当量率又称剂量率,指单位时间的剂量当量,常用单位为 Sv/h、Sv/s。

（5）运输指数

运输指数(Transport Index,TI)是指分配给运输放射性材料的包装、集合包件或货运集装箱,或未包装的低比度放射性材料(LSA-Ⅰ)或表面受放射性污染的物体(SCO-Ⅰ)或 SCO-Ⅲ,用于控制辐射照射的数值。对于包件和集合包件,距离其外表面 1 m 处的最大剂量率(mSv/h)乘以 100 即为运输指数;对于罐柜、货物集装箱和 LSA-Ⅰ 或 SCO-Ⅰ 或 SCO-Ⅲ,距离其外表面 1 m 处的最大剂量率乘以 100 所得数值再乘以相应的系数即为运输指数,系数与装载单元的最大横截面面积有关。

（6）临界安全指数

临界安全指数 CSI(Criticality Safety Index)是指用于控制含有裂变物质的包件、集合包件或集装箱临界安全的累加数字。

3.专用术语定义

（1）污染

此处的污染是指表面存在放射性材料,其 β 和 γ 及低毒 α 辐射源的辐射量超过 0.4 Bq/cm^2,或所有其他 α 辐射源的辐射量超过 0.04 Bq/cm^2。

（2）非固定污染和固定污染

非固定污染是指在正常运输条件下能从表面清除的污染。固定污染是指除了非固定污染以外的污染。

（3）A_1 和 A_2

A_1 是指 IMDG 规则中列出的特殊形式放射性材料的活度值。

A_2 是指 IMDG 规则中列出的特殊形式放射性材料以外的放射性材料的活度值。

（4）易裂变核素和易裂变材料

易裂变核素是指铀-233、铀-235、钚-239 和钚-241。

易裂变材料是指含有任何易裂变核素的材料。该定义不包括下列易裂变材料：

a.未辐照的天然铀和贫化铀；

b.仅在热反应堆中辐照的天然铀和贫化铀；

c.含易裂变核素总和小于 0.25 g 的材料；

d.a、b 和/或 c 的组合。

（5）低弥散性放射性材料

低弥散性放射性材料是指具有有限的弥散性且不是粉末状的固体放射性材料或装在密封容器内的固体放射性材料。

（6）低比活度放射性材料

低比活度（LSA）放射性材料是指其本身的比活度有限的放射性材料，或适用估计平均比活度限值的放射性材料。

（7）低毒 α 辐射体

低毒 α 辐射体是指天然铀、贫化铀、天然钍、铀-235 或铀-238、钍-232、矿石中或物理或化学浓缩物中的钍-228 和钍-230；或半衰期少于 10 天的 α 辐射体。

（8）特殊形式的放射性材料

特殊形式的放射性材料是指非弥散型固体放射性材料或含有放射性材料的密封容器。

（9）表面污染体

表面污染体是指本身并无放射性但其表面分布有放射性材料的固体物。

（10）未辐照钍和未辐照铀

未辐照钍是指每克钍-232 中含不超过 10^{-7}g 铀-233 的钍；未辐照铀是指每克铀-235 中含不超过 2×10^3 Bq 钚，每克铀-235 中含不超过 9×10^6 Bq 裂变物质和每克铀-235 中含不超过 5×10^{-3}g 铀-236 的铀。

4.放射性材料分类

根据放射性材料的特性不同，可将其细分为以下类别，具体见表 3-3。

表 3-3　放射性材料分类

联合国编号	正确运输名称和描述
	例外包件
UN 2908	放射性材料，例外包件——空包装
UN 2909	放射性材料，例外包件——使用天然铀或贫化铀或天然钍生产的物品
UN 2910	放射性材料，例外包件——物质的限量
UN 2911	放射性材料，例外包件——仪器或物品
UN 3507	六氟化铀，放射性材料，例外包件每个包件不超过 0.1 kg，非裂变或例外裂变的

续表

联合国编号	正确运输名称和描述
低比活度放射性材料	
UN 2912	放射性材料,低比活度(LSA-Ⅰ),非裂变或例外裂变的
UN 3321	放射性材料,低比活度(LSA-Ⅱ),非裂变或例外裂变的
UN 3322	放射性材料,低比活度(LSA-Ⅲ),非裂变或例外裂变的
UN 3324	放射性材料,低比活度(LSA-Ⅱ),裂变的
UN 3325	放射性材料,低比活度(LSA-Ⅲ),裂变的
表面污染体	
UN 2913	放射性材料,表面污染物体(SCO-Ⅰ或SCO-Ⅱ),非裂变或例外裂变的
UN 3326	放射性材料,表面污染物体(SCO-Ⅰ或SCO-Ⅱ),裂变的
A型包件	
UN 2915	放射性材料,A型包件,非特殊形式,非裂变或例外裂变的
UN 3327	放射性材料,A型包件,裂变的,非特殊形式
UN 3332	放射性材料,A型包件,特殊形式,非裂变或例外裂变的
UN 3333	放射性材料,A型包件,特殊形式,裂变的
B(U)型包件	
UN 2916	放射性材料,B(U)型包件,非裂变或例外裂变的
UN 3328	放射性材料,B(U)型包件,裂变的
B(M)型包件	
UN 2917	放射性材料,B(M)型包件,非裂变或例外裂变的
UN 3329	放射性材料,B(M)型包件,裂变的
C型包件	
UN 3323	放射性材料,C型包件,非裂变或例外裂变的
UN 3330	放射性材料,C型包件,裂变的
特殊安排	
UN 2919	放射性材料,按特殊安排运输的,非裂变或例外裂变的
UN 3331	放射性材料,按特殊安排运输的,裂变的

续表

联合国编号	正确运输名称和描述
	六氟化铀
UN 2977	放射性材料,六氟化铀,裂变的
UN 2978	放射性材料,六氟化铀,非裂变或例外裂变的
UN 3507	放射性材料,六氟化铀,例外包件(每个包件不超过 0.1 kg),非裂变或例外裂变的

表中:特殊安排是指经有关当局批准的一些规定。根据这些规定,托运货物可以在不完全符合 IMDG 规则适用于放射性材料的所有规定条件下进行。

(八)第 8 类:腐蚀性物质

1.定义

腐蚀性物质是指通过化学反应能对皮肤造成不可逆损伤,或在渗漏时会对其他货物或运输工具造成实质性损害甚至毁坏的物质,或虽然对皮肤不具有腐蚀性,但会对某些金属表面造成腐蚀的液体物质和在运输过程中可能变成液态的固体物质。该类货物大多由酸、碱和对皮肤、眼睛、黏膜等会造成灼伤的物质和物品组成,如硝酸、硫酸、冰醋酸、氢氧化钠、氧化钾、氧化钠等。

2.危险特性

该类中有些物质对人体有特别严重的伤害,因此在 IMDG 规则危险货物一览表中注明了"严重灼伤皮肤、眼睛和黏膜"。

有的物质易挥发,产生的蒸气刺激眼、鼻;有些物质由于高温而分解,产生有毒气体;有的物质除与皮肤或黏膜接触时有直接损害作用外,还具有毒害性;有的物质只有与水和潮湿空气发生反应后,才会具有腐蚀性;有的物质与水或有机材料,包括木材、纸张、纤维、某些衬垫物和某些脂肪及油类等发生反应时,会产生热量。

此外,该类中所有的物质对金属及纺织品之类的材料均有或多或少的损坏作用。

不同的腐蚀品,腐蚀物的含量不同,被腐蚀材料不同,其腐蚀作用会有明显的差别。如过氧化氢水溶液(双氧水),当浓度为 3%时,可用来清洗创口和局部抗菌;当浓度超过 20%时,则对人体有强烈的腐蚀作用。又如浓硝酸对铝、浓硫酸对铁都无腐蚀作用;但浓硝酸对铁、浓硫酸对铝具有严重的腐蚀作用。因此,针对不同腐蚀品的特性,采取不同的防护措施是非常重要的。

(九)第 9 类:杂类危险物质和物品

1.定义

该类危险货物是指在运输中呈现的危险性质不包括在上述 8 类中的物质和物品,主要包括:

(1)危险特性符合经修订的 SOLAS 74 公约第Ⅶ章 A 部分的规定,但未列入其他类别的物质和物品;

(2)不适用于 SOLAS 74 公约第Ⅶ章 A 部分的规定,但危险特性符合经修订的 MARPOL 73/78 公约附则Ⅲ的规定的物质。

2.分类

该类危险货物可细分为：

（1）以微细粉尘吸入可危害健康的物质，如石棉（UN 2212）。

（2）会放出易燃气体的物质，如聚苯乙烯珠粒体（UN 2211）、塑料造型化合物等。

（3）锂电池。

该类危险货物包括独立的或装在设备中的锂金属电池组、锂合金电池组、锂离子电池组、聚合物锂离子电池组等，以及安装在货物运输组件中的锂电池组，如 UN 3090、UN 3091、UN 3480、UN 3481 和 UN 3536 等。

（4）电容器，包括双电层（储能容量大于 0.3 W·h）和非对称的（储能容量大于 0.3 W·h）。

（5）救生设备，如自膨胀式救生设备（UN 2990）、电启动的安全装置（UN 3268）等。

（6）一旦发生火灾可形成二噁英的物质和物品，如液态或固态的多氯联苯等，这类物品包括含有该类物质的变压器、冷凝器和设备等。

（7）在高温下运输或提交运输的物质。

该类物质包括在温度等于或高于 100 ℃ 且低于其闪点（包括熔融金属、熔融盐类等）条件下运输或交付运输的液态物质，以及在温度等于或高于 240 ℃ 条件下运输或交付运输的固体。

（8）转基因微生物 GMMOs 和转基因生物体 GMOs。

该类危险货物是指不符合第 6.1 类有毒物质和第 6.2 类感染性物质定义的转基因微生物 GMMOs（Genetically Modified Microorganisms）和转基因生物体 GMOs（Genetically Modified Organisms），IMDG 规则中将其划为 UN 3245。应特别说明，如得到原产国、过境国和目的地国政府主管机关使用批准，则无须满足 IMDG 规则的规定。转基因的活动物，应根据原产国和目的地国政府有关当局的规定和条件运输。

（9）硝酸铵基化肥。

固体硝酸铵基化肥（UN 2071）应按联合国《试验和标准手册》第 3 部分第 39 节规定的程序进行分类。

（10）其他杂类物质和物品。

这些物质和物品是指在运输过程中存在危险但又不能满足其他类别定义的其他物质和物品，如固态二氧化碳（干冰）、鱼粉（稳定的）（UN 2216）、蓖麻粉、蓖麻籽、蓖麻渣或蓖麻片（UN 2969）、易燃气体或易燃液体驱动的车辆（UN 3166）、燃料电池车辆、电池驱动车辆或设备（UN 3171）、机器或仪器中的危险货物（UN 3363）、内燃机或发动机（UN 3530）、熏蒸过的货物运输组件（UN 3359）等。

（11）环境有害物质（水环境）。

①定义

环境有害物质（水环境）是指对水生环境有危害，但又不符合任何其他类别或第 9 类中其他物质分类标准的液体或固体物质以及此类物质的溶液和混合物。目前，该类物质在 IMDG 规则中列有两个条目：UN 3077（对环境有害的物质，固体的，未另列明的）或 UN 3082（对环境有害的物质，液体的，未另列明的）。

②危害分类

该类物质对水生环境的危害在考虑急性水生毒性、慢性水生毒性、潜在的或实际的生物积累、生物的或非生物的有机化学品的降解等基本因素的基础上，细分为急毒 1、慢毒 1 和慢毒 2，具体见表 3-4。

表 3-4　水生环境有害物质危害分类表

考虑因素		危害类别	分类标准
急性(长期)水生毒性		急毒 1	96 h LC_{50}(鱼类):≤1 mg/L 和/或 48 h EC_{50}(甲壳纲动物):≤1 mg/L 和/或 72 h 或 96 h ErC_{50}(藻类或其他水生植物):≤1 mg/L
慢性(短期)水生毒性	有充足慢毒数据可用的非快速降解物质	慢毒 1	慢毒 $NOEC$ 或 EC_x(鱼类):≤0.1 mg/L 和/或 慢毒 $NOEC$ 或 EC_x(甲壳纲动物):≤0.1 mg/L 和/或 慢毒 $NOEC$ 或 EC_x(藻类或其他水生植物):≤0.1 mg/L
		慢毒 2	慢毒 $NOEC$ 或 EC_x(鱼类):≤1 mg/L 和/或 慢毒 $NOEC$ 或 EC_x(甲壳纲动物):≤1 mg/L 和/或 慢毒 $NOEC$ 或 EC_x(藻类或其他水生植物):≤1 mg/L
	有充足慢毒数据可用的快速降解物质	慢毒 1	慢毒 $NOEC$ 或 EC_x(鱼类):≤0.01 mg/L 和/或 慢毒 $NOEC$ 或 EC_x(甲壳纲动物):≤0.01 mg/L 和/或 慢毒 $NOEC$ 或 EC_x(藻类或其他水生植物):≤0.01 mg/L
		慢毒 2	慢毒 $NOEC$ 或 EC_x(鱼类):≤0.1 mg/L 和/或 慢毒 $NOEC$ 或 EC_x(甲壳纲动物):≤0.1 mg/L 和/或 慢毒 $NOEC$ 或 EC_x(藻类或其他水生植物):≤0.1 mg/L
	没有充足慢毒数据可用的物质	慢毒 1	96 h LC_{50}(鱼类):≤1 mg/L 和/或 48 h EC_{50}(甲壳纲动物):≤1 mg/L 和/或 72 h 或 96 h ErC_{50}(藻类或其他水生植物):≤1 mg/L 且该物质须不可快速降解,和/或实验确定 BCF≥500
		慢毒 2	96 h LC_{50}(鱼类):>1 mg/L 且≤10 mg/L 和/或 48 h EC_{50}(甲壳纲动物):>1 mg/L 且≤10 mg/L 和/或 72 h 或 96 h ErC_{50}(藻类或其他水生植物):>1 mg/L 且≤10 mg/L 且该物质须不可快速降解,和/或实验确定 BCF≥500

表中:

LC_{50} 为半数致死浓度;EC_{50} 为引起 50% 最大反应的物质有效浓度;ErC_{50} 为在生长抑制方面的 EC_{50};$NOEC$ 为恰好低于产生统计学上明显有害效应的最低试验浓度;EC_x 为引起 x% 反应的浓度。

③专用术语

a.急性水生毒性:是指物质固有的、对在水中短时间暴露于该物质的生物体造成伤害的性质。

急性水生毒性通常的确定方法:使用鱼类 96 h LC_{50}(经济合作与发展组织 OECD 试验导则 203 或等效方法),甲壳纲类 48 h EC_{50}(OECD 试验导则 202 或等效方法)和/或藻类 72 h 或 96 h EC_{50}(OECD 试验导则 201 或等效方法)。这些物种被认为可代替所有的水生生物,如果试验方法适合,也可考虑其他物种(如浮萍属)的数据。

b.急性(短期)危害:是指生物体在水中短期暴露于化学品情况下,该化学品的急性毒性对生物体造成的危害。

c.慢性水生毒性:是指物质固有的、对在水中暴露于该物质的生物体造成有害影响的性质,暴露的时间根据生物体的生命周期确定。

可用的慢性毒性数据比急性毒性数据要少，完整的试验程序也不够标准化。可以接受根据 OECD 试验导则 210（鱼类早期生命阶段）或 211（水蚤繁殖）和 201（藻类生长抑制）获得的数据，也可以使用其他经验证的国际上接受的试验获得的数据。须使用"无可见影响的浓度"（$NOECs$）或其他等效的 EC_x。

d.长期危害：是指生物体在水中长期暴露于化学品的情况下，该化学品的慢毒性对生物体造成的危害。

e.生物积累：是指一种物质通过各种暴露途径（如空气、水、沉积物、土壤和食物），在生物内摄入、转移和清除的净结果。

生物积累潜力通常应采用辛醇/水分配系数来确定，可使用按照 OECD 试验导则 107、117 或 123 得到的正辛醇-水分配系数对数 log Kow。虽然这反映了生物积累的潜在性，但采用试验确定的生物积累因数 BCF 可提供一个更好的测定方法，并须在可用时优先使用。BCF 应按照 OECD 试验导则 305 确定。

f.降解：是指有机分子分解为更小的分子，并最后分解为二氧化碳、水和盐类。

环境降解可以是生物的或非生物的（如水解的），并且所使用的标准反映了这种情况。快速生物降解最简单的确定方法是使用生物降解能力试验［OECD 试验导则 301（A-F）］。在大多数环境中，可认为在这些试验中达到通过的水平表明迅速降解。由于这些是淡水试验，所以更适合海洋环境的 OECD 试验导则 306 也包括在内。如果不能获取这些数据，也可以认为 BOD（5 天）和 COD 的比值≥0.5 时表明快速降解。

（十）海洋污染物

1.定义

海洋污染物是指适用于经修正的 MARPOL 73/78 公约附则Ⅲ的规定的物质。

2.危害分类

海洋污染物的危害应按照环境有害物质（水生环境）的分类标准进行，参见表3-4。但该分类标准不适用于第 7 类物质或材料。

3.一般规定

（1）海洋污染物应按经修正的 MARPOL 73/78 公约附则Ⅲ的规定运输。

（2）IMDG 规则危险货物名称索引"MP 栏"中以"P"标记的物质、材料和物品被确定为海洋污染物。

（3）如满足第 1 类至第 8 类的任一标准，则海洋污染物应依据其性质按相应的条目运输，海洋污染物的污染危害则为该条目下物质的副危险。如果不满足，则应按照第 9 类中的 UN 3077（对环境有害的物质，固体的，未另列明的）或 UN 3082（对环境有害的物质，液体的，未另列明的）条目运输，除非在第 9 类中列出其他专门的条目。

（4）危险货物一览表第 4 栏"副危险"栏同样使用符号"P"为单一条目提供了关于海洋污染物的信息。该栏没有符号"P"或有符号"—"时，并不能说明该物质不是海洋污染物。

（5）如果一种物质、材料或物品具有符合海洋污染物标准的性质，但未在 IMDG 规则中列明，则此种物质、材料或物品须按本规则作为海洋污染物运输。

（6）经有关当局批准，被 IMDG 规则列明为海洋污染物但不再符合海洋污染物标准的物质、材料或物品不需要按照本规则适用海洋污染物的规定运输。

（7）如果海洋污染物装在单一或组合包装中且每个单一包装或内包装内装有净容量5 L

及以下的液体,或净质量 5 kg 及以下的固体,在包装符合 IMDG 规则相关规定的要求的前提下,则不适用本规则中与海洋污染物相关的其他规定。若海洋污染物也满足其他的危险性分类标准,则 IMDG 规则中与任何附加危险性相关的所有规定继续适用。

二、危险货物的危险程度分类

为了对危险货物的危险程度做一个明确的划分,除第 1 类、第 2 类、第 5.2 类、第 6.2 类、第 7 类和第 4.1 类自反应物质以外的其他所有物质,按所呈现的危险程度将其分为三个包装类,危险程度分类只针对危险物质,物品不分配包装类。

(1)包装类Ⅰ:具有高度危险性的物质。

(2)包装类Ⅱ:具有中度危险性的物质。

(3)包装类Ⅲ:具有低度危险性的物质。

1.第 3 类易燃液体的包装类确定

易燃液体的包装类是依据该物质的闪点、沸点和黏度进行划分的。

(1)对于只具有易燃危险的液体,其包装类由表 3-5 的标准确定。

(2)对于还具有其他危险性的液体,应同时考虑由表 3-5 确定的危险程度和基于其他危险性确定的危险程度,按 IMDG 规则中的危险性优先顺序表来确定其分类和包装类。

(3)闪点低于 23 ℃的黏性易燃液体,在满足一定的条件下可确定其为包装类Ⅲ。

(4)由于加温运输或交付运输而划分为易燃液体的物质应确定为包装类Ⅲ。

表 3-5　第 3 类易燃液体包装类的划分标准

包装类	闭杯闪点/℃	初沸点/℃
Ⅰ	—	≤35
Ⅱ	<23	>35
Ⅲ	≥23 且≤60	>35

易燃液体的闪点因杂质的存在可能改变。IMDG 规则的危险货物一览表中列出的第 3 类物质应视为化学纯物质。因为商业产品可能含有添加物质或杂质,所以闪点可能会变化,而且这会影响该产品的分类和包装类的确定。因此,对物质的分类或包装类产生怀疑时,其闪点应通过试验确定。

在 IMDG 规则中,闪点确定的内容是非强制的。对某一具体液体而言,闪点不是一个准确的物理常量。它在一定程度上依赖于所用试验仪器的结构和试验程序,因此,闪点数据应标明试验仪器的名称。一般来说,在进行闪点测试试验时,闭杯仪器的重复性比开杯仪器好。因此,建议易燃液体的闪点用闭杯试验测定,尤其是闪点在 23 ℃左右的易燃液体。

2.第 4.1 类易燃固体、自反应物质、固体退敏爆炸品和聚合性物质的包装类确定

对于易燃固体(除金属粉末以外),如果其燃烧时间少于 45 s 且火焰通过浸湿区,须将其划分到包装类Ⅱ;如果其燃烧时间少于 45 s 且浸湿区阻止火焰蔓延至少 4 min,则须将其划分到包装类Ⅲ。

对于金属粉末或金属合金,如果反应区覆盖该样品整个长度的时间等于或小于 5 min,则须将其划分到包装类Ⅱ;如果反应区覆盖该样品整个长度的时间大于 5 min 且小于 10 min,则

须将其划分到包装类Ⅲ。

3.第4.2类易自燃物质的包装类确定

（1）引火物质

所有的引火固体和液体均须划到包装类Ⅰ。

（2）自热物质

在140℃情况下使用边长为25 mm的立方体样品的试验中得到肯定结果,须将其划到包装类Ⅱ。

下列自热物质须划到包装类Ⅲ:

①在140℃情况下使用边长为100 mm的立方体样品的试验中得到肯定结果,并且使用边长为25 mm的立方体样品的试验得到否定结果,并且该物质交付运输的包件容积大于3 m³。

②在140℃情况下使用边长为100 mm的立方体样品的试验中得到肯定结果,并且使用边长为25 mm的立方体样品的试验得到否定结果;在120℃情况下使用边长为100 mm的立方体样品的试验中得到肯定结果,并且该物质交付运输的包件容积大于450 L。

③在140℃情况下使用边长为100 mm的立方体样品的试验中得到肯定结果,并且使用边长为25 mm的立方体样品的试验得到否定结果;在100℃情况下使用边长为100 mm的立方体样品的试验中得到肯定结果。

4.第4.3类遇水易放出易燃气体的物质的包装类确定

在大气温度下与水剧烈反应,通常表现出产生自燃气体的趋势,或在大气温度下很容易与水反应,产生易燃气体的速率等于或大于10 L/kg/min的物质须划分到包装类Ⅰ。

在大气温度下很容易与水反应,产生易燃气体的最大速率等于或大于20 L/kg/h且不满足包装类Ⅰ标准的物质须划分到包装类Ⅱ。

在大气温度下缓慢与水反应,产生易燃气体的最大速率等于或大于1 L/kg/h且不满足包装类Ⅰ或Ⅱ标准的物质须划分到包装类Ⅲ。

5.第5.1类氧化性物质的包装类确定

（1）氧化性固体

对氧化性固体物质分配的包装类应按照《试验和标准手册》第Ⅲ部分34.4.1或34.4.3的试验程序进行确定。

①34.4.1试验程序确定标准

a.包装类Ⅰ:进行试验的物质与纤维素的质量比为4∶1或1∶1,显示的平均燃烧时间少于溴酸钾和纤维素的质量比为3∶2的混合物的平均燃烧时间。

b.包装类Ⅱ:进行试验的物质与纤维素的质量比为4∶1或1∶1,显示的平均燃烧时间等于或少于溴酸钾和纤维素的质量比为2∶3的混合物的平均燃烧时间且不满足包装类Ⅰ的标准;

c.包装类Ⅲ:进行试验的物质与纤维素的质量比为4∶1或1∶1,显示的平均燃烧时间等于或少于溴酸钾和纤维素的质量比为3∶7的混合物的平均燃烧时间且不满足包装类Ⅰ和Ⅱ的标准。

②34.4.3试验程序确定标准

a.包装类Ⅰ:进行试验的物质与纤维素的质量比为4∶1或1∶1,显示的平均燃烧速率大于过氧化钙和纤维素的质量比为 3∶1 的混合物的平均燃烧速率。

b. 包装类Ⅱ：进行试验的物质与纤维素的质量比为 4∶1 或 1∶1，显示的平均燃烧速率等于或大于过氧化钙和纤维素的质量比为 1∶1 的混合物的平均燃烧速率且不满足包装类Ⅰ的标准。

c. 包装类Ⅲ：进行试验的物质与纤维素的质量比为 4∶1 或 1∶1，显示的平均燃烧速率等于或大于过氧化钙和纤维素的质量比为 1∶2 的混合物的平均燃烧速率且不满足包装类Ⅰ和Ⅱ的标准。

（2）氧化性液体

对氧化性液体物质分配的包装类应按照《试验和标准手册》第Ⅲ部分 34.4.2 的试验程序进行确定。

①包装类Ⅰ：进行试验的液体与纤维素的质量比为 1∶1 的混合物自发点燃，或该物质与纤维素的质量比为 1∶1 的混合物的平均压力提高时间少于 50% 的高氯酸与纤维素的质量比为 1∶1 的混合物的平均提高时间。

②包装类Ⅱ：进行试验的液体与纤维素的质量比为 1∶1 的物质，显示的平均压力提高时间等于或少于 40% 的氯酸钠水溶液与纤维素的质量比为 1∶1 的混合物的平均压力提高时间，且不满足包装类Ⅰ的标准。

③包装类Ⅲ：进行试验的液体与纤维素的质量比为 1∶1 的物质，显示的平均压力提高时间等于或少于 65% 的硝酸水溶液与纤维素的质量比为 1∶1 的混合物的平均压力提高时间，且不满足包装类Ⅰ和Ⅱ的标准。

6. 第 6.1 类有毒物质的包装类确定

分类时已考虑了从中毒事故中获取的人类经验并考虑到各种物质所具有的特性。在缺少人类经验的情况下，根据从动物试验中获取的资料进行分类，采用三种方式进行试验，即经口吞咽，皮肤接触和吸入粉尘、烟雾。

经口吞咽，皮肤接触和吸入粉尘、烟雾的分类标准如表 3-6 所示，含有毒性蒸气的液体包装的分类标准如表 3-7 所示。

表 3-6　经口吞咽，皮肤接触和吸入粉尘、烟雾的分类标准

包装类	经口吞咽毒性 $LD_{50}/(mg/kg)$	皮肤接触毒性 $LD_{50}/(mg/kg)$	吸入粉尘、烟雾毒性 $LC_{50}/(mg/L)$
Ⅰ	$LD_{50} \leqslant 5$	$LD_{50} \leqslant 50$	$LC_{50} \leqslant 0.2$
Ⅱ	$5 < LD_{50} \leqslant 50$	$50 < LD_{50} \leqslant 200$	$0.2 < LC_{50} \leqslant 2$
Ⅲ	$50 < LD_{50} \leqslant 300$	$200 < LD_{50} \leqslant 1\,000$	$2 < LC_{50} \leqslant 4$

表 3-7　含有毒性蒸气的液体包装的分类标准

包装类Ⅰ	若 $V \geqslant 10 LC_{50}$ 和 $LC_{50} \leqslant 1\,000$ mL/m³
包装类Ⅱ	若 $V \geqslant LC_{50}$ 和 $LC_{50} \leqslant 3\,000$ mL/m³ 且未达到包装类Ⅰ的标准
包装类Ⅲ	若 $V \geqslant \dfrac{1}{5} LC_{50}$ 和 $LC_{50} \leqslant 5\,000$ mL/m³ 且未达到包装类Ⅰ或Ⅱ的标准

注：V 代表在 20 ℃、标准大气压下的每立方米空气中饱和蒸气浓度的毫升数（mL/m³）。

如果一种物质经两种或多种致毒方式试验所得结果显示不一致，则使用试验中显示最高

危险性的一种来确定包装类。

此外，确定包装类时还应满足以下规定：

（1）虽然催泪气体的毒性数据与包装类Ⅲ的数值相对应，但该物质应被划分为包装类Ⅱ。

（2）符合第8类标准且其吸入粉尘、烟雾的毒性 LC_{50} 达到包装类Ⅰ的物质，只有其经口吞咽或皮肤接触毒性至少属于包装类Ⅰ或包装类Ⅱ的范围时，才能被确定为第6.1类；反之，适用时可划定为第8类。

7. 第8类腐蚀性物质的包装类确定

腐蚀性物质按危险程度由下列标准确定其包装类：

（1）包装类Ⅰ：在3 min或更短的暴露时间后的长达60 min的观察期内，对完整皮肤组织造成不可逆损害的物质。该类腐蚀性物质具有严重危险性。

（2）包装类Ⅱ：在超过3 min但不超过60 min的暴露时间后的长达14天的观察期内，对完整皮肤组织造成不可逆损害的物质。该类腐蚀性物质具有中等危险性。

（3）包装类Ⅲ：在超过60 min但不超过4 h的暴露时间后的长达14天的观察期内，对完整皮肤组织造成不可逆损害的物质。

（4）包装类Ⅲ：经判定不会对完整皮肤组织造成不可逆的损害，但在试验温度为55 ℃的条件下，对规定型号的钢或铝两种材料进行试验时，对其表面年腐蚀率超过6.25 mm。如果对钢或铝的初步试验表明被试验物质具有腐蚀性，则不需要对另一种金属进行后续试验。该类腐蚀性物质具有一般的危险性。

三、未列明的具有多种危险性的物质、混合物和溶液的分类

IMDG规则对于未明确列出名称的含有多种危险性的物质、混合物和溶液，给出了确定其主危险性的方法，即利用危险性优先顺序表（见表3-8）确定。

表3-8 危险性优先顺序表

类别和包装类	4.2	4.3	5.1 Ⅰ	5.1 Ⅱ	5.1 Ⅲ	6.1 Ⅰ 皮肤	6.1 Ⅰ 口服	6.1 Ⅱ	6.1 Ⅲ	8 Ⅰ 液体	8 Ⅰ 固体	8 Ⅱ 液体	8 Ⅱ 固体	8 Ⅲ 液体	8 Ⅲ 固体
3 Ⅰ*		4.3				3	3	3	3	3	—	3	—	3	—
3 Ⅱ*		4.3				3	3	3	3	8	—	3	—	3	—
3 Ⅲ*		4.3				6.1	6.1	6.1	3**	8		8		3	—
4.1 Ⅱ*	4.2	4.3	5.1	4.1	4.1	6.1	6.1	4.1	4.1	—	8	—	4.1	—	4.1
4.1 Ⅲ*	4.2	4.3	5.1	4.1	4.1	6.1	6.1	6.1	4.1	—	8	—	8	—	4.1
4.2 Ⅱ		4.3	5.1	4.1	4.2	6.1	6.1	4.2	4.2	8	8	4.2	4.2	4.2	4.2
4.2 Ⅲ		4.3	5.1	5.1	4.2	6.1	6.1	6.1	4.2	8	8	8	8	4.2	4.2
4.3 Ⅰ			5.1	4.3	4.3	6.1	4.3	4.3	4.3	4.3	4.3	4.3	4.3	4.3	4.3
4.3 Ⅱ			5.1	4.3	4.3	6.1	4.3	4.3	4.3	8	8	4.3	4.3	4.3	4.3
4.3 Ⅲ			5.1	5.1	4.3	6.1	6.1	6.1	4.3	8	8	8	8	4.3	4.3
5.1 Ⅰ						5.1	5.1	5.1	5.1	5.1	5.1	5.1	5.1	5.1	5.1

续表

类别和包装类	4.2	4.3	5.1 Ⅰ	5.1 Ⅱ	5.1 Ⅲ	6.1 Ⅰ皮肤	6.1 Ⅰ口服	6.1 Ⅱ	6.1 Ⅲ	8 Ⅰ液体	8 Ⅰ固体	8 Ⅱ液体	8 Ⅱ固体	8 Ⅲ液体	8 Ⅲ固体
5.1 Ⅱ						6.1	5.1	5.1	5.1	8	8	5.1	5.1	5.1	5.1
5.1 Ⅲ						6.1	6.1	6.1	5.1	8	8	8	8	5.1	5.1
6.1 Ⅰ皮肤										8	6.1	6.1	6.1	6.1	6.1
6.1 Ⅰ口服										8	6.1	6.1	6.1	6.1	6.1
6.1 Ⅱ吸入										8	6.1	6.1	6.1	6.1	6.1
6.1 Ⅱ皮肤										8	6.1	6.1	6.1	6.1	6.1
6.1 Ⅱ口服										8	8	8	6.1	6.1	6.1
6.1 Ⅲ										8	8	8	8	8	8

注：＊ 除自反应物质和固态退敏爆炸品以外的第 4.1 类物质以及除液态退敏爆炸品以外的第 3 类物质；

＊＊ 此处对应的第 6.1 类指农药；"—"表示不可能的组合。

表 3-8 中横行和纵行交叉点的类别为主危险，其他为副危险；包装类取各自危险类别的货物中最严格的包装类而不考虑危险性优先顺序表。如表中的 3 Ⅱ＊和 6.1 Ⅰ皮肤，根据原则确定该物质的危险货物类别为第 3 类、包装类为 Ⅰ 类。

下列物质、材料和物品的危险性优先顺序虽然没有在危险性优先顺序表中列明，但与表中的危险性分类相比，这些主要危险总是优先的：

（1）第 1 类物质和物品；

（2）第 2 类气体；

（3）第 3 类液体退敏爆炸品；

（4）第 4.1 类自反应物质和固体退敏爆炸品；

（5）第 4.2 类发火性物质；

（6）第 5.2 类有机过氧化物；

（7）第 6.1 类中具有包装类 Ⅰ 的蒸气吸入有毒的物质；

（8）第 6.2 类感染性物质；

（9）第 7 类放射性材料。

除了例外的放射性材料，具有其他危险性的放射性材料须划分到第 7 类，同时应标识出其他危险性中最严重的危险性。

四、有严重后果的危险货物

根据 IMDG 规则的保安规定，有严重后果的危险货物是指有可能被滥用于制造恐怖主义事件，从而有可能造成严重后果的危险货物，如大规模伤亡或大规模破坏，特别是第 7 类货物。

对第 7 类货物而言，有严重后果的放射性材料是指单一包件的放射性活度安全运输阈值等于或大于 3 000A$_2$ 的第 7 类货物。

除此之外，有严重后果的危险货物还包括：

（1）第 1 类：第 1.1 小类、第 1.2 小类、第 1.3 小类配装类 C、第 1.4 小类中的部分爆炸品、第 1.5 小类和第 1.6 小类爆炸品。

（2）第 2 类：在公路罐车、铁路罐车或可移动罐柜中数量超过 3 000 L 的第 2.1 类物质；第 2.3 类有毒气体。

（3）第 3 类：在公路罐车、铁路罐车或可移动罐柜中数量超过 3 000 L 的包装类 Ⅰ 和 Ⅱ 的易燃液体；液态退敏爆炸物。

（4）第 4 类：第 4.1 类固体退敏爆炸物；在公路罐车、铁路罐车或可移动罐柜中数量超过 3 000 kg 或 3 000 L 的包装类 Ⅰ 的第 4.2 类物质；在公路罐车、铁路罐车或可移动罐柜中数量超过 3 000 kg 或 3 000 L 的包装类 Ⅰ 的第 4.3 类物质。

（5）第 5 类：在公路罐车、铁路罐车或可移动罐柜中数量超过 3 000 L 的包装类 Ⅰ 的第 5.1 类氧化性液体；在公路罐车、铁路罐车、可移动罐柜或散装容器中数量超过 3 000 kg 或 3 000 L 的第 5.1 类中的高氯酸盐、硝酸铵、硝酸铵化肥和硝酸铵乳剂、悬浮剂或凝胶剂。

（6）第 6 类：包装类 Ⅰ 的第 6.1 类；第 6.2 类中的 A 类感染性物质（UN 2814 和 UN 2900）和 A 类医疗废弃物（UN 3549）。

（7）第 8 类：在公路罐车、铁路罐车、可移动罐柜或散装容器中数量超过 3 000 kg 或 3 000 L 的包装类 Ⅰ 的第 8 类物质。

第二节　危险货物包装

危险货物包装是指根据危险货物的特性，按照有关标准和规定而专门设计制造的包装。它包括一个或多个贮存器及为完成盛装和其他安全功能所必需的任何其他部件或材料。

合格的危险货物包装是危险货物海上安全运输的根本保证。它除了能起到普通货物包装的作用外，还要确保危险货物在运输、装卸、储存过程中的安全以及能承受正常的风险，如抑制或钝化货物的危险性，使危险性限制在最小的范围内，提供良好的运输作业环境；防止货物因接触雨雪、阳光、潮湿空气和杂质等变质，或发生剧烈的化学反应而造成事故；减少货物在运输过程中所受的碰撞、振动、摩擦和挤压，使其在包装的保护下处于完整和相对稳定的状态，从而保证安全运输；防止因货物渗漏、挥发使其与性质相抵触的货物直接接触而发生事故或污染运输设备及其他货物。

一、危险货物包装的一般要求

（1）包装质量良好，其结构强度足以承受运输过程中通常遇到的振动和装卸作业的影响。运输过程包括货物运输组件之间、货物运输组件与库场之间的转运以及为进行人工或机械操作在托盘上或集合包件上所做的任何搬运。

（2）在准备运输时，包装的结构和密闭性能够在正常运输条件下防止由于振动和温度、湿度及气压变化而引起的任何内装物的损坏。

（3）所有包装应根据生产商提供的要求密封。在运输过程中，所有包装的外表面不得黏附有危险残余物质。

(4)包装中直接与危险货物接触的部位不得因危险货物而受到影响或强度受到严重削弱,不得因与所装物质发生反应或催化反应而造成危险。

(5)内包装应保证在正常运输条件下不会因内包装的破裂、戳穿或渗漏而使内装物进入外包装中。像用玻璃、瓷器、陶器或某些塑料制成的易破裂或易戳穿的内包装,应在其间使用合适的材料予以衬垫。内装物的泄漏不应明显削弱衬垫材料或外包装的保护性能。衬垫及吸收材料应该是惰性的,并与内装物的性质相适应。

(6)外包装的性质和厚度应保证在运输过程中不会因摩擦而产生可能严重改变所装物质化学稳定性的热量。

(7)向包装内充装液体时,必须留有足够的膨胀余量,以防止在运输过程中可能由于温度变化引起所装液体膨胀而导致容器渗漏或永久变形。除非有特殊规定,否则当温度为 55 ℃时,液体不得充满整个包装。而对中型散装容器而言,还应保证平均温度为 50 ℃时的充灌度不超过其水容量的 98%。

(8)盛装液体的包装应足以承受正常运输条件下可能产生的内压力。由于低沸点液体的蒸气压力通常较高,其盛装容器更应具有足够的强度和安全系数。若液体散发气体使包装内部产生过大压力,可通过安装通气孔以减小该压力,但该孔的设置应能保证货物安全运输的要求。

(9)如果某些固体危险货物在运输中有可能因高温而变成液体,则该类包装还应具备装载该物质液态的能力。

(10)用于运输液体物质的包装,应进行适当的防渗漏试验并满足相应规定。用于运输颗粒状或粉末状的物质的包装,须是防渗漏的或须配有衬里。

(11)对于同一外包装或大宗包装内的不同危险货物或危险货物与一般货物,若相互之间发生危险反应并引起燃烧和/或产生相当多的热量,或产生易燃、有毒或腐蚀性气体,或形成不稳定物质,则不得装在一起。

(12)装有含水或稀释物质的包装,其封闭装置应能使其所含液体的百分比不会在运输中降至规定限度以下。

(13)除另有规定外,盛装具有某些危险特性的包件应装设气密封口。

(14)新的、改制的、重复使用的和经修复的包装必须经过相应的性能试验,获得性能试验合格证书。在盛装和交付运输之前,所有包装均应经过检查,保证包装无腐蚀、无污染或其他损坏,并保证包装带有的辅助设备都能正常工作。与被批准的设计类型相比,任何出现强度降低的包装均不得使用。

(15)任何曾经盛装过危险货物的空包装,应按原装危险货物的同样要求来处理,除非已采取足够的措施来保证没有任何危险。

(16)若无特殊说明,用于第 1 类爆炸品、第 4.1 类自反应物质和第 5.2 类有机过氧化物的包装,应满足包装类 Ⅱ 的试验要求。

(17)对于塑料桶、塑料罐、刚性塑料中型散装容器和带有塑料内容器的复合中型散装容器,其装运危险货物的允许使用期限为自制造之日起 5 年。每个金属中型散装容器、刚性塑料中型散装容器和复合中型散装容器在下列情况下应按 IMDG 规则中的相关要求分别进行检查和试验:

①投入使用前;

②投入使用后不超过 2 年半和 5 年的时间内;

③修复或改制后,重新用于盛装危险货物运输前。

(18)中型散装容器用于装运闭杯闪点为 60 ℃及以下的液体,或用于装运易发生粉尘爆炸的粉末时,应采取防止静电危险的措施。

(19)31HZ2 型中型散装容器在装运液体时须至少装至外壳体积的 80%,并始终用封闭式货物运输组件来运输。

(20)金属、刚性塑料、复合及柔性中型散装容器的所有人的国家、名称或经授权的标识应被永久性地标注在该容器上。除了所有人对其进行日常保养外,其他机构对此类容器进行日常保养时,应将保养机构的国家、名称或授权标识符号永久地标注在该容器的生产厂家的 UN 设计类型标志旁。

(21)散装容器应是防撒漏的,其防漏性应能保证在正常运输条件下不因振动以及温度、湿度或压力的变化而造成内装物外漏。在运输途中可能达到的温度下会变为液态的固体危险货物不得使用散装容器装运。

(22)用散装容器装运散装固体物质时,须以适当的方式使货物均匀地分布在容器中,使之最大限度地减少损坏容器或导致危险货物外漏的移动。

(23)运输期间,散装容器的外表面不得沾有任何危险货物的残余物。

(24)有些物质,如废弃物,可能彼此之间会发生有危险的反应;一些不同危险类别的物质和不适用于 IMDG 规则的货物彼此之间也可能会发生有危险的反应,这类物质不得混装在同一个散装容器中。危险反应包括:

①燃烧和/或产生大量的热;

②散发易燃和/或有毒气体;

③生成腐蚀性液体;

④生成不稳定物质。

二、危险货物包装封口

危险货物包装封口按其形式分为:牢固封口、有效封口和气密封口。

1.牢固封口

牢固封口是指所装的干燥物质在正常操作中不致漏出的封口。该类封口是对任何封口的最低要求。

2.有效封口

有效封口是指不透液体封口,又称液密封口。对于盛装有机过氧化物的所有容器,其封口均应为有效封口。

3.气密封口

气密封口是指不透蒸气的封口。

除非有特殊规定,否则盛装具有以下危险特性的物质的包装应装设气密封口:

(1)产生易燃气体或蒸气;

(2)在干燥情况下,可能有爆炸性;

(3)产生有毒气体或蒸气;

(4)产生腐蚀性气体或蒸气;

(5)可能与空气发生危险性反应。

三、危险货物包装分类及其定义

危险货物包装按其形式分为外包装、中间包装、内包装和内容器;按其结构分为单一包装、组合包装和复合包装;按其用途分为常规包装、大宗包装、中型散装容器、可移动罐柜、多单元气体容器、压力容器和散货箱等。

1.外包装和中间包装

外包装是指组合包装或复合包装的外部保护包装,包括吸附性材料、衬垫以及为保持和保护内包装或内容器所需的任何其他部件。中间包装是指置于内包装或物品与外包装之间的包装。

2.内包装和内容器

内包装是指运输中其外面需要外包装的包装。内容器是指起盛装作用并需要有外包装的容器。IMDG 规则中的内容器通常设计为在没有外包装的情况下不能发挥盛装作用,因此它不同于规则中的内包装。

3.单一包装

单一包装是指直接将货物盛装在贮存器中的包装。该类包装没有中间包装和内包装,其最大净重不超过 400 kg,最大容积不超过 450 L。

4.组合包装

组合包装是指由一个或多个内包装按照相应的要求紧固在一个外包装内组成的包装组合,如将玻璃瓶放到纸箱或木箱中运输。

5.复合包装

复合包装是指由一个外包装和一个内容器组成的在结构上形成一个整体的包装。一旦组装好后,无论在充罐、储存、运输或卸空时始终是一个单一的整体。例如,钢塑复合桶 6HA1,其内容器净装载量不超过 400 kg,最大容积不超过 250 L。

6.大宗包装

大宗包装是指由装有物品或内包装的外包装组成的包装,且设计上适用于机械装卸,净装载量超过 400 kg 或容积超过 450 L,但不大于 3 m³。

7.中型散装容器

中型散装容器(Intermediate Bulk Containers,简称 IBCs)是指刚性或柔性的可移动包装,其设计上适用于机械作业,并经过测试证明能够承受作业和运输所产生的各种应力。

用于装运包装类 Ⅱ 和 Ⅲ 的固体和液体时,其容积不大于 3.0 m³(3 000 L);使用柔性、刚性塑料、复合型、纤维板或木质中型散装容器装运包装类 Ⅰ 的固体时,其容积不大于 1.5 m³(1 500 L);使用金属中型散装容器装运包装类 Ⅰ 的固体时,其容积不大于 3.0 m³(3 000 L);用于装运第 7 类的放射性材料时,其容积不大于 3.0 m³(3 000 L);中型散装容器不得用于盛装运输包装类 Ⅰ 的液体危险货物。

8.可移动罐柜

(1)罐柜定义

罐柜是指装载固体、液体或液化气体的可移动罐柜(包括罐式集装箱)、公路罐车、铁路罐车或容器,当用于运输第 2 类气体时,其容量应不小于 450 L。

（2）罐柜类型

根据 IMDG 规则,IMO 罐柜共包括以下 8 种类型:

①IMO 1 型罐柜:指装有减压装置,最大允许工作压力等于或高于 1.75 bar,可用作第 3 类~第 9 类物质运输的可移动罐柜。

②IMO 2 型罐柜:指装有减压装置,最大允许工作压力等于或高于 1.0 bar 但低于 1.75 bar,用来装运某些液体危险货物或危险性小的固体危险货物的罐柜。

③IMO 4 型罐柜:指用于第 3 类~第 9 类危险物质运输的公路罐车,并包括带永久性配装罐柜或罐柜加附在带有至少四个铰链的底盘上的半挂车。

④IMO 5 型罐柜:指装有减压装置,用于装运第 2 类非冷冻液化气体的可移动罐柜。

⑤IMO 6 型罐柜:指用于第 2 类非冷冻液化气体运输的公路罐车,并包括带永久性配装罐柜或罐柜加附在底盘上的半挂车,该底盘配有装运第 2 类非冷冻液化气体所必需的各项附属和结构设备。

⑥IMO 7 型罐柜:指配有装运第 2 类冷冻液化气体所必需的各项附属和结构设备的隔热型可移动罐柜。可移动罐柜应在不拆移其结构设备的情况下运输及装卸,装满货后能吊移。罐柜不是永久地固定在船上的。

⑦IMO 8 型罐柜:指用于第 2 类冷冻液化气体运输的公路罐车,并包括永久性配装隔热罐柜的半挂车,且配有装运第 2 类冷冻液化气体所必需的各项附属和结构设备。

⑧IMO 9 型罐柜:指用于第 2 类压缩气体运输的公路气体单元车辆,其容器通过歧管相互连接,永久性附在底盘上,该底盘配有运输气体所需的各种附属和结构设备。为了运输第 2 类气体,容器设计为圆柱、管状和捆扎的圆柱。

（3）可移动罐柜定义

可移动罐柜是指运输第 1 类货物、第 2 类非冷冻液化气体、第 2 类冷冻液化气体、第 3 类~第 9 类危险货物的多式联运罐柜。其罐壳装有运输相应类别危险货物所必需的辅助设备和结构装置,应保证在不打开结构装置的前提下能装卸货物。罐壳外部应具有稳定部件,并可在装满货物时被提升。可移动罐柜配备有便于机械操作的底座、系固装置和附件,确保其能够被吊装到运输车辆或船舶上。

（4）可移动罐柜类型

可移动罐柜包括罐式集装箱,但不包括公路罐车、铁路罐车、非金属罐柜、中型散装容器、气瓶和大型容器。根据其所适于装运危险货物的不同,分为 IMO 1 型罐柜、IMO 2 型罐柜、IMO 5 型罐柜和 IMO 7 型罐柜。装运第 2 类冷冻液化气体和非冷冻液化气体的可移动罐柜的容量应大于 450 L。

9.多单元气体容器

多单元气体容器(Multiple-element gas containers,简称 MEGCs)是指用一个总管进行内部连接并组装在一个框架内的各种钢瓶、管状容器或钢瓶组的组合体。多单元气体容器包括气体运输所需的附属设备和构件。

10.压力容器

压力容器包括钢瓶、管状容器、压力桶、封闭式低温容器、金属氢化物储氢系统、钢瓶组和救助压力容器等。它可用于运输除爆炸品、热不稳定性物质、第 5.2 类货物、自反应物质、由于化学反应释放的气体引起压力显著变化的物质以及放射性材料以外的所有液体和固体。

11.散装容器

散装容器也称散装货箱,是指用于运输固体货物的围护系统(包括任何内衬或涂层),其中的固体货物与围护系统直接接触。散装容器包括货运集装箱、近海散装容器、散货箱、车辆装载箱和柔性散装容器等,不包括常规包装、中型散装容器、大宗包装和可移动罐柜。

散装容器具有以下特点:

(1)具有永久性,因为强度足,可重复使用;

(2)经特殊设计便于用一种或多种运输方式运输货物而无须中间倒装;

(3)配备在便于装卸的装置上;

(4)容积不小于 1 m^3。

12.救助包装

救助包装是指以回收或处理作为运输目的的特殊包装,用于盛装损坏、破损、泄漏或不符合规定的危险货物包件或已溢出或泄漏的危险货物。

13.改制的包装

改制的包装是指从一种非 UN 型改为一种 UN 型,或从一种 UN 型改为另一种 UN 型,或进行整体结构部件的替换的包装。

14.重复使用的包装

该类包装是指那些将被重新装载货物,且经检查没有发现影响其试验能力的缺陷的包装。

此外,在上述包装分类的基础上,危险货物运输中还出现了集合包件、成组货物和货物运输组件的形式。

15.集合包件

集合包件是指一个单独的发货人将一个或多个包件封起来,形成一个组件形式,以便于运输中装卸和积载。集合包件为下列一系列包件:

(1)放置或堆码在一个货板如托盘上,通过皮带捆扎、缩拢缠紧、绷紧或其他方法予以系固;或

(2)置于诸如箱子或板条箱的保护性外包装内。

16.成组货物

成组货物是指下列包件:

(1)被放置或堆码并采用捆扎、缩拢缠紧或其他合适的方法紧固在像托盘之类的货板上;

(2)被放置在防护外包装内,如箱式托盘内;或

(3)被永久性固定合装在网吊内。

17.货物运输组件

货物运输组件是指公路罐车或货车、铁路罐车或货车、多式联运货物集装箱或可移动罐柜或多单元气体容器。

其中,装运第 1 类货物的封闭货物运输组件是指用永久性结构将内容物完全封装并能固定在船舶结构上的组件,且除第 1.4 小类以外的组件都满足相关章节所定义的结构耐用的要求。顶部和侧壁为纤维材料的不是封闭货物运输组件。任何封闭货物运输组件的地面须是木质结构或是将货物布置或密合在格板、木质托盘或垫板上。

其他封闭式货物运输组件是指除第1类货物以外,能完全封闭内装物的表面完整且硬质的永久性结构组件。侧面或顶部是纺织品的运输组件不属于封闭货物运输组件。

开敞式货物运输组件是指非封闭货物运输组件的组件。

四、危险货物包装和罐柜导则

IMDG 规则中给出了适用于第1类~第9类危险货物的包装导则和罐柜导则,并将其分为五种情况,分别为 P 导则、IBC 导则、LP 导则、T 导则和 BK 导则。考虑到危险货物的特殊危险性,在部分包装导则和罐柜导则中还针对个别物质或制品,给出了特殊包装规定。依照包装导则的分类,特殊包装规定被分为四种情况,分别为 PP 特殊包装规定、B 特殊包装规定、L 特殊包装规定和 TP 特殊包装规定,BK 导则下没有特殊包装规定。

托运人或承运人除非得到主管机关按照以下条件做出的特别批准,必须严格按照危险货物一览表中列出的导则编号,采用经认可的正确包装类型,限制最大装载重量,遵守特殊包装规定,保证货物的安全运输。

1.P 导则

P 导则适用于除中型散装容器和大宗包装以外的常规包装,由包括字母"P"的字母数字编码表示,如"P001(液体)""P002(固体)"。P 导则所对应的特殊包装由包括字母"PP"的字母数字编码组成,如"PP1"。IMDG 规则第3部分中的危险货物一览表第8栏给出了危险货物相应的包装导则,如果在该栏中没有提供含有字母"P"的代码,则表示该物质不允许使用这类包装进行运输。

P 导则以包装导则一览表(见表3-9)的形式给出,表中不但给出了该导则下适用包装的一般规定,而且给出了包装的材质、类型、单个包装的最大装载量及特定物质所必须遵从的特殊包装规定等信息。

表3-9　包装导则一览表(P001)

P001	包装导则(液体)			P001
若符合 IMDG 规则 4.1.1 和 4.1.3 的一般规定,则认可下列包装				
组合包装		最大容积/净重(见 4.1.3.3)		
内包装	外包装	包装类 I	包装类 II	包装类 III
玻璃 10 L 塑料 30 L 金属 40 L	桶 钢(1A1,1A2) 铝(1B1,1B2) 其他金属(1N1,1N2) 塑料(1H1,1H2) 胶合板(1D) 纤维(1G)	75 kg 75 kg 75 kg 75 kg 75 kg 75 kg	400 kg 400 kg 400 kg 400 kg 400 kg 400 kg	400 kg 400 kg 400 kg 400 kg 400 kg 400 kg

续表

组合包装		最大容积/净重（见 4.1.3.3）		
内包装	外包装	包装类 I	包装类 II	包装类 III
玻璃 10 L 塑料 30 L 金属 40 L	箱 钢(4A)	75 kg	400 kg	400 kg
	铝(4B)	75 kg	400 kg	400 kg
	其他金属(4N)	75 kg	400 kg	400 kg
	天然木(4C1,4C2)	75 kg	400 kg	400 kg
	胶合板(4D)	75 kg	400 kg	400 kg
	再生木(4F)	75 kg	400 kg	400 kg
	纤维板(4G)	75 kg	400 kg	400 kg
	可发性塑料(4H1)	40 kg	60 kg	60 kg
	硬塑料(4H2)	75 kg	400 kg	400 kg
	罐 钢(3A1,3A2)	60 kg	120 kg	120 kg
	铝(3B1,3B2)	60 kg	120 kg	120 kg
	塑料(3H1,3H2)	30 kg	120 kg	120 kg

单一包装	最大容积/净重（见 4.1.3.3）		
	包装类 I	包装类 II	包装类 III
桶 钢,不可拆卸桶顶(1A1)	250 L	450 L	450 L
钢,可拆卸桶顶(1A2)	禁止	250 L	250 L
铝,不可拆卸桶顶(1B1)	250 L	450 L	450 L
铝,可拆卸桶顶(1B2)	禁止	250 L	250 L
其他金属,不可拆卸桶顶(1N1)	250 L	450 L	450 L
其他金属,可拆卸桶顶(1N2)	禁止	250 L	250 L
塑料,不可拆卸桶顶(1H1)	250 L*	450 L	450 L
塑料,可拆卸桶顶(1H2)	禁止	250 L	250 L
罐 钢,不可拆卸罐顶(3A1)	60 L	60 L	60 L
钢,可拆卸罐顶(3A2)	禁止	60 L	60 L
铝,不可拆卸罐顶(3B1)	60 L	60 L	60 L
铝,可拆卸罐顶(3B2)	禁止	60 L	60 L
塑料,不可拆卸罐顶(3H1)	60 L*	60 L	60 L
塑料,可拆卸罐顶(3H2)	禁止	60 L	60 L

续表

单一包装	最大容积/净重(见4.1.3.3)		
	包装类Ⅰ	包装类Ⅱ	包装类Ⅲ
复合包装 塑料容器,置于钢或铝桶内(6HA1,6HB1)	250 L	250 L	250 L
塑料容器,置于纤维板或胶合板桶内(6HG1,6HD1)	120 L*	250 L	250 L
塑料容器,置于钢或铝板条箱内或塑料容器内,置于木、胶合板、纤维板或硬塑料箱内(6HA2,6HB2,6HC,6HD2,6HG2或6HH2)	60 L*	60 L	60 L
玻璃容器,置于钢、铝、纤维板、胶合板、硬塑或可发性塑料桶(6PA1,6PB1,6PG1,6PD1,6PH1或6PH2)或置于钢、铝、木、纤维板箱或柳条筐内(6PA2,6PB2,6PC,6PG2或6PD2)	60 L	60 L	60 L
符合4.1.3.6一般规定的压力容器			

特殊包装规定:

PP1 对于 UN 1133、UN 1210、UN 1263 和 UN 1866,以及被指定为 UN 3082 的黏合剂、印刷油墨、印刷油墨的相关材料、油漆、油漆的相关材料和树脂溶液,如果包装属于包装类Ⅱ和包装类Ⅲ,且金属或塑料包装内物品数量等于或小于 5 L 的每个包装,在运输中,在下述情况下不必满足 6.1 中的性能试验要求:

(a)以托盘、托盘箱或组件装置装载,例如:将单个包装放置或堆放于托盘上,并用皮带绑扎、缩拢缠紧、绷紧或其他适当方法予以固定。对于海运,托盘、托盘箱或组件装置须牢固地包装并绑扎固定在密封的货物运输组件中。滚装船上的组件可以装在车辆上而非封闭车辆,只要该组件安全系固高度与其所装运的货物总高相同。

(b)作为最大净重为 40 kg 的组合包装的内包装。

PP2 对于 UN 3065,可以使用不满足 6.1 规定的,最大容量为 250 L 的木桶。

PP4 对于 UN 1774,包装须满足包装类Ⅱ的性能指标。

PP5 对于 UN 1204,包装的构造须保证不因为内压增高而导致爆炸,不得使用气瓶和气体容器。

PP10 对于 UN 1791,属于包装类Ⅱ的,包装须设通风口。

PP31 对于 UN 1131、UN 1553、UN 1693、UN 1694、UN 1699、UN 1701、UN 2478、UN 2604、UN 2785、UN 3148、UN 3183、UN 3184、UN 3185、UN 3186、UN 3187、UN 3188、UN 3398(包装类Ⅱ和Ⅲ)、3399(包装类Ⅱ和Ⅲ)、3413 和 3414,包装须气密封口。

PP33 对于 UN 1308,包装类Ⅰ、Ⅱ,只允许使用最大毛重为 75 kg 的组合包装。

PP81 对于 UN 1790 含氢氟酸大于 60%但不超过 85%和 UN 2031 含硝酸大于 55%,允许使用塑料桶和罐作为单一包装的期限须从其制造日算起 2 年。

PP93 对于 UN 3532 和 3534,包装的设计和构造须通过允许气体或蒸气的释放来防止压力积聚导致在失稳情况下包装的破裂

注:"*"表示对第 3 类包装类Ⅰ不允许使用。

2. IBC 导则

IBC 导则适用于中型散装容器 IBCs,由包括字母"IBC"的字母数字编码表示,如"IBC01"。IBC 导则对应的特殊规定由包括字母"B"的字母数字编码表示,如"B1"。IMDG 规则第 3 部分

一览表第 10 栏给出了危险货物相应的 IBC 导则,当没有提供代码时则表示该物质使用中型散装容器还没有被认可。

IBC 导则包括 IBC01~IBC08、IBC100、IBC520、IBC620 和 IBC99 等,各导则中不仅对可使用的中型散装容器进行了认可,同时还指明了危险货物运输必须遵守的补充规定和特殊要求。IBC 导则表(IBC03)见表 3-10。

表 3-10　IBC 导则表(IBC03)

IBC03	包装导则	IBC03
若符合 4.1.1,4.1.2 和 4.1.3 的一般规定,认可下列的 IBCs: (1)金属(31A,31B 和 31N); (2)刚性塑料(31H1 和 31H2); (3)复合包装(31HZ1 和 31HA2,31HB2,31HN2,31HD2 和 31HH2)		
特殊包装规定: B8　纯的该物质不得在 IBCs 中运输,因为其蒸气压力在 50 ℃时超过 110 kPa,在 55 ℃时超过 130 kPa。 B11　尽管有 4.1.1.10 的规定,对 UN 2672 浓度不超过 25% 的氨溶液可用刚性或复合塑料中型散装容器运输(31H1、31H2 和 31HZ1)。 B19　对于 UN 3532 和 UN 3534,IBCs 的设计须允许气体或蒸气释放,以防一旦失去稳定时产生压力积聚导致 IBCs 破裂		

3.LP 导则

LP 导则适用于大宗包装,由包括字母"LP"的字母数字编码表示,如"LP01"。LP 导则对应的特殊规定由包括字母"L"的字母数字编码表示,如"L1"。IMDG 规则第 3 部分一览表第 8 栏给出了危险货物相应的 LP 导则,当没有提供代码时则表示该物质不得使用大宗包装进行运输。

LP 导则包括 LP01、LP02、LP03、LP99、LP101、LP102、LP200、LP621、LP902、LP903、LP904、LP905、LP906 等。LP01 和 LP02 分别适用于液体和固体的通用导则,LP621 为第 6.2 类感染性物质的包装导则,LP99 为需要主管机关批准方可使用大宗包装进行运输。LP 导则表(LP02)见表 3-11。

表 3-11　LP 导则表(LP02)

LP02	包装导则(固体)			LP02
若符合 4.1.1 和 4.1.3 的一般规定,认可下面的大宗包装				
内包装	外包装	包装类 I	包装类 II	包装类 III
玻璃　　10 kg 塑料[b]　50 kg 金属　　50 kg 纸[a,b]　50 kg 纤维[a,b]　50 kg	钢(50A) 铝(50B) 除钢和铝的其他金属(50N) 刚性塑料(50H) 天然木(50C) 胶合板(50D) 再生木(50F) 刚性纤维板(50G) 柔性塑料(51H)[c]	不允许	不允许	3 m³

续表

LP02	包装导则（固体）	LP02
a.如果运输期间这些物质可能变成液体,不能使用这些包装。 b.包装须是防撒漏的。 c.仅在内包装为柔性时使用		
特殊包装规定: L2　删除。 L3　对于 UN 1309、UN 1376、UN 1483、UN 1869、UN 2793、UN 2858 和 UN 2878,柔性的或纤维板内包装 　　须防撒漏和防水,或须装配防撒漏和防水内衬。 L4　对于 UN 1932、UN 2008、UN 2009、UN 2545、UN 2546、UN 2881 和 UN 3189,柔性的或纤维板内的包 　　装须气密封口		

4.T 导则

T 导则及其 TP 特殊规定适用于允许使用可移动罐柜运输的危险货物。每一 T 导则由包括字母"T"的字母数字编码构成,如 T1~T23、T50 和 T75 等;TP 特殊规定由包括字母"TP"的字母数字编码构成,如 TP1、TP2、TP3、TP4、TP5、TP6、TP7、TP8 等。其中 TP7 表示须用氮气或其他方法去除蒸气空间中的空气;TP8 表示如果所装物的闪点大于 0 ℃,则可移动罐柜的试验压力可降到 1.5 bar。

IMDG 规则第 3.2 章中的危险货物一览表对需用可移动罐柜运输的危险货物给出了 T 导则,如果一览表中没有给出,则该货物不允许使用可移动罐柜运输。

但出口国主管机关有权依照相关规定签发一份临时的批准运输证明。该批准证明须包括在托运单证内,并至少提供可移动罐柜导则中应提供的资料以及运输该物质的条件。主管机关在签发临时批准运输证明后须采取措施将相应的物质列入 IMDG 规则危险货物一览表。

对于第 1 类和第 3 类到第 9 类的物质,可移动罐柜导则给出了最低试验压力、最小罐壳厚度(用标准钢)、底部开口规定和压力释放规定,可移动罐柜导则(T1~T22)具体见表 3-12。在 T23 中,允许由可移动罐柜运输的第 4.1 类自反应物质和第 5.2 类有机过氧化物及适用的控制和应急温度一并列出。

可移动罐柜导则 T50 适用于非冷冻液化气体,其中针对允许由可移动罐柜运输的非冷冻液化气体给出了最大允许工作压力、底部开口规定、压力释放规定和充灌度规定;可移动罐柜导则 T75 适用于冷冻液化气体。

表 3-12　可移动罐柜导则(T1~T22)

T1~T22	可移动罐柜导则			T1~T22
本可移动罐柜导则适用于第 1 类液态和固态物质和第 3 类到第 9 类物质,并须遵守 4.2.1 的一般规定和 6.7.2 的规定				
可移动罐柜导则	最低试验压力/bar	最小罐壳厚度 (标准钢) (见 6.7.2.4)	安全降压规定[a] (见 6.7.2.8)	底部开口规定[b] (见 6.7.2.6)
T1	1.5	见 6.7.2.4.2	正常	见 6.7.2.6.2
T2	1.5	见 6.7.2.4.2	正常	见 6.7.2.6.3

续表

可移动罐柜导则	最低试验压力/bar	最小罐壳厚度 （标准钢） （见 6.7.2.4）	安全降压规定[a] （见 6.7.2.8）	底部开口规定[b] （见 6.7.2.6）
T3	2.65	见 6.7.2.4.2	正常	见 6.7.2.6.2
T4	2.65	见 6.7.2.4.2	正常	见 6.7.2.6.3
T5	2.65	见 6.7.2.4.2	见 6.7.2.8.3	不允许
T6	4	见 6.7.2.4.2	正常	见 6.7.2.6.2
T7	4	见 6.7.2.4.2	正常	见 6.7.2.6.3
T8	4	见 6.7.2.4.2	正常	不允许
T9	4	6 mm	正常	不允许
T10	4	6 mm	见 6.7.2.8.3	不允许
T11	6	见 6.7.2.4.2	正常	见 6.7.2.6.3
T12	6	见 6.7.2.4.2	见 6.7.2.8.3	见 6.7.2.6.3
T13	6	6 mm	正常	不允许
T14	6	6 mm	见 6.7.2.8.3	不允许
T15	10	见 6.7.2.4.2	正常	见 6.7.2.6.3
T16	10	见 6.7.2.4.2	见 6.7.2.8.3	见 6.7.2.6.3
T17	10	6 mm	正常	见 6.7.2.6.3
T18	10	6 mm	见 6.7.2.8.3	见 6.7.2.6.3
T19	10	6 mm	见 6.7.2.8.3	不允许
T20	10	8 mm	见 6.7.2.8.3	不允许
T21	10	10 mm	正常	不允许
T22	10	10 mm	见 6.7.2.8.3	不允许

注：a.当表中此项为"正常"时，IMDG 规则 6.7.2.8 中除 6.7.2.8.3 之外的所有规定都适用。

b.当该栏显示"不允许"时，拟运物质为液体时不允许底部开口；当拟运物质在正常运输过程中的任何温度条件下均为固体时，按相关规定允许底部开口。

虽然危险货物一览表中标明了具体的可移动罐柜导则，但是具有更高试验压力、更大罐壳厚度、更坚固底部开口和压力释放装置的其他可移动罐柜也可以使用。在确定可用作运输特定物质的可移动罐柜时，可以适用表 3-13 的导则。

表 3-13　适用的可移动罐柜导则

标明的 可移动罐柜导则	允许使用的可移动罐柜导则
T1	T2,T3,T4,T5,T6,T7,T8,T9,T10,T11,T12,T13,T14,T15, T16,T17,T18,T19,T20,T21,T22
T2	T4,T5,T7,T8,T9,T10,T11,T12,T13,T14,T15,T16,T17, T18,T19,T20,T21,T22

续表

标明的 可移动罐柜导则	允许使用的可移动罐柜导则
T3	T4,T5,T6,T7,T8,T9,T10,T11,T12,T13,T14,T15,T16,T17,T18,T19,T20,T21,T22
T4	T5,T7,T8,T9,T10,T11,T12,T13,T14,T15,T16,T17,T18, T19,T20,T21,T22
T5	T10,T14,T19,T20,T22
T6	T7,T8,T9,T10,T11,T12,T13,T14,T15,T16,T17,T18,T19, T20,T21,T22
T7	T8,T9,T10,T11,T12,T13,T14,T15,T16,T17,T18,T19, T20,T21,T22
T8	T9,T10,T13,T14,T19,T20,T21,T22
T9	T10,T13,T14,T19,T20,T21,T22
T10	T14,T19,T20,T22
T11	T12,T13,T14,T15,T16,T17,T18,T19,T20,T21,T22
T12	T14,T16,T18,T19,T20,T22
T13	T14,T19,T20,T21,T22
T14	T19,T20,T22
T15	T16,T17,T18,T19,T20,T21,T22
T16	T18,T19,T20,T22
T17	T18,T19,T20,T21,T22
T18	T19,T20,T22
T19	T20,T22
T20	T22
T21	T22
T22	无
T23	无
T50	无

5.BK 导则

BK 导则适用于允许使用散装容器运输的危险货物。每一 BK 导则都由包括字母"BK"的字母数字编码构成,包括 BK1、BK2 和 BK3。该部分提出了装运散装固体物质容器的一般规定。如果散装运输的物质在危险货物一览表第 13 栏中以字母"BK"标明,则说明该固体物质须被装在密闭式散装容器中并符合所适用的散装容器导则。

①BK1:允许用帘布式散装容器运输

帘布式散装容器是指顶部开敞式容器,具有刚性底板(包括圆底边)、侧壁、端壁,但箱顶为非刚性的盖板。除了可以短程国际运输不满足环境有害物质(水环境)定义标准的 UN 3077外,帘布式散装容器不得用于海运。

②BK2:允许用封闭式散装容器运输

封闭式散装容器是指具有刚性的箱顶、侧壁、端壁及底板(包括圆底边),包括可在运输中关闭的顶开门、侧开门和端开门容器。封闭式散装容器的顶部可设有开口,用于箱内蒸气和气体与外界空气进行交换,但能在正常运输条件下防止箱内固体货物的泄出及雨水和海水的渗入。

使用该类散装容器运输第 4.2 类散装货物时,货物的自燃温度须高于 55 ℃;使用该类散装容器运输第 4.3 类散装货物时,散装容器须是防水的;使用该类散装容器运输第 8 类散装货物时,散装容器须是水密的。

③BK3:允许用柔性散装容器运输

柔性散装容器是指容量不超过 15 m³ 的可调式容器,包括衬里和附带的装卸及辅助设备。柔性散装容器运输危险货物时,允许使用期限为从其制造日期起的 2 年。使用该类散装容器运输第 4.3 类散装货物时,散装容器须是防水的。柔性散装容器仅允许积载于杂货船的舱内,不允许使用货物运输组件运输。

五、危险货物包装类型代码、标记及性能试验

危险货物包装是指根据危险货物的性质特点,按照有关的法律、法规、标准及国际公约和规则而专门设计、制造,并经过检验、试验和批准,用于盛装危险货物的桶、罐、箱、袋等包装物及容器等。IMDG 规则中将专门用于海上运输危险货物的包装按其目的和构造形式分为常规包装、中型散装容器、大宗包装、可移动罐柜、多单元气体容器、散装容器等。

(一)常规包装

常规包装是指一个或多个常规的容器及其为实现盛装和其他安全功能所需的任何其他部件或材料,包装种类有桶、罐、箱、袋、复合包装等;材料包括钢、铝、天然木材、胶合板、再生木、纤维板、塑料材料、纺织品、纸(多层的)、金属(不包括钢和铝)、玻璃、陶瓷或粗陶瓷等。

常规包装既可以单独用于包装危险货物,也可以同时使用多个进行包装。此时,包件就形成了内包装和外包装,在这种情况下,为保证包件的安全和内、外包装的有效性,在内、外包装之间通常需要添加数量足够的吸附材料或衬垫材料,吸附材料用于吸收内包装破损情况下溢漏的所有危险货物;衬垫材料用于防止内、外包装发生相互摩擦或碰撞等引起的包装破损。

为了便于操作、保证运输安全,IMDG 规则中以不同的代码表示指定类型的常规包装,并规定盛装危险货物的包装应经过相应的试验,且须带有持久、清晰的标记。

1.包装类型代码

包装类型代码通常由三部分或两部分组成:

(1)用一个阿拉伯数字表示包装种类,具体含义如下:

1:桶。

2:(保留)。

3:罐。

4:箱。

5:袋。

6:复合包装。

（2）用一个或多个大写拉丁字母表示包装的材料,具体含义如下:

A:钢(各种类型和表面处理)。

B:铝。

C:天然木材。

D:胶合板。

F:再生木。

G:纤维板。

H:塑料材料。

L:纺织品。

M:纸,多层的。

N:金属(不包括钢和铝)。

P:玻璃、陶瓷或粗陶瓷。

对于复合包装,须依次使用两个大写拉丁字母,第一个表示内容器的材料,第二个表示外包装的材料。

对于组合包装,由于其内、外包装的组合并不固定,无法用统一的包装代码进行标注,在实际应用中,仅使用其外包装的材料代码。

（3）以一个阿拉伯数字表示包装归属类型内的某一类别。

在包装类型代码后可加上字母 T、V 或 W,其中 T 表示救助包装,V 表示特殊包装,W 表示等效包装。

表 3-14 中的代码用来标明根据包装种类、构造、所用材料和类别而确定的包装类型。

表 3-14　包装类型及其代码

种类	材料	类型	代码
1 桶	A 钢	不可拆卸桶顶	1A1
		可拆卸桶顶	1A2
	B 铝	不可拆卸桶顶	1B1
		可拆卸桶顶	1B2
	D 胶合板	—	1D
	G 纤维	—	1G
	H 塑料	不可拆卸桶顶	1H1
		可拆卸桶顶	1H2
	N 金属(不包括钢和铝)	不可拆卸桶顶	1N1
		可拆卸桶顶	1N2
2(保留)			

续表

种类	材料	类型	代码
3 罐	A 钢	不可拆卸罐顶	3A1
		可拆卸罐顶	3A2
	B 铝	不可拆卸罐顶	3B1
		可拆卸罐顶	3B2
	H 塑料	不可拆卸罐顶	3H1
		可拆卸罐顶	3H2
4 箱	A 钢	—	4A
	B 铝	—	4B
	C 天然木	普通的	4C1
		箱壁防撒漏的	4C2
	D 胶合板	—	4D
	F 再生木	—	4F
	G 纤维板	—	4G
	H 塑料	泡沫的	4H1
		硬质的	4H2
5 袋	H 编织塑料	无内衬或涂层的	5H1
		防撒漏的	5H2
		防水的	5H3
	H 塑料薄膜	—	5H4
	L 纺织品	无内衬或涂层的	5L1
		防撒漏的	5L2
		防水的	5L3
	M 纸	多层的	5M1
		多层的,防水的	5M2

续表

种类	材料	类型	代码
6 复合包装	H 塑料容器	在钢桶内	6HA1
		在钢条箱或钢箱内	6HA2
		在铝桶内	6HB1
		在铝条箱或铝箱内	6HB2
		在木箱内	6HC
		在胶合板桶内	6HD1
		在胶合板箱内	6HD2
		在纤维桶内	6HG1
		在纤维板箱内	6HG2
		在塑料桶内	6HH1
		在硬塑料箱内	6HH2
6 复合包装	P 玻璃、陶瓷、粗陶瓷容器	在钢桶内	6PA1
		在钢条箱或钢箱内	6PA2
		在铝桶内	6PB1
		在铝条箱或铝箱内	6PB2
		在木箱内	6PC
		在胶合板桶内	6PD1
		在柳条筐内	6PD2
		在纤维桶内	6PG1
		在纤维板箱内	6PG2
		在泡沫塑料包装内	6PH1
		在硬塑料箱内	6PH2

2.包装标记

包装标记表明带有该标记的包装符合检验合格的设计类型,符合 IMDG 规则对包装制造的规定,但此类规定与包装的使用无关。因此,标记并不一定证明该包装可以用于盛装任何物质。标记意在为包装生产商、修理商、用户、承运人和管理机关提供某种帮助。对于新包装的使用,其标记是生产商用于标识其类型并标明其达到某些性能试验要求。

根据 IMDG 规则的要求,用于运输危险货物的包装,必须带有持久、清晰的标记,其位置和尺寸应易于看到。对于总重超过 30 kg 的包装,其标记或复制标记须标在包装的顶部或一侧,字母、数字和符号至少为 12 mm 高。对于容积不大于 30 L 或最大净重不超过 30 kg 的包装,其标记至少为 6 mm 高。对于容积不大于 5 L 或最大净重不超过 5 kg 的包装,字母、数字和符号须为适当的尺寸。

IMDG 规则规定的常规包装标记示例如图 3-1 所示。其中,图 3-1(a)、(b)、(c)、(d)为新包装标记示例,图 3-1(e)、(f)为经修复的包装标记示例。

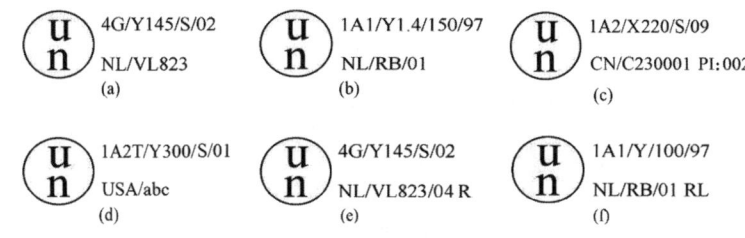

图 3-1　常规包装标记示例

（1）联合国包装符号(ᵁₙ)：

该符号只用于证明包装符合 IMDG 规则的有关要求。对于模压金属包装，可用大写字母 UN 作为符号。

（2）包装类型代码：

以 2~4 位数字和字母表示包装的种类、材料等，如图 3-1 中的 4G、1A1、1A2、1A2T，字母 T 表示该包装为救助包装。

（3）包装类代码、拟装固体的最大总重或拟装液体的相对密度：

该部分标记如图 3-1 中的 Y145、Y1.4、X220、Y300、Y145、Y 等所示。

①包装类代码

包装类代码表示该包装的设计类型已顺利通过规定的试验而授予的代码，分别用 X、Y 和 Z 表示。其中，X 表示包装类Ⅰ、Ⅱ和Ⅲ，Y 表示包装类Ⅱ和Ⅲ，Z 表示包装类Ⅲ。包装类代码所表示的包装不允许升级使用，但可降级使用。

②拟盛装固体的最大总重

对于拟盛装固体物质或带有内包装的包装，以千克（kg）表示其盛装的最大总重。

③拟盛装液体的相对密度

表示拟盛装液体物质的包装在无内包装时已按该相对密度对设计类型进行了试验。如果相对密度不超过 1.2，可免除此项，但为非强制性的。在图 3-1（b）中，拟盛装液体物质的相对密度为 1.4；在图 3-1（f）中，拟盛装液体物质的相对密度小于 1.2，因此没有标明。

（4）标注 S 或通过液压试验的压力值：

使用字母 S 表示盛装固体或具有内包装的包装；而对拟盛装无内包装液体货物的包装（组合包装除外），则标注包装所能承受的液压试验压力，用千帕（kPa）表示，四舍五入到最近的 10 kPa，如图 3-1 中 S、150、100 所示。

（5）包装制造年份：

包装制造年份位于标记第一行的后部，以年份的最后两位数字表示，图 3-1 中的"02"表示 2002 年，"97"表示 1997 年。1H 和 3H 型包装应适当标出包装的制造月份，它可以标注在包装标记的其他空白地方，也可以用如图 3-2 所示的方式表示，表明该包装是某年的 5 月制造的。

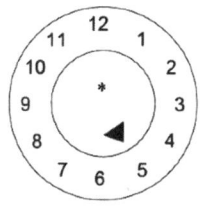

图 3-2　包装制造月份标示图

（6）批准标记的国家代码：

授权使用该标记的国家代码，也是该包装制造国的代码，用国际道路交通车辆使用的识别标志表示，如图 3-1 中的 NL（荷兰）、CN（中国）、USA（美国）所示。

（7）包装制造商名称或主管当局规定的其他识别标记：

包装制造商名称或主管当局规定的其他识别标记如图 3-1 中的 VL823、RB、C230001、abc 所示。图 3-1（c）为我国生产的符合《水路运输危险货物包装检验安全规范》和 IMDG 规则相关要求的包装，其中 C230001 是我国海关规定的危险货物包装生产企业代码。

我国海关总署 2019 年第 15 号公告规定：出口危险货物包装应带有联合国规定的危险货物包装标记，该标记应包括生产企业代码，代码应体现生产企业所在区域的直属海关信息；生产企业代码由大写英文字母 C 和六位阿拉伯数字组成，前两位阿拉伯数字代表企业所在区域的直属海关，后四位阿拉伯数字（0001～9999）代表生产企业。C230001 中，23 代表南京海关，0001 代表南京海关编列的顺序号为 0001 的关区内生产企业。

（8）对经修复的包装，需标示进行修理的国家、修复人的名称或经主管当局认可使用的其他识别符号、修复年份、修复标记。修复标记为 R，但是盛装液体货物的包装还需要经过防渗漏试验，因此应标示 RL，分别如图 3-1（e）、图 3-1（f）所示。经修复后，当要求的标记（1）～（4）在金属桶的顶面或侧面不复存在时，修复人应加上这些永久性标记，后面跟着标示标记（8）的内容，这些标记所表示的性能不得超过已经过试验并表示的原设计类型的性能。

（9）附加标记：

各缔约国主管当局可根据自己的需要适当增加附加标记，但附加标记不得混杂在上述主标记之中，以免混淆主标记的识别。如图 3-1（c）中的 PI:002，即为我国增加的附加标记，表示包装的生产批次。

3.包装的性能试验

危险货物包装在投入使用前，其设计类型（包括设计、规格、材料、材料厚度、生产和包装方式、表面处理等）必须通过试验，并在规定的时间间隔内进行重复试验。如设计类型发生变动，也必须进行重复试验。

（1）包装试验准备

进行试验的包装须按照运输要求进行准备，对组合包装要包括使用的内包装。除袋装之外的内包装、单一容器或包装所盛装的液体不得少于其容量的 98%，盛装的固体不得少于其容量的 95%，袋装包装应装至最大使用质量。当内包装设计用于盛装液体和固体的组合包装时，应对固体和液体内装物分别试验。

可采用其他物质代替拟运输的物质，除非这样做会使试验结果无效；如使用其他的物质来替代固体，其质量、粒度等物理性质须与拟装物相同。为了达到所要求的包件总质量，可允许使用添加物，如铅粒袋等，但这种添加物的放置不应影响试验的结果。

如使用另一种物质来代替液体进行跌落试验，则这种物质的相对密度和黏度须类似于拟装运物质，也可以使用水进行跌落试验。

对于塑料桶、塑料罐和含塑料材料的复合包装，在进行性能试验前，应长时间（如 6 个月）盛装拟装物质放置进行预备试验，然后进行相应试验。对可能会引起塑料桶、塑料罐应力裂缝或强度降低的物质，应对试验样品施加额外的负荷，该负荷等于可能堆码在包装上的总质量。

（2）常规包装的试验项目及要求

常规包装的试验项目包括跌落试验、渗漏试验、内压（液压）试验和堆码试验。

①跌落试验

跌落试验的目的在于模拟运输、装卸和储存中,包件可能遭受跌落时,其强度能否保证货物的完整无损。

a.样品跌落试验的特殊准备

下列包装样品及内装物的温度须降至−18 ℃或以下:

(a)塑料桶;

(b)塑料罐;

(c)泡沫塑料箱以外的塑料箱;

(d)复合包装(塑料材料);

(e)带有塑料内包装的组合包装,准备盛装固体或物品的塑料袋除外。

必要时,须采用添加防冻剂的方法来保持试验液体处于液体状态。

b.跌落目标

跌落目标须为坚硬、无弹性的水平的表面,并且应满足以下条件:足够完整、厚重以固定不动;表面平坦,无影响试验结果的局部缺陷;具有足够的刚性,在试验条件下不会变形并不会被试验所损坏;具有足够大的规格以便试验包装完全跌落在表面上。

c.跌落高度

固体和液体可采用拟运输的固体和液体或采用具有基本相同物理性质的其他物质进行试验,跌落高度见表3-15。

对于盛装液体的包装,如果使用水来进行试验,当拟运输的液体的相对密度不超过1.2时,则试验跌落高度应如表3-15所示;当拟运输物质的相对密度超过1.2时,则跌落高度根据拟运物质的相对密度d按表3-16计算,并四舍五入至第一位小数。

表3-15　跌落高度(一)

包装类Ⅰ	包装类Ⅱ	包装类Ⅲ
1.8 m	1.2 m	0.8 m

表3-16　跌落高度(二)

包装类Ⅰ	包装类Ⅱ	包装类Ⅲ
$d×1.5$ m	$d×1.0$ m	$d×0.67$ m

d.试验合格标准

每一盛装液体的包装当内外压力达到平衡时,应是防渗漏的,组合包装的内包装除外,因为其内外压力不需要平衡。

盛装固体的包装经受跌落试验并以包装的上表面撞击目标后,若内包装或内容器(如塑料袋)仍能保持盛装全部内装物,即使封闭装置已不再防撒漏,只要其仍保持盛装的作用,则受试样品即通过试验。

包装、复合包装或组合包装的外包装不得出现可能影响运输安全的任何损坏。内容器或内包装不得出现盛装物质渗漏的现象。

袋子的最外层或外部包装不得出现可能影响运输安全的任何损坏。

撞击时有少量物质从封闭装置中溢出,只要无进一步渗漏,则该包装也被认为试验合格。

第1类物质的包装不允许出现任何会使爆炸性物质或物品从外包装中渗漏出来的破损。

②渗漏试验

渗漏试验的目的在于检验盛装液体包装的封闭器的加工工艺是否合格。

a.需进行试验的包装：所有拟盛装液体物质的包装设计类型均须进行防渗漏试验，但组合包装的内包装不需要进行此项试验。

b.试验样品的数量：每种设计类型和每个制造厂需要3个试验样品。

c.试验样品的特殊准备：通风式封闭装置须更换成不通风式相同封闭装置或将通风口密封。

d.试验方法和施加的压力：包装连同其封闭装置须被置于水下5 min，同时向内部施加空气压力，包装在水下的放置方法不应影响实验效果，也可以使用其他至少有同等效力的方法。渗漏试验施加的空气压力（表压）如表3-17所示。

表3-17 渗漏试验施加的空气压力（表压）

包装类Ⅰ	包装类Ⅱ	包装类Ⅲ
不小于30 kPa(0.3 bar)	不小于20 kPa(0.2 bar)	不小于20 kPa(0.2 bar)

e.试验合格标准：包装无任何渗漏。

③内压（液压）试验

液压试验的目的在于检验盛装液体的包装是否能承受内部气体或蒸气在温度变化时所引起的压力变化。

a.需进行试验的包装：所有拟盛装液体的金属、塑料和复合包装都须进行内压（液压）试验。组合包装的内包装不需要进行这类试验。

b.试验样品的数量：每种设计类型和每个制造厂需要3个试验样品。

c.试验样品的特殊准备：通风式封闭装置须更换成不通风式相同封闭装置或将通风口密封。

d.试验方法和施加的压力：金属包装和复合包装（玻璃、瓷器和粗陶）包括其封闭装置须承受5 min的试验压力。塑料包装和复合包装（塑料材料），包括其封闭装置，须承受30 min的试验压力。包装的支撑方式须保证试验有效。对包装所施加的压力须连续并均匀，并在整个试验时间内保持恒定。

按下述任一方法确定采用的液压值（表压）须：不低于55 ℃时所测出的包装内的总表压（即盛装物质的蒸气压、空气或其他惰性气体的局部压力之和减去100 kPa）乘以安全系数1.5；不小于拟运物质在50 ℃时的蒸气压力的1.75倍减去100 kPa，但最低的试验压力为100 kPa；不小于拟运物质在55 ℃时的蒸气压力的1.5倍减去100 kPa，但最小的试验压力为100 kPa。

另外，根据包装构造材料不同，拟盛装液体的Ⅰ类包装须能承受5 min或30 min最低压力为250 kPa（表压）的试验。

e.试验合格标准：包装无任何渗漏。

④堆码试验

堆码试验的目的在于检验包装在正常运输条件下的规定期间内是否能承受一定的压力负荷，而不改变其形状和盛装性能。

a.需进行试验的包装：除袋外，所有的包装设计类型都须进行堆码试验。

b.试验样品数量：每种设计类型和每个制造厂需要3个试验样品。

c.试验方法：须对样品的顶部施加负荷力，所施加的负荷力须等于在运输中可能堆积在它上面的相同包件的总重;如果样品盛装的液体的相对密度不同于拟运输液体,此负荷力须按后者计算。

堆积的最低高度包括样品在内须为 3 m,试验持续时间须为 24 h,但用于盛装液体的塑料桶、罐及 6HH1 和 6HH2 型复合包装的试验时间须为 28 天且温度不低于 40 ℃。

d.试验合格标准:受试验样品无渗漏。对于复合包装或组合包装,其内容器或内包装的盛装物质不得发生渗漏。任何受试样品均不得出现会影响运输安全的变化,或会降低其强度或造成堆码包装不稳定的变形。塑料包装须冷却至环境温度后再进行评估。

(3)包装试验报告

①在经过试验之后,试验机构须就试验的项目出具试验报告并提供给包装用户,包装用户应将试验报告的副本提供给相应的主管机关。

②试验报告至少包括以下内容:

a.试验机构的名称和地址;

b.申请人的姓名和地址(适用时);

c.试验报告的专用标识;

d.试验报告的日期;

e.包装的生产厂家;

f.包装设计类型说明(如体积、材料、封闭装置、厚度等),包括生产方法(如吹模),图纸和/或照片;

g.最大容量;

h.试验内容物的特性,如液体的黏度和相对密度,固体颗粒的大小,承受过内压试验塑料包装的测量水温;

i.试验描述和结果;

j.签字(包括签字人的姓名和身份)。

③试验报告须包括以下声明:本包装就运输而论,已经根据 IMDG 规则相关章节的有关规定进行了试验,使用其他包装方法和部件可能使其无效。

(二)中型散装容器

1.包装类型代码

包装类型代码通常由三部分或两部分组成:

(1)用两个阿拉伯数字表示中型散装容器的种类,其代码具体含义如表 3-18 所示。

表 3-18 中型散装容器种类代码表

类型	固体,装卸		液体
	在重力作用下	在大于 10 kPa (0.1 bar)的压力之下	
刚性 IBCs	11	21	31
柔性 IBCs	13	—	—

表中:刚性 IBCs 由一刚性塑料容器主体构成,容器主体可以具有结构设备和相应的附属设备;柔性 IBCs 由薄膜、编织纤维、其他柔性材料或其组合组成的主体和必要时相应的内涂层或内衬、附属设备及装卸装置构成。柔性 IBCs 仅用于装运固体物质。

（2）用一个或多个大写拉丁字母表示包装的材料。具体含义如下：

A：钢（各种类型和表面处理）。

B：铝。

C：天然木材。

D：胶合板。

F：再生木。

G：纤维板。

H：塑料材料。

L：纺织品。

M：纸，多层的。

N：金属（不包括钢和铝）。

对于复合包装，须依次使用两个大写拉丁字母，第一个表示内容器的材料，第二个表示外包装的材料。

（3）以一个阿拉伯数字表示包装归属类型内的某一类别。

中型散装容器类型代码后若接字母 W，则表示其为等效包装。

表 3-19 中的代码用来标明根据中型散装容器的种类、材料和类别而确定的包装类型。

表 3-19　中型散装容器类型及其代码

材料	类别	代码
金属 A 钢	适用于固体，重力装卸	11A
	适用于固体，压力装卸	21A
	适用于液体	31A
B 铝	适用于固体，重力装卸	11B
	适用于固体，压力装卸	21B
	适用于液体	31B
N 除了钢和铝的金属	适用于固体，重力装卸	11N
	适用于固体，压力装卸	21N
	适用于液体	31N
柔性的 H 塑料	编织塑料，无涂层或内衬	13H1
	编织塑料，有涂层的	13H2
	编织塑料，有内衬的	13H3
	编织塑料，带有涂层和内衬的	13H4
	塑料薄膜	13H5
L 纺织材料	无涂层或内衬的	13L1
	有涂层的	13L2
	有内衬的	13L3
	带有涂层和内衬的	13L4

续表

材料	类别	代码
M 纸	多层的	13M1
	多层的,防水的	13M2
H 刚性塑料	适用于固体,重力装卸,配有结构设备	11H1
	适用于固体,重力装卸,独立式的	11H2
	适用于固体,压力装卸,配有结构设备	21H1
	适用于固体,压力装卸,独立式的	21H2
	适用于液体,配有结构设备	31H1
	适用于液体,独立式的	31H2
HZ 带有塑料内容器的复合包装	适用于固体,重力装卸,带有刚性塑料内容器	11HZ1
	适用于固体,重力装卸,带有柔性塑料内容器	11HZ2
	适用于固体,压力装卸,带有刚性塑料内容器	21HZ1
	适用于固体,压力装卸,带有柔性塑料内容器	21HZ2
	适用于液体,带有刚性塑料内容器	31HZ1
	适用于液体,带有柔性塑料内容器	31HZ2
G 纤维板	适用于固体,重力装卸	11G
木质 C 天然木	适用于固体,重力装卸,带有内衬	11C
D 胶合板	适用于固体,重力装卸,带有内衬	11D
F 再生木	适用于固体,重力装卸,带有内衬	11F

2.中型散装容器的包装标记

凡按 IMDG 规则相应条款生产和拟使用的中型散装容器均须具备清晰、耐久的标记。标记须位于容易看到的位置,且字母、数字和符号高度不应小于 12 mm。

中型散装容器的标记示例如图 3-3 所示。

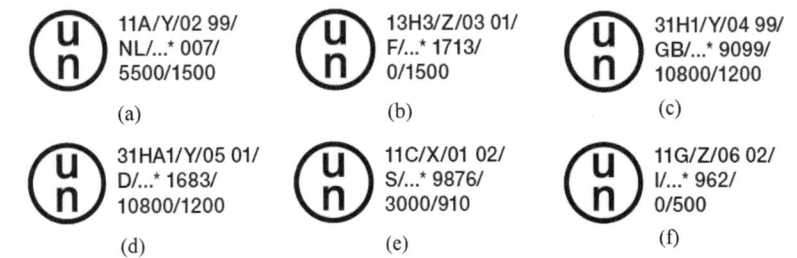

图 3-3　中型散装容器的标记示例

(1)联合国包装符号⒰

该符号只用于证明中型散装容器符合 IMDG 规则的相关要求,不得用于其他任何目的。对采用烙印或压纹方法进行标记的金属中型散装容器,也可以使用两个大写字母 UN 来代替。

（2）中型散装容器类型代码

通常以 3~5 位数字和字母表示包装的种类、材料等，如图 3-3 中的 11A、13H3、31H1、31HA1、11C、11G 等。

（3）中型散装容器包装类代码

用 X、Y、Z 表示该设计类型被批准适用的包装类。如图 3-3（a）中的 Y 表示该中型散装容器可作Ⅱ和Ⅲ类包装，图 3-3（b）中的 Z 表示该中型散装容器仅能作Ⅲ类包装，图 3-3（e）中的 X 表示该中型散装容器可作Ⅰ、Ⅱ和Ⅲ类包装（仅适用于盛装固体）。

（4）生产月和年（最后两个数字）

如图 3-3（a）~（e）所示，依次表示中型散装容器的生产时间为 1999 年 2 月、2001 年 3 月、1999 年 4 月、2001 年 5 月、2002 年 1 月、2002 年 6 月。

（5）授予该标记的国家

授予该标记的国家用国际公路通行车辆使用的标记符号表示，如图 3-3 中的 NL、F、GB、D、S、I 等所示。

（6）生产厂的名称或符号及主管机关所规定的 IBCs 的其他识别标记

生产厂的名称或符号及主管机关所规定的 IBCs 的其他识别标记如图 3-3 中的...*007、...*1713、...*9876、...*962 等所示。

（7）以千克（kg）表示的堆码试验负荷和以千克（kg）表示的最大允许总质量

对于设计上不能堆码的 IBCs，应写上数字"0"。图 3-3（a）中的 5500/1500 表示该 IBCs 的堆码试验负荷为 5 500 kg、最大允许总重为 1 500 kg；图 3-3（b）中 0/1500 表示该 IBCs 未设计用于堆码，其最大允许总重为 1 500 kg。

（8）附加标记

对中型散装容器而言，除将上述内容按顺序进行标记外，还需增加必要的附加标记，如表 3-20 所示。

表 3-20　中型散装容器附加标记

附加标记	中型散装容器类别				
	金属	刚性塑料	复合式	纤维板	木板
20 ℃时，用 L 表示的容量。须标明采用的单位	×	×	×		
用 kg 表示的皮重。须标明采用的单位	×	×	×	×	×
试验（表）压，如适用，用 kPa 或 bar 表示。须标明采用的单位		×	×		
最大装卸压力，如适用，用 kPa 或 bar 表示。须标明采用的单位	×	×	×		
主体材料和最小厚度，用 mm 表示	×				
上次渗漏试验的时间，如适用（月和年）	×	×	×		
上次检验的时间（月和年）	×	×	×		
生产商的系列编号	×				

此外，当 IBCs 在使用中时，允许的最大堆码重量须采用图 3-4、图 3-5 中的符号，并显示于图例中。符号须经久和清晰可辨，且应不小于 100 mm×100 mm，表示质量的字母和数字至少为 12 mm 高。尺寸箭头内部的标记区域须为方形。如果对尺寸未做要求，所有构成要求须成

比例。符号上方标记的质量须不超过设计类型试验时施加负荷的 1/1.8。

图 3-4　可堆码的 IBCs 标记示例　　　图 3-5　不可堆码的 IBCs 标记示例

3.中型散装容器的试验、发证和检验要求

中型散装容器 IBCs 须按照主管机关满意的质量控制体系进行生产和试验,以保证每个生产出来的中型散装容器均符合 IMDG 规则的要求。对中型散装容器的每一设计类型须签发一份证书及标记,证明该设计类型及其设备符合试验要求。

(1)中型散装容器的检验要求

每个金属、刚性塑料或复合式中型散装容器须进行检验并让主管机关满意。

①在投入使用前(包括改制后)及其后在每隔不到 5 年的时间间隔内对下述项目进行检验:

a.与设计类型的一致性,包括标记;

b.内部和外部的状况;及

c.附属设备的功能是否正常。

隔热材料(如适用)仅需被拆除至能够正确检查到中型散装容器主体的程度。

②在每次不超过两年半的时间内对下列项目进行检验:

a.外部状况;

b.辅助设备功能是否正常。

隔热材料(如适用)仅需被拆除至能够正确检查到中型散装容器主体的程度。

每个 IBCs 必须在所有方面都符合设计类型。

(2)中型散装容器的试验要求

每一 IBCs 在使用前应顺利通过 IMDG 规则所规定的试验。设计类型由设计、规格、材料和厚度、制造工艺及装卸手段等确定。在进行试验前,纸制、纤维板和具有纤维板外包装的复合式中型散装容器须在控制温度和相对湿度的大气条件下至少处理 24 h。

中型散装容器在经过试验之后,试验机构须就试验的项目出具试验报告并提供给 IBCs 用户。主管当局可在任何时候要求按照 IMDG 规则中的相关规定进行试验,以证明中型散装容器符合设计类型的要求。

每次检验和试验的报告须由中型散装容器的所有人至少保存至下一次检验或试验之日,报告须包括检验和试验结果并注明检验和试验机构名称。

4.中型散装容器的试验项目

试验项目包括底部提升试验、顶部提升试验、堆码试验、渗漏试验、液压试验、跌落试验、扯裂试验、倒塌试验、正位试验和振动试验。

（1）底部提升试验

①适用范围:用于所有纤维板、木质以及其他装有底部提升装置的各种中型散装容器。

②试验准备:充装中型散装容器,施加负荷且使负荷均匀分布。装满的中型散装容器和施加的负荷的重量应为最大允许总重的1.25倍。

③试验方法:中型散装容器须由叉车升降两次,叉子的位置应在中央,使其之间的距离等于进入面长度的3/4(进叉点固定的除外)。进叉深度须为进叉方向深度的3/4。每一可能的进叉方向均应重复进行此项试验。

④试验合格标准:内容物无损失,中型散装容器包括底盘,未出现会危及运输安全的永久性变形。

（2）顶部提升试验

①适用范围:用于所有顶部提升的中型散装容器以及被设计成从顶部或侧面提升的柔性中型散装容器。

②试验准备:金属、刚性塑料和复合式中型散装容器须装满。施加负荷且负荷须分布均匀。装满的IBCs和施加的负荷的重量须为最大允许总重的2倍。柔性中型散装容器须充灌一种代表性物质,并装至其最大允许总质量的6倍且负荷须分布均匀。

③试验方法:

金属和柔性中型散装容器须按照设计的提升方法进行提升直至脱离地面并保持高度至少5 min。

刚性塑料和复合式中型散装容器的提升应按以下流程操作:使用中型散装容器的每两个对角线方向的提升装置将其吊起,施加垂直方向的提升力,保持5 min;使用中型散装容器的每两个对角线方向的提升装置将其吊起,施加向容器中心方向与其垂线成45°的提升力,保持5 min。

④试验合格标准:

金属、刚性塑料和复合式中型散装容器:中型散装容器应在正常运输条件下保持安全,不存在可观察到的永久性变形,包括底座(如有)并且内装物无泄漏。

柔性中型散装容器:中型散装容器本身及其提升装置无影响其运输和装卸安全性的破损,且内装物无撒漏。

（3）堆码试验

①适用范围:用于相互堆积存放的各种中型散装容器。

②试验准备:中型散装容器须充装至其最大允许总重。如果用于试验的产品的比相对密度不可能做到这一点,须对中型散装容器增加负荷使其达到最大允许总重,且负荷须分布均匀。

③试验方法:

中型散装容器须底部向下置于坚硬平坦的地面,然后向其施加分布均匀的试验负荷。金属中型散装容器置于该测试负荷下的时间至少为5 min;11H2、21H2及31H2型刚性塑料中型散装容器和带有承重的塑料外包装的复合式中型散装容器(11HH1、11HH2、21HH1、21HH2、31HH1和31HH2型)在40 ℃时至少为28天;其他类型的中型散装容器至少为24 h。

施加负荷须采用下述方法之一:

一个或多个充装至最大允许负荷的相同类型的中型散装容器放置在受试容器之上;或在受试中型散装容器上放一平板或中型散装容器底部的仿制板上,再将相应的重物放在平板或底部仿制板上。

④叠加试验负荷的计算:叠加到受试中型散装容器的负荷须相当于其运输中上面堆码的

相同中型散装容器数目最大允许负荷总和的 1.8 倍。

⑤试验合格标准:对于柔性中型散装容器,主体无影响运输安全的破损,内装物无撒漏;除柔性中型散装容器之外,所有中型散装容器及其箱底托盘(如果有)无影响运输安全的永久性变形,并且内装物无撒漏。

(4)渗漏试验

①适用范围:用于装运液体或用于装运采用压力装卸方式的固体的各种中型散装容器。

②试验准备:试验须在安装隔热设备之前进行。通风关闭装置应采用非通风装置替换或将通风口堵塞。

③试验方法:此项试验须使用不低于 20 kPa(0.2 bar)表压的空气压力至少进行 10 min。中型散装容器的气密性须用恰当的方法确定,如用肥皂水涂抹焊缝及连接部位,使用气压差试验或将中型散装容器置于水中。

④试验合格标准:无漏气现象。

(5)液压试验

①适用范围:适用于装运液体或装运采用压力装卸方式的固体的中型散装容器。

②试验准备:试验须在安装隔热设备之前进行。压力释放装置须拆下,其开孔须关闭或处于不工作状态。

③试验方法:此项试验必须按不低于一定的表压至少进行 10 min。试验期间,中型散装容器不得受到任何机械约束。

④施加的压力:

a.对装运包装类 I 的固体的金属中型散装容器类型 21A、21B 和 21N,使用 250 kPa 表压(2.5 bar);对装运包装类 II 和 III 的物质的金属中型散装容器类型 21A、21B、21N、31A、31B 和 31N,使用 200 kPa(2 bar)表压。

此外,对金属中型散装容器类型 31A、31B、31N,还要采用 65 kPa(0.65 bar)表压,这项试验须在 200 kPa(2 bar)试验之前进行。

b.对 21H1、21H2、21HZ1 和 21HZ2 型的刚性塑料和复合式中型散装容器使用 75 kPa(0.75 bar)(表压)。

c.对 31H1、31H2、31HZ1 和 31HZ2 型的刚性塑料和复合式中型散装容器,其施加的压力按 IMDG 规则第 6.5.6.8.4.2 节的要求进行。

⑤试验合格标准:

21A、21B、21N、31A、31B 和 31N 型的中型散装容器,在试验时无渗漏;31A、31B 和 31N 类型的中型散装容器,未出现任何会危及运输安全的永久变形且无渗漏;刚性塑料和复合式中型散装容器,未出现任何会危及运输安全的永久变形且无渗漏。

(6)跌落试验

①适用范围:适用于所有中型散装容器。

②试验准备:

a.对于金属中型散装容器,用于装运固体的中型散装容器须装至不低于其容量的 95%,用于装运液体的中型散装容器须充装至不低于其容量的 98%,压力释放装置须确定在不工作的状态或将压力释放装置拆下并将其开口封闭。

b.对于柔性中型散装容器,中型散装容器须被充装至不低于其最大许可总重,内装物应分布均匀。

c.对于刚性塑料和复合型中型散装容器,中型散装容器装运固体时须充装至不低于其容量的95%,装运液体时须充装至不低于其容量的98%。压力释放装置须确定在不工作的状态,或将其拆下并将其开口封闭。中型散装容器的试验须在受试样品及其内装物的温度降至−18 ℃或更低时进行。试验液体须保持液体状态。如必要,可添加防冻剂。如果受试样品的材料在低温时能够具有足够的延展性和抗拉强度,也可以不考虑这项温度处理条件。

d.对于纤维板和木质的中型散装容器,须充装至不低于其最大容量的95%。

③试验方法:中型散装容器须跌落到无弹性、水平、平坦、结实的刚性表面。跌落的方式应确保冲击点为中型散装容器基部被认为最脆弱的部位。容量等于或小于0.45 m³的中型散装容器还须:

a.金属中型散装容器:落在除第一次跌落试验过的箱底部位以外的最脆弱部位。

b.柔性中型散装容器:使用其最脆弱的一面进行跌落试验。

c.刚性塑料、复合式、纤维板及木质中型散装容器:侧面、顶部及角部进行平面跌落试验。每次跌落可使用相同或不同的中型散装容器。

④跌落高度:对固体和液体而言,如果试验是用拟运输的固体或液体或具有基本相同物理性质的另一种物质进行的,跌落高度应满足表3-21的要求。

表3-21 跌落高度(一)

包装类 I	包装类 II	包装类 III
1.8 m	1.2 m	0.8 m

对于液体而言,如果试验是用水进行的,则当拟运输的物质的相对密度不超过1.2时,跌落高度应满足表3-22的要求。

表3-22 跌落高度(二)

包装类 II	包装类 III
1.2 m	0.8 m

对于液体而言,如果试验是用水进行的,则当拟运输的物质的相对密度超过1.2时,跌落高度须根据拟运输物质的相对密度 d(精确到第一位小数)由表3-23计算得到。

表3-23 跌落高度(三)

包装类 II	包装类 III
$d \times 1.0$ m	$d \times 0.67$ m

⑤试验合格标准:

金属中型散装容器:无内装物损失。

柔性中型散装容器:无内装物损失。撞击后有少量内装物自封口处或缝合处渗出,但当中型散装容器被提升至脱离地面后,无进一步渗漏发生,这种情况下应被认为合格。

刚性塑料、复合式、纤维板及木质中型散装容器:内装物无损失。撞击后有少量物质从封闭装置处渗出,只要无进一步渗漏出现,这种现象应认为合格。

所有中型散装容器:没有造成为救助或处置目的而运输的中型散装容器不安全的损坏,且无内装物损失。除此之外,中型散装容器应能采取适当的方式被提升至脱离地面5 min。

(7)扯裂试验

①适用范围:用于各种柔性中型散装容器。

②试验准备:中型散装容器须充装至不低于其容量的95%,并达到最大允许负荷,且负荷

应分布均匀。

③试验方法:将中型散装容器置于地面,在其宽面的壁上,与主轴线成45°,在内装物底平面和顶平面的中间位置切一完全穿透宽面箱壁的100 mm刀痕。然后向中型散装容器均匀地施加负荷,所施加的负荷应是其最大允许负荷的2倍,该施加负荷应保持至少5 min。设计上使用顶部提升或侧面提升的中型散装容器须在施加负荷撤除之后,提升至脱离地面并保持该位置至少5 min。

④试验合格标准:切口的扩大程度不得超过其原来长度的25%。

(8)倒塌试验

①适用范围:用于各种柔性中型散装容器。

②试验准备:受试的中型散装容器须被充装至不低于其容量的95%,并达到其最大允许负荷,且负荷应分布均匀。

③试验方法:将中型散装容器推倒,使其顶部的任何一个部位撞击到一个坚硬、无弹性、光滑、平坦并且水平的表面。

④倒塌高度:见表3-24。

表3-24　倒塌高度

包装类Ⅰ	包装类Ⅱ	包装类Ⅲ
1.8 m	1.2 m	0.8 m

⑤试验合格标准:内装物无损失。若撞击后,有少量内装物自封口处或缝合处等部位渗出,但无进一步渗漏发生,则应认为这种现象合格。

(9)正位试验

①适用范围:用于各种从顶部或侧部提升的柔性中型散装容器。

②试验准备:受试的中型散装容器应被充装至不低于其容量的95%,并达到其最大允许负荷,且内装物应分布均匀。

③试验方法:中型散装容器侧面向下平放在地上,使用1个提升装置以0.1 m/s的速度将其提升至直立状态,脱离地面;若其具备4个提升装置,则应使用其中2个提升装置试验。

④试验合格标准:中型散装容器及其提升装置无任何会危及其运输和装卸安全的损坏。

(10)振动试验

①适用范围:用于所有盛装液体的中型散装容器(本试验适用于自2011年1月1日起生产的中型散装容器设计类型)。

②试验准备:应随机选择按照运输状况装配并封闭的中型散装容器试样。中型散装容器充灌入不少于其最大容量98%的水。

③试验方法:中型散装容器应放置在试验机器平台的中央,采用垂直正弦曲线,25 mm±5%的双倍振幅(峰值-峰值转移)。必要时,平台须配备限制装置防止样品水平移动从平台落下,垂向运动没有限制。试验须进行1 h,使用的频率应使中型散装容器的底部在每个周期从振动平台上即刻提起,程度至少在中型散装容器底部和平台之间能够间歇地完全插入一个金属垫片。振动频率在初次设定点之后可能需要进行调整以防止包装产生共振。但是试验频率须持续使金属垫片能够按要求所述放置到中型散装容器的底部。能够持续地插入金属垫片是包装通过试验的必要条件。试验使用的金属垫片应至少为1.6 mm厚、50 mm宽,并具有足够的长度以插入中型散装容器和平台之间最少100 mm。

④试验合格标准：应未见泄漏和破裂；除此之外，结构部件还须无破损或失灵，如开焊或紧固件失灵。

（11）试验报告

①须向中型散装容器的用户提交一份试验报告，试验报告应至少包括以下内容：

a.检验机构的名称和地址；

b.申请人的姓名和地址（若可行）；

c.专用的试验报告识别标志；

d.试验报告的日期；

e.中型散装容器的生产商；

f.关于中型散装容器设计类型的说明（如：尺寸、材料、封闭装置、厚度等），包括生产方式（如吹铸型），也可以包括图纸或照片；

g.最大容量；

h.试验内装物的特点，如液体的黏度和相对密度、固体的颗粒大小，承受过液压试验的硬塑料和复合中型散装容器的水温；

i.试验说明及结果；

j.签名：签字人姓名及身份。

②试验报告须包括一个声明，说明准备用于运输的中型散装容器已按照 IMDG 规则相应章节的规定进行了试验，使用其他的包装方法或组成部件会使其无效。试验报告的一份副本应送交有关当局。

（三）大宗包装

1.包装类型代码

包装类型代码通常由两部分组成：

（1）用两个阿拉伯数字表示大宗包装的种类：

50 表示刚性大宗包装。

51 表示柔性大宗包装。

（2）用一个或多个大写拉丁字母表示包装的材料，具体含义如下：

A：钢（各种类型和表面处理）。

B：铝。

C：天然木材。

D：胶合板。

F：再生木。

G：纤维板。

H：塑料材料。

L：纺织品。

M：纸，多层的。

N：金属（不包括钢和铝）。

P：玻璃、陶瓷和粗陶瓷。

大宗包装的代码后可接字母 T 和 W，分别表示救助包装和等效包装。

2.大宗包装的标记

每一大宗包装均须有根据 IMDG 规则要求的耐久、易于辨认的标记，并将其安放在易于看到的地方。字母、数字和符号至少高 12 mm。大宗包装的标记示例如图 3-6 所示。

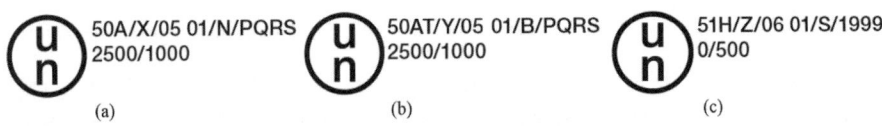

图 3-6　大宗包装的标记示例

（1）联合国包装符号

该符号只用于证明大宗包装符合 IMDG 规则的相关要求，不得用于其他任何目的。对采用烙印或压纹方法进行标记的金属大宗包装，也可以使用两个大写字母 UN 来代替。

（2）大宗包装类型代码

通常以 3~4 位数字和字母表示包装的种类、材料等，如图 3-6 中的 50A 表示钢质大宗包装；50AT 表示钢质救助大宗包装；51H 表示大宗塑料包装。

（3）大宗包装包装类代码

用 X、Y、Z 表示该设计类型被批准适用的包装类。如图 3-6(a) 中的 X 表示该大宗包装可作 I、II 和 III 类包装，图 3-6(b) 中的 Y 表示该大宗包装仅能作 II、III 类包装，图 3-6(c) 中的 Z 表示该大宗包装仅可作 III 类包装。

（4）生产月和年(最后两个数字)

在图 3-6 中，(a)~(c) 依次表示大宗包装的生产时间为 2001 年 5 月、2001 年 5 月、2001 年 6 月。

（5）授予该标记的国家

授予该标记的国家用国际公路通行车辆使用的标记符号表示，如图 3-6 中的 N、B、S 所示。

（6）生产厂的名称或符号及主管机关所规定的大宗包装的其他识别标记

生产厂的名称或符号及主管机关所规定的大宗包装的其他识别标记如图 3-6 中的 PQRS、1999 所示。

（7）以千克(kg)表示的堆码试验负荷和以千克(kg)表示的最大允许总质量

对于设计上不能堆码的大宗包装，应写上数字"0"。如图 3-6(a) 中的 2500/1000 表示该大宗包装的堆码试验负荷为 2 500 kg、最大允许总重为 1 000 kg；图 3-6(c) 中 0/500 表示该大宗包装未设计用于堆码，其最大允许总重为 500 kg。

此外，当大宗包装在使用中时，允许的最大堆码重量须采用如图 3-7、图 3-8 中所示的符号，并显示于图例中。符号须经久和清晰可辨，且应不小于 100 mm×100 mm，表示质量的字母和数字至少为 12 mm 高。尺寸箭头内部的标记区域须为方形。如果对尺寸未做要求，所有构成要求须成比例。符号上方标记的质量须不超过设计类型试验时施加负荷的 1/1.8。

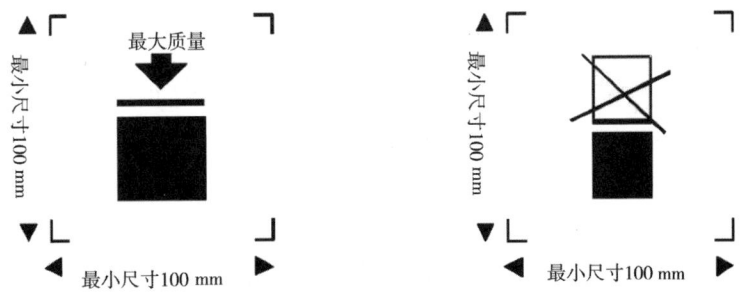

图 3-7　可堆码的大宗包装标记示例　　图 3-8　不可堆码的大宗包装标记示例

3.大宗包装试验项目及要求

每一大宗包装使用前其设计类型均应通过 IMDG 规则相应章节所规定的试验。设计类型由设计、规格、材料和厚度、制造工艺及包装方式来确定，但可以包括各种表面处理工艺，也可以包括仅在外部尺寸上小于其设计类型的大宗包装。须根据主管机关确定的试验间隔对产品的样品进行重复试验。当大宗包装涉及设计、材料或结构的改变时，须对其进行重新试验。对仅在细微的方面与设计类型不同的大宗包装，如内包装规格略小或净重略低，或大宗包装的外部规格略有减小，主管机关可允许有选择地进行试验。

主管机关可以在任何时候根据 IMDG 规则相应章节的规定对一系列生产的大宗包装进行试验以证明其符合该设计类型试验的要求。在不影响试验结果的前提下，经主管当局允许，可用一个样品进行几项试验。

大宗包装的试验项目包括底部提升试验、顶部提升试验、堆码试验和跌落试验。

（1）底部提升试验

①适用范围：用于所有装有底部提升装置的各种大宗包装。

②试验准备：大宗包装须充装至其最大允许总重的 1.25 倍，且负荷须分布均匀。

③试验方法：大宗包装经由叉车升降两次，叉子的位置应在中央，使其之间的距离等于进入面长度的 3/4（进叉点固定的除外）。进叉深度须为进叉方向深度的 3/4。每一可能的进叉方向均须重复进行此项试验。

④试验合格的标准：内装物无损失及大宗包装未出现会危及运输安全的永久性变形。

（2）顶部提升试验

①适用范围：用于所有装有顶部提升装置的各种大宗包装。

②试验准备：大宗包装须充装至其最大允许总重的 2 倍，柔性大宗包装须充装至其最大允许负荷的 6 倍，且负荷应分布均匀。

③试验方法：大宗包装须按照设计的提升方法提升至脱离地面并保持高度至少 5 min。

④试验合格的标准：

a.金属、刚性塑料和复合大宗包装：大宗包装及其箱底托盘（若有）无影响运输安全性的永久性变形，且内装物无撒漏。

b.柔性大宗包装：大宗包装本身及其提升装置无影响其运输和装卸安全性的破损，且内装物无撒漏。

（3）堆码试验

①适用范围：用于相互堆积存放的各种大宗包装。

②试验准备：大宗包装须充装至其最大允许总重。

③试验方法：大宗包装应底部向下置于坚硬平坦的地面，然后向其施加分布均匀的试验负荷至少 5 min。木质、纤维板和塑料大宗包装置于该测试负荷下的时间至少为 24 h。

④试验负荷的计算：施加到受试大宗包装的负荷须相当于其运输中上面堆码的相同大宗包装最大允许负荷总和的 1.8 倍。

⑤试验合格的标准：

a.除柔性大宗包装外的所有类型的大宗包装：大宗包装包括其底盘（若有）无导致运输不安全的永久变形且内装物无损失。

b.柔性大宗包装：无危及运输安全的包装毁损且内装物无损失。

（4）跌落试验

①适用范围：用于所有类型的大宗包装。

②试验准备：须对准备好供运输的大宗包装及其内包装和所采用的用品内包装进行试验，用于装运液体的内包装须充装至不低于其最大容量的 98%，装运固体的内包装须充装至不低于其最大容量的 95%。内包装设计用于装运液体和固体的大宗包装，须对其所装运的液态和固态内装物分别进行试验。在不影响试验结果的前提下，装入内包装的物质或装入大宗包装的物品可用其他材料或物品代替。如果采用其他内包装或物品，其物理性质（如质量等）须与拟运输的内包装或物品相同。可允许使用添加物，如铅粒袋，来达到包件总重的条件，但这种添加物的放置须保证不会影响试验的结果。

③试验方法：大宗包装须跌落到无弹性、水平、平坦、结实的刚性表面。跌落时应将大宗包装基部被认为最脆弱的部位作为冲击点。

④跌落高度：对于盛装液体或固体物质或物品的内包装，如果试验与要运输的液体、固体物品或其他物质或物品在本质上的特性相同，则跌落高度如表 3-25 所示。

表 3-25　跌落高度（一）

包装类 I	包装类 II	包装类 III
1.8 m	1.2 m	0.8 m

对于盛装液体的内包装，如果试验采用水，则：

a.当拟运输的物质的相对密度不超过 1.2 时，跌落高度如表 3-26 所示。

表 3-26　跌落高度（二）

包装类 I	包装类 II	包装类 III
1.8 m	1.2 m	0.8 m

b.如果拟运输的物质的相对密度超过 1.2，则跌落高度须根据拟运输物质的相对密度 d（精确到第一位小数），按照表 3-27 所示的要求计算得到。

表 3-27　跌落高度（三）

包装类 I	包装类 II	包装类 III
$d \times 1.5$ m	$d \times 1.0$ m	$d \times 0.67$ m

⑤试验合格的标准：

大宗包装须无可能影响运输安全的损害，内包装或物品的充装物质须无撒漏；装有第 1 类物品的大宗包装须无导致其内装的松散性爆炸性物质和物品撒漏的破损；当对一个大宗包装进行跌落试验时，如果内装物保持完整，即使关闭封闭装置后不再具有防漏能力，该样品仍通过试验。

4.发证和试验报告

（1）对于大宗包装的每一个设计类型须签发证书并进行标记，以证明该设计类型包括其设备符合试验要求。

（2）须向大宗包装的使用者提供一份试验报告，试验报告应至少包括以下内容：

①检验机构的名称和地址；

②申请人的姓名和地址（如适用）；

③专用的试验报告识别标志；

④试验报告的日期；

⑤大宗包装的生产商；

⑥关于大宗包装的设计类型的说明(如尺寸、材料、关闭装置、厚度等)和/或照片；

⑦最大容量/最大允许总重；

⑧试验内装物的特点,如使用的内包装或物品的类型和说明；

⑨试验说明和试验结果；

⑩签名(包括签字人姓名及身份)。

(3)试验报告须包括一个声明,说明准备用于运输的大宗包装已按照IMDG规则相关章节的相应规定进行了试验,使用其他的包装方法或组成部件会使其无效。试验报告的一份副本须送交有关当局。

（四）可移动罐柜

1.定义

(1)用于运输第1类和第3~9类物质的可移动罐柜是指一种多式联运罐柜。该罐柜包括一个运输危险货物所必需配有的辅助设备和结构设备的罐壳,其须在不必打开结构设备的前提下装卸货物。另外,在其壳体外部须有固定的结构部件,装满货后可被提升。罐柜的基本设计应确保其能被吊到运输车辆或船上,并配有制动装置、固定装置、提升装置以及机械装卸的附件。公路罐车、铁路罐车、非金属罐车和中型散装容器不属于可移动罐柜。

(2)用于运输第2类非冷冻液化气体的可移动罐柜是指容积大于450 L的多式联运罐柜。该罐柜包括罐壳和运输气体所需的辅助设备和结构设备。罐柜在充灌和排放时不必拆除结构设备。罐壳外部应配有稳性部件,在装满货物时可以被提升,应能装到运输车辆或船上,并配有便于机械装卸的制动件、构件或附件。公路罐柜、铁路罐柜、非金属罐柜、中型散装容器、气瓶和大宗容器不属于可移动罐柜。

(3)用于运输第2类冷冻液化气体的可移动罐柜是指容积大于450 L,且具有必需的辅助设备和结构设备的热绝缘多用途罐柜。该罐柜须在不必拆卸结构设备的前提下充灌和卸货。另外,在其壳体外部应有稳性部件,装满货后可被提升。罐柜的基本设计应确保其能被吊到运输车辆或船舶上,并配有方便机械作业的制动装置、构件和附件。公路罐车、铁路罐车、非金属罐柜和中型散装容器不属于可移动罐柜。

2.可移动罐柜的标记

每一个可移动罐柜均须在易于检查的、明显的地方永久性安装有防腐蚀的金属铭牌。如果可移动罐柜因设置等原因导致不能将铭牌永久安装在罐壳上,则罐壳上应至少标明压力容器规则中所要求的内容。铭牌上应以印戳或其他类似的方式标明如表3-28所示的内容。

不同种类的危险货物在使用可移动罐柜运输时的要求是有差异的,因此运输第1类和第3~9类物质的可移动罐柜、运输第2类非冷冻液化气体的可移动罐柜和运输第2类冷冻液化气体的可移动罐柜的标记内容也存在部分不同。标记铭牌示例如表3-28所示。

表3-28 标记铭牌示例表

所有人注册编号	
生产商信息	
生产国	
生产年份	

续表

		所有人注册编号		
		生产商		
		生产商系列号		
批准信息				
ⓤⓝ	批准国			
	设计批准授权机构			
	设计批准号		"AA"(如适用)	
罐柜设计原则(压力容器规则)				
压力				
	MAWP		bar 或 kPa	
	试验压力		bar 或 kPa	
初始试验日期	(mm/yyyy)		证明印戳	
	外部设计压力[a,b]		bar 或 kPa	
	加热/冷却系统的 MAWP(如适用)[a]		bar 或 kPa	
温度				
	设计温度范围[a,b]		℃	
	设计参考温度[b]		℃	
	最低设计温度[c]		℃	
材料				
	罐壳材料和材料参照标准			
	标准钢的等效厚度		mm	
	内衬材料(如适用)[a]			
容量				
	20 ℃时水容量		L	"S"(如适用)[a]
20 ℃时每个罐室水容量(如适用,对多间罐体)[a]			L	"S"(如适用)[a]
绝热[c]				
"热绝缘"或"真空绝热"(如适用)				
热汇集			W	
维持时间[c]				
允许运输的冷冻液化气体	参考持续时间		初始压力	充罐度
	天或 h		bar 或 kPa	kg

续表

所有人注册编号					
定期检查/试验					
试验类型	试验日期	证明印戳和试验压力[a,b]	试验类型	试验日期	证明印戳和试验压力[a,b]
	（mm/yyyy）	bar 或 kPa		（mm/yyyy）	bar 或 kPa

说明：

（1）"AA"：设计是在替代安排下批准的。

（2）MAWP：最大允许工作压力。

（3）"S"：如果罐体用防涌隔板划分成容积不超过 7 500 L 的部分,则用后缀"S"标明。

（4）a、b、c：a 表示该项仅适用于运输第 1 类和第 3~9 类物质的可移动罐柜;b 表示该项仅适用于运输第 2 类非冷冻液化气体的可移动罐柜;c 表示该项仅适用于运输第 2 类冷冻液化气体的可移动罐柜;表中没有标注 a、b、c 的各项均适用于上述三者。

此外,下列内容也应永久地标记于罐壳上或金属标牌上。

（1）对于运输第 1 类和第 3~9 类物质的可移动罐柜

①经营人的名称;

②最大允许总重(MPGM) ·· kg;

③空载(皮)重 ·· kg;

④按 IMDG 规则 4.2.5.2.6 规定的可移动罐柜说明。

（2）对于运输第 2 类非冷冻液化气体的可移动罐柜

①经营人的名称;

②允许装运的非冷冻液化气体名称;

③每一种允许运输的非冷冻液化气体的最大允许载荷 ················· kg;

④最大允许总重(MPGM) ·· kg;

⑤空载(皮)重 ·· kg;

⑥按 IMDG 规则 4.2.5.2.6 规定的移动罐柜说明。

（3）对于运输第 2 类冷冻液化气体的可移动罐柜

①所有人和经营人的名称;

②装运的冷冻液化气体的名称(最低平均散装温度);

③最大允许总重(MPGM) ·· kg;

④空载(皮)重 ·· kg;

⑤所运气体实际维持时间 ·· 天(或小时);

⑥按 IMDG 规则 4.2.5.2.6 规定的可移动罐柜说明。

3.可移动罐柜的设计批准

主管当局或其授权机构须对任何新设计的罐柜签发设计批准证书。证书须说明罐柜已经主管当局检验,并适合于拟定用途,符合 IMDG 规则相关章节的规定。如果所制造的一系列罐柜在设计上没有改变,则该证书对整个系列罐柜均有效。证书须提及原型试验报告、允许运输的某种物质或某些物质、罐壳的结构材料和内衬(如适用)和批准号。批准号须由批准国家的识别标志或标志组成,并由国际道路运输车辆上使用的识别标志和一个登记号码来标明。根据 IMDG 规则相关条款的规定所采取的任何替代安排均须在证书中表明。一种罐柜的设计批准可用来批准规格较小，但制造材料、厚度和技术相同，以及罐座、密封及其他附属设备都一样的罐柜。

4.可移动罐柜的检验和试验

根据 IMDG 规则的规定，可移动罐柜的罐壳和各设备部件需要经过一系列的检验和试验，包括初始检验和试验、2.5 年中间检验和试验、5 年定期检验和试验及特殊检验和试验，满足要求后才能正常使用。

（1）初始检验和试验

可移动罐柜的罐壳和各设备部件在投入使用前均应进行初始检验和试验。初始检验和试验包括对设计特点的检查、对内外部的检查，以及对根据所运物质而配置的附属设备的检查和压力试验。在可移动罐柜投入使用之前，还须进行防渗漏试验和对所有辅助设备是否能满足操作要求的试验，如果罐壳及其附件都已单独通过了压力试验，则应在装配到一起后再进行防渗漏试验。

（2）2.5 年中间检验和试验

2.5 年中间检验和试验可在规定之日后 3 个月之内完成。2.5 年中间检验和试验包括对内外部的检查，以及对根据所运物质而配置的附属设备的检查和压力试验及对附属设备是否能正常工作的试验。衬层、绝热层及类似的物质只需去除到能正确估计罐柜状况所要求的程度。对于指定运输某种单一物质的可移动罐柜，在主管当局或经授权机构的批准下，2.5 年中间检验和试验可以免除或用其他试验方法和检验程序代替。

（3）5 年定期检验和试验

5 年定期检验和试验包括对内外部的检查和压力试验。如果罐柜仅用于装运非有毒或腐蚀性的固体物质而且所运物质在运输过程中不会液化，则压力试验可以用经主管当局批准的在 1.5 倍于最大工作压力的状态下进行的压力试验来代替。衬层、绝热层及类似的物质只需去除到能正确估计罐柜状况所要求的程度。如果罐壳及其附件已经分别通过了压力试验，则须在装配到一起后再进行防渗漏试验。加热系统的检验和试验须包括对加热盘管和管路的压力试验。

在上个 5 年定期和 2.5 年中间检验届满或规定的试验到期后，可移动罐柜不得用于装罐和载运。但如果可移动罐柜在上个定期检验届满之前装罐，则可以载运一段时间，但不可超过上个定期检验届满后的 3 个月。此外，在下列情况下，可移动罐柜可以在上个定期检验届满后用于装运：

①已清空但未清洗，为了下次装罐而进行必要的检验和试验。

②除非另经主管当局批准，为了进行危险货物的回收和处理而运输时，其期限不超过最后检验和试验日期期满后 6 个月。免除条件应在运输单证中提及。

如果可移动罐柜错过了预定的 5 年定期或 2.5 年中间检验和试验的时限，则只有在按照相关规定进行新的 5 年定期检验和试验的情况下，才可装罐并提交运输。

（4）特殊检验和试验

如果有迹象表明罐柜损坏、腐蚀、渗漏或有其他影响罐柜完整性的缺陷，则须对罐柜进行特殊检验和试验。特殊检验和试验的范围取决于罐柜损坏或破损的程度，但至少应包括 2.5 年中间检验和试验的内容。

（五）多单元气体容器

用于运输非冷冻气体的多单元气体容器（MEGCs）是指用一个总管进行内部连接并组装在一个框架内的各种钢瓶、管状容器或钢瓶组的组合体。多单元气体容器包括气体运输所需的附属设备和构件。

1. 多单元气体容器的标记

每一个多单元气体容器均须在易于检查的、明显的地方以永久性方式安装防腐蚀的金属铭牌。各单元应按照 IMDG 规则的要求进行标记，如图 3-9 所示。MEGCs 铭牌上应以印戳或其他类似的方式标明如表 3-29 所示的内容。

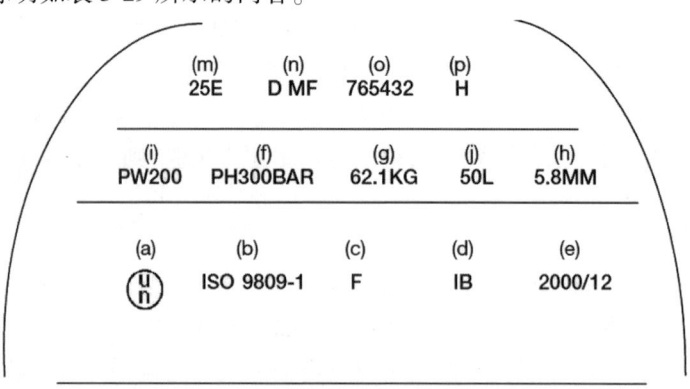

图 3-9　UN 可重复充灌压力容器标记示例

表 3-29　标记铭牌示例表

所有人注册编号			
生产商信息			
生产国			
生产年份			
生产商			
生产商系列号			
批准信息			
(un)	批准国		
	设计批准授权机构		
	设计批准号		"AA"（如适用）
罐柜设计原则（压力容器规则）			
压力			
试验压力			bar
初始试验日期	（mm/yyyy）	证明印戳	
温度			
设计温度范围			℃

续表

所有人注册编号					
单元和容量					
单元数					
水容量					L
定期检查/试验					
试验类型	试验日期	证明印戳	试验类型	试验日期	证明印戳
	（mm/yyyy）			（mm/yyyy）	

此外,下列内容须经久地标记于金属铭牌上:

①经营人的名称;

②最大允许负荷 …………………………………………………………… kg;

③15 ℃时的工作压力 ………………………………………………… bar gauge;

④最大允许总重(MPGM) …………………………………………………… kg;

⑤空载(皮)重 ……………………………………………………………… kg。

（1）UN 可重复充灌压力容器的标记

UN 可重复充灌压力容器应具有清晰的认证标记、作业标记和生产标记。这些标记须永久性(如采用印制、雕刻或蚀刻)附着于压力容器上。标记应位于压力容器的肩部、上端、颈部,或位于压力容器的永久性固定的附件(如焊接的颈套或焊接在封闭式低温容器外套管上的防腐板)上。

除 UN 可重复充灌压力容器的标记外,对于直径大于或等于 140 mm 的压力容器,该标记的最小尺寸须为 5 mm;对于直径小于 140 mm 的压力容器,标记的最小尺寸须为 2.5 mm。UN 标记的最小尺寸对于直径大于或等于 140 mm 的压力容器应为 10 mm,对于直径小于 140 mm 的压力容器应为 5 mm。

以图 3-9 为例,说明各标记的含义,其中认证标记位于最下面,作业标记位于中间,生产标记位于最上面。

①认证标记

（a）:联合国包装符号。

（b）:设计、制造和试验的技术标准,本示例中为 ISO 9809-1。

（c）:按国际道路运输车辆上使用的识别标志所标明的批准国的符号,本示例中为 F。

（d）:在标记批准国主管当局注册的检验机构的识别标记或印章,本示例中为 IB。

（e）:初始检验的日期,包括年份(四位数)和月份(两位数),年月之间用斜线(/)分开。本示例中为 2000/12。

②作业标记

（f）:以巴(bar)表示的试验压力,前面放字母 PH,后面放字母 BAR。本示例中的试验压力为 PH300BAR。

（g）:以千克(kg)表示的空压力容器质量,包括所有永久性固定的附件(如颈环、脚环等),

后接 KG。该质量不应包括阀、阀帽、阀护套、任何涂层，或用于乙炔气的多孔材料。质量应以四舍五入到最后一位的三位有效数字表示；如果容器质量小于 1 kg，则用四舍五入到最后一位的两位有效数字表示。如果是装运溶解的乙炔（UN 1001）和无溶剂的乙炔（UN 3374）的压力容器，则小数点后必须至少有一位数字；对于少于 1 kg 的压力容器，质量须用四舍五入到最后一位的两位有效数字表示。本示例中，空压力容器质量为 62.1KG。

（h）：以毫米（mm）表示的压力容器最低保证壁厚，后接 MM 字样。水容量小于或等于 1 L 的压力容器、复合气瓶及封闭式低温压力容器不要求此标记。本示例中壁厚为 5.8MM。

（i）：用于装运压缩气体、溶解的乙炔（UN 1001）和无溶剂的乙炔（UN 3374）的压力容器，以巴为单位的工作压力，前加字母 PW。如果是封闭式低温压力容器，则在最大作用工作压力前加字母 MAWP。本示例中的工作压力为 PW200。

（j）：对于液化气体及冷冻液化气体的压力容器，以升（L）表示水容量，以四舍五入到最后一位的三位有效数字表示，后接字母 L。如果最低水容量或名义水容量的值是一个整数，则小数点后的数字可省略。本示例中压力容器的水容量为 50L。

（k）：对于装运溶解的乙炔（UN 1001）的压力容器，空容器在充灌时不拆卸的装置和附件、任何涂层多孔材料、溶剂和饱和气体的总质量以四舍五入到最后一位的三位有效数字表示，后接"KG"字样。小数点后必须至少有一位数字；对少于 1 kg 的压力容器，质量须用四舍五入到最后一位的两位有效数字表示。

（l）：对于装运无溶剂的乙炔（UN 3374）的压力容器，空容器在充灌时不拆卸的装置和附件、任何涂层多孔材料的总质量以四舍五入到最后一位的三位有效数字表示，后接"KG"字样。小数点后必须至少有一位数字；对少于 1 kg 的压力容器，质量须用四舍五入到最后一位的两位有效数字表示。

③生产标记

（m）：气瓶螺纹的识别标记，封闭式压力容器不必标注此标记。本示例中为 25E。

（n）：制造商在主管机关的注册标记。如果生产国不是批准国，则须在制造商的标记前注明生产国的识别符号，以国际道路运输中车辆的识别标记表示。国家标记和制造商标记之间须用空格或斜杠分开。本示例中为 D MF。

（o）：生产商分配的系列号。本示例中为 765432。

（p）：对于拟运输具有氢脆危险（有可能使钢在氢的作用下变脆的危险）气体的钢质压力容器和具有钢质内衬的复合压力容器，标明 H 以表示钢的相容性。本示例中为 H。

（q）：对于具有有限设计寿命的复合气瓶和管，字母 FINAL 后紧跟设计寿命的年份（四位数字）和月份（两位数字），年份和月份间用/分隔。

（r）：对于设计寿命大于 15 年和无限使用的复合气瓶和管，字母 SERVICE 后紧跟制造15 年后的制造日期（初始检验），以年份（四位数字）和月份（两位数字）表示，年份和月份间用/分隔。

（2）多单元气体容器铭牌内容

用于运输非冷冻气体的多单元气体容器上安放的铭牌应标示的内容如表 3-29 所示。

2.多单元气体容器的设计批准

主管当局或其授权机构应对任何新设计的 MEGC 签发设计批准证书。证书须说明 MEGC 已经主管当局的检验，适合于拟定用途，符合 IMDG 规则相关章节的规定。如果所制造的一系列 MEGC 在设计上没有改变，则该证书对整个系列 MEGC 均有效。证书须提及原型试验报告、歧管的制造材料、单元制造的标准和批准号。批准号须由批准所在国家的识别标志或标记组成,并由国际道路运输车辆上使用的识别符号和一个登记号码来标明。根据相关规定所采取的任何替代安排均须在证书中标明。对一种规格 MEGC 所进行的设计批准可用来批准规格较小、制造材料、厚度和技术相同座架、等同关闭装置及其他附属设备的 MEGC。

3.多单元气体容器的检验和试验

多单元气体容器的检验和试验包括初始检验和试验、5 年定期检验和试验,以及特殊检验和试验。

(1)初始检验和试验

每个 MEGC 的单元和各设备部件在投入使用前均应进行初始检验和试验,内容包括对设计性能的检查,针对拟运输的气体的外部及附属设备的检查,并根据 P200 包装导则,采用试验压力进行的压力试验。对歧管的压力试验可作为一项液压试验或采用经主管当局或其授权机构批准的其他液体或气体进行。在 MEGC 投入使用之前,还须进行防渗漏试验和对所有辅助设备是否能满足操作要求的测试。如果各单元及其附件已经分别通过了压力试验,则须在装配到一起后,再进行防渗漏试验。

(2)5 年定期检验和试验

每个 MEGC 投入使用后,在不超过 5 年的时间内需进行一次定期检验和试验。5 年定期检验和试验包括对结构、单元及其附属设备的外部检查。各单元和管路应按照 P200 包装导则规定的期限,根据规定进行试验。如果各单元及其附件已经分别通过了压力试验,则须在装配到一起后,再进行防渗漏试验。

(3)特殊检验和试验

如果有迹象表明 MEGC 损坏、腐蚀、渗漏或有其他影响 MEGC 完整性的缺陷时,必须对 MEGC 进行特殊检验和试验。特殊检验和试验的范围取决于罐柜损坏或变形的程度。对于特殊检验和试验可根据需要进行而不必考虑上次定期检验和试验。

(六)散装容器

根据设计、构造、检验和试验要求的不同,散装容器分为帘布式散装容器(BK1)、封闭式散装容器(BK2)和柔性散装容器(BK3)三种。

1.作 BK1 或 BK2 散装容器使用的集装箱

(1)设计和构造要求

①如果散装容器符合 ISO 1496-4 "第 1 系列集装箱　规范与试验　第 4 部分:非压力式的干散装货物容器"中的规定并且是防撒漏的,则认为其符合 IMDG 规则中对散装容器设计与构造的规定。

②按 ISO 1496-1 "第 1 系列集装箱　规范与试验　第 1 部分:杂货容器"设计与试验的容器,应配备操作设备包括与容器的连接设备,从而加强其端壁强度和改善其纵向强度,以符合 ISO 1496-4 中的有关要求。

③散装容器应是防撒漏的。若利用衬里使其防撒漏,则这种衬里须用合适材料制成。衬里所使用的材料和衬里的结构须与容器的容积和用途相适应。衬里的连接部位和封闭部位须能承受正常装卸和运输过程产生的压力和撞击。对于通风式的散装容器,其衬里不得妨碍通风装置的工作。

（2）试验与检验

用作和符合条件作为散装容器使用的货运集装箱,应按《1972 年国际集装箱安全公约》（简称 CSC 公约）及其修正案进行试验和批准,并按公约规定进行定期检验。

（3）标记

用作散装容器使用的货运集装箱,应按 CSC 公约的规定安装"安全认可牌"。

2.除集装箱外的 BK1 或 BK2 散装容器

（1）此类散装容器在设计与构造上须具有足够的强度,以承受其在正常运输以及不同运输方式换装中所产生的冲击和载荷;并应得到主管当局的批准,其证书中应包括规定的散装容器的类别,必要时,还应包括检验和试验规定。

（2）若装运危险品需使用衬里,则衬里须满足相关规定。

（3）运输文件中须声明:"经……主管当局批准的散装容器 BK1 或 BK2。"

3.BK3 柔性散装容器

（1）设计与构造要求

①柔性散装容器必须防撒漏。

②柔性散装容器必须能够完全封闭,防止内装物泄漏。

③柔性散装容器必须防水。

④柔性散装容器直接接触危险货物的部分不得受危险货物的影响或明显降低性能,不得造成危险效应,不得允许在正常运输条件下因危险货物的渗透而可能构成危险。

（2）试验要求

每种柔性散装容器的设计型号在投入使用之前,必须通过相应的各项试验。每次改变设计型号,即改动柔性散装容器的设计、材料或构造方式后,均须再次进行试验。试验时,应装至其最大使用容量,且内装物均匀分布。柔性散装容器运输的物质,可用其他物质代替,除非这样做会使试验结果失效。当使用另一种物质代替时,该物质必须与待运物质具有相同的物理特性(如重量、颗粒大小等)。允许使用添加物,如铅粒包,以达到要求的包件总重量,只要它们放的位置不会影响试验结果。

柔性散装容器的制造和试验,必须符合主管当局要求的质量保证方案,以确保每一制造的柔性散装容器均达到要求。

（3）试验项目

柔性散装容器的试验项目包括跌落试验、顶部提升试验、倒塌试验、正位试验、扯裂试验和堆码试验。

①跌落试验

a.适用范围:作为一项设计型号试验,适用于所有的柔性散装容器。

b.试验的准备:柔性散装容器应装至其最大允许负荷。

c.试验方法:柔性散装容器跌落到无弹性的水平表面。目标表面应满足下列要求:是一个厚重的整体,且不易移动;平坦,表面无可能影响试验结果的局部缺陷;足够坚硬,在试验条件下不变形,不会因试验造成损坏;足够大,保证试验柔性散装容器完全落在其表面上。

跌落后将柔性散装容器恢复到直立位置进行观察。

d.跌落高度:Ⅲ类包装,0.8 m。

e.试验合格标准:无内装物损失。撞击后有少量内装物自封口处或缝合处渗出,但在柔性散装容器恢复直立状态后没有继续外漏,这种情况应被认为合格。没有造成为救助或处置而运输的柔性散装容器不安全的损坏。

②顶部提升试验

a.适用范围:作为一项设计型号试验,适用于所有的柔性散装容器。

b.试验准备:柔性散装容器装至其最大净重的 6 倍,内装物均匀分布。

c.试验方法:将柔性散装容器按其设计方式提起至离开地面,并在该位置停留 5 min。

d.试验合格标准:柔性散装容器或其提升装置没有会影响运输或搬运安全的损坏,无内装物损失。

③倒塌试验

a.适用范围:作为一项设计型号试验,适用于所有的柔性散装容器。

b.试验准备:柔性散装容器装至其最大允许负荷。

c.试验方法:从距离着地边最远的一面将柔性散装容器提起,使其顶部的任何部位倾覆,着落在无弹性的水平表面上。冲击表面应满足下列要求:是一个厚重的整体,且不易移动;平坦,表面无可能影响试验结果的局部缺陷;足够坚硬,在试验条件下不变形,不会因试验造成损坏;足够大,保证试验柔性散装容器完全落在其表面上。

d.倒塌高度:Ⅲ类包装,0.8 m。

e.试验合格标准:无内装物损失。撞击后有少量内装物自封口处或缝合处渗出,只要不继续渗漏,则认为这种情况合格。

④正位试验

a.作为一项设计型号试验,适用于各种从顶部或侧面提升的柔性散装容器。

b.试验准备:柔性散装容器被充装至不低于其容量的 95%,且达到其最大允许负荷。

c.试验方法:柔性散装容器侧面向下平放在地上,使用不超过半数的提升装置以至少 0.1 m/s 的速度将其提升至直立状态,脱离地面。

d.试验合格标准:柔性散装容器或其提升装置没有会影响运输或搬运安全的损坏。

⑤扯裂试验

a.适用范围:作为一项设计型号试验,适用于所有的柔性散装容器。

b.试验准备:柔性散装容器装至其最大允许负荷。

c.试验方法:将柔性散装容器置于地面,划开一道 300 mm 的口子,完全穿透柔性散装容器宽面壁的所有层面。切口应与柔性散装容器的主轴成 45°角,位于底部表面与内装物顶部表面之间。然后对柔性散装容器施加相当于最大许可总重 2 倍的叠加载荷,载荷应均匀分布。此叠加载荷必须持续至少 15 min。设计为顶部提升或侧面提升的柔性散装容器,在解除叠加载荷后,还应提离地面,保持悬空至少 15 min。

d.试验合格标准:切口的扩大程度不得超过其原长度的 25%。

⑥堆码试验

a.适用范围:作为一项设计型号试验,适用于所有的柔性散装容器。

b.试验准备:柔性散装容器装至其最大允许负荷。

c.试验方法:对柔性散装容器顶部表面施力,力度相当于其设计载荷能力的 4 倍,持续 24 h。

d.试验合格标准:试验过程中及移开载荷后内装物无损失。

(4)试验报告

试验完成后,应向柔性散装容器的使用者提供一份试验报告,试验报告至少应包括以下内容：

①检验机构的名称和地址；

②申请人的姓名和地址（如适用）；

③专用的试验报告识别标志；

④试验报告的日期；

⑤柔性散装容器的生产商；

⑥柔性散装容器设计类型的说明（如尺寸、材料、关闭装置、厚度等）和/或照片；

⑦最大容量/最大允许总重；

⑧试验内装物的特点，如固体的颗粒大小；

⑨试验说明和试验结果；

⑩试验报告必须签字（包括签字人的姓名和身份）。

（5）包装标记

准备投入使用的每个柔性散装容器，均应附加标记。标记应耐久、清楚，贴在易于看到的地方。字母、数字和符号的高度至少应为 24 mm。柔性散装容器包装标记示例如图 3-10 所示。

BK3/Z/11 09
RUS/NTT/MK-14-10
56000/14000

图 3-10　柔性散装容器包装标记示例

①联合国包装符号 (un)。

②编码 BK3，表示柔性散装容器。

③包装类代码。Z 表示仅能作Ⅲ类包装。

④生产月份和年份（最后两个数字）。本示例中的 11 09 表示 2009 年 11 月。

⑤批准分配标记的国家识别符号。本示例中为 RUS。

⑥生产商的名称或标记，以及有关当局规定的柔性散装容器的其他识别标志。本示例中为 NTT/MK-14-10。

⑦以千克（kg）表示的堆码试验负荷和最大许可总重。本示例中依次为 56000 和 14000。

（七）包装的特殊形式

由于第 6.2 类包装感染性物质和第 7 类放射性材料本身的特殊性质，其包装除满足 IMDG 规则中有关包装的一般要求外，还必须满足其物质特性的特殊规定。

1. 第 6.2 类感染性物质包装

感染性物质包装在标记时必须注明"第 6.2 类"字样。如果感染性物质的包装满足 IMDG 规则中有关要求，则须在包装指定代码后面加入大写拉丁字母 U。

感染性物质的发货人须确保其包装件制作足以使其以良好的状态抵达目的港，而且在运输过程中不会对人和动物构成危害。空包装在送还发货人或送到任何地方之前，须进行彻底灭菌和消毒，并清除标志和标记。

2. 第 7 类放射性材料包装

放射性材料包装是指完全包住放射性内装物所必需的各部件的组合体，可能包括一层或

多层容器、吸收材料、间隔构件、辐射屏蔽层和各种辅助设备和装置等,主要形式包括:

(1)空运包装件;

(2)例外包装件;

(3)工业包装件(包括 IP-1、IP-2、IP-3 三种);

(4)装六氟化铀的包装件;

(5)A 型包装件;

(6)B(U)型包装件;

(7)B(M)型包装件;

(8)C 型包装件;

(9)盛装裂变物质的包装件。

放射性材料包装件按照 IMDG 规则的要求,须满足放射性活度、表面污染物、射线的辐射限量等要求,并且在大多数的情况下,放射性材料包装件的运输需要主管机关签发批准运输证明书方可使用。

六、危险货物包装检验管理

1.包装检验管理规定

(1)中华人民共和国进出口商品检验法

《中华人民共和国进出口商品检验法》第 17 条规定:为出口危险货物生产包装容器的企业,必须申请商检机构(海关)进行包装容器的性能鉴定。生产出口危险货物的企业,必须申请商检机构(海关)进行包装容器的使用鉴定。使用未经鉴定合格的包装容器的危险货物,不准出口。

(2)中华人民共和国进出口商品检验法实施条例

《中华人民共和国进出口商品检验法实施条例》第 29 条规定:出口危险货物包装容器的生产企业,应当向出入境检验检疫机构(海关)申请包装容器的性能鉴定。包装容器经出入境检验检疫机构(海关)鉴定合格并取得性能鉴定证书的,方可用于包装危险货物。

出口危险货物的生产企业,应当向出入境检验检疫机构(海关)申请危险货物包装容器的使用鉴定。使用未经鉴定或者经鉴定不合格的包装容器的危险货物,不准出口。

(3)危险化学品安全管理条例

《危险化学品安全管理条例》第 6 条第 3 款规定:质量监督检验检疫部门负责核发危险化学品及其包装物、容器(不包括储存危险化学品的固定式大型储罐,下同)生产企业的工业产品生产许可证,并依法对其产品质量实施监督,负责对进出口危险化学品及其包装实施检验。

第 18 条规定:生产列入国家实行生产许可证制度的工业产品目录的危险化学品包装物、容器的企业,应当依照《中华人民共和国工业产品生产许可证管理条例》的规定,取得工业产品生产许可证;其生产的危险化学品包装物、容器经国务院质量监督检验检疫部门认定的检验机构检验合格,方可出厂销售。

运输危险化学品的船舶及其配载的容器,应当按照国家船舶检验规范进行生产,并经海事管理机构认定的船舶检验机构检验合格,方可投入使用。

对重复使用的危险化学品包装物、容器,使用单位在重复使用前应当进行检查;发现存在安全隐患的,应当维修或者更换。使用单位应当对检查情况做出记录,记录的保存期限不得少于2年。

（4）放射性物品运输安全管理条例

《放射性物品运输安全管理条例》第4条规定：国务院核安全监管部门对放射性物品运输的核与辐射安全实施监督管理。国务院公安、交通运输、铁路、民航等有关主管部门依照本条例规定和各自的职责，负责放射性物品运输安全的有关监督管理工作。

县级以上地方人民政府环境保护主管部门和公安、交通运输等有关主管部门，依照本条例规定和各自的职责，负责本行政区域放射性物品运输安全的有关监督管理工作。

第5条规定：运输放射性物品，应当使用专用的放射性物品运输包装容器（以下简称运输容器）。

放射性物品的运输和放射性物品运输容器的设计、制造，应当符合国家放射性物品运输安全标准。

国家放射性物品运输安全标准，由国务院核安全监管部门制定，由国务院核安全监管部门和国务院标准化主管部门联合发布。国务院核安全监管部门制定国家放射性物品运输安全标准，应当征求国务院公安、卫生、交通运输、铁路、民航、核工业行业主管部门的意见。

（5）放射性物品运输安全监督管理办法

中华人民共和国生态环境部制定实施的《放射性物品运输安全监督管理办法》第3条规定：国务院核安全监管部门负责对全国放射性物品运输的核与辐射安全实施监督管理，具体职责为：

①负责对放射性物品运输容器的设计、制造和使用等进行监督检查；

②负责对放射性物品运输过程中的核与辐射事故应急给予支持和指导；

③负责对放射性物品运输安全监督管理人员进行辐射防护与安全防护知识培训。

第4条规定：省、自治区、直辖市环境保护主管部门负责对本行政区域内放射性物品运输的核与辐射安全实施监督管理，具体职责为：

①负责对本行政区域内放射性物品运输活动的监督检查；

②负责在本行政区域内放射性物品运输过程中的核与辐射事故的应急准备和应急响应工作；

③负责对本行政区域内放射性物品运输安全监督管理人员进行辐射防护与安全防护知识培训。

（6）船舶载运危险货物安全监督管理规定

交通运输部颁发的《船舶载运危险货物安全监督管理规定》第12条规定：拟交付船舶载运的危险货物包装，其性能应当符合相关法规、技术规范以及国际公约规定，并依法取得相应的检验合格证明。

第13条规定：拟交付船舶载运的危险货物使用新型或者改进的包装类型，应当符合《国际海运危险货物规则》有关等效包装的规定，并向海事管理机构提交该包装的性能检验报告、检验证书或者文书等资料。

第14条规定：载运危险货物的船用集装箱、船用可移动罐柜等货物运输组件和船用刚性中型散装容器，应当经国家海事管理机构认可的船舶检验机构检验合格，方可用于船舶运输。

2. 出口危险货物包装检验机构

对于出口危险货物的包装的检验，根据其种类的不同由不同的检验机构或部门负责。

（1）包装（盛装第2类货物的压力容器、第6.2类和第7类危险货物包装除外）和柔性中型散装容器的检验由海关负责。根据上述管理规定,出口危险货物应进行包装容器的性能鉴定和使用鉴定,获得"出入境货物包装性能检验结果单""出境危险货物运输包装使用鉴定结果单",即行业中所称的"危包证"。使用未经鉴定合格的包装容器的危险货物,不准出口。

首先由危险货物包装容器生产企业向海关申请性能检验,获得"出入境货物包装性能检验结果单";其有效期是自包装生产之日起计算不超过 12 个月,超过有效期的包装容器需再次进行性能检验,有效期自检验完毕日期起计算不超过 6 个月。

然后由出口危险货物的生产企业向海关申请使用鉴定,获得"出境危险货物运输包装使用鉴定结果单";其有效期是自危险货物灌装之日计算,其中:盛装第 8 类危险货物及带有腐蚀性副危险性的危险货物包装的使用鉴定结果单有效期为 6 个月,其他危险货物包装的使用鉴定结果单有效期为 12 个月。

(2)盛装第 2 类货物的压力容器的检验由国家市场监督管理部门批准的检验机构负责。如特种设备监督检验所或具有 CNAS 认证的相应资质的第三方机构可以对盛装海上运输危险货物的压力容器进行检验,并出具压力容器检验合格证明。

(3)第 6.2 类危险货物包装的检验由海关或其指定的相关机构负责。

(4)第 7 类危险货物包装的检验由核安全管理部门或具有相应资质的机构负责。

(5)船用集装箱、可移动罐柜等货物运输组件和船用刚性中型散装容器的检验由船舶检验机构负责,在我国由中国船级社进行。中国船级社还出具检验证书,并与危险货物安全适运报告一起提交给海事管理机构。

海事管理机构作为海运危险货物的主管机关,对危险货物报告单、包装检验合格证明等进行审查,验证各种单证填写的规范性、证件的有效性等。

第三节 危险货物运输标志和单证

拟交付运输的包装危险货物应具有适当的标志和运输单证,或满足 IMDG 规则相关章节要求的运输条件。

一、包装危险货物的标志

为了保障危险货物的安全运输,使相关人员在任何时候、任何情况下都能对所涉及的危险货物迅速加以识别,引起警觉,并采取相应的安全措施和应急措施,托运人将危险货物交付运输时,必须保证该货物具有正确的危险货物标志。危险货物标志由标记、标签和标牌组成,其中包件(包括中型散装容器)需要标示或张贴标记和标签,货物运输组件和散装容器需要标示或张贴标记和标牌。

(一)包件的标记和标签

1.标记

标记(Mark)是指按 IMDG 规则的规定在危险货物包件外表面标示或张贴的简单文字、符号或图案,主要包括危险货物的正确运输名称(Proper Shipping Name,简称 PSN)、联合国编号

（UN No.）、1.4S 标记。

（1）正确运输名称和联合国编号

每个危险货物包件均应标有正确运输名称和冠以字母 UN 的相应的联合国编号。联合国编号和字母 UN 的高度至少为 12 mm；容积在 30 L 及以下或最大净重在 30 kg 及以下的包件和容积在 60 L 及以下的气瓶，其高度至少为 6 mm；5 L 或 5 kg 以下的包件，应采用适当的尺寸。图 3-11 中的 CYMENES 为货物的正确运输名称，UN 2046 为货物的联合国编号。

（2）1.4S 标记

对于第 1.4 类 S 配装类的爆炸品，其分类和配装类的数字和字母均应标示出来，除非 1.4S 的标签已经显示。

上述标记应满足以下要求：

①须清晰可见且易识别。

②须做到在海水中浸泡 3 个月以上标记内容仍清晰可辨。在考虑适当的标记方法时，还须考虑所用包装材料及包件表面的耐久性。

③须和包件外表面的背景形成鲜明的颜色对比。

④不得与可能大大降低其效果的其他包件标志放在一起。

⑤大宗救助包装和救助压力容器还须额外标有"救助"（SALVAGE）字样。"救助"或"SALVAGE"字样标记高度至少为 12 mm。

⑥容量超过 450 L 的中型散装容器和大宗包装须在相对的两侧做标记。

图 3-11　桶装包件及标志

此外，还有一些专门用途的特殊标记，如海洋污染物标记、第 7 类放射性材料的三叶形符号标记、指示箭头（方向标记）、锂电池标记、钠离子电池标记、限量标记、可免除量标记等，其标示或张贴的要求和尺寸标准在 IMDG 规则中均有明确的规定。

（3）海洋污染物标记

装有海洋污染物的包件，应持久地张贴如图 3-12 所示的海洋污染物标记。标记应为与平面成 45°角的正方形（菱形），符号（树和鱼）应为黑色或白色或与背景颜色反差鲜明的颜色，标记尺寸至少为 100 mm×100 mm，形成菱形图形的线最小宽度为 2 mm。由于包装的尺寸原因，标记尺寸和线宽可以适当变小，但应能清晰地显示。

图 3-12 海洋污染物标记

（4）第 7 类放射性材料的三叶形符号标记

对于每一 B（U）型、B（M）型或 C 型包件，应在其最外层的耐火、防水容器表面，以凹凸印、压印或其他耐火和防水的方法醒目地标示出如图 3-13 所示的三叶形符号标记。

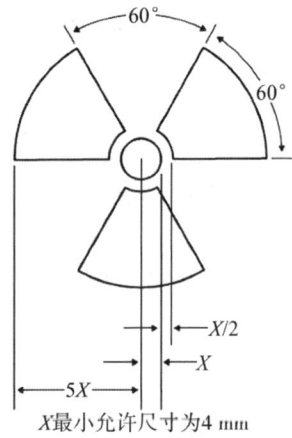

X 最小允许尺寸为 4 mm

图 3-13 三叶形符号标记

（5）指示箭头

满足下列条件的包件应明显地标示出如图 3-14 所示的指示箭头标记：

①内包装盛有液体危险货物的组合包装；

②装有通气孔的单一包装；

③拟装运冷冻液化气体的封闭式或开放式低温容器；

④含有液体危险货物的机器或装置，当要求确保该液体危险货物保持在其指定的方向时。

方向标记应张贴在包件外相对的两个竖直面上，箭头笔直地指着正确的方向。两个箭头应为黑色或红色，底色为白色或与箭头对比鲜明的其他颜色；整个标记应为长方形，大小与包件相称，可以自由选择是否在箭头四周画一个长方形的边缘线。

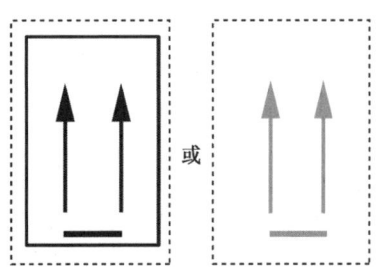

或

图 3-14 指示箭头标记

以下情况不需要指示箭头：

①内装压力贮器的外容器(低温容器除外)；

②装有危险货物的内包装置于外包装中,每个内包装的装载量不超过 120 mL,内包装与外包装之间有足够的吸收材料,足以吸收全部液体内装物；

③装载量不足 50 mL 的装有第 6.2 类感染性物质主容器的外包装；

④含有第 7 类放射性材料的 IP-2 型、IP-3 型、A 型、B(U)型、B(M)型或 C 型的包件；

⑤所载物品在任何方向上都不会漏出的外包装(如温度计中的酒精或汞、气雾剂等)；

⑥所装危险货物密封在内包装中的外包装,每个内包装装载量不超过 500 mL。

用于指示包件正确放置方向以外的箭头不得张贴在该标记的包件上。

(6)锂电池和钠离子电池标记

装有锂电池和钠离子电池的包件应按照 IMDG 规则特殊规定 188 的要求进行标记,即满足如下条件的每个包件外包装上均要张贴如图 3-15 所示的锂电池和钠离子电池专属标记,图中" * "位置为必须标注的 UN 编号,如 UN 3040、UN 3041、UN 3090、UN 3091、UN 3480 等。当包件内含有联合国编号不相同的锂电池单体或电池组时,所有适用的联合国编号应在一个或多个标记上标明。

①包件内锂金属电池中的锂含量不超过 1 g,锂金属电池组中锂含量不超过 2 g；

②包件内锂离子电池或钠离子电池功率不超过 20 Wh,锂离子电池组或钠离子电池组功率不超过 100 Wh。

但当包件内仅有安装在设备中的纽扣电池(包括电路板)或当托运货物中不超过两个包件且每一包件内仅有不超过四个安装在设备中的电池或两个电池组时,免除图 3-15 所示标记。

图 3-15　锂电池和钠离子电池专属标记

满足特殊规定 188 的盛装锂电池和钠离子电池的包件,其包装要求仅进行跌落高度为 1.2 m 的跌落试验,不需要进行其他性能试验。除非被安装在设备中或与设备包装在一起,否则包件总重应不超过 30 kg。

锂电池和钠离子电池专属标记应在矩形阴影轮廓线内,其尺寸至少为 100 mm 宽×100 mm 高,阴影线宽为 5 mm,电池符号须为白底黑色图案,阴影线须为红色。如果包件尺寸有特殊要求,尺寸可以减小到不少于 100 mm 宽×70 mm 高。

(7)限量标记

为了减少危险货物海运过程中的环节,降低相关要求,以便于快捷、经济地完成货运任务,IMDG 规则在保证安全的前提下,提出了限量危险货物运输的概念。

在运输某一种危险货物时,在采用包装方面,用许多小包件替代大包件,然后将这些小包件置于一个结实的外包装内,并在外包装内添加吸收剂材料,可以使用中间包装,从而相对降低潜在的危害或危险性。具体货物的单个小包件的重量限值可查取 IMDG 规则危险货物一览表 7(a)栏,普通包件总重不得超过 30 kg,特殊包件(其内包装为玻璃、陶瓷、粗陶瓷或某些塑料等材料制成的易碎或易破的内包装,且应置于满足相关要求的中间包装内)总重不得超过 20 kg。按照此标准运输的危险货物,可以免除或降低许多积载与隔离、标志等条款的要求,且其包装不需要进行性能试验。

但并非所有的危险货物均可以作为限量危险货物运输,若某种危险货物条目在 IMDG 规则危险货物一览表 7(a)栏中显示"0",则表示该货物不允许作为限量危险货物运输,如第 1 类爆炸品(部分第 1.4S 配装类货物除外),具有易燃、腐蚀、氧化或毒性危险的第 2 类气体(UN 1950 除外),第 4.1 类退敏爆炸品,第 4.2 类易自燃物质,要求控制温度的第 5.2 类有机过氧化物,第 6.2 类感染性物质,第 7 类放射性材料;包装类 I 的危险货物(UN 1139、UN 1210、UN 1263、UN 1267、UN 1268、UN 1863、UN 1866、UN 3295 可进行限量危险货物运输,但限量为 500 mL),第 9 类物质中的干冰、鱼粉、石棉、救生设备、锂电池和锂电池组、GMOs&GMMOs、高温物质、气囊充气器或气囊装置或椅座安全带预张紧装置、熏蒸状态下的货物运输组件等。

限量危险货物包件外包装上仅需张贴如图 3-16 所示的限量危险货物标记,免除正确运输名称、联合国编号、标签、海洋污染物标记(如适用)。图 3-16(b)中带 Y 的为空运限量标记。

限量标记须为 45°角倾斜的正方形(菱形)。顶部、底部和边缘为黑色,中间区域为白色或与背景形成鲜明反差的适当颜色。最小尺寸为 100 mm×100 mm,正方形线的最小宽度为 2 mm。如果包件尺寸受限,则尺寸可减小至 50 mm×50 mm,但须确保内容清晰可辨,同时正方形线的最小宽度可减小至 1 mm。

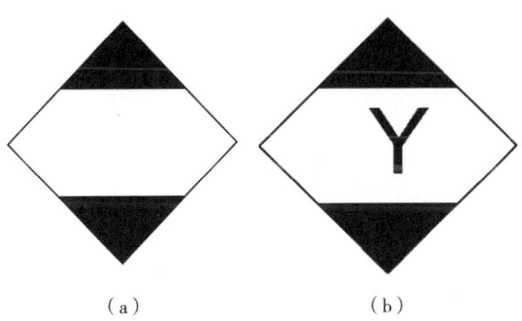

（a）　　　　　　　　　（b）

图 3-16　限量危险货物标记

(8)可免除量标记

某些类别的包装危险货物在托运时,若其内包装和外包装的数量小于规定的限值,则其危险性将进一步降低,因此在满足规则关于包装、单证、培训、标记的要求外,其他运输要求可以免除,但是其包装要求较限量危险货物的包装严格。盛装限量危险货物的包装不需要进行性能试验,但盛装可免除量危险货物的包装需要经过跌落高度为 1.8 m 的跌落试验和堆码试验,且应使用内、中、外三层的组合包装。

可免除量危险货物内、外包装数量限值与代码如表 3-30 所示,如果不同代码的可免除量危险货物放在一个外包装内,则该外包装的最大量按最严格的代码限制。具体货物应遵循的代码可查取 IMDG 规则危险货物一览表 7(b)栏。任何货物运输组件内含有的可免除量危险货物包件的数目应不超过 1 000 件。

表 3-30　可免除量危险货物内、外包装数量限值与代码表

编码	每个内包装最大净重 （固体用 g 表示，液体和气体用 mL 表示）	每个外包装最大净重 （固体用 g 表示，液体和气体用 mL 表示， 混合包装用 g 和 mL 之和表示）
E0	不允许作为可免除量	
E1	30	1 000
E2	30	500
E3	30	300
E4	1	500
E5	1	300

说明：表中的可免除量代码为 E1、E2、E4 和 E5 的危险货物如果同时满足以下条件，则不适用 IMDG 规则的规定：

①每个内包装中所含物质的最大净数量，液体和气体限于 1 mL，固体限于 1 g。

②满足可免除量危险货物包装的相关规定，且当内包装已稳妥地装入带衬垫材料的外包装，在正常运输条件下不会出现破裂、穿孔或内装物泄漏时，则无须中间包装。对于液态危险货物，外包装须含有足够的吸收材料，可吸收内包装的全部内装物。

③已满足可免除量有关包装试验的规定。

④每个外包装中的危险货物的最大净重，固体不超过 100 g，液体不超过 100 mL。

但并非所有的危险货物均可以作为可免除量危险货物运输，若某种危险货物条目在IMDG 规则危险货物一览表 7(b)栏中显示"E0"，则表示该货物不允许作为可免除量危险货物运输。

可免除量危险货物包件应张贴如图 3-17 所示的可免除量标记。标记应为正方形，阴影线和符号应是相同的颜色，如黑色或红色，标记在白色或适当反差的背景上。最小尺寸为100 mm×100 mm。如图 3-17 所示，"＊"位置显示类别或小类；"＊＊"位置显示发货人或收货人名称（如果未在包件的其他位置显示，则应显示在此处）。

图 3-17　可免除量标记

2.标签

标签（Label）又称图案标志，是指以规定的色彩、图案、符号和数字绘成的菱形标志，用以醒目、明了地标示出货物的危险特性。第 1 类至第 9 类危险货物的标签图例见表 3-31。

表 3-31　包件标签图例

第 1 类：爆炸品

标志编号	类别及小类	符号和符号颜色	底色	底角数字及数字颜色	标志图例	备注
1	1.1、1.2、1.3 小类	爆炸的炸弹：黑色	橙色	1 黑色		* 属于小类的位置：如果爆炸性属于副危险性则留空； * 属于配装类的位置：如果爆炸性属于副危险则留空
1.4	1.4 小类	1.4：黑色 数字须高 30 mm，字体笔画的宽度约 5 mm （对于 100 mm×100 mm 的标志）	橙色	1 黑色		* 属于配装类的位置
1.5	1.5 小类	1.5：黑色 数字须高 30 mm，字体笔画的宽度约 5 mm （对于 100 mm×100 mm 的标志）	橙色	1 黑色		* 属于配装类的位置
1.6	1.6 小类	1.6：黑色 数字须高 30 mm，字体笔画的宽度约 5 mm （对于 100 mm×100 mm 的标志）	橙色	1 黑色		* 属于配装类的位置

船载危险货物申报员和集装箱装箱现场检查员培训教程（第二版）

第2类：气体

标志编号	类别及小类	符号和符号颜色	底色	底角数字及数字颜色	标志图例	备注
2.1	第2.1类 易燃气体（另有规定的除外）	火焰:黑色或白色	红色	2 黑色或白色		—
2.2	第2.2类 非易燃、无毒气体	气瓶:黑色或白色	绿色	2 黑色或白色		—
2.3	第2.3类 有毒气体	骷髅和交叉骨:黑色	白色	2 黑色		—

第3类：易燃液体

标志编号	类别及小类	符号和符号颜色	底色	底角数字及数字颜色	标志图例	备注
3	—	火焰:黑色或白色	红色	3 黑色或白色		—

196

第4类:易燃固体,易自燃物质,遇水放出易燃气体的物质

标志编号	类别及小类	符号和符号颜色	底色	底角数字及数字颜色	标志图例	备注
4.1	第4.1类:易燃固体、自反应物质、固体退敏爆炸品和聚合性物质	火焰:黑色	白色加上7条红色竖直条带	4 黑色		—
4.2	第4.2类:易自燃物质	火焰:黑色	上半部为白色,下半部为红色	4 黑色		—
4.3	第4.3类:遇水放出易燃气体的物质	火焰:黑色或白色	蓝色	4 黑色或白色		—

第 5 类：氧化性物质和有机过氧化物

标志编号	类别及小类	符号和符号颜色	底色	底角数字及数字颜色	标志图例	备注
5.1	第 5.1 类：氧化性物质	圆圈上带有火焰：黑色	黄色	5.1 黑色		—
5.2	第 5.2 类：有机过氧化物	火焰：黑色或白色	上半部分红色，下半部分黄色	5.2 黑色		—

第 6 类：有毒和感染性物质

标志编号	类别及小类	符号和符号颜色	底色	底角数字及数字颜色	标志图例	备注
6.1	第 6.1 类：有毒物质	骷髅和交叉骨号：黑色	白色	6 黑色		—

续表

标志编号	类别及小类	符号和符号颜色	底色	底角数字及数字颜色	标志图例	备注
6.2	第6.2类：感染性物质	3个新月形符号沿着一个圆圈叠加在一起：黑色	白色	6 黑色		标志的下半部分可以带有黑色"感染性物质，以及"一旦破损或泄漏立即通知公共卫生机关"字样

第7类：放射性材料

标志编号	类别及小类	符号和符号颜色	底色	底角数字及数字颜色	标志图例	备注
7A	I级	三叶型：黑色	白色	7 黑色		文字（强制性要求）：在标志的下半部用黑色文字标出：RADIOACTIVE（放射性）……CONTENTS（内装物）……ACTIVITY（活度）……"放射性"字样的后面须标上1条垂直的红色短杠
7B	II级	三叶型：黑色	上半部分为黄色带白边，下半部分为白色	7 黑色		文字（强制性要求）：在标志的下半部用黑色文字标出：RADIOACTIVE（放射性）……CONTENTS（内装物）……ACTIVITY（活度）……在一个黑框内标出：Transport Index（运输指数）……"放射性"字样的后面须标上2条垂直的红色短杠

续表

标志编号	类别及小类	符号和符号颜色	底色	底角数字及数字颜色	标志图例	备注
7C	Ⅲ级	三叶型：黑色	上半部分为黄色带白边，下半部分为白色	7 黑色		文字（强制性要求）：在标志的下半部用黑色字体标出：RADIOACTIVE（放射性）……CONTENTS（内装物）……ACTIVITY（活度）……在一个黑框内标出：Transport Index（运输指数）……"放射性"字样的后面须标上3条垂直的红色短杠
7E	裂变性物质	—	白色	7 黑色		文字（强制性要求）：在标志的上半部用黑体标出：FISSILE（裂变性）在标志的下半部在一个黑框内标出：CRITICALITY SAFETY INDEX（临界安全指数）……

第8类：腐蚀性物质

标志编号	类别及小类	符号和符号颜色	底色	底角数字及数字颜色	标志图例	备注
8	—	液体，从两个玻璃容器流出来侵蚀到手和金属上：黑色	上半部分为白色，下半部分为黑色带白边	8 白色		—

第9类：杂类危险物质和物品

标志编号	类别及小类	符号和符号颜色	底色	底角数字及数字颜色	标志图例	备注
9	—	上半部分为 7 条竖直条带：黑色	白色	9 带下划线黑色		—
9A	—	上半部分为 7 条竖直条带：黑色；下半部分为电池组，一个损坏的电池并发出火焰：黑色	白色	9 带下划线黑色		—

（1）一般规定

①如果危险货物具有多种危险性,则存在主、副危险性标签,分别表示其主、副危险性。当爆炸性属于副危险性时,标签中不标注小类号和配装类号,只标注大类号;其他八类副危险性标签与主危险性标签一致,均需要标注类别号。

危险货物主危险性由危险货物一览表第 3 栏确定,副危险性由第 4 栏确定。当第 4 栏中未标明需标注副危险性标签或在标明危险性的同时明确表示可以免除副危险性标签的要求时,应注意第 6 栏特殊规定还可能要求副危险性标签。

②包件中装有低度危险的危险货物时可免除如表 3-31 所示的标签要求,该免除要求会在危险货物一览表第 6 栏特殊规定中做说明。

但对于某些物质,包件须用特殊规定中显示的适当内容标记,如第 4.1 类的"不在货物运输组件内的成捆干草（UN 1327）",应在捆包上显示"第 4.1 类"标记,但可免除相应的标签;第 4.1 类的"在货物运输组件内的成捆干草（UN 1327）",捆包上免除标签;第 4.2 类包装类 Ⅲ 的"鱼粉（UN 1374）",除正确运输名称和联合国编号外,还应在包件上显示"第 4.2 类"标记,可免除相应的标签,但是当货物运输组件内只装该类鱼粉时,可用上述类别标记。

（2）特殊规定

①内装第 8 类物质的包件,如果所具有的毒性只是引起生物组织的破坏,则不需要粘贴第 6.1 类副危险性标签。

②第 4.2 类物质的包件不需要粘贴第 4.1 类副危险性标签。

③对于 B 型自反应物质应张贴第 1 类爆炸品副危险性标签,除非主管当局根据证明该自反应物质在该包装中不会产生爆炸的试验数据已免除该标签。

④对装有 B、C、D、E 或 F 型有机过氧化物的包件须张贴第 5.2 类标签。该标签同时意味着产品可能易燃,因此不需要张贴易燃液体副危险性标签。此外,上述有机过氧化物还应满足以下要求:

a.对于 B 型有机过氧化物应张贴第 1 类爆炸品副危险性标签,除非主管当局根据证明该有机过氧化物在该包装中不会产生爆炸的试验数据已免除该标签。

b.当符合第 8 类物质包装类 Ⅰ 或包装类 Ⅱ 的标准时,需要张贴第 8 类副危险性标签。

⑤感染性物质包件还须张贴内容物性质所要求的所有其他标签。

⑥含有联合国编号 3537~3538 危险货物的物品的标签应满足以下要求:

a.装有物品的包装或无包装运输的物品须贴有相应的主危险性标签和副危险性标签,反映 IMDG 规则 2.0.6 规定的危险性。如果物品中含有一个或多个锂电池,对于锂含量合计不大于 2 g 的锂金属电池和电池容量不大于 100 Wh 的锂离子电池,须在包件货无包装的物品上张贴如图 3-15 所示的锂电池专属标记;对于锂含量合计大于 2 g 的锂金属电池和电池容量大于 100 Wh 的锂离子电池,须在包件货无包装的物品上张贴如表 3-31 所示的 9A 锂电池标签。

b.当要求含有液体危险货物的物品保持指定方向时,须张贴如图 3-14 所示的指示箭头标记,在可能的情况下,至少满足包件或无包装的物品垂直对立的两侧可见,且箭头指向正确的竖直方向。

（3）张贴要求

①标签应是与水平线呈 45°角放置的正方形（菱形）,最小尺寸为 100 mm×100 mm。在形成菱形的边缘内须有一条线,内边缘线须与标志边缘线平行且相距 5 mm。如果包件尺寸较小而影响了标签的张贴,则标签尺寸可以按比例缩小,但应保证标签上的符号和其他要素清晰

可辨。

必要时,标签可用虚线标出外缘,但当标签张贴在反衬底色上时,可以不用虚线,具体形式见图 3-18。

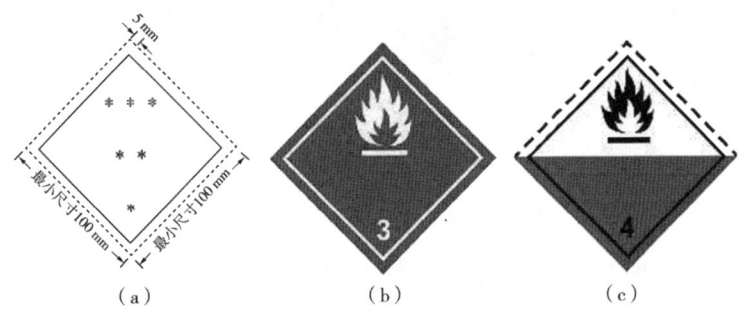

图 3-18　危险货物标签形式图例

②如果包件的尺寸足够大,则标签应张贴在包件表面靠近正确运输名称标记的地方;贴在包件表面不会被包件任何部分和配件或其他任何标记和标签覆盖或挡住的地方;当主危险性标签和副危险性标签都有时,须彼此紧挨着张贴。

当包件形状不规则或尺寸太小以致标签无法令人满意地贴上时,可用结实的签条或其他方法将标签固定在包件上。

③容量超过 450 L 的中型散装容器和大宗包装须在相对的两侧贴标签。

④标签须贴在形成鲜明颜色对比的表面上。

⑤所有标签上的符号、文字和号码须用黑色表示,但下面的情况除外:

a.第 8 类的符号、文字(若有)和类别号须用白色;

b.标签底色全部为绿色、红色或蓝色时,符号、文字和号码可用白色;

c.第 5.2 类标签的符号可用白色;

d.张贴在气瓶和液化石油气罐上的第 2.1 类标签,如果背景颜色反差足够大,则其符号、文字和号码可采用容器的背景色。

⑥标签分为上、下对称的两部分,除第 1.4、1.5 和 1.6 类外,标签的上半部分须包含图形符号,下半部分包含相应的类别号 1、2、3、4、5.1、5.2、6、7、8 和 9。但对于 9A 标签,上半部分仅须含有七条竖线符号,下半部分须含有一组电池符号和类别数字。

除了 9A 标签外,标签可包括诸如联合国编号或描述危害分类的文字,该文字不能被遮挡或减少其他标签内容;除第 7 类的标签外,任何在符号下插入的文字(非类别号或分类号)内容须仅限于危险性质和在搬运中的注意事项。

此外,盛装第 1 类危险货物的包件应张贴的标签还应包含配装类字母,如图 3-19 所示,(a)中的 ＊＊ 为小类位置,适用于第 1.1、1.2 和 1.3 类,(a)、(b)、(c)、(d)中的 ＊ 为配装类字母位置。

第 1.4 类配装类 S 一般不需要标签,但如果认为需要,则应依照如图 3-19(b)所示的图例张贴。

当爆炸性为副危险性时,应张贴如图 3-19(a)所示的副危险性标签,但是 ＊＊ 和 ＊ 位置均应留空。

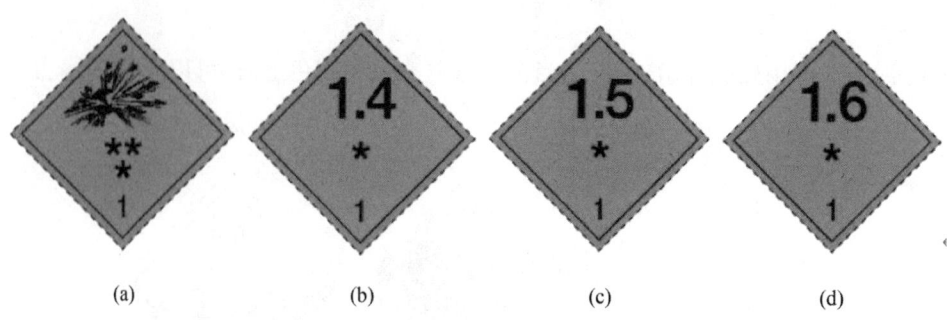

图 3-19 第 1 类危险货物标签图例

⑦盛装第 7 类危险货物的包件和集合包件应张贴的标签分为 7A、7B、7C 和 7E 四类,见表 3-31。

其中,7A 针对包装类 I（运输指数 $TI=0$,外表面任何一点的最大剂量率≤0.005 mSv/h）,7B 针对包装类 II（运输指数 $0<TI≤1$,0.005 mSv/h<最大剂量率≤0.5 mSv/h）,7C 针对包装类 III（$TI>1$,0.5 mSv/h<最大剂量率≤10 mSv/h）,7E 针对裂变性材料。为了表示不同包装类放射性材料危害程度,7A 标签上半部用白色显示且不标注运输指数,而 7B 和 7C 标签的上半部用黄色显示且标注运输指数值。

⑧盛装第 9 类危险货物的包件应张贴的标签分为 9 和 9A 两种,如图 3-20 所示,其中 9A 是专门针对盛装锂电池和钠离子电池包件的专属标签,满足 IMDG 规则特殊规定 188 而粘贴锂电池和钠离子电池标记的包件应免除 9A 标签。

⑨危险货物包件上张贴的标签须做到在海水中浸泡至少 3 个月而其内容仍清晰可辨。在确定标签的张贴方法时,还须考虑所用包装材料及包件表面材料的耐久性。

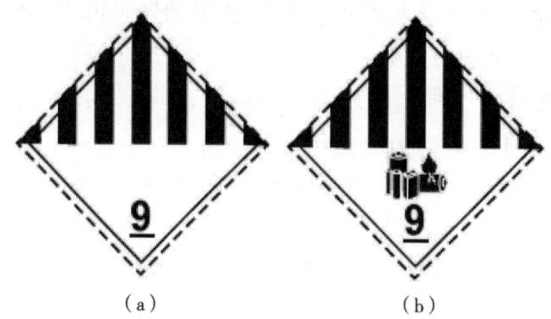

图 3-20 第 9 类危险货物标签图例

3.集合包件和成组货物的标记和标签

以集合包件和成组货物的形式运输危险货物时,应进行正确的标记。

（1）集合包件和成组货物外表面上须标明内装的每一件危险货物的正确运输名称和联合国编号,并按规定显示其他的标记和相应的标签,除非代表集合包件或成组货物内所有危险货物的标记和标签清晰可见。此外,集合包件还须标有"集合包件"（OVERPACK）字样,该文字高度至少为 12 mm,除非代表所有危险货物的标记和标志在集合包件内清晰可见,如图 3-21 所示。

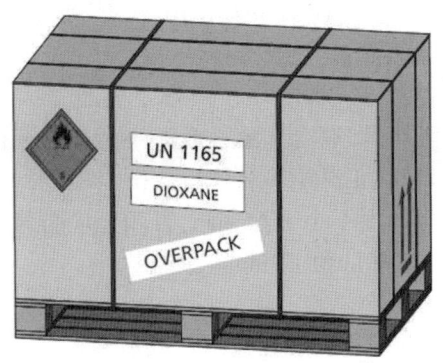

图 3-21　集合包件标记和标签图例

（2）集合包件或成组货物中的每一危险货物独立包件，须按规定显示标记和标签，并须遵守 IMDG 规则的一切适用规定，"集合包件"（OVERPACK）标记在集合包件上是遵守这一规定的体现。该集合包件或成组货物不得损害每个内含包件的预定功能。

（3）要求贴有指示箭头标记的每个包件在集合包件、成组货物内或用作大宗包装的内包装时，须按该标记的方向放置。

（4）当限量危险货物包件置于集合包件内或成组装载时，集合包件或成组件上须显示限量标记，除非集合包件或成组件上的标记清晰可见且已经包括了其内的所有危险货物。此外，集合包件上须显示"集合包件"（OVERPACK）字样，字体高度至少为 12 mm，除非集合包件上的标记清晰可见且已经包括了其内的所有危险货物。

只有在集合包件或成组件内有未按限量包装的其他危险货物时，才适用（1）的规定，且只适用于其他危险货物。

（5）当可免除量危险货物包件置于集合包件内或成组装载时，集合包件或成组件上须显示可免除量标记，除非集合包件或成组件上的标记清晰可见且已经包括了其内的所有危险货物。此外，集合包件上须显示"集合包件"（OVERPACK）字样，字体高度至少为 12 mm，除非集合包件上的标记清晰可见且已经包括了其内的所有危险货物。

只有在集合包件或成组件内有未按可免除量包装的其他危险货物时，才适用（1）的规定，且只适用于其他危险货物。

4.混合包装的标记和标签

当两种或两种以上的危险货物装在同一个外包装内时，该包件应按每种内装危险货物的要求显示标记和标签。如果其危险性已经反映在主危险性标签上，则不必再粘贴副危险性标签。

（二）货物运输组件和散装容器的标记和标牌

当危险货物包件置于货物运输组件或散装容器内运输且包件上的标记和标牌从外面不能清晰可见时，应将标记和标牌标示和张贴在货物运输组件或散装容器的外表面上，以警告操作者其内装有危险货物并存在危险。但货物运输组件或散装容器外表面上标示和张贴标记和标牌，并不免除其内装载的危险货物包件显示相应的标记和标签。

1.标记

（1）正确运输名称

内装危险货物的正确运输名称应持久地显示于下列货物运输组件或散装容器的至少

两侧：

①含危险货物的罐柜运输组件；

②含危险货物的散装容器；

③装有单一危险货物且无标牌、联合国编号或海洋污染物标记要求的任何其他货物运输组件，也可只显示联合国编号替代正确运输名称。

正确运输名称的显示字母高度不小于 65 mm，且颜色应与背景色形成鲜明对比。容量不超过 3 000 L 的可移动罐柜可以降低到 12 mm。

（2）联合国编号

除第 1 类爆炸品外，装运下列货物的运输组件或散装容器应按 IMDG 规则的要求标示联合国编号：

①装运固体、液体或气体的罐柜运输组件，包括多格罐柜的每个分格上；

②装运总重超过 4 000 kg 且只对应一个联合国编号危险货物的货物运输组件，该货物是组件中唯一的危险货物；

③装运未包装的第 7 类 LSA-Ⅰ 材料、SCO-Ⅰ 或 SCO-Ⅲ 物质的车辆或集装箱或罐柜；

④当要求以独家使用运输时，装运具有唯一联合国编号的包装放射性材料的车辆或集装箱；

⑤装运固体危险货物的散装容器。

联合国编号应以高度不小于 65 mm 的黑色数字显示，其位置和方式可用以下任意一种：

a.位于图形符号下方、类别号上方之间的白色衬底区域，并且不得影响必需的其他标志要素，见图 3-22(a)。

b.位于一块不小于 120 mm 高和 300 mm 宽、带 10 mm 宽黑边的橘黄色长方形板上，位置紧靠标牌或海洋污染物标记，见图 3-22(b)。对于容量不超过 3 000 L 的可移动罐柜，联合国编号可以适当缩小尺寸后显示在罐体表面的橘黄色长方形板上，但字符高度不小于 25 mm。当不需要标牌或海洋污染物标记时，联合国编号应紧靠正确运输名称。

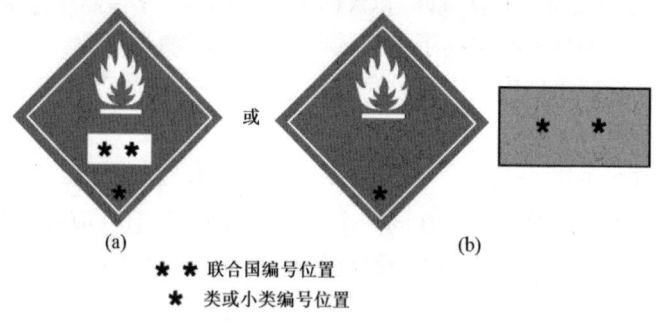

★ ★ 联合国编号位置
★ 类或小类编号位置

图 3-22　联合国编号标示图例

（3）海洋污染物标记

含有海洋污染物的货物运输组件或散装容器应清晰地在规定的位置张贴海洋污染物标记，其张贴位置的要求同危险货物标牌。除了最小尺寸须是 250 mm×250 mm 外，货物运输组件和散装容器的海洋污染物标记须满足包件上张贴该标记的相关规定。对于容量不超过 3 000 L 的可移动罐柜，海洋污染物标记的尺寸可以降低至 100 mm×100 mm。

（4）限量标记

仅含有限量危险货物而没有其他危险货物的运输组件仅需要在规定的位置张贴限量标

记,免除其正确运输名称、联合国编号及海洋污染物标记,限量标记的最小尺寸为 250 mm×250 mm。同时含有限量危险货物和其他危险货物的运输组件应按 IMDG 规则对其他危险货物的要求标示或张贴其标记和标牌,免除限量标记;如果其他危险货物无标记和标牌的要求,则货物运输组件应张贴限量标记。

(5)加温标记

含有在温度≥100 ℃时运输或交付运输的液态物质,或在温度≥240 ℃时运输或交付运输的固态物质的货物运输组件应在其每侧和每端张贴如图 3-23 所示的加温标记。

加温标记应为红色的等边三角形,边长最小尺寸为 250 mm。容量不超过 3 000 L 的可移动罐柜边长可降低至 100 mm。除了加温标记,在运输中预计物质达到的最高温度应耐久地标示在可移动罐柜或隔热护套的两侧,并紧邻加温标记,字体高度至少为 100 mm。

图 3-23　加温标记

(6)熏蒸警告标记

熏蒸货物运输组件(UN 3359)应加贴熏蒸警告标记,且应张贴在打开或进入货物运输组件的人员易于看见的每个入口处,此标记应一直附着在货物运输组件上,直到货物运输组件进行了清除有害熏蒸气体的通风以及熏蒸货物或材料已被卸载后方可移除。

熏蒸警告为最小尺寸 400 mm 宽×300 mm 高的长方形,外边线宽度至少为 2 mm。该标志应是在白色背景上打印的黑色,字体高度不小于 25 mm,如图 3-24 所示。如果熏蒸货物运输组件在熏蒸后已彻底地自然通风或机械通风,须在熏蒸警示标记上标明通风日期。

不含有其他危险货物的熏蒸货物运输组件仅需张贴熏蒸警告标记;如果熏蒸货物运输组件装载了其他危险货物,则除了张贴熏蒸警告标记外,还应标示或张贴其他危险货物要求的标记和标牌。虽然熏蒸货物运输组件属于第 9 类,但除非第 9 类货物装在组件中,否则熏蒸货物运输组件不能张贴第 9 类标牌。

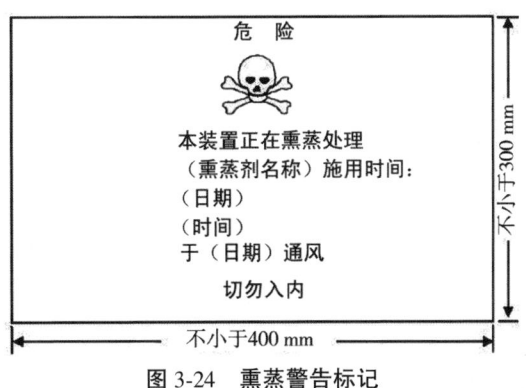

图 3-24　熏蒸警告标记

（7）窒息警告标记

装有用于冷却或空气调节目的的危险货物的货物运输组件,应加贴窒息警告标记,且应张贴在每一个可接近的位置,选择的位置应使打开或进入组件的人员易于看到,此标记应始终留在组件上,直到运输组件已经通风,排除了制冷剂或空调剂的聚集以及冷却的或空气调节的货物已经卸载方可移除。

窒息警告标记应为最小尺寸 150 mm 宽×250 mm 高的长方形,警告词"警告"应是红色或白色的,至少 25 mm 高。如图 3-25 所示,图中 * 位置为填入的用作冷却剂/空调剂的窒息性气体的正确运输名称,字母应大写且所有字母排成一行,至少 25 mm 高。如果正确运输名称过长,无法在所提供的空间内完全显示,可以将字母缩小到可能完全显示的最大尺寸。

图 3-25 窒息警告标记

2.标牌

标牌(Placard)是指放大的标签,其样式和张贴应满足 IMDG 规则的要求。

（1）标牌的样式要求

如图 3-26 所示,除第 7 类放射性材料外,标牌应是与水平线呈 45°角放置的正方形(菱形)。最小尺寸为 250 mm×250 mm,内边缘线应与外边缘线平行且相距 12.5 mm,菱形下半部分标示的危险货物类别号或小类号的数字高度应不小于 25 mm,其他要求与盛装相应类别的包件应张贴的标签保持一致。

盛装第 7 类放射性材料的货物运输组件或散装容器应张贴的标牌如图 3-27 所示,该标牌的编号为 7D,最小尺寸为 250 mm×250 mm,边缘内 5 mm 有一圈同边缘平行的黑线。如果使用不同的尺寸,图中的相对比例仍须保持。数字 7 至少为 25 mm 高,标牌上半部的底色应为黄色,下半部为白色,三叶形和印字为黑色。下半部"放射性"(RADIOACTIVE)字样的使用是非强制性的,也允许在此位置显示所托运货物的联合国编号。

（2）标牌的张贴要求

下列装有危险货物或危险货物残留物的货物运输组件或散装容器应清楚地显示标牌:

①集装箱、半挂车、封闭式或软开顶散装容器或可移动罐柜:在组件每侧和每端各一个。容量不超过 3 000 L 的可移动罐柜可在其相对的两侧使用标牌,也可使用标签代替。

②铁路罐车:至少在每侧。

③盛装一种以上危险货物或其残留物的多格式罐柜:在相关分格间的位置,沿每侧标记,

如果每个分格间要求显示的标牌相同,这些标牌仅需沿着货物运输组件每侧显示一次。

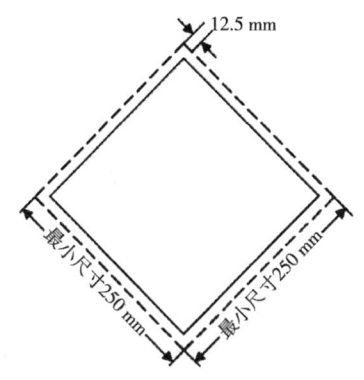

图 3-26　标牌样式图例(除第 7 类)

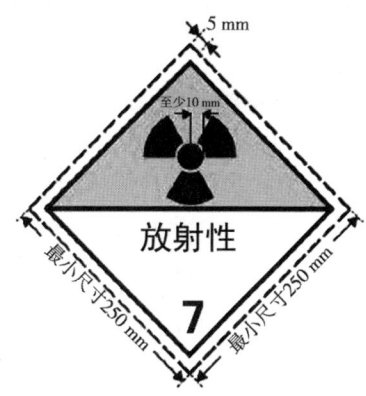

图 3-27　标牌样式图例(第 7 类)

④柔性散装容器:至少在相对的两面。

⑤其他任何货物运输组件:至少在组件背面和两侧。

⑥对第 7 类放射性材料的特殊要求:装载无包装 LSA-Ⅰ材料或 SCO-Ⅰ或除例外包件以外的包件的大型货运集装箱和罐柜,须贴有四个如图 3-26 所示的标牌。标牌须沿垂直方向贴在大型集装箱和罐柜的每个侧壁和每个端壁上。任何与内装物无关的标牌都须被移除。

⑦未清洁的包装和货物运输组件

a.除第 7 类外,原先装过危险货物的包装(包括中型散装容器),须按对该危险货物的要求加以识别、标记、加贴标志和标牌,除非已采取如清洗、清除蒸气或再装满非危险物质等措施消除危险。

b.用于放射性材料运输的集装箱、罐柜和中型散装容器,以及其他包装和集合包件不得用于其他货物的运输,除非满足:对于 β 和 γ 辐射源及低毒 α 辐射源,其辐射量低于 0.4 Bq/cm²;对于所有其他 α 辐射源,其辐射量低于 0.04 Bq/cm²。

c.含有危险货物残余物或装有未经清洁的空包装或未经清洁的空散装容器的空货物运输组件,须遵守最近一次组件、包装或散装容器内装载危险货物适用的有关规定。

此外,在货物运输组件或散装容器外表面张贴标牌时还应注意以下内容:

①对装有任何数量的 1.4S 配装类的运输组件,不要求张贴标牌;

②当组件内装有的第 1 类爆炸品多于一个分类号时,可以只显示最高爆炸危险性质对应小类的标牌;

③对于第 9 类危险货物,其标牌应与编号 9 的标牌一致,9A 不用于标牌;

④当组件内危险货物多于一种类别时,如果其危险性已在主危险标牌上显示出来,则不需要再贴副危险标牌。

IMDG 规则规定,显示在货物运输组件和散装容器上的危险货物标记和标牌均应清晰可见且易识别,应做到在海水中浸泡 3 个月以上其内容仍清晰可辨。在确定标示方法时,还应考虑到货物运输组件和散装容器表面能进行标示的易操作性。

当货物运输组件和散装容器内所装的危险货物或其残余物完全卸掉后,应立即除掉或遮盖掉那些由于装运此类物质而显示的标记和标牌。

二、包装危险货物运输单证

交付危险货物运输的发货人须向承运人提供适用于其危险货物的信息。这些信息可以通过危险货物运输单证提供，或在征得承运人同意的情况下，以电子数据处理（EDP）或电子数据交换（EDI）的形式提供。当危险货物信息采用 EDP 或 EDI 技术提供给承运人时，发货人须能按 IMDG 规则要求的顺序快速打印。

1.运输单证格式要求

（1）危险货物运输单证的格式、填写的细节及其承担的责任可由适用于某些运输方式的国际公约和国家立法予以确定。危险货物运输单证可以是任何形式，只要能提供 IMDG 规则中要求的所有信息即可。

（2）如果危险货物和非危险货物在同一份单证中，则危险货物须列在首位或被重点标识。

（3）如果一份危险货物运输单证包括许多页，则应对每页进行连续性编码。

（4）危险货物运输单证上的信息须容易辨认、清楚且耐久。

2.危险货物运输信息

（1）发货人、收货人和日期

危险货物运输单证上须包括危险货物托运人和收货人的姓名和地址。危险货物运输单证或其电子版本准备完成或已提供给最初承运人的日期也须标明。

（2）危险货物说明

对于每种交付运输的危险物质、材料或物品，危险货物运输单证中须包括以下信息：

①联合国编号，前面冠以英文字母 UN；

②正确运输名称，包括括号内使用的技术名称；

③货物主要危险类别或划入的小类，包括第 1 类的配装类字母；

④副危险性类别或分类号应与适用的副危险性标签一致，并放在主危险性类别或分类后面的括号内；

⑤如对危险货物包装类别有划定，可在前面冠以英文字母 PG。

在运输单证上，对危险货物的说明信息须按照上述要求的顺序排列，不得混置。

（3）危险货物说明中的正确运输名称补充信息

危险货物说明中的正确运输名称应补充以下信息：

①对未另列明的（Not Otherwise Specified，N.O.S.）和其他类属条目技术名称的描述：危险货物一览表第 6 栏特殊规定 274 或 318 的正确运输名称须用技术名称或化学基团名称加以补充，除非国家法律或国际公约由于该物质是受管制的而禁止透露。对于第 1 类爆炸物，用附加的商业名称或军用名称加以说明。技术名称或化学基团名称紧跟在正确运输名称的括号内。

②未清洁空包装、散装容器和罐柜：对含有危险货物（除第 7 类）残余物的空容器（包括常规包装、中型散装容器、散装容器、可移动罐柜、公路罐车和铁路罐车），须将"EMPTY UN-CLEANED（未清洁的）""RESIDUE LAST CONTAINED（含有残余的）"字样，置于危险货物说明中的包装类之前或之后。

③废弃物：如果是运输待处理或待加工处理的废弃危险货物（除放射性废弃物），则在正确运输名称前须标明"WASTE"字样，除非已包括在正确运输名称内。

④熔融的物质:当固体物质在熔融状态下提交运输时,正确运输名称前须加上"MOLTEN(熔融的)"字样,除非该字样是正确运输名称的一部分。

⑤加温物质:如果以液态在温度等于或高于100 ℃的情况下或以固态在温度等于或高于240 ℃的情况下运输或交付运输物质的正确运输名称不能表达加温条件[如使用"MOLTEN(熔融的)""ELEVATED TEMPERATURE(加温的)"作为正确运输名称的一部分],须在正确运输名称之前加上"HOT(热的)"一词。

⑥海洋污染物:如果运输的货物是海洋污染物,货物须标明"MARINE POLLUTANT(海洋污染物)";对于 N.O.S.条目,正确运输名称须用认可的海洋污染物化学名称予以补充。"MARINE POLLUTANT(海洋污染物)"一词可用"ENVIRONMENTALLY HAZARDOUS(环境有害物质)"进行补充。

⑦闪点:如果要运输的液体危险货物具有第 3 类主危险或副危险,当其闪点为 60 ℃或以下(以 ℃ c.c.为单位)时,须标明其最低闪点。由于杂质的存在,闪点可能低于或高于危险货物一览表中列出的该物质的参照温度。

⑧损坏或有缺陷的锂电池单体或电池组以及用于处置或回收的锂电池单体或电池组:当根据特殊规定 376 或特殊规定 377 提供运输锂电池或电池组时,应酌情标明"DAMAGED/DEFECTIVE(损坏或有缺陷的)""LITHIUM BATTERIES FOR DISPOSAL(用于处置的锂电池)""LITHIUM BATTERIES FOR RECYCLING(用于回收的锂电池)"。

⑨稳定的和温度控制物质:如使用稳定剂,则正确运输名称中应增加"STABILIZED(稳定的)"字样,除非该字样已经是正确运输名称的一部分。如稳定是通过温度控制或化学稳定和温度控制相结合的方式实现的,则正确运输名称中应增加"TEMPERATURE CONTROLLED(控温的)"字样,除非该字样已经是正确运输名称的一部分。

下列为危险货物说明实例:

①UN 1092,丙烯醛,稳定的,第 6.1 类(3),PGI,(-24 ℃ c.c.),海洋污染物/环境有害物质;

②UN 1603,溴乙酸乙酯,第 6.1 类(3),包装类 Ⅱ,(58 ℃ c.c.);

③UN 2761,有机氯农药,固体的,有毒的,(艾氏剂 19%),第 6.1 类,包装类 Ⅲ,海洋污染物。

(4)危险货物说明中要求的附加信息

下述附加信息须包括在危险货物运输单证中危险货物说明信息之后,其仅为 IMDG 规则中要求的部分内容。

①危险货物总量:除未清洁空包装外,须包括所说明的具有不同正确运输名称、联合国编号或包装类的每一种危险货物的总量(酌情按体积或重量计)。对于第 1 类危险货物,须给出爆炸物的净重;对于救助包装运输的危险货物,须给出估计总量;包件的数量和形式也须明确。UN 包装代码只用于补充说明包件的种类[如 1 个箱(4G)]。总重量的单位可以用缩写方式表示。不要求组合包装外包装内的每个内包装显示编号、类型和容量。

②当危险货物按限量运输时,须标明"LIMITED QUANTITY(限量)""LTD QTY"字样。当限量危险货物根据 IMDG 规则 3.4.4.1.2 中的要求运输时,运输单证中应包括"按照 IMDG 规则 3.4.4.1.2 运输"。

③通过温度控制稳定的物质:当"TEMPERATURE CONTROLLED(控温的)"一词是正确运输名称的一部分时,控制温度和应急温度须在运输单证中标明,如"控制温度:××× ℃,应急

温度：×××℃"。

④自反应物质、聚合物质和有机过氧化物：

在运输期间需要控制温度的自反应物质、聚合物质和有机过氧化物，其控制温度和应急温度须在运输单证中标明，如"控制温度：×××℃，应急温度：×××℃"。

对于某些第4.1类自反应物质和第5.2类有机过氧化物，如果有关当局批准具体包件免贴"爆炸品"副标签，则须在运输单证中予以说明。

有机过氧化物和自反应物质如果需要在批准的条件下运输，则须在运输单证中予以说明。运输N.O.S.条目的有机过氧化物和自反应物质，须把分类批准证书和运输条件的复印件附在危险货物单证之后。

⑤感染性物质：有关的运输单证上须标明收货人的详细地址、负责人的姓名及电话号码。

⑥气雾剂：如果气雾剂的体积大于1 000 mL，则须在运输单证中声明。

⑦隔离的特殊规定：

对于N.O.S.条目下的物质、混合物、溶液或制剂，发货人认为其虽未明确列出隔离类，但属于某些隔离类之一的，应在其运输单证危险货物说明之后列出适合的隔离类名称或代码，并在其前面加上"IMDG Code segregation group（IMDG规则隔离类）"字样，如"UN 1760 腐蚀性液体，未另列明的（磷酸，乙酸）8 Ⅲ IMDG隔离类1-酸类"或"UN 1760 腐蚀性液体，未另列明的（磷酸，乙酸）8 Ⅲ IMDG隔离类 SGG1"。

如果将根据IMDG规则7.2.6.3规定无须隔离的物质一起装于同一个货物运输组件内，则运输单证中应声明："Transport in accordance with 7.2.6.3 of the IMDG Code（按照IMDG规则7.2.6.3运输）"。

当第8类的酸类和碱类物质根据IMDG规则7.2.6.5的规定在同一个货物运输组件中运输时，无论是否在同一包装内，运输单证中都应声明"Transport in accordance with 7.2.6.5 of the IMDG Code（按照IMDG规则7.2.6.5运输）"。

⑧散装容器中固体危险货物的运输：对于非集装箱的散装容器，须在运输单证中标明："Bulk container BK(×) approved by the competent authority of ……[有关当局批准的散装容器BK(×)]"。×选择1或2（取合适者）。

⑨可免除量危险货物：当危险货物按可免除量包装运输时，须在运输单证上标明"Dangerous goods in excepted quantities（可免除量包装危险货物）"字样。

（5）证明书

危险货物运输单证中，还须有一份证明书或声明，表明所托运的货物适于运输，并已正确地加以包装、标记和标志，符合现行规定的运输条件。证明书文字为：

"兹声明，被托运货物已经由上/下述正确运输名称完全而准确予以说明，并已根据所适用的国际和国家政府规定进行了分类、包装、标记以及标签/标牌，且在各方面都处于良好的运输状态。"

该证明书须有发货人的签名和日期。如果相关法律和法规承认传真签名的有效性，则可以使用传真签名。

如果危险货物运输单证是以EDP或EDI技术提交给承运人的，则该签字可由电子签名或授权签字人的姓名（以大写字母）代替。

如果危险货物运输信息是以EDP或EDI技术传输给承运人的，当货物转交承运人时仍需要有一份纸质单证，承运人须确认纸质单证已标明"电子单证已接收"并且用大写字母签名确认。

（6）集装箱/车辆装载证明

当危险货物被装入或载入集装箱/车辆内时,负责集装箱/车辆装载的人员须提供"集装箱/车辆装载证明",说明集装箱/车辆的识别号码并证明作业按照下述条件进行,但该证明对可移动罐柜不做要求。

①该集装箱/车辆是清洁的、干燥的,并且外观上看适合接收货物;

②除非得到主管当局的许可,否则应按照相关的隔离要求而需隔离的包件没有同装在集装箱/车辆中;

③所有包件都做了是否损坏的外部检查,保证所装的均是完好的包件;

④除非得到主管当局的许可,否则桶装物均应直立积载,且货物应被正确装入,如果必要应用系固材料进行合理加固以满足预定运输方式的需要;

⑤以散装形式装入集装箱/车辆运输的货物,以使其均匀分布;

⑥如果托运除第1.4类外的第1类货物,则集装箱/车辆在结构上应符合相应的要求;

⑦集装箱/车辆和包件均已正确地做标记、标签和标牌;

⑧当用于制冷或空气调节的物质[如干冰（UN 1845）或氮气,冷冻液体（UN 1977）或氩气,冷冻液体（UN 1951）]具有窒息危险时,集装箱/车辆按相应的规定在其外部进行标记;

⑨任何包装在集装箱/车辆里的托运货物已收到要求的危险货物运输单证。

危险货物运输单证和集装箱/车辆装载证明中所要求的信息可以合并在同一单证中,否则须将其中一个单证附在另一个单证上。如果这些信息合并在同一单证中,须加上经签名的声明,如"兹声明,集装箱/车辆内货物的装载符合适用的规定"。该声明须注明日期和签署者的身份。如果适用的法律和法规承认传真签名的法律效力,则可以接受传真签名。

如果危险货物单证是以EDP或EDI技术提交给承运人的,则该签字可由电子签名或授权签字人的姓名(以大写字母)代替。

如果危险货物运输信息是以EDP或EDI技术传输给承运人的,则当货物转交承运人时仍需要有一份纸质单证,承运人须确认纸质单证已标明"电子单证已接收"并且用大写字母签名确认。

（7）装船所需单证和应急反应信息

①装船所需单证

每艘运载危险货物及海洋污染物的船舶,须按照经修订的SOLAS 74公约第Ⅶ章及MARPOL 73/78公约附件Ⅲ的相应规定,备有特别清单、舱单或积载图,列明危险货物（除第7类例外包件的危险货物）和海洋污染物及其在船上的位置。危险货物和海洋污染物的特殊清单或舱单须以IMDG规则要求的单证和证明为基础,包括危险货物和海洋污染物的积载位置和总共数量。一份详细的积载图,按类标出所有危险货物和海洋污染物,并指出装载位置,可用来替代特别清单或舱单。

每艘运载第7类例外包装的船舶均须备有特别清单、舱单或积载图,列明该等例外包件及其位置。此特别清单或舱单须以IMDG规则要求的相关文件为基础。

上述单证副本须在离港前提供给港口国主管机关指定的个人或组织。

②应急反应信息

对于托运的危险货物,须在任何时候都能立即提供适当的信息,以便对涉及运输中的危险货物的事故和事件做出紧急反应。这些资料不应与危险货物的包件放在一起,并且须在发生事故时可迅速获得。应采用的方法包括:

a.在特别清单、舱单或危险货物运输单证上做恰当的记录；或

b.提供单独的证书，如安全数据单 SDS；或

c.提供单独的单证，如《船舶载运危险货物应急反应措施》（EmS 指南）及与其配套使用的《危险货物事故医疗急救指南》（MFAG 指南）。

（8）危险货物信息保存要求

发货人和承运人须按照要求至少将危险货物运输文件、附加信息和单证保存 3 个月。当各种单证是电子形式的或是在电脑中保存的，发货人和承运人须能够获得打印形式的副本。

3. 熏蒸货物运输组件特殊规定

不含有其他危险货物的熏蒸货物运输组件（UN 3359）只需遵守 IMDG 规则中关于熏蒸货物运输组件的特殊规定，如人员培训、张贴熏蒸警告标记、单证须包含专门信息等；含有其他危险货物的熏蒸货物运输组件，除遵守特殊规定外，还应遵守 IMDG 规则中关于其他危险货物的相关规定。

（1）运输单证

托运熏蒸过及没有彻底通风的货物运输组件时，其运输单证须包含以下信息：

①"UN 3359，熏蒸货物运输组件，9"，或"UN 3359，熏蒸货物运输组件，第 9 类"；

②熏蒸日期和时间；

③使用的熏蒸剂的类型和剂量。

运输单证可以是任何形式的，只要其包括上述要求的信息即可。这些信息须容易识别、可见和持久。此外，还须提供包括熏蒸装置（如使用）在内的一切熏蒸残留物的处置说明。

如果熏蒸货物运输组件被彻底通风，并且通风日期已经标注在警示标记上，则不需要任何单证。

（2）补充规定

①货物运输组件一旦装船，则不得对其内容物进行熏蒸作业。

②货物运输组件须按照主管机关确定的要求进行熏蒸，并确保时间足够，以使组件内货物中的气体达到合理的均匀浓度。通常 24 h 可达到预期效果。

③船长须在熏蒸货物运输组件装船前得到通知。

4. 包件和货物运输组件中包含存在窒息风险、用于冷却或空气调节物质的特殊规定

该特殊规定包括适用范围、人员培训要求、专用标记及单证须包含的专门信息等。

（1）适用范围

特殊规定适用于装有用于制冷或空气调节的物质的货物运输组件，包括装有在包件中用于制冷或空气调节的物质的货物运输组件，以及装有用于制冷或空气调节的无包装物质的货物运输组件。

特殊规定不适用于虽可用于制冷或空气调节目的，但作为危险货物交付运输的物质；也不适用于制冷循环装置中的气体；还不适用于运输过程中可移动罐柜或 MEGC 用来冷却或空气调节的危险货物。

（2）人员培训要求

从事装卸或运输含有用于冷却或空气调节目的物质的货物运输组件的人员须接受与其职责相一致的培训。

（3）包件含有制冷剂或空调剂的标记

使用危险货物作为制冷剂或空调剂的包件，应以该危险货物的正确运输名称做标记，后面

相应注明"AS COOLANT(制冷剂)""AS CONDITIONER(空调剂)"。标记应耐久、清晰,且保证在包件上的位置和大小易于看到。

含有制冷剂或空调剂的包件须在通风良好的货物运输组件中运输。

(4)含有无包装干冰的货物运输组件

如果使用未加包装的干冰,则干冰不得直接接触货物运输组件的金属结构,以避免金属变脆。应使用木板、托盘等适当的低导热材料将干冰与货物运输组件充分隔绝,保证至少30 mm的间隔。如果干冰放在包件周围,则应采取措施,保证在运输过程中干冰消散后包件仍保持在原来的位置。

(5)货物运输组件的标记

含有用于冷却或空气调节目的物质的货物运输组件,必须加贴如图3-25所示的窒息警告标记,标记应张贴在每一个可接近位置,该位置应使打开或进入货物运输组件的人员能够看到。窒息警告标记必须始终保留在货物运输组件上,除非货物运输组件已经通风、排除了制冷剂和空调剂的聚集以及冷却的或空气调节的货物已经卸载。

(6)单证

装有或曾经装过用于冷却或空气调节目的物质的货物运输组件,在运输前未经充分通风时,有关运输单证应包括以下信息:

①联合国编号,前面冠以字母UN;

②正确运输名称,后面酌情注明"AS COOLANT(制冷剂)""AS CONDITIONER(空调剂)"。

运输单证可采用任何形式,但必须包括上述信息,且这些信息应易于识别、清晰和耐久。

第四节　危险货物积载与隔离

合理选择危险货物在船上的积载位置,正确处理不相容危险货物之间的隔离,对于保证船舶载运包装危险货物的安全至关重要。IMDG规则对海运危险货物积载与隔离的一般原则及各类危险货物积载与隔离的共性问题给出了明确要求,并在危险货物一览表中列出了每一种危险货物在积载与隔离方面的具体规定,为危险货物的积载与隔离提供了指南。

一、危险货物积载

积载是指为在运输过程中确保安全和保护环境,将危险货物恰当地布置在船上。舱面积载是指在露天甲板上的积载,舱内积载是指不在露天甲板上的任何积载。

1.相关定义

(1)避开生活居住处所

避开生活居住处所是指包件或货物运输组件须距居住舱、进气口、机器处所和其他封闭工作区域至少3 m积载。

(2)装运第1类货物的封闭式货物运输组件

该货物运输组件是指用永久性结构将内容物完全封装并能固定在船舶结构上的组件,并且除第 1.4 类组件外都是结构耐用的。顶部或侧壁为纤维材料的不视为封闭式货物运输组件。任何封闭式货物运输组件的底板须是封闭式的木质结构或是将货物放置在格板、木质托盘或垫板上。

对于第 1 类货物的结构耐用是指货物运输组件的结构部件不得有重大缺陷，这些结构部件包括货运集装箱的上、下横梁，上、下端梁，门槛和门楣，底横梁，角柱和角配件等。

重大缺陷包括：结构上深于 19 mm 的凹陷或弯曲；结构出现裂缝或断裂；上、下端梁或门楣多于 1 条接缝；上侧梁或下侧梁有 2 条以上接缝；门槛或角柱有任何接缝；门铰链和零件的磨损、扭曲、破裂、丢失或其他不可操作故障；密封垫和密封装置失效；足以妨碍装卸设备将货运集装箱正确地对准位置、安放并固定在底盘或车辆以及装入船舶箱格的整体结构的变形。

此外，货物运输组件的任何构件，无论其结构材料如何，如侧壁金属锈蚀或玻璃纤维老化，都是不可以被接受的。但是正常磨损是可以被接受的，包括氧化（生锈）、轻微凹陷和划痕，以及其他不影响组件适用性或风雨密完整性的损坏。

（3）可燃材料

可燃材料是指可能是或可能不是危险货物但是能被轻易点燃并支持燃烧的材料。可燃材料包括木头、纸、秸秆、植物纤维以及这些材料的制品，煤，润滑油和石油等。本定义不适用包装材料和衬垫。

（4）潜在火源

潜在火源是指但不限于明火、机器排气装置、厨房通风口、电插座和包括货物运输组件制冷或加热设备在内的电气设备，经认可的安全型电气设备除外。

（5）远离热源

远离热源是指包件或货物运输组件须距离表面温度可能超过 55 ℃ 的受热的船舶结构至少 2.4 m 积载。受热结构包括蒸汽管、加热盘、加热燃料、货物罐柜的顶部或侧壁和机器处所的舱壁等。此外，未装入货物运输组件并直接在舱面积载的包件须进行遮蔽，避免阳光直射。在几乎无风的条件下，阳光直射会使货物运输组件表面迅速升温，货物也可能升温。根据货物运输组件内货物的具体特性对计划航线采取预防措施，确保减少阳光直射。

注：货舱不能被解释为封闭式货物运输组件。

2.危险货物积载类

（1）第 1 类危险货物的积载类

第 1 类危险货物（限量包装的第 1.4S 类除外）须按照危险货物一览表 16a 栏标示的积载类进行积载。其积载类按照在不同种类船舶积载的方式或是否允许装运，分为 5 个积载类，分别用数字 01~05 表示，具体如表 3-32 所示。

（2）第 2 类至第 9 类危险货物的积载类

第 2 类至第 9 类危险货物和限量包装的第 1.4S 类危险货物须按照危险货物一览表 16a 栏标示的积载类进行积载。其积载类按照在不同种类船舶积载的方式或是否允许装运，分为 5 个积载类，分别用数字 A、B、C、D、E 表示，具体如表 3-33 所示。

表 3-32　第 1 类危险货物的积载类

积载类 01	货船(不超过 12 名旅客)	在舱面封闭式货物运输组件内或舱内
	客船	在舱面封闭式货物运输组件内或舱内
积载类 02	货船(不超过 12 名旅客)	在舱面封闭式货物运输组件内或舱内
	客船	在舱面封闭式货物运输组件内或按照 IMDG 规则 7.1.4.4.6 的规定在舱内封闭式货物运输组件内
积载类 03	货船(不超过 12 名旅客)	在舱面封闭式货物运输组件内或舱内
	客船	禁止装运,除非满足 IMDG 规则 7.1.4.4.6 的规定
积载类 04	货船(不超过 12 名旅客)	在舱面封闭式货物运输组件内或在舱内封闭式货物运输组件内
	客船	禁止装运,除非满足 IMDG 规则 7.1.4.4.6 的规定
积载类 05	货船(不超过 12 名旅客)	仅在舱面封闭式货物运输组件内
	客船	禁止装运,除非满足 IMDG 规则 7.1.4.4.6 的规定

表 3-33　第 2 类至第 9 类危险货物的积载类

积载类 A	
货船或载客限额不超过 25 人或船舶总长每 3 m 不超过 1 人的客船,以数额较大者为准	舱面或舱内
载客超过限制数额的其他客船	舱面或舱内
积载类 B	
货船或载客限额不超过 25 人或船舶总长每 3 m 不超过 1 人的客船,以数额较人者为准	舱面或舱内
载客超过限制数额的其他客船	仅限舱面
积载类 C	
货船或载客限额不超过 25 人或船舶总长每 3 m 不超过 1 人的客船,以数额较大者为准	仅限舱面
载客超过限制数额的其他客船	仅限舱面
积载类 D	
货船或载客限额不超过 25 人或船舶总长每 3 m 不超过 1 人的客船,以数额较大者为准	仅限舱面
载客超过限制数额的其他客船	禁止装运
积载类 E	
货船或载客限额不超过 25 人或船舶总长每 3 m 不超过 1 人的客船,以数额较大者为准	舱面或舱内
载客超过限制数额的其他客船	禁止装运

3.特殊积载规定

(1)未清洁空包装(包括中型散装容器和大宗包装)的积载

尽管危险货物一览表给出了积载规定,装满货物时仅限舱面积载的未清洁的空包装(包括中型散装容器和大宗包装)可以在舱面或舱内有机械通风的处所积载。然而,带有第 2.3 类标签的未清洁的空压力容器须仅限舱面积载,废弃喷雾剂须仅按照危险货物一览表第16a栏的要求进行积载。

（2）海洋污染物的积载

如果允许舱面或舱内积载,则最好选择舱内积载。如果仅限舱面积载,则须选择在有良好防护的甲板或露天甲板遮蔽区域内积载。

（3）限量和可免除量危险货物的积载

限量和可免除量危险货物按积载类A进行积载。

（4）第1类危险货物的积载

①1984年9月1日前建造的500总吨及以上的货船、客船和1992年1月1日前建造的500总吨以下的货船载运第1类危险货物（第1.4S类除外）时,须仅在舱面积载,除非有关当局另有批准。

②除第1.4类外的第1类危险货物的积载须与生活区、救生设备和船上乘客无须任何批准或限制即可进入的区域的水平距离不少于12 m。

③除第1.4类外的第1类危险货物不能积载在距船舷1/8船宽的等效距离或2.4 m以内的区域,取较小者。

④第1类危险货物不能积载在离潜在火源水平距离在6 m以内的区域。

⑤第1.4S类爆炸品可以在客船上运输,不受数量限制。

⑥除下列情况外,其他第1类爆炸品不得用客船运输。

a.对于配装类C、D和E的货物和配装类G的物品,如果每船爆炸性物质的总净重不超过10 kg,且在舱面或舱内以封闭式货物运输组件积载,则可以在客船上运输。

b.对于配装类B的物品,如果每船爆炸性物质的总净重不超过10 kg,且仅在舱面以封闭式货物运输组件积载,则可以在客船上运输。

（5）第7类货物的积载

①运输包装或未包装的低比活度放射性材料LSA或表面污染物SCO（IP1型、IP2型和IP3型）,在海船上的单个货物处所内的总活度不得超过IMDG规则规定的限值。

②除有关当局在适用的批准证书中专门要求外,只要其平均表面热通量不超过15 W/m^{2}且紧靠周边的货物不是袋装的,则包件或集合包件可以与包装的一般货物一起运输或贮存而无特殊的积载要求。

③运输指数TI大于10的任何包件或集合包件或临界安全指数CSI大于50的任何托运货物须仅在独家使用条件下运输。

④表面剂量率大于2 mSv/h的包件或集合包件,可以按照一定的条件在独家使用的车辆内或车辆上运输,但在船上运输时只能以特殊安排的形式进行。

⑤放射性材料须与船员和乘客充分隔离。须用下列量值计算隔离距离和剂量率:船员经常占用的工作区域,剂量为每年5 mSv;旅客经常进入的区域,剂量为每年1 mSv,并考虑到暴露于其他所有相关来源和受控应用的预计剂量。

⑥Ⅱ级黄色标志或Ⅲ级黄色标志的包件或集合包件不得放置在旅客占用的处所内,但经特别批准为押送这些包件或集合包装的工作人员而预留的处所除外。

⑦装有裂变物质的包件、集合包件和集装箱在运输途中任一存放区域内的数量须予以限制,任意一组包件、集合包件或集装箱的临界安全指数的总和不超过50。每一组这样的包件、集合包件和集装箱的存放须与其他组这样的包件、集合包件或集装箱维持至少6 m的间距。

（6）控制温度危险货物的积载

积载完成后，须认识到采取适当的应急行动是必要的，如抛弃货物或用水冲洗集装箱，并且要按照 IMDG 规则的规定监测温度。如果在航行途中超过了控制温度，则应启动报警程序，包括修复冷却设施或提高冷却能力。如果不能恢复足够的冷却能力，则启动应急程序。

（7）稳定的危险货物的积载

对于在正确运输名称中加入"稳定的"字样的物质，须适用积载类 D 和积载代码 SW1（避开热源）。

4.积载代码

危险货物一览表 16a 栏给出了若干积载代码，其含义如表 3-34 所示。

表 3-34　积载代码

积载代码	描述
SW1	避开热源
SW2	避开生活居住处所
SW3	须在控制温度下运输
SW4	要求表面通风，以帮助消除任何残存的溶剂蒸气
SW5	若在舱内，在机械通风处积载
SW6	在舱内积载时，机械通风须满足 SOLAS 公约 Ⅱ-2/19(Ⅱ-2/54) 条关于闪点低于 23 ℃ c.c.的易燃液体的规定
SW7	须经涉及此项运输的各国有关当局批准
SW8	可能需要通风。在装货前须考虑发生火灾时需要开启舱盖提供最大通风，以及在紧急情况下需要供水的可能性，并且须考虑因货物处所注水而引起船舶稳性丧失的风险
SW9	对袋装货物提供良好的全面通风，建议用双条积载，7.6.2.7.2.3 给出了怎样达到此种积载方式。货物应"远离"容易受热的管道和舱壁（如机舱或加热的燃油柜舱壁）。在航行期间，须定时在货舱不同深度测量温度并记录读数。如果货物温度超过环境温度并继续上升，须关闭通风
SW10	除非使用封闭货物运输组件装运，否则应使用毡布或其他类似材料覆盖货物。货物处所须清洁、干燥和无油脂。通往货舱的通风孔须有防火罩。所有其他的通往货舱的开口、进口和通往货舱的舱口须紧密关闭。在临时停止装货而舱盖打开时，须有防火人员值班。在装货或卸货期间，禁止在附近吸烟，消防设备须备妥以便随时使用
SW11	货物运输组件须遮蔽以防止阳光直射。货物运输组件内包件的积载须能够保持货物之间的空气循环流通
SW12	考虑运输文件中列明的所有补充要求
SW13	考虑有关当局批准证书中列明的所有补充要求
SW14	仅在符合 7.4.1.4 和 7.6.2.8.4 的特殊积载规定时为积载类 A
SW15	对于金属桶，适用积载类 B
SW16	对于开敞式货物运输组件中的成组装载，适用积载类 B

续表

积载代码	描述
SW17	积载类 E。仅限封闭式货物运输组件和板箱。需要通风。发生火灾时，紧急情况下可能需要开启舱盖以提供最大的通风和注水，以及随货舱充水而引起船舶稳性的危险，这些须在装货前加以考虑
SW18	当按照特殊规定 650 运输时，适用积载类 A
SW19	除非是短程的国际运输，按照特殊规定 376 或 377 运输的电池组为积载类 C
SW20	六水合硝酸铀酰溶液适用积载类 D
SW21	引火的金属铀和引火的金属钍适用积载类 D
SW22	容积在 1 L 或以下的喷雾器：积载类 A。容积在 1 L 以上的喷雾器：积载类 B。对废弃的喷雾剂：积载类 C。避开生活居住处所
SW23	当在 BK3 型散装容器中运输时，见 7.6.2.12 和 7.7.3.9
SW24	特殊的积载规定见 7.4.1.3 和 7.6.2.7.2
SW25	特殊的积载规定见 7.6.2.7.3
SW26	特殊的积载规定见 7.4.1.4 和 7.6.2.11.1.1
SW27	特殊的积载规定见 7.6.2.7.2.1
SW28	经原产国有关当局批准
SW29	含闪点大于等于 23 ℃燃料的发动机或机器，为积载类 A
SW30	符合特殊积载规定，见 7.1.4.4.5

5.操作代码

危险货物一览表第 16a 栏给出了若干操作代码，其具体含义见表 3-35。

表 3-35　操作代码

操作代码	描述
H1	在合理可行的条件下尽量保持干燥
H2	在合理可行的条件下尽量保持阴凉
H3	运输过程中应积载（或保存）在阴凉通风的地方
H4	如货物处所的清洁工作只能在海上进行时，所遵循的安全程序和使用的设备标准至少要同在港口采用的那样行之有效。在进行这样的清洁工作之前，装石棉的货物处所应关闭并应禁止接近这些处所

二、危险货物隔离

隔离是将两个或多个不相容的物质或物品分开的过程。当这些货物被包装或积载在一起时，一旦发生泄漏、溢漏或其他事故则会产生危险。根据货物所呈现的危险程度不同，相应的隔离措施要求也不同。隔离措施可以是使不相容的危险货物之间保持一定的距离，也可以在不相容的危险货物之间隔一个或几个钢质甲板，或者是这些措施的组合；还可以在不相容的危险货物之间的货位上积载与危险货物相容的其他货物来达到隔离的目的。

1.隔离术语

隔离术语贯穿 IMDG 规则的始终,其具体定义见危险货物在各种类型船舶上和货物运输组件内的隔离内容。

(1)隔离 1:"远离";

(2)隔离 2:"隔离";

(3)隔离 3:"用一整个舱室或货舱隔离";

(4)隔离 4:"用一介于中间的整个舱室或货舱作纵向隔离"。

在危险货物一览表中,若有"远离某类别"的隔离术语,则"某类别"被认为包括"某类别"中的所有物质和要求贴有"某类别"副危险性标签的所有物质。

2.隔离表

任意两种危险货物之间应遵循的一般隔离规定以"隔离表"(Segregation Table)的形式给出,见表 3-36。如果危险货物存在副危险性,则查表时应分别利用各自的主、副危险性类别查取隔离等级,取其中最严格的隔离等级。

表 3-36　包装危险货物间的隔离表

类别	1.1 1.2 1.5	1.3 1.6	1.4	2.1	2.2	2.3	3	4.1	4.2	4.3	5.1	5.2	6.1	6.2	7	8	9
1.1,1.2,1.5	*	*	*	4	2	2	4	4	4	4	4	4	2	4	2	4	×
1.3,1.6	*	*	*	4	2	2	4	3	3	4	4	4	2	4	2	2	×
1.4	*	*	*	2	1	1	2	2	2	2	2	2	×	4	2	2	×
2.1	4	4	2	×	×	×	2	1	2	×	2	2	×	4	2	1	×
2.2	2	2	1	×	×	×	1	×	1	×	×	1	×	2	1	×	×
2.3	2	2	1	×	×	×	2	×	2	×	×	2	×	2	1	×	×
3	4	4	2	2	1	2	×	×	2	×	2	2	×	3	2	×	×
4.1	4	3	2	1	×	×	×	×	1	×	1	2	×	3	2	1	×
4.2	4	3	2	2	1	2	2	1	×	1	2	2	1	3	2	1	×
4.3	4	4	2	×	×	×	1	×	1	×	2	2	×	2	2	1	×
5.1	4	4	2	2	×	×	2	1	2	2	×	2	1	3	1	2	×
5.2	4	4	2	2	1	2	2	2	2	2	2	×	1	3	2	2	×
6.1	2	2	×	×	×	×	×	×	1	×	1	1	×	1	×	2	×
6.2	4	4	4	4	2	2	3	3	3	2	3	3	1	×	3	3	×
7	2	2	2	2	1	1	2	2	2	2	3	3	×	3	×	2	×
8	4	2	2	1	×	×	×	1	1	1	2	2	×	3	2	×	×
9	×	×	×	×	×	×	×	×	×	×	×	×	×	×	×	×	×

表中数字和符号含义如下:

1——"远离";

2——"隔离";

3——"用一整个舱室或货舱隔离"；

4——"用一介于中间的整个舱室或货舱作纵向隔离"；

×——应查阅危险货物一览表是否有特殊隔离规定；

*——见第 1 类危险物质或物品间的隔离规定。

3. 隔离类

为了隔离的目的,具有相似化学性质的危险货物按隔离类被分在一起,共划分为 18 个隔离类。分配到这些隔离类的条目列在 IMDG 规则相关章节中,并且在危险货物一览表中第16b 栏以隔离类代码识别。隔离类及其代码见表 3-37。

表 3-37　隔离类及其代码

隔离类代码	隔离类	描述
SGG1	1	酸类
SGG2	2	氨化合物类
SGG3	3	溴酸盐类
SGG4	4	氯酸盐类
SGG5	5	亚氯酸盐类
SGG6	6	氰化物类
SGG7	7	重金属及其盐类(包括它们的有机金属化合物)
SGG8	8	次氯酸盐类
SGG9	9	铅及其化合物类
SGG10	10	液体卤代碳氢化合物类
SGG11	11	汞及其化合物类
SGG12	12	亚硝酸盐及其混合物类
SGG13	13	高氯酸盐类
SGG14	14	高锰酸盐类
SGG15	15	金属粉末类
SGG16	16	过氧化物类
SGG17	17	叠氮化合物类
SGG18	18	碱类

但应注意,并不是某一隔离类的所有物质、混合物、溶液或配制品均在 IMDG 规则中按名称列出,有些物质以 N.O.S.条目运输。尽管这些 N.O.S.条目本身未在表 3-36 中列出,但托运人须确定分配的隔离类是否合适,如果合适,则须在运输文件中注明。

IMDG 规则中的隔离类没有包括超出本规则分类标准的物质。如果有些非危险性物质具有与列在隔离类中的物质相似的化学性质,则了解这些非危险性货物化学性质的托运人和负责把货物装入货物运输组件的人员可以在自愿的基础上实施相关隔离类的隔离要求。

4. 隔离规定和免除

(1)当任意两种危险货物之间的隔离要求适用隔离术语 1~4 中的任意一个时,不允许包装在同一外包装内;除非另有规定,否则也不允许在同一货物运输组件内运输。

(2)由于每一类别中的物质、材料或物品的性质差别很大,不可能将它们对隔离的要求完全纳入隔离表中。考虑到某些货物的特殊性质,在危险货物一览表第16b栏中规定了隔离的特殊要求。当由隔离表查得的一般隔离要求与危险货物一览表中的规定不一致时,危险货物一览表中的特殊隔离规定优先。

(3)具有单一副危险时,如果副危险的隔离要求比主危险的要求更严,则须优先适用副危险的隔离要求。第1类副危险货物的隔离规定与第1.3类货物的隔离规定一致。

(4)具有两种或两种以上副危险性的物质、材料或物品的隔离规定应查阅危险货物一览表第16b栏中的说明。

(5)虽然有(3)和(4)的规定,但同类物质仍可积载在一起运输而不必考虑副危险性的隔离要求,前提是这些物质不会相互发生反应并引起:

①燃烧和/或产生大量的热;

②产生易燃、有毒或令人窒息的气体;

③生成腐蚀性物质;或

④生成不稳定物质。

(6)危险货物一览表中有"按……类危险货物的隔离要求"时,须查阅表3-36按该类别危险货物确定隔离要求。对于不发生危险反应的同类危险货物,其隔离要求须使用危险货物一览表中主危险性类别查阅表3-36确定隔离要求。

(7)由同一种物质构成但仅因含水量不同而被划分为不同类别的危险货物之间无须隔离;仅数量不同的第7类危险货物之间无须隔离。

(8)属于不同类别的危险货物经科学证据表明它们互相接触时不会发生危险反应,则无须隔离。

(9)第8类包装类Ⅱ或Ⅲ的物质,按照危险货物一览表第16b栏的隔离要求需要"远离"或"隔离"酸类或碱类,但如果满足如下条件,则可以在同一货物运输组件内的同一或不同包装中运输。

①满足上述(5)的要求;

②该包件装有不超过30 L的液体或30 kg的固体;

③运输单证上包括规定的声明:"按照IMDG规则7.2.6.5运输";和

④如果有关当局要求,则须提供能证明该物质互相不发生危险反应的试验报告副本。

(10)限量危险货物和可免除量危险货物不适用隔离术语的要求。

5.第1类货物的隔离

(1)第1类货物间的隔离要求

第1类货物之间的隔离要求需要根据表3-38确定。

①表3-36中允许混合积载时,第1类货物可以积载在同一舱室、货舱或封闭货物运输组件中;不允许混合积载时,则应积载在单独的舱室、货舱或封闭货物运输组件中。

②当需要不同积载方式的货物根据表3-38允许装载于同一舱室、货舱或封闭货物运输组件内时,相应的积载方法应符合整个货载中最严格的一个。

③凡不同类别的第1类货物在同一舱室、货舱或封闭货物运输组件混合积载时,整个货载应按顺序1.1(危险最大)、1.5、1.2、1.3、1.6和1.4(危险最小),并符合最严格的积载要求。

④根据表3-38,允许混合积载的第1类货物装在不同的封闭货物运输组件内时,货物运输组件之间不需要"隔离";不允许混合积载的第1类货物装在不同的封闭货物运输组件内时,货物运输组件之间应相互"隔离"。

表 3-38　第 1 类货物的隔离表

配装类	A	B	C	D	E	F	G	H	J	K	L	N	S
A	×												
B		×											×
C			×	×[6]	×[6]		×[1]					×[4]	×
D			×[6]	×	×[6]		×[1]					×[4]	×
E			×[6]	×[6]	×		×[1]					×[4]	×
F						×							×
G			×[1]	×[1]	×[1]		×						×
H								×					×
J									×				×
K										×			×
L											×[2]		
N												×[3]	×[5]
S	×	×	×	×	×	×	×	×	×	×		×[5]	

说明：

"×"——可以在同一舱室、货舱或封闭货物运输组件中积载的相应配装类的货物。

1——配装类 G 的爆炸性物品（除烟花及需要特殊积载的物品外），只要同一舱室、货舱或封闭货物运输组件内没有爆炸性物质，可以与配装类 C、D 和 E 的爆炸性物品一起积载。

2——托运的配装类 L 的货物只能与同一类别的配装类 L 的货物一起积载。

3——第 1.6 类的不同种类、配装类 N 的物品，只有当被证实该物品之间没有共性爆炸的额外危险时，才可以在一起运输，否则须按第 1.1 类对待。

4——当配装类 N 物品与配装类 C、D 或 E 物品或物质一起运输时，配装类 N 物品须作为配装类 D 对待。

5——当配装类 N 物品与配装类 S 物品或物质一起运输时，整个装载须按配装类 N 的标准进行。

6——配装类 C、D 和 E 中任何物品的组合均须按配装类 E 对待，对于配装类 C、D 中的任何物质的组合，须根据组合装载中的主要特点，按最适合的配装类进行处理。根据相关规定，整个划分规则须在成组装载或货物运输组件的每一标签或标牌上标明。

（2）第 1 类危险货物与其他类别危险货物的隔离

第 1 类危险货物与其他类别危险货物的隔离要求应根据表 3-36 和危险货物一览表第 16b 栏的说明来确定。但如果将硝酸铵（UN 1942）、硝酸铵化肥（UN 2067）、碱金属硝酸盐、碱土金属硝酸盐与爆破类炸药（UN 0083，C 型爆破炸药除外）的组合作为第 1 类的爆破炸药来对待，则它们可以一起积载。

6.隔离代码

危险货物一览表第 16b 栏中以隔离代码的形式给出了危险货物的特殊隔离要求，其具体含义如表 3-39 所示。

表 3-39　隔离代码

隔离代码	描述
SG1	贴有第 1 类副危险标志的包件，按第 1 类第 1.3 小类隔离。在涉及该货物与第 1 类货物隔离的情况下，按照主危险的要求进行隔离

续表

隔离代码	描述
SG2	按第 1.2G 类隔离
SG3	按第 1.3G 类隔离
SG4	按第 2.1 类隔离
SG5	按第 3 类隔离
SG6	按第 5.1 类隔离
SG7	"远离"第 3 类
SG8	"远离"第 4.1 类
SG9	"远离"第 4.3 类
SG10	"远离"第 5.1 类
SG11	"远离"第 6.2 类
SG12	"远离"第 7 类
SG13	"远离"第 8 类
SG14	与除第 1.4S 类外的第 1 类"隔离"
SG15	与第 3 类"隔离"
SG16	与第 4.1 类"隔离"
SG17	与第 5.1 类"隔离"
SG18	与第 6.2 类"隔离"
SG19	与第 7 类"隔离"
SG20	"远离"SGG1(酸类)
SG21	"远离"SGG18(碱类)
SG22	"远离"铵盐
SG23	"远离"动物或植物油
SG24	"远离"SGG17(叠氮化合物类)
SG25	与第 2.1 类和第 3 类"隔离"
SG26	补充:当在集装箱船上舱面积载时,须在横向与第 2.1 类和第 3 类保持最小两个箱位,当在滚装船上积载时,须在横向与第 2.1 类和第 3 类保持最小 6 m
SG27	"远离"含有氯酸盐或高氯酸盐的爆炸性物质
SG28	"远离"SGG2(氨化合物类和含有氨化合物或者盐类的爆炸物类)
SG29	按照 7.3.4.2.2、7.6.3.1.2 或 7.7.3.7 的要求与食品"隔离"
SG30	"远离"SGG7(重金属和它们的盐类)
SG31	"远离"SGG9(铅及其化合物类)
SG32	"远离"SGG10(液体卤代碳氢化合物类)
SG33	"远离"SGG15(金属粉末)
SG34	当含有氨化合物类,"远离"SGG4(氯酸盐类)或 SGG13(高氯酸盐类和含有氯酸盐类或高氯酸盐类的爆炸物类)
SG35	"远离"SGG1(酸类)
SG36	"远离"SGG18(碱类)
SG37	与铵盐"隔离"
SG38	"隔离"SGG2(氨化合物类)
SG39	"隔离"SGG2[除过硫酸铵(UN 1444)的氨化合物类]
SG40	"隔离"SGG2[除过硫酸铵和/或过硫酸钾和/或过硫酸钠的混合物的氨化合物类]
SG41	与动物或植物油"隔离"
SG42	"隔离"SGG3(溴酸盐类)
SG43	与溴"隔离"
SG44	与四氯化碳(UN 1846)"隔离"

续表

隔离代码	描述
SG45	"隔离" SGG4(氯酸盐类)
SG46	与氯"隔离"
SG47	"隔离" SGG5(亚氯酸盐类)
SG48	与可燃材料(特别是液体)"隔离"。可燃物质不包括包装材料或衬垫材料
SG49	"隔离" SGG6(氰化物类)
SG50	按照7.3.4.2.1、7.6.3.1.2 或 7.7.3.6 的要求与食品"隔离"
SG51	"隔离" SGG8(亚氯酸盐类)
SG52	与氧化铁"隔离"
SG53	与液体有机物质"隔离"
SG54	"隔离" SGG11(汞及其化合物类)
SG55	与汞盐"隔离"
SG56	"隔离" SGG12(亚硝酸盐类)
SG57	与吸收气味的货物"隔离"
SG58	"隔离" SGG13(高氯酸盐类)
SG59	"隔离" SGG1(高锰酸钾类)
SG60	"隔离" SGG16(过氧化物类)
SG61	"隔离" SGG15(金属粉末类)
SG62	与硫"隔离"
SG63	与第1类货物"用一介于中间的整个舱室或货舱做纵向隔离"
SG64	保留
SG65	与除第1.4类外的第1类物质"用一整个舱室或货舱隔离"
SG66	保留
SG67	与第1.4类"隔离"并与1.1、1.2、1.3、1.5、1.6类"用一介于中间整体舱室或货舱做纵向隔离",但配装类J的爆炸品除外
SG68	如闪点为60 ℃ c.c.或以下,按照第3类"隔离",但"远离"第4.1类
SG69	容积在1 L或以下的喷雾器:按第9类"隔离"。与除第1.4类外的第1类物质"隔离" 容积在1 L以上的喷雾器:按第2类的相应小类"隔离" 对废弃的喷雾器:按第2类的相应小类"隔离"
SG70	对于硫化砷,"隔离"SGG1(酸类)
SG71	危险货物在设备中,或危险货物作为救生设备必不可少的一部分,则不必满足7.2章的隔离规定
SG72	见7.2.6.3
SG73	保留
SG74	按照第1.4G类的规定进行"隔离"
SG76	按照第7类进行"隔离"
SG77	按照第8类进行"隔离"。当该货物与第7类货物进行隔离时,不需要遵守该隔离规定
SG78	对于第1.1小类、第1.2小类和第1.5小类"用一介于中间的整个舱室或货舱做纵向隔离"

三、不同运输方式的危险货物积载与隔离

（一）包装危险货物在杂货船上的积载与隔离

积载与隔离要求既适用于以常规形式装载在杂货船上的危险货物包件，也适用于在常规货物处所运输的危险货物集装箱。

1.积载与操作规定

（1）一般规定

①由于拟装运危险货物的包装在试验时均有堆码高度的要求，因此危险货物包件在载货处所积载时应充分考虑堆码高度的限制。

②装有危险货物的桶应始终直立积载，除非有关当局另有批准。

③危险货物的积载须确保走道和通向所有船舶安全作业必需设备的通道不受影响。危险货物在舱面积载时，须保持消火栓、测量管及其他类似设备和通道不受影响，并与之远离。

④遇水易于损坏的纤维板箱、纸袋和其他包装须在舱内积载。如在舱面积载，则须严加防护，任何时候都不能使其受天气或海水的侵袭。

⑤可移动罐柜上面不能积载其他货物，除非罐柜是出于此种目的的设计的，或是其保护措施令有关当局满意。

⑥与将要运输的危险货物的危险性有关的货物处所和舱面须干燥和清洁。为了降低着火危险，货舱中须没有其他货物的粉尘。

⑦应对包件和货物运输组件进行检查，发现任何损坏、泄漏或撒漏的包件不能装到杂货船上。应注意查看在装船前货物运输组件和包件上附着的过多的水、雪或冰是否已被除去。

⑧整个航程中，包件、货物运输组件和任何其他货物应充分绑扎和系固。包件应用在运输途中对配件产生损坏最小的方式装载。包件或可移动罐柜上的这些配件应被充分保护。

（2）特殊规定

①易燃气体和极易燃液体的规定

对于1984年9月1日以前建造的500总吨及以上的货船和客船、1992年2月1日以前建造的500总吨以下的货船，易燃气体和闭杯闪点低于23℃的易燃液体须仅在舱面积载，除非主管当局另有批准。舱面积载的易燃气体和闭杯闪点低于23℃的易燃液体应距任何潜在火源至少3 m。

②通风规定

对于1984年9月1日以前建造的500总吨及以上的货船和客船、1992年2月1日以前建造的500总吨以下的货船，如果危险货物一览表允许舱内积载，则下述危险货物仅可以在配备机械通风系统的舱内积载，否则仅限舱面积载。

危险货物包括：第2.1类危险货物；闭杯闪点低于23℃的第3类危险货物；第4.3类危险货物；具有第3类副危险的第6.1类危险货物；具有第3类副危险的第8类危险货物；危险货物一览表16a栏中具有特殊积载规定要求机械通风的危险货物。

机械通风系统的通风能力(每小时换气的次数)须使主管机关满意。

③第1类爆炸品的规定

为了防止未经批准的人员进入，所有舱室和货物运输组件均须上锁或适当地关闭。上锁

和关闭的方法应使船员在出现紧急情况时能没有延误地进入。

所采用的装卸程序和使用的设备不应产生火花,特别是当货物舱室的地面不是由合拢式木材制成时。在开始装卸爆炸物品之前,所有装卸人员应由托运人或收货人简要告知可能的危险和必要的预防措施。当包件内货物在船上受潮时,应立即征求托运人的意见,在得到指示前不要处理包件。

当不同配装类的货物在舱面装运且不允许混合积载的,至少应保持 6 m 的水平距离。

④第 2 类气体的规定

盛装第 2 类气体的容器以垂直方向积载时,应成组积载并用坚实的木材制成箱或框将容器围蔽。这种箱或框应进行垫隔使之与钢质甲板保持间隙,在箱内或框内的容器应缚牢以防止移动。木箱或框应用楔垫固定,并绑扎牢固以防止其随意移动。

舱面积载的压力容器应远离热源。

⑤第 3 类易燃液体的规定

对于使用塑料罐(3H1 和 3H2)和塑料桶(1H1 和 1H2)、塑料桶内的塑料容器(6HH1 和 6HH2)和塑料中型散装容器(31H1 和 31H2)盛装的闭杯闪点低于 23 ℃的第 3 类物质,除非将其装于封闭的货物运输组件中,否则仅限舱面积载。舱面积载的包件应远离热源。

⑥第 4.1、4.2 和 4.3 类货物的规定

这些类别的包件舱面积载时应远离热源。此外,利用集装箱进行运输的鱼粉和磷虾粉应在货物装箱后,密封箱门和其他开口处,以防止空气进入;航行期间,每天清晨应读取舱内温度并做记录;如果舱内温度明显高于环境温度,且继续上升,则应采取应急措施,如使用充足的水,则须考虑由此带来的对船舶稳性不利的影响;货物应远离热源积载。

⑦第 5.1 类货物的规定

装载氧化性物质前货舱须清扫干净。对这些货物的积载非必需的所有可燃物应从货舱清除。尽可能合理可行地使用非易燃的加固和防护材料,并且只能使用最少数量的清洁、干燥的木质垫料。应采取预防措施避免氧化性物质渗入其他可能贮有可燃物质的货舱、舱底等处所。

硝酸铵(UN 1942)和硝酸铵基化肥(UN 2067)可积载在紧急时可以开启的干净的货物处所内。在装货前应考虑到如果发生火灾可能需要打开舱盖提供大量通风、紧急情况时可能需要注水以及因货物处所浸水可能造成的船舶稳性风险。

曾装运氧化性物质的货舱,卸货后应检查有无污染物。在用于装运其他货物尤其是食品之前,原已被污染的货舱应做适当的清扫和检查。

⑧第 4.1 类自反应物质和第 5.2 类货物的规定

包件的积载须远离热源。当制定积载方案时,应记住可能有必要采取适当的应急行动,如抛弃货物。

⑨第 6.1 类货物和第 8 类货物的规定

卸货后应检查装运过本类物质的处所是否受到污染。装运其他货物时,应对受污染的处所进行适当的清洗和检查。

第 8 类物质应尽可能合理有效地保持干燥,因为该类物质受潮时对大多数金属有不同程度的腐蚀性,有的还与水发生剧烈反应。

⑩装运危险货物的柔性散装容器的规定

禁止装运危险货物的柔性散装容器在舱面积载。舱内积载时,不应有空隙且堆码高度不能超过 3 层;如果柔性散装容器没有充满货舱,则应采取充分的措施防止货物移动;如果柔性

散装容器带有通风装置,则积载时不能妨碍通风装置的功能。

2.隔离规定

(1)常规形式积载的危险货物包件之间的隔离

常规形式积载的危险货物包件之间积载时应遵循4个隔离术语的隔离要求,如图3-28所示。其具体定义如下:

①隔离1:远离(Away from)。只要水平垂直投影距离不小于3 m,则两种互不相容的危险货物包件仍可在同一舱室或货舱内或舱面上积载[见图3-28(a)]。

②隔离2:隔离(Separated from)。隔离是指在舱内积载时,装于不同舱室或货舱内。若中间甲板防火、防液,则可以垂直隔离,即在上、下不同的舱室积载。就舱面积载而言,这种隔离应不小于6 m 的水平距离[见图3-28(b)]。

③隔离3:用一整个舱室或货舱隔离(Separated by a Complete Compartment or Hold from)。如果中间甲板不是防火、防液的,只能用一介于中间的整个舱室或货舱做纵向隔离。就舱面积载而言,这种隔离应不小于12 m 的水平距离。如果一个包件在舱面积载,而另一包件在最上层舱室积载,也要保持上述同样距离[见图3-28(c)]。

④隔离4:用一介于中间的整个舱室或货舱做纵向隔离(Separated by an Intervening Complete Compartment or Hold from)。单独的垂向隔离不符合这一要求。在舱内积载的包件与在舱面积载的另一包件之间的距离包括纵向的一整个舱室在内必须保持不小于24 m 的纵向距离。就舱面积载而言,这种隔离应不小于24 m 的纵向距离[见图3-28(d)]。

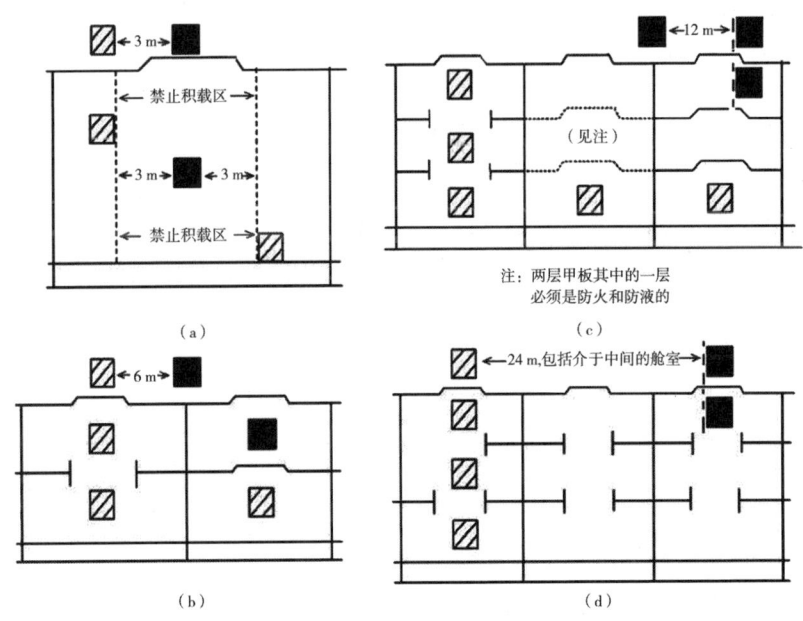

图 3-28　危险货物隔离术语定义图

基准包件:■;不相容货物包件:▨;防火、防液的甲板:———

注:垂直实线表示货物处所(舱室或货舱)之间的防火、防液横舱壁。

(2)常规形式积载的危险货物包件与货物运输组件中危险货物之间的隔离

IMDG 规则规定,危险货物包件与开敞式货物运输组件内危险货物之间的隔离,应遵照危险货物包件之间的隔离要求执行;危险货物包件与封闭式货物运输组件内危险货物之间的隔

离,除下列情况外,仍遵照危险货物包件之间的隔离要求执行:

①要求"远离"时,危险货物包件与封闭式货物运输组件内危险货物之间无隔离要求;

②要求"隔离"时,危险货物包件与封闭式货物运输组件内危险货物之间应"远离"。

（3）积载在常规货物处所的不同封闭式货物运输组件内危险货物之间的隔离要求

积载在运输中不适合永久性积载集装箱的货舱和舱室中的不同封闭式货物运输组件(封闭式集装箱)内的危险货物之间的隔离,除下列情况外,应遵照危险货物包件之间的隔离要求执行:

①要求"远离"时,封闭式货物运输组件内危险货物之间无隔离要求;

②要求"隔离"时,封闭式货物运输组件内危险货物之间应"远离"。

（4）货物运输组件内危险货物之间的隔离

需要相互"隔离"的危险货物不能在同一货物运输组件内装载运输;需要相互"远离"的危险货物可以在同一货物运输组件内装载运输,但应经过主管当局的批准。

（5）危险货物包件与散装固体危险货物之间的隔离要求

危险货物包件与散装固体危险货物之间的一般隔离要求应查阅表3-40确定。

表3-40　危险货物包件与散装固体危险货物隔离表

散装固体危险货物		危险货物包件															
	类别	1.1 1.2 1.5	1.3 1.6	1.4	2.1	2.2 2.3	3	4.1	4.2	4.3	5.1	5.2	6.1	6.2	7	8	9
易燃固体	4.1	4	3	2	2	2	2	×	1	×	1	2	×	3	2	1	×
易自燃物质	4.2	4	3	2	2	2	1	×	1	2	2	2	1	3	2	1	×
遇水放出易燃气体物质	4.3	4	4	2	2	×	2	1	×	2	2	2	×	2	2	1	×
氧化剂	5.1	4	4	2	2	×	2	1	2	2	×	2	1	3	1	2	×
有毒物质	6.1	2	2	×	×	×	×	×	1	×	1	1	×	1	×	×	×
放射性材料	7	2	2	2	2	2	2	2	2	2	2	2	1	2	×	3	×
腐蚀品	8	4	2	2	1	×	1	1	1	1	2	2	×	3	2	×	×
杂类危险物质和物品	9	×	×	×	×	×	×	×	×	×	×	×	×	×	×	×	×
仅散装时有危险的物质	MHB	×	×	×	×	×	×	×	×	×	×	×	×	×	×	×	×

表中:

"1"——"远离";

"2"——"隔离";

"3"——"用一整个舱室或货舱隔离";

"4"——"用一介于中间的整个舱室或货舱做纵向隔离";

"×"表示查看IMDG规则危险货物一览表或IMSBC规则是否有特殊隔离要求。

（6）危险货物包件与食品之间的隔离要求

当食品与某些类别的危险货物包件一起积载时,为保证食品质量,应满足以下隔离要求:

①以常规形式积载的第2.3、6.1、7（UN 2908、UN 2909、UN 2910和UN 2911除外）、8类主副危险性的包件和危险货物一览表16b栏含有隔离代码SG29或SG50的包件与以常规形式

积载的食品应满足"隔离"的要求。

如果食品或危险货物包件的其中一个是在封闭货物运输组件中积载,则危险货物包件应与食品"远离"。如果食品和危险货物包件均在不同的封闭货物运输组件中积载,则无须隔离。

②以常规形式积载的第6.2类危险货物包件与以常规形式积载的食品应满足"用一整个舱室或货舱隔离"的隔离要求。

如果食品或危险货物包件其中一个是在封闭货物运输组件中积载,则危险货物包件应与食品"隔离"。

③货物运输组件内的危险货物包件和食品之间的隔离应遵循以下原则:

a.具有第2.3、6.1、6.2、7(UN 2908、UN 2909、UN 2910和UN 2911除外)、8类主副危险性的包件和危险货物一览表16b栏含有隔离代码SG29或SG50的包件与食品不能在同一货物运输组件内积载运输;

b.虽然有a的规定,但如果包装类Ⅲ的第6.1类和第8类危险货物包件、包装类Ⅱ的第8类危险货物包件、任何具有第6.1类或第8类副危险的包装类Ⅲ的危险货物包件与食品之间的距离在3 m以上时,则可以和食品在同一货物运输组件内积载运输。

(二)货物运输组件在集装箱船上的积载与隔离

本部分内容适用于符合经修订的《1972年国际集装箱安全公约》(International Convention for Safe Containers, 简称1972 CSC)集装箱术语定义的集装箱的积载和隔离,这些集装箱是在集装箱船的甲板或货舱内运输的,或者是在其他类型船舶适合永久性积载集装箱的货舱或甲板运输的。

1.积载要求

(1)装运易燃气体和极易燃液体的集装箱的要求

对于1984年9月1日以前建造的500总吨及以上的货船和客船、1992年2月1日以前建造的500总吨以下的货船,装运易燃气体和闭杯闪点低于23 ℃的易燃液体的集装箱须仅在舱面积载,除非有关当局另有批准。

装有闭杯闪点低于23 ℃的易燃气体或易燃液体的集装箱在舱面积载时,须积载在水平和垂直方向与任何潜在火源的距离不小于2.4 m的位置。

需要控制温度的非安全型集装箱不能与装运易燃气体或闭杯闪点低于23 ℃的易燃液体的集装箱一起在舱内积载。

(2)通风要求

对于1984年9月1日以前建造的500总吨及以上的货船和客船、1992年2月1日以前建造的500总吨以下的货船,如果危险货物一览表允许舱内积载,则装运下述危险货物的集装箱仅可以在配备机械通风系统的舱内积载,否则仅限舱面积载。

危险货物包括:第2.1类危险货物;闭杯闪点低于23 ℃的第3类危险货物;第4.3类危险货物;具有第3类副危险的第6.1类危险货物;具有第3类副危险的第8类危险货物;危险货物一览表16a栏具有特殊积载规定要求机械通风的危险货物。

机械通风系统的通风能力(每小时换气的次数)应使有关当局满意。

2.隔离要求

根据集装箱结构的不同,将集装箱分为封闭式和开敞式两种。封闭式集装箱为采用永久性的结构将所装货物全部封装在内的集装箱;开敞式集装箱为不具备将所装货物封装在内的永久性结构的集装箱。IMDG 规则中对积载在具有封闭舱盖集装箱船上和无舱盖集装箱船上的危险货物集装箱不同等级的隔离要求如表 3-41 所示。

表 3-41　集装箱船上危险货物集装箱隔离表

隔离要求	垂直				水平					
	封闭式与封闭式	封闭式与开敞式	开敞式与开敞式		封闭式与封闭式		封闭式与开敞式		开敞式与开敞式	
					舱面	舱内	舱面	舱内	舱面	舱内
"远离" 1	允许一个装于另一个上面	允许开敞式装于封闭式上面，否则按开敞式和开敞式要求装载	除非以层板隔离，否则禁止装在一垂直线上	首尾向	无限制	无限制	无限制	无限制	一个箱位	一个箱位或隔一个舱壁
				横向	无限制	无限制	无限制	无限制	一个箱位	一个箱位
"隔离" 2	除非以一层甲板隔离，否则禁止装在同一垂直线上[①]	按开敞式与开敞式的要求装载		首尾向	一个箱位	一个箱位或隔一个舱壁	一个箱位	一个箱位或隔一个舱壁	一个箱位[②]	隔一个舱壁
				横向	一个箱位	一个箱位	一个箱位	两个箱位	两个箱位[②]	隔一个舱壁
"用一整个舱室或货舱隔离" 3				首尾向	一个箱位[②]	隔一个舱壁	一个箱位[②]	隔一个舱壁	两个箱位[②]	隔两个舱壁
				横向	两个箱位[②]	隔一个舱壁	两个箱位[②]	隔一个舱壁	三个箱位[②]	隔两个舱壁
"用一介于中间的整个舱室或货舱做纵向隔离" 4	禁止			首尾向	最小水平距离24 m²[②]	隔一个舱壁并且最小水平距离不小于24 m²[③]	最小水平距离24 m²[②]	隔两个舱壁	最小水平距离24 m²[②]	隔两个舱壁
				横向	禁止	禁止	禁止	禁止	禁止	禁止

注:所有舱壁和甲板均应是防火、防液的。一个箱位指首尾向不小于 6 m 或横向不小于 2.4 m 的空间。

　①对于无舱盖集装箱船,IMDG 规则定义:"禁止装载在同一垂线上";

　②对于无舱盖集装箱船,IMDG 规则定义:"×××且不在同一货舱里或货舱上方";

　③集装箱距离中间舱壁不少于 6 m。

使用时,首先根据集装箱内所装危险货物的正确运输名称或联合国编号,确定其类别号,并由类别号查包装危险货物隔离表和危险货物一览表确定隔离等级;然后根据该隔离等级查阅危险货物集装箱隔离表,获取表中的规定予以有效的隔离。确定积载位置时,水平隔离应参照如图 3-29 所示的要求,凡最外围对角线以外的空白箱位为满足隔离要求的积载箱位。

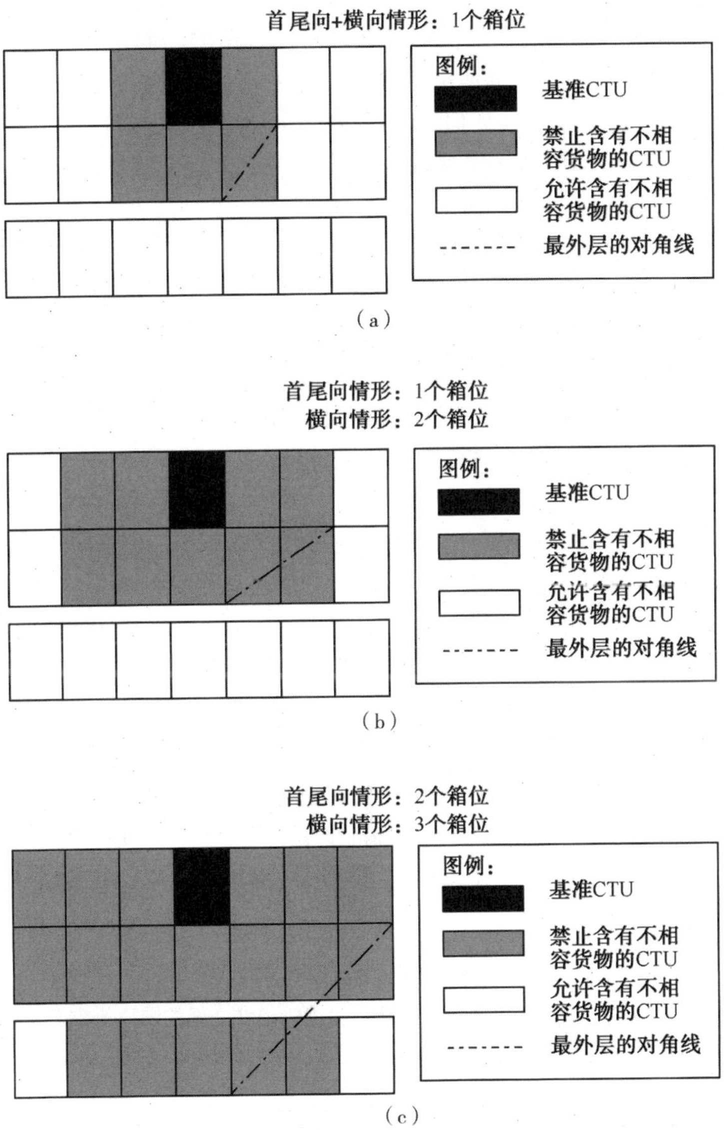

图 3-29　危险货物集装箱水平隔离图解

注:所有舱壁和甲板均须是防火和防液的。

（三）货物运输组件在滚装船上的积载与隔离

本部分内容适用于滚装船上运输的货物运输组件的积载和隔离。对于具有能在运输中为集装箱提供适合永久性积载的位置的滚装船,这些处所装载的集装箱适用上述"(二)货物运输组件在集装箱船上的积载与隔离"的规定。如果一个以上的集装箱装在一个滚装货物处所的同一底座上,集装箱间的隔离适用上述"(二)货物运输组件在集装箱船上的积载与隔离"的规定。对于具有常规货物处所的滚装船,这些处所适用上述"(一)包装危险货物在杂货船上的积载与隔离"的规定。

1.积载要求

(1)每个滚装货物处所的装卸操作应在船长指定的负责人员或由高级船员和水手组成的工作组中的人员的监督下进行。

(2)航行期间,乘客和其他非授权人员只有在授权人员的陪同下才能进入滚装货物处所。航行期间,所有直接进入滚装货物处所的门都应牢固关闭,禁止进入这些处所的公告或标志须有明显的显示。不满足这些规定的任何滚装货物处所不得装运危险货物。

(3)仅在舱面积载的危险货物不能在封闭滚装货物处所装运,但是如果有关当局批准,则可以在开敞滚装货物处所装运。

(4)闭杯闪点低于23 ℃的易燃气体或易燃液体不能积载在封闭滚装货物处所或客船特种处所,除非满足下列要求,否则仅限舱面积载:

①处所的设计、构造和设备满足经修订的 SOLAS 74 公约Ⅱ-2/19 条的规定,或适用时满足公约其他条款的规定,通风系统作业至少维持每小时 6 次换气;或

②处所的通风系统作业至少维持每小时 10 次换气,并且除了清除失效的机械通风系统中的燃料或任何其他可能导致易燃蒸气聚集的环境外,还应将处所中非安全型电气系统以适当的方法绝缘。

(5)舱面积载的装运闭杯闪点低于 23 ℃的易燃气体或易燃液体的货物运输组件应距任何潜在点火源至少 3 m。

(6)积载在封闭滚装货物处所或客船特种处所时,任何货物运输组件的机械驱动的制冷或加热设备在航行期间不得使用。

(7)如果闭杯闪点低于 23 ℃的易燃气体或易燃液体装在同一货物运输组件或相同处所,则当积载在封闭滚装货物处所或客船特种处所时,任何货物运输组件的电驱动的制冷或加热设备不得使用,除非满足 IMDG 规则中规定的特殊条件。

(8)在滚装货物处所载运危险货物的船舶的船长应确保装卸和航行期间由经授权的船员或负责人对这些处所进行常规检查,以便尽早探测到危险。

2.隔离要求

滚装船上载运的危险货物运输组件之间的隔离要求见表 3-42。

表 3-42　滚装船上载运的危险货物运输组件之间的隔离要求表

隔离要求		水平					
		封闭式与封闭式		封闭式与开敞式		开敞式与开敞式	
		舱面	舱内	舱面	舱内	舱面	舱内
"远离"1	首尾向	无限制	无限制	无限制	无限制	距离不小于3 m	距离不小于3 m
	横向	无限制	无限制	无限制	无限制	距离不小于3 m	距离不小于3 m

续表

隔离要求		水平					
		封闭式与封闭式		封闭式与开敞式		开敞式与开敞式	
		舱面	舱内	舱面	舱内	舱面	舱内
"隔离" 2	首尾向	距离不小于6 m	距离不小于6 m或隔一个舱壁	距离不小于6 m	距离不小于6 m或隔一个舱壁	距离不小于6 m	距离不小于12 m或隔一个舱壁
	横向	距离不小于3 m	距离不小于3 m或隔一个舱壁	距离不小于3 m	距离不小于6 m或隔一个舱壁	距离不小于6 m	距离不小于12 m或隔一个舱壁
"用一整个舱室或货舱隔离" 3	首尾向	距离不小于12 m	距离不小于24 m并隔一层甲板	距离不小于24 m	距离不小于24 m并隔一层甲板	距离不小于36 m	隔两层甲板或两个舱壁
	横向	距离不小于12 m	距离不小于24 m并隔一层甲板	距离不小于24 m	距离不小于24 m并隔一层甲板	距离不小于36 m	禁止
"用一介于中间的舱室或货舱做纵向隔离" 4	首尾向	距离不小于36 m	隔两个舱壁或距离不小于36 m并隔两层甲板	距离不小于36 m	包括隔两个舱壁在内且距离不小于48 m	距离不小于48 m	禁止
	横向	禁止	禁止	禁止	禁止	禁止	禁止

注:所有舱壁和甲板均应是防火和防液的。

（四）载驳船上的船载驳

本部分内容适用于载驳船所载的船载驳装运包装危险货物或具有化学危险的固体散货。

1.船载驳的积载

（1）如果一艘船载驳上装有一种以上的危险物质,而这些物质有的要求舱内积载,有的要求舱面积载,则装有这些物质的船载驳应舱面积载。

（2）如果一种危险货物需要远离热源,则这个规定也适用于整个船载驳,除非能提供适当的措施。

（3）如果装有危险货物的船载驳装于载驳船上,则载驳船应有能力为每个单驳提供固定灭火系统或火灾探测系统,且保证这些系统与船载驳正确连接。

（4）如果装有危险货物的船载驳装于载驳船上,则载驳船的每个驳船舱应安装有固定灭火系统或火灾探测系统,且保证将船载驳上通风系统的关闭装置打开,以便发生火灾时能使灭火剂进入驳船。

（5）如果对每个船载驳设置通风道,则当灭火剂进入舱室时,应固定风扇,以便于让灭火剂进入船载驳。

2.船载驳的隔离

（1）当船载驳装有两种或更多具有不同隔离要求的物质时,应遵守最严格的隔离规定。

（2）船载驳之间没有"远离""隔离"的要求。

（3）"用一整个舱室或货舱隔离"，对具有垂向货舱的载驳船而言，即装在不同的货舱中；对具有水平载驳层的载驳船而言，即装在不同的水平载驳层上，但不得在同一垂直线上。

（4）"用一介于中间的整个舱室或货舱做纵向隔离"，对具有垂向货舱的载驳船而言，即用一介于中间的货舱或机舱隔离；对具有水平载驳层的载驳船而言，即装在不同的水平载驳层上，但纵向距离要求不少于两个船载驳的位置。

四、主管机关免除、批准和证书

1.免除的要求

（1）当 IMDG 规则中要求危险货物运输须遵守一个专门的规定时，如果一个或多个有关当局（驶出港口国、驶入港口国或船旗国）认为其他规定至少也能和该规则的要求同样有效和安全，则可以通过免除来认可这样的规定。是否接受非缔约国有关当局授权的免除认可由涉及的缔约国有关当局自行决定。因此，涉及免除的货物在运输前，免除的接受者应通知其他涉及的有关当局。

（2）有关当局或已经主动发起免除的有关当局应递交给国际海事组织一份此项免除的副本，如适用，国际海事组织应引起 SOLAS 74 公约和/或 MARPOL 73/78 公约缔约国对其的注意，并在适当的时候采取措施修正 IMDG 规则，将该项免除涉及的规定包括进去。

（3）免除的有效期从授权之日起不得超过 5 年。5 年后，如果修正的 IMDG 规则没有包括免除涉及的规定，则应重新申请免除。

（4）每批货物交付承运人按免除条款运输时，应提交一份免除文件的副本。如适用，根据免除规定运输此种危险货物的船舶上应保存一份免除文件的副本或电子副本。

2.批准和证书的认可

IMDG 规则中涉及的由有关当局（如果要求多方批准，则是多个有关当局）或该有关当局授权的机构签发的批准（包括许可、授权或同意）以及证书，如替代包装的批准、隔离的批准和可移动罐柜的证书等，应被其他 SOLAS 74 公约缔约国和/或 MARPOL 73/78 公约缔约国认可，但这些批准和证书应符合经修正的 SOLAS 74 公约和/或经修正的 MARPOL 73/78 公约附则Ⅲ的规定。

第五节　国际海运危险货物规则使用

IMDG 规则适用于海运包装危险货物运输，不适用于散装危险货物、船用物料及设备。国际海事组织 IMO 出版发行的 IMDG 规则综合文本包括 2 册正本和 1 册补充本，其中第二册主要包括危险货物一览表、特殊规定和限量免除及危险货物英文名称索引表等内容，补充本主要包括 EmS 和 MFAG 等内容。

一、危险货物一览表

危险货物一览表是按危险货物联合国编号的顺序编排的列表。该表以具体名称的方式列出了许多种最常运输的危险货物,每一种危险货物即是一个条目,一个条目指定一个联合国编号,但一个联合国编号可能对应多个条目。每个条目均包括危险货物的类别或小类、副危险性、包装类、特殊规定、限量和可免除量、包装导则、积载与隔离等信息。

1.危险货物一览表中的条目

为了运输的安全与便利,危险货物一览表中将条目分为以下四种:

(1)严格定义的物质或物品的单一条目,如 UN 1090 丙酮;

(2)严格定义的物质和物品的类属条目,如 UN 1266 香料制品;

(3)特定的未另列明的条目,包括具有特定化学或技术属性的物质或物品,如 UN 1987 醇类,未另列明的;

(4)通用的未另列明的条目,包括符合一类或多类标准的物质或物品,如 UN 1325 易燃固体,有机的,未另列明的。

虽然危险货物一览表已经列出了许多种最常运输的危险货物,但不可能列出所有具有商业重要性的化学物质或物品的名称,特别是一些不同成分和浓度的溶液、混合物的名称,因此危险货物一览表引用了"类属"条目或"未另列明的"条目来确定运输物质或物品的危险性。

如果某物质或物品的具体名称已列入了危险货物一览表,则应按照该表中适用的规定运输。如果某物质或物品的具体名称未列入危险货物一览表中或指定给该货物的主、副危险性不恰当,则应使用"类属"条目或"未另列明的"条目,这种物质或物品只有在其危险性确定后才可运输;其分类应按照分类定义和试验标准进行,并使用危险货物一览表最恰当地描述该物质或物品的名称。分类时,如果该物质不能被划分到类属条目,就只能划分到"未另列明的"特定条目;如果不能划分到类属条目或"未另列明的"特定条目,就只能划分到"未另列明的"通用条目。分类应由托运人或发货人或按规则指定的主管当局做出。

基于此,这就意味着危险货物一览表包括了所有被运输的危险货物的名称。

2.危险货物一览表的结构及说明

如表 3-43 所示,危险货物一览表共包括 18 栏,每一栏的具体内容及说明如下。

(1)第 1 栏:联合国编号(UN No.)

联合国编号是由联合国危险货物运输专家分委会对每一危险货物指定的编号,用以标记和识别一种物质或一类特定物质。该编号由 4 位阿拉伯数字表示,不代表危险货物危险性的大小。

(2)第 2 栏:正确运输名称(PSN)

正确运输名称是危险货物一览表中最准确描述货物条目的那一部分,用大一字号的大写英文字母显示(加上构成名称的数字、希腊字母等),在正确运输名称后面的括号部分是可供选择的正确运输名称,如乙醇(乙基醇)。在正确运输名称之后的补充说明用小一号字体的小写英文字母显示,可以使用但不需要考虑将其作为正确运输名称的一部分。如几种明显不同的正确运输名称合并列在一个联合国编号下,并且有"和""或"断开,或有逗号停顿,则在运输单证或包装标记中只需使用最合适的名称。

表 3-43　危险货物一览表（部分）

UN No. (1) 3.1.2	正确运输名称 (PSN) (2) 3.1.2	类别 (3) 2.0	副危险性 (4) 2.0	包装类 (5) 2.0.1.3	特殊规定 (6) 3.3	限量 (7a) 3.4	可免除量 (7b) 3.5	包装 导则 (8) 4.1.4	包装 规定 (9) 4.1.4	中型散装容器 导则 (10) 4.1.4	中型散装容器 规定 (11) 4.1.4	可移动罐柜与散装容器 (12)	罐柜导则 (13) 4.2.5,4.3	罐柜特殊规定 (14) 4.2.5	EmS (15) 5.4.3.2 7.8	积载与操作 (16a) 7.1 7.3~7.7	隔离 (16b) 7.2~7.7	特性与注意事项 (17)	UN No. (18)
1397	磷化铝	4.3	6.1	I	—	0	E0	P403	PP31	—	—	—	—	—	F–G／S–N	积载类E SW2 SW5 H1		晶体或粉末。与酸类反应，与水或潮湿的空气接触缓慢地分解，并释放出自燃、剧毒的磷化氢气体。与氧化性物质产生剧烈反应。吞咽、与皮肤接触或吸入会中毒	
1897	四氯乙烯	6.1	—P	III	—	5 L	E1	P001 LP01	—	IBC03	—	—	T4	TP1	F–A／S–A	积载类A SW2	SG26 SG35	带有乙醚气味的无色液体。遇火时会释放剧毒烟雾（光气）。吞咽，与皮肤接触或吸入会中毒	1897
2209	甲醛溶液,含甲醛不小于25%	8	—	III	—	5 L	E1	P001 LP01	—	IBC03	—	—	T4	TP1	F–A／S–B	积载类A	SGG10	无色透明液体,具有窒息性的刺鼻气味。通常用甲醇稳定。与水混溶,灼伤皮肤、眼睛和黏膜	2209
2211	聚合物珠粒体,可膨胀的,放出易燃蒸气	9	—	III	382 965	5 kg	E1	P002	PP14	IBC08	B3 B6	—	T1	TP33	F–A／S–I	积载类E SW1 SW6	SG5 SG14	珠状或粒状的制模材料,主要由聚苯乙烯,聚甲基丙烯酸甲酯或其他聚合物构成,并含有5%至8%的挥发性的,主要成分是戊烷的烃类。在储存期间,少量戊烷会释放至空气中,温度升高释放量会增加	2211

示例 1:"UN 2583 烷基磺酸,固体的或芳基磺酸,固体的,含游离硫酸大于 5%",其最合适的正确运输名称为"烷基磺酸,固体的"或"芳基磺酸,固体的"。

示例 2:"UN 2793 FERROUS METAL BORINGS, SHAVINGS, TURNINGS or CUTTINGS in a form liable to self-heating",其最合适的正确运输名称为"FERROUS METAL BORINGS"或"FERROUS METAL SHAVINGS"或"FERROUS METAL TURNINGS"或"FERROUS METAL CUTTINGS"。

(3)第 3 栏:类别或小类

显示相应危险货物的类别号或小类号。对于第 1 类爆炸品,显示的是小类号和配装类代码。

(4)第 4 栏:副危险性

显示相应危险货物副危险性的类别号或小类号。如果第 1 类~第 8 类的危险货物还具有海洋污染性,则该危害性作为副危险性,用"P"表示。P 代表海洋污染物,表示该危险货物列入了基于以前标准判定的已知海洋污染物清单,但该清单并非详尽无遗,因此本栏中无符号 P 或显示"—"不代表可以免除海洋污染物的相关要求。

(5)第 5 栏:包装类

本栏显示的是表示货物危险程度的包装类(Ⅰ、Ⅱ、Ⅲ)。对于第 1 类、第 2 类、第 4.1 类自反应物质、第 5.2 类、第 6.2 类、第 7 类物品不显示该包装类号。

(6)第 6 栏:特殊规定

本栏包含的编号代表与所运输的物质或物品相关的任何特殊规定,如 188、274、318、900、903、904、975、976 等。特殊规定中如果没有用明显措辞表明不同的情况,则该规定适用于该物质或物品所允许的所有包装类。仅适用于海运方式的特殊规定编号从 900 开始。

特殊规定为 274 或 318 的类属条目和 N.O.S.条目的正确运输名称应用技术名称或化学基团名称加以补充,除非由于该物质是受管制的,国家法律或国际公约禁止其透露。274 表示在运输单证和包件标记中的正确运输名称应以技术名称进行补充;318 表示运输单证中的正确运输名称应用技术名称进行补充,技术名称不需在包件上显示。

技术名称或化学基团名称应在括号内并紧跟在正确运输名称后面。技术名称应是科学技术手册、期刊和教科书中目前使用的公认的化学或生物学名称或其他名称,不得使用商业名称。但第 1 类爆炸品可附加商业名称或军用名称说明。

示例 1:UN 2902 农药,液体的,有毒的,未另列明的(艾氏剂);

示例 2:UN 3394 有机金属物质,液体的,发火性的,遇水反应的(三甲基镓)。

(7)第 7 栏:限量和可免除量

①7a 栏限量:本栏提供的是按照限量规定运输危险货物时每一内包装或物品的最大量。

②7b 栏可免除量:本栏提供的是可免除量代码,表示按照规定作为可免除量运输的危险货物每一内包装和外包装的最大量。

(8)第 8 栏:包装导则

本栏提供的字母数字编码代表常规包装导则和大宗包装导则。包装导则给出了物质或物品运输时可使用的包装。其中字母"P"代表常规包装导则,字母"LP"代表大宗包装导则,若无字母"P"或"LP",则表示该物质或物品不允许使用这类包装。

(9)第 9 栏:特殊包装规定

本栏提供的字母数字编码代表常规包装和大宗包装的特殊规定,分别用字母"PP"和"L"表示。

(10)第 10 栏:IBC 包装导则

本栏提供的字母数字编码代表运输物质应使用的中型散装容器类型,用字母"IBC"表示。

（11）第 11 栏：IBC 特殊规定

本栏提供的字母数字编码代表 IBC 的特殊规定，用字母"B"表示。

（12）第 12 栏：（保留）

（13）第 13 栏：罐柜和散装容器导则

本栏提供的字母数字编码代表运输危险货物应使用的可移动罐柜和公路罐车。字母"T"表示可移动罐柜，字母"BK"表示散装容器。

（14）第 14 栏：罐柜特殊规定

本栏提供的字母数字编码代表罐柜的特殊规定，用字母"TP"表示可移动罐柜。

（15）第 15 栏：EmS

本栏提供了《船舶载运危险货物应急反应措施》（EmS 指南）中火灾和溢漏的应急表号。第一个 EmS 代码指火灾应急表号，共 10 个，依次用"F-A"~"F-J"表示；第二个 EmS 代码指溢漏应急表号，共 26 个，依次用"S-A"~"S-Z"表示。带下划线的 EmS 代码表示一个物质、材料或物品在应急反应措施中给出的附加建议（应急表中的特殊情况）。本栏规定为非强制性的。

（16）第 16 栏：积载与操作；隔离

①16a 栏"积载与操作"：本栏提供了积载类代码、积载与操作代码。

积载类代码用 01~05 表示第 1 类爆炸品的积载类型，用 A~E 表示第 2 类~第 9 类以及限量包装的第 1.4S 类危险货物的积载类型，如积载类 C 表示仅限舱面积载。

积载代码用字母"SW"加数字组成，表示积载时的一般和特殊要求，如 SW1 表示避开热源，SW2 表示避开生活居住处所，SW3 表示应在控制温度下运输，SW29 表示含闪点大于等于 23 ℃燃烧的发动机或机器，积载类 A。

操作代码用字母"H"加数字组成，表示操作的规定，如 H1 表示在合理可行的条件下尽量保持干燥，H3 表示运输过程中应积载在阴凉避风的地方。

②16b 栏"隔离"：本栏提供了危险货物隔离代码和隔离类代码。

隔离代码用字母"SG"加数字组成，表示隔离的特殊要求，如 SG5 表示按第 3 类隔离，SG10 表示"远离"第 5.1 类，SG20 表示"远离"，SG46 表示与氯"隔离"。

隔离类代码用字母"SGG"加数字组成，表示基于隔离目的归并的隔离类，如 SGG1 代表酸类，SGG18 代表碱类，SGG6 代表氰化物类。

（17）第 17 栏：特性与注意事项

本栏包含危险货物的特性与注意事项。本栏的规定不是强制性的。

（18）第 18 栏：联合国编号（UN No.）

同第 1 栏。

二、EmS 指南和 MFAG 指南

根据 IMDG 规则有关发生涉及危险货物事故和防火的特殊规定，涉及危险货物的事故，详细的建议列于《船舶载运危险货物应急反应措施指南》（EmS 指南）。在发生涉及危险货物的事故时，若人员面临危险，详细的建议列于《危险货物事故医疗急救指南》（MFAG 指南）。

当船舶在港时，如发现装有危险货物的包件出现破损或泄漏，应通知港口主管当局并遵循相应的程序。

1.EmS 指南

《船舶载运危险货物应急反应措施》(Guidance on Emergency Response Procedures for Ships Carrying Dangerous Goods,简称 EmS 指南)旨在为载运 IMDG 规则规定的包装危险货物时发生火灾或溢漏的船舶提供指导,不适用散装货船或不载运包装危险货物的船舶发生的任何火灾或溢漏事故。

该指南包括火灾应急指南和溢漏应急指南两部分,因此对火灾和溢漏分别给予指导。火灾应急指南包括火灾应急措施简介、消防总体建议和火灾应急措施表;溢漏应急指南包括溢漏应急措施简介、溢漏总体建议和溢漏应急措施表。

(1)火灾应急措施表

火灾应急措施表(Emergency Schedules for FIRE)共 10 个,分别用字母 F-A ~ F-J 表示,其中 F-A 为火灾应急措施总体建议,如表 3-44 所示。每一个火灾应急措施表的结构和内容基本一致,包括总体建议、舱面货物着火、舱内货物着火、货物暴露在火中及特殊情况。

表 3-44　F-A 火灾应急措施总体建议

总体建议		在火灾中,暴露的货物可能爆炸或其他包装可能破裂。 尽可能在远处有防护的位置上灭火
舱面货物着火	包件	尽可能用多个水龙喷雾
	货物运输组件	
舱内货物着火		停止通风并关闭舱盖。 使用货物处所固定的灭火系统。如不可能,则用大量的水喷雾
货物暴露在火中		如可行,清除或抛弃可能着火的包件,否则用水冷却
特殊情况: UN 1381，UN 2447		扑灭火后应立即按溢漏处理(见相关的溢漏应急措施表)

(2)溢漏应急措施表

溢漏应急措施表(Emergency Schedules for SPILLAGE)共 26 个,分别用字母 S-A ~ S-Z 表示。每一个溢漏应急措施表的结构和内容基本一致,包括总体建议、舱面溢漏、舱内溢漏及特殊情况。表 3-45 为 S-I 易燃固体的溢漏应急措施表。

表 3-45　S-I 易燃固体(可能重新包装)的溢漏应急措施表

总体建议		配备合适的防护服和自给式呼吸器。 避免火源(如明火、无防护灯、电动手工工具、摩擦)。穿防火软底鞋。 如可行,立即阻止溢漏
舱面溢漏	包件 (少量溢漏)	收集溢漏物,且如可行,进行重新包装。 或用大量的水将溢漏物冲洗下船。清除污水
	货物运输组件 (大量溢漏)	
舱内溢漏	包件 (少量溢漏)	收集溢漏物,且如可行,进行重新包装
	货物运输组件 (大量溢漏)	
特殊情况		无

（3）应急措施表使用方法

使用应急措施表时，第一步应根据所载危险货物的联合国编号查找 IMDG 规则危险货物一览表中对应的条目，第二步在该条目的第 15 栏查取到火灾应急表号和溢漏应急表号（见表 3-43），第三步根据表号找到补充本中对应的应急措施表，了解具体指导措施。也可根据所载危险货物的联合国编号直接查找补充本中"EmS 指南-索引"，得到相应的火灾和溢漏应急表号，然后按表号查阅具体的应急反应措施。

如已知聚苯乙烯珠体的联合国编号为 2211，根据 UN 2211 找到表 3-43 所示的危险货物一览表中对应的条目，该条目中的第 15 栏显示火灾应急表号为 F-A，溢漏应急表号为 S-I，然后根据 F-A 和 S-I 查阅表 3-44 和表 3-45 的内容即可。

2.MFAG 指南

《危险货物事故医疗急救指南》（Medical First Aid Guide for Use in Accidents Involving Dangerous Goods，简称 MFAG 指南）旨在对化学品中毒的初步治疗和利用海上有限的有效设备进行诊断提供必要的建议，其治疗方法是针对危险货物海上运输中事故对人体造成的影响，不包括故意摄入有毒物质。具有一般特性且主要不是与化学中毒有关的疾病治疗方面的信息见 ILO/IMO/WHO 联合制定的《国际船用医疗指南》（International Medical Guide for Ships，简称 IMGS）。

为了使用者方便，也为了确保发生紧急情况时能迅速得到建议，MFAG 指南采用三步法进行指导：

第一步：紧急抢救和诊断。从这里开始。

第二步：表。表中给出了特殊情况的简要指导。

第三步：附录。附录中提供了详细资料、药品清单和表中提到的化学品清单。

参照指南中提供的紧急抢救和诊断流程图，根据伤员当时的状态和表现出来的症状找到对应的表和附录实施紧急抢救和诊断，确定治疗方案。特殊情况简要指导表共 20 个，提供详细资料、药品清单和化学品清单的附录共 15 个。

三、IMDG 规则的查阅

使用 IMDG 规则第二册中的危险货物一览表可查阅相应危险货物条目的类别或小类、副危险性、包装类、特殊规定、限量和可免除量、包装导则与规定、中型散装容器导则与规定、可移动罐柜导则与规定、EmS、积载与操作、隔离等信息，而这些信息多以编号或代码的形式出现，其详细规定和含义还需要进一步查阅 IMDG 规则的其他章节。其中特殊规定、限量和可免除量的详细规定需要查阅第二册中的相关章节，EmS 详细规定需要查阅补充本，其他内容需要查阅第一册的相关章节。因此，如果需要了解危险货物海上安全运输的具体要求，则查阅危险货物一览表是第一步，也是非常重要的一步。

查阅危险货物一览表通常有两种方法：其一是根据危险货物的联合国编号查阅，其二是根据危险货物的名称查阅。

1.根据危险货物的联合国编号查阅

由于危险货物一览表是根据联合国编号的顺序编排的，因此根据危险货物的联合国编号可以直接找到其对应的货物条目行,然后查取需要的运输要求。

2.根据危险货物的名称查阅

(1)查阅英文名称索引

如果货物的名称是英文的,则根据英文名称查阅英文名称索引,查取货物的联合国编号,然后根据联合国编号找到危险货物一览表中对应的货物条目行即可。

如表3-46所示,英文名称索引是以物质、材料或物品的名称的英文字母顺序排列的。为了确定英文字母顺序,排序时忽略了数字、罗马字母和一些如 N-、sec-、m-、p-、α-或 alpha-、β-或 beta-、γ-或 gamma-等前缀词,尽管它们都是名称的组成部分。索引中部分用小写英文字母显示的名称后还缀有一个单词"see",这表明该名称是同义词,其详细的运输规定应参见其对应的联合国编号或危险货物正确运输名称所对应的条目。MP 栏若有字母"P",代表该货物为海洋污染物或具有海洋污染危害性。

表 3-46　危险货物英文名称索引(部分)

Substance, material or article	MP	Class	UN No.
BLACK POWDER, COMPRESSED	—	1.1D	0028
1-BROMOBUTANE	—	3	1126
alpha-Bromotoluene, see	—	6.1	1737
Bromoxynil, see PESTICIDE, N.O.S.	P	—	—
BUTANE	—	2.1	1011
N,n-BUTYLIMIDAZOLE	—	6.1	2690
N,n-Butyliminazole, see	—	6.1	2690
Calcium Bisulphite, Solution, see	—	8	2693
Zinc bromide, see	P	9	3077

(2)查阅中文名称索引

中文版 IMDG 规则增加了"危险货物中文名称索引",如表3-47所示。表中按物质、材料和物品的中文名称的汉语拼音字母顺序排列,中文名称索引的结构和内容与英文名称索引一致。根据货物的中文名称查阅中文名称索引可得其联合国编号,然后进行下一步即可。

表 3-47　危险货物中文名称索引（部分）

物质、材料和物品	海洋污染物	类别	联合国编号
安全导火索	—	1.4S	0105
白磷,熔融的	P	4.2	2447
甲醛溶液,甲醛含量不低于 25%	—	8	2209
溴氰,见	P	6.1	1889
溴磷乙基,见有机磷农药	P	—	—

如果遇到某种物质或物品的名称在索引中查不到的情况,则首先应考虑该货物有无其他名称;若无或虽然有但依然查不到,则说明它是没有在危险货物一览表中明确列出名称的物质或物品。因此,发货人或托运人应委托具有相应资质的鉴定机构进行货物运输条件鉴定,出具海运货物运输条件鉴定报告,确定最合适的正确运输名称,使用危险货物一览表中最恰当的描述该物质或物品的"类属"条目或"未另列明的"条目;如果不属于危险货物,则按普通货物运输。

图 3-30 清晰地展现了危险货物一览表的查阅方法及流程。

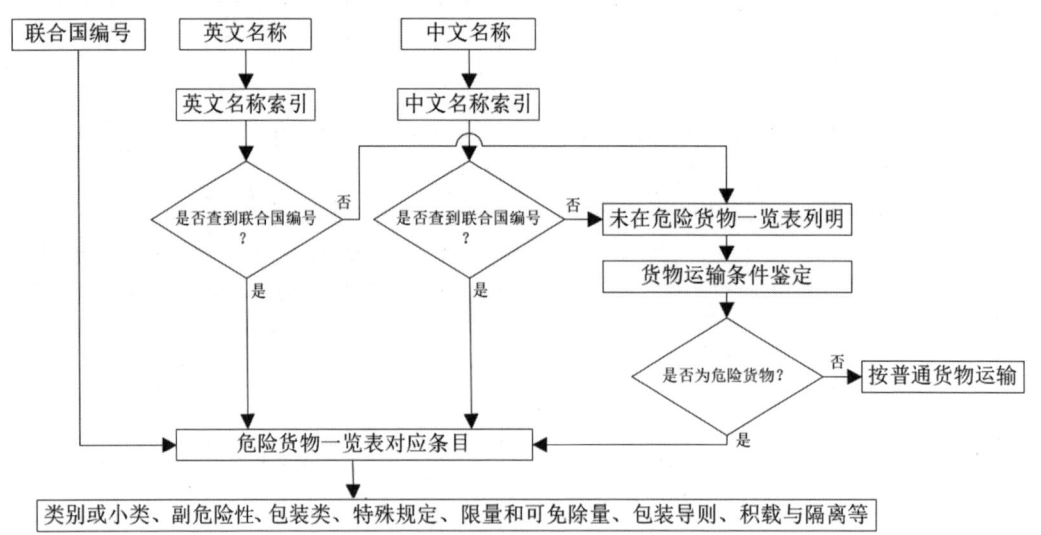

图 3-30　危险货物一览表的查阅方法及流程图

第六节　包装危险货物运输报告和申报实务

为保障船舶、港口和人命财产安全,保护水域环境,便利运输生产,加强海上运输和港口装卸过程中的安全与防污管理就显得尤为重要。危险货物申报就是其中重要的环节,主管机关根据托运人、承运人对船舶载运危险货物的正确申报来确定货物是否适运,船舶是否适装,码头是否适靠,从而做出载运危险货物的船舶是否适合进出港。这是法律赋予海事管理机构的重要职责,也是保障船舶、人命、财产安全的重要措施。申报人员应了解船载危险货物的危险性、危害性及污染预防措施,掌握安全运输、防污染国际公约和国内法规、标准及申报程序,熟悉海事管理机构有关船舶载运危险货物和污染危害性货物安全管理的规定等相关知识,以确保申报正确、及时、规范,保障危险货物的安全运输。

在我国,交通运输部主管全国船舶载运危险货物的安全管理工作,国家海事管理机构负责全国船舶载运危险货物的安全监督管理工作,各级海事管理机构按照职责权限具体负责船舶载运危险货物的安全监督管理工作。

船舶载运危险货物出港申报时,应先由托运人或其代理人向海事管理机构进行危险货物适运报告,适运报告材料也可通过承运人或其代理人提交;适运报告完成后再由承运人或其代理人向海事管理机构进行危险货物载运申报。

一、危险货物适运报告

1.适运报告规定及应提交的材料

拟交付船舶载运的危险货物托运人应当在交付载运前向承运人说明所托运的危险货物种类、数量、危险特性以及发生危险情况的应急处置措施,提交以下货物信息,并报告海事管理机构。适运报告由持有有效《危险化学品水路运输从业资格证书》的人员负责。

(1)危险货物安全适运声明书。

(2)危险货物安全技术说明书。

(3)按照规定需要进出口国家有关部门同意后方可载运的,应当提交有效的批准文件。

(4)危险货物中添加抑制剂或者稳定剂的,应当提交抑制剂或者稳定剂添加证明书。

(5)载运危险性质不明的货物,应当提交具有相应资质的评估机构出具的危险货物运输条件鉴定材料。

(6)包装、货物运输组件、船用刚性中型散装容器的检验合格证明。

(7)使用船用集装箱载运危险货物的,应提交集装箱装箱现场检查员签发的《集装箱装箱证明书》。

(8)载运放射性危险货物的,应当提交放射性剂量证明。

(9)载运限量或者可免除量危险货物的,应当提交限量或者可免除量危险货物证明。

承运人应当对上述货物信息进行审核,对不符合船舶适装要求的,不得受载、承运。

(10)向海事管理机构报告时,若有委托,则还应提交委托证明及委托人和被委托人身份证明及其复印件。

2.危险货物安全适运报告要素

危险货物安全适运报告要素见危险货物安全适运声明书,如表3-48所示。危险货物安全适运声明书包括船舶进出港信息、船舶信息、货物属性信息、货物运输信息、申报员及其证书信息、申报单位签章信息、紧急联系人姓名及联系方式等。

表 3-48　危险货物/污染危害性货物安全适运声明书

Declaration on Safety and Fitness of Dangerous Goods/Hazardous Goods

（包装货物）

（Packaged Goods）

进港 Arrival□/出港 Departure□　　　　　　　　　申报单编号 Declaration No.：

发货人： Shipper：		收货人： Consignee：		承运人： Carrier：	
船名和航次： Ship's Name and Voyage：		装货港： Port of Loading：		卸货港： Port of Discharging：	

货物标记和编号,如适用,组件的识别符号或登记号 Marks & No., of the Goods, if applicable, identification or registration number（s）of the unit	正确运输名称*、危险类别、危规编号、包装类**、包件的种类和数量、闭杯 ℃（闪点）**、控制及应急温度**、货物为海洋污染物**、应急措施编号*** Proper shipping name*, IMO hazard class/division, UN number, packaging group**, number and kind of packages, flash point （℃ c.c.）**, control and emergency temperature**, identification of the goods as MARINE POLLUTANT**, EmS No.***	总重（kg） 净重/净量 Total weight（kg） Net weight（kg）	交付装运货物的形式: Goods delivered as: □杂货 Break bulk cargo □成组件 Unitized cargo box □散货包装 Bulk Packages □散装固体 Solid in bulk 组件类型: Type of unit: □集装箱 Container □车辆 Vehicle □罐柜 Portable tank □MGEC □开敞式 Open □封闭式 Close 如适合,在方格内画"×" Insert "×" in appropriate box
*仅使用专利商标/商品名称是不够的,如适合:（1）应在品名前加"废弃物";（2）"空的,未经清洁的"或"含有残余物–上一次盛装物";（3）"限量",见《国际危规》第2册第3.4.6款。**如需要。***需要时 *Proprietary/trade names alone are not sufficient. If applicable:（1）the word "WASTE" should proceed the name;（2）"EMPTY/UNCLEANED" or "RESIDUE-LAST CONTAINED should be added";（3）"LIMITED QUANTITY" should be added, in item 3.4.6, volume 2 of the IMDG Code.** If required.*** When required			
附送相关单证、资料。 The related documents（s）and information are submitted. 在某种情况下,需提供特殊资料证书,详见《国际危规》第1卷第5.4.4节。 In certain circumstances special information certificates are required, see paragraph 5.4.4, volume 1 of IMDG Code			

续表

<table>
<tr>
<td>
兹声明:
上述拟交付船舶装运的危险货物/污染危害性货物已按规定全部并准确地填写了正确运输名称、危规编号、分类、危险性和应急措施,需附单证齐全。包装危险货物,包装正确、质量完好;标记、标志/标牌正确、耐久。以上申报准确无误。
Declaration:
I hereby declare that the contents of declaration are fully and accurately described above by the proper shipping name, UN No., Class and EmS No. The goods are properly packaged, marked, labeled/placarded and are in all respects in good condition for transport by sea.

申报员(签字):_____
Declarer(signature):
证书编号:_____
No.:

申报单位签章
Seal of Declaration Unit
年　　　月　　　日
Year　　Month　　Date
</td>
<td>
主管机关签注栏:
Remarks by the Administration:
</td>
</tr>
<tr>
<td colspan="2">
紧急联系人姓名、电话、传真、电子邮箱:
Emergency Contact Person's Name, Tel, Fax, E-mail:
</td>
</tr>
</table>

此声明书一式三份,其中两份报告人留持和分送承运船舶,一份留主管机关存查。

This declaration should be made in tripartite, one is kept by the Administration for file, and two for the declarer and the ship respectively.

(1)货物标记和编号、组件的识别符号或登记号

该部分可填写货物的提单号;如果使用集装箱运输危险货物,则还需填写集装箱编号、集装箱规格、箱内货物件数及是否拼箱等。

(2)正确运输名称

危险货物的正确运输名称只能使用 IMDG 规则危险货物一览表中列出的名称,不得使用货物的商品名称。

下列情况应附加说明:

①对于 N.O.S.条目和其他类属条目,危险货物一览表第 6 栏特殊规定为 274 或 318 的正确运输名称须用技术名称或化学基团名称加以补充。技术名称或化学基团名称紧跟在正确运输名称的括号内。

②对于未清洁的空包装、散装容器和可移动罐柜,应将"空的,未清洁""上次内装货物残余物"字样置于正确运输名称之前或之后。

③对于废弃物(除放射性废弃物),应在正确运输名称前写明"废弃物"字样,除非已包括在正确运输名称内。

④对于熔融的物质,应在正确运输名称前加上"熔融的"字样,除非该字样是正确运输名称的一部分。

⑤对于加温物质,如果正确运输名称不能表达加温条件,应在紧接正确运输名称之前加上"热的"一词。

⑥对于限量内危险货物,应在正确运输名称前写明"限量"字样。

（3）危险类别

填写危险类别时,要写明货物的细分类。对于第1类物质和物品,在细分类后还要标明配装类。如果有副危险性,则副危险类别或分类号应放在主危险类别或分类后面的括号内。

（4）危规编号

除限量内危险货物外,托运的危险货物应注明其联合国编号,前面冠以英文字母UN。

（5）包装类

除第1类、第2类、第4.1类自反应物质、第5.2类、第6.2类和第7类危险货物外,其他包装危险货物应注明其包装类Ⅰ、Ⅱ或Ⅲ。

（6）包装种类和数量

应注明包装的材质和形式,如铁桶、纸箱或塑料编织袋等,并注明托运货物的件数。

（7）闪点

对于最低闪点在60 ℃或以下的具有易燃性质的液体危险货物,应注明其闭杯闪点。

（8）控制温度和应急温度

对于需要控制温度运输的第4.1类自反应物质和部分第5.2类有机过氧化物,应注明其控制温度和应急温度。

（9）海洋污染物

如果托运的货物为海洋污染物,则应注明"海洋污染物"。

（10）应急措施号

如果需要,则应注明危险货物的应急措施表编号（EmS表编号）,可从IMDG规则危险货物一览表中查得。

（11）总重和净重

适运声明书中应注明每一种危险货物的总重和净重,单位用千克（kg）表示。

（12）交付装运货物的形式

根据托运货物的包装情况,选择杂货、成组件、散货包装或散装固体中的一种装运形式。

①杂货运输是指以一般的散件包装危险货物运输。

②成组件运输是指采用捆扎、缩紧缠绕等方法,将放置或堆码的危险货物包件紧固在托盘之类货板上;或放置在防护外包装内,如箱式托盘内等;或永久性固定合装在网吊内运输。

③散货包装运输是指无任何中间包装形式,将散装固体危险货物装入散装容器运输。

④散装固体运输是指无任何包装形式,将散装固体危险货物直接装入货舱运输。

当选择组件类型中的集装箱时,还应进一步选择是开敞式还是封闭式。如果集装箱内装的是散装固体危险货物,则还应选择散货包装形式。

（13）附送的单证

IMDG规则第5.4.4规定,在某些情况下,需要托运人提供特殊证书或其他单证。例如:

①危险货物一览表中要求的风化证书；

②适用 IMDG 规则免除条款的物质、材料或物品(木炭、鱼粉、种子饼等)的证书；

③对于新的自反应物质和有机过氧化物或目前认定的自反应物质和有机过氧化物的新配制品,应提供一份由原产国有关当局出具的声明,说明认可的分类和运输条件。

(14)紧急联系人姓名和联系方式

安全适运声明书上应注明紧急联系人的姓名、电话、传真或电子邮箱。

3.危险货物说明实例

(1)碳化钙,第4.3类,UN 1402,包装类Ⅰ；

(2)丙烯醛,稳定的,第6.1类(3),UN 1092,包装类Ⅰ,闪点−26 ℃ c.c.,海洋污染物；

(3)易燃液体,未另列明的(乙醇及十二烷基苯酚),第3类,UN 1993,包装类Ⅱ,闪点−18 ℃ c.c.,海洋污染物；

(4)有机氯农药,固体的,有毒的(含艾氏剂19%),第6.1类,UN 2761,包装类Ⅲ,海洋污染物；

(5)对环境有害的物质,液体的,未另列明的(己基苯),第9类,UN 3082,包装类Ⅲ,海洋污染物。

二、危险货物载运申报

1.申报规定

船舶载运危险货物进出港口,应当在进出港口24 h前(航程不足24 h的,在驶离上一港口前),向海事管理机构办理船舶载运危险货物申报手续,提交申请书和交通运输部有关规章要求的证明材料,经海事管理机构批准后,方可进出港口。

船舶在运输途中发生危险货物泄漏、燃烧或者爆炸等情况的,应当在办理船舶载运危险货物申报手续时说明原因、已采取的控制措施和目前状况等有关情况,并于抵港后送交详细报告。

定船舶、定航线、定货种的船舶可以办理定期申报手续。定期申报期限不超过30天。

海事管理机构应当在受理船舶载运危险货物进出港口申报后24 h内做出批准或者不批准的决定;属于定期申报的,应当在7日内做出批准或者不批准的决定。不予批准的,应当告知申请人不予批准的原因。海事管理机构应当将有关申报信息通报所在地港口行政管理部门。

2.申报应提交的材料

承运人及其代理人在办理船舶载运危险货物申报时,应按实际情况提交以下单证作为材料:

(1)船舶载运危险货物申报单；

(2)危险货物安全适运声明书；

(3)(国际)防止油污证书、船舶适航证书、船舶适装证书或符合证明复印件(适用时)；

(4)载运危险货物的船舶在运输途中发生过意外情况的,还应当在船舶载运危险货物申报单内扼要说明所发生意外情况的原因、已采取的控制措施和目前状况等有关情况，并于抵港后送交详细报告；

（5）列明实际装载情况的清单、舱单或者积载图；

（6）定期申报还应提交定期申报申请、证明在固定航线上运输固定货物的有关材料；

（7）若有委托，则应提交委托证明，委托人和被委托人的身份证明及其复印件。

3.船舶载运危险货物申报要素

申报要素见船舶载运危险货物污染危害性货物申报单，如表3-49所示。申报单包括船舶进出港信息、船舶信息、货物属性信息、货物运输信息、船长或申报员及其证书信息、船舶或申报人签章信息、紧急联系人姓名及联系方式等。

（1）货物正确运输名称、类别、危规编号、类别、装运形式、总重量、卸货港等，填写要求与危险货物安全适运声明书的填写要求相同。

（2）出口危险货物申报时注明的装载位置可能为预配舱位；进口或过境危险货物申报时，应注明货物的实际装载位置。

（3）载运危险货物的船舶在运输途中发生意外情况的，应在申报单备注栏内扼要注明所发生意外情况的原因、已采取的控制措施和目前状况等，并于抵港后送交详细报告。

4.船舶载运危险货物申报流程

船舶载运危险货物申报具体办理流程如图3-31所示。船舶载运的污染危害性货物同时属于危险货物的，其货物所有人、承运人或者代理人可将船舶载运污染危害性货物进出港申报和船舶载运危险货物进出港申报合并办理。对于过境停留的污染危害性货物，免于办理货物适运报告。

如图3-31所示，符合法定条件和标准的，海事管理机构准予许可，在船舶载运危险货物申报单"主管机关签证栏"里加盖"危险货物管理专用章"，并注明审批人和日期；定期申报的，还应注明批准的期限。不符合法定条件和标准的，不予许可并说明理由。

5.船舶载运危险货物网上申报

船舶载运危险货物/污染危害性货物进出港申报可采用书面和网上两种方式。目前，全国海事管理机构均实行了网上电子申报或报告，只有在特殊情况下才使用书面形式。申报人员登录中华人民共和国海事局海事一网通办平台（https://zwfw.msa.gov.cn/）后按要求操作即可进行载运申报或适运报告。第一步，打开海事一网通办平台主界面；第二步，登录平台；第三步，登录后查询"载运危险货物和污染危害性货物进出港口审批"模块，点击在线办理；第四步，选择申报类型，适运报告选择"包装危险货物适运报告"，载运申报选择"载运包装货物进出港口审批"，并提交相关材料。

具体操作流程如图3-32、图3-33、图3-34和图3-35所示。

表3-49　船舶载运危险货物/污染危害性货物申报单
（包装货物）
Declaration Form Dangerous Goods/Hazardous Goods Carried by Ship
(Packaged Goods)

船名：　　　　　　　航次：　　　　　　　进港□　　　　抵港时间：
Ship's Name:　　　　Voyage No.:　　　　Arrival　　　Time of Arrival:
国籍：　　　　　　　经营人：　　　　　　出港□　　　　始发港：　　作业泊位：　　装货时间：
Nationality:　　　　 Manager:　　　　　　Departure　　Port of Departure:　Berth:　Time of Loading:

货物正确运输名称 Proper Shipping Name of the Goods	类别/性质 Class/Property	危规编号 UN No.	装运形式 Means of Transport	件数 Number of Packages	总重量 Weight in Total	卸货港 Port of Discharging	装载位置 Location of Stowage	备注 Remarks

兹声明根据船舶装载危险货物/污染危害性货物安全和防污染的规定，本船具备装载上述货物的适装条件，货物配装符合要求，货物资料齐全，申报内容正确无误。

I hereby declare that, in accordance with the provisions of the safe transportation of dangerous goods/hazardous goods by ships and pollution prevention, the ship has met the requirements of fitness for carrying the above declared goods; Cargo stowage is properly planned according to the requirements. The documentation of the cargo is complete and the contents of the declaration are true and correct.

附送以下单证，资料：
The following documents and information are submitted in addition:

主管机关签证栏：
Remarks by the Administration:

船舶/代理人（盖章）
Ship/Agent (Seal):
日期：
Date:

船长/申报人员
Master/Declarer:
船长证书编号/申报人员证书编号：
Certificate No.:

紧急联系人姓名，电话，传真，电子邮箱：
Emergency Contact Person's Name, Tel, Fax and E-mail:

此申报单一式三份，其中两份申报人留持和分送港口作业部门，一份留主管机关存查。
This declaration should be made in tripartite, one is kept by the Administration for file, and two for the declarer and port operator respectively.

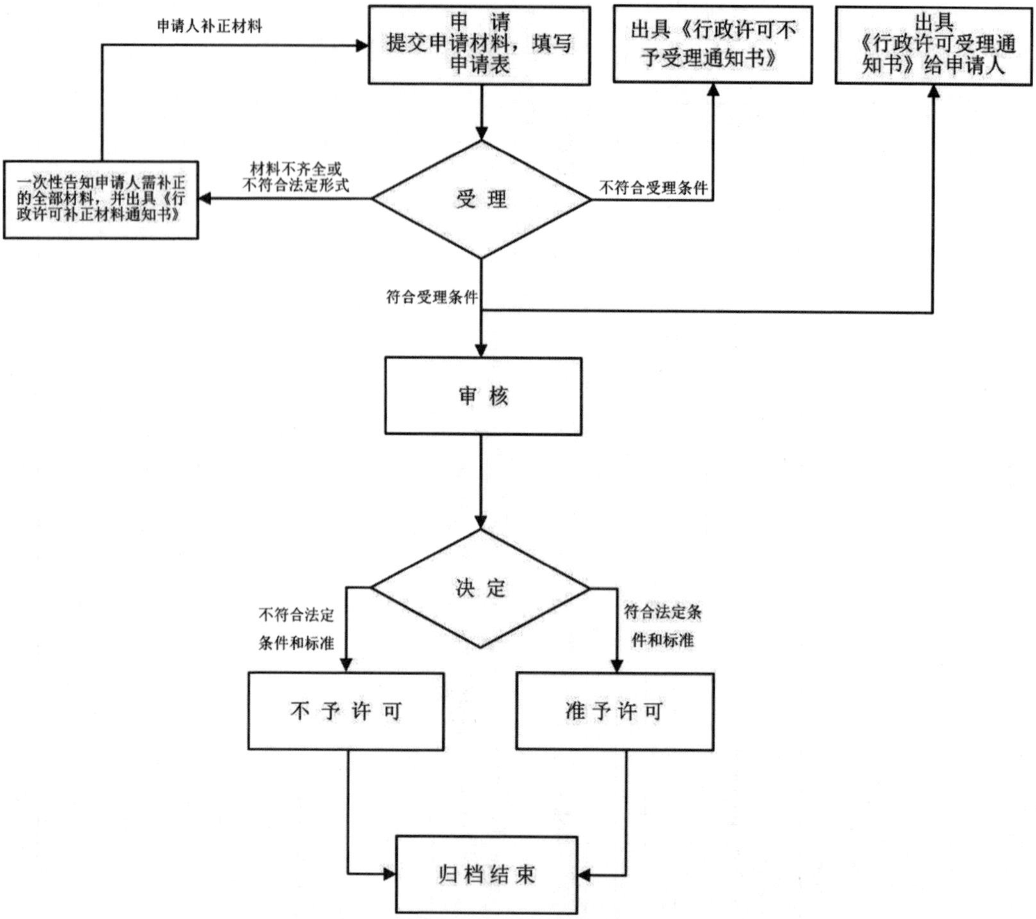
申 请
提交申请材料，填写申请表
出具《行政许可不予受理通知书》
出具《行政许可受理通知书》给申请人
申请人补正材料
一次性告知申请人需补正的全部材料，并出具《行政许可补正材料通知书》
材料不齐全或不符合法定形式
受 理
不符合受理条件
符合受理条件
审 核
决 定
不符合法定条件和标准
符合法定条件和标准
不 予 许 可
准 予 许 可
归 档 结 束

图 3-31　船舶载运危险货物申报具体办理流程

中华人民共和国海事局
海 事 一 网 通 办
首页 政务服务 执法监管 信息公开 咨询投诉
登录
热门办理
热门查询
通知公告
办好一件事

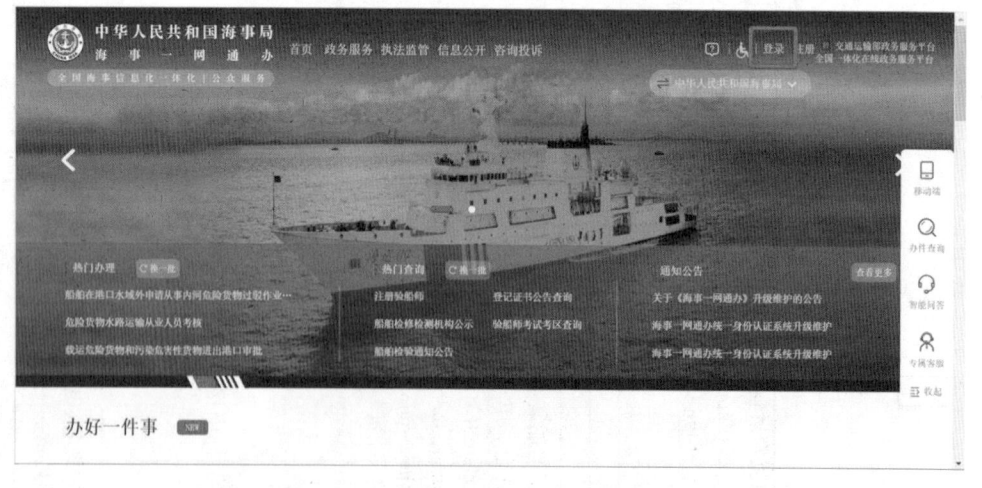

图 3-32　中华人民共和国海事局海事一网通办平台主界面

图 3-33 平台登录

图 3-34 载运危险货物和污染危害性货物进出港口审批检索

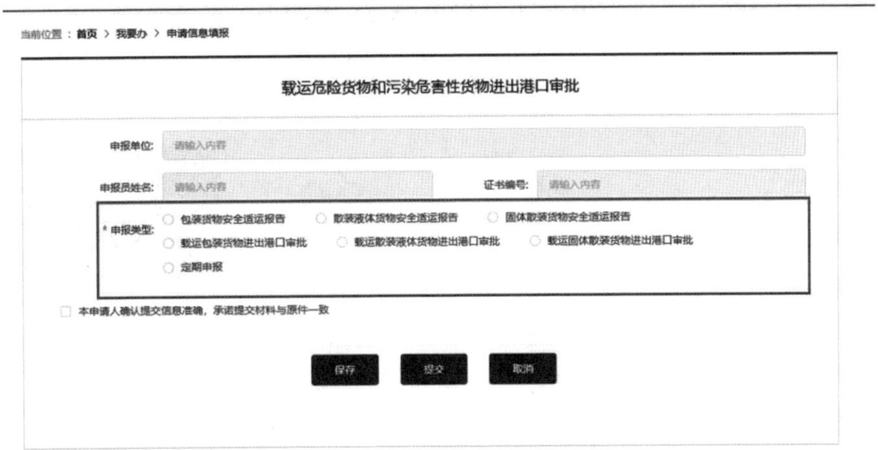

图 3-35 载运危险货物和污染危害性货物进出港口审批申报类型选择

6.船舶所载危险货物装载位置出港报告

《船舶载运危险货物安全监督管理规定》第23条规定：船舶载运包装危险货物或B组固体散装货物离港前，应当将列有所载危险货物的装载位置清单、舱单或者详细配载图向海事管理机构报告。

该报告可通过中华人民共和国海事局海事一网通办平台按流程进行。第一步，平台登录；第二步，按业务选择"危防管理"模块；第三步，找到"船载包装危险货物或者B组固体散装货物的清单、舱单或配载图报告"，点击在线办理；第四步，按照要求填写报告内容，并在申请材料栏提交经船舶或船公司盖章确认的列有所载危险货物的装载位置清单、舱单或者详细配载图。具体操作流程如图3-36、图3-37、图3-38及图3-39所示。

图 3-36　中华人民共和国海事局海事一网通办平台登录界面

图 3-37　"危防管理"模块选择

图 3-38　船载包装危险货物或者 B 组固体散装货物的清单、舱单或配载图报告查询界面

图 3-39　船载包装危险货物或者 B 组固体散装货物的清单、舱单或配载图报告填写界面

第四章　集装箱装载危险货物运输管理

第一节　集装箱的定义、分类、结构及标记

一、集装箱的定义

（一）ISO 668 对集装箱的定义

国际标准化组织《系列 1：货运集装箱分类、尺寸和额定值》（ISO 668：2020）对集装箱的定义如下：

集装箱是一种运输设备，应满足下列要求：

(1) 具有足够的强度和耐久特性，可长期反复使用；

(2) 适用一种或多种运输方式运输，中途转运时，箱内货物不需要换装；

(3) 适应快速装卸装置作业，尤其便于从一种运输方式转换到另一种运输方式；

(4) 便于装满货物和卸空货物；

(5) 具有 1 m³ 及以上的内容积。

集装箱这一术语，不包括车辆和一般包装。该定义非常广泛，没有提及是否需要设置角件。

（二）CCC 公约对集装箱的定义

《1972 年集装箱关务公约》（Customs Convention on Containers 1972，简称 CCC 公约）是 1972 年 12 月 2 日联合国政府间海事协商组织（国际海事组织前身）在日内瓦共同召开的集装箱运输会议上通过的,为集装箱暂时进口及其程序、取得运输海关加封集装箱货物资格条件的公约。CCC 公约对集装箱的定义如下:

集装箱是一种运输设备(防水密封货箱、活动箱或其他类似构造物):

(1)全部或部分封闭而构成装载货物的空间;

(2)具有耐久性,因而其坚固程度能适合于重复使用;

(3)经专门设计,便于以一种或多种运输方式运输货物,中途无须换装;

(4)其设计便于装卸,特别是在改变运输方式时;

(5)其设计便于装满或卸空;

(6)内容积在 1 m³ 及以上。

集装箱一词包括有关型号集装箱所适用的附件和设备,如集装箱带有这种附件和设备。集装箱一词不包括车辆、车辆附件和备件或包装。

该定义基本与 ISO 668:2020 定义类似,但它指出了集装箱是货箱、活动箱或其他类似构造物,并把“全部或部分封闭而构成装载货物的空间”作为集装箱的主要条件之一,此外,集装箱不仅限在一般的集装箱范围内,还包括集装箱的附件和设备,但这些附件和设备必须是有关集装箱类型所适当需要的,并且是同集装箱一起装运的。

(三)CSC 公约对集装箱的定义

《1972 年国际集装箱安全公约》(The International Convention for Safe Containers,简称 CSC 公约)是为保障集装箱运输安全而签订的国际公约,于 1972 年 12 月 1 日联合国政府间海事协商组织在日内瓦召开的国际集装箱运输会议上通过。其主要内容是统一规定集装箱结构方面的技术要求,以保证集装箱在正常的装卸、堆放和运输过程中的安全。该公约适用于国际运输中所使用的各类集装箱,但不包括为空运专门设计的集装箱。CSC 公约对集装箱的定义如下:

集装箱是指一种运输设备:

(1)具有耐久性,因而其坚固程度能适合于重复使用;

(2)经专门设计,便于以一种或多种运输方式运输货物,而中途无须重装;

(3)为了坚固和(或)便于装卸,设有角配件;

(4)四个外底角所围闭的面积应具备其中之一:至少为 14 m²;如装有顶角配件,则至少为 7 m²。

集装箱一词既不包括车辆,也不包括包装,但是集装箱在底盘车上运输时,则连同底盘车包括在内。

在 CSC 公约中,集装箱的范围限制在带角件及所规定最小尺寸的集装箱,因此并不适用于所有集装箱,它的定义范围小于 ISO 668:2020 对集装箱的定义。但根据其定义,集装箱不再是一个封闭的“容器”,从而奠定了后来把平台集装箱也包括在集装箱中的基础,这是一个重大的突破。

(四)IMDG 规则中对集装箱的定义

IMDG 规则对集装箱的定义如下:

集装箱是指一种永久性的并有相应的强度足以反复使用的运输设备。

这种设备是为了便于以一种或几种方式运输、中途无须换装而专门设计的,且为了系固和便于堆码、装卸操作附有配件装置。在适用时,应根据经修正的 CSC 公约予以批准。该集装箱包括内容积不超过 3 m³ 的小型集装箱和内容积超过 3 m³ 的大型集装箱。

(五)GB/T 1992 对集装箱的定义

我国国标《集装箱术语》(GB/T 1992—2023)对集装箱的定义如下:

集装箱是一种具备下列条件的货物运输设备：

（1）具有足够的强度，在有效使用期内能反复使用；

（2）适用于一种或多种运输方式运送货物，中途无须换装；

（3）设有供快速装卸的装置，便于从一种运输方式转到另一种运输方式；

（4）便于箱内货物装满和卸空；

（5）内容积大于或等于 1 m^3（35.32 ft^3）。

此术语既不包括车辆也不包括一般包装。

（六）GB 40163—2021 对集装箱的定义

我国国标《海运危险货物集装箱装箱安全技术要求》（GB 40163—2021）对集装箱的定义如下：

集装箱是一种供货物运输的设备，并具备以下特征：

（1）具有耐久性和足够的强度，适于重复使用。

（2）经专门设计，便于以一种或多种运输方式运输货物，而无须中途换装。

（3）为了系固和（或）便于装卸，设有角件。

（4）4 个外底角所围蔽的面积应为下列两者之一：

①至少为 14 m^2（150 ft^2）；

②如装有顶角件，则至少为 7 m^2（75 ft^2）。

该集装箱包括符合上述特征的近海集装箱、可移动罐柜、多单元气体容器（MEGCs）和散货箱，但不包括车辆和包装。

二、集装箱的分类

集装箱按不同的原则有不同的分类。集装箱按用途分类，有杂货集装箱、通风集装箱、挂衣集装箱、开顶集装箱、冷藏集装箱、台架式集装箱、汽车集装箱、干散货集装箱、罐式集装箱、动物集装箱等；按制造材料分类，有钢质集装箱、铝质集装箱、不锈钢质集装箱、玻璃钢质集装箱等；按结构特点分类，有折叠式集装箱、固定式集装箱等。

（一）按用途分类

1.杂货集装箱

杂货集装箱也称普通干货箱（Dry Cargo Container，DC），如图 4-1 所示。这是一种通用集装箱（General Purpose Container），用来运输无须控制温度的件杂货，其使用范围极广，占全部集装箱的 80% 以上。这种集装箱通常为封闭式，在一端或侧面设有箱门。

图 4-1　杂货集装箱

杂货集装箱通常用来装运文化用品、化工用品、电子机械、工艺品、医药、日用品、纺织品及仪器零件等,不受温度变化影响的各类固体散货、颗粒或粉末状的货物都可以由这种集装箱装运。目前,我国装运危险货物主要使用的就是这种集装箱。

2.通风集装箱

通风集装箱(Ventilated Container,VE)的外表与杂货集装箱类似,其区别是在侧壁或端壁上设有4~6个通风口,或侧梁或端梁设有许多通风孔(见图4-2)。当船舶驶经温差较大的地域时,通风集装箱可防止由于箱内温度变化造成"结露""汗湿"而使货物变质。通风集装箱适于装载球根类作物、食品及其他需要通风和容易"汗湿"变质的货物。如将其通风口关闭,通风集装箱可作为杂货集装箱使用。通风集装箱一般采用自然通风,其箱体一般采用双层结构,通风与排露效果较好。

（a）

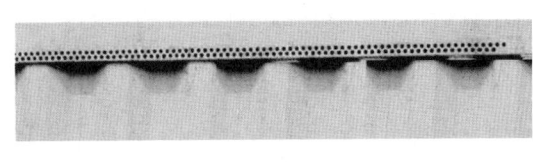
（b）

图4-2　通风集装箱通风结构示意图

3.挂衣集装箱

挂衣集装箱(Garments on Hanger,GOH)是杂货集装箱的一种变型,是在内侧梁上装有许多横杆,每根横杆垂下若干绳扣的集装箱(见图4-3)。利用衣架上的钩,可以直接将成衣挂在绳扣上。这种服装装载法无须包装,节约了大量的包装材料和费用,也省去了包装劳动。这种集装箱和普通杂货集装箱的区别仅在于内侧上梁的强度略有加强。将横杆上的绳扣收起,这类集装箱就能作为普通杂货集装箱使用。

（a）

（b）

图4-3　挂衣集装箱内部结构

4.开顶集装箱

开顶集装箱(Open Top Container,OT),也称敞顶集装箱,如图4-4所示。除箱顶可以拆下外,开顶集装箱的其他结构与干货集装箱类似。开顶集装箱又分"硬顶""软顶"两种。"硬顶"的顶棚用一整块钢板制成;"软顶"的顶棚用帆布、塑料布制成,以可拆式扩伸弓梁支撑。

开顶集装箱主要适用于装载大型货物和重型货物,如钢材、木材、玻璃等。货物可用吊车从箱顶吊入箱内,这样不易损坏货物,可减轻装箱的劳动强度,又便于在箱内把货物固定。

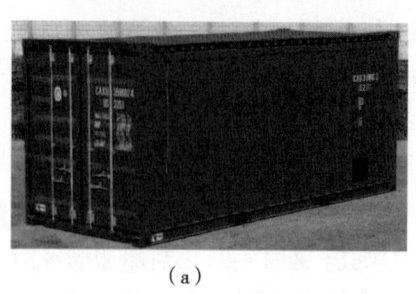

（a）　　　　　　　　　　　　　　　（b）

图4-4　开顶集装箱

5.冷藏集装箱

冷藏集装箱（Reefer Container, RF），是专为运输要求保持一定温度的冷冻货或低温货（如鱼、肉、新鲜水果、蔬菜等食品）而设计的集装箱，具有制冷或保温功能，如图4-5所示。对有特殊要求的货物，如金枪鱼等，冷藏集装箱的制冷温度可达-60 ℃左右。冷藏集装箱分为带冷冻机的内藏式机械冷藏集装箱和没有冷冻机的外置式机械冷藏集装箱。内藏式机械冷藏集装箱内装冷冻机，只要外界供电，就能制冷。这类集装箱的冷冻装置在箱体内，不妨碍集装箱专用机械的搬运和装卸。机械冷藏集装箱，在船上，由船舶发电供电；在陆上，由码头或堆场专用电源供电；在火车上，由装有发电机组的专用车辆供电。所以，有关的船舶、火车、集装箱堆场，均须配备专门的供电设施。外置式机械冷藏集装箱又称离合式集装箱，箱体只是一个具有良好隔热层的箱体，在陆上运输时，一般与冷冻机相连；在海上运输时，靠船上的冷冻机舱制冷，通过冷风管道系统与冷藏箱连接；在集装箱堆场与码头时，如配备有集中的冷冻设备和冷风管道系统，冷藏箱也可与冷冻机分开，采用集中供冷形式。装运有温度控制要求的危险货物可以使用冷藏集装箱，如部分自反应物质（第4.1类）、有机过氧化物（第5.2类）中的部分物质。

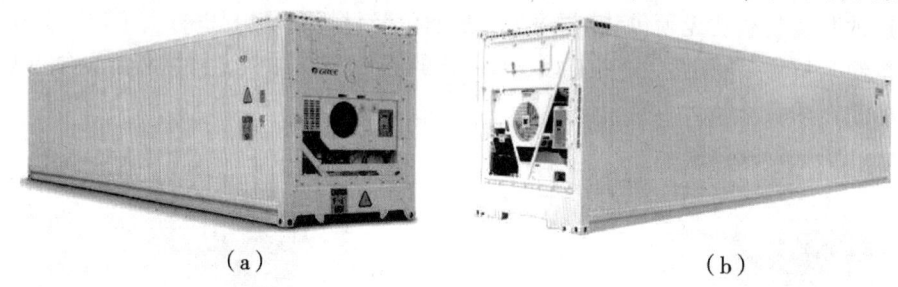

（a）　　　　　　　　　　　　　　　（b）

图4-5　冷藏集装箱

6.台架式集装箱

台架式集装箱包括平台式集装箱（Platform Container, PF）和框架式集装箱（Flat Rack Container, FR），分别如图4-6、图4-7所示。平台式集装箱，也称平板式集装箱，通常为无上部结构、只有底部结构的集装箱。该集装箱装卸作业方便，适于装卸长大件货、重件货等。框架式集装箱结构种类很多，通常没有箱顶和侧壁，可以用吊车从顶上装货，也可以用叉车从箱侧装货，适合于装载长大件货和重件货（如重型机械、钢材、钢管、木材、钢锭、机床及各种设备），还可以用两个以上的集装箱并在一起，组成装货平台，用以装载特大件货物。还有些集装箱的端壁可以折叠起来，以减少空箱回运时的舱容损失。

图 4-6　平台式集装箱

　　为了保持其纵向强度,框架式集装箱的箱底较厚,箱底的强度比一般集装箱大,而其内部高度比一般集装箱低。为了把装载的货物系紧,在下侧梁和角柱上设有系环。为了防止运输过程中货物坍塌,在集装箱的两侧还设有立柱或栅栏。框架式集装箱没有水密性,不能装运怕湿的货物。在陆上运输中或在堆场上贮存时,为了不淋湿货物,应有帆布遮盖。

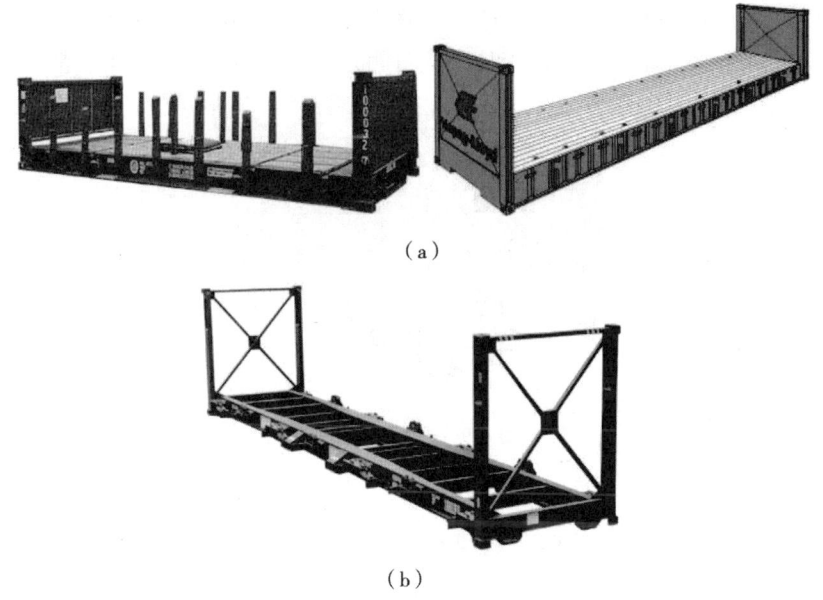

（a）

（b）

图 4-7　框架式集装箱

7.汽车集装箱

　　如图 4-8 所示,汽车集装箱(Car Container)是在简易箱底上装一个钢质框架,一般设有端壁和侧壁,箱底应采用防滑钢板。汽车集装箱有装单层和装双层的两种,由于一般小轿车的高度为 1.35 ~ 1.45 m,如装在 8 ft(2 438 mm)高的标准集装箱内,只利用了其箱容的 3/5,所以轿车是一种不经济的装箱货。

　　为提高箱容利用率,有一种装双层的汽车集装箱,其高度有两种:一种为 10.5 ft(3 200 mm),另一种为 12.75 ft(8.5 ft 的 1.5 倍)。所以,汽车集装箱一般不是国际标准集装箱。

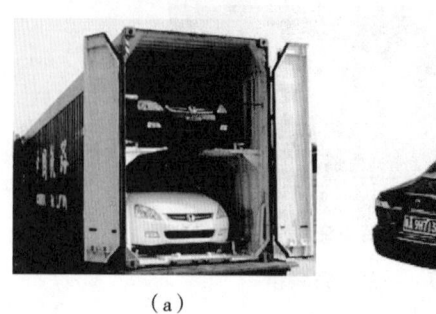

（a） （b）

图4-8　汽车集装箱

8.干散货集装箱

干散货集装箱（Bulk Container）如图4-9所示。该类集装箱除了箱门外，箱顶设有带水密盖子的2~3个装货口，端壁下部设有卸货口，适合于装运大豆、面粉、水泥、矿砂等固体散货。使用该类集装箱时应注意保持箱内清洁，保持两侧光滑，便于货物从箱门卸货。

图4-9　干散货集装箱

9.罐式集装箱

罐式集装箱（Tank Container，TK），是可移动罐柜的一种，如图4-10所示，是专门用于装运油类（如动植物油）、酒类、液体食品及液态化学品以及干散货的集装箱，还可以用于装运酒精和其他液体危险品。罐式集装箱由罐体和箱体框架两部分构成。箱体框架的尺寸符合国际标准的要求，角柱上也装有国际标准角件，装卸时与国际标准集装箱相同。

装货时货物从罐顶的装货孔灌入，卸货时从罐底的排货孔流出或用吸管从顶部的装货孔吸出。需要注意的是，罐体的强度在设计时是以满载为条件的。所以，在运输途中货物若呈半罐状态，可能对罐体有巨大的冲击力，造成危险。因此装货时，应确保货物为满罐。

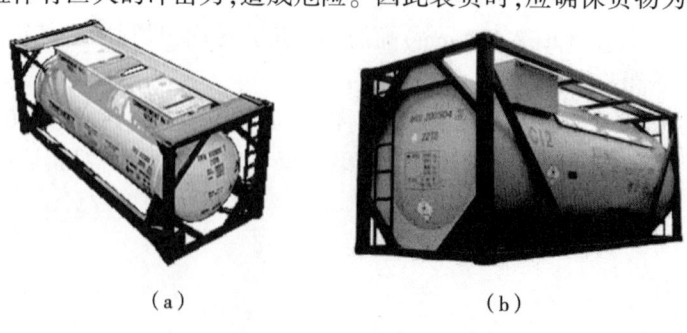

（a） （b）

图4-10　罐式集装箱

10.动物集装箱

动物集装箱(Pen Container)是指装运鸡、鸭、鹅等活家禽和牛、马、羊、猪等活家畜用的集装箱,如图4-11所示。其箱顶采用胶合板覆盖,侧面和端面都有金属网制的窗,以便通风。侧壁的下方设有清扫口和排水口,便于清洁。动物集装箱在船上必须装在甲板上,而且不允许多层堆装,所以其强度可低于国际标准集装箱的要求,其总重也较轻。

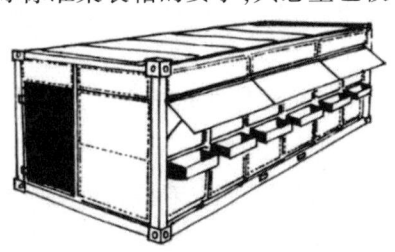

图4-11　动物集装箱

（二）按制造材料分类

1.钢质集装箱

钢质集装箱的框架和箱壁板皆用钢材制成。其最大优点是强度高、结构牢、焊接性和水密性好、价格低、易修理、不易损坏,主要缺点是自重大、抗腐蚀性差。

2.铝质集装箱

铝质集装箱有两种:一种为钢架铝板;另一种仅框架两端用钢材,其余用铝材。其主要优点是自重轻、不生锈、弹性好、不易变形,主要缺点是造价高、碰撞易受损。

3.不锈钢质集装箱

一般多用不锈钢制作罐式集装箱。不锈钢质集装箱的主要优点是强度高、不生锈、耐腐蚀性好,缺点是投资大。

4.玻璃钢质集装箱

玻璃钢质集装箱是在钢质框架上装上玻璃钢复合板制成的。其主要优点是隔热性、抗腐蚀性和耐化学性均较好,强度大,能承受较大应力,易清扫,修理简便,集装箱内容积较大等;主要缺点是自重较大,造价较高。

三、集装箱的结构

（一）集装箱方位性术语

（1）前端(Front):又称盲端,指没有箱门的一端。

（2）后端(Rear):又称门端,指有箱门的一端。若集装箱两端结构相同,则应避免使用前端和后端这两个术语,当必须使用时,应依据标记、铭牌等特征加以区别。

（3）左侧(Left):从集装箱后端向前看,左边的一侧。

（4）右侧(Right):从集装箱后端向前看,右边的一侧。

（5）纵向(Longitudinal):集装箱的前后方向。

（6）横向(Transverse):集装箱的左右方向。

（二）主要部件

集装箱主要部件如图 4-12 所示,具体包括:

1.角件

集装箱箱体的 8 个角上都设有角件(Corner Fitting)。角件用于支承、堆码、装卸和系固集装箱。集装箱上部的角件称为顶角件,下部的角件称为底角件。

2.角柱

角柱(Corner Post)是连接顶角件与底角件的立柱,是集装箱的主要承重部件。

3.角结构

角结构(Corner Structures)是由顶角件、角柱和底角件组成的构件,是承受集装箱堆码载荷的强力构件。角件和角柱均为铸钢件,用焊接方法连接在一起。集装箱的重量通过角结构传递。所以,在集装箱堆码时上下层集装箱的角件应对准,纵向偏码不得超过 38 mm,横向偏码不得超过 25.4 mm。最底层的集装箱必须堆置在堆场画线规定的范围,否则会压坏场地。

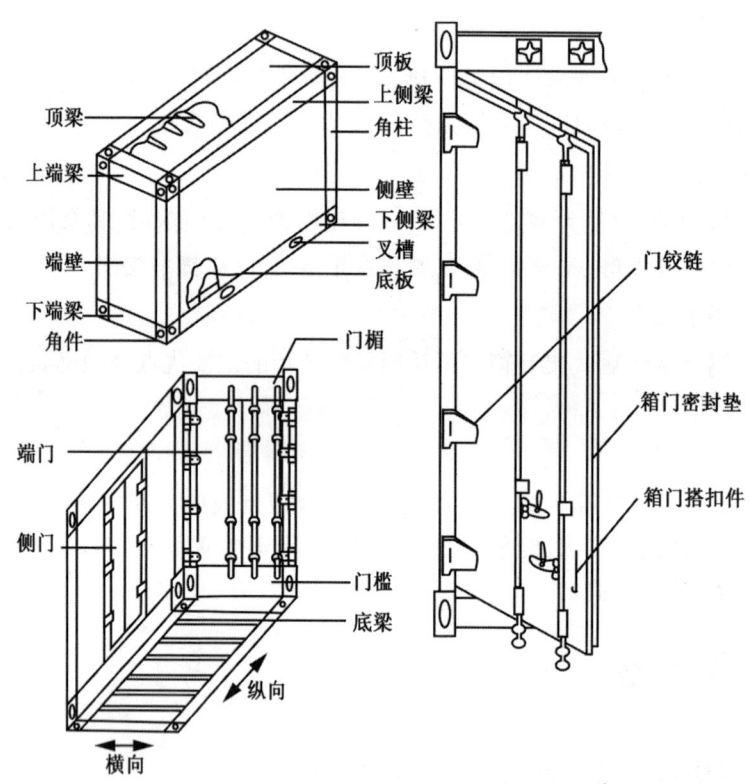

图 4-12　集装箱主要部件

4.上/下端梁

上/下端梁(Top/End Transverse Member)是箱体端部/底部与左、右顶角件连接的横向构件。

5.门楣

门楣(Door Header)是箱门上方的梁。

6.门槛

门槛(Door Sill)是箱门下方的梁。

7.上/下侧梁

上/下侧梁(Top/Bottom Side Rail)是侧壁上/下部与前/后顶角件连接的纵向构件,左面的称为左上/下侧梁,右面的称为右上/下侧梁。

8.顶板

顶板(Roof Sheet)是箱体顶部的板。顶板要求用一整张板制成,不得用铆接或焊接成的板,以防铆钉松动或焊缝开裂而造成漏水。

9.顶梁

顶梁(Roof Bows)是在顶板下连接上侧梁,用于支承箱顶的横向构件。

10.箱顶

箱顶(Roof)是在端框架上和上侧梁范围内,由顶板和顶梁组合而成的组合件,用于将集装箱封顶。箱顶应具有标准规定的强度。

11.底板

底板(Floor)是铺在底梁上承托载荷的板,一般由底梁和下端梁支承,是集装箱的主要承载构件。箱内装货的载荷由底板承受后,通过底梁传导给下侧梁,因此底板必须有足够的强度,通常用硬木板或胶合板制成,木板应为搭接或榫接,也可采用开槽结构。

12.底梁

底梁(Floor Bearers or Cross Member)是在底板下连接下侧梁,用于支承底板的横向构件。底梁从箱门起一直排列到端板为止。底梁一般用 C、Z 或 T 形型钢或其他断面的型钢制作。

13.底结构和底框架

底结构和底框架(Base Structures and Base Frame)由集装箱底部的四个角件、左右两根下侧梁、下端梁、门槛、底板和底梁组成。在 1C 和 1CC 型集装箱的底结构上还设有叉槽,在 1A 和 1AA 型集装箱的底结构上,有的还设有鹅颈槽。而底框架是由下侧梁和底梁组成的框架。

14.叉槽

叉槽(Fork/Lift Pockets)是横向贯穿箱底结构、供叉车的叉齿插入的槽。20 ft 型集装箱上一般设一对叉槽,必要时也可以设两对叉槽。40 ft 型集装箱上一般不设叉槽。叉槽一般不能叉实箱,只能叉空箱。

15.鹅颈槽

鹅颈槽(Gooseneck Tunnel)设在集装箱箱底前部,用以配合鹅颈式底盘车上的凹槽。

16.端框架

端框架(End Frame)是集装箱前端的框架,由前面的两组角结构、上端梁和下端梁组成。后端的框架实际为门框架,由后面的两组角结构、门楣和门槛组成。

17.端壁

端壁（End Wall）是在端框架平面内与端框架相连接形成封闭的板壁（不包括端框架在内）。端壁的里面一般设有端柱，用以加强端壁的强度。

18.侧壁

侧壁（Side Wall）是与上侧梁、下侧梁和角结构相连接，形成封闭的板壁（不包括上侧梁、下侧梁和角结构在内）。在侧壁的里面一般有侧柱，用以加强侧壁的强度。

19.端板

端板（End Panel）是覆盖在集装箱端部外表面的板。

20.侧板

侧板（Side Panel）是覆盖在集装箱侧部外表面的板。

21.箱门

箱门（Door）通常为两扇后端开启的门，用铰链安装在角柱上，并用门锁装置进行关闭。

22.端门

端门（End Door）是设在箱端的门，一般通用集装箱前端设端壁，后端设箱门。

23.侧门

侧门（Side Door）是在特殊情况下，为了货物装卸方便而在集装箱的侧面开设的门。

24.门铰链

门铰链（Door Hinge）靠短插销（一般用不锈钢制）使箱门与角柱连接起来，保证箱门能自由转动的零件。

25.箱门密封垫

箱门密封垫（Door Seal Gasket）是箱门周边为保证密封而设的零件。密封垫的材料一般采用氯丁橡胶。

26.箱门搭扣件

箱门搭扣件（Door Holder）是进行装卸货物作业时，保证箱门开启状态的零件。它设在箱门下方和相对应的侧壁上，有采用钩环的，也有采用钩链或绳索的。

27.箱门锁杆

箱门锁杆（Door Locking Bar or Door Locking Rod）是设在箱门上垂直的轴或杆，锁杆两端有凸轮，锁杆转动后凸轮即嵌入锁杆凸轮座内，把箱门锁住。锁杆还起着加强箱门承托力的作用。

28.锁杆托架

锁杆托架（Door Lock Rod Bracket）是把锁杆固定在箱门上并使之能转动的承托件。

29.锁杆凸轮

锁杆凸轮（Locking Bar Cams）是设于锁杆端部的门锁件，通过锁件的转动，把凸轮嵌入凸轮座内，将门锁住。

30.锁杆凸轮座

锁杆凸轮座（Locking Bar Cam Retainer or Keeper）是保持凸轮呈闭锁状态的内撑装置，又称卡铁。

31.门锁把手

门锁把手(Door Locking Handle)装在箱门锁杆上,在开关箱门时用来转动锁杆。

32.把手锁件

把手锁件(Door Locking Handle Retainer or Handle Lock)是用来保持箱门把手使其处于关闭状态的零件。

33.海关铅封件

海关铅封件(Customs Seal Retainer)通常设在箱门把手锁件上,海关用于施加铅封的装置,一般采用圆孔形式。

34.海关铅封保护罩

海关铅封保护罩(Customs Seal Protection Cover)是设在把手锁件上方,用于保护海关铅封而加装的防雨罩,一般用帆布制作。

四、集装箱的重大结构缺陷

1.不安全集装箱

主管机关应控制对安全构成明显风险的集装箱。所有结构敏感部件有严重结构缺陷的集装箱应视为处于对安全构成明显风险的状态,应停止这些集装箱的营运。

但如果集装箱在不从当前运输设施起吊的情况下运输至最终目的地,则可允许继续运输集装箱。结构敏感部件有严重结构缺陷的空集装箱同样应视为会对人员造成危险。如能安全运输空箱,通常将其转运至箱主选择的堆场供修理,这可能涉及国内或国际运输。任何破损集装箱的转运,在装卸和运输中应充分考虑到其结构缺陷。破损集装箱的所有侧面和顶部应有清楚的标志,表明其运输仅为了维修。

集装箱的破损在对安全无明显风险的情况下,可能显得比较严重。一些破损(如孔)可能违反海关要求,但可能不会对结构有显著影响;重大破损可能是集装箱或其他集装箱的不当装卸引起的较大冲击或者集装箱内货物较大移动的结果。因此,应特别注意最近冲击破损的痕迹。严重破损(如角件破损、错位或缺失,或侧壁与底侧梁无法连接等)导致无法安全起吊的空集装箱只有放置在平台式集装箱框架集装箱上才能运输。

2.集装箱结构敏感件及重大结构缺陷

表 4-1 所示的部件具有结构敏感性,应检验其是否有严重缺陷。

表 4-1　集装箱结构敏感件及重大结构缺陷一览表

结构敏感部件	严重结构缺陷
顶梁	顶梁的局部变形长度超过 60 mm,或顶梁部件的裂口或裂纹或开裂长度超过 45 mm。注:对罐式集装箱的某些设计而言,顶梁不是重要的结构部件
底梁	底梁的局部垂直变形长度超过 100 mm,或底梁部件的裂口或裂纹或开裂长度超过 75 mm

续表

结构敏感部件	严重结构缺陷
门楣	门楣的局部变形长度超过 80 mm，或裂纹或开裂长度超过 80 mm
门槛	门槛的局部变形长度超过 100 mm，或裂纹或开裂长度超过 100 mm
角柱	角柱的局部变形长度超过 50 mm，或裂纹或开裂长度超过 50 mm
角件和中间角件（铸件）	角件缺失，角件的任何穿透裂纹或开裂，角件的任何妨碍系固或起吊的变形，角件的任何超过原平面 5 mm 的变形，角件孔宽度超过 66 mm，角件孔长度超过 127 mm，角件孔面的厚度减少至小于 23 mm，或角件周围部件的焊缝裂口长度超过 50 mm
底部结构	两个或以上相邻底横梁缺失或从底侧梁脱落。底横梁总数的 20% 或以上缺失或脱落。注：如允许继续运输，必须防止已脱落的底横梁自由晃动
锁杆	一个或多个中间锁杆失效。注：一些集装箱的设计和批准（并在 CSC 牌照上标示）为在一箱门打开或拆下的情况下营运

同一结构敏感部件的两次或以上破损事故，即使每次破损都低于表 4-1 所述衡准，其影响可能等同于或大于表 4-1 中所述单一破损的影响。在此情况下，主管机关可停止集装箱的营运并征求 CSC 公约缔约国的进一步指导。对于罐式集装箱，还应检验罐体与集装箱框架的连接件是否有任何与表 4-1 中所述缺陷相似且明显可见的严重结构缺陷，如在任何连接件中发现任何此类严重结构缺陷，则应停止集装箱的营运。对于带折叠式端框架的平台集装箱，端框架的锁紧机构和端框架转动所绕的铰链销具有结构敏感性，也应检验其是否有破损。

五、集装箱的规格

1.国际标准集装箱规格

集装箱标准按使用范围分为国际标准、国家标准、地区标准和公司标准四种。其中，国际标准集装箱是按国际标准化组织（ISO/TC 104）制定的标准《系列 1：货运集装箱分类、尺寸和额定值》（ISO 668：2020）而制造的集装箱。标准中按照集装箱的长度分为 E、A、B、C、D 五类，分别对应 45 ft、40 ft、30 ft、20 ft 和 10 ft 五种，宽度均为 8 ft，高度有 9.5 ft（9 ft 6 in）、8.5 ft（8 ft 6 in）、8 ft 和小于 8 ft 四种。国际标准集装箱规格和额定质量如表 4-2 所示。

目前，国际海运集装箱中采用比较普遍的是 1AA 和 1CC 两种型号的集装箱。据统计，这两种集装箱合计占总量的 96% 以上。

此外，运输中 45 ft 的集装箱也逐渐增多，有的公司也使用 53 ft 的集装箱等。

表 4-2　国际标准集装箱规格和额定质量

集装箱型号	长 L	宽 B	高 H	额定质量 R
1EEE	13 716 mm 45 ft	2 438 mm 8 ft	2 896 mm 9 ft 6 in	30 480 kg 67 200 lb
1EE			2 591 mm 8 ft 6 in	30 480 kg 67 200 lb

续表

集装箱型号	长 L	宽 B	高 H	额定质量 R
1AAA	12 192 mm 40 ft	2 438 mm 8 ft	2 896 mm 9 ft 6 in	30 480 kg 67 200 lb
1AA			2 591 mm 8 ft 6 in	
1A			2 438 mm 8 ft	
1AX			<2 438 mm <8 ft	
1BBB	9 125 mm 29 ft 11.25 in	2 438 mm 8 ft	2 896 mm 9 ft 6 in	30 480 kg 67 200 lb
1BB			2 591 mm 8 ft 6 in	
1B			2 438 mm 8 ft	
1BX			<2 438 mm <8 ft	
1CCC	6 058 mm 19 ft 10.5 in	2 438 mm 8 ft	2 896 mm 9 ft 6 in	30 480 kg 67 200 lb
1CC			2 591 mm 8 ft 6 in	
1C			2 438 mm 8 ft	
1CX			<2 438 mm <8 ft	
1D	2 991 mm 9 ft 9.75 in	2 438 mm 8 ft	2 438 mm 8 ft	10 160 kg 22 400 lb
1DX			<2 438 mm <8 ft	

国际标准规定:各型集装箱长度之间的间距应为 3 in(76 mm)。各种集装箱长度关系见图 4-13。

$1A = 1B+1D+i = 2C+i = 9\ 125\ mm+2\ 991\ mm+76\ mm = 2×6\ 058\ mm+76\ mm = 12\ 192\ mm$。

$1B = 1C+1D+i = 6\ 058\ mm+2\ 991\ mm+76\ mm = 9\ 125\ mm$。

$1C = 2D+i = 2×2\ 991\ mm+76\ mm = 6\ 058\ mm$。

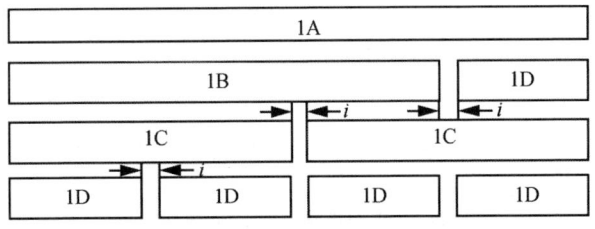

图 4-13　国际标准集装箱长度关系图

2.国家标准集装箱规格

根据我国国家标准《系列 1 集装箱 分类、尺寸和额定质量》（GB/T 1413—2023），国家标准集装箱也分 5 类、16 种。因为该国标等效于 ISO 668:2020，所以其型号、尺寸和额定质量与表 4-2 所示相同。

3.标准换算集装箱 TEU 和 FEU

TEU（Twenty-feet Equivalent Unit）是以长度 20 ft 的集装箱为标准的国际计量单位，称国际标准换算箱单位，其与集装箱型号 1CC 对应。FEU（Forty-feet Equivalent Unit）是以长 40 ft 的集装箱为计量单位，其与集装箱型号 1AA 对应。1 FEU = 2 TEU。

TEU 通常用来表示船舶装载集装箱的能力，也是集装箱港口吞吐量的重要统计和换算单位，其余规格的集装箱一般折合成 TEU 计算。

六、集装箱箱体的标记

为便于集装箱的识别、管理和交接，国际标准化组织为集装箱标记制定了国际标准《集装箱代码、识别和标记》（ISO 6346），目前已经更新到第四版 ISO 6346:2022。

该标准规定了集装箱标记的内容、标记字体的尺寸、标记的位置及是否为强制要求等。我国的《集装箱代码、识别和标记》（GB/T 1836—2017）的相关规定与国际标准基本一致，但因该现行推荐性国标对应的是 ISO 6346:1995，所以部分标记的要求相对滞后。

ISO 6346:2022 中将集装箱自身标记按用途分为识别标记和作业标记两类，每一类又按是否必须履行 ISO 6346 的规定分为必备标记和自选标记两种，具体内容和位置见图 4-14 和图 4-15。

（一）识别标记

1.箱主代号、设备识别代码、箱号（顺序号）和校验码（核对数字）

该标记为必备标记，由 11 位代码组成，位于图 4-14 的"1"和"2"的位置。它们必须一起使用。

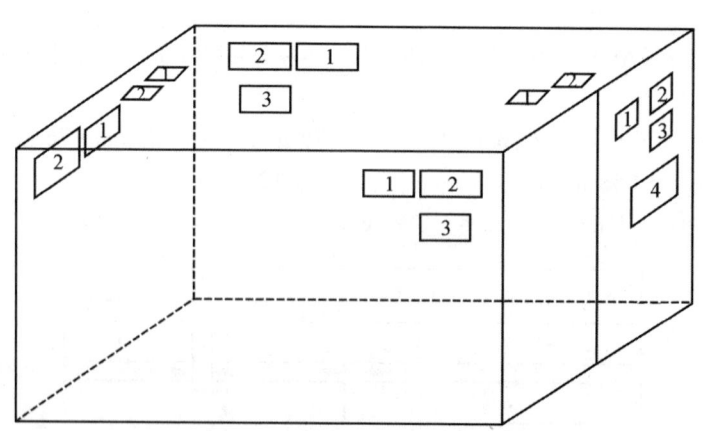

图 4-14　集装箱箱体标记位置示意图

1—箱主代号和设备识别代码;2—箱号和校验码;3—集装箱尺寸和箱型代码;4—集装箱额定总重、自重和净载重

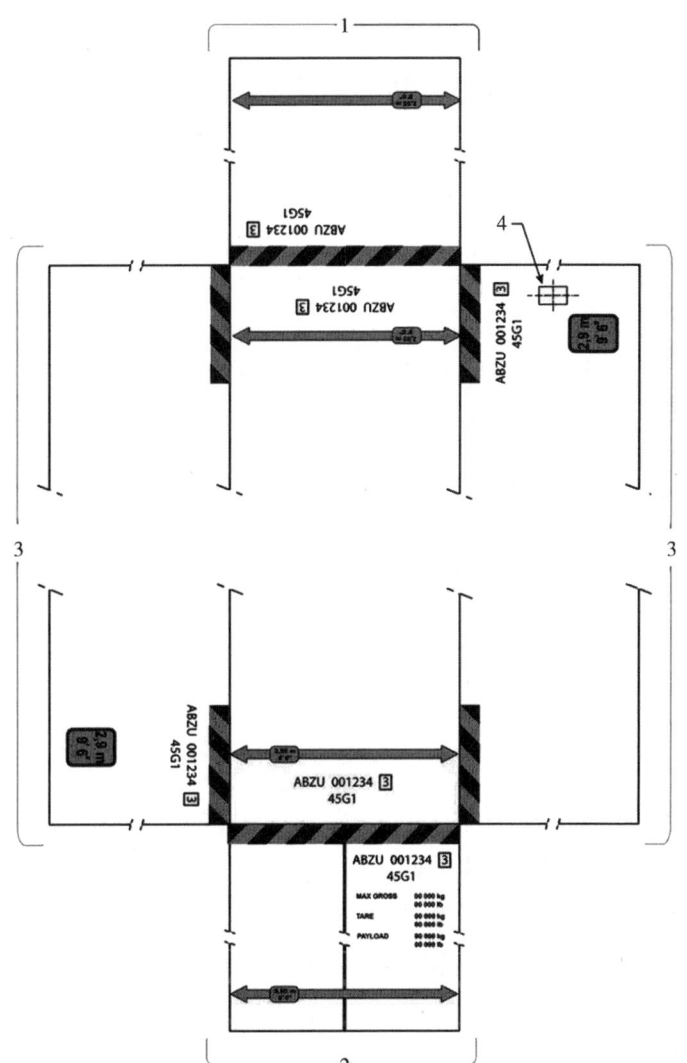

图 4-15　集装箱箱体标记内容和位置示意图

1—集装箱前端(盲端);2—集装箱后端(门端);3—集装箱左、右两侧;4—AEI 标签位置

在图 4-15 中,靠近顶角件附近的黄黑条纹标记至少应为 300 mm 长;除低堆码箱、低刚性箱以外的集装箱,其箱顶和前端的尺寸和箱型代码标记是可选择性的;设置 AEI(Automatic Equipment Identifier)标签是可选择性的;"最大净载货量标记(PAYLOAD)"也是可选择性的。

(1)箱主代号

为防止箱主代号出现重复,所有箱主在使用代号之前应向国际集装箱局(BIC)登记注册,箱主代号由 3 个大写拉丁字母组成。目前国际集装箱局已在 16 个国家和地区设有注册机构。我国北京设有注册机构。国际集装箱局每隔半年公布一次在册的箱主代号一览表。

(2)设备识别代码

设备识别代码用 1 个大写拉丁字母表示。"U"表示所有的集装箱,"J"表示集装箱所配置的挂装设备,"Z"表示集装箱拖挂车和底盘挂车。如"COSU/CBHU"为中远集装箱运输有限公司的箱主代号和设备识别代码,"MASU"为马士基海运公司的箱主代号和设备识别代码等。

（3）箱号（顺序号）

箱号用于区别同一箱主的不同集装箱，由 6 位阿拉伯数字组成，如果不足 6 位，应在数字前加 0 以补足 6 位，如箱号为"1234"时，则用"001234"表示。

（4）校验码（核对数字）

校验码用 0~9 中的 1 位阿拉伯数字表示，用来检验箱主代号和箱号传递的准确性。校验码列于 6 位箱号之后，通常置于方框之中或与箱号保持一定的间隔。其计算方法如下：

①为箱主代号、设备识别代码和箱号分别赋予一个等效数字，如表 4-3 所示。

表 4-3　箱主代号、设备识别代码和箱号等效数字表

箱主代号和设备识别代码				箱号
字符	等效数字	字符	等效数字	数字或等效数值
A	10	N	25	0
B	12	O	26	1
C	13	P	27	2
D	14	Q	28	3
E	15	R	29	4
F	16	S	30	5
G	17	T	31	6
H	18	U	32	7
I	19	V	34	8
J	20	W	35	9
K	21	X	36	
L	23	Y	37	
M	24	Z	38	

注：(1) 表中省略了等效数值 11、22 和 33，因为它们是模数 11 的倍数。
　　(2) 箱号数字与其等效数值完全相同

②计算加权系数和数值总和：

将表 4-3 确定的箱主代号、设备识别代码和箱号的每一个等效数值按顺序乘以 $2^0 \sim 2^9$ 的加权系数，然后将得到的数值相加，求出其数值总和。

③求取核对数字：

将求得的数值总和除以模数"11"，得到的余数即为核对数字。若余数是 0 或 10，则校验码均取 0；为了避免重复，建议不使用余数为 10 的箱号。

2.集装箱尺寸和箱型代码

集装箱尺寸和箱型代码为必备识别标记，位于图 4-14 中"3"的位置。在箱体上标打时，应作为一个整体，不得拆开分列。前 2 位表示集装箱的外部尺寸，后 2 位表示集装箱的类型。

集装箱尺寸代码由 1 位字符表示：第一位用数字或拉丁字母表示箱长，第二位用数字或拉丁字母表示箱宽和箱高。如第一位数字 1、2、3、4、5 分别代表 10 ft 长、20 ft 长、30 ft 长、40 ft 长及 45 ft 长；第二位数字 0、2、5 分别代表 8 ft 宽、8 ft 高，8 ft 宽、8 ft 6 in 高及 8 ft 宽、9 ft 6 in 高。集装箱尺寸代码如表 4-4、表 4-5 所示。

箱型代码由 2 位字符表示：第一位用 1 个拉丁字母表示箱型，第二位用 1 个数字表示该箱型的特征。如 G1 代表货物上部空间设有透气孔的通用集装箱，B0 代表封闭式散货集装箱，R0 代表机械制冷的冷藏集装箱，U0 代表一端或两端开门的敞顶集装箱，P0 代表平台集装箱，

K1 代表压力不大于 2.65 bar 的液体罐式集装箱,N0 代表漏斗型且垂直卸货的干货罐式集装箱,A0 代表空陆水联运集装箱,S0 代表牲畜集装箱,S1 代表小汽车集装箱等。集装箱箱型代码如表 4-6 所示。

表 4-4　集装箱尺寸代码表(第一位字符)

集装箱长度		代码	集装箱长度		代码
mm	ft　in		mm	ft　in	
2 991	10	1	7 450	—	D
6 058	20	2	7 820	—	E
9 125	30	3	8 100	—	F
12 192	40	4	12 500	41	G
13 716	45	5	13 106	43	H
未分配		6	13 600	—	K
未分配		7	未分配		L
未分配		8	14 630	48	M
未分配		9	14 935	49	N
7 150	—	A	16 154	53	P
7 315	24	B	未分配		R
7 430	24　6	C			

表 4-5　集装箱尺寸代码表(第二位字符)

箱高(h)			代码			
			箱宽 mm (ft)			
			角件处宽度≤2 438 mm(8 ft)		角件处宽度>2 438 mm(8 ft)	
mm	ft　in		最大宽度≤2 438 mm	2 438 mm<最大宽度<2 500 mm	最大宽度≤2 500 mm	最大宽度>2 500 mm
2 438	8		0			
2 591	8　6		2	R	C	L
2 743	9		4	S	D	M
2 896	9　6		5	T	E	N
>2 896	>9　6		6	U	F	P
1 219<h<2 438	4<h<8		7			
1 295	4　3		8			
≤1 219	≤4		9			

表 4-6　集装箱箱型代码表

编码	型号名称	类型组编码	主要特点	类型编码详细
G			无通风装置的通用集装箱	
		GP	在一端或两端均可打开	G0
			位于货物处所上部有被动通风口	G1
			在一端或两端开口,加上一侧或两侧"全"开口	G2
			在一端或两端开口,加上一侧或两侧"部分"开口	G3
			（未分配）	G4
			（未分配）	G5
			（未分配）	G6
			（未分配）	G7
			（未分配）	G8
			具有散装功能	G9
V			带有通风装置的通用集装箱	
		VH	非机械性系统、通风口位于货物处所上部和下部	V0
			（未分配）	V1
			机械通风系统,位于内部	V2
			（未分配）	V3
			机械通风系统,位于外部	V4
			（未分配）	V5
			（未分配）	V6
			（未分配）	V7
			（未分配）	V8
			（未分配）	V9

续表

编码	型号名称	类型组编码	主要特点	类型编码详细
B			干散货	
	非压力,箱式	BU	封闭	B0
			气密的	B1
			（未分配）	B2
			后端卸货/猫洞型	B3
			后端卸货/全宽打开	B4
			后端卸货/全宽固定	B5
			带有可拆卸的硬顶板,配备全长铰链开口和长及宽全尺度底部卸货	B6
			开顶箱具有全宽底部卸货	B7
			前部卸货/全宽度	B8
			侧部卸货	B9
S			以货物命名的和非货物运输集装箱	
	以货物命名	SN	牲畜集装箱	S0
			汽车集装箱	S1
			活鱼集装箱	S2
			（未分配）	S3
	非货物运输集装箱	SC	发电机	S4
			（未分配）	S5
			（未分配）	S6
			（未分配）	S7
			非货运集装箱用于敏感的已安装的设备	S8
			非货运集装箱用于住宅或商业用途	S9

续表

编码	型号名称	类型组编码	主要特点	类型编码详细
R			冷藏集装箱	
	制冷的	RE	机械制冷	R0
	制冷的和加热的	RT	机械制冷和加热	R1
	自备动力	RS	机械制冷	R2
			机械制冷和加热	R3
			（未分配）	R4
	集成机械	RI	机械集成制冷和加热	R5
			（未分配）	R6
	加热的	RH	加热	R7
			加热,自备动力	R8
			（未分配）	R9
H			保温集装箱	
	设备可拆卸的制冷和/或加热的	HR	设备置于箱体外,传热系数 $K=0.4 \text{ W}/(\text{m}^2 \cdot \text{K})$	H0
			设备位于箱体内部	H1
			设备置于箱体外,传热系数 $K=0.7 \text{ W}/(\text{m}^2 \cdot \text{K})$	H2
			（未分配）	H3
			（未分配）	H4
	隔热的	HI	隔热;热传导系数 $K=0.4 \text{ W}/(\text{m}^2 \cdot \text{K})$	H5
			隔热;热传导系数 $K=0.7 \text{ W}/(\text{m}^2 \cdot \text{K})$	H6
			（未分配）	H7
	易熔控制的	HE	易熔,远程机械制冷	H8
			（未分配）	H9

续表

编码	型号名称	类型组编码	主要特点	类型编码详细
W			可折叠集装箱	
	可折叠的通用集装箱	WR	底座结构可折叠式	W0
		WS	侧壁结构可折叠式	W1
			（未分配）	W2
			（未分配）	W3
			（未分配）	W4
			（未分配）	W5
			（未分配）	W6
			（未分配）	W7
			（未分配）	W8
			（未分配）	W9
U			开顶箱	
		UT	在一端或两端开口	U0
			在一端或两端开口,再加上末端框架中的可拆卸顶部构件	U1
			在一端或两端开口,再加上一侧或两侧的开口	U2
			在一端或两端开口,再加上一侧或两侧的开口,再加上末端框架中的可拆卸顶部构件	U3
			在一端或两端开口,再加上一侧的部分开口和另一侧的完全开口	U4
			（未分配）	U5
			可拆卸硬顶的开顶箱	U6
			（未分配）	U7
			（未分配）	U8
			卷材类货箱	U9

续表

编码	型号名称	类型组编码	主要特点	类型编码详细
P			平台(集装箱)	
	平台箱,上部结构不完整	PL	平台箱	P0
	固定式	PF	有两个完整的和固定的端板	P1
			有固定角柱、带有活动的侧柱或可拆卸的顶梁	P2
	折叠(可折叠)	PC	可折叠,有完整的端部结构	P3
			有折叠角柱、带有活动的侧柱或可拆卸的顶梁	P4
	上部结构完整	PS	顶部、端部敞开(骨架式)	P5
	按货物命名的集装箱	PT	运载船上设备	P6
			运输小汽车	P7
			木材/管材运输	P8
			运输卷材货物	P9
K			加压罐容器(液体和气体)	
		KL	非危险液体罐箱	K0
			危险品液体罐箱,气压≤2.65 bar	K1
			危险品液体罐箱,2.65 bar<气压≤10 bar	K2
			危险品液体罐箱,气压>10 bar,高压	K3
			需要供电的非危险品液体罐箱	K4
			需要供电的危险物品液体罐箱,压力≤10 bar	K5
			需要供电的危险物品液体罐箱,压力>10 bar	K6
			低温储罐	K7
			储气罐箱	K8
			(未分配)	K9

续表

编码	型号名称	类型组编码	主要特点	类型编码详细
N			加压和非加压储罐容器(干燥)	
		NH	漏斗式,垂直卸货	N0
			漏斗式,后端卸货	N1
			(未分配)	N2
		NN	无压力,后端卸货	N3
			无压力,侧面卸货	N4
			无压力的,倾斜卸货	N5
			(未分配)	N6
		NP	有压力,后端卸货	N7
			有压力,侧面卸货	N8
			有压力,倾斜卸货	N9
A			空陆水联运集装箱	
		AS		A0

（二）作业标记

1.额定总重和自重

额定总重是集装箱的最大总重量,用 R 表示;自重是集装箱的空箱重量,用 T 表示。两者均要求同时以千克(kg)和磅(lb)标示,位于图4-14中"4"的位置。标示在集装箱上的额定总重应与CSC公约的安全合格牌照上标示的集装箱总重完全一致。

MAX CROSS	30,480 KGS
	67,200 LBS
TARE	3,750 KGS
	8,270 LBS

2.空陆水联运集装箱标记

空陆水联运集装箱标记是指适合于航空运输并可与地面运输(如公路、铁路、水路)联运的集装箱标记,如图4-16所示。空陆水联运集装箱容积为 $1 m^3$ 及以上,装有顶角件和底角件,具有与航空器栓固系统相配合的拴固装置,箱底可全部冲洗并能用滚装装卸系统进行装运。为适用于空运,这种集装箱自重较轻,结构较弱,强度只能堆码2层。图4-16标记的含义为:在陆地上堆码时只允许在这种箱子上面堆码2层;在海上运输时,禁止在甲板上积载,在舱内堆码时只能在这种箱子上面堆码1层。

图 4-16　空陆水联运集装箱标记

3.登箱顶触电警告标记

所有装有梯子的集装箱的架空电气危险强制性标志应包括黄色背景上的黑色标志,周围有黑色边框。符号(闪电)的高度应至少为 175 mm(6.875 in)。在黑色边框的外边缘之间测量的警告标志的尺寸应不小于 230 mm(9 in)。该标记应位于靠近梯子的区域内,如图 4-17 所示。罐式集装箱上多在位于其邻近登箱顶的扶梯附近标示该标记。

图 4-17　登箱顶触电警告标记

4.超高标记

凡高度超过 8 ft 6 in(2.6 m)的集装箱均应标打如图 4-18 所示的超高标记。通常在箱的两侧标有此类标记,同时应在集装箱两端和两侧顶角件附近标示斑马标。

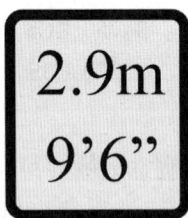

图 4-18　超高标记

5.集装箱总宽度标记

对于集装箱总宽度大于 2 438 mm(8 ft)的集装箱,应在其前后两端标示如图 4-19 所示的集装箱总宽度标记。该标记应为黄色背景上的黑色图形,周围是黑色边框。

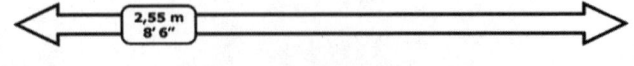

图 4-19　宽度箭头标记

6.最大净载货量标记

最大净载货量等于额定总重与自重的差,标打在额定总重和自重的下面一行,为自选标记。但是对于装运第 2 类非冷冻液化气体危险货物的可移动罐柜及装运非冷冻气体的多单元气体容器(MEGCs)则为必备标记。

如:

NET（PAYLOAD） 26,730 KGS
58,930 LBS

此外,多数集装箱也会在最大净载货量标记下面一行标示集装箱内容积标记,用 m^3 和 ft^3 同时标示。

上述作业标记中 1、2、3、4 和 5 为必备标记,6 为自选标记。

（三）通行标记

为了保证集装箱在运输过程中能顺利通过或进入他国国境,集装箱上必须标示有规定的各种通行标记,主要包括:CSC 安全合格牌照、海关加封运输批准牌照、防虫处理板、检验合格徽、国际铁路联盟标记等。其中,CSC 安全合格牌照、海关加封运输批准牌照、防虫处理板集成到一个铭牌上,该集装箱铭牌一般安装在箱门左下角的醒目位置。

1.CSC 安全合格牌照

该牌照表示集装箱已按照 CSC 公约的规定,经有关部门检验合格,符合相关安全要求,允许在运输中使用。

CSC 公约附件一集装箱试验、检查、批准和维修规则的第一章及附录中对安全合格牌照的配置位置、格式和内容、移除条件、维修和检验等提出了具体的要求。

（1）安全合格牌照应永久地装置在每一获得批准的集装箱上靠近为官方使用而颁发的其他批准牌照旁的明显而又不易损坏的部位上。

（2）每个集装箱上的所有最大总重标记均应与安全合格牌照上的最大总重数值相符。

（3）如果出现下述情形之一,则箱主应移除集装箱上的安全合格牌照:

①集装箱已改装并使得原批准及"安全合格牌照"上的数据无效;

②集装箱退出营运,未按公约要求进行维护;

③批准已被主管机关撤销。

（4）安全合格牌照上应至少用英文或法文写明以下信息:

①"CSC 安全合格";

②批准国和批准证明;

③出厂日期(年、月);

④集装箱制造厂的产品编号,如为号码不详的现有集装箱,则由主管机关指定号码;

⑤最大营运总质量(kg 和 lb);

⑥在 $1.8g$ 工况下的允许堆码质量(kg 和 lb);

⑦横向推拉试验负荷数值(N)。

图 4-20 为中国船级社(CCS)《集装箱检验规范》中的 CSC 安全合格牌照样式图。

```
                        CSC SAFETY APPROVAL
                   CN/CCS/*****/*/*****   [1]
     DATE MANUFACTURED  [2]                           month/year
     IDENTIFICATION No. [3]
     MAXIMUM GROSS MASS[4]                     kg        lb
     ALLOWABLE STACKING MASS[5]
             FOR 1.8g                          kg        lb
     RACKING TEST LOAD VALUE [6]                         N
     *[7]
     *[8]
     *[9]
                       ONE DOOR-OFF CONTAINER
     ALLOWABLE STACKING MASS[10]                kg        lb
     ONE DOOR OFF FOR 1.8g
     RACKING TEST LOAD VALUE ONE DOOR OFF[11]   kg        lb
```

图 4-20　CSC 安全合格牌照

图中：

[1]由主管机关或本社授予的《国际集装箱安全公约》(CSC)安全合格牌照编号。

[2]出厂日期(年、月)。

[3]集装箱制造厂的产品编号(现有集装箱,若号码不详,可使用箱主代码;2010 年 5 月 14 日及以后批准的集装箱,必须使用制造厂的产品编号)。

[4]额定质量(kg 和 lb)。

[5]在 1.8g 工况下的允许堆码质量(kg 和 lb)。

[6]横向推拉试验负荷数值(N)。

[7]牌上所示端壁强度,仅在端壁的设计承受力小于或大于最大许可荷载的重力的 0.4 倍(即 0.4Pg)时,才在牌上标记出来。例如:"END-WALL STRENGTH 0.5Pg"。

[8]牌上所示侧壁强度,仅在侧壁的设计承受力小于或大于最大许可荷载的重力的 0.6 倍(即 0.6Pg)时,才在牌上标记出来。例如:"SIDE-WALL STRENGTH 0.5Pg"。

[9]如牌照用作维修检验时间证明时,须填写新集装箱第一次维修检验日期(年、月)和随后进行的维修检验日期(年、月)。

[10]在 1.8g 工况下的单门堆码强度。

[11]单门刚性强度值。

(5)安全合格牌照应采用永久、耐腐蚀、防火的长方形牌子,其尺寸不得小于 100 mm(高)×200 mm(宽),"CSC SAFETY APPROVAL"字母高度不得小于 8 mm,其他字母和数字的高度不得小于 5 mm,并应在牌照面板上以刻印或凹凸形或用其他永久清晰的方式标示出来。

(6)集装箱检验:

CSC 公约规定,集装箱箱主应对集装箱安全负责,负责使集装箱保持在安全状态,并应按照公约的规定保证集装箱接受制造检验和营运检验。

①营运检验

营运检验是主管机关指定的船级社根据公约的规定,通过定期检验、临时检验(特殊检验)、改装检验对在营运中的集装箱进行的检验,或实施相应船级社批准的连续检验计划(Approved Continuous Examination Program,ACEP),目的是确认营运中的集装箱是否处于安全状态。

②定期检验

定期检验是以一定的间隔期对营运中的集装箱进行的检验。进入营运的集装箱从新造出厂到第一次检验的间隔期不应超过 5 年,后续的定期检验间隔期不应超过 30 个月,直到集装箱退役。检验的时间应标示在 CSC 安全合格牌照上。

③临时检验

如因集装箱出现损坏、腐蚀、泄漏或其他影响完整性的情况而进行的任何重要修理,箱主或营运人应向检验机构申请临时检验。检验机构根据损坏的程度确定检验范围,必要时需进行相关试验验证。检验合格后签发检验报告。

④连续检验计划

连续检验计划是指箱主为确保集装箱的营运安全,根据自身公司的管理特点,按照相关规定对营运中的集装箱制订的安全维护和检验计划。箱主若采用连续检验计划来代替定期检验,则应向检验机构申请连续检验计划的批准。检验机构应按相关要求对该连续检验计划进行审批,以确保连续检验计划中的安全标准不低于定期检验中的安全标准,并签发相应证书。

连续检验计划中的所有检验应能确保发现集装箱危险缺陷,且检验频次不应低于每 30 个月一次;检验可结合大修、修整或出租、退租交接时进行。批准连续检验计划的,将在 CSC 安全合格牌照上或其附近标示"ACEP"和批准国家代码,其式样如表 4-7 所示。

表 4-7　检验计划标记

ACPE	批准的连续计划
CN	中华人民共和国
CCSBJ001	批准计划编号
1998	批准计划的年份
COSCO	箱主代号

经批准的连续检验计划有效期不应超过 10 年,箱主应在有效期到期前向检验机构重新送审连续检验计划。检验机构应对重新送审的连续检验计划进行审核,以确认其持续有效。

检验机构应对批准的连续检验计划进行定期审核,以确保其符合批准的规定,定期审核周期不超过 5 年。

2.海关加封运输批准牌照

为了便利国际集装箱货物的运输,改善运输环境,简化和统一集装箱过境时的管理手续,符合 CCC 公约要求的每一集装箱应安装海关牌照批准铭牌。该批准牌照应采用永久、耐腐蚀金属的长方形牌子,其尺寸不得小于 100 mm(高)×200 mm(宽)。图 4-21 中的"APPROVAL FOR TRANSPORT UNDER CUSTOMS SEAL"及"CHN/＊＊＊ ＊＊ ＊＊/＊＊＊＊"字母及数字高度不得小于 10 mm,其他的字母和数字高度不得小于 8 mm,并应在牌照面板上以刻印或凹凸形或用其他永久和清晰的方式标识出来。

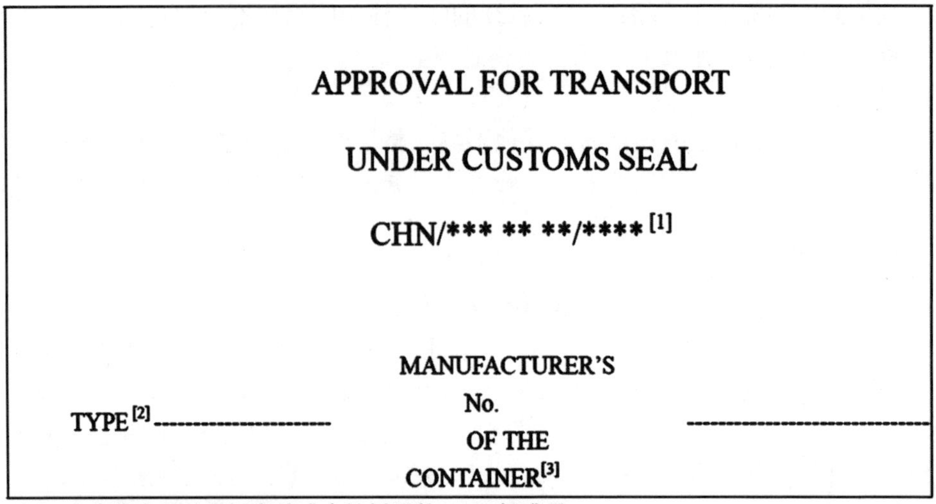

APPROVAL FOR TRANSPORT
UNDER CUSTOMS SEAL
CHN/*** ** **/**** [1]
TYPE [2]
MANUFACTURER'S No. OF THE CONTAINER[3]

[1] 由中华人民共和国海关或本社授予的 CCC 批准号；

[2] 集装箱制造厂的产品型号；

[3] 集装箱制造厂的产品编号。

图 4-21　海关加封运输批准牌照

3.检验合格徽记

集装箱上的安全合格牌照主要是确保集装箱不对人的生命安全造成威胁。此外，集装箱还必须确保在运输过程中不对运输工具（如船舶、货车、拖车等）的安全造成威胁。所以国际标准化组织要求各检验机关必须对集装箱进行各种相应的试验，并在试验合格后，在集装箱箱门上贴上代表该检验机关的徽记。

4.防虫处理板

防虫处理板（Timber Component Treatment，简称 TCT）又称免疫牌。凡国际集装箱所用的裸露木材按照有关规定经过了免疫处理，则应设置免疫牌，其具体样式和要求如图 4-22 所示。

TIMBER
COMPONENT
TREATMENT
IM/*****/****[1]
[1] IM /***** /****
免疫处理年份
防腐剂代号
免疫

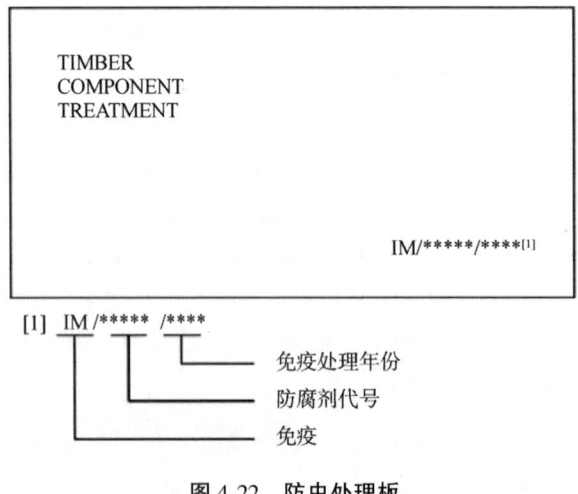

图 4-22　防虫处理板

5.国际铁路联盟标记

凡符合国际铁路联盟规定并得到相关授权组织批准的集装箱，可按要求加贴国际铁路联盟标记,简称 UIC 标记,其具体样式见图 4-23。图中,上部"i c"表示国际铁路联盟(Union Internationale des Chemins de fer,简称 UIC),下部的数字表示各 UIC 成员代码,如 33 为中国、42 为日本、80 为德国、81 为奥地利、87 为法国等。

图 4-23　国际铁路联盟标记

七、危险货物集装箱的标记和标牌

当危险货物包件置于集装箱内运输且包件上的标记和标签从外面不能清晰可见时,应将标记和标牌标示和张贴在集装箱的外表面上,以警告操作者其内装有危险货物并存在危险。但集装箱外表面上标示和张贴标记和标牌,并不免除其内装载的危险货物包件显示相应的标记和标签。

(一)标记

1.正确运输名称

内装危险货物的正确运输名称应持久地显示于下列集装箱的至少两侧:

(1)含危险货物的罐柜集装箱;

(2)含危险货物的散货箱;

(3)装有单一危险货物且无标牌、联合国编号或海洋污染物标记要求的任何集装箱,也可只显示联合国编号替代正确运输名称。

正确运输名称的显示字母高度不小于 65 mm,且颜色应与背景色形成鲜明对比。对于容量不超过 3 000 L 的罐柜集装箱,正确运输名称的显示字母高度可以降低到 12 mm。

2.联合国编号

除第 1 类爆炸品外,装运下列货物的集装箱应按 IMDG 规则的要求标示联合国编号:

(1)装运固体、液体或气体的罐式集装箱,包括多格罐柜的每个分格上;

(2)装运总重超过 4 000 kg 且只对应一个联合国编号危险货物的集装箱,该货物是组件中唯一的危险货物;

(3)装运未包装的第 7 类 LSA-Ⅰ材料、SCO-Ⅰ或 SCO-Ⅲ物质的车辆或集装箱或罐柜;

(4)当要求以独家使用运输时,装运具有唯一联合国编号的包装放射性材料的车辆或集装箱;

(5)装运固体危险货物的散货箱。

联合国编号应以高度不小于 65 mm 的黑色数字显示,其位置和方式可用以下任意一种:

①位于图形符号下方、类别号上方之间的白色衬底区域，并且不得影响必需的其他标志要素，见图4-24(a)。

②位于一块不小于120 mm高和300 mm宽、带10 mm宽黑边的橘黄色长方形板上，位置紧靠标牌或海洋污染物标记，见图4-24(b)。对于容量不超过3 000 L的可移动罐柜，联合国编号可以适当缩小尺寸后显示在罐体表面的橘黄色长方形板上，但字符高度应不小于25 mm。当不需要标牌或海洋污染物标记时，联合国编号应紧靠正确运输名称。

(a)　＊ ＊ 联合国编号位置
　　　 ＊ 类或小类编号位置

图4-24　联合国编号标示图例

3.海洋污染物标记

含有海洋污染物的集装箱应清晰地在规定的位置张贴海洋污染物标记，其张贴位置的要求同危险货物标牌。除了最小尺寸需是250 mm×250 mm外，集装箱和散货箱的海洋污染物标记须满足包件上张贴该标记的相关规定。对于容量不超过3 000 L的可移动罐柜，海洋污染物标记的尺寸可以降低至100 mm×100 mm。

4.限量标记

仅含有限量危险货物而没有其他危险货物的运输组件仅需要在规定的位置张贴限量标记，免除其正确运输名称、联合国编号及海洋污染物标记，限量标记的最小尺寸为250 mm×250 mm。同时含有限量危险货物和其他危险货物的运输组件应按IMDG规则对其他危险货物的要求标示或张贴其标记和标牌，免除限量标记；如果其他危险货物无标记和标牌的要求，则集装箱应张贴限量标记。

5.加温标记

含有温度≥100 ℃时运输或交付运输的液态物质，或温度≥240 ℃时运输或交付运输的固态物质的集装箱应在其每侧和每端张贴如图4-25所示的加温标记。

加温标记应为红色的等边三角形，边长最小尺寸为250 mm。容量不超过3 000 L的可移动罐柜边长可降低至100 mm。除了加温标记，在运输中预计物质达到的最高温度应耐久地标示在可移动罐柜或隔热护套的两侧，并紧邻加温标记，字体高度至少为100 mm。

图4-25　加温标记

6.熏蒸警告标记

熏蒸集装箱(UN 3359)应加贴熏蒸警告标记,且应张贴在打开或进入集装箱的人员易于看见的每个入口处,此标记应一直附着在集装箱上,直到集装箱进行了清除有害熏蒸气体的通风以及熏蒸货物或材料已被卸载后方可移除。

熏蒸警告标记应为最小尺寸 400 mm 宽×300 mm 高的长方形,如图 4-26 所示。外边线宽度至少为 2 mm。该标志应是在白色背景上打印的黑色,字体高度不小于 25 mm。如果熏蒸集装箱在熏蒸后已彻底地自然通风或机械通风,须在熏蒸警示标记上标明通风日期。

不含有其他危险货物的熏蒸集装箱仅需张贴熏蒸警告标记;如果熏蒸集装箱装载了其他危险货物,则除了张贴熏蒸警告标记外,还应标示或张贴其他危险货物要求的标记和标牌。虽然熏蒸集装箱属于第 9 类,但除非第 9 类货物装在组件中,否则熏蒸集装箱不能张贴第 9 类标牌。

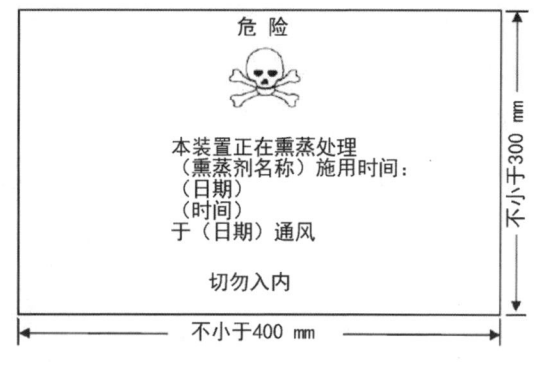

图 4-26　熏蒸警告标记

7.窒息警告标记

装有用于冷却或空气调节目的的危险货物的集装箱,应加贴窒息警告标记,且应张贴在每一个可接近的位置,选择的位置应使打开或进入组件的人员易于看到,此标记应始终留在组件上,直到运输组件已经通风,排除了制冷剂或空调剂的聚集以及冷却的或空气调节的货物已经卸载方可移除。

窒息警告标记应为最小尺寸 150 mm 宽×250 mm 高的长方形,警告词"警告"应是红色或白色,至少 25 mm 高,如图 4-27 所示。图中"＊"位置为填入的用作冷却剂/空调剂的窒息性气体的正确运输名称,字母应大写且所有字母排成一行,至少 25 mm 高。如果正确运输名称过长,无法在所提供的空间内完全显示,可以将字母缩小到可能完全显示的最大尺寸。

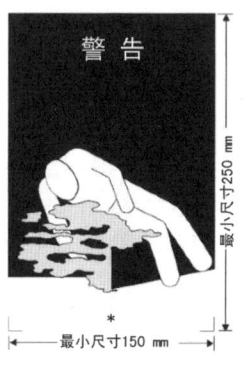

图 4-27　窒息警告标记

（二）标牌

标牌（Placard）是指放大的标签，其样式和张贴应满足 IMDG 规则的要求。

1.标牌的样式要求

如图 4-28 所示，除第 7 类放射性材料外，标牌应是与水平线呈 45°角（菱形）放置的正方形。最小尺寸为 250 mm×250 mm，内边缘线应与外边缘线平行且相距 12.5 mm，菱形下半部分标示的危险货物类别号或小类号的数字高度应不小于 25 mm，其他要求与盛装相应类别的包件应张贴的标签保持一致。

盛装第 7 类放射性材料的集装箱应张贴的标牌如图 4-29 所示，该标牌的编号为 7D，最小尺寸为 250 mm×250 mm，边缘内 5 mm 有一圈同边缘平行的黑线。如果使用不同的尺寸，图中的相对比例仍须保持。数字"7"至少为 25 mm 高，标牌上半部的底色应为黄色，下半部为白色，三叶形和印字为黑色。下半部"放射性"字样的使用是非强制性的，也允许在此位置显示所托运货物的联合国编号。

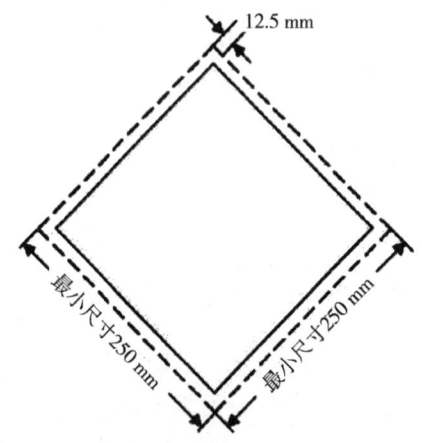

图 4-28　标牌样式图例（除第 7 类）

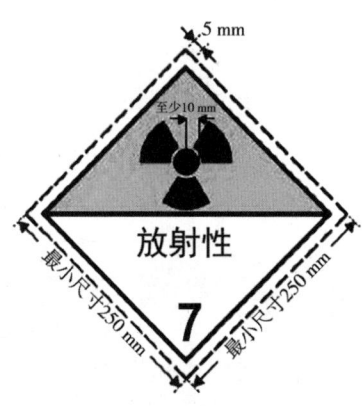

图 4-29　标牌样式图例（第 7 类）

2.标牌的张贴要求

下列装有危险货物或危险货物残留物的集装箱应清楚地显示标牌：

（1）集装箱、半挂车、封闭式或软开顶散货箱或可移动罐柜：在组件每侧和每端各一个。容量不超过 3 000 L 的可移动罐柜可在其相对的两侧使用标牌，也可使用标签代替。

（2）铁路罐车：至少在每侧。

（3）盛装一种以上危险货物或其残留物的多格式罐柜：在相关分格间的位置，沿每侧标记，如果每个分格间要求显示的标牌相同，这些标牌仅需沿着集装箱每侧显示一次。

（4）柔性散货箱：至少在相对的两面。

（5）其他任何集装箱：至少在组件背面和两侧。

（6）对第 7 类放射性材料的特殊要求：装载无包装 LSA-Ⅰ材料或 SCO-Ⅰ或除例外包件以外的包件的大型货运集装箱和罐柜，须贴有四个如图 4-28 所示的标牌。标牌须沿垂直方向贴在大型集装箱和罐柜的每个侧壁和每个端壁上。任何与内装物无关的标牌都须被移除。

（7）未清洁的包装和集装箱

①除第 7 类外，原先装过危险货物的包装（包括中型散货箱），须按对该危险货物的要求加以识别、标记、加贴标志和标牌，除非已采取如清洗、清除蒸气或再装满非危险物质等措施消

除危险。

②用于放射性材料运输的集装箱、罐柜和中型散货箱,以及其他包装和集合包件不得用于其他货物的运输,除非满足:对于 β 和 γ 辐射源及低毒 α 辐射源,其量低于 0.4 Bq/cm^2;对于所有其他 α 辐射源,其量低于 0.04 Bq/cm^2。

③含有危险货物残余物或装有未经清洁的空包装或未经清洁的空散货箱的空集装箱,须遵守最近一次组件、包装或散货箱内装载危险货物适用的有关规定。

此外,在集装箱外表面张贴标牌时还应注意以下内容:

(1)对装有任何数量的 1.4S 配装类的运输组件,不要求张贴标牌;

(2)当组件内装有的第 1 类爆炸品多于一个分类号时,可以只显示最高爆炸危险性质对应小类的标牌;

(3)对于第 9 类危险货物,其标牌应与编号 9 的标牌一致,9A 不用于标牌;

(4)当组件内危险货物多于一种类别时,如果其危险性已在主危险标牌上显示出来,则不需要再贴副危险标牌。

IMDG 规则规定,显示在集装箱和散货箱上的危险货物标记和标牌均应清晰可见且易识别,应做到在海水中浸泡 3 个月以上其内容仍清晰可辨。在确定标示方法时,还应考虑到集装箱和散货箱表面能进行标示的易操作性。

当集装箱和散货箱内所装的危险货物或其残余物完全卸掉后,应立即除掉或遮盖掉那些由于装运此类物质而显示的标记和标牌。

第二节　集装箱船的分类及箱位编号

一、集装箱船的分类及结构特点

(一)按承运集装箱的船舶类型分类

1.兼用集装箱船

该型船舶又称可变换的集装箱船(Convertible Container Ship),其在舱内备有简易可拆装的设备。两用船(散/集)或多用途船(杂/散/集)也属于兼用集装箱船的一种。

2.半集装箱船

半集装箱船(Semi-container Ship)的一部分货舱选择在船体的中央部位设计成专供装载集装箱,另一部分货舱可供装载一般件杂货。

3.全集装箱船

全集装箱船(Full Container Ship)是主要的集装箱运输船型。其舱内和舱面设有永久性的箱格结构,以便于集装箱进行垂直装卸作业及固定集装箱,防止移位。

（二）按装卸集装箱的方式分类

1.吊装吊卸式集装箱船

吊装吊卸式集装箱船（Lift-on Lift-off Container Ship）是指运输集装箱的专用船，通常利用岸上专用的集装箱装卸桥进行装卸。其结构特点如下：

（1）集装箱船的机舱基本上设置在尾部或偏尾部。这样布置主要是为了使货舱尽可能地方整，以便更多地装载集装箱。

（2）集装箱船船体线型较尖瘦（方形系数较小），外形狭长，船宽及甲板面积较大，以保证较高的航速和合理的甲板装载。为防止波浪对甲板上集装箱的直接冲击，故船舷较高或在船首部分设置挡浪壁。

（3）集装箱船为单甲板，上甲板平直无舷弧和梁拱，不设置起货设备。在甲板上可堆放2~9层或以上集装箱，直接堆装在舱口盖上，并有专用的紧固件或捆扎装置，以利于固定货箱。

（4）船体由水密横舱壁分隔为若干货舱，货舱口大，有的船呈双排或三排并列。货舱口宽度等于货舱宽度，可达船宽的70%~90%，以便于集装箱的装卸和充分利用货舱容积。

（5）货舱内装有固定的格栅结构，以便于集装箱的装卸和防止船舶摇摆时箱子移动。格栅结构由角钢立柱、水平桁材和导箱轨组成。在装卸时，集装箱可通过导箱轨顶端的喇叭口形的导槽，顺着导箱轨顺利地出入货舱。货舱内纵向一般可装2个40 ft或4个20 ft的集装箱，在横向可装4~10列或以上集装箱，而在垂向可堆放3~9层或以上集装箱。装在舱内的集装箱，放置在格栅结构的箱格中，无须再紧固。

（6）船体为双层结构，具有两重侧壁和双层底。一般船体两侧和船底舭部不能装集装箱的部位设置边深舱和双层底舱，可装压载水以调整船舶的稳性。这种结构大大地增强了船舶的纵向强度。

2.滚装滚卸式集装箱船

滚装滚卸式集装箱船（Roll-on Roll-off Container Ship）是由汽车渡船发展起来的专用船，其装卸方式是把集装箱或货物连同带轮子的底盘车或装货的托盘作为一个货物单元，用牵引拖车拖带或叉式装卸车搬运，经过船尾或舷侧开门的倾斜跳板直接开上、开下货舱。装运汽车、卡车等机动车时，车辆可直接开上、开下，故也称开上开下式集装箱船。其结构特点如下：

（1）滚装船的上层建筑位于船首或船尾，所以载货甲板面积较大，机舱设在尾部甲板下面，烟囱位于两舷。

（2）滚装滚卸式集装箱船一般为两层或两层以上的多层甲板船，为了方便拖车、叉式装卸车及车辆在舱内运行，货舱均不设横舱壁。内底板以上的甲板称为车辆甲板，在车辆甲板之间用斜坡道或升降平台连通，以便于车辆在各层车辆甲板之间通行。

（3）滚装滚卸式集装箱船与其他集装箱船的明显不同之处是，它具有开上开下船的尾部开门或舷侧开门。滚装滚卸式集装箱船大都采用尾开门方式，尾部开门由尾门和倾斜跳板组成，也有设计成尾门和跳板兼用的形式；航行时由船上的专门绞车把跳板吊起，并绑紧固定。舷侧受船舶吃水、岸壁高度和货物装卸时船舶纵倾的变化等的影响，开门方式给港口工作带来不少困难；舷侧开门所使用的跳板大部分采用附在船体上的轻便式跳板。

滚装滚卸式集装箱船较吊装吊卸式集装箱船的优点是通用性较大，不仅可以装载集装箱和各种车辆，还可以装运其他超大件货物；装卸货可不间断地进行流水作业，效率高，且不受码头装卸设备的限制。其主要的缺点是舱容利用率低，船舶造价较高。滚装滚卸式集装箱船多用于近洋或沿海短航线,特别适用于水陆联运方式,能收到较好的经济效果。

3.载驳船

载驳船(Barge Carrier Ship)装载的不是一般的集装箱,而是一定规格的专用箱形驳船。各种货物或集装箱装在箱形驳船(子船)上,拖至指定水域,待载驳船(母船)到达后,再把许多箱形驳船装到载驳船上去,故又称为子母船。由于专用箱形驳船可看作一种特殊的浮动集装箱(Floating Container),而驳船内又可装载集装箱,故载驳船也算作集装箱船的一种。根据其装卸货驳的方式,载驳船主要有门式起重机式、升降平台式和浮船坞式载驳船等三种。现将其结构特点分述如下:

(1)门式起重机式载驳船

该型载驳船又称"拉西"型载驳船,通常为单层甲板、无双层底的尾机船。驾驶台上层建筑尽量靠向船首,以便让出更多甲板面积堆放驳船。上甲板上沿两舷铺有轨道,并有沿轨道纵向移动的门式起重机,起重量可达500 t。船尾部两舷外伸,中间凹进,形成凹字形水面装卸区,或者在船尾部有两个向后伸出的悬臂梁式构架,构架下面即为水面装卸区。

顶推船将专用箱形驳船推到水面装卸区,由起重机将货驳吊起送到货舱内。货舱内设驳船格栅和导柱,舱底板上装有固定驳船的配件,驳船顺着垂直导轨装入并固定在舱底。舱内一般可装2~4层货驳,甲板上可放1~2层。

载驳船的两舷因不能堆放货驳,故设置边深舱装载压载水或燃油。载驳船载运的专用货驳,其规格已标准化,呈长方形,满载吃水为2.58 m。货驳装载的重量约为450 t。货驳设有双层底,两端有防撞舱壁,驳子上设有四个吊钩,利于起重机将其吊进、吊出母船。

(2)升降平台式载驳船

该型载驳船也称"西比"型载驳船,为多层甲板船,其凹形尾部设有起重能力为2 000 t的升降平台。升降平台可同时放置2个货驳。"西比"型载驳船装货后重量为1 000 t,其主要尺度为29.7 m×10.7 m×3.2 m。装卸时将平台降到水下一定深度,顶推船将货驳推到平台上固定,然后将平台上升到各层甲板高度,再用拖车沿轨道或用输送车拖送到相应位置安放。载驳船尾部敞开,由一个垂直滑门封住。在下甲板装卸货驳时,滑门升起。装在上甲板的货驳可以直接通到首楼的后缘。每层甲板都有承放货驳的支座,以便堆放货驳。

(3)浮船坞式载驳船

该型载驳船又称"巴可"型载驳船。子船进出母船,既不是由门式起重机吊进、吊出,也不是利用升降平台的升降进出母船,而是利用载驳船(母船)沉入一定水深,用浮船坞方式将驳船(子船)浮进、浮出进行装卸和运输。

二、集装箱在船上的箱位编号

为准确表示每个集装箱在船上的装箱位置,以便于编制配积载计划、码头装卸、计算机管理和有关人员正确辨认,集装箱船上每一个集装箱位置用行(Bay)、列(Row)和层(Tier)的三维坐标来表示,如图4-30所示。每个箱位坐标以6位数字表示,它以集装箱在船上呈纵向布置为前提,前2位表示行号,中间2位表示列号,后2位表示层号。

图 4-30　集装箱船箱位三维坐标示意图

1.行号

行号为集装箱箱位的纵向坐标，如图 4-31 所示。从船首向船尾，装载 20 ft 标准箱的箱位用 01、03、05、07 等奇数表示；装载 40 ft 标准箱的箱位用 02、06、10、14 等或 04、08、12、16 等偶数表示。

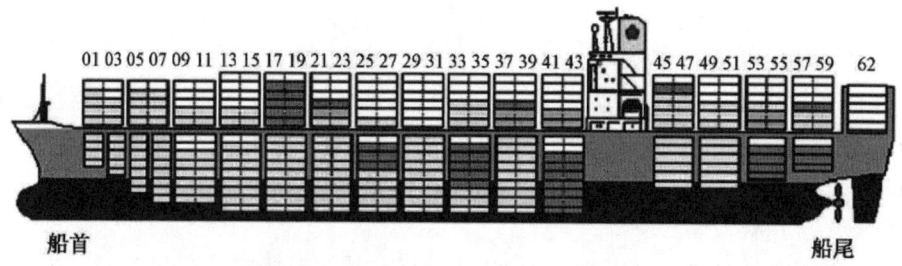

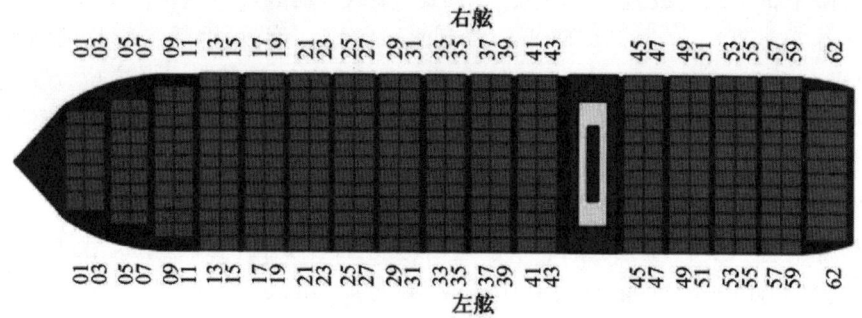

图 4-31　行号示意图

2.列号

列号为集装箱箱位的横向坐标，如图 4-32 所示。以船舶纵中剖面为基准，自船中向右舷以 01、03、05 等奇数表示，向左舷以 02、04、06 等偶数表示。若船舶纵中剖面上存在一列，则该列列号为 00。

3.层号

层号为集装箱箱位的垂向坐标，如图 4-32 所示。舱内以全船舱内最底层作为起始层，自下而上以 02、04、06 等偶数表示。舱面也以全船舱面最底层作为起始层，自下而上以 82、84、86、88、90、92 等偶数表示。

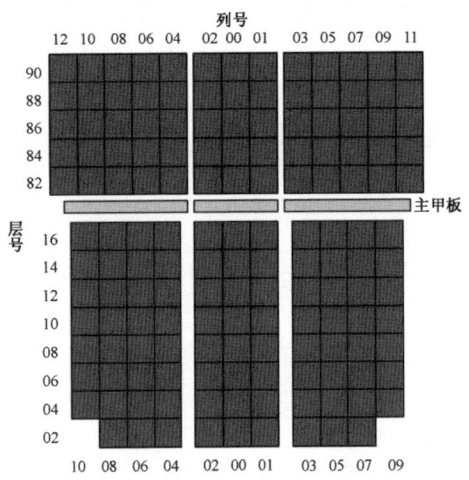

图 4-32　列号、层号示意图

全船每一装箱位置都对应于唯一的 6 位数字表示的箱位坐标;反之,每一箱位坐标必定对应于船上一个唯一的装箱位置。箱位编号 170284 在集装箱船上的位置如图 4-33 所示。

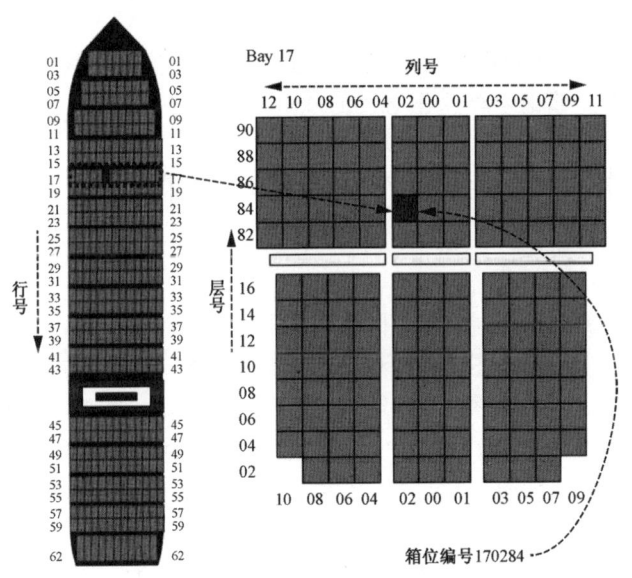

图 4-33　集装箱在船上的位置示意图

第三节　危险货物集装箱装箱操作实务

在集装箱载运危险货物过程中,危险货物装箱是非常重要的一环,相关操作人员必须掌握正确的操作规范,这也是集装箱装箱现场检查员必须掌握的核心内容。

我国国标《海运危险货物集装箱装箱安全技术要求》(GB 40163—2021)是专门为船舶载运危险货物集装箱的装箱作业而编制的。该标准规定了海运危险货物集装箱装箱作业的基本要求、装箱前准备工作、危险货物装箱操作要求、封箱操作和装箱后的要求，以及记录与单证要求。

一、危险货物集装箱装箱作业相关术语和定义

1.装箱/充灌

装箱/充灌是将危险货物装入集装箱、可移动罐柜或多单元气体容器的过程。

2.包装

包装是一个或多个容器及为容器完成盛装和其他安全功能所必需的任何其他组件或材料。

3.包件

包件是包装作业的最终产物，由包装和所装的用于运输的内装物组成。

4.积载

积载是为确保安全和保护环境，将危险货物恰当地布置在集装箱中。

5.隔离

隔离是将两个或多个不相容的物质或物品分开的过程，这些货物配装或积载在一起时，一旦发生泄漏、溢漏或其他事故会产生不必要的危险。

二、危险货物集装箱装箱作业的基本要求

1.集装箱要求

（1）集装箱、可移动罐柜、多单元气体容器的设计、制造、检验、试验、营运等均应符合《集装箱法定检验技术规则》、IMO CSC 公约和 IMDG 规则的规定，并持有有效的证书或报告。

（2）集装箱经检验合格后取得的检验合格标记和安全合格牌照或铭牌，其内容及张贴应符合《集装箱法定检验技术规则》、IMO CSC 公约和 IMDG 规则的要求。通过定期检验的集装箱的检验合格标记和检验日期，应标记于其安全合格牌照上或靠近安全合格牌照处，且应持久、耐磨、耐腐蚀，并保持清晰可见。

（3）按认可的连续检验计划（ACEP）进行检验的集装箱，应在安全合格牌照上或者附近标明此连续检验计划的认可编号。

（4）装运非冷冻液化气体的可移动罐柜应符合《船舶载运非冷冻液化气体罐柜技术要求》（JT/T 813—2021）的规定。

（5）可移动罐柜和多单元气体容器应在罐体的连接件（如进口管、排放口等配件及截止阀等）上清楚标明其用途。装运危险货物的可移动罐柜及装运非冷冻气体的多单元气体容器应在易于检查的明显地方（通常安装在其后端）以永久的方式在耐腐蚀的金属上显示符合 IMDG 规则要求的铭牌。

2.危险货物包装要求

装入集装箱的危险货物的包装应坚固并处于完好的状态，与货物接触的部位不应因货物的特性而降低其性能，并能经受装卸和海运的一般风险。

包装应检验合格,持有相应的合格证明,并显示包装标记。

包装上的危险性标志和标记应符合 IMDG 规则的规定。

3.相关作业和检查人员要求

(1)从事危险货物集装箱装箱作业、检查的人员应按 IMDG 规则的要求熟悉或了解相关知识和技能,特别是人员防护、应急措施等。

(2)集装箱装箱现场检查员应熟悉装箱作业的技术要求。在装箱作业过程中,代表所在单位从事装箱现场指挥或监控工作,并签发《集装箱装箱证明书》。

(3)装箱人员装载、系固危险货物时,应在集装箱装箱现场检查员的直接指挥或监控下进行。

(4)装箱人员在作业时应穿戴相适应的防护用品,作业完毕后应及时清洗,作业中不应饮食、饮水。

4.作业环境要求

(1)装箱作业应在光线或照明良好的环境下进行,不得在雷电天气进行装箱作业。

(2)在不具备良好遮蔽条件的装箱场所进行装箱作业,如遇雨、雪、大风等恶劣天气时应停止作业,关闭箱门。

(3)装箱现场应采取适当的措施防止火患,不应在危险货物周围吸烟、动火或进行可能产生火花的作业。

(4)各种安全防护装置、照明、信号、监测仪表、警戒标记、防雷、报警装置等设备应经过认证,并定期检查,不应随意拆除和占用。

(5)如果有必要为集装箱供电以操作制冷或加热设备,则应保证连接插头可用。

5.装卸机具要求

应根据货物包装性质和包装质量选用装卸机具,机械及其附属器械不应影响包装的完整性。

叉车装卸搬运货物时应采取防护措施,采用安全速度。叉车防爆性能应符合《爆炸性环境用工业车辆防爆技术通则》(GB/T 19854—2018)的要求。

三、装箱前准备工作

危险货物集装箱装箱前应做好准备工作,包括装入集装箱的危险货物资料的准备、积载计划的制订、集装箱的放置、集装箱的外部和内部检查、集装箱箱门检查、冷藏集装箱和可移动罐柜检查、多单元气体容器检查、危险货物包装检查、危险货物标志和标记检查等。

(一)货物资料的准备

危险货物装箱前应备齐计划装箱货物的资料、包装检验合格证书、危险货物安全技术说明书、适用版本的 IMDG 规则等相关资料。货物资料的内容应至少包括危险货物的联合国编号、正确运输名称、类别、副危险性(如适用)、包装类(如适用)、闭杯闪点(如适用)、标记(如适用)、标识批号(如适用)、拟装危险货物总数量和总质量等。

集装箱装箱现场检查员应审核货物的相关资料与实际货况、装箱信息的一致性。

(二)积载计划的制订

装箱检查人员应利用信息制订一份积载计划和装载清单,提供给装卸人员和设备操作人员使用。制订积载计划时应考虑以下要求。

1.一般积载要求

（1）装箱前应计划好集装箱中危险货物的装载和系固方法。

（2）装箱的货物质量和衬垫、系固材料等的总质量不应超过集装箱的允许净载质量。装货后集装箱总质量不应超过集装箱安全合格牌照所标明的最大总质量。

（3）箱内所装货物的重心应在或靠近集装箱纵向长度的中心位置，并在集装箱载货空间高度的下半部分，如图4-34所示。

图4-34 货物重心位置示意图

（4）货物在箱内应均匀分布，60%的货重不得装于半个箱长范围内，如图4-35所示。

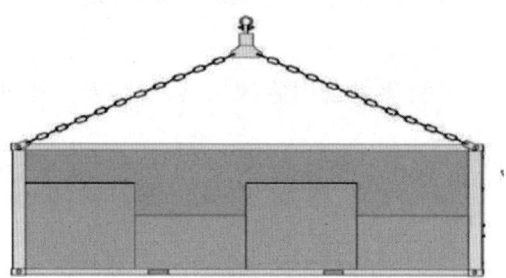

图4-35 装箱重量均匀分布示意图

（5）对于与箱底接触面较小的重物，应使用衬垫材料来增大其接触面，使货物的集中载荷被传递至集装箱的结构性横梁和纵向底桁材上，避免箱底局部过载，如图4-36所示。

（6）如危险货物对集装箱的通风有特殊要求，则应当使用通风集装箱。如不可通风，一般通用货物集装箱应避免通风或者与外界湿空气接触，且在装箱前将集装箱的透气孔封闭。

（7）应根据包装的类型和规格选择合适的堆码方式，防止货物在运输过程中移位或倒塌，如袋装货物可以选择交替式、垛墙式的堆码方式，如图4-37所示。

（8）应根据货物性质、质量、形状、结构强度等特点选择适合的衬垫方式及衬垫材质。

（9）货物与箱体存在空隙的，应选择合适的方式进行系固、绑扎。

（10）使用可移动罐柜装运危险货物时，应根据IMDG规则的规定选择适用的可移动罐柜。

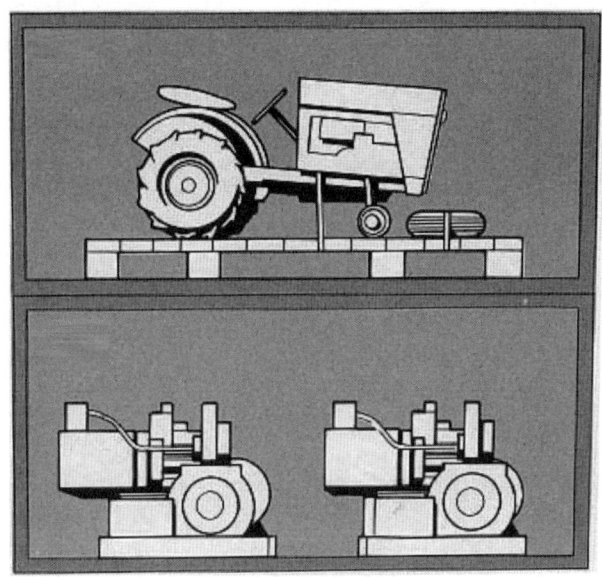

图 4-36　箱内集中载荷正确衬垫示意图

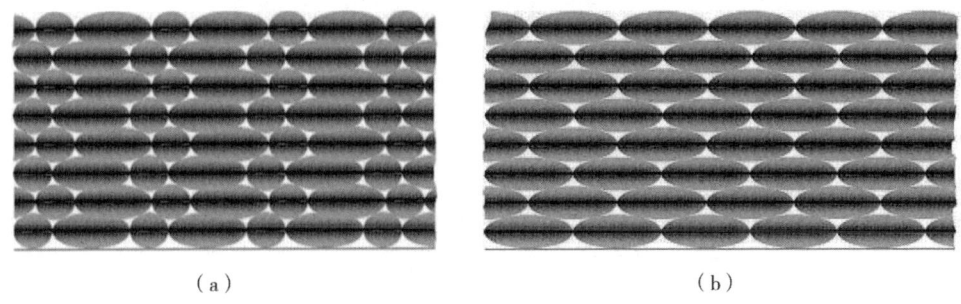

（a）　　　　　　　　　　　　　　　（b）

图 4-37　袋装货物堆码

2.拼箱积载要求

（1）拼箱积载时应考虑各种货物性质及其相容性,包括包件及其包装类型或强度、货物气味和粉尘交叉污染的可能性、物理或化学的相容性。粉尘货物和污秽货物不应装载在干净且易受污染的货物附近,如透气材料包装的食物等。

（2）除非已经进行了恰当的隔离和/或使用适当的防护材料对其进行了有效保护,性质不相容的货物不应同箱装运。

（3）货物在箱内拼箱时,相互之间的隔离应按照货物危险性和副危险性中最为严格的要求进行隔离,并符合 IMDG 规则中各类隔离表和危险货物一览表中的隔离要求。

（4）固体货物不应置于液体货物下面,尖锐物品不应装载于表面易损的货物相邻处,释放水汽的货物不应装载于对湿度敏感的货物的上面或附近;重货不应装于轻货和易碎品的上面,如图 4-38 所示。

图 4-38　重货压轻货损坏图示

（5）危险货物与普通货物拼箱积载时，危险货物应后装先卸，且装于箱门口易卸处，如图 4-39 所示。

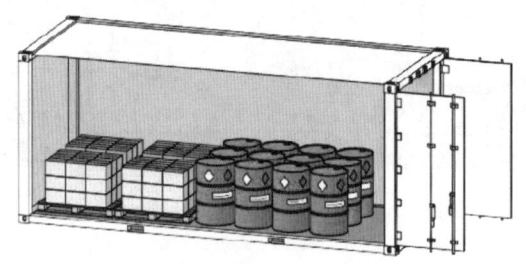

图 4-39　危险货物与普通货物拼箱积载图示

3.集装箱的放置要求

集装箱应放置在坚固平整的地面或拖挂车上，放置集装箱的地面应没有任何可能损坏集装箱底部结构（横向构件或者底梁）的碎片或者突起物。

通过平台装箱，应使用恰当的斜坡作为进出集装箱的安全通道，平台和集装箱间应设有安全、有效的连接。使用拖挂车装箱时，应采取防止车身倾斜和车辆移动的措施，如图 4-40 所示。

集装箱应放置在没有泥土、植被、悬挂的树枝和探照灯的硬质路面上，防止害虫、昆虫和其他生物进入集装箱内，造成二次污染。

（a）　　　　　　　　　　　　　　　　　（b）

图 4-40　支撑和防止移动装置

（三）集装箱的检查

危险货物装箱前应对集装箱外部、内部及箱门等进行检查，以保证危险货物装载的安全性。

1.外部检查

（1）集装箱主框架完整，不存在 IMO CSC 公约规定的严重结构缺陷。

（2）箱壁、箱底和箱顶的状况良好，应无任何明显变形。

（3）外表面有弯曲、凹痕、折痕、擦伤等痕迹的附近和内侧不应存在破口。在外板连接处，应无铆钉松动或断裂产生漏水的痕迹。

（4）箱顶部分的气孔应无损伤和积水。

（5）曾经进行过修理的部分应处于良好状况，无漏水现象。

（6）集装箱外表固定的安全合格牌照应显示清晰、内容有效。

（7）除永久固定的标记和符号外，应去除集装箱之前使用过的标牌、标记、符号等。图 4-41 为未清除干净使用过的标牌图示。

（8）集装箱的沿底部肋骨、叉车槽里面、扭锁配件的里部及外部、底部和交叉连接部分等部位应无任何二次污染的迹象。

（9）检查当天的日期是否超过集装箱安全合格牌照上铳印的下次检验日期，如图 4-42 所示。

图 4-41　使用过的标牌未清除干净图示

图 4-42　安全合格牌照首次检验日期

（10）如检查当天的日期超过下次检验日期，应在安全合格牌照上或靠近牌照的地方标注有连续检验计划"ACEP"的标记，如图 4-43 所示。

图 4-43 安全合格牌照 ACEP 标记

2.内部检查

（1）在进入封闭式集装箱之前，应将门打开一段时间，使箱内的大气环境与外部空气保持一致。在门打开期间应注意采取必要措施防止动物和昆虫进入集装箱内。

（2）集装箱内应清洁干燥，无先前所装货物的残留物和持久性气味。

（3）曾经修补过的部位应无破漏之处，可以通过关闭箱门观察是否有漏光来发现潜在的破漏点。

（4）箱内应没有重大损坏，地板没有破损或可能导致人身伤害或者货物损害的突出物，如钉子、螺钉、特殊配件等。

（5）箱壁内衬板上应无水湿痕迹，发现有水湿痕迹时，应查明产生水迹的原因。

（6）用于固定货物的角钩和系固环等拽固件应处于良好可用状态。如果在箱内系固重物，应事先联系集装箱经营人获取拽固件强度和系固方法等相关信息。集装箱箱内系固点见图 4-44。

（a）   （b）

图 4-44 集装箱箱内系固点

3.箱门检查

（1）箱门应能顺利开启和关闭，开启时能适当固定。

（2）箱门周围的密封垫应紧密，并能保证密闭。

（3）箱门把手应能灵便操作，箱门能完全锁上并可加装封志。

（4）箱门的锁闭结构方式应能使箱门在紧急情况下及时开启。

4.冷藏箱检查

冷藏箱的制冷系统应能正常运行，冷藏箱的插头和电线应无缺陷。

5.可移动罐柜检查

可移动罐柜的 IMDG 铭牌应标注正确信息,且显示清晰。可移动罐柜的框架结构应符合 CSC 公约的要求,且罐体以及固定装置包括阀门、调压装置应符合 IMDG 规则的要求。确认货物的特性,在运输和装卸过程中有加温要求的,装卸地应具有蒸汽源和电源等设备。

6.多单元气体容器检查

多单元气体容器的 IMDG 铭牌应标注正确信息,且显示清晰。其各个单元和框架均无变形和损坏,如对其状况有怀疑,则可请求进一步检查或者检验,再行充灌。

多单元气体容器的各个仪表、管路、阀门、附件均应处于正常工作状态。

(四)危险货物包装检查

该项检查涉及装入集装箱的危险货物包件、包装、标志和标记等。

1.包件检查

(1)包装不应有任何损坏、渗漏和撒漏迹象。木板箱包装不应有钉子外露。

(2)包件不应有污染迹象。对于有污染迹象的包件,应确定其安全性和可接受性。

(3)装箱前,应去除包件外部的水、雪、冰及其他附着物。

2.托盘货物检查

托盘货物应按规则形状排放,侧面保持垂直,顶部保持水平。所用的捆扎材料应与货物相容,在潮湿、温度剧变、日晒等情况下能保持有效系固。

托盘应处于良好状态,符合装卸作业和危险货物质量的强度要求,无钉子、螺钉、木刺等突出物。

3.标志、标记检查

(1)标志检查

危险货物包件应显示正确的危险性标志。其位置应符合以下规定:

①箱类包装:位于包件端面或侧面的明显处;

②袋类包装:位于包件明显处;

③桶类包装:位于桶身或桶盖处;

④罐类包装:位于罐体的明显处;

⑤容量超过 450 L 的中型散装容器或大宗包装:位于相对的两侧;

⑥海洋污染物的标记应位于危险货物标志的邻近处,如无危险货物标志时应位于适当位置。

如果货物经过系固、打包、绑扎以致货物包装上的标志无法从外侧明显辨识,则应在货物外部面向箱门处另行张贴危险货物标志。

标志应清晰可见、易识别,且颜色与包件外表面的背景形成鲜明的对比。

(2)标记检查

装有危险货物的包件应标有正确运输名称、联合国编号及其他规定的标记。

四、危险货物装箱操作要求

（一）危险货物装箱要求

危险货物装箱实际操作时应满足下列要求：

（1）按事先制订的积载计划装箱。

（2）装箱过程中应轻拿轻放，不应肩扛、背负、冲撞、摔碰、翻滚，防止包装破损。

（3）包件的桶盖、瓶盖应朝上，不应倒置；包件通气孔应向上且不被堵塞。

（4）不应装运损坏、渗漏或撒漏的包件。装箱时危险货物包装发生损坏、渗漏或撒漏，应在集装箱装箱现场检查员的监督下，立即按货物特性进行有效处置。

（5）渗漏的危险货物会造成爆炸、自燃、毒害或类似重大危险的，应立即让人员撤离到安全地带，并通知有关应急部门。

（6）装载有冷藏要求的危险货物，货物包件应预先冷却，保证装载温度符合最低控制温度要求。

（7）所装载货物有其他特殊要求的应从其要求。

（二）衬垫要求

（1）箱内装载不同的货物或货物采用不同的包装形式时，货物之间应用有效衬垫材料作为间壁。

（2）桶类包装危险货物上、下层间应用有效衬垫材料衬垫，以分散上层货物的负荷。下层的桶类包装顶部与上层的桶类包装底部设计为严密契合的嵌入式结构，且底层货物的桶类包装具有足够的强度，可以不用衬垫。

（3）箱内货物与箱壁之间宜用有效衬垫材料塞紧，防止货物发生移动。

（4）衬垫应有足够防护强度，能有效避免运输过程中货物在集装箱内发生垂直或水平方向上的位移引起的损坏。

（5）使用托盘、胶合板、木条和木板等类型的衬垫时，应支撑在集装箱的角柱、角件、端柱和侧柱上，避免支撑在侧壁板、箱门板上而造成侧壁板、箱门板损坏。木架和木板支撑如图4-45所示。

图4-45　木架和木板支撑

（三）危险货物在集装箱内的系固要求

（1）集装箱内的货物应加以系固，防止移动。货物的系固方法不应导致货物或集装箱的损坏。

（2）系固材料应有足够的强度，并能承受因运输加速度的变化而产生的各种应力，且不应导致箱内危险货物产生安全隐患。常用的系固材料包括钢丝绳、纤维索、钢带、尼龙带、气袋、伸缩杆、防护网、胶带等，如图4-46所示。

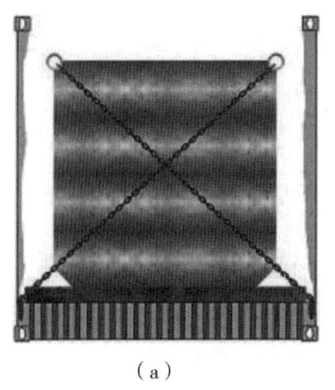
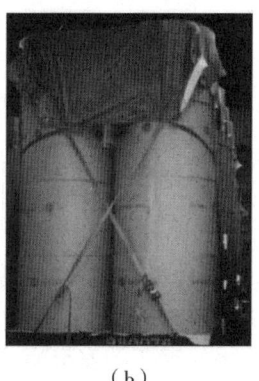

（a） （b）

图4-46 系固链条和绑扎带

（3）用于集装箱内系固的紧固件应具有锁定装置，系固完毕后，所有紧固件都应处于锁定位置，防止在运输途中因振动和摇摆等因素，使紧固件松动而减弱系固效果。

（4）气袋使用时应满足下列要求：

①使用气袋应遵守产品说明书中关于填充压力和最大空隙宽度的要求。考虑到集装箱内部温度升高或降低的可能性，填充气袋时应视情况留有余量。

②用气袋来填充箱门口的空隙时，应采取预防措施，防止开箱作业时气袋导致箱门突然打开。

③如果空隙表面不平整，存在擦坏或刺穿气袋的风险，则应采取恰当的措施保持空隙表面适度平滑。

气袋的使用示例如图4-47所示。

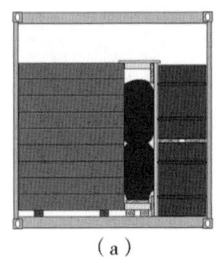
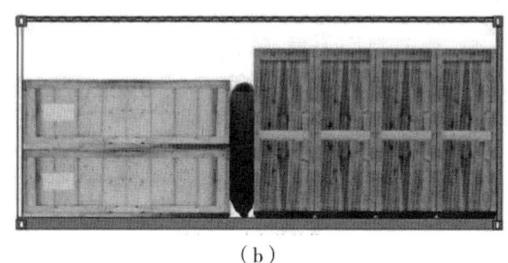

（a） （b）

图4-47 气袋的使用示例

（5）使用钉子固定时，钉子或钉帽不应外露。

（四）特殊装箱要求

1.爆炸品

（1）爆炸品应按配装类的要求进行装箱。雷管及引信等极敏感的物质应装于货物的表面。

（2）集装箱内的地面应为木质结构或是将货物装载在密合的格板、木质托盘垫上。如包装与箱体之间可能因摩擦、碰撞等产生火花、静电,应在箱壁四周使用木板或其他等效衬垫来进行隔离。

（3）进行箱内系固作业时,应使用防火花的工具,防止撞击、振动和用力过猛,使用的钉子不应撒落在箱内。

2.气体

（1）不应使用箱内沾有油污的集装箱,不应穿沾有油污的工作服和戴沾有油污的手套进行作业。

（2）钢瓶应符合下列要求：

①安全帽应拧紧,无异味。瓶帽如有松动,应采取有效的紧固措施。

②瓶壁无腐蚀、无凹陷及损坏现象。

③其他附件（如阀门、瓶体、漆色）应符合产品标准。

④钢瓶的保护皮圈应齐全。

（3）作业时不应手持钢瓶的安全帽,不应抛掷、碰撞、滚滑。

（4）钢瓶应以托盘或成组形式装箱,防止钢瓶在箱内滚动。箱壁和两端应用木板隔离。

（5）堆放时,箱内钢瓶的安全帽朝向应保持一致。

3.易燃液体

（1）桶类包装的桶盖应无松动现象,焊缝无渗漏痕迹;桶端无膨胀或外裂现象。

（2）闭杯闪点在-18 ℃以下的易燃液体装箱时,集装箱箱壁四周应用木板衬垫。

（3）桶装货装箱后有空隙的,应有效地加固,防止移动。

（4）货物加固时,不应使用易产生火花的工具。

4.易燃固体、易于自燃的物质、遇水放出易燃气体的物质

（1）装有电石、黄磷等的桶类包装两端应无膨胀现象。

（2）包件应无潮湿、水渍、油污现象。

（3）装载遇水放出易燃气体物质的集装箱箱内不应潮湿,应保持干燥。

5.氧化性物质和有机过氧化物

（1）避免高温,作业时应有遮阳设施,防止阳光直射。

（2）集装箱内部应清洁、干燥、无油污,不应留有任何酸类、煤炭、木屑、硫化物及粉状可燃物等。

（3）箱内的固定、衬垫材料质地良好,木板上不应带有树皮、碎木屑。

6.毒性物质和感染性物质

作业时应使用与货物危险性相符的劳动保护用具。夏季装载易燃毒性物质时,应防止阳光直射。撒落在地面上的毒性物质,应用潮湿锯末等介质打扫干净,及时回收处理。

7.放射性材料

（1）搬运的人员应穿着核辐射防护服,按规定的作业时长轮换操作。

（2）辐射水平值大的货物应装于箱的中部,辐射水平值小的应装于外围。

（3）箱内货物较少不能装满箱时,应置于箱的中部,四周用衬垫或系固材料填塞紧固。

（4）货物在箱内应摆放平稳、牢靠,以防在运输途中滑动倒塌。

（5）放射性材料应优先装箱,及时出运。

（6）在装箱前,应测量包件表面的辐射水平,确定运输指数和临界安全指数,根据表面辐射水平值、运输指数和临界安全指数编制合理的积载计划和防护措施。

8.腐蚀性物质

塑料桶类包装应用木板衬垫减压,防止摔碰。包件应无渗漏或开裂,桶类包装的桶盖应紧密无松动。玻璃和陶瓷容器的封口应完好、向上、无渗漏。组合包件的内包装间应采取有效衬垫和固定等措施。

9.可移动罐柜

（1）作业时应配备适于防护非冷冻液化气体的防护用具、劳防用品及可燃或有毒气体探测器。如充灌货物为冷冻液化气体,则应使用必要的防冻伤装具。

（2）货物充灌量不应超过 IMDG 规则规定的最大充灌率。

（3）充罐作业应制定操作流程,按照操作流程作业。非冷冻液化气体的充灌作业应满足《非冷冻液化气体罐柜（UN-T50）充灌要求》（JT/T 812）的要求。

10.多单元气体容器

（1）作业时应穿戴防护用具。如果充灌气体为冷冻气体,应使用必要的防冻伤装具。

（2）充灌作业时应携带合适的可燃或有毒气体探测器。

（3）货物充灌量不应超过 IMDG 规则规定的最大充灌率,且不应低于最小充灌率。

（4）充灌作业应制定操作流程,并按照操作流程作业。

五、封箱操作和装箱后要求

（一）封箱操作要求

（1）装箱完毕后,应清理工具,清除废弃物,然后关闭箱门。

（2）确认箱门的关闭装置正确啮合并系固。

（3）用带有唯一识别号的封志在箱门施封装置上加封。

（二）装箱后要求

1.外观要求

（1）装箱后集装箱的外观应清洁无异常。

（2）配有铰链或可拆卸配件的集装箱,配件应已正确系固且没有松动。

2.标牌、标记和标识要求

（1）应按照 IMDG 规则的要求在集装箱箱体上张贴危险货物标牌、标记、标识。如适用,还应张贴“海洋污染物”标记和其他标识。有联合国编号、正确运输名称显示要求的危险货物应显示相应的联合国编号、正确运输名称。

（2）装载具有副危险性的危险货物,还应在主危险性标牌的旁边张贴副危险性标牌。

（3）装载用于冷却或空气调节目的的危险货物（如固体二氧化碳或制冷剂）的集装箱,应在箱外张贴“冷却/空调警告”标记。

（4）装载熏蒸货物或在熏蒸条件下运输的封闭集装箱,箱门外应张贴警告牌。

3.温控系统要求

装载有温控要求的危险货物时,集装箱温控系统应保持正常运行。集装箱内的实际运输温度应低于该货物最低控制温度。

六、记录与单证要求

1.装箱记录

（1）从事海运危险货物装箱作业的单位应对每次危险货物装箱作业情况如实进行记录。记录内容应包括：积载计划、装箱时间、装箱情况、集装箱箱体状况、货物包装状况、装箱衬垫、加固情况、集装箱外部危险货物标牌、标记和标识张贴情况等事项。

（2）应将危险货物装箱情况拍摄存档，正确显示装箱前、装箱中、装箱后三种箱内状况和相应箱号，并保存在装箱记录中，记录保存不少于三年。装箱作业情况记录如表4-8所示。

2.单证

（1）除可移动罐柜和多单元气体容器外，集装箱装箱现场检查员在装箱作业完毕后应正确填写并签发《集装箱装箱证明书》。

（2）《集装箱装箱证明书》的内容应符合国家海事管理机构公布的格式的要求。《集装箱装运危险货物装箱证明书》如图4-48所示。

（3）《集装箱装箱证明书》应由集装箱装箱现场检查员从业单位签章确认。

表4-8　装箱作业情况记录表

装箱作业情况记录			
箱号：		封志号：	
装箱日期：		单证编号：	
积载计划			
装箱时间			
装箱情况	包装类型、标志、标记		
	外观状况		
装箱衬垫、加固情况	衬垫（材料、使用方法）		
	加固（材料、使用方法）		
集装箱外部危险货物标牌、标记和标识张贴情况			
集装箱装卸现场检查员			
是否由检查部门查验			
装箱情况 照片显示	装箱前	粘贴栏	
	装箱中	粘贴栏	
	装箱后	粘贴栏	

集装箱装运危险货物装箱证明书
CONTAINER PACKING CERTIFICATE

船名: Ship's Name:	航次: Voyage No.:		目的港: Port of Destination:			
集装箱编号: Container Serial No.:						
箱内所装危险货物 Dangerous Goods Packed Therein						
正确运输名称 Proper Shipping Name of the Goods	货物类别 IMDG Code Class	危规编号 UN No.	包装类 Packing Group	件数 Package Quantity	箱数 Total Container	总重 Total Weight

兹证明：装箱现场检查员已根据《国际海运危险货物规则》的要求，对上述集装箱和箱内所装危险货物及货物在箱内的积载情况进行了检查，并声明如下：

1. 集装箱清洁、干燥、外观上适合装货。
2. 如果托运货物中包括除第1.4类外的第1类货物，集装箱在结构上符合《国际危规》第1卷第7.4.6节的规定。
3. 集装箱内未装有不相容的物质，除经有关主管机关按第1卷第7.2.2.3节的规定批准者外。
4. 所有包件均已经过外观破损检查，装箱的包件完好无损。
5. 所有包件装箱正确，衬垫、加固合理。
6. 当散装危险货物装入集装箱时，货物已均匀地分布在集装箱内。
7. 集装箱和所装入的包件均已正确地加以标记、标志和标牌。
8. 当将固体二氧化碳（干冰）用于冷却目的时，在集装箱外部门端明显处已显示标记或标志。注明：“内有危险气体——二氧化碳（干冰），进入之前务必彻底通风。”
9. 对集装箱内所装的每票危险货物，已经收到根据《国际危规》第1卷第5.4.1节所要求的危险货物申报单。

以上各项准确无误。

装箱现场检查员签字：
Signature of Packing Inspector:

装箱现场检查员证书编号：
No. of Certificate of Packing Inspector:
装箱日期：
Date of Packing:

This is to certify that the above mentioned container, dangerous goods packed therein and their stowage condition have been inspected by the undersigned packing inspector according to the provisions of INTERNATIONAL MARITIME DANGEROUS GOODS CODE and to declare that:

1. This container was clean, dry and apparently fit to receive the goods.
2. If the consignment include goods of class 1 except division 1.4, the container is structurally serviceable in conformity with section 7.4.6, volume 1 of the IMDG Code.
3. No incompatible goods have been packed into container, unless approved by the competent authority concerned in accordance with section 7.2.2.3, volume 1 of the IMDG Code.
4. All packages have been externally inspected for damage, and only sound package have been packed.
5. All packages have been properly packed in container and secured, dunnaged..
6. When dangerous goods are transported in bulk, the cargo has been evenly distributed in the container.
7. The container and packages therein are properly marked, labelled and placarded.
8. When solid carbon dioxide (dry ice) is used for cooling purpose, the container is externally marked or labelled in a conspicuous place at the door and, with the words: "DANGEROUS CO_2—GAS (DRY ICE) INSIDE, VENTILATE THOROUGHLY BEFORE ENTERING."
9. The dangerous goods declaration required in section 5.4.1, volume 1 of the IMDG Code has been received for each dangerous goods consignment packed in the container.

That all stated above are correct.

检查地点：
Place of Inspection:

装箱单位（公章）：
Packing unit (seal):

签发日期：
Date of Issue:

紧急联系人姓名、电话、传真、电子邮箱：
Emergency Contact Person's Name, Tel, Fax and E-mail:

此证明书应由装箱现场检查员填写一式两份，一份于集装箱装船三天前向海事主管机关提交，另一份应在办理集装箱移交时交承运人。
Two copies of the certificate should be filled by the packing inspector. One should be submitted to Maritime Safety Administration three days prior to shipment and the other should be given to the carrier on container delivery.

中华人民共和国海事局监制

图 4-48　集装箱装运危险货物装箱证明书

七、集装箱重量验证

1.国际规定

为了提高集装箱的海上运输安全,降低载货集装箱因超重而引起的运输风险,国际海事组织海上安全委员会(MSC)于 2015 年在其第 94 届会议上以 MSC.380(94)号决议的形式通过了 SOLAS 74 公约第Ⅵ章第 2 条修正案。该修正案要求载货集装箱在交付船舶运输前应当对其重量进行验证(Verified Gross Mass,简称 VGM),并于 2016 年 7 月 1 日起强制生效。

为配套实施 SOLAS 74 公约第Ⅵ章第 2 条修正案,IMO 于海安会第 93 次会议批准了 MSC.1/Circ.1475 通函《装货集装箱毛重验证导则》,以提供验证载货集装箱毛重的通用方法。该导则为理解和应用公约第Ⅵ章第 2 条修正案提供了指导。

SOLAS 74 公约第Ⅵ章货物和燃油运输第 2 条货物资料规定:

(1)托运人应在装货前及早向船长或其代表提供关于该货物的相应资料,以便能实施对此种货物的正确积载和安全运输来说可能是必需的预防措施。此类资料应在货物装船前以书面形式和相应的运输单证予以确认。

(2)货物资料应包括:

①对于杂货和以货物单元运输的货物,应有货物的一般说明、货物或货物单元的毛重和货物的任何有关特性。

②对于固体散装货物,应有 IMSBC 规则第 4 节要求的资料。

(3)在货物单元装船前,托运人应确保这类货物单元的毛重与运输单证中标明的毛重一致。

(4)对于集装箱载运的货物,其毛重应经托运人以下列方式之一予以验证,但在从事公约第Ⅲ/3 条所定义的短程国际航行滚装船上装卸的以底盘车或拖车载运的集装箱除外:

①使用经校准的合格设备对装货集装箱称重。

②对所有包件和货品进行称重,包括托盘、衬垫和其他装入集装箱的系固材料,并使用完成集装箱装货所在国主管当局批准的认证方法,将集装箱皮重与前述各项重量的总和相加。

(5)集装箱托运人应确保运输单证中已载明验证的毛重。运输单证应由经托运人正式授权的人员签字和应船长或其代表的要求,尽早提交给船长或其代表及码头代表,以用于编制船舶配载图。

(6)如果载货集装箱的运输单证上未提供验证的毛重,且船长或其代表及码头代表尚未收到该装货集装箱经核实的毛重,该装货集装箱不应装载上船。

2.国内规定

2020 年 6 月 1 日起实施的经修正的《中华人民共和国船舶安全监督规则》对载货集装箱重量的验证及违反时相应的处罚措施提出了规定。

(1)第 47 条:拟交付船舶国际运输的载货集装箱,其托运人应当在交付船舶运输前,采取整体称重法或者累加计算法对集装箱的重量进行验证,确保集装箱的验证重量不超过其标称的最大营运总质量,与实际重量的误差不超过 5%且最大误差不超过 1 吨,并在运输单据上注明验证重量、验证方法和验证声明等验证信息,提供给承运人、港口经营人。

采取累加计算法的托运人,应当制定符合交通运输部规定的重量验证程序,并按照程序进行载货集装箱重量验证。未取得验证信息或者验证重量超过最大营运总质量的集装箱,承运人不得装船。

(2)第55条:违反本规则,在船舶国际集装箱货物运输经营活动中,有下列情形之一的,由海事管理机构处1 000元以上3万元以下罚款:

①托运人提供的验证重量与实际重量的误差超过5%或者1吨的;

②承运人载运未取得验证信息或者验证重量超过集装箱的最大营运总质量。

(3)第58条:本规则所称最大营运总质量,是指在营运中允许的包括所载货物等在内的集装箱整体最大总质量,并在集装箱安全合格牌照上标注。

(4)托运人载货集装箱重量验证声明

①使用整体称重法的声明内容

本托运人声明:该文件资料所含载货集装箱重量信息系按照《1974年国际海上人命安全公约》第Ⅵ/2.4.1条所述方法获得,称重点的称重设备已取得计量监督部门颁发的计量检定证书,且获得重量的日期在证书的有效期内。

②使用累加计算法的声明内容

本托运人声明:该文件资料所含载货集装箱重量信息系按照《1974年国际海上人命安全公约》第Ⅵ/2.4.2条所述方法获得,该方法符合主管机关制定并公布的《载货集装箱累加计算法重量验证指南》的要求。

八、案例分析

(一)×××有限公司违反危险品申报规定案件

1.概述

2018年8月,海事局通过船载外贸集装箱危险货物预检系统发现一票疑似出口谎报瞒报危险货物,经开箱查验并调查,发现此票货物为2-萘酚(BETA NAPHTHOL),但托运人提供了2019年3月13日(有效期一年,截至本批次出运尚在有效期内)出具的《货物运输条件鉴定书》,显示2-萘酚鉴定结果为普通货物。后经证实,托运人提供的《货物运输条件鉴定书》存在错误。经沟通,检验中心向相关方补发了"2-萘酚运输条件鉴定报告作废声明",声明报告作废。本批2-萘酚经现场取样并送上海化工院检测有限公司检测后,被证实为第9类UN 3077危险货物。托运人对上海化工院检测有限公司的检测结果表示认可。

本案中,托运人×××有限公司以普通货物名义出口第9类的危险货物,确属未经海事管理机构批准,船舶载运污染危害性货物进出港口、过境停留违法行为,海事局依法对违法当事人×××有限公司予以了处罚。

2.违法当事人概况

×××有限公司注册于2018年1月,主要从事化工原料及产品、日用百货、办公用品、电子产品等销售,是本案涉案货物的托运人。该公司与供应商合作,从该供应商处购买2-萘酚。该公司称,由于供应商提供了尚在有效期内的《货物运输条件鉴定书》,该公司也未对涉案货物性质进行核对,故将第9类的危险货物以普通货物名义进行出口。

3.相关单位概况

×××有限公司:该公司为涉案货物的实际供应商及检验中心出具的《货物运输条件鉴定

书》的送检人。

4.案件详述

2019年8月8日，某海事局执法人员在开箱查验中发现一票疑似出口谎报瞒报危险货物。据调查，此票货物为2-萘酚（BETA NAPHTHOL），根据货主提供的检验中心2019年3月13日（有效期一年）出具的《货物运输条件鉴定书》（编号：E190829），2-萘酚鉴定结果为普通货物。通过对比先前查获的几票2-萘酚谎报瞒报案件，执法人员怀疑货主提供的检验中心出具的《货物运输条件鉴定书》存在错误，并主动与检验中心取得联系。2019年8月9日，检验中心向×××有限公司（此票货物的送检单位）发送了"2-萘酚运输条件鉴定报告作废声明"，称"经审核发现鉴定结论有误，此票货物不应按照普通货物运输，现声明报告作废"，同时抄送了×××有限公司和海事局。最终，经上海化工院检测有限公司2019年8月12日出具的《货物运输条件鉴定书》（编号：2019082279）判定，此票货物2-萘酚为第9类UN 3077危险货物。

5.责任分析

托运人×××有限公司在未核实货物危险性质的情况下仍以普通货物名义出口该票货物，未向海事管理机构办理船舶载运污染危害性货物进港相关手续，应对危险货物瞒报事件的发生负全部责任。

6.处理结果

×××有限公司的行为违反了《防治船舶污染海洋环境管理条例》第二十二条、《中华人民共和国船舶及其有关作业活动污染海洋环境防治管理规定》第二十四条的规定，依据《防治船舶污染海洋环境管理条例》第六十四条，处以罚款人民币一万元整的行政处罚。

7.体会与建议

该起案件违法行为的原因是当事人只关注经济利益，不重视危险货物的安全运输，内部管理薄弱，没有真正意识到瞒报危险货物会给船舶和船员安全带来巨大风险的严重性，没有对涉案货物的危险性质进行查核和确认。

海事部门应扩大宣传，进一步规范申报程序，结合相关要求宣传危险品运输和申报环节的安全注意事项和规定，对于发生此类问题较多的承运人也应当给予一定的惩戒措施，如进行通报等，督促各方落实制度、及时沟通、明确责任、增强意识，强化集装箱运输安全管理工作。

此外，该起案件的查处过程中，有资质检验机构出具的《货物运输条件鉴定书》的准确性也应当引起各方注意。一方面，海事部门应当仔细核对行政相对人提供的《货物运输条件鉴定书》中的信息；另一方面，行政相对人应当对货物属性有清晰的认识。

（二）性质恶劣的谎报瞒报"一条龙"违法行为案件

1.概述

2019年7月，海事局执法人员发现拟经"SM"船1914S航次出口的箱号为DFSU1836128的集装箱危险货物申报数据存在异常：该集装箱报送的电子版《集装箱装箱证明书》《集装箱装箱声明单》的单位名称、品名存在不一致的情况。海事局执法人员立即联系相关单位协助，对该集装箱进行了开箱检查。通过开箱检查，执法人员发现：该集装箱申报的品名、性质、数量均与实际不符合，危险货物包装不符合要求、装箱质量不合格，属于典型的瞒报违法行为，同时又存在多种违反危险货物运输要求的严重违法行为。

2.违法当事人概况

(1)×××生物科技有限公司注册于2001年9月,主要从事农药的生产与经营,是本案涉案货物的托运人。该公司称,由于该票货物(70%吡虫啉、80%敌百虫)的货期比较紧张,工厂来不及办理《出入境危险货物运输包装使用鉴定结果单》(简称:危包证),该公司操作人员就用了之前结余下来的其他货物(嘧霉胺)的危包证来办理海事危险货物出口申报手续,并且未在货物的包装上张贴危险货物标志。

(2)×××有限公司注册于2014年12月,主要从事国际货物的运输代理业务。该公司承认在接到托运人委托时就已经了解到货物实际品名与危包证不符的情况,但是该公司依然在知情的情况下安排未持有相关从业资格证的人员使用不符合实际情况的危包证为托运人办理了海事危险货物申报手续,并且伪造了一份包含实际品名的危包证来向船公司办理了订舱手续。

(3)×××物流有限公司注册于2016年4月,主要从事国际货物的运输代理业务。该公司在明知该票货物为危险货物的情况下,安排了未取得相关从业资格证的装箱检查人员负责货物的现场装箱,并且违规签发了虚假的纸质版《集装箱装箱证明书》。

(4)××,女,系×××有限公司危险货物申报员,证书编号:D0×××××1。该申报员将自身持有的《危险化学品水路运输从业资格证书》转借他人使用来办理此票货物的危险货物申报。

(5)×××,男,系×××新材料股份有限公司装箱检查员,证书编号:C0×××××5。该装箱检查员在未到现场实际检查的情况下隐瞒公司违规报送了电子版《集装箱装箱证明书》。

3.相关单位概况

×××新材料股份有限公司,注册于2001年5月,为报送电子版《集装箱装箱证明书》的装箱检查员×××证书挂靠公司。

4.案件详述

2019年7月,海事局执法人员发现拟经"SM"船1914S航次出口的箱号为DFSU1836128的集装箱危险货物申报数据存在异常,该集装箱申报的品名是"嘧霉胺",第9类UN 3077,一共40桶货物。执法人员进一步查看附件单证,结果发现更多嫌疑线索:该集装箱报送的电子版《集装箱装箱证明书》《集装箱装箱声明单》的单位名称、品名不一致。海事局执法人员立即联系相关单位进行协查,对该集装箱进行了开箱检查。

海事局执法人员对上述集装箱进行了开箱检查,集装箱箱体张贴了第9类UN 3077的危险货物标志,但货物外包装未张贴危险货物标志,也没有对危险货物进行衬垫和系固。货物一共360桶,所有货物的唛头显示品名为"TRICHLORPHON 80% W/W SP"(80%敌百虫),但是打开外包装后发现其实有两种货物,其中一种货物显示为"吡虫啉",另外一种货物没有任何品名显示。

执法人员按照程序进行取样送检,最终鉴定显示上述货物一共两种:86.9%敌百虫,6.1类UN 2783,一共40桶;75%吡虫啉,第9类UN 3077,一共320桶。其中86.9%敌百虫是序号为365的危险化学品,这两种货物均没有办理《出入境危险货物运输包装使用鉴定结果单》。该集装箱申报的品名、性质、数量均与实际不符,危险货物包装不符合要求、装箱质量不合格,属于典型的瞒报违法行为,同时又存在多种违反危险货物运输要求的严重违法行为。

海事局执法人员从船公司入手,对该集装箱运输过程涉及的货主、货代、订舱单位、申报单位、装箱场站逐个调查,了解了违法行为的全过程:该货物的货主×××生物科技有限公司,在出口敌百虫和吡虫啉货物时,因为没有办理货物的危包证,遂将从别的公司借来的"嘧霉胺"的危包证(一共40桶)交于货代×××有限公司,并委托该公司办理后续所有的出口手续。×××有限公司在知情的情况下,帮助货主瞒报货物性质,伪造了《集装箱装箱证明书》《集装箱装箱声明单》,并安排没有从业资质的人员办理了危险货物申报手续,并按照"嘧霉胺"品名办理订舱手续,同时将这票货物安排在一个普通货物仓库(×××物流有限公司)装箱,该仓库装箱检查员也没有从业资质,委托外地一个有资质的危险货物装箱作业单位提交了电子版《集装箱装箱证明书》。

5.责任分析

(1)托运人×××生物科技有限公司在明知货物危险性质的情况下将未妥善包装的货物按照错误的类别委托出运,并提供错误的危包证,企图骗过海事机关的监督管理,应承担相应的责任。

(2)货代×××有限公司,在明知货物的危险性质与托运人提供单据不一致的情况下仍为其办理相关的托运出口手续,并伪造了危包证和《集装箱装箱证明书》,应承担相应的责任。

(3)实际装箱单位×××物流有限公司在了解货物的危险性质的情况下依然安排没有《危险化学品水路运输从业资格证书》的装箱检查员来负责该票货物的装箱作业,造成了严重的安全隐患,应承担相应的责任。

(4)危险货物申报员××,将自己的《危险化学品水路运输从业资格证书》转借同公司的其他人使用,办理了该票货物的申报手续,应承担相应的责任。

(5)危险货物装箱检查员×××,在未到现场实际监装的情况下,为该票货物报送了电子版《集装箱装箱证明书》,应承担相应的责任。

6.处理结果

(1)根据《危险化学品安全管理条例》第八十六条第(六)项、《中华人民共和国海上海事行政处罚规定》第九条第一款,对×××生物科技有限公司罚款人民币九万九千元整。

(2)根据《危险化学品安全管理条例》第八十六条第(一)项,对×××有限公司罚款人民币五万元整。

(3)根据《船舶载运危险货物安全监督管理规定》第四十七条,对×××物流有限公司罚款人民币八千五百元整。

(4)根据《危险货物水路运输从业人员考核和从业资格管理规定》第二十九条第(一)项,对申报员××罚款人民币五千元整。

(5)依据《××海事局船载危险货物申报员和集装箱装箱现场检查员监督管理办法》的相关规定对申报员××、装箱检查员×××分别记20分。

7.体会与建议

从此次违法行为来看,这票货物从委托开始,涉及的每一个环节都违反危险货物运输的相关法律法规要求,该票货物物流链上的从业单位无视国家法律法规,为了蝇头小利置人民群众的生命财产安全于不顾,明目张胆,互相配合,行为猖獗。

海事部门应扩大宣传,进一步规范申报程序,结合相关要求宣传危险货物运输和申报环节的安全注意事项和规定,对于发生此类问题较多的承运人也应当给予一定的惩戒措施,如进行通报等,督促各方落实制度、及时沟通、明确责任、增强意识,强化集装箱运输安全管理工作。

此外,本次案件的成功查处,也为集装箱危险货物的监管提供了新的思路。海事部门对于包装危险货物的监管工作不应把关注点只放在可能存在谎报瞒报嫌疑的普通集装箱货物上。

对于一些公司所做的集装箱危险货物申报也应做到适当现场核查,以确保危险货物运输过程中的包装、装箱等操作符合相关规定的要求。

(三)"丁草胺"货物检测报告造假

1. 概述

××公司办理"丁草胺乳油"安全适运报告时,提交的材料检测报告显示其危险货物类别为第 9 类,同时显示其闭杯闪点为 39 ℃,而闭杯闪点低于或者等于 60 ℃ 的液体货物通常为第 3 类易燃液体,这两者呈现出明显的矛盾之处。后经与检测机构核实,该检测报告确系伪造。

2. 分析与提醒

危险货物类别是危险货物安全运输的前提,但××公司为方便该危险货物的运输,想当然地将检测报告中危险货物类别由第 3 类改为第 9 类,缺乏关于危险货物运输的最基本的常识,留下了较大的安全隐患。这也可以看出,电子报告相较于纸质报告,确实存在着提交的单证容易造假的客观因素。

(四)船载危险货物集装箱积载不满足要求

1. 概述

××船进行船载危险货物申报时提供的货物预配图中,存在货物积载位置不符合要求的问题。经核实,该船在进行货物预配载时,未注意到 IMDG 规则中"除第 1.4 类之外的第 1 类货物须不能积载在距船舷八分之一船宽的等效距离或 2.4 米以内,取小者"的要求,错误地将该票货物装载在紧靠船舷位置,不满足上述特殊要求。

2. 分析与提醒

在 1 类爆炸品的出运过程中,对于 1 类货物装载位置有特殊要求,即"除第 1.4 类之外的第 1 类货物须不能积载在距船舷八分之一船宽的等效距离或 2.4 米以内,取小者",因此,需要特别注意。

(五)××船危险货物集装箱不符合隔离要求

1. 概述

××船进行船载危险货物申报,其将"腐蚀性液体,酸性的,有机的,未另列明的"(UN 3265,第 8 类)和"腐蚀性液体,碱性的,有机的,未另列明的"(UN3267,8 类)两种危险货物拼于一个集装箱中。尽管两种危险货物同为第 8 类腐蚀性危险货物,一般情况下同类危险货物不需要隔离,但第 8 类中的酸类与碱类货物会发生剧烈反应,需要"隔离",因此不能拼于同一集装箱内海运。

2. 分析与提醒

在进行船载危险货物申报时,可能会出现拼于一个集装箱的危险货物不相容的情况。因此,要求申报员在申报时应加强对危险货物积载隔离知识的掌握,并加强对装于一个集装箱的危险货物是否相容的审核。

第
五
章

固体散装货物运输管理

固体散装货物是指除液体或气体以外,由粉状、球状、晶粒状、颗粒状或任何较大块状物质等构成的货物,其构成成分基本均匀,不需要任何包装且不能按件计数,可直接装船运输,如粮谷、矿石、煤炭、水泥、化肥、饲料等。

固体散装货物运输具有运输批量大、货源充足稳定、大多货种单一并采用专用船舶整船单向运输、装卸效率高的特点。在国际航运业中,散货船运输占货物运输的 30% 以上。由于各类固体散货具有不同的货物特性,它们对安全运输都存在不同程度的影响,若采取措施不当或未采取正确的措施,则会影响货物运输质量、危及船舶及人员安全。此类事故时有发生,应引起足够的重视。

第一节　固体散装货物运输相关规则

一、国际海运固体散装货物规则

《国际海运固体散装货物规则》(IMSBC 规则)是国际海事组织(IMO)为保证海运固体散装货物运输安全而制定的专门规则。其主要目的是向主管机关、船舶所有人、托运人、船长和其他所有相关人员提供确定的典型固体散装货物相关危险信息,作为运输固体散装货物的程序指导,以促进固体散装货物的安全积载和运输。

IMSBC 规则前身为建议性的《固体散装货物安全操作规则》(BC 规则)。在 2008 年国际海事组织海上安全委员会第 85 次会议上,参会代表认识到强制适用统一的海运固体散货国际标准的迫切性,以第 MSC.269(85)号决议通过经修订的 SOLAS 74 公约第Ⅵ章和Ⅶ章修正案,使 IMSBC 规则取代 BC 规则,并依据公约成为强制性规则,于 2011 年 1 月 1 日生效。IMSBC 规则自生效以来,遵循每两年修正一次的原则,修正案双数年份自愿实施,单数年份强制实施。如 01-11 修正案、02-13 修正案、03-15 修正案、04-17 修正案、05-19 修正案、06-21 修正案、07-23 修正案等。06-21 修正案于 2023 年 1 月 1 日起自愿实施,于 2023 年 12 月 1 日起强制执行;07-23 修正案于 2024 年 1 月 1 日起自愿实施,于 2025 年 1 月 1 日起强制执行。

现行版 IMSBC 规则主要内容包括 13 节正文、5 个附录。

第 1 节:一般规定。

第 2 节:装载、载运和卸载的一般性预防措施。

第 3 节:人员与船舶安全。

第 4 节:评定货物的安全适运性。

第 5 节:平舱程序。

第 6 节:静止角的确定方法。

第 7 节:易流态化或动态分离的货物。

第 8 节:A 组货物的测定程序。

第 9 节:具有化学危险性的货物。

第 10 节:散装固体废弃物运输。

第 11 节:保安规定。

第 12 节:积载因数换算表。

第 13 节:参考相关信息和建议。

附录 1:固体散装货物明细表。

附录 2:试验室测试程序、使用的仪器和标准。

附录 3:固体散装货物的特性。

附录 4:索引。

附录 5:三种语言固体散装货物运输名称(英语、法语和西班牙语)。

为了便于理解和应用,IMSBC 规则主要内容分为两部分介绍,其中一部分在本节介绍,另一部分融入后面固体散装货物运输操作流程中。

(一)一般规定

本部分内容为 IMSBC 规则的第 1 节。

1.列入本规则的货物

海运常见固体散装运输货物及其特性和装卸方法的建议已列于本规则附录 1 各自货物明细表中。但是,这些明细表并非详尽无遗,所列出的货物性质仅用作指导。因此,装货前须从托运人处获得所运货物的最新且有效的物理和化学性质资料。托运人须提供关于托运货物的充分信息。当一种固体散装货物明确列于本规则附录 1 中时,明细表中的规定作为本规则第 1~10 节和 11.1.1(有关保安规定的内容)规定的补充必须得到遵守。必要时,船长须就有关可能是强制适用的载运要求咨询装货港和卸货港主管当局。

2.未列入本规则的货物

如一种未列入本规则附录 1 的固体散装货物需运输时,托运人在装货前须根据相关要求向装货港主管当局提供该货物的特性资料。基于所收到的资料,主管当局将对安全运输的可行性进行评估。当评估拟载运的固体散装货物呈现 A 组或 B 组货物的危险性时,须征求卸货港和船旗国主管当局的建议。三方主管当局将共同商定载运该货物的临时适运条件。

当评估拟载运的固体散装货物未呈现特殊危险性(A 组或 B 组的危险性)时,这种货物的载运须被认可,且须将这种认可通报卸货港和船旗国主管当局。装货港主管当局须向船长签发一份陈述该货物特性及载运和装卸必需条件的证书。装货港主管当局自签发该证书一年内还须将一份申请提交国际海事组织,以便将该固体散装货物列入本规则附录 1 中。

3.规则的适用范围和实施

IMSBC 规则的规定适用于经修正的 SOLAS 74 公约适用的所有船舶,且该船舶载运 SOLAS 74 公约第Ⅵ章 A 部分第 1-1 条定义的固体散装货物。

虽然本规则从法律上根据 SOLAS 74 公约为强制性的,但本规则中的下列规定仍然为建议性或资料性的,具体包括:

(1)第 11 节"保安规定(除第 11.1.1 小节)";

(2)第 12 节"积载因数换算表";

(3)第 13 节"参考相关信息和建议";

(4)附录 1 中固体散装货物明细表内"描述"、"特性"(除危险类别)、"危险性"、"应急程序"中的内容;

(5)附录 2、附录 3 和附录 4。

第 11.1.1 小节规定:经修正的 SOLAS 74 公约第Ⅺ-2 章和《国际船舶和港口设施保安规则》(International Ship and Port Facility Security Code,ISPS 规则) A 部分的相关规定须适用于从事散装货物装卸运输的公司、船舶和港口设施,并且考虑到 ISPS 规则 B 部分给出的指南。

4.相关定义

(1)散装货物运输名称

散装货物运输名称(Bulk Cargo Shipping Name,BCSN)是指用于在海上运输中识别一种散装货物的标准名称。列入本规则的每一种固体散装货物均被指定了一个散装货物运输名称,且由各明细表或索引中的大写字母来识别。

如果该货物为 IMDG 规则和 SOLAS 74 公约第Ⅶ/1.1 条定义的危险货物,则应按照下列要求确定其 BCSN:

①当货物是危险货物且不属于 IMDG 规则定义的类属正确运输名称或未另列明的(N.O.S.)的条目时,其 BCSN 须用联合国编号加以补充,如"硝酸钾 UN 1486"。

②当货物属于 IMDG 规则定义的类属正确运输名称或未另列明的(N.O.S.)的危险货物时,其 BCSN 须包括以下部分:物质的化学或技术名称;定义物质特性的特殊表述和联合国编号。但 UN 2912(放射性材料,低比活度 LSA-Ⅰ,非裂变的或例外裂变的),UN 2913(放射性材料,表面被污染物体 SCO-Ⅰ,非裂变的或例外裂变的)和 UN 3077(对环境有害的,固体的,未另列明的)三种危险货物除外。

如果废弃物货物以处置或加工处理为目的而进行运输,则该货物名称前须标有"废弃物"字样。

(2)热源

热源是指加热的船舶结构,其温度可能会超过 55 ℃。此类型的加热结构包括蒸汽管路、加热线圈、加热的燃料舱和货舱的顶壁和侧壁、机械处所的舱壁。

(3)潜在着火源

潜在着火源是指但不限于明火、机器废气、厨房用火、电源插座和没有经过安全认证的电器。

(4)不相容物质

不相容物质是指混合在一起会发生危险反应的物质。

(5)仅在散装时有危险的物质

仅在散装时有危险的物质(Materials Hazardous Only in Bulk,MHB)是指散装运输时可能具有化学危险的物质,不包括归类在 IMDG 规则中的危险货物。

(6)非黏性物质

非黏性物质是指在运输期间,由于船舶运动,易于移动的干燥物质,具体物质名称见本规则附录3。

(7)黏性物质

黏性物质是指除非黏性物质以外的物质,可理解为凡明细表中未给出静止角的物质都属于黏性物质。

(8)静止角

静止角是指非黏性(即自由流动)颗粒状物质的最大斜坡角。它是该物质的锥体斜面与水平面的夹角。

(9)平舱

平舱是指在货物处所内对部分货物或全部货物进行平整。

(10)通风

通风是指从货物处所外向内交换空气,分为持续通风(在所有时间不断进行通风)、机械通风(通过动力进行通风)、自然通风(不需要动力进行通风)和表面通风(在货物表面进行通风)四种。

(11)散货密度

散装密度是指单位体积内的固体、空气和水的质量。散装密度以千克每立方米(kg/m^3)计。货物的空隙可充满空气和水。

(12)积载因数

积载因数是指每吨货物所占的体积数(m^3/t)。

(13)高密度固体散装货物

高密度固体散装货物是指积载因数 $SF \leqslant 0.56\ m^3/t$ 的固体散装货物。

(14)代表性试样

代表性试样是指为了测出货物的物理和化学性质以判断其是否达到规定要求的足够数量的货物样品。

(15)流态

流态是指大量的颗粒状物质内液体饱和到一定程度时,由于振动、撞击或船舶摇摆等外部因素的影响,丧失其内部抗剪强度而呈现如同液体一样的特性。

(16)水分渗移

水分渗移是指由于振动和船舶摇摆,货物中的水分因沉淀和沉积而发生的移动。水分逐渐渗出,可导致部分或全部货物出现流态。

（17）动态分离

动态分离是指在固体货物之上形成液体浆液（水和细颗粒），形成严重影响船舶稳性的自由液面的现象。

（18）易流态化货物

易流态化货物是指至少含有部分细颗粒和一定量水分的货物。在运输中，如果这些货物的水分含量超过其适运水分限，则会流态化。

（19）动态分离货物

动态分离货物是指含有一定比例的细颗粒和一定量水分的货物。在运输中，如果这些货物的水分含量超过其适运水分限，则会动态分离。

（20）水分含量

水分含量（Moisture Content，MC）是指部分代表性试样中所含水分、冰或其他液体占试样潮湿质量的百分比。

（21）流动水分点

流动水分点（Flow Moisture Point，FMP）是指物质的代表性试样在规定的试验过程中出现流态时水分含量的百分比（按湿时质量计）。

（22）适运水分限

适运水分限（Transportable Moisture Limit，TML）是指货物在普通散货船（不是为限制货物位移而专门建造或装有专门设备的货船）上运输时，认为安全的最大水分含量。

（23）精矿

精矿是指通过浓缩或选矿过程，利用物理或化学的方法从天然矿石中分离并去除不需要的成分而得到的物质。

（二）散装固体废弃物运输

本部分内容为 IMSBC 规则的第 10 节。废弃物的跨境转移对人类健康和环境安全具有威胁，因此废弃物进行海上散装运输时须特别遵守《巴塞尔公约》和本规则的相关规定，且这些规定须与本规则的其他规定一并考虑。但需要特别说明的是，含有放射性材料或受到放射性材料污染的固体货物的运输须适用于有关放射性材料运输的规定，就 IMSBC 规则第 10 节而言，不得视其为废弃物。

1.相关定义

（1）废弃物

废弃物是指含有本规则约束的适用于本规则第 4.1、4.2、4.3、5.1、6.1、8 或 9 类物质的规定的一种或多种成分或受其污染的固体散装货物，且其运输以倾倒、焚烧或其他处置为目的，无其他直接用途。

（2）废弃物的跨境转移

废弃物的跨境转移是指将废弃物从一个国家的管辖区域运抵或运经另一个国家的管辖区域，或运抵或运经不属于任何国家管辖的区域，但运输中至少应涉及两个国家。

《巴塞尔公约》规定的跨境转移须仅在同时满足下述规定时才允许废弃物的跨境转移：

①起运国主管当局或生产者或出口者经起运国主管当局向目的地国主管当局发出了通知；

②起运国主管当局在收到目的地国主管当局说明废弃物将被安全焚烧或做其他处置的书

面同意之后,批准此项转移。

2.文件

所有废弃物的跨境转移,除了须备有必要的固体散装货物运输文件外,均须自始发地至处置地始终携带一份跨境转移文件。该文件须随时可供有关主管当局和所有参与废弃物运输管理的人员检查。

3.废弃物的分类

仅含有一种须受本规则约束且适用第4.1、4.2、4.3、5.1、6.1、8或9类货物规定的物质成分的废弃物须视为属于该类货物。如果这种成分的浓度使废弃物持续具有该种成分的危险,则须认为该种废弃物属于适用于该成分的危险货物种类。

含有两种或两种以上须受本规则约束且适用第4.1、4.2、4.3、5.1、6.1、8或9类货物规定的物质成分的废弃物,须依据其危险特性和性质按下述要求进行分类:

(1)通过测量或计算确定物理特性、化学特性和生物特性,然后以适用于成分的衡准进行分类;或

(2)若无法确定上述特性,该废弃物则须根据成分呈现的主要危险性进行分类。

确定主要危险性时须考虑到下述衡准:

(1)若一种或以上的成分属于某一危险类别而且废弃物具有这些成分所具有的危险,则该废弃物须属于该类危险物质;或

(2)若所含成分属于两个或两个以上危险类别,则废弃物的分类须考虑到IMDG规则所述的适用于多类危险货物的危险性优先顺序。

4.废弃物的积载、装卸与隔离

废弃物的积载和装卸须按照IMSBC规则第1~9节的规定进行,并须符合适用于构成主要危险成分的B组货物具体明细表中的附加规定。

废弃物的隔离须按第9节规定的隔离等级和要求进行。

5.事故处理程序

在运输中,如果废弃物发生了危及船舶或环境的危险,船长须立即通知起运国和目的地国的主管当局,并取得他们关于应采取行动的建议。

(三)保安规定

本部分内容为IMSBC规则的第11节。作为散装货物运输的一些物质,通过其固有的性质或与其他物质混合运输时,可能会被用于进行违法行为时使用的武器。载运散装货物的船舶还可能被用来运输未经授权的武器燃烧装置或爆炸品,而未考虑其载运的货物特性。因此国家主管当局制定额外的保安规定供运输装载货物时考虑运用。除SOLAS 74公约和ISPS规则强制规定外,IMSBC规则中有关的保安规定为建议性的。

1.对公司、船舶和港口设施的一般规定

经修正的SOLAS 74公约第XI-2章和《国际船舶和港口设施保安规则》(ISPS规则)A部分的相关规定须适用于从事散装货物装卸运输的公司、船舶和港口设施,并且考虑到ISPS规则B部分给出的指南,经修正的SLOAS 74公约第XI-2章的规定亦适用。需要注意,在IMSBC规则中这一段规定为强制性的。

如适用,应适当关注有关保安的ILO/IMO港口保安操作规则和IMDG规则。

任何从事散装货物装卸和运输的岸基公司人员、船上人员和港口设施人员，除了应掌握 ISPS 规则的规定外，还应掌握对这些货物的任何保安要求及与其职责相应的保安要求。

对从事散装货物装卸和运输的公司保安员、具有专门的保安任务的岸基公司人员、港口设施保安员、相关和具有专门的保安任务的港口设施人员进行的培训应包括与这些货物特性相关的保安知识，例如这些货物为仅在散装运输时具有危险性的物质。其他从事散装货物运输的所有船上人员和港口设施人员均应熟悉与这些货物相关的并与其职责相应的保安计划的规定。

2.对岸基人员的一般规定

（1）岸基人员的定义

岸基人员包括从事制作散装货物运输单证，交付散装货物运输，接收散装货物运输，装卸散装货物，制订散装货物装载/积载计划，装载/卸载船舶载运的散装货物，按适用规则和规定实施检验或检查，以及主管当局确定的从事处理和运输散装货物等工作的人员。从事海运散装货物的岸基人员应遵守与其职责相应的有关散装货物运输的保安规定。

但对岸基人员的一般规定不适用于：ISPS 规则 A 部分 13.1 提及的公司保安员和适当的岸基人员；13.2 和 13.3 提及的船舶保安员和船上人员；18.1 和 18.2 提及的港口设施保安员、适当的港口设施保安员和具有专门的保安任务的港口设施人员。对上述保安员和人员的培训，见 ISPS 规则。

（2）保安培训

雇主应为招聘涉及散装货物运输的岗位人员提供培训或确认其受过培训，并应定期提供再培训。同时应保存所进行的所有保安培训记录并应在需要时提供给受雇人员。

保安知识培训应包括保安危险特征、保安危险（风险）辨识、处理和减少危险的方法以及发生保安违章事件时应采取的行动，应包括熟悉与其职责相应的保安计划和实施保安计划时他们的作用。岸基人员的培训还应包括保安知识、控制接近货物和船舶的要求、各种散装货物保安重要性的一般性指南。

（3）对后果严重固体散装货物的规定

具有潜在保安问题后果严重固体散装货物是指具有违法行为中被滥用的潜在可能，且会产生诸如大量人员伤亡或巨大破坏的严重后果的散装货物，如第 5.1 类硝酸铵 UN 1942 和硝酸铵化肥 UN 2067。对后果严重固体散装货物的规定不适用于船舶和港口设施（见有关船舶保安计划和港口设施保安计划的 ISPS 规则）。

发货人和从事潜在保安问题后果严重固体散装货物运输的其他人应采用、实施保安计划。保安计划应至少包括下列内容：

①相应的主管当局为履行其职责而专门分配保安职责给适任的和称职的人员；

②所有运输潜在保安问题后果严重的散装固体货物记录或具有潜在保安问题后果严重的固体散装货物种类；

③如适用，对现有操作的审查和易受破坏的评估，包括多式联运、临时中转储存、装卸和分送；

④各种措施的清晰表述，包括培训、方针（包括对较高度威胁情况的反应、新雇员/招聘审核等）、操作方法（如已知路径的选择/使用、控制接近船舶散装货物储存和装载区域、与易受破坏的基础设施的接近程度等），拟用于降低保安风险的设备和资源；

⑤对保安威胁、保安违章或保安相关事件报告和处理有效和最新的程序；

⑥保安计划评估和测试程序以及对该计划进行定期审查和更新的程序；

⑦确保保安计划中所涉及的运输信息安全的措施；

⑧尽一切可能确保限制运输信息传播的措施。

（四）固体散装货物明细表

本部分为 IMSBC 规则的附录 1,其中包含了 300 余种固体散装货物的明细表,每一个明细表均包括 14 部分内容,若非 B 组货物,则没有"应急程序",内容变为 13 部分。内容依次为:固体散装货物运输名称 BCSN、描述、特性、危险性、积载和隔离、货舱清洁程度、天气注意事项、装载、注意事项、通风、载运、卸货、清扫、应急程序,具体如表 5-1 所示。

表 5-1　固体散装货物明细表

干椰子肉 UN 1363

描述

经干燥的椰子肉,带有渗透性的陈腐脂肪臭味,可玷污其他货物。

特性

物理特性			
尺寸	静止角	散货密度（kg/m³）	积载因数（m³/t）
不适用	不适用	500	2.00
危险类别			
类别	副危险性	MHB	组别
4.2	不适用		B

危险性

易自热和自燃,特别是在遇到水时。易引起货物处所缺氧。

积载和隔离

积载时不要与受热的表面,包括需加热的燃油舱柜接触。

货舱清洁程度

按货物的危险性保持清洁和干燥状态。

天气注意事项

该货物需尽可能保持干燥。该货物不得在降水期间装卸。在装卸该货物期间,需关闭装载或拟装载该货物的处所的不在使用中的所有舱盖。

装载

按照 IMSBC 规则第 4 和 5 节要求的有关规定进行平舱。

禁止装载湿的椰子肉。

注意事项

只有在装载前风干至少一个月,或由托运人向船长提供一份由原产国主管机关认可的人员签发的证书,证明该货物的最大水分含量不超过 5%,才能装运该货物。禁止在货物处所和邻近区域吸烟和使用明火。在对货物处所进行通风并测试氧气含量前,不许进入。

通风

在航行期间,须根据需要仅对货物表面进行自然或机械通风。

载运

在航行期间,须定期测量和记录货物温度以监测自热。

卸货

没有特别要求。

续表

清扫

没有特别要求。

应急程序

需配备的专用应急设备
无
应急程序
无
火灾时的应急行动
封舱。如配备,使用船上固定式灭火装置。气封可以足够控制火灾
医疗急救
参考经修正的《危险货物事故医疗急救指南》(MFAG 指南)

（五）试验室测试程序、使用的仪器和标准

本部分为 IMSBC 规则的附录 2,其中测试固体散货特性的试验包括:测定静止角试验,精矿的含水量、流动水分点和适运水分限测定试验,含硝酸盐化肥自持放热分解试验,抗爆试验,木炭自热试验等。

（六）固体散装货物的特性

本部分为 IMSBC 规则的附录 3,其内容包括对非黏性货物的货种及是否具有黏性的划分、A 组固体散货特性参数及 B 组货物注意事项的获取等。

附录 3 中列出了在干燥状态下不具有黏性的多种货物,具体包括:氟化铝;硝酸铵 UN 1942;硝酸铵基肥料 UN 2067;硝酸铵基肥料 UN 2071;硝酸铵基肥料;硝酸铵基肥料 MHB;硫酸铵;重晶石,浮选化学级;无水硼砂;水镁石;硝酸钙肥料;亚氯酸盐;蛤壳;花岗闪长岩粉;磷酸二铵;纯陶土;纯沸石粉;球团电弧炉粉尘;镍铁渣(粒状);烟尘,含铅和锌;谷物筛选颗粒;粒状硫酸亚铁;含铅浸出渣;硫酸镁肥料;磷酸一铵;磷酸一铵(M.A.P.),富矿物涂层;磷酸一钙(MCP);橄榄石颗粒和砂砾聚集制品;橄榄石砂;碳酸钾(钾碱);氯化钾;硝酸钾 UN 1486;硝酸钾(C 组);硫酸钾;砂,矿物浓缩物,放射性物质,低比活度(LSA-Ⅰ) UN 2912;种子饼和其他经加工含油植物残渣(B 组);种子饼和其他经加工含油植物残渣(C 组);硝酸钠(C 组);硝酸钠和硝酸钾混合物 UN 1499;硝酸钠和硝酸钾混合物(C 组);锂辉石(精选的);甘蔗生物质颗粒;过磷酸钙;过磷酸钙(三重晶体);合成二氧化硅;木薯淀粉;尿素;含添加剂和/或黏合剂的木屑颗粒;不含任何添加剂和/或黏合剂的木屑颗粒;烘焙木材。

上述货物在装货完成前,应测取其静止角,以便决定如何平舱。除另有说明外,上列货物以外的其他货物均为黏性货物,静止角对其不适用。

（七）索引

索引为 IMSBC 规则的附录 4,其形式如表 5-2 所示。

表 5-2 索引(部分)

散装货物运输名称	组别	参考
褐煤砖(BROWN COAL BRIQUETTES)	B	
煅烧黏土(Calcined clay)	C	见矾土,经焙烧的
煅烧黄铁矿(Calcined pyrites)	A 和 B	见黄铁矿,经煅烧的

续表

散装货物运输名称	组别	参考
氟化钙(Calcium fluoride)	B	见氟石
硝酸钙(CALCIUM NITRATE) UN 1454	B	
硝酸钙化肥(CALCIUM NITRATE FERTILIZER)	C	
氧化钙(Calcium oxide)	B	见石灰(未熟化的)
芥菜籽颗粒(Canola pellets)	B 或 C	见种子饼
碳化硅(CARBORUNDUM)	C	
蓖麻籽(CASTOR BEANS) UN 2969	B	
蓖麻片(CASTOR FLAKE) UN 2969	B	
蓖麻饼(CASTOR MEAL) UN 2969	B	
蓖麻油渣(CASTOR POMACE) UN 2969	B	
水泥(CEMENT)	C	
水泥烧结块(CEMENT CLINKERS)	C	
沉积铜(CEMENT COPPER)	A	见精矿明细表
黄铜矿(Chalcopyrite)	A	见铜精矿
耐火黏土(CHAMOTTE)	C	
木炭(CHARCOAL)	B	

注:索引中,大写英文字母表示的货物名称为 BCSN。

二、BLU 规则和 BLU 手册

(一)BLU 规则

为了给散货船的船长、码头经营人及其他有关安全操作和装卸固体散装货物的人员提供指导,国际海事组织制定了《散货船安全装卸操作规则》(Code of Practice for the Safe Loading and Unloading of Bulk Carriers,简称 BLU 规则)。该规则在海上安全委员会 MSC 第 68 次会议(1997 年 6 月)上获得批准,并由 IMO 大会第 20 次会议(1997 年 11 月)作为 A.862(20)决议通过,与经第 MSC.47(66)号海安会决议修正的 SOLAS 74 公约第Ⅵ/7 条(固体散装货物的装载、卸载和积载)相关联。

IMO 大会进一步敦促在其境内设有装卸固体散装货物港口的缔约国政府通过法律形式执行 BLU 规则,以达到以下效果:

(1)要求码头操作人员遵守船舶/港口协作的 IMO 规则和建议;

(2)根据相关规定,要求码头经营人任命一名"码头代表";

(3)船长始终负责船舶装卸安全,装卸中的细节应通过商定的装卸计划的形式得到码头经营人的确认;

(4)若不符合商定的装卸计划或危及船舶安全的任何其他情形,船长有权停止装卸;

(5)当船舶装运的固体散装货物威胁到船舶的安全时,港口主管机关有权停止装卸该种货物。

BLU 规则适用于 500 总吨及以上的散货船装卸固体散装货物,不适用于非散货船和仅使用船上设备装卸货物的船舶。规则中的建议为船东、船长、托运人、散货船经营人、承租人和码头经营人在安全操作、装卸固体散装货物方面提供指导。这些建议受码头和港口的规定或国内法规的约束。装卸具有化学危险性的固体散装货物的船长和码头,应参考 SOLAS 74 公约第Ⅱ-2 章和第Ⅶ章及国际海事组织的《港区危险货物装卸、储存和运输建议书》。建议每一船舶、承租人和散货装卸码头备有一份本规则的副本,以便可随时获得操作程序的有关建议和区分各自的职责。如果本规则与《国际散装谷物安全运输规则》发生冲突,应遵守《国际散装谷物安全运输规则》的规定。

BLU 规则共 6 节、5 个附录,包括定义、船舶和码头的适用性、到港前船舶和码头之间的程序、装卸货物前船舶和码头之间的程序、装货和压载处理、卸货和压载处理等 6 节,以及港口和码头资料簿的建议内容、装卸货计划、散货船装卸船/岸安全检查项目表、船/岸安全检查项目表填写指南和货物资料格式等 5 个附录。

1.相关定义

(1)热工作业

热工作业是指使用明火和火焰、动力工具或热铆钉,打磨、焊接、燃烧、气割、电焊或其他涉及加热或产生火花并由于存在或将出现可燃气体可能导致危险的修理工作。

(2)灌舱

灌舱是指作为装载中的一个步骤,将一定数量的货物通过一个货舱开口注入货舱,即从注入口定位在一个舱口上方至注入口移动到另一个舱口时间段内的装货操作。

(3)平舱

平舱(装货)是指通过装货注入口或履带调整、手提机器设备或人力的方式在货舱里部分或全部平整货物。

(4)扫舱

扫舱(卸货)是指使用机械方法(如推土机)或其他方法铲起或打扫在货舱里的少量货物,以将货物放在便于卸下的位置。

(5)码头代表

码头代表是指船舶装卸货物的码头或其他设施使用方指定的人员,其负责这个码头或设施对特定船舶进行作业。

2.船舶与码头的适用性

准备装货的所有船舶应具有相应的有效法定证书,必要时还应包括船舶散装运输固体危险货物合格文件。建议船舶证书的有效期应在装货、航行和卸货期间保持有效,还应考虑到由于靠泊、恶劣气候或两者并存而造成的延误。

当计划让船舶承担某一特定货物运输或服务时,船东、管理人或经营人应确保船舶保持在完好、适航的状态,在船上有适任的船员,且在船上至少有一位精通装货港和卸货港语言的高级船员,或者有一位精通英语的高级船员,以及不存在可能不利于船舶安全航行、装货或卸货的缺陷。

选定运输固体散装货物的船舶,重要的是应适应于预定的用途,并应考虑装卸码头的适用性。当租船人和托运人同意某船承担特定货物的运输或服务,应确保船舶适合使用拟用的装卸设备,且没有影响装卸货操作安全的起货设备。

（1）船舶适用性

计划装载散装货物的船舶应适合拟装运的货物。船舶应：

①保持风雨密并应能承受海上和拟定航程中所有各种常见的风险。

②提供经批准的、以船上高级船员所用语言编写的稳性和装载手册，该手册使用标准措辞和缩写。如该语言不是英语、法语或西班牙语，则应翻译成其中一种语言。

③提供足够大小的舱口以便使货物易于装入、堆放和卸下。

④货舱的标识号应使用与装卸手册或装卸计划相同的标识号。这些标识号的位置、大小和颜色的选择应使装卸货设备的操作人员清楚地看见。

建议所有要求进行强度计算的船舶应在船上配有经认可的装载仪，以便迅速进行应力计算。所有主辅机应处于良好运行状态。锚泊和系泊操作有关的甲板设备，包括锚、锚链、缆绳、大索和绞车，应处于可用和良好状态。所有舱口、舱盖操作系统和安全装置应状况良好，并不应作为他用。如安装了横倾指示灯，该灯在装卸货前应进行测试，证明其处于运行状态。船舶自配的起重设备应持有适当的证书和进行保养，并仅允许在船上有适当资格人员的监督下使用。

（2）码头适用性

码头经营人应保证他们仅接受那些能安全地靠泊在码头装置的船舶，并应考虑到以下方面：

①泊位的水深；

②船舶的最大尺寸；

③系泊设备；

④护舷材；

⑤安全通道和装卸操作的障碍。

码头设备应根据相关的国家法规和/或标准持有适当的证书和保养，并且只能由有资格人员和持证人员（如适用）操作。使用自动称重装置时，该装置应按时校正。

码头经营人应根据他们的职责接受散货船装卸安全各方面的培训，培训应包括熟悉装卸和运输散装货物的危险和不正确货物装卸操作可能引起的对船舶安全的不利影响。码头经营人应确保装卸操作的有关人员按时休息以避免疲劳。

（二）BLU 手册

《固体散装货物码头代表装卸手册》（Manual on Loading and Unloading of Solid Bulk Cargoes for Terminal Representatives，简称 BLU 手册）是为了完善 BLU 规则，并给码头代表和其他与固体散装货物相关人员提供更详细的指南。BLU 手册中的指南是为了补充 BLU 规则，在良好操作方面提供指导，而无论船舶大小、码头容量和货物数量。

在使用 BLU 规则和 BLU 手册时，如果出现 IMSBC 规则和《国际散装谷物安全运输规则》要求冲突的情况，则应遵守《国际散装谷物安全运输规则》的规定。

BLU 规则和 BLU 手册通常作为 IMSBC 规则的补充本发行。

第二节　固体散装货物分类及特性

一、固体散装货物分类

根据固体散装货物在海运中呈现的易流态化特性和化学危险特性，IMSBC 规则将海运固体散装货物分成 A、B、C 三组。A 组为易流态化或动态分离的货物，B 组为具有化学危险的货物，C 组为既不属于 A 组也不属于 B 组的货物。

（一）A 组货物

A 组货物是指由于含有水分且在运输中当水分含量超过适运水分限时，可能会流态化或动态分离的固体散货。

1.定义

固体流态化是指较细颗粒物质与流动的流体接触，使颗粒物质呈类似于流体的状态。

易流态化货物的流态化是指该类物质在外在因素的作用下，产生流态的趋势及可能性，它是易流态化货物最显著及最主要的特征。

易流态化货物是指由至少一部分细颗粒的混合物构成且含有一定水分的货物，若水分含量超过其适运水分限时，在海上运输过程中，受到外界各种力的作用，水分逐渐渗出而形成货物表面流态化从而导致货物移动。

动态分离货物是指含有一定比例的细颗粒和一定量水分的货物。在运输中，如果这些货物的水分含量超过其适运水分限，则会动态分离。

A 组货物往往在装载时可能呈干燥的颗粒状，但可能含有相当的水分，由于航行中出现的颠簸和振动作用使之流态化或动态分离。

2.流态化的成因及危害

由于船体的振动和摇荡，装在船舱中的 A 组货物下沉，颗粒间孔隙减小，颗粒间的空隙减小引起水压的增大，从而减小了颗粒间的摩擦，这意味着货物颗粒间不能很好地结合，导致货物内部摩擦力、黏聚力减小或丧失从而使抗剪切强度消失，造成货物流态化。

如果货物由大颗粒和块体组成，则水分可以通过颗粒间的空隙且不会导致水压的增大，因此货物不会出现流态化。

当实际含水量 MC 超过其适运水分限 TML 时，在航行中可能发生流态化或动态分离引起货物移动，即使该类货物是黏性的且完货后进行了平舱。有些易发生水分渗移的货物即使平均含水量 MC 低于其适运水分限 TML，也并不意味着货物一定不会发生流态化，也可能在航行中形成危险的潮湿底层；尽管货物表面可能呈干燥状，仍有可能发生流态化而不被发现，造成货物移动。当货物很浅且有较大横倾角时，高水分含量的货物特别容易滑动。

航行中形成黏性流体状态的货物在船舶横摇时会流向一舷，但在回摇时不能完全流回，船舶会因此逐渐倾斜，甚至突然倾覆。

3.分类

A 组货物分为易流态化货物和动态分离货物两类。易流态化货物又大致分成两类:一类是积载因数为 0.33~0.57 m^3/t 的各种精矿,如铁精矿、铅精矿、镍精矿、铜精矿、锌精矿、黄铁矿、硫化锌(闪锌矿)等;另一类是具有与精矿性质类似的其他物质,如含有足够水分的细颗粒状物质、散装草泥、散装鲜鱼和据报道能形成流态化的煤炭(细颗粒状)、煤泥(含水粉砂,颗粒度一般小于 1 mm)、煅烧黄铁矿、氟石等。具有代表性的动态分离货物有铝土矿粉等。

4.适运水分限的测定

A 组货物的适运水分限 TML 应定期进行测定,即使货物成分均匀,测定试验也应至少 6 个月进行一次。如果货物成分或性质因某种原因发生了变化,则测定频度应增加。

货物实际含水量 MC 测试的采样时间和试验时间应尽可能与装货时间接近。除非对货物加以充分遮盖而使其含水量不发生变化,否则采样/试验与装货时间的间隔不得超过 7 天。如果在装货期间岸上堆场和驳船中的货物遭受了雨雪的侵袭,则在装货港被雨雪侵袭之后,需要重新检测其含水量。

(1)IMSBC 规则推荐的试验室测定方法

目前,测定适运水分限 TML 有六种方法,依次为流盘试验法、插入度试验法、葡氏/樊氏试验法以及三种经改进的葡氏/樊氏试验法。

①流盘试验法(Flow Table Test)

该方法是利用流盘来测定易流态化货物的流动水分点 FMP,然后取其 90% 作为该货物的适运水分限 TML。流盘试验一般适用于最大粒度为 1 mm 的精矿或其他颗粒物质,也可用于最大粒度不超过 7 mm 的物质,但对于含有较高比例黏土的物质,测试结果不理想。

如图 5-1 所示,试验方法是将货样按要求置于流盘上,流盘以 25 次/分钟的速率自 12.5 mm高处升落 50 次,若水分在紧凑的货样中达到饱和且货样产生塑性变形,出现湿痕,则认为货样的含水量达到了流动水分点,即原定形状的货样会发生变形,形成凸面或凹面。

大多数情况下,测量变形有助于确定货样是否发生了塑性流动,如用卡尺测出流盘上的货样截锥体任何部分的直径增加 3 mm 以上;或者观察另外一些现象,如当水分含量(渐增)接近流动水分点时,货样截锥体会有粘在圆模中的趋势;此外,将截锥体推出流盘时会在流盘上留下湿痕(条迹),如果湿痕可见,则表明水分含量可能超过了流动水分点。但要注意湿痕不可见,并不表明水分含量低于流动水分点。

测量货样截锥体底部或中部尺寸总是有用的。逐步添加 0.4%~0.5% 的水,颠振流盘 25 次,第一次直径会增加 1~5 mm;再加一次水,底部直径会增加 5~10 mm。

(a)　　　　　　　　　　(b)　　　　　　　　　　(c)

图 5-1　流盘试验

②插入度试验法（Penetration Test）

该方法是利用渗透式或沉降式测量仪来测定易流态化货物的流动水分点 FMP，然后取其90%作为该货物的适运水分限 TML。插入度试验法一般适用于精矿、类似的物质及最大颗粒直径为 25 mm 的煤。

该方法是将货样按要求填装于测量仪的圆缸内捣实，以频率 50 Hz 或 60 Hz，加速度 2g rms ±10%，振动测量仪 6 min，若放在货样表面的沉降杆的沉降高度大于 50 mm，则认为货样已达到流态化。插入度试验如图 5-2 所示。

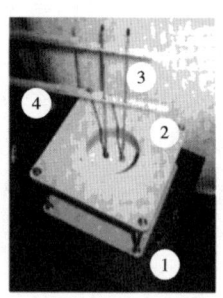

图 5-2　插入度试验

①—振动台；②—圆筒形容器（直径 150 mm）；③—压入棒；④—压入棒托架；⑤—夯具

③葡氏/樊氏试验法（Proctor/Fagerberg Test）

该方法是利用葡氏/樊氏测量仪来测定易流态化货物的饱和含水量，然后取其70%作为该货物的适运水分限 TML。葡氏/樊氏试验法一般适用于细粒和粗粒精矿或最大颗粒直径为 5 mm 的类似物质的试验，但不适用于煤或其他多孔物质。如果对最大颗粒超过 5 mm 的较粗物质使用葡氏/樊氏试验法进行检测，则应在使用前进行仔细研究和适当改进。

该方法是取一定量的干燥的货样加入适量的水，充分搅拌约 5 min 后均分成 5 份填装入测量仪的铁模中，每装入一份后，用带有导筒的冲压器反复捶捣 25 次，冲压器锤头的重量为 350 g，每次的升落高度为 0.2 m，如此进行直到 5 份全部完成，然后将铁模内（容积为 1 000 cm³）的货样进行干燥和称重。

按上述方法进行 5~10 次冲压试验，货样的水分含量应从干燥调制到接近饱和。试验完成后，按照规则指定的方法计算出每一次冲压试验铁模内的空当比（空当体积与固体体积的比值）、净含水量（体积比）和含水量饱和度（体积比，净含水量与空当比的比值），以空当比为纵坐标、以净含水量体积比为横坐标，绘制出一条冲压曲线，冲压曲线与饱和度为 70% 的曲线交点即为适运水分限 TML。冲压曲线和饱和度曲线见图 5-3。

④经改进的适用于铁矿粉的葡氏/樊氏试验法（Modified Proctor/Fagerberg Test Procedure for Iron Ore Fines）

IMSBC 规则中针对直径小于 1 mm 的粉状颗粒占 10% 或以上的铁矿粉，以及直径小于 10 mm 的颗粒占50%或以上的铁矿粉建议采用经改进的适用于铁矿粉的葡氏/樊氏试验法，取其饱和含水量的80%作为其适运水分限。当试验中铁矿粉的最佳含水量（Optimum Moisture Content, OMC）对应的饱和水平为90%或更高时，本试验法适用。

⑤经改进的适用于煤的葡氏/樊氏试验法（Modified Proctor/Fagerberg Test Procedure for Coal）

该试验适用于最大标称粒度达 50 mm 的煤测定适运水分限 TML，取其饱和含水量的 70%

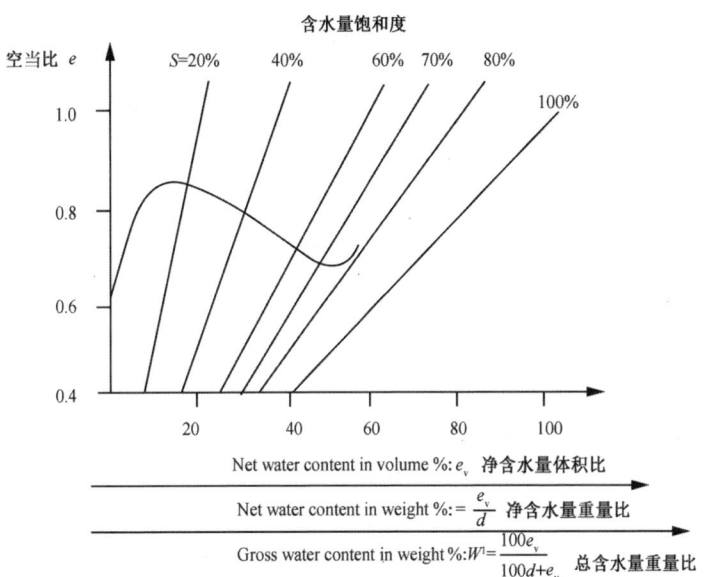

图 5-3　冲压曲线和饱和度曲线图

作为其适运水分限。

该试验方法明显不同于现有的葡氏/樊氏试验法,其试验设备中的冲压器锤头的重量和铁模(圆筒)的体积发生了改变;烘箱应强制循环或使用惰性气体,而不像现有的其他 TML 测试方法要求烘箱无空气循环。同时,该测试方法中也提供了一个关于如何处理样本煤块超过50 mm 的情况的新程序。

⑥经改进的适用于铝土矿的葡氏/樊氏试验法(Modified Proctor/Fagerberg Test Procedure for Bauxite)

IMSBC 规则中针对直径小于 1 mm 的粉状颗粒占 30%以上的铝土矿以及直径小于2.5 mm的颗粒占 40%以上的铝土矿建议采用经改进的适用于铝土矿的葡氏/樊氏试验法,其适运水分限应按如下要求取值:

a.当试验中铝土矿的最佳含水量 OMC 对应的饱和水平不低于 90%时,取饱和含水量的 80%;

b.当试验中铝土矿的最佳含水量 OMC 对应的饱和水平低于 90%时,取饱和含水量的 70%;

c.如果水分可以从试样中自由流出,使得冲压曲线不能达到或超过 70%饱和度,则说明该货物中的水分可以很容易地通过颗粒间的空隙,因此,该货物不易流态化。

(2)A 组货物流态化的简易检验法

①用坚固圆桶或类似容器(0.5~1 L)装半罐货品,从离地面约 0.2 m 的高处猛力砸向一个坚硬的表面,以 1~2 s 的间隔重复 25 次,若货物表面出现游离水分或呈流动状态,则在装货前应进行附加的试验室试验。该方法称为圆筒测试法(Can Test),为 IMSBC 规则中推荐的船员在实践中使用的方法。但是必须注意,即使样品经过圆筒测试后仍然保持干燥,此物质的水分含量也仍然有可能超过适运水分限。

②用手抓一把矿粉,从 1.5 m 高处自由落到地面或甲板上,若着地崩散说明含水量不超过8%,可以承运;若仍为一团,则说明含水量超过 10%。

③手抓矿粉成团后,如用手能捏散则说明其含水量低于8%,否则超过8%。

④货品放入平底玻璃杯或其他小容器内,来回摇动5 min,若明显有液体浮在货物表面,说明含水量太高,应要求进行含水量的试验室检验。

⑤货品放在一平盘上并压成锥形,用平盘击桌面,如锥形呈碎块状或块状裂开而不流塌,则表明适运;如坍塌呈煎饼状,则表明其含水量过高。

（二）B 组货物

B组货物是指在运输中会使船舶产生危险局面的具有化学危险的货物(Materials Possessing Chemical Hazards)。这类货物根据其化学危害可分成三类:已列入IMDG规则的固体散货、仅在散装时具有危险性的货物(MHB)、既列入IMDG规则又体现出仅在散装时具有危险性的固体散货。

1.已列入 IMDG 规则的固体散货

此类货物无论是包装形式还是散装形式运输,因本身的化学性质决定其都属于危险货物,具有相同的分类号,其危险特性符合IMDG规则中相关的规定。但由于其运输方式的不同,有关安全运输的要求存在一定差别,应采取不同的规则。该类固体散货包括第4.1类、第4.2类、第4.3类、第5.1类、第6.1类、第7类、第8类及第9类危险货物。

第4.1类:易燃固体、自反应物质和退敏爆炸品。该类物质是指易于燃烧和经摩擦可能起火的固体,如硫黄。

第4.2类:易自燃物质。该类物质是指除引火物质以外,在不供能量的情况下与空气接触易于自行发热的物质,如干椰肉、种子饼、氧化铁、金属屑等。

第4.3类:遇水放出易燃气体的物质。该类物质是指与水相互作用易于自燃或放出一定危险数量易燃气体的固体物质,如废铝、锌渣、硅铁等。

第5.1类:氧化物质。该类物质是指本身未必可燃,但与其他物质接触时,通过产生氧气或发生类似反应增加其他物质的燃烧和烈度的物质,如硝酸铵、硝酸铝、硝酸钡等。

第6.1类:有毒物质。该类物质是指通过吞咽、吸入或与皮肤接触造成死亡或严重损伤或危害人体健康的固体物质。

第7类:放射性材料。该类物质是指活性浓度和总活度超过IMDG规则规定数值的任何含有放射性核素的物质。

第8类:腐蚀性物质。该类物质是指通过化学反应能严重伤害与之接触的生物组织的物质,或导致对其他货物或船舶的损坏。

第9类:杂类危险物质和物品。该类物质是指在运输中呈现出未列入其他类别危险的物质和物品,如鱼粉(加稳定剂)、蓖麻籽(蓖麻粉、蓖麻油渣和蓖麻片不得散装运输)等。

2.仅在散装时具有危险性的货物(MHB)

MHB货物仅在散装运输时具有危险性不满足IMDG规则的相关要求,但是也会造成危害而应予以特别关注。MHB货物的化学危险性主要体现在易燃、自热、遇湿放出易燃气体、遇湿放出有毒气体、有毒、腐蚀及具有其他危险性。如果一种物质具有上述的一种或几种化学危险性,则应对每一种危险性使用一个符号来标记,具体见表5-3。

表 5-3　MHB 化学危险性对应符号表

化学危险性	符号
易燃	CB
自热	SH
遇湿放出易燃气体	WF
遇湿放出有毒气体	WT
有毒	TX
腐蚀	CR
其他危险性	OH

此类货物包括煤(CB and/or SH and/or WF and/or CR)、直接还原铁(SH and/or WF)、氟石(TX)、生石灰(SH and/or CR)、硫化金属精矿(SH and/or TX and/or CR)、石油焦炭(SH)、沥青球(CB and/or CR)、草泥(CR)、煅烧黄铁矿(TX and/or CR)等。

如果一种物质按照以下定义具有一种或多种化学危险性(不包括 IMDG 规则分类系统所涵盖的危险性),此种物质须被划归为 MHB。当确定了一种测试方法后,须用此种货物的代表性样品进行测试。样品须在货堆表面以下 200～360 mm、长度间隔 3 m 处采集。

如果通过分析相似的货物或者通过事故记录明确了危险性质,此类物质也可被归类为 MHB。

(1)易燃固体 MHB(CB)

此类物质在散装运输时可以快速燃烧或易燃,且不满足第 4.1 类包括的衡准。根据联合国《试验和标准手册》第Ⅲ部分 33.2.1.4.3.1 进行初步筛选表明,当进行一次或多次燃烧测试时,点燃时间少于 2 min,粉末、颗粒或糊状物质须被划分为 MHB。当金属或合金可以被点燃,反应扩展到整个样品范围的时间为 20 min 或少于 20 min,须被划分为 MHB。初步筛选的样品长度为 200 mm。

(2)自热固体 MHB(SH)

此类物质在散装运输时自热,不满足第 4.2 类包含的衡准。根据联合国《试验和标准手册》第Ⅲ部分 33.3.1.6 给出的测试方法,当使用 100 mm³ 的样品在 140 ℃ 和 100 ℃ 时,测试样品的温度升高超过 10 ℃,该类物质应该被划归为 MHB。

此外,根据联合国《试验和标准手册》第Ⅲ部分 33.4.1.4.3.5 中给出的测试方法进行测试的任意时刻,此类物质温度较环境温度上升 10 ℃ 或以上,该类物质须归类为 MHB。进行测试时,样品的温度须超过 48 h 的连续测量。在 48 h 结束时间段,如果温度有所升高,则根据测试方法须相应延长测试时间。

(3)遇湿放出易燃气体的固体 MHB(WF)

此类物质在散装运输时,若与水接触,会放出易燃气体,不满足第 4.3 类包含的衡准。按照联合国《试验和标准手册》第Ⅲ部分 33.4.1 中给出的测试方法进行测试,如果易燃气体释放速率大于零,则该类物质须归为 MHB。进行该测试时,每隔 1 h 进行一次,对所产生气体的速率计算须超过 48 h。在测试的 48 h 结束时间段,如果产生气体的速度增大,则根据测试方法相应延长测试时间。

(4)遇湿放出有毒气体的固体 MHB(WT)

此类物质散装运输时,与水接触会放出有毒气体。根据联合国《试验和标准手册》第Ⅲ部分 33.4.1 中给出的测试方法进行测试,如果有毒气体释放速率大于零,则该类物质须列为 MHB。根据测试方法的规定,测量有毒气体释放应该用与测量易燃气体释放相同的测试程序。进行该测试时,每隔 1 h 测试一次,对所产生气体的速率计算须超过 48 h。在测试的 48 h 结束时间段,如果产生气体的速度增大,则根据测试方法相应延长测试时间。

测试期间气体的收集须采用上文规定的方法。如果气体是未知的,没有可用的急性吸入毒性数据,则该气体须进行化学分析和毒性测试。如果气体是已知的,则须在所有已知信息的基础上进行吸入毒性的评估,使用测试方法是总结其危害性的最后方法。有毒气体是在 4 h 测试中,表现出急性吸入毒性(LC_{50})低于 20 000 ppmV 或者 20 mg/L(GHS 急性毒性气体/蒸气类别 4)。

（5）有毒固体 MHB(TX)

此类物质在装载、卸载或散装运输时,如果被吸入或与皮肤接触,对人类具有毒性危害,且不满足第 6.1 类包含的衡准。符合 GHS 第 3 部分的以下衡准之一的物质须被划归为 MHB:

①货物产生的粉尘经 4 h 测试,急性吸入毒性(LC_{50})为 1~5 mg/L(GHS 急性毒性粉尘类别 4);

②货物产生的粉尘呈现吸入毒性等于或小于 1 mg/L/(4 h)(GHS 特定目标器官毒性单独曝露吸入粉尘 1 类)或低于 0.02 mg/L/(6 h)/d(GHS 特定目标器官毒性反复剂量吸入粉尘 1 类);

③货物呈现急性皮肤接触毒性(LD_{50})为 1 000~2 000 mg/kg(GHS 急性皮肤接触类别 4);

④货物经过 90 天测试,呈现的皮肤接触毒性低于 1 000 mg(GHS 特定目标器官毒性单独曝露皮肤 1 类)或低于 20 mg/kg bw/d(GHS 特定目标器官毒性重复剂量皮肤第 1 类);

⑤货物呈现出致癌性(GHS 类别 1A 和 1B),致突变性(GHS 类别 1A 和 1B)或生殖毒性(GHS 类别 1A 和 1B)。

（6）腐蚀固体 MHB(CR)

此类物质腐蚀皮肤、眼睛或金属材料,或者是呼吸致敏,且不满足第 8 类包括的衡准。符合 GHS 第 3 部分的以下衡准之一的物质须被分类为 MHB:

①货物已知为呼吸道过敏物质(GHS 呼吸致敏 1 类);

②货物呈现出的皮肤刺激性的平均值为 2.3 或高于 2.3,产生红斑/焦痂或水肿(GHS 皮肤腐蚀/刺激类别 2);

③货物呈现出的眼睛刺激性的平均值高于 1,产生角膜混浊/虹膜炎,或平均值或高于 2,产生结膜发红/水肿(GHS 严重眼损伤类别 1 或眼睛刺激 2A 组)。

此外,如果一种物质在试验温度 55 ℃时,对钢表面的年腐蚀率为 4~6.25 mm,则该物质须被分类为 MHB。试验材料和试验方法的具体要求可参照联合国《试验和标准手册》第Ⅲ部分第 37 节的规定。

（7）其他危险性(OH)

尽管化学危险性总是尽可能准确地定义以建立一致的标准并归为 MHB,但仍须考虑人的经验或其他因素提示的化学危险性。如果已经认识到某些化学危险性不在 CB 至 CR 描述的化学危险性内,则该危险应归为其他危险性(OH)。其他危险性(OH)应列入明细表的"危险性"部分。

3.既列入 IMDG 规则又体现出仅在散装时具有危险性的固体散货

该类货物具有的危险性有的满足 IMDG 规则的相关规定,有的又满足 MHB 货物具有的危险性,在运输时应同时考虑。例如,砂[精矿,放射性材料,低比活度(LSA-Ⅰ),UN 2912]的组别为 A 和 B,类别为 IMDG 规则中的第 7 类,同时又属于 MHB(TX and/or CR)。

此外,与 B 组固体散货有关的还有散装固体废物。所谓散装固体废物,是指一些固体物质,它们含有 IMSBC 规则中有关第 4.1、4.2、4.3、5.1、6.1、8 或 9 类危险货物的规定所适用的一种或多种成分或受其沾染,而且除了倾倒、焚烧或其他处理方法外无明确用途。值得注意的是,含有放射性材料或受放射性材料沾染的散装固体废物不属于此类,应适用有关放射性材料运输的规定。

(三)C 组货物

此类物质通常称为普通固体散货。虽然它们当中有的与 A 组货物同名,但其块状较大或含水量较低而不易流态化;有的与 B 组货物同名,但已经进行某种化学处理或因某些物质含量较小而不具有特别危险性;某些物质虽自身尚具有一定毒性或腐蚀性,但较 B 组货物而言其危险性大为降低。C 组货物主要包括水泥、滑石、石膏、黏土、硼砂、白云石、苜蓿粉、碳酸钡、重烧镁、盐、沙子等。

该类固体散货在运输过程中应考虑以下特性:

1.扬尘性

若干固体散货在装卸时极易扬尘,如水泥、滑石粉、铁矿砂、花生果等,应采取一定措施,保证人员健康及船舶设备不因粉尘而受损。

2.下沉性和散落性

固体散货装舱后颗粒间空隙随航行中船舶振动、摇荡等而减小,由此引起散货表面下沉,并具有自动松散流动的特性。对于非黏性固体散货,其散落性用静止角来表征。

静止角的测定,规则中推荐有倾箱法和船上测定法,前者适合于粒度不大于 10 mm 的非黏性粒状物质,后者是作为无试验箱时测定静止角的替代方法或船用方法。

倾箱法是将试验箱装满货样并水平放置,将一端抬高使之倾斜,当箱内货物将要流出时,试验箱倾斜的角度即为该货物的静止角。

船上测定法是将货样缓慢倒至一张置于平面上的粗质纸上,形成对称锥体,均匀测定12 个锥面角度,并取平均值作为该方法测定的货物静止角,此静止角加 3° 则为倾箱试验测得的静止角。

就一般固体散货而言,散落性大小是影响船舶安全的重要因素。对于静止角较小的固体散货,应采取严格平舱等措施预防货物在舱内的移动。

3.忌杂质

某些耐火材料如重烧镁、矾土、耐火黏土、碳化硅等货物,在装运中应避免混入铁、煤、木屑、氧化镁、氧化钙等杂质,以防降低其熔点。黑钨矿中不能混入锡、硫、砷、磷、铜、铝等杂质,否则会影响其品质和用途。

4.忌水湿

水泥、化肥、糖、磷盐岩等货物,水湿后会结块变硬,使货物质量降低或失去使用价值。

5.毒性和窒息性

某些固体散货自身有一定的毒性,它们虽未列入具有化学危险的货物,但在装运时亦应引起重视,采取相应的预防措施。如铅矿、铬矿、锑矿呈粉末状,粉尘吸入或吞入会引起铅中毒,锑矿潮湿时会产生锑化氢、胂、磷化氢等有毒气体。有些固体散货在运输中因氧化而使舱内缺氧，易造成窒息中毒。

6.腐蚀性

化肥等固体散货对船体具有一定的腐蚀性，或在一定条件下具有较强的腐蚀性。如在硫酸铵化肥运输中，若货舱内产生汗水，则对肋骨和边板等造成强烈腐蚀；长时间运输磷酸一铵会对船体造成损害，且潮湿时具有强烈的腐蚀性。

7.磨蚀性

固体散货均具有一定的磨蚀性，对那些磨蚀性较强的货物，应选择合适的装卸工具，采用合理的装卸方法和防护措施以减小对船体的磨蚀。

8.与危险货物的隔离

某些固体散货虽然自身无有害危险，但与某些危险货物接触能增加风险或产生某种有害影响。如放热型铁铬合金、锰铁合金等，应与易自燃物质隔离；铅矿石应与酸类物质隔离，否则会产生剧毒气体。

在上述分类的基础上，还应注意的是，IMSBC 规则中列出的部分固体散货既易流态化或动态分离又具有化学危险，如氢氧化铝（A 和 B）、草泥（A 和 B）、煤（B 和 A）、硫化金属精矿（A 和 B）、氟石（A 和 B）等，所以运输这类货物时应兼顾其易流态化特性和化学危险性对安全运输的影响。有的物质在不同的条件下其性质会发生变化，可属于不同的类别，如芥菜籽颗粒（B 或 C）、谷糠颗粒（B 或 C）、酒糟颗粒（B 或 C）等。

二、固体散装货物运输危险性

固体散装货物在海上运输中的危险性一般可归纳为以下三种。

1.货物重量分配不合理或平舱不当造成船舶结构损坏

货舱内不合理的重量分布不但会使载货部位由于超出结构许用负荷而变形或损坏，还会导致船体结构纵向变形或断裂。未平舱或平舱不当实质上是货物重量在某一局部上形成过大负荷，如图 5-4(a)所示；同时，平舱不当也会在相邻货舱之间的横舱壁上形成压力差，可能导致舱壁的变形或损坏，如图 5-4(b)所示。

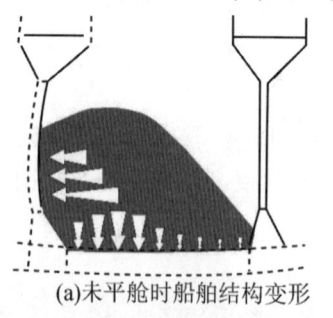 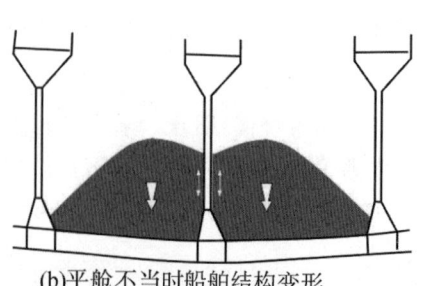

(a)未平舱时船舶结构变形　　　(b)平舱不当时船舶结构变形

图 5-4　未平舱或平舱不当造成船体结构变形

2.货物滑动或流动导致船舶在航行中稳性减小或丧失

如图 5-5 所示，船舶稳性减小甚至丧失的原因主要有以下两方面：

（1）未平舱或平舱不当而使货物在恶劣天气中移动：

从一般意义上讲,船舶无论装载何种固体散货,在航行中都有移动的可能性。对于粒度较小的固体散货,其移动方式表现为货物表面的滑动；对于粒度较大或块状的固体散货,其移动方式表现为货物的滚动或倾倒。

（2）由于船舶在航行中的振动和摇摆,货物会因易流态化或动态分离而滑向或流向货舱一舷。

此种危险主要是由含水量高的流态化货物或动态分离货物所产生的,即使不在恶劣天气中航行,也存在货物滑动或流动的危险,应引起足够重视。

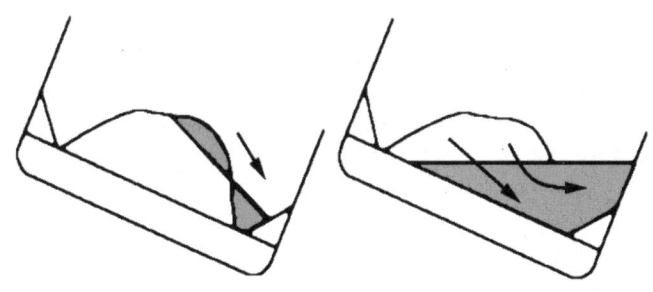

（a）货物横向移动　　　（b）货物流态化或动态分离

图 5-5　舱内货物横向移动和流态化或动态分离

3.散货的危险化学反应造成事故的发生

此类危险主要发生在具有不同化学特性的 B 组货物中。但应当清楚,对于不属于 B 组的其他类别货物在某些条件下也具有化学危险性。

第三节　固体散货船分类及特点

从对船舶安全的影响及货物装运要求的角度,固体散货船指所有装运固体散装货物的船舶。但随着世界航运业和造船业的发展及对运输安全的重视,固体散货船正向着专用、大型、多用途、自动化和绿色环保等方向发展。

一、固体散货船分类

固体散货船通常按船舶载重吨位、货舱舷侧结构形式、货物密度和装载状态、船舶所承载的货物种类等进行分类。

（一）按船舶载重吨位分类

1.灵便型散货船

小灵便型散货船(Handysize Bulk Carrier) 载重量在 2 万 ~ 3.5 万吨,大灵便型散货船(Handymax Bulk Carrier) 载重量在 3.5 万 ~5 万吨。此类船吃水浅,能进出世界众多港口,具有灵便、通用的特点。近年来,灵便型散货船已发展成为多用途散货船。

2.巴拿马型散货船

巴拿马型散货船（Panamax Bulk Carrier）是指能够安全通过巴拿马运河的油船，该型船舶的尺度受到巴拿马运河船闸的制约。老船闸适用最大尺寸的船舶为：船长 294.13 m，船宽 32.31 m，吃水 12.04 m，载重量在 6 万~7 万吨；新船闸适用最大尺寸的船舶为：船长 366 m，船宽 49 m，吃水 15.2 m，载重量在 18 万吨左右。

近年来出现了一种新的卡姆萨尔型散货船（Kamsarmax Bulk Carrier），该型散货船是按照能进入西非几内亚的卡姆萨尔港口设计的散货船，主要用于运输铝土矿。船舶载重吨位在 8.2 万吨左右，船长 229 m，船宽 32.36 m，型深 19.9 m，结构吃水 14.35 m，也能通过巴拿马运河。

3.好望角型散货船

好望角型散货船（Capesize Bulk Carrier）多指 15 万吨以上的散货船，又称海岬型散货船。因为尺度限制，该型散货船不能通过苏伊士运河，需绕行好望角，所以称为好望角型。

4.Valemax 型散货船

Valemax 型散货船的载重吨位为 40 万吨，是目前世界上最大的固体散货船，它专为运输巴西淡水河谷的铁矿而建造。其船长 360 m，船宽 65 m，型深 30 m，满载吃水 22 m，共有 7 个货舱。相比 20 万吨的好望角型散货船，Valemax 型散货船的油耗量减少 35%，单船运输成本节约 25%~30%。

5.大湖型散货船

大湖型散货船（Lake Bulk Carrier）是指经由圣劳伦斯水道航行于美国、加拿大交界处五大湖区的散货船，以承运煤炭、铁矿石和粮食为主。该型船尺度上要满足圣劳伦斯水道通航要求，船舶总长不超过 222.5 m，船宽不超过 23.16 m，且桥楼任何部分不得伸出船体外，吃水不得超过各大水域最大允许吃水，桅杆顶端距水面高度不得超过 35.66 m。载重量一般在 3 万吨左右，大多配有起卸货设备。

（二）按货舱舷侧结构分类

按货舱舷侧结构的不同，将散货船分为单舷侧固体散货船（Single Side Skin Bulk Carrier）（见图 5-6）和双舷侧固体散货船（Double Side Skin Bulk Carrier）（见图 5-7）。

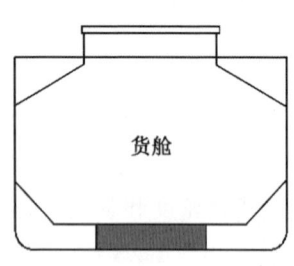

图 5-6　单舷侧固体散货船

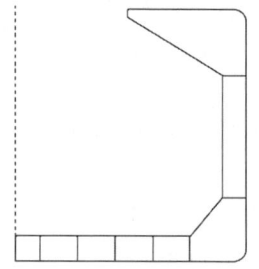

图 5-7　双舷侧固体散货船

单舷侧固体散货船是指在装货处所中建有单层甲板、顶边舱和底边舱，且货舱任何边界均为舷侧壳板或一个或多个货舱边界为两道水密边界，其一为舷侧壳板的散货船。

双舷侧固体散货船是指在装货处所中建有单层甲板，且船内所有货舱边界均为双舷侧结构的散货船。双舷侧结构是指每艘船的舷侧由舷侧船壳板和连接双层底和甲板的纵向舱壁构成的一种船舶结构。如果安装了底边舱和顶边舱,它们可为双舷侧结构的组成部分。

（三）按货物密度和装载状态分类

考虑到对船舶强度的要求,国际船级社联合会 IACS 在《散货船共同结构规范》中将散货船按所载货物密度及装载状态分为三种:

(1)BC-A 型散货船:为运输设计装载货物密度在 $1.0~t/m^3$ 及以上的干散货而设计的,在最大吃水工况下有指定空舱组且装载工况中包括 BC-B 的要求的散货船。

(2)BC-B 型散货船:为运输设计装载货物密度在 $1.0~t/m^3$ 及以上的干散货而设计的,在最大吃水工况下所有舱装货且装载工况中包括 BC-C 的要求的散货船。

(3)BC-C 型散货船:为运输设计装载货物密度在 $1.0~t/m^3$ 以下的干散货而设计的,在最大吃水工况下所有舱装货的散货船。

（四）按船舶所承载的货物种类分类

1.普通散货船

普通散货船是适用于装载多种普通固体散装货物的通用型船舶,最常运的货物有谷物、化肥、煤炭等,这种船舶的总载重量在数千吨到十几万吨。普通散货船仅能装运实际含水量 MC 不超过其适运水分限 TML 的 A 组散货。

2.专用散货船

专用散货船是专门运载某单一货种的船舶,如矿石专用船、水泥专用船、石灰专用船、木屑专用船、自卸式散货船等。

3.具有特殊结构或装有特殊设备的散货船

当 A 组货物的含水量超过其 TML 时,可用具有特殊结构或装有特殊设备的散货船运输。

4.其他类型散货船

除上述专门用于装运固体散货的船舶外,还有少量的杂货船、多用途船、兼用船 O/B/O(矿/散/油)、兼用船 O/O(矿/油)在散货航线上营运。

二、固体散货船结构特点

固体散货船类型不同,其结构特点也存在差异。

（一）普通散货船

普通散货船的结构特点主要包括:

1.机舱区位于船尾部

机舱和上层建筑一般均设在船尾,中区宽阔船体设计成货舱,有利于货物装卸和提高船舶载货能力。

2.单甲板,双层底,单舷侧或双舷侧

从便于装卸和减小舱内货物移动倾侧力矩的角度考虑,固体散货船采用单甲板结构,设置双层底舱,具有增加压载、提高抗沉性和纵强度等作用。为了提高船体强度和耐腐蚀程度,很多固体散货船采用双舷侧结构。

3.舱口较大,舱口围较高

船舶舱口较大,为货物装卸提供了便利条件。装货时,通过向不同方向移动装船机械,使货物能够流向货舱边缘,从而减小货舱四周空当;卸货时,装卸机械可卸出任意位置处的货物,从而减小清舱工作量。若装载散装谷物等积载因数较大的固体散货且初始呈满舱状态,当舱内货物下沉后,可保持自由货面仍处于舱口围之内。

4.纵舱壁呈斜面状

在货舱区设置斜面状顶边舱和底边舱从而形成斜面状纵舱壁。顶边舱的设置,便于货物装至顶边舱以上时在舱口以外的自动平舱,装载散落性大的固体散货时可减小其移动力矩;而底边舱的设置,有利于卸载时减少货物的清舱数量。另外,船舶空载时,顶边水舱和底边水舱作为压载舱使船舶的压载能力提高。

5.船中部货舱为载货和压载兼用舱

由于固体散货流向单一,船舶设计必须满足压载航行的需要,仅凭边舱及双层底舱压载通常无法满足船舶适航性要求,因此,将船舶的中部货舱作为兼用压载舱,在结构及强度上符合压载要求,该舱又称风暴舱。由于海水对货舱结构腐蚀作用较大,应注意采取适当的方法对其进行维修保养。

6.货舱内设置进水报警装置

安装货舱进水探测报警装置的目的是及时了解货舱意外进水的情况,以便及时采取相应的措施。IMO 规定,无论何时建造的散货船应于 2004 年 7 月 1 日前安装水位探测器。具体安装标准为:在每一货舱内,当水位达到高出任何货舱底部 0.5 m 时应发出一个声光报警信号,在水位高度达到不小于货舱深度 15%但不超过 2 m 时也应发出另一个声光报警信号。视觉报警应能将每一货舱的两种不同的水位探测明显区分开。

7.船体结构满足不同装载方式

散货船装载方式在设计时通常分为均匀装载和隔舱或舱组装载两种。所有散装货种都允许均匀装载,尤其是低密度散货;对于密度较大的矿石等重货,经常采用隔舱或舱组装载方式,以提高船舶重心,减小船舶横摇。为承受舱内货载,对在隔舱或舱组装载的货舱,设计时必须对局部结构予以加强,并经船级社批准。

（二）矿石专用船

矿石特别是铁矿石,是海上运输的各类大宗固体散货中最常运的货种。为适应固定航线上运载矿石的需求,特别是在矿石产区与冶炼区间的航线上,矿石专用船得到了广泛的应用。

矿石专用船在结构上除了与普通散货船具有相同的特点外,还具有以下特殊性:

1.货舱容积小,双层底高

由于矿石密度大,所需空间小,所以货舱容积小;且此类船舶通常设有较高的双层底,以有利于提高装货后的船舶重心,减小过大稳性。

2.货舱两舷设置较大边压载舱,舱壁呈斜面形

较大边压载舱的设置提高了压载能力,减小了货舱容积,但通常只将货舱下边壁设计成斜面形,以利于货物的清舱,如图 5-8 所示。

3.货舱横舱壁少

由于货种单一且具有两道纵向舱壁,从货物的配装和船体强度方面考虑,可适当减少货舱

数目,但舱口仍按需要设置。

4.船上无装卸设备

由于货物装卸都是在专用码头利用岸壁装卸机械完成的,因此船上通常不设置装卸设备。

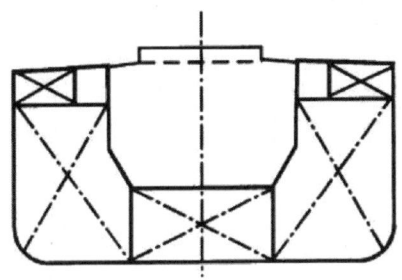

图 5-8　矿石专用船货舱结构

（三）自卸式散货船

该类散货船利用舱内设置的传送带自动将固体散货卸至码头,可实现封闭卸货,避免粉尘污染,提高了卸货速率。其舱底呈 W 形,如图 5-9 所示。自卸式散货船适用于含水量较小的细颗粒状非黏性固体散货,如粮食、煤粉、化肥等。

图 5-9　自卸式散货船货舱结构

（四）具有特殊结构或装有特殊设备的船舶

特殊设备的设计和安装,不仅应能抵抗高密度散货强大的流动冲击力,还应能将货物移动所产生的倾侧力矩减小到允许范围。

特殊设备是指为把货物的移动限制在允许的限度内而特别设计的简便隔离设备,同谷物货舱中设置的纵隔壁类似。该类船舶须持有主管机关的批准证明。

（五）干粉类货物运输船

为干粉类货物特别建造的散货船应持有主管机关认可的证明,并在设计和建造上满足以下要求:

（1）只运输干粉类货物;

（2）借助使用气动设备的封闭系统进行货物操作,防止货物暴露于空气中。

水泥专用船、石灰专用船等均属于该类船舶。

第四节　固体散装货物安全运输

对海运固体散装货物的安全要求应贯穿于运输流程的各个环节,这也是 IMSBC 规则的规定和海上运输实践的良好经验总结。运输环节包括货物托运、货物的适运性评定、装前准备、装载和平舱、运载和照料,以及卸货等。

一、货物托运

在装货前,托运人须尽早向船长或其代表提供货物的适当信息,以便能够采取必要的措施对货物进行妥善积载和安全运输。

（一）要求的货物信息

货物信息应在货物装船前以书面形式通过运输单证予以确认,具体包括:

（1）当货物列入本规则中时,散装货物运输名称为 BSCN。次要名称可作为散装货物运输名称的补充。

（2）货物的组别（A 和 B,A,B 或 C）。

（3）如适用,该货物的 IMDG 分类。

（4）如适用,以字母 UN 开头的货物的联合国编号。

（5）交运货物的总量。

（6）积载因数。

（7）必要时,平舱要求和平舱程序。

（8）如适用,移动的可能性,包括静止角。

（9）以证书的形式提供的关于货物水分含量及精矿或其他货物可能流态化的适运水分限的附加信息。

（10）形成潮湿底部的可能性。

（11）如适用,货物可能产生的有毒或易燃气体。

（12）如适用,货物的易燃性、毒性、腐蚀性以及耗氧倾向。

（13）如适用,货物的自热特性以及平舱要求。

（14）如适用,遇水反应释放易燃气体的特性。

（15）如适用,放射特性。

（16）货物是否为经修正的 MARPOL 73/78 公约附则 V 附录 1 中规定的对海洋环境有害物质（Harmful to the Marine Environment,HME）。

（17）国家主管当局要求的任何其他信息。

（二）提交的货物声明

托运人提供的信息应附有一份声明,货物声明的表格样本如表 5-4 所示,其他的表格也可以作为货物声明。可使用电子数据处理（EDP）或电子数据交换（EDI）技术作为纸质单据的辅助。

表 5-4 货物信息表

散装货物运输名称		
托运人	运输单证编号	
收货人	承运人	
运输工具名称/方式 出发港口/出发地点	指南或其他事项	
目的港口/目的地		
货物一般性描述 (货物种类/颗粒大小)	总重(千克/吨)	
散装货物说明,如适用: 　　积载因数: 　　散装密度(根据 SOLAS 74 公约第Ⅻ/10 条约要求): 　　静止角,如适用: 　　平舱程序: 　　如有潜在危险性,其化学特性*: 　　* 例如:类别和联合国编号或 MHB		
货物组别 □A 和 B 组 □A 组 □B 组 □C 组	适运水分限* * A 和 B 组及 A 组货物 运输时的水分含量* * A 和 B 组及 A 组货物	
根据 MARPOL 公约附则 V 分类 □对海洋环境有害 □对海洋环境无害	补充证书* □水分含量和适运水分限量证书 □风化证书	
货物的相关特殊性质 (如:可快速溶于水)	□免除证书 □其他(需说明) * 如需要	
声明 　　本人特此声明:对托运货物的说明全面而准确。据我所知,所给出的实验结果和其他说明准确无误,我也相信如此,该批货物可视为对拟装货物具有代表性	签字人姓名/身份,公司/组织名称 地点和日期 代表托运人签字	

(三)测试证书

为了获得货物信息,托运人应安排货物进行妥善取样和试验。如 IMSBC 规则有要求,托运人应向船长或其代表提供适当的测试证书。

当船舶载运 A 组货物时,托运人应向船舶或其代表提供一份由装货港主管当局认证的机构签发的适运水分限证书和水分含量证书或声明。适运水分限证书中应包括或另附测定适运水分限的试验结果;水分含量声明中应包括或另附托运人的声明,说明就其所知所信,该水分含量是提交货物声明给船长时货物的平均水分含量。

当船舶载运 A 组货物时,托运人应在装船前确定取样、试验和控制水分含量程序,以确保水分含量低于适运水分限。这些程序应经装货港主管机关的认可，且其执行应经装货港主管机关的检查。由主管机关签发的程序执行证明文件应提供给船舶或其代表。如货物从驳船装载到船上，在制定上述程序时，托运人应提供包括防止货物在驳船上时降水和水分进入的程序。

如果 A 组货物拟装入一个以上的货物处所，则水分含量证书中应载明装入各处所中的每一种细颗粒货物的水分含量。但如果按国际或国家认可的标准程序进行的采样表明货物的水分含量对于整个货物是均匀的，一份关于所有货物处所平均水分含量的证书应予以接受。

如果具有化学危险的货物的物质明细表要求提交证书，则该证书中应包括或另附托运人的声明，说明就其所知，船舶装货当时货物的化学性质即为证书中所列出的。无论如何，确保样品具有货堆不同深度的代表性是重要的。

（四）采样程序

除非在装货前对真正的代表性试样进行试验，否则对货物的任何物理特性的测定都将毫无意义。试样的采集应由受过采样程序训练的人员进行，并应在熟悉托运货物特性以及适用的采样原则和实践的人员的监督下进行。

对于 A 组货物，托运人应提供便利，以使船舶指定代理人可以到达货堆对货物进行检验、取样以及后续的检测。

采样前，在可行范围内，应对将要装船的托运货物进行外观检查。对看上去受到污染或者性质或水分含量与大宗散装货物明显不同的部分，应予以分别采样和分析。根据这些测试所取得的结果，对不适于运输的那部分货物可拒绝装运。

进行试样的采集应考虑以下因素：

（1）货物的种类。

（2）颗粒大小的分布。

（3）货物的组成成分及其差异。

（4）货物的储存方式，如堆积、装载于火车或其他容器内；货物的转运或装载方式，如利用传送带、装货滑槽、抓斗起重机等。

（5）化学危险（毒性、腐蚀性等）。

（6）应测定的特性：水分含量、适运水分限、散货密度/积载因数、静止角等。

（7）由于天气和自然排水条件等，在整批货物中可能出现水分分布的差异，如水分向货堆或容器底部的渗移或其他形式的移动。

（8）因货物冻结可能产生的差异。

在采样过程中，应特别注意防止品质和特性的变化。采样后，进行水分含量测试的试样应立即存放在合适的密封容器中，该容器无吸收性，并且容器中有尽量少的自由空气空间以使样本的水分含量变化最小化，并妥善做出标记。除另有规定外，本规则要求的试验采样应按照国际或国家认可的标准程序进行。

对于未经处理的原矿，固定的货堆取样应在能采集该货堆不同深度样品时进行，并且保证这些不同深度的样品可以进行提取。

（五）确定适运水分限和水分含量的采样/试验与装货的间隔期

托运人应负责并保证固体散装货物的适运水分限的测定试验在装货之日前 6 个月之内进行。尽管有此规定，如货物成分或性质发生了变化，在有理由认为此种变化已经发生的情况下,则托运人应负责并保证能再次进行测定适运水分限的试验。

托运人应负责并保证测定水分含量的采样和试验时间尽可能与开始装货日期接近。采样/试验与装货开始日期的间隔不得超过 7 天。如从试验到装货结束期间货物暴露在大的雨雪下,则托运人应负责并保证进行核对试验,以确保货物水分含量低于适运水分限,并尽可能向船长提供证明。冻结的货物试样,应在全部解冻后测定其适运水分限或水分含量。

(六)精矿货堆的采样程序

因为货物的性质及状态会影响采样程序的选择,所以对所有货物采取单一的采样方法是不实际的。如果没有国际或国家认可的标准采样程序,则下述精矿货堆的采样程序可用来测定精矿的水分含量和适运水分限。这些程序并不试图取代可以取得相同或更准确测定水分含量和适运水分限的采样方法,如采用自动采样法。

当从平整的货堆中取样,子样应在基本均匀分布的格点上采集。

应将货堆形状画出并划分成区间,根据待运精矿的数量,每区间约包括 125 t、250 t 或 500 t。此图将为采样人员指出所需子样的数量以及每一子样的采集点。每一子样应从指定区域的表面下约 50 cm 处提取。

所需子样的数量及试样的重量应由主管当局确定,或按下述比例确定:货重不超过 15 000 t,每 125 t 货物应取子样 200 g;货重超过 15 000 t 但不超过 60 000 t,每 250 t 货物应取子样 200 g;货重超过 60 000 t,每 500 t 货物应取子样 200 g。

用于测定水分含量的子样,提取后应立即装入密闭的容器(如塑料袋、罐或小型金属桶)中,以便运往试验室。应在试验室将子样充分混合,以得到一份具有充分代表性的试样。如果试验场所没有试验设施,则子样的混合应在货堆处并在控制条件下进行,然后将代表性试样装入密闭容器中运往试验室。

(七)托运未列入 IMSBC 规则的货物

如果所托运的货物未列入 IMSBC 规则,则托运人在装货前应根据要求向装货港主管当局提供该货物的特性资料。基于所收到的资料,主管当局将对安全运输的可行性进行评估。

当评估拟载运的固体散装货物会呈现 A 或 B 组货物的危险性时,应寻求卸货港和船旗国主管当局的建议。三方主管当局将共同商定载运该货物的临时适运条件。

经评估拟载运的固体散装货物在运输中不会呈现特殊危险性时,这种货物的载运应被认可,并应将这种认可通报卸货港和船旗国主管当局。

装货港主管当局应向船长签发一份陈述该货物特性及载运和装卸条件的证书。

(八)载运危险货物船舶要求配备的文件

每艘载运固体散装危险货物的船舶应持有一份符合 SOLAS 74 公约第Ⅶ/7-2.2 条列明危险货物及其位置的特别清单或舱单。标明所载运危险货物的类别及在船上位置的详细配载图可用来代替特别清单或舱单。

船舶载运固体散装危险货物时,应随船配备危险货物事故或事件应急反应的适当指南。

满足 SOLAS 74 公约第Ⅱ-2/19.4 条 1984 年 9 月 1 日或以后建造的 500 总吨及以上的货船和 1992 年 2 月 1 日或以后建造的 500 总吨以下的船舶,在运输除第 6.2 类和第 7 类外的固体散装危险货物时,应持有符合证明。

二、货物的适运性评定

货物的适运性评定是指船长根据托运人提供的货物信息,查阅相关规则和规定,结合本船的技术条件判定托运的货物申报信息是否准确、货物是否满足适运要求、船舶是否能够安全承载等。

（1）如果装运 A 组固体散装货物,则应根据托运人提供的适运水分限证书、水分含量证书等确定水分含量是否超过适运水分限、采样/试验与装货的间隔期是否满足要求。

（2）如果装运 B 组固体散装货物,则应根据船舶所持有的《固体散装危险货物适装证书》（符合证明）来确定是否能够承运该类固体散装危险货物。表 5-5 为某固体散货船的《固体散装危险货物适装证书》货物清单,清单中列出了该船可以承运的 B 组固体散装危险货物的具体名称及其对应的装载处所。如果托运人托运的 B 组固体散装危险货物没有列入清单,则说明船舶不能承运该货物。但根据 SOLAS 74 公约和 IMSBC 规则的规定,MHB 货物不需要符合证明。因此如果托运的货物属于 B 组中的 MHB 货物且未列入清单中,应寻求主管机关的建议。

表 5-5　固体散装货物适装证书（符合证明）

CERTIFICATE OF COMPLIANCE FOR THE CARRIAGE OF SOLID BULK CARGOES

货物清单 LIST OF CARGOES

Bulk Cargo Shipping Name	UN No.	IMO Class	Group	Note	Cargo Space
ALUMINIUM NITRATE 硝酸铝	1438	5.1	B	4	All cargo spaces
BARIUM NITRATE 硝酸钡	1446	5.1	B	4	All cargo spaces
BROWN COAL BRIQUETTES 褐煤砖		MHB	B	2, 14	All cargo spaces
CALCIUM NITRATE 硝酸钙	1454	5.1	B	4	All cargo spaces
CASTOR BEANS or CASTOR MEAL or CASTOR POMACE or CASTOR FLAKE 蓖麻籽或蓖麻粉或蓖麻油渣或蓖麻片	2969	9	B	9	All cargo spaces
CHARCOAL 木炭		MHB	B	5	All cargo spaces
COAL 煤		MHB	B(and A)	2, 14	All cargo spaces
COPRA(dry) 干椰子肉	1363	4.2	B	6	All cargo spaces
DIRECT REDUCED IRON (A) Briquettes, hot-moulded 直接还原铁 A		MHB	B	2	All cargo spaces
FERROUS METAL BORINGS, SHAVINGS, TURNINGS or CUTTINGS 黑色金属钻、刨、旋或切屑	2793	4.2	B		All cargo spaces
FISHMEAL(FISHSCRAP), STABILIZED 鱼粉(鱼渣),稳定的	2216	9	B		All cargo spaces
FLUORSPAR 氟石		MHB	A and B		All cargo spaces
IRON OXIDE, SPENT or IRON SPONGE, SPENT 氧化铁(废的)或海绵铁(废的)	1376	4.2	B	2	All cargo spaces

续表

Bulk Cargo Shipping Name	UN No.	IMO Class	Group	Note	Cargo Space
LEAD NITRATE 硝酸铅	1469	5.1	B	4	All cargo spaces
LIME(UNSLAKED) 石灰(未熟化的)		MHB	B		All cargo spaces
MAGNESIA(UNSLAKED) 氧化镁(未熟化的)		MHB	B		All cargo spaces
MAGNESIUM NITRATE 硝酸镁	1474	5.1	B	4	All cargo spaces
METAL SULPHIDE CONCENTRATES 硫化金属精矿		MHB	A and B		All cargo spaces
PEAT MOSS 草泥		MHB	A and B		All cargo spaces
PETROLEUM COKE(calcined or uncalcined) 石油焦炭(煅烧的或未煅烧的)		MHB	B		All cargo spaces
PITCH PRILL 沥青球		MHB	B	6	All cargo spaces
POTASSIUM NITRATE 硝酸钾	1486	5.1	B	4	All cargo spaces
RADIOACTIVE MATERIAL SURFACE CONTAMINATED OBJECTS(SCO-I), non-fissile or fissile-excepted 放射性材料,表面被污染物体	2913	7	B	16	All cargo spaces
RADIOACTIVE MATERIAL, LOW SPECIFIC ACTIVITY(LSA-Ⅰ), non-fissile or fissile-excepted 放射性材料,低比活度	2912	7	B	16	All cargo spaces
SAWDUST 锯屑		MHB	B		All cargo spaces
SODIUM NITRATE 硝酸钠	1498	5.1	B	4	All cargo spaces
SODIUM NITRATE AND POTASSIUM NITRATE MIXTURE 硝酸钠和硝酸钾混合物	1499	5.1	B	4	All cargo spaces
TANKAGE 动物下脚肥料(或饲料)		MHB	B		All cargo spaces
VANADIUM ORE 钒矿		MHB	B		All cargo spaces
WOOD PELLETS CONTAINING ADDITIVES AND/OR BINDERS 木球团,含有添加剂和/或黏合剂		MHB (WF)	B		All cargo spaces
WOOD PELLETS NOT CONTAINING ADDITIVES AND/OR BINDERS 木球团,不含有添加剂和/或黏合剂		MHB (OH)	B		All cargo spaces
WOODCHIPS 木片		MHB	B	10	All cargo spaces

LIST OF NOTE

2	Electrical equipment and cables in the cargo spaces shall be the safe type for use in dangerous environments
4	Alternatively, water supplies defined in SOLAS Reg. Ⅱ-2/19.3.1.2 to be provided for cargo spaces
5	Charcoal in class 4.2 not to be carried in bulk and the moisture content not to be more than 10%

续表

6	This cargo shall not be loaded in cargo spaces adjacent to fuel oil tank(s), unless heating arrangements for the tank(s) are disconnected and remain disconnected during the entire voyage
9	Castor meal castor pomace and castor flakes not to be carried in bulk
10	Where the cargo with moisture of 15% or more is carried, the vessel may be excepted from the fixed fire-fighting system in cargo spaces
14	The cargo shall not be stowed adjacent to hot areas (For interpretation of hot areas, see MSC.1/Circ.1351)
16	The requirements of Flag State and competent authorities of the port of loading/unloading need to be met

需要特别注意的是,有些固体散货的危险货物类别和组别有多种可能,应根据托运人提供的详细信息参考 IMSBC 规则仔细确认,如种子饼、铁矿和铁矿粉、铝土矿和铝土矿粉、煤炭等。

①种子饼

IMSBC 规则中种子饼共分五类。

A.种子饼,含植物油 UN 1386 (a)

此类种子饼的种子是经机械压榨的种子,含油量超过 10%或油和水分含量合计超过 20%。该类种子饼属于 B 组货物中的第 4.2 类,只有在主管机关特别允许时才能散装运输。

B.种子饼,含植物油 UN 1386 (b)

此类种子饼的种子是经溶剂萃取或机械压载的种子,含油量不超过 10%;且当水分含量高于 10%时,油和水分含量合计不超过 20%。该类种子饼属于 B 组货物中的第 4.2 类,但不包括以下物质,因为这些物质不符合第 4.2 类物质的标准:

a.溶剂提取的油菜籽粕、油菜籽颗粒、黄豆粕、棉花籽粕和葵花籽粕,含油量不超过 4%,油和水分含量合计不超过 15%;

b.机械压榨的柠檬粕颗粒,含油量不超过 2.5%,油和水分含量合计不超过 14%;

c.机械压榨的玉米蛋白粉含油量不超过 11.0%,油和水分含量合计不超过 23.6%;

d.机械压榨的玉米谷蛋白颗粒饲料含油量不超过 5.20%,油和水分含量合计不超过 17.8%;

e.机械压榨的甜菜浆颗粒含油量不超过 2.8%,油和水分含量合计不超过 15.0%。

在装货前,托运人应提交由装运国主管当局认可的人员签发的证书,证明该物质的含油量和含水量满足要求。

C.种子饼 UN 2217

此类种子饼的种子含油量低于 1.5%,且水分含量不超过 11%。

该类种子饼属于 B 组货物中的第 4.2 类,但不包括以下物质,因为这些物质不符合第 4.2 类物质的标准:含油量不超过 1.5%且水分含量不超过 11%经溶剂提取的油菜籽粕、油菜籽颗粒、黄豆粕、棉花籽粕和葵花籽粕。在装货前,托运人应提交由装运国主管当局认可的人员签发的证书,证明该物质的含油量和水分含量满足要求。

D.种子饼和其他经加工含油植物残渣

该类种子饼属于 B 组货物中的 MHB(SH)货物。

E.种子饼和其他经加工含油植物残渣

该类种子饼基本上不含易燃溶剂或其他易燃化学品,属于 C 组货物。

②铁矿和铁矿粉

A.铁矿

满足下列条件之一的,应按"铁矿"条目(C 组货物)申报运输。

a.直径大于 1 mm 的粉状颗粒占 10%或以上;或

b.直径大于 10 mm 的粉状颗粒占 10%或以上;或

c.两者都具备;或

d.由托运人提供给船长的声明中根据国际或本国接受的标准程序确定的货物中,铁矿粉中总叶铁矿质量为 35%或以上。

B.铁矿粉

同时满足下列条件的,应按"铁矿粉"条目(A 组货物)申报运输。

a.直径小于 1 mm 的粉状颗粒占 10%或以上;和

b.直径小于 10 mm 的颗粒占 50%或以上。

尽管有上述规定,但按质量计总叶铁矿含量为 35%或以上的铁矿粉可以按照"铁矿"明细表运输,托运人应向船长提供依照国际或国家认可标准程序确定的货物中叶铁矿含量的声明。

③铝土矿和铝土矿粉

A.铝土矿

满足下列条件之一的,应按"铝土矿"条目(C 组货物)申报运输。

a.直径大于 1 mm 的粉状颗粒占 30%以上;或

b.直径大于 2.5 mm 的粉状颗粒占 40%以上;或

c.两者都具备;或

d.托运人应向船长提供一份由装货港主管当局根据试验结果签发的证书,以声明货物的水分可以自由地流失以至于其饱和度不能达到 70%。

B.铝土矿粉

同时满足下列条件的,应按"铝土精矿"条目(A 组货物)申报运输。

a.直径小于 1 mm 的粉状颗粒占 30%或以上;和

b.直径小于 10 mm 的颗粒占 40%或以上。

尽管如此,但符合上述标准的铝土矿货物可以按照"铝土矿"明细表的规定作为 C 组货物运输。托运人应向船长提供一份由装货港主管当局根据试验结果签发的证书,以声明货物的水分可以自由地流失以至于其饱和度不能达到 70%。

(3)如果装运的货物为对海洋环境有害的物质,则船长应充分考虑卸货后货物残余的处理问题。

三、装前准备

在装货前应检查和准备货舱,保证设备处于良好的可用状态及货舱环境满足固体散货的要求,使货舱适货,必要时应取得验舱证明。高密度散货装舱时具有较大的冲击力,应注意采取措施防止对货舱造成损坏。

（一）货舱检查

1.舱口盖设备

（1）保持所有舱口盖排水及其止回阀门（如果安装）处于正常的运转状态，注意如果在密封条内侧设有排水管，应同时设有止回阀，以防止甲板上浪的情况下货舱进水。

（2）在诸如密封垫、橡胶垫、周边和交叉接头的舱口楔耳等部件更换之后应保持紧固载荷的均衡；如果所载运的货物范围需要不同的密封填料，除其他备件外，船上应备有可供选择的规格正确的密封填料。

（3）在舱口盖的每次操作中，舱口盖，特别是承压面和排水沟，应无杂物并应尽可能保持清洁，严防海水进入大舱。

应始终保持舱盖水密、坚固，防止雨水、海水进入货舱导致货损或储备浮力减小或使货物形成流态威胁船舶。实践中，舱盖破损或密封不严使海水进入货舱导致货物液化是易流态化货物安全运输的重要隐患之一。

2.污水系统

保证污水沟、污水井处于良好的状态，污水井和滤板畅通无阻并能防止散货流入污水排放系统，装载精矿粉类或煤炭类货物后应立即进行污水测量及抽水试验，以保证其畅通。

3.通风系统

通风系统的检查主要为了保证其畅通性和可关闭性。畅通性保证管道能对货舱进行有效的通风，如运输鱼粉、种子饼、煤炭、谷物等为了排出热量、降低舱温需要适当通风；可关闭性保证在紧急情况下，能迅速将货舱封闭，如舱内发生火灾需要封舱以窒息灭火、在风浪较大时关闭通风筒以防货舱进水。

4.舱内管系及报警系统

保证舱内管系包括测温管等处于良好可用状态。凡通过货舱的蒸汽管路或机舱等热源处所均应用绝热材料与货舱隔开。保证舱内各种探测器、报警器系统及管路无损坏、状态良好，可正常使用。

5.顶边和底边压载舱

保证顶边和底边压载舱的倾斜舱壁完好无破损，防止舱内压载水从破损处渗入大舱。因为顶边和底边压载舱频繁地更换压载水，导致腐蚀严重，经常出现破损。

6.电缆、电气设备

电缆、电气设备的技术状况应良好，并能在含有甲烷或粉尘的空间中安全使用，或有有效绝缘保护。照明设备应具有防爆性能。

7.货舱内消防设备

应对舱内用于消防的蒸汽管道及喷口、二氧化碳管道及喷口进行检查。管道的检查一般只用目视即可；进行喷口检查时，在管道中加风，用长杆系飘带在喷口试风，以判断喷口是否畅通。

（二）货舱准备

普通固体散货对货舱没有特殊要求，但对某些散货由于其特殊性质而对货舱提出清洁和干燥等方面的要求，实际工作中应根据具体货物具体对待，做好准备工作。

（三）编制固体散装货物装载计划

装载计划包括货物的配装及装舱顺序两个方面,结合船舶、货物、航线和港口的实际情况编制的装载计划应满足以下基本要求:充分利用船舶载货能力;满足船体强度要求并改善船体受力状态;保证船舶稳性;保持船舶具有适当的浮态;保证货物质量及防范货运事故发生;便于货物快速装载,有利于排放压载水,缩短船舶在港停泊时间。

不同种类的固体散货,因特性的差异其配装要求也不同。从货物的特殊性考虑,对于 A 和 B 组固体散货,除应满足一般固体散货的配装要求外,在舱位选择及货物相容性方面,还应满足 IMSBC 规则的特殊要求。

1.A 组货物配装

配装时应充分考虑到此类物质的易流态化或动态分离特性及含水性,并注意以下事项:

（1）配装 A 组货物的舱室应能防止任何液体流入。

（2）避免将除桶装或类似包装液体货以外的其他液货配装于 A 组散货的上面或附近,否则会增加货物流态化的风险。

（3）尽可能将 A 组货物集中配装,一旦货物流态化或动态分离,可将对船舶稳性的影响降至最低。

（4）A 组货物因含有水分,一般不能与怕湿的包装货物同舱。

（5）注意 A 组货物对某些危险货物的影响。有些危险货物遇水会发生有害化学反应,如产生易燃气体、有毒气体等,应将此类危险货物与 A 组货物予以有效的隔离。

（6）装有特殊设备和具有特殊结构的船舶装运含水量较高的 A 组货物时,应注意核算货物流态化时船舶稳性是否满足要求。

2.B 组货物积载与隔离

此类固体散货在配载时应充分考虑到由于货物自身及外部因素影响而发生化学反应,可能产生危及船舶、货物和人员安全的事故。

（1）一般要求

①由于列入 B 组的货物具有潜在的化学危险性,因此其中的不相容货物应进行隔离,隔离时还应考虑到所确定的任何副危险。

②为了隔离不相容物质,货舱和舱室是指由钢质舱壁或船壳板及钢质甲板围闭的货物处所。这类处所的围闭应保证防火和防液。

③当载运 B 组固体散装货物和包装类危险货物时,它们之间应按 B 组货物与包装危险货物间的隔离要求进行隔离。当载运两种或两种以上的不同 B 组货物时,它们之间应按 B 组货物之间的隔离要求进行隔离。在同一货物处所中载运不同隔离等级的固体散装货物,应按适用于各等级中最严格的规定对所有货物进行隔离。

④不相容的货物不得同时装卸。装卸完一种货物后应关闭各货物处所的舱盖,在开始装卸其他货物之前应清除甲板上的残渣。

⑤为防止被沾染,一切食品应按下列要求积载:

a.与有毒的物质"隔离";

b.与感染性物质"用一整个舱室或货舱隔离";

c.与放射性材料"隔离";

d.与腐蚀性物质"远离"。

⑥可能产生足以危害健康的毒气的物质,不得装载在可能使毒气逸入起居处所或通风系统与起居处相连的货物处所。

⑦腐蚀强度足以损害人体组织或船舶结构的物质,应采取充分的保护措施之后方可装船。

⑧卸下有毒或氧化性货物后,应在装运其他货物前对这些货物处所的污染状况进行检查,并对受到污染的货物处所进行彻底清洗和检查。

⑨卸货后应对船舶任何残余物进行仔细检查,以便在装运其他货物之前将残余物清除。

⑩对于在紧急情况下应将舱盖打开的货物,货舱的舱盖应保持随时能够打开的状态。

（2）特殊要求

①第4.1、4.2和4.3类

该类货物应尽量保持凉爽和干燥,"远离"一切热源和火源。电气设备和电缆应处于良好状态,并有妥善的保护,避免短路和产生电火花。如果要求舱壁适用于隔离,则穿过甲板和舱壁的电缆及导管处应做密封处理,以防气体和蒸气通过。散发出的气体能与空气形成可爆混合物的货物,应在有机械通风的处所积载。应严格禁止在危险区内吸烟,并应显著标示"严禁吸烟"字样。

②第5.1类

该类货物应尽量保持凉爽和干燥,应"远离"一切热源和火源,还应与其他可燃物质"隔离"积载。在装载此类货物之前,应特别注意清洁拟装载这类货物的货舱。尽量使用不燃的固定和防护材料,并尽量少用干燥垫舱木。应采取防护措施,防止氧化物质渗入其他货物处所或污水沟和含有可燃物质的其他货物处所。

③第7类

用于装运低比活度放射性材料(LSA-Ⅰ)和表面受到放射沾染的物体(SCO-Ⅰ)的货物处所,不得用于装载其他货物,除非经过合格人员消除了放射性沾染,使任何表面上非固定污染平均每300 cm²不超过规则规定的标准。

④第8类或具有类似特性的物质

该类货物应尽量保持干燥。在装载该类货物前,应注意清洁拟装载此类货物的货舱,特别要确保货舱干燥。应防止该类物质漏入其他货舱、污水沟、污水井及舱壁护板间的缝隙。卸货后应特别注意清洁货物处所,因为这类货物的残渣可能对船体结构具有极强的腐蚀性。应考虑用水管冲洗货舱后仔细进行干燥处理。

（3）隔离表

为保证货物安全,B组固体散货与包装危险货物、B组固体散货之间都应适当隔离。

①B组固体散货与包装危险货物之间的隔离

B组固体散货与包装危险货物之间应按表5-6的要求隔离。

表中1、2、3、4和×的含义如下:

1表示"远离":只要在垂直投影的水平距离不小于3 m,则可在同一舱室或货舱内积载,如图5-10所示。

2表示"隔离":在舱内积载时,装于不同的货舱中,如图5-11所示。如果中间甲板是防火和防液的,则垂向上可在不同的舱室积载。

3表示"用一整个舱室或货舱隔离":指垂向的或水平的隔离,如图5-12所示。如果中间甲板是防火和防液的,则垂向上可用一个舱室隔离;如果中间甲板不是防火和防液的,则只能用一个货舱做纵向隔离。

4 表示"用一介于中间的整个货舱做纵向隔离",如图 5-13 所示。

×表示如有隔离要求,应查阅 IMDG 规则的危险货物一览表和 IMSBC 规则中的固体散货明细表。

表 5-6　B 组固体散货与包装危险货物之间的隔离表

散装货物 （危险性类别）	类别/ 小类	包装危险货物															
		1.1 1.2 1.5	1.3	1.4	2.1	2.2 2.3	3	4.1	4.2	4.3	5.1	5.2	6.1	6.2	7	8	9
易燃固体	4.1	4	3	2	2	2	2	×	1	×	1	2	×	3	2	1	×
易自燃物质	4.2	4	3	2	2	2	2	1	×	1	2	2	1	3	2	1	×
遇水放出易燃气体的物质	4.3	4	4	2	2	×	2	×	1	×	2	2	×	2	2	1	×
氧化性物质(氧化剂)	5.1	4	4	2	2	2	2	1	2	2	×	2	1	3	1	2	×
有毒物质	6.1	2	2	×	×	×	×	×	1	×	1	1	×	1	×	×	×
放射性材料	7	2	2	2	2	2	2	2	2	2	1	2	×	3	×	2	×
腐蚀性物质	8	4	2	2	1	×	1	1	1	1	2	2	×	3	2	1	×
杂类危险物质和物品	9	×	×	×	×	×	×	×	×	×	×	×	×	×	×	×	×
仅在散装时有危险的物质	MHB	×	×	×	×	×	×	×	×	×	×	×	×	3	×	×	×

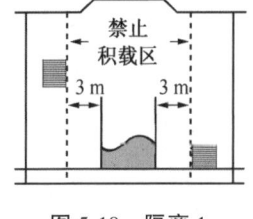

图 5-10　隔离 1

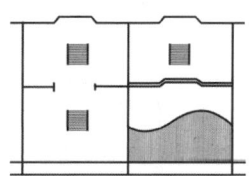

图 5-11　隔离 2

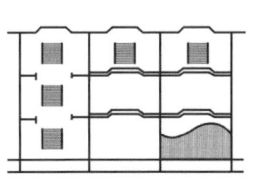

图 5-12　隔离 3

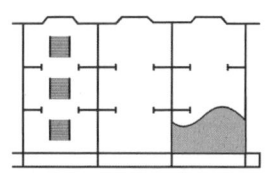

图 5-13　隔离 4

在图 5-10~图 5-13 中： 表示参考的固体散货； 表示不相容的包装货物；

表示防火、防液的甲板。图中的垂直实线表示货舱间的横向水密舱壁。

②B 组固体散货之间的隔离

B 组固体散货之间应按表 5-7 的要求隔离。

表中 2、3 和×的含义如下：

2 表示"隔离"：在舱内积载时,装于不同的货舱中,如图 5-14 所示。如果中间甲板是防火和防液的,则垂向上可在不同的舱室积载。

3 表示"用一整个舱室或货舱隔离"：指垂向的或水平的隔离，如图 5-15 所示。如果中间甲板是防火和防液的，则垂向上可用一个舱室隔离；如果中间甲板不是防火和防液的，则只能用一个货舱做纵向隔离。

×表示如有隔离要求，应查阅 IMSBC 规则的固体散货明细表。

表 5-7　B 组固体散货之间的隔离表

固体散装物质	固体散装物质									
	类别/小类	4.1	4.2	4.3	5.1	6.1	7	8	9	MHB
易燃固体	4.1	×								
易自燃物质	4.2	2	×							
遇水放出易燃气体的物质	4.3	3	3	×						
氧化性物质	5.1	3	3	3	×					
有毒物质	6.1	×	×	×	2	×				
放射性材料	7	2	2	2	2	2	×			
腐蚀性物质	8	2	2	2	2	×	2	×		
杂类危险物质和物品	9	×	×	×	×	×	2	×	×	
仅在散装时有危险的物质	MHB	×	×	×	×	×	2	×	×	×

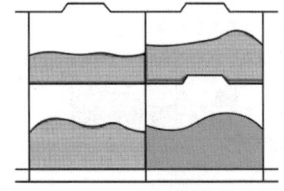

图 5-14　隔离 2

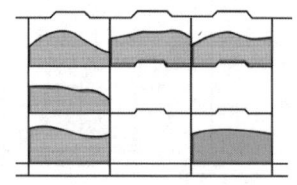

图 5-15　隔离 3

图 5-14~图 5-15 中：▨ 表示参考的散装货物；▨ 表示不相容的散装货物；—— 表示防火、防液的甲板。图中的垂直实线表示货舱间的横向水密舱壁。

四、装载和平舱

（一）一般规定

（1）认真填写固体散货船装卸船/岸安全检查表，充分了解货物装卸操作的一般要求。

（2）高密度固体散货装舱时具有较大的冲击力，应注意防止货舱设备受到损坏，在货物未全部铺满舱底前，禁止将货物从舱口高处直接落下。装货后应测定货舱的污水深度，以确定船体或舱内管线是否仍处于良好状态。

（3）装卸时，应督促装卸工人及时调整装船机喷口位置，以尽可能保持船身正浮，即使存在短时横倾，也不应超过 3°，并可减少平舱工作量。

（4）装卸时应严格按照装卸计划表进行，并应密切注意船舶吃水，当实际装卸效率和压载水排放流量与计划值出入较大时，应及时调整。

（5）防止散货粉尘对船员居住生活区、甲板机械及助航仪器的污染。在装卸期间,若可能,应关闭或遮盖通风系统,将空调系统调为内部循环,遮蔽甲板机械的活动部件及外部助航仪器。

（6）完货时应根据货物静止角大小进行合理平舱。

（7）大型散货船满载时,一般均存在一定的中垂变形,它使船中吃水增大,在限定吃水情况下,使装货量减小,故在装货结束前应注意观测吃水,防止吃水超出限定值。

（8）如货主有要求,则装货时应做好货物的取样和样品封存,货物卸载前将货样交付收货人。

（二）平舱要求

1.一般规定

对货物进行平舱可减少货物移动的可能性并能最大限度地减少空气进入货物（进入货物的空气可导致自热）。因此,对货物进行合理平舱是必要的。

货物处所须尽量装满以防止固体散货移动,但不超过底舱或二层舱甲板的强度。在考虑货物横移、纵移以及船舶应力时,须适当考虑各货物处所的固体散货的总重。货物须尽可能合理地散布到货物处所的边界。还需要考虑选择货物处所装载限制条件,正如SOLAS公约第Ⅻ章中的要求。

在充分考虑船舶特性和计划航程的前提下,当船长据所获信息分析认为事关船舶稳性时,有权要求对货物进行平舱平整。

2.多层甲板船的特殊规定

当固体散货仅装入底舱处所,须进行充分平舱以使货物重量均匀分布在舱底结构上。

在二层舱中装载固体散货时,如果装载资料载明敞开二层舱盖会使舱底结构的应力超负荷,则须关闭二层舱盖。货物须予以合理平舱并将货面平至两舷,或者利用具有足够强度的纵向隔板进行稳定。须注意二层甲板的安全荷载能力,保证甲板结构不超负荷。

如果在二层舱中装载货煤,每个二层舱的舱口须紧紧封闭以防止空气从货舱中上升到二层舱中的煤中。

3.黏性散货的特殊规定

所有潮湿货物及某些干散货均具有黏性,黏性散货须符合上述一般规定。静止角不是黏性散货稳定性的指标,且其没有包括在黏性散货的明细表中。

4.非黏性散货的特殊规定

非黏性散货是列于IMSBC规则附录3第1段中的物质和其他未列于该附录但显示非黏性特性的物质。

以平舱为目的,固体散货可分为黏性的或非黏性的。静止角是表示非黏性散货稳定性的一项指标并已包括在非黏性散货的明细表中。其对平舱的要求为:

（1）静止角 $\alpha \leqslant 30°$ 的固体散货,应按适用于散装谷物积载的规定进行运输。

（2）$30°<\alpha \leqslant 35°$ 的固体散货,经平舱后,货物表面的不平整程度即货堆表面最高点与最低点的垂直距离不超过船宽的1/10且不大于1.5 m,或装货中使用经主管当局认可的平舱设备。

（3）$\alpha>35°$ 的固体散货,经平舱后,货物表面的不平整程度即货堆表面最高点与最低点的垂直距离不超过船宽的1/10且不大于2.0 m,或装货中使用经主管当局认可的平舱设备。

五、运载和照料

固体散货在运送过程中,应做好以下几方面的管理工作,以确保货物和船舶安全。

(1)定期测定舱内的温度和湿度,进行适当的通风,防止舱内产生汗水而影响货物质量,或因汗水使货物发生化学反应而对船舶构成威胁,或因货温过高危及货物正常运输和船舶安全。

(2)按时测定污水深度,及时排出舱内污水,防止水浸湿舱内货物。

(3)对某些易产生有害气体的货物,航行中应注意适时通风换气,以排出货舱内存在的有害气体。

(4)检查货物在舱内的状况,观察是否存在某些异常现象,如需要应采取相应的措施。

(5)注意下舱安全,防止人员伤亡。

六、保证人身和船舶安全

无论何种固体散货,在整个运输过程中,如操作不当,都可能危及人身和船舶安全,为此应注意以下事项:

(1)在装货前、装货、运送和卸货过程中,应遵守所有安全注意事项,包括有关国际规则、国家规定和要求。

(2)某些散货易于氧化而造成缺氧、散发毒气和自热,也有一些散货不易氧化,但能散发毒性气体,为此应特别注意人身防护,遵守装卸货规定,并采取预防措施。

散装运输时会造成货舱缺氧的固体散货包括谷物、黑色金属、硫化金属、精矿和煤等。装有这类货物的货舱或毗邻货舱中含有的氧气可能不足以维持生命,进入前应进行充分的通风,并证明全舱氧气已重新达到正常水平。

(3)装载可产生毒气和可燃气体的货物时,货舱中应装配有效的通风系统,并对装有此类货物的货舱及毗邻的封闭舱柜予以有效的连续通风。

(4)船上应配备可测定货舱气体或氧气浓度的相应仪器,且船上人员应掌握其性能、使用方法并了解其局限性。

(5)紧急情况下进入货舱时,应在驾驶员的监护下,由经过训练的人员戴自给式呼吸器进入,必要时还应穿防护服。人员下舱时,应遵守IMO《经修订的进入船上围蔽处所建议案》[第A.1050(27)号决议]的相关规定。

进入封闭空间时测氧仪测得的氧气含量应在21%及以上;若空间里有潜在的可燃气体或蒸气,经可燃气体测量仪测得其含量应不超过可燃下限的1%;有毒气体或蒸气不得超过职业暴露极限(OEL)的50%。即便是测得氧气含量合格,在进入某些封闭空间时仍不能掉以轻心,因为其内部的结构、货物、货物残余和涂层,也会导致缺氧区域的出现。

(6)有些货物的粉尘不但吸入有害,长时间沾染在皮肤上也会产生有害作用。为了减小粉尘对人体的危害,应缩短人体在粉尘中的暴露时间,穿防护服和涂抹防护膏,对身体的裸露部分及时冲洗,被粉尘污染的外衣也要及时清洗。

(7)某些货物的粉尘与空气混合会形成可爆混合物,在装卸或清扫货舱时尤其如此。这期间应进行充分通风,防止空气中充满粉尘。以水冲洗代替清扫,可使爆炸危险降至最低。

(8)每艘船上应备有WHO、IMO和ILO制定的涉及危险品事故中应用的医疗急救指南(MFAG指南),其医疗建议可从中查找。

（9）装运需要对货物进行熏蒸的船舶，熏舱时应按 IMO《船舶安全使用杀虫剂的建议》的规定操作。船上应备有相关文件，供船员查用。

（10）某些货物潮湿时对皮肤、眼睛、黏膜或船舶结构具有腐蚀性。在装运这些货物时，须特别注意人身防护以及在装载前、运送途中和卸载后采取必要的特别预防措施，包括：

①如货物具有腐蚀性，则托运人在向船长或其代表提供货物信息时，须包含此类信息。

②拟装具有腐蚀性的货物，须切实可行地尽量保持干燥。腐蚀强度足以损害人体组织或船舶结构的物质，须在采取充分的预防措施和保护措施之后方可装船。

对于拟装盐的货物处所，须在其内底板、内底边板、舷侧板和舱壁等接触货物的部分涂刷石灰水或涂上油漆以防腐蚀；对于装载硫黄的货物处所，包括平舱板和内底板的货舱内部，须涂刷石灰水或涂上油漆以防止可能的硫黄、水和钢质结构间发生腐蚀反应，且上部结构的油漆涂层应完好，货舱须可密封。

③对于氢氧化铝和硫酸铵等具有腐蚀性的货物，IMSBC 规则还要求：须采取适当预防措施以防止该货物的粉尘进入机器处所和起居处所、防止货物进入其处所的舱底污水井及适当考虑设备的货物粉尘防护。对于氢氧化铝等货物，卸货后不能使用舱底泵泵出洗舱水，如果需要，则须使用合适的泵清空货物处所的水。

④煤可能与水发生反应，产生具有腐蚀性的酸液。因此，装运煤炭的船舶，在航行中应定时对舱底污水进行检测，如果检测的 pH 值表明存在腐蚀风险，须在航行中经常泵出舱底污水，以防内底和污水系统中积存酸性物质。

⑤具有腐蚀性的货物卸载完毕时，须特别注意清洁货物处所，因为这类货物的残渣可能对船体结构具有极强的腐蚀性，须考虑用水冲洗货舱后仔细进行干燥处理。

七、固体散货运输安全检查流程图

为了便于理解和掌握固体散货运输操作流程中的注意事项，本节提供了三个安全操作流程图供参考，如图 5-16、图 5-17、图 5-18 所示。其中图 5-16 为固体散货受载安全检查流程图，图 5-17 为 A 组固体散货受载和装载安全检查流程图，图 5-18 为 B 组固体散货受载及装载安全检查流程图。

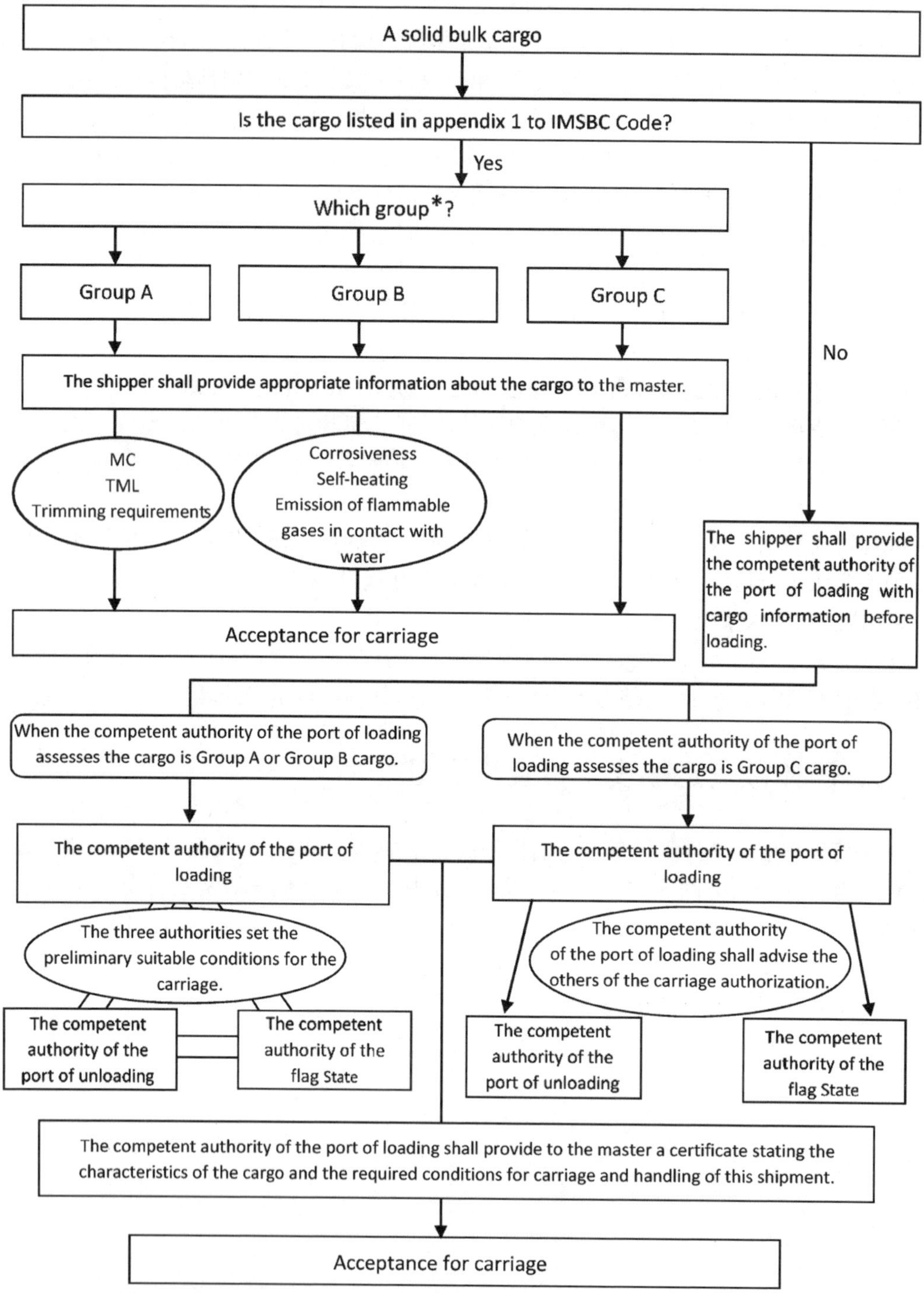

```
┌─────────────────────────────────────────────────────────┐
│                    A solid bulk cargo                      │
└─────────────────────────────────────────────────────────┘
                            │
┌─────────────────────────────────────────────────────────┐
│         Is the cargo listed in appendix 1 to IMSBC Code?  │
└─────────────────────────────────────────────────────────┘
              │ Yes                              │ No
┌───────────────────────────────────────────┐
│                  Which group*?             │
└───────────────────────────────────────────┘
      │                 │               │
┌───────────┐    ┌───────────┐    ┌───────────┐
│  Group A  │    │  Group B  │    │  Group C  │
└───────────┘    └───────────┘    └───────────┘
      │                 │               │
┌───────────────────────────────────────────┐
│ The shipper shall provide appropriate      │
│ information about the cargo to the master.  │
└───────────────────────────────────────────┘
```

(MC / TML / Trimming requirements)

(Corrosiveness / Self-heating / Emission of flammable gases in contact with water)

The shipper shall provide the competent authority of the port of loading with cargo information before loading.

Acceptance for carriage

When the competent authority of the port of loading assesses the cargo is Group A or Group B cargo.

When the competent authority of the port of loading assesses the cargo is Group C cargo.

The competent authority of the port of loading

The three authorities set the preliminary suitable conditions for the carriage.

The competent authority of the port of unloading

The competent authority of the flag State

The competent authority of the port of loading

The competent authority of the port of loading shall advise the others of the carriage authorization.

The competent authority of the port of unloading

The competent authority of the flag State

The competent authority of the port of loading shall provide to the master a certificate stating the characteristics of the cargo and the required conditions for carriage and handling of this shipment.

Acceptance for carriage

* If the cargoes belong to Groups A and B, the check flow should be carried out according to the requirements of Group A and those of Group B respectively.

图 5-16　固体散货受载安全检查流程图

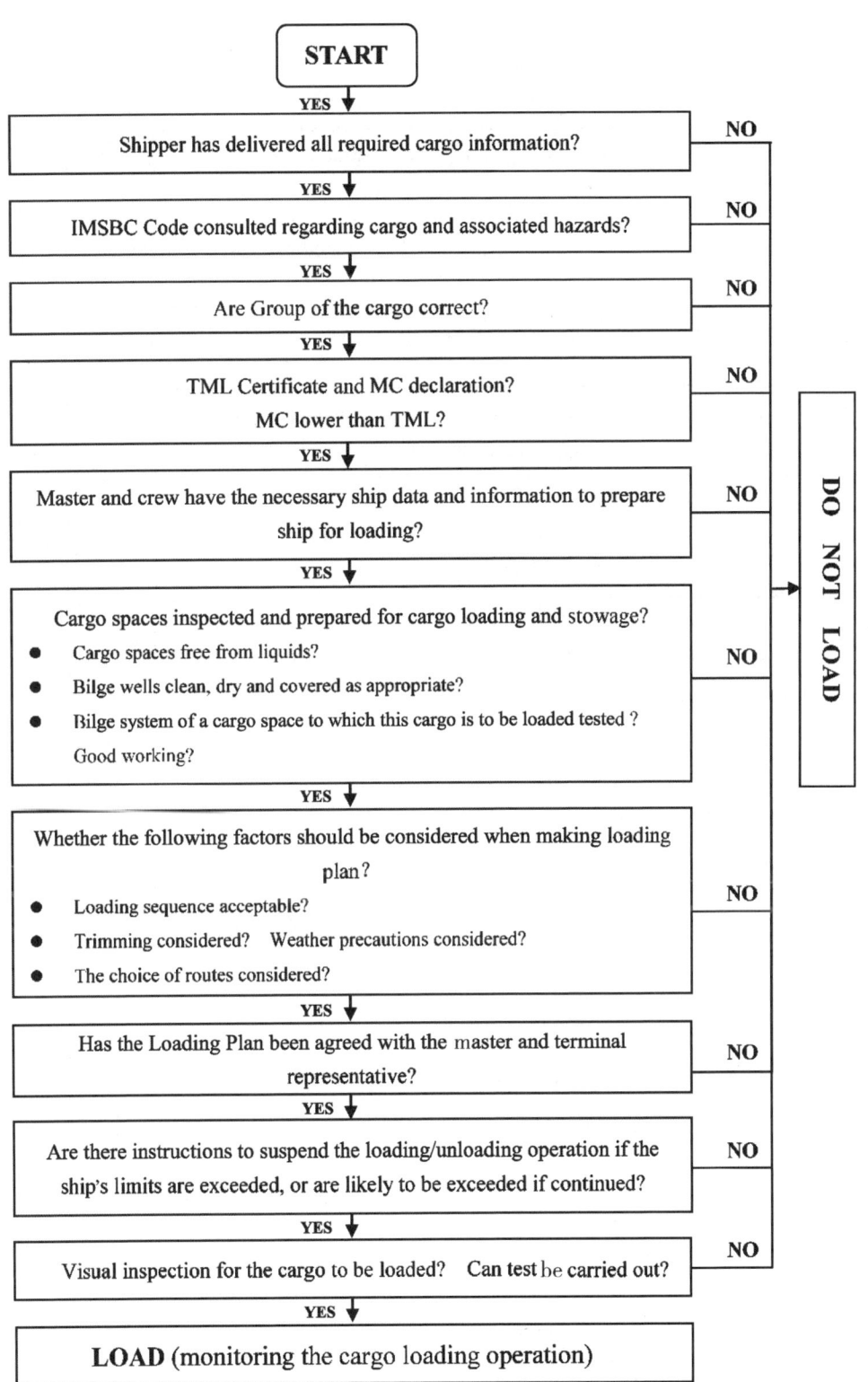

图 5-17 A 组固体散货受载和装载安全检查流程图

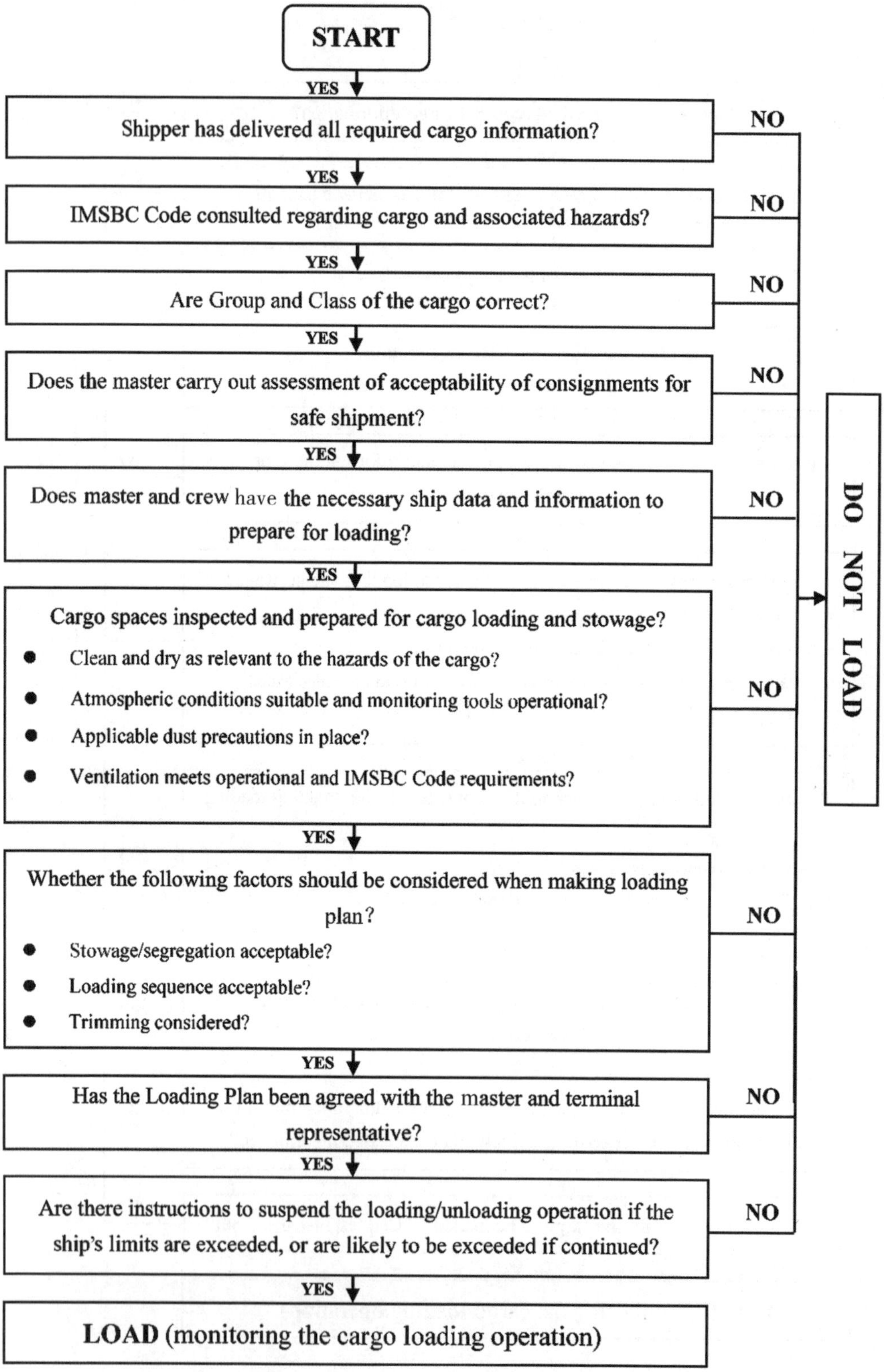

START

YES ↓

| Shipper has delivered all required cargo information? | NO |

YES ↓

| IMSBC Code consulted regarding cargo and associated hazards? | NO |

YES ↓

| Are Group and Class of the cargo correct? | NO |

YES ↓

| Does the master carry out assessment of acceptability of consignments for safe shipment? | NO |

YES ↓

| Does master and crew have the necessary ship data and information to prepare for loading? | NO |

YES ↓

Cargo spaces inspected and prepared for cargo loading and stowage?

- Clean and dry as relevant to the hazards of the cargo?
- Atmospheric conditions suitable and monitoring tools operational?
- Applicable dust precautions in place?
- Ventilation meets operational and IMSBC Code requirements?

NO

YES ↓

Whether the following factors should be considered when making loading plan?

- Stowage/segregation acceptable?
- Loading sequence acceptable?
- Trimming considered?

NO

YES ↓

| Has the Loading Plan been agreed with the master and terminal representative? | NO |

YES ↓

| Are there instructions to suspend the loading/unloading operation if the ship's limits are exceeded, or are likely to be exceeded if continued? | NO |

YES ↓

LOAD (monitoring the cargo loading operation)

DO NOT LOAD

图 5-18　B 组固体散货受载及装载安全检查流程图

八、IMSBC 规则构成、查询及使用

船舶在运输散装固体散货之前,为取得所运载货物的装运规定和安全指导,应认真查阅并完整理解 IMSBC 规则的相关内容。

应该特别强调的是,虽然 IMSBC 规则为强制性规则,但其中的某些部分仍然为建议性的或非正式性的。在查阅时,凡规则中使用文字"须(shall)",其规定为强制性的;使用文字"应(should)",则为建议性的;使用文字"可(may)",则为选择性的。使用 IMSBC 规则是一个综合协调过程,需要协调惯例和程序以及确保符合 SOLAS 74 公约的强制性规定而在海运固体散货的装载、平舱、载运和卸载过程中采取适当的预防措施。

(一)IMSBC 规则的构成和主要内容

使用者应了解规则的整体内容和编排特点,阅读对固体散货安全运输整个流程具有指导意义的内容。

现行的 IMSBC 规则综合文本包括序言、前言、正文、附录和补充本。

1.序言

序言主要介绍了规则的修正过程和生效时间。

2.前言

前言主要介绍了规则的产生背景、编制依据及与 SOLAS 74 公约的关系。

3.正文

规则正文包括 13 节。

(1)第 1 节一般规定主要包括列入本规则的货物、未列入本规则货物的托运要求、规则的适用范围和实施、免除和等效措施、与本规则相关的 SOLAS 74 公约第Ⅵ章 A 部分和 B 部分以及第Ⅶ章 A-1 部分、相关定义等内容。

(2)第 2 节装载、载运和卸载的一般性预防措施主要包括货物的分布对船舶稳性和强度的影响和要求、装载和卸载要求等内容。

(3)第 3 节人员与船舶安全主要包括一般要求、中毒、腐蚀和窒息危险、粉尘对健康的危害、易燃气体的控制、通风要求和方法、货物在运输中的熏蒸等内容。

(4)第 4 节评定货物的安全适运性主要包括货物的识别和分类、托运人应提供的信息、试验证书和取样程序的要求、适运水分限和水分含量的取样/试验与装货间的时间间隔确定、精矿货堆的取样程序、载运固体散装危险货物船舶要求配备的文件等内容。

(5)第 5 节平舱程序主要包括平舱的一般程序、多层甲板船的特殊平舱规定、黏性和非黏性固体散货的特殊平舱要求等内容。

(6)第 6 节静止角的确定方法主要包括确定静止角的倾箱试验法和船上测定法等内容。

(7)第 7 节易流态化或动态分离的货物主要包括货物流态化的危险性、导致流态化的条件、关于易流态化货物或动态分离货物运输的一般规定、为限制货物位移而专门建造或装有专门设备的船舶结构等内容。

(8)第 8 节 A 组货物的测定程序主要包括水分含量的测定程序、测定货物流态化可能性的补充测试程序(圆筒试验)。

(9)第 9 节具有化学危险性的货物主要包括危险性分类(列入 IMDG 规则中的固体散货、

MHB 货物）、MHB 货物的确定方法和衡准、货物的积载和隔离要求等内容。

（10）第 10 节散装固体废弃物运输主要包括废弃物的定义、分类、巴塞尔公约的要求、积载和隔离、装卸和事故处理程序、运输所需要的文件等内容。

（11）第 11 节保安规定主要包括对公司、船舶和港口设施的一般规定，对岸基人员的一般规定，对后果严重固体散货的规定等内容。

（12）第 12 节积载因数换算表主要包括货物积载因数 S.F. 的公制、英制单位之间的转换表，即 m^3/t 与 ft^3/LT 之间的转换表。

（13）第 13 节参考相关信息和建议主要列出了与本规则要求相关的 IMO 参考文件和其他国际标准，包括 SOLAS 公约、IMDG 规则、FSS 规则、载重线公约、巴塞尔公约及相关 MSC 通函等。

4. 附录

（1）附录 1 各固体散装货物明细表列出了 300 多个货物条目，每一货物条目均包括货物运输名称（BCSN）、描述、特性、危险性、积载和隔离、清洁程度、天气注意事项、装载、注意事项、通风、载运、卸货、清扫等 13 项内容，但 B 组固体散装货物（含 A 和 B 组货物）多一项应急程序。附录 1 中列出的货物按照其运输名称 BCSN 的英文字母顺序排列。

（2）附录 2 试验室测试程序、使用的仪器和标准主要包括 A 组货物的检测程序及有关仪器、测定静止角的程序及有关仪器、试验仪器的标准（标准流盘与座架、天平与砝码）、测定含硝酸盐化肥自续放热分解的试验槽试验、抗爆试验的介绍和木炭自热试验。

（3）附录 3 固体散装货物的特性主要包括具体的非黏性货物 36 种、易流态化货物的基本特性和具有化学危险性货物的注意事项。

（4）附录 4 索引列出了海运常见固体散货的名称、组别等内容供使用者查取。

（5）附录 5 三种语言固体散货运输名称（英语、法语和西班牙语）包括英文、法文和西班牙文散货运输名称。

5. 补充本

补充本收录了 IMSBC 规则的附加信息，主要包括《散货船安全装卸操作规则》（BLU 规则）、《固体散装货物码头代表装卸手册》（BLU 手册）、《测量散装货物密度的统一方法》、《可免除固定式气体灭火系统或固定式气体灭火系统对之无效的固体散装货物清单》、《经修订的关于进入船上封闭处所的建议案》、《关于适用于船上安全使用杀虫剂进行货舱熏蒸的建议案》及《关于 A 组货物取样、检测和控制水分含量程序制定和认可指南》等。

（二）IMSBC 规则的查询及使用

IMSBC 规则及其补充本用于向主管机关、船舶所有人、托运人、船长和其他所有相关人员提供关于除谷物外的固体散装货物安全积载和运输标准的建议。

（1）当一种需散装运输的固体货物明确列入本规则附录 1 中时，明细表中的规定作为本规则第 1 至第 10 节和 11.1.1 规定的补充内容必须得到遵守。

（2）当一种需散装运输的固体货物未列入本规则附录 1 中时，托运人在装货前应根据本规则第 4 节的要求向装货港主管当局提供该货物的特性资料。基于所收到的资料，主管当局将对安全运输的可行性进行评估。

（3）根据货物名称查取 IMSBC 规则的附录 4，确定货物组别及是否列入本规则。若列入本规则，则应根据其组别不同查阅相应章节的要求，如托运要求和货物的安全适运性评定见第

4 节的规定,A 组、A 和 B 组货物见第 7、第 8 节的规定,B 组、A 和 B 组货物见第 9 节的规定;若需获取货物装运的详细信息,则应根据货物的运输名称查阅 IMSBC 规则的附录 1。

(4)若需获取规则中未包含的其他信息和建议,可首先由规则第 13 节给出的参考清单得到 IMO 相关参照文件后,具体查阅这些文件。如对人员防护的规定,可查阅清单列出的《危险货物事故医疗急救指南》(MFAG 指南)相关条款和 SOLAS 74 公约、FSS 规则有关章节。

(5)若需获取货物在港口装卸时的具体操作要求及与港口的协调和联系规定等,则可查阅 IMSBC 规则补充本中的 BLU 规则和 BLU 手册。

(6)若拟运输的货物需要熏蒸,则应查阅 IMSBC 规则补充本中的《关于适用于船上安全使用杀虫剂进行货舱熏蒸的建议案》。

第五节 固体散装货物运输报告和申报实务

一、B 组货物适运报告

(一)适运报告规定及应提交的材料

拟交付船舶载运的 B 组危险货物托运人应当在交付载运前向承运人说明所托运的危险货物种类、数量、危险特性以及发生危险情况的应急处置措施,提交以下货物信息,并报告海事管理机构。适运报告由持有有效《危险化学品水路运输从业资格证书》的人员负责。

(1)固体散装货物安全适运声明书。

(2)危险货物安全技术说明书。

(3)按照规定需要进出口国家有关部门同意后方可载运的,应当提交有效的批准文件。

(4)危险货物中添加抑制剂或者稳定剂的,应当提交抑制剂或者稳定剂添加证明书。

(5)载运危险性质不明的货物,应当提交具有相应资质的评估机构出具的危险货物运输条件鉴定材料。

(6)交付载运具有易流态化特性的 B 组固体散装货物通过海上运输的,还应当提交具有相应资质的检验机构出具的货物适运水分限和货物水分含量证明。

承运人应当对上述货物信息进行审核,对不符合船舶适装要求的,不得受载、承运。

(7)向海事管理机构报告时,若有委托,则应提交委托证明,委托人和被委托人身份证明及其复印件。

(二)B 组货物安全适运报告要素

B 组货物安全适运报告要素见固体散装货物安全适运声明书,如表 5-8 所示。危险货物安全适运声明书包括船舶进出港信息、装卸港口信息、货物属性信息、货物运输信息、声明信息、申报员与申报单位信息等。

表 5-8　固体散装货物安全适运声明书

Declaration Form for Solid Bulk Cargoes

进港 Arrival□/出港 Departure□

散装货物运输名称(BCSN)	
托运人 (Shipper)	运输单证编号 (Transport document number)
收货人(Consignee)	承运人(Carrier)
运输工具的名称/方式 (Name/means of transport) 出发港口/地点 (Port/place of departure) 目的港口/地点 (Port/place of destination)	指南或其他事项 (Instructions or other matters)
货物的一般性描述 (货物种类/颗粒尺寸) General description of the cargo (Type of material/particle size)	总重(千克/吨) Gross mass (kg/tonnes)
如适用,散装货物的特殊说明(Specifications of bulk cargo, if applicable): 积载因数(Stowage factor): 如适用,静止角(Angle of repose, if applicable): 平舱程序(Trimming procedures): 如有潜在危险性,其化学特性*(Chemical properties if potential hazard*): *如:类别和联合国编号或 MHB (* e.g., Class & UN No. or MHB)	
货物组别(Group of the cargo) □A 和 B 组(Group A & B) □A 组(Group A) □B 组(Group B) □C 组(Group C)	适运水分限(Transportable Moisture Limit) A 组和 A 及 B 组货物 (For Group A and Group A and B cargoes) 运输时的水分含量(Moisture content at shipment) A 组和 A 及 B 组货物 (For Group A and Group A and B cargoes)
根据 MARPOL 公约附则 V 分类(Classification relating to MARPOL Annex V) □ 对海洋环境有害(Harmful to the marine environment) □ 对海洋环境无害(Not harmful to the marine environment)	额外证书*[Additional certificate(s)]* □水分含量和适运水分限证书(Certificate of moisture content and transportable moisture limit) □风化证书(Weathering certificate) □免除证书(Exemption certificate) □其他(需说明)[Other (specify)] *如需要(*If required)
货物相关特殊性质 (例如可快速溶于水) [Relevant special properties of the cargo (e.g., highly soluble in water)]	

续表

声明(DECLARATION)	签字人姓名/身份,公司/组织名称
兹声明:托运货物已完全并准确地予以说明。据我所知并相信所给出的试验结果和其他说明准确无误,可被视为拟装货物的代表 (I hereby declare that the consignment is fully and accurately described and that the given test results and other specifications are correct to the best of my knowledge and belief and can be considered as representative for the cargo to be loaded)	Name/status, company/organization of signatory 地点和日期 Place and date 代表托运人签字 Signature on behalf of shipper

1.散装货物运输名称

每种固体散装货物均被指定了一个 BCSN。当一种固体散装货物经海上运输时,须通过 BCSN 在其运输单证上予以识别。固体散装货物的 BCSN 在 IMSBC 规则明细表或索引中以大写英文字母表示。有联合国编号的,应注明。

2.运输单证编号

在装载前托运人须提前向承运人提供货物的适当信息,以便能够采取必要的措施对货物进行妥善积载和安全运输。这些信息须在货物装船前通过运输单证予以确认。

3.运输工具的名称/方式

运输工具的名称通常注明船名,方式注明海运。

4.指南或其他事项

注明货物相关注意事项,例如天气、装卸货物、通风、清扫、防护、应急等事项的特殊要求。

5.货物的一般性描述(货物种类/颗粒尺寸)

注明货物的基本定义和性质、颜色、黏性散货或非黏性散货等信息;注明货物颗粒尺寸,单位为毫米(mm),对于无法填写颗粒尺寸的应注明"不适用"。

6.散装货物的特殊说明,如适用

(1)积载因数:每吨货物所拥有的量尺体积。注明货物的积载因数,单位为 m^3/t,如无积载因数用"—"代替。

(2)静止角,如适用:如果货物是非黏性固体散装货物,则应填写静止角。

(3)平舱程序:对货物处所内的部分或全部货物进行的任何平整工作。根据货物性质注明实际拟采用的平舱程序,包括多层甲板船平舱程序、黏性固体散装货物的平舱程序、非黏性固体散装货物的平舱程序。

(4)如有潜在危险性,其化学特性:若为列入《国际危规》的 B 组货物,则应注明危险类别和联合国编号,类别包括第 4.1 类、第 4.2 类、第 4.3 类、第 5.1 类、第 6.1 类、第 7 类、第 8 类、第 9 类;对于 B 组货物中的"仅在散装运输时具有化学性质的物质",应注明为"MHB",且应注明 MHB 货物的危险性,即 MHB(CB)、MHB(SH)、MHB(WF)、MHB(WT)、MHB(TX)、MHB(CR) 或 MHB(OH)。

7.货物组别

根据货物组别分类注明 A 和 B 组、A 组、B 组或 C 组。

8.适运水分限和运输时的水分含量

适运水分限是指此类货物的最大安全运输含水量,运输时的水分含量是指此类货物在本次运输过程中的实际含水量。根据认可机构出具的水分含量证书和适运水分限证书填写。

9.货物相关特殊性质(例如可快速溶于水)

如果货物有与安全运输相关的特殊性质,需注明。

10.额外证书

根据具体情况在水分含量和适运水分限证书、风化证书、免除证书、其他中选择;若为其他,则需对其进行说明。

(三)B组货物安全适运声明书填写实例

表5-9和表5-10分别为散装煤和废氧化铁的安全适运声明书的填写实例。

1.煤

煤(烟煤和无烟煤)是一种包含非晶质碳和碳氢化合物组成的天然的固体易燃物质。它是重要的能源之一,在固体散装货物的海上运输中占有较大的比例。

根据IMSBC规则,煤属于B(和A)组货物,且属于B组货物中的MHB(CB)和/或(SH)和/或(WF)和/或(CR)。海运煤所属组别应按下述标准确定:

若煤仅属于B组货物,则必须满足下述条件之一,否则属于A和B组货物:

(1)按有关当局指定的试验标准确认其仅属于B组货物;或

(2)低于1 mm的颗粒不超过10%(质量比),且低于10 mm的颗粒不超过50%(质量比)。

表5-9中申报的煤的粒度不满足要求,因此该货物属于A和B组货物。

2.废氧化铁

废氧化铁是一种粉末状物质,呈黑色、棕色、红色或黄色,气味强烈,可污染其他货物。

该类货物属于B组中的第4.2类危险货物,其呈现的危险特性主要包括:

(1)易于自热和自燃,尤其是沾染了油类或潮气时;

(2)会产生硫化氢、二氧化硫和氰化氢等有毒气体;

(3)粉尘可引发爆炸危险;

(4)在货物处所内易造成缺氧。

表5-9　固体散装货物安全适运声明书

Declaration Form for Solid Bulk Cargoes

散装货物运输名称(BCSN):煤(COAL)	
托运人:××××煤炭经营有限公司 (Shipper)	运输单证编号:×××× (Transport document number)
收货人(Consignee):××××电厂	承运人(Carrier):××××海运有限公司

续表

运输工具的名称/方式:××船/海运 （Name/means of transport） 出发港口/地点:××港/××码头××泊位 （Port/place of departure）	指南或其他事项:装载操作和航行期间须将货物的含水量保持在 TML 以下。除非另有明确规定，不得在降水期间装卸;除非另有明确规定，在货物装卸期间，须关闭装载或拟装载该货物处所的不在使用中的所有舱盖;如果货物处所的全部货物将在同一港口卸完，可以在降水中卸下货物处所中的货物 （Instructions or other matters）
目的港口/地点:××港/××码头××泊位 （Port/place of destination）	
货物的一般性描述:煤是一种包含非晶质碳和碳氢化合物组成的天然的固体易燃物质。颗粒尺寸为 00～50 mm 的约 90%，在 50 mm 以上的约 10%。 （货物种类/颗粒尺寸） [General description of the cargo （Type of material/particle size）]	总重（千克/吨）:40 000 吨 Gross mass（kg/tonnes）

如适用,散装货物的特殊说明（Specifications of bulk cargo, if applicable）:

积载因数（Stowage factor）:1.20 m³/t。

如适用,静止角（Angle of repose, if applicable）:不适用。

平舱程序（Trimming procedures）:见 IMSBC 规则第 5 节:平舱程序。

如有潜在危险性,其化学特性*（Chemical properties if potential hazard*）:MHB（CB）, MHB（SH）, MHB（CR）

例如:类别和联合国编号或仅在散装运输时具有化学危险的物质（ e.g., Class & UN No. or MHB）

货物组别（Group of the cargo） ☒ A 和 B 组（Group A & B） ☐ A 组（Group A） ☐ B 组（Group B） ☐ C 组（Group C）	适运水分限:19.8% （Transportable Moisture Limit） 运输时的水分含量:13.6% （Moisture content at shipment）
根据 MARPOL 公约附则 V 分类（Classification relating to MARPOL Annex V） ☒ 对海洋环境有害（Harmful to the marine environment） ☐ 对海洋环境无害（Not harmful to the marine environment）	额外证书*[Additional certificate(s)*] ☒ 水分含量和适运水分限证书（Certificate of moisture content and transportable moisture limit） ☐ 风化证书（Weathering certificate） ☐ 免除证书（Exemption certificate） ☐ 其他（需说明）[Other（specify）] *如需要（* If required）
货物相关特殊性质:不易产生甲烷气体,可能自热,可能消耗氧气浓度,可能腐蚀金属结构。该货物的水分含量如果超过适运水分限（TML）可能会流态化 （Relevant special properties of the cargo）	

续表

声明（DECLARATION）	签字人姓名/身份，公司/组织名称：××/××，××/×× Name/status，company/organization of signatory
兹声明：托运货物已完全并准确地予以说明。据我所知并相信所给出的试验结果和其他说明准确无误，可被视为拟装货物的代表 （I hereby declare that the consignment is fully and accurately described and that the given test results and other specifications are correct to the best of my knowledge and belief and can be considered as representative for the cargo to be loaded）	地点和日期：××/×× Place and date 代表托运人签字：×× Signature on behalf of shipper

表 5-10　固体散装货物安全适运声明书
Declaration Form for Solid Bulk Cargoes

散装货物运输名称（BCSN）：氧化铁，废的 UN 1376	
托运人：××××公司 （Shipper）	运输单证编号：×××× （Transport document number）
收货人（Consignee）：××××公司	承运人（Carrier）：××××海运有限公司
运输工具的名称/方式：××船/海运 （Name/means of transport） 出发港口/地点：××港/××码头××泊位 （Port/place of departure） 目的港口/地点：××港/××码头××泊位 （Port/place of destination）	指南或其他事项：该货物须尽可能保持干燥。该货物不得在降水期间装卸。在装卸该货物期间，须关闭装载或拟装载该货物的处所的不在使用中的所有舱盖。在航行和装卸期间，须适当注意确保不要把货物堆起而使内底受力过度。在航行期间，须定期测量载运这些货物的处所中氧气和氰化氢的含量，并须记录和在船上保存测量结果 （Instructions or other matters）
货物的一般性描述：粉末状物质，呈黑色、棕色、红色或黄色。气味强烈可污染其他货物。颗粒尺度 20 mm。 （货物种类/颗粒尺寸） [General description of the cargo （Type of material/particle size）]	总重（千克/吨）：10 000 吨 Gross mass（kg/tonnes）
如适用，散装货物的特殊说明（Specifications of bulk cargo，if applicable）： 积载因数（Stowage factor）：0.45 m³/t。 如适用，静止角（Angle of repose，if applicable）：不适用。 平舱程序（Trimming procedures）：黏性固体散货，平舱要求见 IMSBC 规则第 5.1 节。 如有潜在危险性，其化学特性*（Chemical properties if potential hazard*）：第 4.2 类，UN 1376。 * 例如：类别和联合国编号或仅在散装运输时具有化学危险的物质（* e.g.，Class & UN No. or MHB）	
货物组别（Group of the cargo） □　A 和 B 组（Group A & B） □　A 组（Group A） ☒　B 组（Group B） □　C 组（Group C）	适运水分限 （Transportable Moisture Limit） 运输时的水分含量 （Moisture content at shipment）

根据 MARPOL 公约附则 V 分类（Classification relating to MARPOL Annex V） ☒ 对海洋环境有害（Harmful to the marine environment） ☐ 对海洋环境无害（Not harmful to the marine environment）	额外证书*［Additional certificate(s)*］ ☐ 水分含量和适运水分限证书（Certificate of moisture content and transportable moisture limit） ☒ 风化证书（Weathering certificate） ☐ 免除证书（Exemption certificate） ☐ 其他（需说明）［Other（specify）］ * 如需要（* If required）
货物相关特殊性质:易于自热和自燃,尤其是沾染了油类或潮气时。会产生有毒气体:硫化氢、二氧化硫和氰化氢。粉尘可引起爆炸危险。在货物处所内易造成缺氧（Relevant special properties of the cargo）	
声明（DECLARATION） 兹声明:托运货物已完全并准确地予以说明。据我所知并相信所给出的试验结果和其他说明准确无误,可被视为拟装货物的代表 （I hereby declare that the consignment is fully and accurately described and that the given test results and other specifications are correct to the best of my knowledge and belief and can be considered as representative for the cargo to be loaded）	签字人姓名/身份,公司/组织名称:××/××,××/×× Name/status, company/organization of signatory 地点和日期:××/×× Place and date 代表托运人签字:×× Signature on behalf of shipper

二、B 组货物载运申报

（一）申报规定

船舶载运 B 组货物进出港口,应当在进出港口 24 h 前(航程不足 24 h 的,在驶离上一港口前),向海事管理机构办理船舶载运危险货物申报手续,提交申请书和交通运输部有关规章要求的证明材料,经海事管理机构批准后,方可进出港口。

船舶在运输途中发生危险货物泄漏、燃烧或者爆炸等情况的,应当在办理船舶载运危险货物申报手续时说明原因、已采取的控制措施和目前状况等有关情况,并于抵港后送交详细报告。

定船舶、定航线、定货种的船舶可以办理定期申报手续。定期申报期限不超过 30 天。

海事管理机构应当在受理船舶载运危险货物进出港口申报后 24 h 内做出批准或者不批准的决定;属于定期申报的,应当在 7 日内做出批准或者不批准的决定。不予批准的,应当告知申请人不予批准的原因。海事管理机构应当将有关申报信息通报所在地港口行政管理部门。

（二）申报应提交的材料

承运人及其代理人在办理船舶载运 B 组货物申报时,应按实际情况提交以下材料:

(1)船舶载运固体散装货物申报单;

(2)固体散装货物安全适运声明书;

(3)(国际)防止油污证书、船舶适航证书、船舶适装证书或符合证明复印件(适用时);

(4)载运危险货物的船舶在运输途中发生过意外情况的,还应当在船舶载运危险货物申报单内扼要说明所发生意外情况的原因、已采取的控制措施和目前状况等有关情况,并于抵港后送交详细报告;

（5）列明实际装载情况的清单、舱单或者积载图；

（6）定期申报还应提交定期申报申请、证明在固定航线上运输固定货物的有关材料；

（7）若有委托，则应提交委托证明，委托人和被委托人身份证明及其复印件。

（三）船舶载运 B 组货物申报要素

船舶载运 B 组货物申报要素见船舶载运固体散装货物申报单，如表 5-11 所示。申报单包括船舶进出港信息、船舶信息、货物属性信息、货物运输信息、船长或申报员及其证书信息、船舶或申报人签章信息、紧急联系人姓名及联系方式等。

（1）填妥货物的散装货物运输名称、组别、类别、危规编号、总重量等，填写要求与前述的固体散装货物安全适运声明书相同；

（2）装载位置指货物积载的货舱位置；

（3）载运危险货物的船舶在运输途中发生意外情况的，应当在申报单备注栏内扼要注明所发生意外情况的原因、已采取的控制措施和目前状况等实际情况，并于抵港后送交详细报告。

表 5-11　船舶载运固体散装货物申报单

Declaration Form for Solid Bulk Cargoes Carried by Ship

船名：　　　　　航次：　　　　　□进港　　　始发港：　　　　　抵港时间：
Ship's Name：_____　Voyage No.：_____　Arrival　Port of Departure：____　Time of Arrival：_____

国籍：　　　　　经营人：　　　　　□出港　　　作业泊位：　　　　　作业时间：
Nationality：____　Manager：_____　Departure　Berth：_____　Time of Loading：____

散装货物运输名称 BCSN	组别 Group	类别 Class	危规编号 UN No.	总重量 Weight in Total	卸货港 Port of Discharging	装载位置 Location of Stowage	备注 Remarks

续表

兹声明根据船舶装载固体散装货物安全和防污染规定,本船具备装载上述货物的适装条件,货物配装符合要求,货物资料齐全。申报内容准确无误。 I hereby declare that, in accordance with the provisions of the safe transportation of solid bulk cargoes by ships and pollution prevention, this ship has met the requirements of fitness for carrying the above declared goods; Cargo stowage is properly planned according to the requirements; The documentation of the cargo is complete and the contents of the declaration are true and correct. 附送以下单证、资料 The following documents and information are submitted in addition	主管机关签证栏: Remarks by the Administration:
船长/申报员: Master/Declarator: 船长/申报员证书编号: Certificate No.:	船舶/代理人(盖章) Ship/Agent (Seal) 日期: Date:
紧急联系人姓名、电话、传真、电子邮箱: Emergency Contact Person's Name, Telephone No., Fax, and E-mail:	

此申报单一式三份,其中两份退申报人留持并分送港口作业部门,一份留主管机关存查。

This declaration should be made in tripartite, one is kept by the Administration for file, and two for the declarer and port operator respectively.

（四）船舶载运 B 组货物申报流程

船舶载运 B 组货物进出港口申报流程与船舶载运包装危险货物进出港口申报流程相同,具体叮参考第二章第六节的相关内容。

（五）船舶载运 B 组货物网上申报

船舶载运 B 组货物网上申报操作与船舶载运包装危险货物网上申报操作基本相同,但申报类型应选择"固体散装货物安全适运报告""载运固体散装货物进出港口审批",并提交相应的材料和证明,具体操作可参考第三章第六节的相关内容。

（六）船舶所载 B 组货物装载位置出港报告

《船舶载运危险货物安全监督管理规定》第 23 条规定:船舶载运包装危险货物或 B 组固体散装货物离港前,应当将列有所载危险货物的装载位置清单、舱单或者详细配载图向海事管理机构报告。

该报告的网上操作与船舶所载包装危险货物装载位置出港报告的操作相同,具体操作可参考第三章第六节的相关内容。

三、A 组和 C 组散装货物适运报告

《海运固体散装货物安全监督管理规定》要求:拟交付船舶运输的 A 组和 C 组固体散装货物的托运人,应当在交付运输前向承运人提交以下货物信息,并报告海事管理机构:

(1)固体散装货物安全适运声明书;

(2)属于易流态化固体散装货物的,应当提交检测机构出具的货物适运水分限和货物水

分含量证明；

（3）载运未在 IMSBC 规则中列出的货物，应当提交检测机构出具的货物运输条件鉴定材料；

（4）国际航行船舶按照规定需要进出口国家的有关部门批准后方可载运的，应当提交有效的批准文件；

（5）海事管理机构根据 IMSBC 规则的规定，要求提供的其他证书或者文书。

港口作业委托人应当在固体散装货物装载前，将前款第（1）项至第（3）项的货物信息提供给港口经营人。

承运人应当对货物信息进行审核，对不符合船舶适装要求的，不得承运。承运期间相关材料、证书或者文书应当保存在船上。

四、A 组和 C 组散装货物载运报告

（一）载运报告要求

《海运固体散装货物安全监督管理规定》要求：载运 B 组以外固体散装货物船舶进出港口，应当在进出港口 24 h 前向海事管理机构报告。航程不足 24 h 的，应当在驶离上一港口前报告。报告应包括以下信息内容：

（1）船名、航次、国籍、始发港、卸货港、作业地点、预计进出港口和作业时间等船舶信息；

（2）货物名称、组别、类别、联合国编号、总重量和装载位置等货物信息。

（二）载运报告流程

承运人或其代理人按照图 5-19 所示的流程通过网上或书面办理船舶载运 A 组和 C 组散装货物进出港口报告。

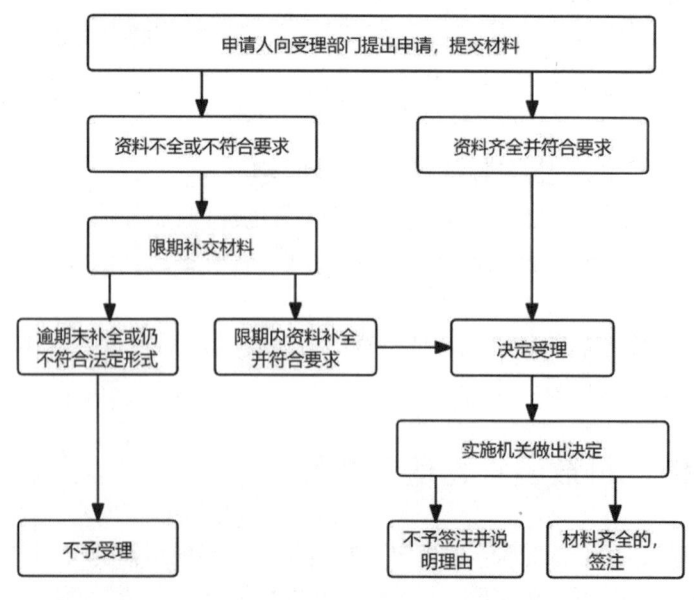

图 5-19　船舶载运 A 组和 C 组散装货物进出港口报告流程

五、货物适运、船舶适装、码头适靠要求

（一）货物适运要求

（1）所装运的散装固体货物应列入 IMSBC 规则附录 1。

（2）若所装运的散装固体货物未列入 IMSBC 规则附录 1，则托运人应在交付船舶运输前根据本规则的相关要求向装货港主管当局提供货物资料，装货港主管当局应基于收到的资料对货物进行安全适运性评估，明确货物的分组、分类、危险性、污染危害性和船舶载运技术条件等。当评估拟载运的固体散装货物具有 A 或 B 组货物的危险性时，应寻求卸货港和船旗国主管当局的建议，三方主管当局将共同商定载运该货物的临时适运条件；经评估拟载运的固体散装货物在运输中不会呈现特殊危险性（C 组货物）时，则装货港主管当局应认可该货物的载运，并将这种认可通报卸货港和船旗国主管当局。

装货港主管当局应向船长签发一份陈述该货物特性及载运和装卸必需条件的证书。

（二）船舶适装要求

载运固体散装货物的船舶，其船舶装载手册或者稳性计算书中应当列出所载货物安全适运的典型工况。船舶载运固体散装货物，应当符合有关积载、隔离和运输的安全技术规范，并符合相应适装证书或者证明文书的要求。

1.载运 A 组散装货物的要求

普通固体散货船只能载运水分含量不超过其适运水分限的 A 组散装货物。若货物的水分含量超过其适运水分限，则应由已经建造或者设置防止货物移动的特殊结构、设备，并持有相应检验、批准证书的船舶装运。

2.载运 B 组散装货物的要求

载运固体散装危险货物的船舶应持有一份符合 SOLAS 74 公约第Ⅶ/7-2.2 条的列明危险货物及其位置的特别清单或舱单，也可用标明所载危险货物类别及其积载位置的详细配载图替代特别清单或舱单。

满足 SOLAS 74 公约第Ⅱ-2/19.4 条的 1984 年 9 月 1 日或以后建造的 500 总吨及以上的货船和 1992 年 2 月 1 日或以后建造的 500 总吨以下的船舶，在运输除第 6.2 类和第 7 类外的固体散装危险货物时，应持有适装证书。需要注意的是，该要求不适用于 IMSBC 规则中的 MHB 货物。

3.码头适靠要求

从事固体散装货物装卸作业的码头、装卸单位应当制定有关安全营运和防治污染的管理制度，并按照国家有关法规和标准，配备相应的防治污染设备和器材，并通过海事管理机构的专项验收。码头、装卸单位应当建立码头代表制度，并报所属海事管理机构备案。码头代表应具有相应的专业能力，并代表码头、装卸单位履行相关规定中确定的相关责任。

六、案例分析

（一）事故概述

2019 年 11 月，中国籍散货船"×××"船从国外运输煤炭回国，在我国 Y 港某泊位卸货期

间, No.1~No.5 货舱内所载煤炭先后发生自燃, 事故未造成人员伤亡, 未造成海域污染, 直接经济损失约数十万元人民币, 构成一起小事故等级的水上交通事故。

（二）事故原因

通过调查、取证和分析, 事故原因主要有以下几条:

（1）"×××"船所载货煤自身的性质导致自燃, 引发燃烧是本次火灾事故的直接原因;

（2）托运人提供的"固体散装货物安全适运申报单"中声明的"该货物被认为不易自燃"为不实申报（见表5-12）;

（3）"×××"船在航行期间对各货舱实施的 3 天自然通风在一定程度上促进了货煤的氧化、自热, 加大了其自燃的风险, 是本次货煤自燃的促成因素之一。

表 5-12　**Shipper's Declaration**

BCSN: COAL	
Shipper: ABC LTD	Transport document number: ××××××××
Consignee: XYZ LTD	Carrier:
Name/means of transport: ×××/OCEAN TRANSPORT Port/place of departure: Port/place of destination:	Instructions or other matters REFER TO THE IMSBC CODE FOR FURTHER INFORMATION
General description of the cargo STEAM (NON COKING) COAL IN BULK INDONESIA Size 00~50 mm approx.90% Above 50 mm approx.10%	Gross mass (kg/tonnes) 70,000 MTS (+/-10%)
Specifications of bulk cargo, if applicable: COAL Stowage factor: 43 CUFT/MT Angle of repose, if applicable: N/A Temperature cargo: approx.30~55 ℃ Trimming procedures: BY DOZZER/EQUIPMENT Chemical properties if potential hazard: MHB	
Group of the cargo □ Group A and B[*] □ Group A[*] ☒ Group B □ Group C [*] For cargoes which may liquefy (Group A and Group A and B cargoes)	Transportable moisture limit N/A Moisture content at shipment 36% Sulphur content at shipment: Max 0.5% Appx.

续表

Classification relating to MARPOL Annex Ⅴ ☐ Harmful to the marine environment ☒ Not harmful to the marine environment	Additional certificate(s) * ☐ Certificate of moisture content and transportable mois- ture limit ☐ Weathering certificate ☐ Exemption certificate ☐ Approval certificate for the procedures for sampling, testing and controlling the moisture content for a solid bulk cargo that may liquefy (see 4.4.3 of the IMSBC Code) ☐ Other (specify) * If required
Relevant special properties of the cargo 1. The commodity is not considered a cargo which may liquefy during the vovage. 2. The intended cargo is not considered liable to emit sig- nificant amounts of methace. 3. The intended cargo is considered not liable to sponta- neous combustion	
DECLARATION I hereby declare that the consignment is fully and accu- rately described and that the given test results and other specifications are correct to the best of my knowledge and belief and can be considered as representative for the cargo to be loaded	Name/status, company/organization of signatory ABC LTD Place and date ×××× Signature on behalf of shipper HAND WRITING SIGNATURE

(三)货物申报分析

综合分析事故概况、事故原因及适运申报单可知：

(1)该货煤易于自燃,而非申报书中所声明的不易自燃,申报不实。

(2)根据申报单中货煤的粒度,该货物应申报为 A 和 B 组,仅仅申报为 B 组是错误的,因为该申报粒度不满足 IMSBC 规则中关于煤的分组的规定,虽然船舶航行途中货物没有流态化。

第六章 散装油类货物运输管理

散装油类货物主要指石油及其产品,包括原油、燃油、油泥、油渣和炼制品在内的任何形式的石油。目前,该类货物在国际贸易运输中占有非常重要的地位,油船船队占世界商船队总载重吨位的 30%左右。由于散装油类货物的特殊危险性,相关公约、法规均对其海上运输做了严格的规定和要求。

第一节　散装油类货物运输相关公约和规则

一、国际防止船舶造成污染公约

《经 1978 年议定书修订的 1973 年国际防止船舶造成污染公约》(简称 MARPOL 73/78 公约),其附则 I 为防止油类污染规则。该附则主要对相关定义、适用范围、适用船舶的检验和发证、所有船舶机器处所的构造、设备及排油控制、油船货物区域的构造、设备及排油控制、船舶油污应急计划、油污接收设备及海上油船间过驳货油防止污染等做出了详细的规定和要求。

(一)相关定义

1.最近陆地

最近陆地是指按照国际法划定领土所属领海的基线。

2.特殊区域

特殊区域是指由于海洋学和生态学的情况以及运输的特殊性质等方面公认的技术原因，需要采取特殊的强制办法以防止油类物质污染海洋的海域，包括地中海区域、波罗的海区域、黑海区域、红海区域、海湾区域、亚丁湾区域、南极区域、西北欧水域、阿拉伯海的阿曼区域及南非南部水域。

3.油量瞬间排放率

油量瞬间排放率是指任一瞬间每小时排油的升数除以同一瞬间船速节数之值。

4.污油水舱

污油水舱是指明确指定用于收集舱柜排出物、洗舱水和其他油性混合物的舱柜。

5.清洁压载

清洁压载是指自上次装油后的舱内的压载，该舱已进行清洗，其清洁程度即使在晴好天气从一静态船舶中将该舱中的排出物排入清洁而平静的水中时，也不会在水面或邻近的海岸线上产生可见的油迹，或形成油泥或乳化物沉积于水面以下或邻近的海岸线上。

如果该压载是通过经主管机关认可的排油监控系统排出的，而根据这一系统的测定查明该排出物的含油量不超过15ppm，则即使出现可见的油迹，仍应确定该压载是清洁的。

6.专用压载

专用压载是指装入舱内的压载水，该舱与货油和燃油系统完全隔绝并固定用于装载压载，或用于装载本公约各附则中所指的各种油类或有毒液体物质以外的压载或货物。

7.残油和残油舱

残油（油泥）是指在船舶正常运行过程中产生的残留废油产品；残油舱是指储存残油（油泥）的舱柜，通过标准排放接头和其他任何认可的处理措施可从该舱直接处理油泥。

8.含油舱底水

含油舱底水是指可能被由机器处所中的渗漏或维护工作产生的油污染的水。进入舱底水系统（包括舱底水井、舱底水管系、内底或舱底水储存柜）的任何液体被视为含油舱底水。

9.含油舱底水储存柜

含油舱底水储存柜是指在其排放、过驳或处理前收集含油舱底水的舱柜。

10.重级别油

重级别油是指下述任何油类：

（1）在 15 ℃时，密度高于 900 kg/m^3 的原油；

（2）除原油外，在 15 ℃时密度高于 900 kg/m^3 或在 50 ℃时运动黏度高于 180 mm^2/s 的油类；

（3）沥青、焦油及其乳化物。

（二）油船货物处所的操作性排油控制

1.排油控制要求

（1）特殊区域外的排放（北极水域除外）

除本附则例外条款和清洁或专用压载排放的规定外，应禁止将油船货物区域的油类或油性混合物排放入海，但全部满足下列条件者除外：

　　a.油船不在特殊区域之内；

　　b.油船距最近陆地 50 n mile 以上；

　　c.油船在航行途中；

　　d.油量瞬间排放率不超过 30 L/n mile；

　　e.排放入海的总油量，对于在 1979 年 12 月 31 日或以前交船的油船而言，不得超过这项残油所属的该种货油总量的 1/15 000，对于在 1979 年 12 月 31 日以后交船的油船而言，不得超过这项残油所属的该种货油总量的 1/30 000；和

　　f.油船所设置的排油监控系统以及污油水舱正在运转。

　　（2）特殊区域内的排放

　　①除清洁或专用压载排放的规定外，油船在特殊区域内时，应禁止将其货物区域的油类或油性混合物排放入海。

　　②仅有部分航程在特殊区域内的船舶，在特殊区域外时按其实际所在区域的规定进行排放。

　　（3）对小于 150 总吨的油船的要求

　　对小于 150 总吨的油船，因其不适用于本附则关于污水舱、排油监控系统及油水界面探测仪条款的要求，所以应将油留存船上以及随后将所有的被污染的洗涤液排入接收设备。用于冲洗和流回到储存柜中的全部油和水应排入接收设备，除非设有足够的装置对允许排放入海的流出物进行有效的监测以确保其符合相应的规定。

　　2.污油水舱

　　污油水舱或一组污油水舱的布置，应有留存洗舱后所产生的污油水、残油和污压载水残余物所必需的容量，此总容量不得小于船舶载油容量的 3%。如果油船设置了专用压载舱或清洁压载舱，或使用设置的原油洗舱系统，则可以接受 2%。

　　3.排油监控系统

　　除免除条款外，150 总吨及以上的油船应装有一个经主管机关批准的排油监控系统。

　　4.油水界面探测仪

　　除免除条款外，150 总吨及以上的油船应备有经主管机关认可的有效的油水界面探测仪，以能迅速而准确地测定油水分界面，其他舱柜如需进行油水分离并拟从其中将排出物直接排放入海，也应有这种探测仪。

　　5.原油洗舱系统

　　每艘在 1982 年 6 月 1 日以后交付的 20 000 载重吨及以上的原油油船应设置使用原油洗舱的货油舱清洗系统。

　　每艘采用原油洗舱系统的油船，均应备有一份详细说明该系统和设备并列有操作程序的操作与设备手册。该手册应使主管机关满意，并应包括本附则所述技术条件中所列的全部资料。如果进行影响该原油洗舱系统的变更，则应对操作与设备手册做相应的修订。

　　关于货油舱的压载，应在每一压载航次开始之前，以原油清洗足够的货油舱，并根据该油船营运的方式和预期的气候情况将压载水仅装在经原油清洗的货油舱内。

　　除非油船载运不适合于原油洗舱的原油，否则油船应按操作与设备手册操作原油洗舱系统。

6.油类记录簿

每艘150总吨及以上的油船,应备有油类记录簿第Ⅱ部分(货油/压载的作业)。这种油类记录簿不论是作为船上的正式航海日志的一部分,还是作为其他文件,均应采用本附则附录Ⅲ中所规定的格式。

(1)每当船舶进行下列任何一项货油/压载作业时,均应逐舱填写油类记录簿第Ⅱ部分:

①货油的装载;

②航行中货油的过驳;

③货油的卸载;

④货油舱和专用清洁压载舱的压载;

⑤货油舱的清洗(包括原油洗舱);

⑥压载的排放,但从专用压载舱排放者除外;

⑦排放污油水舱的水;

⑧污油水舱排放作业后,所使用的阀门或类似装置的关闭;

⑨污油水舱排放作业后,为专用清洁压载舱与货油和扫舱管路隔离所需阀门的关闭;

⑩残油的处理。

(2)油类记录簿第Ⅱ部分中应有用于洗舱和流回到储存柜中的油和水的总量的记录。

(3)应及时将每项作业详细地记入油类记录簿第Ⅱ部分,以使与该项作业相应的所有项目均有记录,每项完成的作业,应由高级船员或有关作业的负责人签字,且每填完一页应由船长签字。油类记录簿第Ⅱ部分中的记录应至少使用英文、法文或西班牙文的其中一种语言。如同时使用船旗国的官方语言,则在有争议或分歧时,应以该国官方语言为准。

(4)排油监控系统的任何故障均应记入油类记录簿第Ⅱ部分。

(5)油类记录簿第Ⅱ部分的存放位置应易于在任何合理时间随时可供检查,并且除未配备船员的被拖船舶外,均应存放船上。油类记录簿第Ⅱ部分应在进行最后一项记录后保存三年。

(6)MARPOL 73/78缔约国政府的主管当局可对停靠本国港口或近海装卸站的适用本附则的任何船舶检查油类记录簿第Ⅱ部分,并可将该记录簿中任何记录制成副本,也可要求船长证明该副本是该项记录的真实副本。任何经船长证明为船上油类记录簿第Ⅱ部分中某项记录的真实副本者,在任何法律诉讼中应可作为该项记录中所述事实的证据。主管当局根据本项规定对油类记录簿第Ⅱ部分的检查和制作正确无误的副本应尽速进行,而不对船舶造成不当延误。

(7)对于150总吨以下的油船,应由主管机关编制适合的油类记录簿。

(三)油船机器处所的操作性排油控制

1.排油控制要求

(1)特殊区域外的排放(北极水域除外):

除非全部满足下列条件,否则应禁止400总吨及以上的船舶将油类或油性混合物排放入海。

①船舶在航行途中;

②油性混合物经过符合要求的滤油设备处理;

③未经稀释的排出物含油量不超过15ppm;

④油性混合物不是来自油船的货泵舱的舱底；和

⑤如果是油船，则油性混合物不得混有货油残余物。

（2）特殊区域内的排放（南极区域除外）：

除非全部满足下列条件，否则应禁止 400 总吨及以上的船舶将油类或油性混合物排放入海。

①船舶在航行途中；

②油性混合物经过符合要求的滤油设备处理；

③未经稀释的排出物含油量不超过 15ppm；

④油性混合物不是来自油船的货泵舱的舱底；和

⑤如果是油船，则油性混合物不得混有货油残余物。

（3）仅有部分航程在特殊区域内的船舶，在特殊区域以外时按其实际所在区域的规定进行排放。

（4）对南极区域和北极水域以外任何区域内小于 400 总吨船舶的要求：

对小于 400 总吨的船舶，应按下列规定将油类和油性混合物留存船上以随后排放至接收设备或排放入海：

①船舶在航行途中；

②船舶所设的由主管机关进行设计认可的设备正在运转以确保未经稀释的排出物含油量不超过 15ppm；

③油性混合物不是来自油船的货泵舱的舱底；和

④如果是油船，则油性混合物不得混有货油残余物。

2.滤油设备

（1）任何 400 总吨及以上但小于 10 000 总吨的船舶，应装有符合规定的滤油设备。该滤油设备的设计应经主管机关批准，且应确保通过该系统排放入海的含油混合物的含油量不超过 15ppm。

（2）任何 10 000 总吨及以上的船舶，应装有符合规定的滤油设备。该滤油设备的设计应经主管机关批准，并确保通过该系统排放入海的含油混合物的含油量不超过 15ppm。此外，该系统应装有报警装置，在不能保持这一标准时发出报警，还应装有在排出物的含油量超过 15ppm 时能确保自动停止油性混合物排放的装置。

3.油类记录簿

每艘 150 总吨及以上的油船以及 400 总吨及以上的非油船，均应备有油类记录簿第Ⅰ部分（机器处所的作业）。该油类记录簿不论是作为船上的正式航海日志的一部分或作为其他文件，均应按本附则附录Ⅲ中所规定的格式填写。

（1）每当船舶进行下列任何一项机器处所的作业时，均应逐舱填写油类记录簿第Ⅰ部分：

①燃油舱的压载或清洗；

②燃油舱污压载水或洗舱水的排放；

③残油（油泥）的收集和处理；

④机器处所积存的舱底水向舷外排放或处理；和

⑤添加燃油或散装润滑油。

（2）应及时将每项作业详细地记入油类记录簿第Ⅰ部分，以使与该项作业相应的所有项目均有记录,每项完成的作业应由高级船员或有关作业的负责人签字,且每填完一页应由船长签字。对持有 IOPP 证书的船舶,油类记录簿第 I 部分中的记录应至少使用英文、法文或西班牙文其中的一种语言。如同时使用船旗国的官方语言,则在有争议或分歧时,应以该国官方语言为准。

(3)滤油设备的任何故障均应记入油类记录簿第 I 部分。

(4)油类记录簿第 I 部分的存放位置应易于在任何合理时间随时可供检查,并且除未配备船员的被拖船舶外,均应存放船上。油类记录簿第 I 部分应在进行最后一项记录后保存三年。

(5)MARPOL 73/78 缔约国政府的主管当局,可对停靠本国港口或近海装卸站的适用本附则的任何船舶检查油类记录簿第 I 部分,并可将该记录簿中任何记录制成副本,也可要求船长证明该副本是该项记录的真实副本。任何经船长证明为船上油类记录簿第 I 部分中某项记录的真实副本者,在任何法律诉讼中应可作为该项记录中所述事实的证据。主管当局根据本项规定对油类记录簿第 I 部分的检查和制作正确无误的副本应尽速进行,而不对船舶造成不当延误。

(四)防止油污事故造成污染

为了防止油污事故造成污染,船舶应具备应急计划和相关的计算程序。

(1)油污应急计划:

每艘 150 总吨及以上的油船和每艘 400 总吨及以上的非油船,应备有主管机关认可的《船上油污应急计划》。

该应急计划应以由 IMO 制定的指南为基础,并应以船长和高级船员的工作语言书写。其内容至少应包括:

①根据 IMO 制定的指南,由船长或其他负责人员报告油污事故所遵循的程序;

②在发生油污事故时应与之联系的当局或人员名单;

③在事故发生后,由船上人员为减少或控制排油所立即采取的措施的详细说明书;

④在处理污染时,与政府和地方当局协调船上行动的程序和联络点。

(2)船上海洋污染应急计划:

对于本公约附则 II 第 17 条也适用的船舶,《船上油污应急计划》可与本公约附则 II 第 17 条所要求的《船上有毒液体物质海洋污染应急计划》合并,并把标题改为《船上海洋污染应急计划》。

(3)所有载重量为 5 000 t 或以上的油船均应备有快速接入破损稳性和剩余结构强度岸基电脑计算程序的装置。

二、船舶水污染物排放控制标准

为贯彻《中华人民共和国环境保护法》《中华人民共和国水污染防治法》《中华人民共和国海洋环境保护法》《防治船舶污染海洋环境管理条例》等法律法规,保护环境,防治污染,促进船舶水污染物排放控制技术的进步,推进船舶污染物接收与处理设施建设,推动船舶及相关装置制造业绿色发展,制定《船舶水污染物排放控制标准》(GB 3552—2018)。

GB 3552—2018 规定了船舶含油污水、生活污水的污染物排放控制要求和监测要求,含有毒液体物质的污水和船舶垃圾的排放控制要求以及标准的实施与监督等内容。

该标准适用于中华人民共和国领域和管辖的其他海域内,船舶向环境水体排放含油污水、生活污水、含有毒液体物质的污水和船舶垃圾等行为的监督管理,不适用于为保障船舶安全或救护水上人员生命安全所必需的临时性排放行为。

该标准适用于法律允许的污染物排放行为。在内河和其他特殊保护区域内船舶污染物排放的管理,按照《中华人民共和国环境保护法》《中华人民共和国水污染防治法》《中华人民共和国海洋环境保护法》《防治船舶污染海洋环境管理条例》等法律法规中关于禁止倾倒垃圾、禁止排放有毒液体物质、禁止在饮用水源保护区排污、防止船载货物溢流和渗漏等具体规定执行。

其中,船舶含油污水的排放控制要求应按表 6-1 的规定执行。

表 6-1　船舶含油污水的排放控制要求表

污水类别	水域类别	船舶类别		排放控制要求
机器处所油污水	内河	2021 年 1 月 1 日之前建造的船舶		自 2018 年 7 月 1 日起,按表 6-2 执行或收集并排入接收设施
		2021 年 1 月 1 日及以后建造的船舶		收集并排入接收设施
	沿海	400 总吨及以上船舶		自 2018 年 7 月 1 日起,按表 6-2 执行或收集并排入接收设施
		400 总吨以下船舶	非渔业船舶	自 2018 年 7 月 1 日起,按表 6-2 执行或收集并排入接收设施
			渔业船舶	自 2018 年 7 月 1 日起至 2020 年 12 月 31 日止,按表 6-2 执行; 自 2021 年 1 月 1 日起,按表 6-2 执行或收集并排入接收设施
含货油残余物的油污水	内河	全部油船		自 2018 年 7 月 1 日起,按表 6-2 执行或收集并排入接收设施
	沿海	150 总吨及以上油船		自 2018 年 7 月 1 日起,收集并排入接收设施,或者在船舶航行中排放,并同时满足下列条件: (1)油船距最近陆地 50 n mile 以上; (2)排入海中油污水含油量瞬时排放率不超过 30 L/n mile; (3)排入海中油污水含油量不得超过货油总量的 1/30 000; (4)排油监控系统运转正常
		150 总吨以下油船		自 2018 年 7 月 1 日起,收集并排入接收设施

表 6-2 为机器处所油污水污染物排放控制表,排放应在船舶航行中进行。

表 6-2　机器处所油污水污染物排放控制表

污染物项目	限值	污染物排放监控位置
石油类(mg/L)	15	油污水处理装置出水口

第二节　散装油类货物分类及特性

一、石油及其产品的种类

（一）按来源及生产方式分类

1.原油

原油(Crude Oil)又称石油原油,它是直接从油井中开采出来的一种具有特殊气味的、有色的、黏稠的可燃性矿物油,为多种烃类(烷烃、环烷烃、芳香烃)的复杂混合物。

石油的性质因产地而异,密度为 0.8~1.0 g/cm³,黏度范围很宽,凝固点差别很大(-60~30 ℃),沸点范围为常温到 500 ℃以上,可溶于多种有机溶剂,不溶于水,但可与水形成乳状液。组成石油的化学元素主要是碳(83%~87%)、氢(11%~14%),其余为硫(0.06%~0.8%)、氮(0.02%~1.7%)、氧(0.08%~1.82%)及微量金属元素(镍、钒、铁等)。由碳氢化合物形成的烃类构成石油的主要组成部分,占 95%~99%,含硫、氧、氮的化合物对石油产品有害,在石油加工中应尽量除去。

不同产地的石油中,各种烃类的结构和所占比例相差很大,但主要有烷烃、环烷烃、芳香烃三类。通常以烷烃为主的石油称为石蜡基石油;以环烷烃、芳香烃为主的称为环烃基石油;介于两者之间的称为中间基石油。原油经过加工可以提炼出汽油、煤油、柴油、燃料油、润滑油和其他化工产品。

2.成品油

成品油是石油产品(Oil Products)。在油田经过脱盐、脱水的原油,被送往炼油厂,对其进行分馏和加工,于是得到各种石油产品。炼油厂通常把产品分为白油和黑油两大类。一般来说,白油是直馏轻质组分,又称清油(Clean Oil),黑油(Dirty Oil)是重质组分。在分馏塔内,轻质组分的蒸气上升至较高处,在塔的上部冷凝成液体,通常称为蒸馏油(Distillate Fuel),其沸点较低,如汽油、煤油、轻柴油等;重质组分的蒸气在较低的高度冷凝,通常称为蒸余油(Residual Fuel 或 Residual Oil),其沸点较高,如燃料油、渣油、沥青等。因此,可从分馏塔不同的高度得到不同的馏分,主要产品依次为:

（1）汽油

汽油(Petrol 或 Gas Oil)是石油产品中比重最轻、最易挥发的油品,主要包括车用汽油、航空汽油和溶剂汽油。车用汽油是一种不溶于水的、密度在 0.65~0.80 g/cm³ 的油状透明液体,按辛烷值的高低分牌号。辛烷值是衡量汽油在汽缸内抗爆震燃烧能力的一种数字指标,其值高表示抗爆性好。常用的辛烷值有研究法辛烷值和马达法辛烷值。车用汽油(Ⅳ)按研究法辛烷值分为 90 号、93 号和 97 号 3 个牌号,车用汽油(Ⅴ)、车用汽油(ⅥA)和车用汽油(ⅥB)按研究法辛烷值分为 89 号、92 号、95 号和 98 号 4 个牌号。牌号越高,表示抗爆性能越好。

（2）煤油

煤油（Kerosene）是一种白色透明液体，密度在 0.80 g/cm³ 左右，闪点在 43 ℃ 左右（作为航空燃料的煤油闪点在 0~23 ℃），在低温下着火性能较差，使用时比汽油安全。煤油按用途可分为灯用煤油、拖拉机用煤油、航空用煤油和重质煤油。煤油除了作为燃料外，还可作为机器洗涤剂以及医药工业和油漆工业的溶剂。灯用煤油比汽油重，比柴油轻，用于点灯照明，作为汽灯和煤油炉的燃料。灯用煤油严防汽油混入，以免点火时引起火灾。柴油混入会降低煤油的质量。

（3）柴油

柴油（Diesel Oil）主要作为柴油发动机的燃料，分为轻柴油和重柴油。

①轻柴油（Light Diesel Oil）：供各种柴油汽车、拖拉机、各种高速柴油机（1 000 r/min 以上）等作燃料用。轻柴油按凝点高低分+5、0、−10、−20、−35、−50 等牌号，分别表示其凝点不高于+5 ℃、0 ℃、−10 ℃、−20 ℃、−35 ℃、−50 ℃。牌号越高，凝点越低。

②重柴油（Heavy Diesel Oil）：供各种中低速柴油机（1 000 r/min 以下）作燃料用。重柴油按凝点高低分为 10、20、30 三个牌号，分别表示其凝点不高于 10 ℃、20 ℃、30 ℃。牌号越高，凝点越高。

（4）燃料油

燃料油（Fuel Oil）又叫锅炉油，是将从原油蒸馏出的汽油、煤油、柴油在 350 ℃ 以上经过精制除杂直接蒸馏得到的油品。燃料油的密度为 0.940~0.995 g/cm³，主要作为船舶、工业和工厂锅炉的燃料。黏度是衡量流体流动性的指标，指液体受外力作用移动时，分子间产生的内摩擦力大小的量度。燃料油按 80 ℃ 时运动黏度的大小分为 20、60、100、200 四个牌号，牌号越大，黏度越大。新的行业标准中将燃料油分 1 号、2 号、4 号轻、4 号、5 号轻、5 号重、6 号和 7 号八个牌号。1 号和 2 号是馏分燃料油，适用于家用或工业小型燃烧器；4 号轻和 4 号是重质馏分燃料油或者是馏分燃料油与残渣燃料油混合而成的燃料油，适用于要求该黏度范围的工业燃烧器；5 号轻、5 号重、6 号和 7 号是黏度和馏程范围递增的残渣燃料油，适用于工业燃烧器；5 号轻、5 号重、6 号、7 号燃料油的黏度控制和分牌号是按 100 ℃ 运动黏度来划分的。为了装卸和正常雾化，燃料油通常需要预热。

（5）润滑油

润滑油（Lubricating Oil）是提取了汽油、煤油、柴油后剩下的重质油，它是通过减压蒸馏法制成的液体油品，主要用于机械设备的摩擦部位，起润滑作用。在运输过程中严防混入水分和杂质，混入水分极易乳化而无法分离，使机械锈蚀、润滑性变坏；混入杂质会擦伤和磨损机械，使润滑油失去润滑作用。

（二）按易燃性分类

油品闪点反映了其易燃性的高低。为了方便和加强管理，国际上根据油品闪点的高低，将石油划分为挥发性和非挥发性两级。若对某一种类油品的性质有怀疑，则应将其视为挥发性石油对待。若某种非挥发性石油在装卸时的温度已达到比其自身闪点小 10 ℃ 的温度，则也应视为挥发性石油对待。

1.挥发性石油

挥发性石油是指闭杯闪点在 60 ℃（140 ℉）以下的油品，包括喷气燃料、煤油、汽油、原油等。

2.非挥发性石油

非挥发性石油是指闭杯闪点在 60 ℃（140 ℉）及以上的油品，包括燃料油、重质瓦斯油、柴油等。

（三）按油品电导率分类

根据油品电导率的高低可将石油分为以下两类。

1.白油类石油

白油类石油是指电导率低于 50 ps/m（皮西门子/米）的石油。

2.黑油类石油

黑油类石油是指电导率等于或超过 50 ps/m 的石油。

（四）MARPOL 公约中油类分类

在 MARPOL 73/78 公约附则 Ⅰ 的附录 Ⅰ 中列出了油船可以载运的油类清单，共计 8 类 44 种油品，具体如下：

（1）沥青溶液：调和油料、屋顶用柏油和直馏渣油。

（2）油类：澄清油、原油、含原油的混合物、柴油、4 号燃料油、5 号燃料油、6 号燃料油、残余燃料油、铺路沥青、变压汽油、芳烃油类（不包括植物油）、润滑油和调和油料、矿物油、马达油、渗透润滑油、锭子油和透平油。

（3）馏分油：直馏油和闪蒸原料油。

（4）瓦斯油：裂化瓦斯油。

（5）汽油调和料类：烷基化燃料、重整油和聚合燃料。

（6）汽油类：天然汽油、车用汽油、航空汽油、直馏汽油、1 号燃料油（煤油）、1-D 燃料油、2 号燃料油和 2-D 燃料油。

（7）喷气燃料类：JP-1（煤油）喷气燃料、JP-3 喷气燃料、JP-4 喷气燃料、JP-5（煤油，重质）喷气燃料、燃气轮机燃料、煤油和矿物油溶剂。

（8）石脑油：溶剂、石油和窄馏分油。

二、石油及其产品的特性

石油及其产品与运输和装卸有关的主要特性有：

（一）易燃性

石油及其产品容易燃烧的性能称为易燃性。它可以用闪点（Flash Point）和燃点（Fire Point）来衡量。石油及其产品挥发出来的蒸气与空气混合达到一定浓度（容积百分比）范围时，遇明火就会燃烧的浓度上下限称为可燃极限，可燃上下限之间的数值范围称为可燃范围。表 6-3 为各种石油气的理论可燃范围表。

表 6-3　各种石油气的理论可燃范围表

名称	可燃极限		名称	可燃极限	
	上限	下限		上限	下限
甲烷	16.0	5.0	苯	8.0	1.5
乙烷	12.5	3.1	甲苯	9.5	1.27
丙烷	9.5	2.2	二甲苯	6.0	1.0
丁烷	8.5	1.9	原油	10.0	1.0
戊烷	8.8	1.4	汽油	7.6	1.4
己烷	7.5	1.2	煤油	6.0	1.2
乙炔	80.0	2.6	轻柴油	4.5	1.5

石油类货物一般按照其闪点确定危险程度,当油温达到其闪点时,便有可能产生闪燃。

（二）爆炸性

石油及其产品挥发出来的蒸气在空气中形成的混合气体达到其可燃极限浓度范围时,遇明火就会燃烧,以致压力升高引起爆炸的性质称为爆炸性。为防止石油类货物的蒸气混合气体发生爆炸,应在油船危险油气可及区域内杜绝一切火源并须配备油气驱除系统和惰性气体系统。

油气驱除系统是利用抽风机将油舱内高浓度的油气驱除出货油舱,而惰性气体系统是将惰性气体注入货油舱,这两套系统配合使用,能使舱内混合气体的含氧量低于 5%。试验证明,随着惰性气体的充入,油品的爆炸下限提高,爆炸上限降低,从而使油舱和管系内的爆炸范围缩小,燃烧、爆炸的可能性随之降低。惰性气体影响燃爆性示意图如图 6-1 所示。

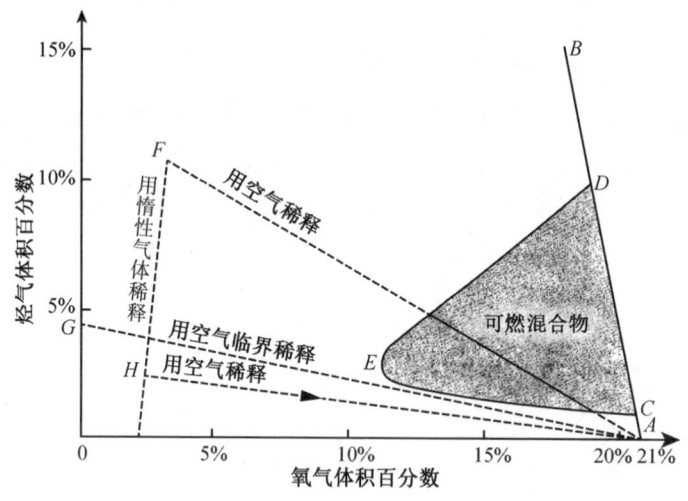

图 6-1　惰性气体影响燃爆性示意图

（三）挥发性

石油会挥发出气体或蒸气的性质称为挥发性。在储运过程中,石油产品的挥发不但会引起数量减少,而且由于其挥发部分多为轻质馏分而使其质量降低,同时为燃烧、爆炸提供了石油气,而石油气的存在也对环境安全和人类健康产生不良的影响。

石油的挥发性是以蒸气压为特征的,通常用饱和蒸气压和雷德蒸汽压 RVP（Reid Vapour Pressure）来衡量。

　　盛装于一封闭容器中的液体,其中的分子不断挥发出来扩散到液面上方的空间,而挥发出来的分子又会不断地回到液体中,这一过程达到动态平衡时液体的蒸气所产生的压力称为饱和蒸气压。

　　雷德蒸汽压是指在密封的容器内装入 125 mL 油品,使液体和气体的体积比保持在 1:4,在容器内温度保持在 37.8 ℃(100 ℉)的条件下测得的蒸气压。

　　石油及其产品挥发的快慢主要取决于其温度,温度越高,挥发越快。此外,压力的大小、油品表面积的大小、油品自身的密度等因素也会影响挥发速度。当装运凝固点高、黏度大的油品或遇高温天气时,需采取控制加温温度或在甲板上洒水的措施,以减少油品的挥发。

(四)毒害性

　　石油及其产品中含有大量的碳氢化合物、少量的硫化氢以及某些油品中加入的四乙铅或乙基液等,对人体会有不同程度的毒害的性质称为毒害性。石油中毒大部分是因吸进石油挥发出来的气体所致,小部分是由皮肤接触气体侵入体内或吞咽所造成的。石油的毒害性与其挥发性有着密切的关系,挥发性越大,毒害性也越大。

　　石油的毒害性通常采用有害气体最大容许浓度 MAC(Maximum Acceptable Concentration)或浓度临界值 TLV(Threshold Limit Values)来控制。MAC 是指任何有代表性的采样中均不得超过的有害气体的浓度;TLV 是指空气中一种有害物质的浓度,所代表的工作条件是,几乎所有的工人长期在这样的暴露条件下工作时,不会对健康产生不良的影响。TLV 有时间加权平均阈限值 TLV-TWA、短期暴露水平阈限值 TLV-STEL 和最高阈限值 TLV-C 等。MAC 或 TLV 以空气中含有有害气体(容积比)的百万分率 ppm 为计量单位,其值越大,说明该油品的危险性越小。

(五)静电性

　　石油在管内流动与管壁摩擦、油液中掺入水分、从舱口灌注石油而冲击舱壁、用压缩空气扫线、洗舱作业时用水或水蒸气高速喷射舱壁等,都会因摩擦产生电荷的性质称为静电性。当静电荷积聚达到一定电位时,会放电产生电火花,给油气的燃烧爆炸提供火源。静电危险基本上由电荷分离、电荷积聚、静电放电三个阶段构成,这是构成静电起火的三要素。

　　静电积聚的快慢与油品在管内的流动速度、油品温度、管线长短、管内压力等有关。流速越大、油品温度越高、管线越长、压力越大,则静电积聚越快。为了防止静电放电发生危险,主要从防止静电积聚和防止尖端放电两方面采取措施。

(六)黏结性

　　原油及重油、重柴油等不透明的石油产品,在低温时黏结成糊状或块状的性质称为黏结性。黏结性一般用凝点(Solidifying Point)和黏度(Viscosity)来表示。凝点是指油品受冷后停止流动的初始温度;黏度则是表示油品流动时内部摩擦力的大小或流动性大小的指标。黏度越大,则流动性越小,一般其密度也越大。

　　黏结性直接影响油船装卸速率。当装卸高黏度的油品时,需采取加温的方法降低其黏度,但加温应适当,温度过高,不仅会加快油品的挥发,还会产生气阻,使流速降低。

(七)胀缩性

　　石油体积随温度的变化发生膨胀或收缩的性质称为胀缩性。石油膨胀时危害性很大,在有限的货舱内膨胀时会造成溢油或油舱破裂,甚至发生燃烧爆炸事故。因此在载运石油货物时,油舱内必须留出足够的空余舱容以允许在温度升高时货物体积的增大。在实际营运中,应根据货物种类、航行区域的气温和海水温度变化等具体情况计算并留出适当的空当高度。

（八）腐蚀性

有些油品如汽油含有水溶性酸碱、有机酸、硫及硫化物等，可能引起对船体材料的腐蚀的性质称为腐蚀性。因此，船舶在装运这些油品后，应清洗油舱并进行有效的通风以减少腐蚀。

第三节　油船的分类、结构特点和设备系统

一、油船的分类

油船是指建造为或改造为主要在其装货处所装运散装油类的船舶。按照不同的原则，油船有不同的分类。

（一）按照其用途分类

油船按其用途可分为原油油船、成品油船、兼用船、海上浮式生产储卸油船、穿梭油船、加油船、油驳等。

（二）按照船舶载重吨位及航区特点分类

油船按船舶载重吨位及航区特点可分为灵便型油船、巴拿马型油船、阿芙拉型油船、苏伊士运河型油船、好望角型油船、VLCC（Very Large Crude Oil Carrier）和 ULCC（Ultra Large Crude Oil Carrier）等。

（三）按照油船货油舱的结构特点分类

油船按照货油舱的结构特点可分为双层壳型油船、中高甲板型油船和库伦布鸡蛋型油船。这些货舱结构的设计均以如何有效地防止或减少油船发生海事时货油泄漏对海洋的污染作为出发点。

1.双层壳型油船（Double Hull Tanker）

该型油船在其货舱区域内的舱底和舷侧均设置双层结构，其双层底的高度根据载重吨及型宽确定，双层舷侧的宽度根据载重吨确定。这种结构可以较有效地防止或减少油船发生海事时对海洋的污染，但它使船舶空船重量增加、船舶造价提高，对船舶的完整稳性和破舱稳性及船舶净载重量均产生了不利影响，双层底内积聚的油气也是一个安全隐患。双层壳型油船货油舱结构见图 6-2。

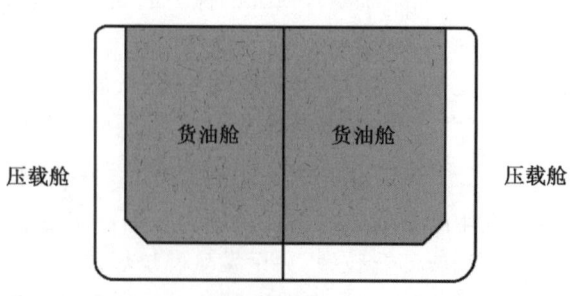

图 6-2　双层壳型油船货油舱结构图

2.中高甲板型油船(Mid-deck Tanker)

该型油船的货油舱两舷侧为双舷侧结构,舱内设有中间甲板,将货油舱上下分为两部分。中间甲板距离船底基线的高度应不小于 $B/6$ 或 6 m(取小者),但不必高于 $0.6D$(D 为船舶型深),只要满足中间甲板下层舱内货油的静压力和蒸气压力之和不超过船外的静水压力即可。船底破损时,由于海水压力大于舱内的压力,海水流入舱内,油舱底部形成海水层,从而有效地防止货油的泄漏。中间甲板油舱的双舷侧宽度约为双壳油船油舱双舷侧宽度的 2 倍,因此当其舷侧破损时,不会伤及货油舱,使货油泄漏的概率大为降低。中高甲板型油船货油舱结构见图 6-3。

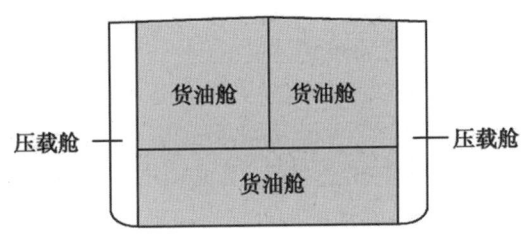

图 6-3　中高甲板型油船货油舱结构图

3.库伦布鸡蛋型油船(Coulombi Egg Tanker)

该型油船是利用静压平衡原理设计货舱的。当船底或舷侧破损时,由于海水压力平衡差的作用,可以防止货油的泄漏。库伦布鸡蛋型油船货油舱结构见图 6-4。

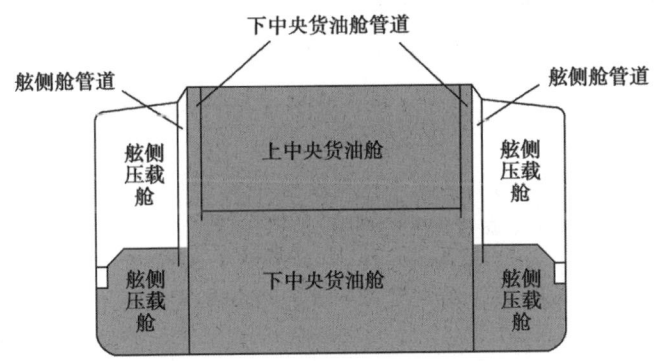

图 6-4　库伦布鸡蛋型油船货油舱结构图

二、对油船货物区域的构造要求

为了保证散装油类货物的安全运输,MARPOL 73/78 公约附则Ⅰ对油船货物区域的构造提出了具体的要求,该构造可以有效防止或减少油船发生事故时对海洋的污染。

(一)专用压载舱

1.压载舱设置要求

(1)1982 年 6 月 1 日以后交船的载重量为 20 000 t 及以上的原油油船以及载重量为 30 000 t 及以上的成品油船,在 1982 年 6 月 1 日或以前交船的载重量为 40 000 t 及以上的原油油船以及载重量为 40 000 t 及以上的成品油船,均应设置专用压载舱。

（2）专用压载舱容量的确定,应使船舶可以不依靠货油舱装载压载水而安全地进行压载航行。但在所有情况下,专用压载舱的容量应至少能使船舶的吃水和吃水差,在航行的任何部分,不论处于何种压载状态下,包括仅空船加压载水的情况在内,均应符合下列各项要求：

①船中部型吃水 d_m（不考虑任何船舶变形）应满足：

$$d_m \geqslant 2.0 + 0.02L$$

②吃水差 t 应满足：

$$t \leqslant 0.015L$$

吃水差 t 为首、尾垂线吃水的差值。

③尾垂线处的吃水,无论如何不得小于达到螺旋桨全部浸没所必需的吃水。

（3）除下述情况外,货油舱不得装载压载水：

①对于气候情况非常恶劣的航次,船长认为必须在货油舱中加装额外压载水以保证船舶安全时；和

②在例外情况下,由于油船的具体营运特性,其必须加装超过专用压载舱要求数量的压载水,但该油船的这种操作应属于 IMO 确立的例外情况范畴内。

2.压载舱保护位置

每艘在 1982 年 6 月 1 日以后交船的载重量为 20 000 t 及以上的原油油船以及载重量为 30 000 t 及以上的成品油船,应在货舱长度范围内按要求布置专用压载舱,以提供一种在发生搁浅或碰撞时防止油类外流的保护措施。

（二）油船双壳和双层底的要求

1.1996 年 7 月 6 日或以后交船的载重量为 600 t 及以上的油船

（1）每艘载重量为 5 000 t 及以上的油船,整个货油舱长度应由专用压载舱或非载运油类的舱室处所加以保护。

①边舱或处所应伸展到舷侧全深或是从双层底顶端到最上层甲板,无论船舶的舷缘是否为圆弧形,各边舱或处所应布置成使得全部货油舱皆位于这些舱或处所壳板型线的内侧面；舷侧的宽度为 $\left(0.5 + \dfrac{DW}{20\,000}\right)$ 或 2.0 m,取小者,但最小值为 1.0 m。

②每一双层底舱或处所的任一剖面的垂直深度（货油舱双层底与船底壳板型线之间的垂直距离）为 $B/15$ 或 2.0 m,取小者,但最小值为 1.0 m。

需要注意的是,对载重量为 20 000 t 及以上的原油油船和载重量为 30 000 t 及以上的成品油船,各边舱、双层底舱、首尖舱和尾尖舱的总容量应不小于本附则中专用压载舱设置要求的容量。

（2）每艘载重量为 5 000 t 以下的油船,整个货油舱长度应由下述压载舱或非载运油类的舱室处所加以保护。

①边舱或处所、双层底舱或处所的设置与载重量为 5 000 t 及以上的油船的要求相同；或

②至少设有双层底舱或处所,其高度为 $B/15$,但最小值为 0.76 m,且各货油舱应按照每舱容积不超过 700 m³ 进行布置。

2.1996 年 7 月 6 日以前交船的载重量为 5 000 t 及以上的油船

该类油船应不迟于 2005 年 4 月 5 日或如表 6-4 规定的日期或年份的船舶交船周年日符合 MARPOL 73/78 公约附则 I 中"1996 年 7 月 6 日或以后交船的载重量为 5 000 t 及以上的油

船"的双壳和双层底舱要求及油船分舱和破损稳性等的要求。

（1）对于仅设有不用于装油且延伸至整个货油舱长度的双层底或双壳的第2类或第3类油船，或者设有不用于装油且延伸至整个货油舱长度的双壳处所，但不满足免除条件的第2类或第3类油船，主管机关可允许其在表6-4规定的日期之后继续营运，但必须满足：

①该船在2001年7月1日处于营运状态；

②主管机关对该船符合规定条件的正式记录的验证感到满意；

③规定的船舶状况保持不变；和

④这种继续营运未超过该船交船日期后的25年。

（2）主管机关可允许第2类或第3类油船在表6-4规定的日期之后继续营运，只要主管机关认为状况评估计划的结果令人满意，船舶适于继续这种营运，但该营运不得超过2015年的交船周年日或交船日期之后25年，以较早者为准。

（3）MARPOL 73/78公约缔约国有权拒绝按下列规定营运的油船进入其管辖范围内的港口或近海装卸站：

①满足（1）的要求，但超过2015年的交船周年日；或

②满足（2）的要求。

在这种情况下，该缔约国应将有关详情通报IMO，以便转发给MARPOL 73/78公约各缔约国供其参考。

表6-4 油船双壳和双层底舱要求时间表

船舶类型	日期或年份
第1类	2005年4月5日：在1982年4月5日或以前交船的船舶 2005年：在1982年4月5日以后交船的船舶
第2类和第3类	2005年4月5日：在1977年4月5日或以前交船的船舶； 2005年：在1977年4月5日以后，但在1978年1月1日以前交船的船舶； 2006年：在1978年和1979年交船的船舶； 2007年：在1980年和1981年交船的船舶； 2008年：在1982年交船的船舶； 2009年：在1983年交船的船舶； 2010年：在1984年或以后交船的船舶

表中，船舶类型的含义如下：

（1）第1类油船

该类油船是指1982年6月1日或以前交付的载重量在20 000 t及以上的载运原油、燃油、重柴油或润滑油的油船，以及载重量为30 000 t及以上载运除上述油类以外的其他油类的油船。

（2）第2类油船

该类油船是指1982年6月1日以后交付的载重量在20 000 t及以上的载运原油、燃油、重柴油或润滑油的油船，以及载重量为30 000 t及以上载运除上述油类以外的其他油类的油船。

（3）第3类油船

该类油船是指载重量在5 000 t及以上，但低于上述第1类和第2类油船规定的载重量的

油船。

3.防止载运重级别货油的油船造成污染

除特殊规定外,载重量在 5 000 t 及以上的油船,应不迟于 2005 年 4 月 5 日符合双边舱和双层底舱的要求;载重量在 600 t 及以上但小于 5 000 t 的油船,应不迟于 2008 年交船日期周年日设置符合规定的边舱或处所、双层底舱或处所。

三、油船的结构特点

1.尾机型船舶

该型船舶的机舱和驾驶台均设在尾部。这样的布置方式可以保证油舱内和主甲板上的管路系统的连续性;使船体中部没有隔离,保证了船舶的纵向强度;防止烟囱的火星进入货油区,有利于防火、防爆。

2.设置货油泵舱

货油泵舱是用来布置货油泵、扫舱泵、压载泵等设备的舱室,一般设在机舱之前,可将机舱与货油舱隔离,起隔离空舱的作用。

3.设有隔离空舱

为了防止油气渗漏和防火、防爆的需要,货油舱区前后两端应设有隔离空舱,以便与机舱、干货舱、居住舱室等隔离。隔离空舱舱壁间应有足够的距离,以便于进出,且应遮隔全部货油舱端部舱壁面积。当需要隔离的两个舱室为对角时,可在角隅处设置隔板予以隔离。泵舱、压载舱、燃油舱可兼作隔离舱。

4.设置专用压载舱

专用油船一般是单程载运货油,为使船舶空载回航时达到适宜的吃水及吃水差,保证船舶的航海性能,同时考虑到防污染的要求,大型油船应按 MARPOL 73/78 公约的要求设置较大的专用压载舱。

5.单甲板、双壳体

单甲板、双壳体如图 6-5 所示。

6.设多道横、纵舱壁

万吨级及以上油船的货油舱由 1～3 道纵舱壁和 4～10 道横舱壁分隔,以减少自由液面对船舶稳性的影响和货油对舱壁的动力冲击,故货舱尺度较小,见图 6-5。

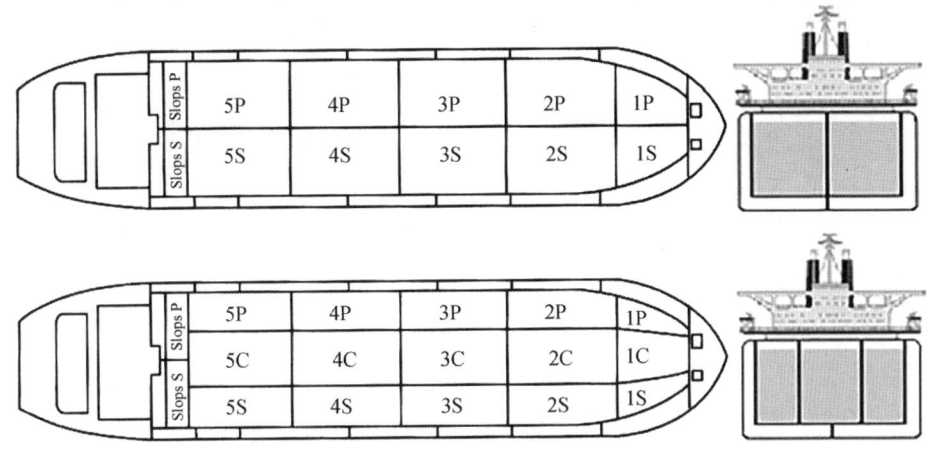

图6-5 油船货油舱分隔示意图

7.船舶结构采用纵骨架式

油船船体长深比较大,所受的弯曲力矩也较大,所以采用纵骨架式,超大型油船更是如此。

8.货油舱上部设置膨胀舱口

该舱口为油密的圆形或椭圆形开口,尺度较普通货船的舱口尺度小,舱口盖上设有测量孔和观察孔。

9.核定的最小干舷较其他船舶小

因为油船舱口比较密闭、纵向强度较大且抗沉性好,所以储备浮力较同级别普通干散货船小,核定的最小干舷较其他船舶小。

10.甲板设置步行天桥

为了人员的安全行走和方便,甲板上多设有步行天桥。

11.甲板上设有各种管系和设备

甲板上设有货油装卸、加热、透气、消防等各种管系。油船中部左右两舷对称设有数个干管接口,用于装卸油时连接输油臂或输油软管。

12.设置货油控制室

在该控制室内可监视、控制和操作各类货油作业,操作惰性气体系统、货油泵、排油监控装置、监视货舱空当高度等。货油控制室内主要布置有货油控制台、货油泵控制台、惰性气体系统(IGS)控制台和排油监控控制台等。

四、油船的设备系统

油船装运的货物主要是液体,为便于货油装卸及保证船舶的安全,可设置多种系统。

(一)货油系统

货油系统主要包括货油泵、货油管路系统、货油阀、扫舱系统、货油监控系统及其附属设备。货油泵设置在独立的泵舱内,货油管路分布于货油舱、泵间及上甲板,货油舱内管路阀门通过传动装置在甲板开关。设有货控室的船舶可在室内遥控操作。装油时利用码头上的泵或自流,卸油时利用船舶的货油泵。

1.货油泵

货油泵是指装卸油液类货物的泵浦。油船上常见的货油泵有离心泵、蒸汽往复泵、螺杆泵、回转泵等,现代大型油船上的主货油泵多为离心泵。

2.货油管路系统

不同类型的油船有不同的管路系统布置。中机型油船采用环形系统;尾机型油船采用线形系统。

3.货油阀

与货油装卸有关的各种阀统称为货油阀,主要包括油舱吸入阀、油舱隔离阀、泵舱隔离阀、泵吸入阀、泵排出阀、腰截阀、出口阀、旁通阀、下舱阀、海水阀、舷外排出阀等。现代油船货油系统中使用的阀门大多为蝶阀,驱动方法以液压居多,也有采用手动或压缩空气驱动的。

4.扫舱系统

利用扫舱系统清除货油舱内不能用干管抽净的残油,泵浦多为蒸汽往复泵或喷射泵。扫舱系统除了抽吸货舱内的残油外,还能用于:卸货完成时清扫管线中的残油;抽除货油泵中的空气;排出泵舱中的舱底污水;在采用装于上部法时排出舱内的水分;排出兼用船在运输矿石航次中的舱内污水。

现代油船上多设置自动扫舱装置,不仅使扫舱作业的劳动强度大大减轻,也使卸货速率有所提高,且省去了专用的扫舱管路。自动扫舱装置有循环式、喷射式、真空式及抽逐式等数种。

5.货油监控系统

货油监控系统是控制和检测货油、污油水、压载水和燃油的一个完整综合装置。其主要作用有连续显示舱内液位/空当读数和惰性气体压力读数,可发出高/低液位警报和惰性气体压力警报,可自动检测和计算货油的密度、体积及重量,可自动修正船舶在纵倾或横倾时的液位/空当读数,可自动检测船舶的装载水尺及浮态,可显示装卸货的速率,可控制各种泵浦和阀门的开关,可显示管路、集管和泵浦的压力读数,也可检测和显示其他液舱的液体参数和数量等。

（二）货油加热系统

其目的是对高黏度油进行加热,便于卸油。

（三）甲板洒水系统

其目的是洒水降温,减少油品挥发。

（四）透气系统

油船透气系统的主要作用是为油舱吸入或排出气体。装载货油时,随着舱内液位的升高,舱内气体通过透气系统被排出,防止舱内压力过大而使油舱凸起变形;卸货时,随着舱内液位的下降而吸入气体,防止油舱内压力降低形成真空而造成油舱舱壁凹陷;航行中,各油舱通过透气系统与大气相通,避免因外界温度变化而引起舱内气压升高或降低现象的发生,从而达到舱内外压力平衡的目的。

透气系统主要由透气管路、透气桅管、呼吸阀、旁通阀、防火罩等构成。透气方式根据透气管路布置方式而定,通常有独立式、分组式和共管式三种。

（五）灭火及安全系统

由于石油及其产品属于危险品,油船配备有完善的灭火及安全系统。

（六）洗舱系统

洗舱是指为了一定的目的而使用泵浦将一定压力的洗舱介质经由洗舱机喷射到油舱内壁,将舱壁及船体构件表面的脏污物质洗掉。洗舱方式包括水洗舱、清洗液洗舱及原油洗舱。

洗舱系统主要包括洗舱泵、扫舱泵、洗舱加热器、洗舱机及附属管路。

（七）惰性气体系统

20 000 DWT 及以上的原油油船应配置惰性气体系统(IGS)。该系统的主要作用是在油船装卸、除气、原油洗舱等作业时,提供惰性气体,防止油气燃烧爆炸。油船上的惰性气体的来源主要有三个:

(1)船舶主、辅锅炉排出的废气(烟道气):燃料油在锅炉内正常燃烧后所产生的废气经冷却、脱硫和除水汽后的混合气体。因为经济实用,为多数大型油船所采用。

(2)独立惰性气体发生器:指在船上装有专门的惰性气体制取设备,通过燃烧燃料来获取惰性气体。这种惰性气体的含氧量很低,所以质量高,但是成本也高,多安装在对惰性气体纯度要求较高的 LNG 和 LPG 等船舶上。

(3)辅锅炉或柴油机排气再经辅助燃烧器燃烧(联合式):

SOLAS 74 公约规定,惰性气体系统在任何规定的气流速率条件下都应能提供含氧量不超过 5% 的惰性气体,在任何时候油舱内都应保持正压状态且舱内含氧量不得超过 8%。

第四节　散装油类货物运输报告和申报实务

一、货物适运、船舶适装、码头适靠要求

散装油类货物的安全运输取决于货物种类及其理化特性、船舶的适装能力和码头的适靠标准,因此关系到托运人、承运人及码头经营人的责任和义务。

（一）法规依据

1.中华人民共和国海上交通安全法

(1)第 62 条:船舶载运危险货物,应当持有有效的危险货物适装证书,并根据危险货物的特性和应急措施的要求,编制危险货物应急处置预案,配备相应的消防、应急设备和器材。

(2)第 63 条:托运人托运危险货物,应当将其正式名称、危险性质以及应当采取的防护措施通知承运人,并按照有关法律、行政法规、规章以及强制性标准和技术规范的要求妥善包装,设置明显的危险品标志和标签。

托运人不得在托运的普通货物中夹带危险货物或者将危险货物谎报为普通货物托运。

托运人托运的货物为国际海上危险货物运输规则和国家危险货物品名表上未列明但具有危险特性的货物的,托运人还应当提交有关专业机构出具的表明该货物危险特性以及应当采

取的防护措施等情况的文件。

货物危险特性的判断标准由国家海事管理机构制定并公布。

（3）第 64 条：船舶载运危险货物进出港口，应当符合下列条件，经海事管理机构许可，并向海事管理机构报告进出港口和停留的时间等事项：

①所载运的危险货物符合海上安全运输要求；

②船舶的装载符合所持有的证书、文书的要求；

③拟靠泊或者进行危险货物装卸作业的港口、码头、泊位具备有关法律、行政法规规定的危险货物作业经营资质。

海事管理机构应当自收到申请之时起 24 小时内做出许可或者不予许可的决定。

定船舶、定航线并且定货种的船舶可以申请办理一定期限内多次进出港口许可，期限不超过 30 日。海事管理机构应当自收到申请之日起 5 个工作日内做出许可或者不予许可的决定。

海事管理机构予以许可的，应当通报港口行政管理部门。

2.船舶载运危险货物安全监督管理规定

（1）第 5 条：载运危险货物的船舶应当编制安全和防污染应急预案，配备相应的应急救护、消防和人员防护等设备及器材。

（2）第 6 条：载运危险货物的船舶应当经国家海事管理机构认可的船舶检验机构检验合格，取得相应的检验证书和文书，并保持良好状态。

载运危险货物的船舶，其船体、构造、设备、性能和布置等方面应当符合国家船舶检验的法规、技术规范的规定；载运危险货物的国际航行船舶还应当符合有关国际公约的规定，具备相应的适航、适装条件。

（3）第 7 条：载运危险货物的船舶应当按照规定安装和使用船舶自动识别系统等船载设备。船舶经营人、管理人应当加强对船舶的动态管理。

（4）第 9 条：船舶载运危险货物应当符合有关危险货物积载、隔离和运输的安全技术规范，并符合相应的适装证书或者证明文件的要求。船舶不得受载、承运不符合包装、积载和隔离安全技术规范的危险货物。

（5）第 25 条：载运危险货物的船舶在装货前，应当检查货物的运输资料和适运状况。发现有违反本规定情形的不得装运。

（6）第 26 条：从事散装危险货物装卸作业的船舶和码头，应当遵守安全和防污染操作规程，建立并落实船岸安全检查表制度，并严格按照船岸安全检查表的内容要求进行检查和填写。

载运散装液体危险货物的船舶装卸作业期间，禁止其他无关船舶并靠。使用的货物软管应当符合相关法规、技术规范的要求，并定期进行检验。

（二）货物适运

（1）托运的散装液体货物应列入 MARPOL 73/78 公约附则 I 附录 I 油类清单。

（2）如果托运的散装液体货物未列入 MARPOL 73/78 公约附则 I 附录 I 油类清单，则应申请进行货物运输条件鉴定和适运评估。

（3）托运人按规定提交的证书、文书、材料应齐全有效。

（三）船舶适装

船舶载运散装油类货物应持有相关有效的证书和文书以确定其适合载运散装油类货物。

1.(国际)防止油污证书

(1)国际防止油污证书

满足 MARPOL 73/78 公约附则Ⅰ要求的船舶应持有的证书为国际防止油污证书(IOPP证书)。

MARPOL 73/78 公约附则Ⅰ附录Ⅱ中要求的 IOPP 证书的格式分为 A、B 两种。A 格式适用于油船,附有油船结构和设备记录,因此 IOPP 证书上列出了船舶类型供选择,包括原油油船,成品油船,不装运附则Ⅰ第 20.2 条所指燃油、重柴油或不装运润滑油的成品油船,原油/成品油船,兼用船,按公约附则Ⅰ第 2.2 条规定为设有货油舱的非油船,用于装载第 2.4 条所指的成品油船。

不同类别的油船获准装运的油类不同,如原油/成品油船,可装运原油或成品油,或两者同时装运;原油油船,可装运原油,但禁止装运成品油;成品油船,可装运成品油,但禁止装运原油。

(2)海上船舶防止油污证书

该证书是我国船检机构根据 2020 年 8 月 1 日前的《国内航行海船法定检验规则》的相关规定签发的适用于国内航行船舶的防污染证书。该证书及其附件的填写,应符合中国海事局《船舶检验证书填写说明》的要求。防油污证书中应注明航区和船舶种类等信息,其中航区为远海航区、近海航区、沿海航区或遮蔽航区之一;船舶种类为油船或非油船两者之一,若为油船,则还应填写适合载运散装油类货物的闪点,如"闪点≤60 ℃"。

2.海上货船适航证书

该证书是我国船检机构根据 2020 年 8 月 1 日前的《国内航行海船法定检验规则》的相关规定签发的适用于国内航行船舶的证书。油船还需要注明适用的航区和船舶种类,填写适合载运散装油类货物的闪点,如"闪点≤60 ℃"或"闪点>60 ℃"。

3.国内航行海船安全与环保证书

根据 2020 年 8 月 1 日起实施的《国内航行海船法定检验技术规则(2020)》第 1 篇检验与发证的相关规定,对国内海船证书格式进行调整,不再单独要求海上船舶防止油污证书、海上货船适航证书、吨位证书、载重线证书等,而是规定将国内航行海船船舶检验证书分为两部分,一部分为短期或附加证书,另一部分为国内航行海船安全与环保证书。

短期或附加证书是指船舶按照规定在一些特殊情况下需要获得检验单位出具的文书才能航行的一种船检证书,有效期可以是单航次或一段时间,主要有海上船舶危险货物适装证书、海上船舶临时乘客定额证书和船舶适航证书。短期或附加证书(船舶适航证书除外)必须与国内航行海船安全与环保证书一同使用方为有效。

国内航行海船安全与环保证书为船长≥20 m 的国内航行海船应持有的法定证书,其有效期限规定基本与 MARPOL 73/78 公约规定的 IOPP 证书一致。该证书共分为三部分,即证书主体部分、安全与环保设备记录部分及附页部分。

(1)证书主体部分

主体部分是一艘船舶的基础证书,它能反映出船舶是否具备适航的条件。证书主体部分必须与安全与环保设备记录、所选附页一同使用方为有效。

(2)安全与环保设备记录部分

该部分记录了船舶的主要参数、船体部分、锚设备、舵设备、消防设备、救生设备、航行设备、无线电设备、推进装置、空气瓶、电气设备、吨位丈量、载重线、防止油类污染、防止散装运输有毒液体物质污染、防止生活污水污染、防止垃圾污染、防污底系统及船舶照片等相关内容。

其中，需要在船舶的主要参数——船舶类型和船舶类型说明这一位置注明该船是否为油船，若为油船，则应填写适合载运散装油类货物的闪点，如"闪点≤60 ℃"。

（3）附页部分

附页部分记录了船舶的特有要求，主要有：船舶乘客定额附页、散装运输危险化学品适装附页、散装液化气体适装附页、近海供应船散装运输和装卸有限数量有毒有害液体物质适装附页及船舶免除附页。附页部分必须与证书主体部分一同使用方为有效。

综上所述，适用于 MARPOL 73/78 公约附则 I 规定的油船，其适装要求应根据 IOPP 证书来确定；适用于《国内航行海船法定检验技术规则（2020）》相关章节规定的油船，其适装要求应根据海上船舶防止油污证书和海上货船适航证书来确定；但对适用于《国内航行海船法定检验技术规则（2020）》规定换证的油船，其适装要求应根据国内航行海船安全与环保证书来确定。

4.内河船舶安全与环保证书

内河船舶安全与环保证书的签发是依据 2020 年 6 月 1 日起实施的《内河船舶法定检验技术规则（2019）》第 1 篇检验与发证执行的。该证书的结构、内容、作用和填写要求与国内航行海船安全与环保证书基本一致。

5.油污损害民事责任保险或其他财务保证证书

（1）中国籍船舶投保船舶油污损害民事责任保险或者取得其他财务保证之后，应按以下规定向船籍港所在地的直属海事管理机构申请办理相应船舶油污损害民事责任保险证书：

①载运持久性油类物质的船舶，应办理油污损害民事责任保险或其他财务保证证书；

②1 000 总吨及以上的载运非持久性油类物质的船舶，应当办理燃油污染损害民事责任保险或其他财务保证证书和非持久性油类污染损害民事责任保险或其他财务保证证书；

③1 000 总吨以下的载运非持久性油类物质的船舶，应当办理非持久性油类污染损害民事责任保险或其他财务保证证书；

④1 000 总吨以上的载运非油类物质的船舶，应当办理燃油污染损害民事责任保险或其他财务保证证书。

（2）在我国管辖海域内航行的外国籍船舶应当符合以下规定：

①适用《1992 年国际油污损害民事责任公约》的，应当持有缔约国主管机关或其授权机构签发的油污损害民事责任保险或其他财务保证证书。

②适用《2001 年国际燃油污染损害民事责任公约》的，应当持有缔约国主管机关或其授权机构签发的燃油污染损害民事责任保险或其他财务保证证书。

③1 000 总吨以下的载运非持久性油类物质的船舶，应当持有有效的非持久性油类污染损害民事责任保险或其他财务保证证书。

（四）码头适靠

进行散装油类货物装卸作业的港口、码头、泊位，应具备相应资质，并且符合安全、防污染及保安要求。其应急管理应满足《港口作业安全要求 第 1 部分：油气化工码头》（GB 16994.1—2021）的相关要求。

二、散装油类货物适运报告

（一）适运报告规定及应提交的材料或证明

拟交付船舶载运的危险货物托运人应当在交付载运前向承运人说明所托运的危险货物种类、数量、危险特性以及发生危险情况的应急处置措施，提交以下货物信息，并报告海事管理机构：

（1）危险货物安全适运声明书。

（2）危险货物安全技术说明书。

（3）按照规定需要进出口国家有关部门同意后方可载运的，应当提交有效的批准文件。

（4）危险货物中添加抑制剂或者稳定剂的，应当提交抑制剂或者稳定剂添加证明书。

（5）载运危险性质不明的货物，应当提交具有相应资质的评估机构出具的危险货物运输条件鉴定材料。

承运人应当对上述货物信息进行审核，对不符合船舶适装要求的，不得受载、承运。

（6）向海事管理机构报告时，若有委托，则应提交委托证明、委托人和被委托人身份证明及其复印件。

（二）散装油类货物安全适运报告要素

散装油类货物安全适运报告要素见危险货物安全适运声明书(散装液体)，如表 6-5 所示。危险货物安全适运声明书(散装液体)包括船舶进出港信息、装卸港口信息、货物属性信息、货物运输信息、声明信息、申报员与申报单位信息等。

表 6-5 危险货物/污染危害性货物安全适运声明书
Declaration on Safety and Fitness of Dangerous Goods/Hazardous Goods
（散装液体）
（Bulk Liquids）

进港 Arrival□/出港 Departure□

发货人（名称、地址）： Shipper（Name，Address）：	承运人名称（或其代理人）： Carrier（or Its Agent）：
货物种类（在相应的方框内填上"×"） Kinds of Goods（Insert "×" in Appropriate Box）： □散化　　　□液化气　　　☒散装油类 Bulk Chemical　Liquefied Gas　Bulk Oil	船名和航次： Ship's Name & Voyage No.：
装货港： Port of Loading：	卸货港： Port of Discharging：

续表

正确运输名称※;污染物类别;危规编号;数量;闪点(闭杯);可燃上下限;自燃温度;沸点;液体相对密度;蒸气密度;蒸气压力(20 ℃/37.8 ℃);水中溶解度;黏度;酸度;*TLV*（ppm）,*LC*₅₀;*LD*₅₀(口服/皮肤);导电率(ps/m);液化温度和压力

正确运输名称※;污染物类别;危规编号;数量;闪点(闭杯);可燃上下限;自燃温度;沸点;液体相对密度;蒸气密度;蒸气压力(20 ℃/37.8 ℃);水中溶解度;黏度;酸度;TLV（ppm）,LC_{50};LD_{50}(口服/皮肤);导电率(ps/m);液化温度和压力

Proper Shipping Name※; IMO Pollution Category; UN No.; Quantity; Flash Point（Closed Cup）; Flammability Limits; Autoignition Temperature; Boiling Point; Relative Density of Liquid; Vapour Density; Vapour Pressure; Solubility in Water; Viscosity; Acidity; TLV(ppm); LC_{50}; LD_{50}(Oral/Skin); Conductivity(ps/m); Temperature & Pressure of Liquefaction

注:以上货物特性根据货物种类填写合适项目

Remarks: Please fill in the proper columns with cargo properties ※不能仅使用专利或贸易名称
         according to the cargo classification   ※Proprietary/trade names alone are not sufficient

---

附加资料:

Additional Information:

货物反应性:

Reactivity of the Cargo:

应急措施(溢漏时需采取的措施、有效的灭火剂、其他应急措施):

Emergency Measures (The measures taken for spill, effective fire extinguishing agent and other emergency measures):

人员防护:

Personnel Protection:

声明:
已按规定全部并准确地填写了上述拟交付船舶载运的危险货物/污染危害性货物的正确运输名称、危规编号、危险特性等应申报事项。货物在各方面均符合安全适运条件。以上申报准确无误。

Declaration:
I hereby declare that the declaration is fully and accurately described above by the proper shipping name, UN No., hazards property, etc. The goods is in all respects in good condition for transport by sea.

申报员姓名: 申报单位名称(签章):

Declarer(Signature):   Name of Declare Unit (seal):

申报人员培训编号: 填报日期:

No.:   Applying Date:

主管机关签注栏:

Remarks by the Administration:

紧急联系人姓名、电话、传真、电子邮箱:

Emergency Contact Person's Name, Tel, Fax and E-mail:

此申报单一式三份,其中一份留主管机关存查,另外两份申报人留持和分送承运船舶。

This declaration should be made in tripartite, one is kept by the Administration for file, and two for the declarer and the ship respectively.

1.货物种类

如果是散装油类,则在"散装油类"前面的方框内填上"×";如果是散装液体化学品,则在

"散化"前面的方框内填上"×";如果是散装液化气体,则在"液化气"前面的方框内填上"×"。

2.正确运输名称

对于散装油类,填写 MARPOL 73/78 公约附则 I 附录 I 油类清单中相应的货物名称;对于散装液体化学品(散化),填写 IBC 规则或 BCH 规则最低要求一览表中相应的货物名称;对于散装液化气体(液化气),填写 IGC 规则或 GC 规则最低要求一览表中相应的货物名称。可以以括号的形式对名称做补充说明,但不可修改或删除原有的内容。

3.污染物类别

该项适用于散装液体化学品,指 X、Y 或 Z。

4.危规编号

危规编号是指 IMDG 规则中危险货物的联合国编号。若适用,应填写。

5.闪点

闪点是指易燃液体的闭杯闪点(℃ c.c.)。

6.可燃上下限

货物的可燃上限和可燃下限,用%表示。

7.液体相对密度

该密度是指货物相对于水的密度。

8.蒸气密度和蒸气压力

蒸气密度是指货物的饱和蒸气密度,单位为 kg/m^3。蒸气压力是指货物的饱和蒸气压力,单位为 kPa。

9.水中溶解度

该指标是指货物在水中的溶解度,单位为 g/100 g 水。

10.TLV

TLV 是指货物的职业接触限值,单位为 ppm。

11.LC_{50} 和 LD_{50}(口服/皮肤)

LC_{50} 是指危险货物的急性吸入毒性半数致死浓度,对蒸气而言,单位为 mL/m^3。

LD_{50}(口服/皮肤)是指危险货物的急性口服毒性半数致死剂量,单位为 mg/kg。

12.货物反应性

该部分应填写货物的物理及化学反应性,如:UN 1017 氯气,对玻璃和大多数金属具有腐蚀性;UN 1055 氨气,与酸类强烈反应;等等。

13.应急措施

此处应填写 IMDG 规则的补篇中《船舶载运危险货物应急反应措施》(EmS 指南)中火灾和溢漏的应急表号或溢漏时需采取的措施、有效的灭火剂、其他应急措施等。

14.人员防护

此处应填写人员保护要求,如呼吸防毒面具、眼睛保护装置、抗化学侵蚀的防护服等。

15.附加资料

此处应根据具体情况提供:

（1）危险货物安全技术说明书；

（2）抑制剂或稳定剂证明；

（3）未分类散装液体的批准证书；

（4）黏度检测报告及检测评估机构的资质证明；

（5）其他需要的单证、资料。

三、船舶载运散装油类货物申报

（一）载运申报规定及应提交的材料或证明

1.申报规定

（1）船舶载运危险货物进出港口，应当在进出港口 24 小时前（航程不足 24 小时的，在驶离上一港口前），向海事管理机构办理船舶载运危险货物申报手续，提交申请书和交通运输部有关规章要求的证明材料，经海事管理机构批准后，方可进出港口。

船舶在运输途中发生危险货物泄漏、燃烧或者爆炸等情况的，应当在办理船舶载运危险货物申报手续时说明原因、已采取的控制措施和目前状况等有关情况，并于抵港后送交详细报告。

定船舶、定航线、定货种的船舶可以办理定期申报手续。定期申报期限不超过 30 天。

（2）海事管理机构应当在受理船舶载运危险货物进出港口申报后 24 小时内做出批准或者不批准的决定；属于定期申报的，应当在 7 日内做出批准或者不批准的决定。不予批准的，应当告知申请人不予批准的原因。海事管理机构应当将有关申报信息通报所在地港口行政管理部门。

（3）载运危险货物或者海上载运污染危害性货物进出港口审批的条件：

①所载运的危险货物或者污染危害性货物符合水上安全运输和防治船舶污染水域环境要求，且不属于国家规定禁止通过水路运输的货物；

②船舶的装载符合所持有的证书、文书的要求；

③拟靠泊或者进行危险货物或者污染危害性货物装卸作业的港口、码头、泊位具备有关法律、行政法规规定的危险货物作业经营资质；

④需要办理货物进出口手续的已按有关规定办理。

船舶载运的污染危害性货物同时属于危险货物的，其货物所有人、承运人或者代理人可将船舶载运污染危害性货物进出港口申报和船舶载运危险货物进出港口申报合并办理。对于过境停留的污染危害性货物，免于办理货物适运申报或者报告。

2.载运申报应提交的材料

承运人及其代理人在办理船舶载运散装油类货物申报时，应按实际情况提交以下材料：

（1）船舶载运危险货物申报单（散装液体）；

（2）危险货物安全适运声明书（散装液体）；

（3）（国际）防止油污证书、船舶适航证书、船舶适装证书或符合证明复印件（适用时）；

（4）载运危险货物的船舶在运输途中发生过意外情况的，还应当在船舶载运危险货物申报单内扼要说明所发生意外情况的原因、已采取的控制措施和目前状况等有关情况，并于抵港后送交详细报告；

（5）列明实际装载情况的清单、舱单或者积载图；

（6）定期申报还应提交定期申报申请、证明在固定航线上运输固定危险货物的有关材料；

（7）委托证明，委托人和被委托人身份证明及其复印件（委托时）。

（二）船舶载运散装油类货物申报要素

船舶载运散装油类货物申报要素见船舶载运危险货物/污染危害性货物申报单（散装液体），如表6-6所示。申报单包括船舶进出港信息、船舶信息、货物属性信息、货物运输信息、液货舱及其他舱柜信息、在港进行特殊作业信息、船长或申报员及其证书信息、船舶或申报人签章信息、紧急联系人姓名及联系方式等。

表6-6 船舶载运危险货物/污染危害性货物申报单

Declaration form For Dangerous Goods/Hazardous Goods Carried by Ships

（散装液体）

（Bulk Liquids）

船名： 国籍： ☐进港 始发港： 抵港时间：

Ship's Name:_____ Nationality:_____ Berthing:_____ Port of Departure:____ Time of Arrival:_____

所有人： 航次： ☐出港 作业泊位： 装货时间：

Owner:_____ Voyage No.:_____ Departure:_____ Berth:_____ Time of Loading:____

货物正确运输名称 Proper Shipping Name of the Goods	种类/性质 Category/ Property	危规编号 UN No.	数量 Quantity	液货舱编号 Number of Tanks	液舱惰化（是/否） Tank Inerting （Yes/No）	装卸货物温度(℃) Cargo Handling Temperature(℃)	装/卸货港 Port of Loading/ Discharging	备注 Remarks

本船液舱中存有下述压载水/污水：

The ballast/bilge water remained in tanks on board：

舱室编号 Tank No.	水质种类 Kinds of Water	数量 Quantity	注明该舱室为专用/清洁压载舱或液货舱 Indicating whether the tank is segrogted/clean ballast tank or cargo tank	备注 Remarks

本船准备在港口进行下述作业，并将按规定另行申请：

This ship plans to carry out the following operation(s) in port and application will be submitted separately according to the relevant provisions：

1.清洗液货舱作业（水洗） ☐是 /☐否   2.使用清洁剂/添加剂洗舱 ☐是 /☐否

Tank Washing (Water Wash) Yes No   Tank Washing by Detergent/Additives Yes No

3.原油洗舱 ☐是 / ☐否   4.驱气作业 ☐是 /☐否

Crude Oil Washing Yes No   Gas Freeing Yes No

5.向港口接收设施排放含油/有害物质的洗舱水/混合物,预计_____ t/(m³)

Disposal of tank washing water/water containing harmful substances/mixtures into port reception facilities, estimated quantity _____ t/(m³)

续表

兹声明本船装载货物安全与防污染证书及文书齐备,船舶构造、设备与布置具备装载上述货物的适装条件并情况正常,货物资料齐全,申报内容正确无误。 This is to declare that this ship's certificates concerning safe transportation and pollution prevention are all valid and complete; the ship's construction, equipment and arrangements are in good condition and meet the requirements of fitness for carrying the above declared goods; the documentation of goods is complete and the declaration is true and correct. 附送以下单证、资料: The following document(s) and information are submitted in addition: 船长/申报人员:　　　　　　　　　　船舶/代理人(盖章) Master/Declarer:＿＿＿＿＿＿＿　　Ship/Agent(Seal) 船长证书编号/申报人员培训备案编号:　日期: Certificate No.:＿＿＿＿＿＿＿＿　　Date:	主管机关签证栏: Remarks by the Administration:
紧急联系人姓名、电话、传真、电子邮箱: Emergency Contact Person's Name, Tel, Fax and E-mail:	

　　此申报单一式三份,其中两份申报人留持和分送港口作业部门,一份留主管机关存查。

　　This declaration should be made in tripartite, one is kept by the Administration for file, and two for the declarer and port operator respectively.

　　1.抵港时间和开航时间

　　进口(港)申报的时间应至少比进港时间提前 24 小时,航程不足 24 小时的,须在上一港开航时提交申报;出口(港)申报的时间应至少比出港开航时间提前 24 小时。

　　2.种类和性质

　　种类指污染类别 X、Y 或 Z。对于性质,油船填写"散装油类";散装化学品船填写"散装危险液体化学品";液化气船填写"LNG、LPG 或其他液化气"。

　　3.液货舱编号

　　对于油船和散装化学品船,应注明具体的液货舱编号,如 1P、1C、1S 等。

　　4.水质种类

　　水质种类指海水、淡水或污水。

　　5.备注

　　补充说明压载水或污水的其他信息。

（三）船舶载运散装油类货物申报流程

　　船舶载运散装油类进出港口申报流程与船舶载运包装危险货物进出港口申报流程相同,具体操作可参考第三章第六节的相关内容。

（四）船舶载运散装油类货物网上申报

　　船舶载运散装油类货物网上申报操作与船舶载运包装危险货物网上申报操作基本相同,但申报类型应选择"散装液体货物安全适运报告""载运散装液体货物进出港口审批",并提交相应的材料和证明,具体操作可参考第三章第六节的相关内容。

第七章　散装液体化学品运输管理

第一节　散装液体化学品运输相关公约和规则

为确保海上安全运输散装液体化学品,将其对船舶、船员及环境所造成的危害降至最低,IMO、相关行业协会和散装液体化学品运输国主管机关制定了相关的公约、规则、规范和管理规定。

一、SOLAS 74 公约

现行 SOLAS 74 公约共 14 章,其中与散装液体化学品运输相关的章节主要是第Ⅶ章 B 部分"散装运输危险液体化学品船舶的构造和设备"。

除另有明文规定外,本部分适用于 1986 年 7 月 1 日或以后建造的化学品液货船,也包括小于 500 总吨者。此类化学品液货船除符合本规则任何其他适用的要求外,还应符合本部分的要求。无论何时建造的船舶,一经改建成化学品液货船后,应视作在开始改建之日建造的化学品液货船。

其中,化学品液货船是指经建造或改建用于散装运输 IBC 规则第 17 章所列的任何液体货品的货船。

SOLAS 74 公约第 10 条"化学品液货船的要求"规定:

(1)化学品液货船应符合 IBC 规则的要求,并除公约第Ⅰ/8 条、第Ⅰ/9 条和第Ⅰ/10 条的适用要求外,还应按该规则中的规定予以检验和发证。

(2)持有按本条(1)的规定签发证书的化学品液货船,均应受到公约第Ⅰ/19 条"控制"所规定的控制。为此,该证书应视作按公约第Ⅰ/12 条"证书的签发或签署"或第Ⅰ/13 条"他国政府签发或签署证书"的要求所签发的证书。

公约第 I/19 条"控制"规定：每艘船舶，当其在另一缔约国政府的港口时，应受该国政府正式授权的官员的控制。这种控制的目的在于查明按第 I/12 条或第 I/13 条所签发的证书是否有效。

二、MARPOL 73/78 公约

MARPOL 73/78 公约附则 II 为"控制散装有毒液体物质污染规则"。本附则主要对相关定义，适用范围，有毒液体物质的分类及分类指南，适用船舶的检验和发证，液体化学品船的设计、构造、布置和设备，有毒液体物质残余物作业排放和防止有毒液体物质事故引起的污染等做出了详细的规定和要求。

（一）相关定义

1.清洁压载

清洁压载是指装入一个舱内的压载水，该舱自上次用于装载含有 X、Y 或 Z 类物质的货物以来，已予彻底清洗，所产生的残余物也已按本附则的相应要求全部排空。

2.专用压载

专用压载是指装入一个舱内的压载水，该舱与货物和燃油系统完全隔离并固定用于装载压载水或固定用于装载本公约各附则中所定义的各种油类或有毒液体物质以外的货物。

3.IBC 规则

IBC 规则是指由国际海事组织海上环境保护委员会 MEPC.19(22)决议通过并修正的《国际散装运输危险化学品船舶构造和设备规则》。

4.手册

本附则中的手册是指根据附则 II 附录 IV 所示的样本编写的程序和布置手册。

5.液体物质

液体物质是指在温度为 37.8 ℃时，其绝对蒸气压力不超过 0.28 MPa 的物质。

6.有毒液体物质

有毒液体物质是指 IBC 规则第 17 或 18 章的污染类别栏中所指明的或根据附则 II 第 6.3 条规定经临时评定列为 X、Y 或 Z 类的任何物质。

7.残余物

残余物是指任何需处理的有毒液体物质。

8.残余物和水混合物

残余物和水混合物是指以任何目的加入水的残余物（如油舱清洗、加压载水、舱底含油污水）。

9.固化和非固化物质

固化物质是指满足下列条件的有毒液体物质：

（1）物质的熔点低于 15 ℃，处于卸载时熔点以上不到 5 ℃ 的温度；或

（2）物质的熔点等于或高于 15 ℃，处于卸载时熔点以上不到 10 ℃ 的温度。

非固化物质是指不是固化物质的有毒物质。

10.高黏度物质和低黏度物质

高黏度物质是指在卸货温度下黏度等于或高于 50 mPa·s 的 X 或 Y 类有毒液体物质。
低黏度物质是指非高黏度物质的有毒液体物质。

11.NLS 液货船

NLS 液货船是指经建造为或改建用于散装运输有毒液体物质货物的船舶,包括本公约附则 I 定义的核准用于散装运输全部或部分有毒液体物质货物的油船。

12.化学品液货船

化学品液货船是指经建造为或改建用于散装运输 IBC 规则第 17 章所列的任何一种液体货品的船舶。

(二)检验和发证

1.NLS 液货船的检验和发证

(1)NLS 液货船检验

散装运输有毒液体物质的船舶应进行的检验包括初次检验、换证检验、中间检验、年度检验和附加检验。

①初次检验

初次检验在船舶投入营运前或首次签发《国际防止散装运输有毒液体物质污染证书》(NLS 证书)之前进行。该检验应包括对本附则所述及的船舶结构、设备、系统、附件、布置和材料的全面检验。该检验应确保其结构、设备、系统、附件、布置和材料完全符合本附则的适用要求。

②换证检验

换证检验应按主管机关规定的间隔期限进行,除特殊规定外,不得超过 5 年。换证检验应确保其结构、设备、系统、附件、布置和材料完全符合本附则的适用要求。

③中间检验

中间检验应在证书的第二个周年日之前或之后 3 个月内或第三个周年日之前或之后 3 个月内进行,并应取代规定的其中一次年度检验。中间检验应确保设备及其相关的泵和管系完全符合本附则的适用要求,并处于良好的工作状态。中间检验应在 NLS 证书上予以签署。

④年度检验

年度检验应在证书的每个周年日之前或之后 3 个月内进行,包括对船舶结构、设备、系统、附件、布置和材料的总体检查,以确保其已按相应的规定进行保养,并确保其继续满足船舶预定的营运要求。年度检验应在 NLS 证书上予以签署。

⑤附加检验

附加检验是在按相应规定的检查结果进行修理后或在任何重大修理或换新后应根据情况进行的全面或部分检验。该检验应确保已有效进行了必要的修理或换新,确保这种修理或换新所用的材料和工艺在各方面均属合格,并确保该船在各方面均符合本附则的要求。

为执行本附则规定而对船舶进行的检验,应由主管机关的官员进行。但主管机关可将这些检验委托给为此目的而指定的验船师或由其认可的组织办理。

(2)NLS 证书签发或签署

①对驶往 MARPOL 73/78 公约其他缔约国管辖的港口或装卸站的拟散装运输有毒液体物质的船舶,在进行初次检验或换证检验后,应签发 NLS 证书,如图 7-1 所示。

INTERNATIONAL POLLUTION PREVENTION CERTIFICATE

FOR THE CARRIAGE OF NOXIOUS LIQUID SUBSTANCES IN BULK*

Issued under the provisions of the International Convention for the Prevention of Pollution from Ships, 1973, as modified by the Protocol of 1978 relating thereto, and as amended (hereinafter referred to as "the Convention") under the authority of the Government of:

. . . .

(full designation of the country)

by. . . . .

*(full designation of the competent person or organization
authorized under the provisions of the Convention)*

Particulars of ship

Name of ship. . . . .

Distinctive number or letters. . . . .

IMO Number¹ . . . .

Port of registry . . . .

Gross tonnage. . . . .

THIS IS TO CERTIFY:

1   That the ship has been surveyed in accordance with regulation 8 of Annex II of the Convention.

2   That the survey showed that the structure, equipment, systems, fitting, arrangements and material of the ship and the condition thereof are in all respects satisfactory and that the ship complies with the applicable requirements of Annex II of the Convention.

3   That the ship has been provided with a Procedures and Arrangements Manual as required by regulation 14 of Annex II of the Convention, and that the arrangements and equipment of the ship prescribed in the Manual are in all respects satisfactory.

4   That the ship complies with the requirements of Annex II to MARPOL for the carriage in bulk of the following noxious liquid substances, provided that all relevant provisions of Annex II are observed.

Noxious liquid substances	Conditions of carriage (tank numbers etc.)	Pollution category
Continued on additional signed and dated sheets		

This certificate is valid until (dd/mm/yyyy) . . . .
subject to surveys in accordance with regulation 8 of Annex II of the Convention.

Completion date of the survey on which this certificate is based (dd/mm/yyyy) . . . .

Issued at . . . .

(place of issue of certificate)

Date (dd/mm/yyyy) . . . .

(date of issue)   *(signature of duly authorized official
issuing the certificate)*

(seal or stamp of the authority, as appropriate)

图 7-1　NLS 证书（a）

ENDORSEMENT FOR ANNUAL AND INTERMEDIATE SURVEYS

THIS IS TO CERTIFY that, at a survey required by regulation 8 of Annex II of the Convention, the ship was found to comply with the relevant provisions of the Convention:

Annual survey

Signed. . . . .
(signature of duly authorized official)

Place. . . . .

Date (dd/mm/yyyy). . . . .

(seal or stamp of the authority, as appropriate)

Annual/Intermediate* survey

Signed. . . . .
(signature of duly authorized official)

Place. . . . .

Date (dd/mm/yyyy). . . . .

(seal or stamp of the authority, as appropriate)

Annual/Intermediate* survey

Signed. . . . .
(signature of duly authorized official)

Place. . . . .

Date (dd/mm/yyyy). . . . .

(seal or stamp of the authority, as appropriate)

Annual survey

Signed. . . . .
(signature of duly authorized official)

Place. . . . .

Date (dd/mm/yyyy). . . . .

(seal or stamp of the authority, as appropriate)

ANNUAL/INTERMEDIATE SURVEY IN ACCORDANCE WITH REGULATION 10.8.3

THIS IS TO CERTIFY that, at an annual/intermediate* survey in accordance with regulation 10.8.3 of Annex II of the Convention, the ship was found to comply with the relevant provisions of the Convention:

Signed. . . . .
(signature of duly authorized official)

Place. . . . .

Date (dd/mm/yyyy). . . . .

(seal or stamp of the authority, as appropriate)

ENDORSEMENT TO EXTEND THE CERTIFICATE IF VALID FOR LESS THAN 5 YEARS WHERE REGULATION 10.3 APPLIES

The ship complies with the relevant provisions of the Convention, and this Certificate shall, in accordance with regulation 10.3 of Annex II of the Convention, be accepted as valid until (dd/mm/yyyy) . . . .

Signed. . . . .
(signature of duly authorized official)

Place. . . . .

Date (dd/mm/yyyy). . . . .

(seal or stamp of the authority, as appropriate)

图 7-1　NLS 证书(b)

**ENDORSEMENT WHERE THE RENEWAL SURVEY HAS BEEN
COMPLETED AND REGULATION 10.4 APPLIES**

The ship complies with the relevant provisions of the Convention, and this Certificate shall, in accordance with regulation 10.4 of Annex II of the Convention, be accepted as valid until (dd/mm/yyyy) . . . .

Signed . . . .
(signature of duly authorized official)

Place . . . .

Date (dd/mm/yyyy) . . . .

(seal or stamp of the authority, as appropriate)

**ENDORSEMENT TO EXTEND THE VALIDITY OF THE CERTIFICATE
UNTIL REACHING THE PORT OF SURVEY OR FOR A PERIOD OF GRACE
WHERE REGULATION 10.5 OR 10.6 APPLIES**

This Certificate shall, in accordance with regulation 10.5 or 10.6* of Annex II of the Convention, be accepted as valid until (dd/mm/yyyy) . . . .

Signed . . . .
(signature of duly authorized official)

Place . . . .

Date (dd/mm/yyyy) . . . .

(seal or stamp of the authority, as appropriate)

**ENDORSEMENT FOR ADVANCEMENT OF ANNIVERSARY DATE
WHERE REGULATION 10.8 APPLIES**

In accordance with regulation 10.8 of Annex II of the Convention, the new anniversary date is (dd/mm/yyyy) . . . .

Signed . . . .
(signature of duly authorized official)

Place . . . .

Date (dd/mm/yyyy) . . . .

(seal or stamp of the authority, as appropriate)

In accordance with regulation 10.8 of Annex II of the Convention, the new anniversary date is (dd/mm/yyyy) . . . .

Signed . . . .
(signature of duly authorized official)

Place . . . .

Date (dd/mm/yyyy) . . . .

(seal or stamp of the authority, as appropriate)

图 7-1　NLS 证书（c）

该证书应由主管机关或经其正式授权的任何个人或组织签发或签署。在任何情况下,主管机关应对该证书负有全部责任。

②MARPOL 73/78 公约缔约国政府应主管机关的申请,可对船舶进行检验,如确信符合本附则的规定,应对该船签发或授权签发 NLS 证书,并在适用时,按本附则的规定,为该船签署或授权签署证书。证书和检验报告副本各一份应尽快送交提出申请的主管机关。

所发证书上应声明该证书是根据主管机关的申请签发的,并应与主管机关签发的证书具有同等效力和得到同样的承认。

③对于悬挂非缔约国国旗的船舶,不得签发 NLS 证书。

④NLS 证书应按与本附则附录Ⅲ所示样本相一致的格式写成,并应至少使用英文、法文或西班牙文其中的一种语言。如同时使用船旗国的官方语言,则在有争议或分歧时,应以该国官方语言为准。

(3) NLS 证书的有效期限

NLS 证书的有效期限由主管机关规定,但不得超过 5 年。

①如果换证检验在现有证书期满之日前 3 个月内完成,则新证书应从换证检验完成之日起,至现有证书期满之日后不超过 5 年的日期内有效。

②如果换证检验在现有证书期满之日后完成,则新证书应从换证检验完成之日起,至现有证书期满之日后不超过 5 年的日期内有效。

③如果换证检验在现有证书期满之日的前 3 个月前完成,则新证书应从换证检验完成之日起不超过 5 年的日期内有效。

④如果换证检验已完成,而新证书在现有证书期满之日前不能签发或不能存放在船上,主管机关授权的人员或组织可在现有证书上签注,签注后的证书自期满日起不超过 5 个月的期限内应视为继续有效。

⑤如果证书期满时船舶不在应进行检验的港口,主管机关可延长该证书的有效期,但此项展期仅以能使该船完成其驶抵应进行检验的港口的航次为限,并且仅在正当和合理的情况下才能如此办理。证书的展期不得超过 3 个月。经展期的船舶在抵达应进行检验的港口后,不得因有此项展期而在未获得新证书前驶离该港口。换证检验完成后,新证书的有效期应自现有证书展期前的期满日起不超过 5 年。

⑥发给短程航行船舶的证书未按前述之规定展期时,主管机关可给予自该证书所示的期满之日起至多 1 个月的宽限期。换证检验完成后,新证书的有效期应自现有证书展期前的期满日起不超过 5 年。

⑦NLS 证书失效条件:

按本附则规定所签发的 NLS 证书,在下列任一情况下即应中止有效:

a.如果相关检验未在规定的期限内完成。

b.如果证书未按本附则的规定予以签署(年度检验和中间检验)。

c.船舶变更船旗国。只有当换发新证书的政府确信该船符合本附则的相关要求时,才能签发新的证书。如果变更船旗是在缔约国之间进行,则在变更后的 3 个月内,前船旗国政府如收到申请,应尽快将变更船旗前该船所携证书的副本以及相关的检验报告副本(如备有)送交该船新的主管机关。

2.化学品液货船的检验和发证

MARPOL 73/78 公约缔约国按相应的 IBC 规则或 BCH 规则的规定已进行检验并发证的

化学品液货船,应视为已符合本公约相关各条的规定,按 IBC 规则或 BCH 规则签发的证书应与按本附则规定签发的 NLS 证书具有同等效力并得到同样的承认。

三、IBC 规则

1983 年,国际海事组织海上安全委员会通过了 IBC 规则,该规则于 1986 年 7 月 1 日开始生效。IBC 规则自生效之日起经历了多次修正,具体如表 7-1 所示。

从 SOLAS 74 公约 1983 年修正案生效日期(1986 年 7 月 1 日)和 MARPOL 73/78 公约附则 Ⅱ (1987 年 4 月 6 日)实施日期起,IBC 规则就成为这些公约强制性的要求。该规则的修正案,无论是从安全的角度还是从海上污染的角度,均应分别根据 SOLAS 74 公约和 MARPOL 73/78 公约相应条款规定的程序予以通过和生效。

表 7-1　IBC 规则修正表

序号	决议案	通过日期	认为接受日期	生效日期
1	MSC.10(54)	1987 年 4 月 29 日	1988 年 4 月 29 日	1988 年 10 月 30 日
2	MSC.14(57)	1989 年 4 月 11 日	1990 年 4 月 12 日	1990 年 10 月 13 日
	MEPC.32(27)	1989 年 3 月 17 日	1990 年 4 月 12 日	1990 年 10 月 13 日
3	MSC.28(61)	1992 年 12 月 11 日	1994 年 1 月 1 日	1994 年 7 月 1 日
	MEPC.55(33)	1992 年 10 月 30 日	1994 年 1 月 1 日	1994 年 7 月 1 日
4	MSC.50(66)	1996 年 6 月 4 日	1998 年 1 月 1 日	1998 年 7 月 1 日
	MEPC.69(38)	1996 年 7 月 10 日	1998 年 1 月 1 日	1998 年 7 月 1 日
5	MSC.58(67)	1996 年 12 月 5 日	1998 年 1 月 1 日	1998 年 7 月 1 日
	MEPC.73(39)	1997 年 3 月 10 日	1998 年 1 月 1 日	1998 年 7 月 1 日
6	MSC.102(73)	2000 年 12 月 5 日	2002 年 1 月 1 日	2002 年 7 月 1 日
7	MSC.176(79)	2004 年 12 月 9 日	2006 年 7 月 1 日	2007 年 1 月 1 日
	MEPC.119(52)	2004 年 10 月 15 日	2006 年 7 月 1 日	2007 年 1 月 1 日
8	MSC.219(82)	2006 年 12 月 8 日	2008 年 7 月 1 日	2009 年 1 月 1 日
	MEPC.166(56)	2007 年 7 月 13 日	2008 年 7 月 1 日	2009 年 1 月 1 日
9	MSC.340(91)	2012 年 11 月 30 日	2013 年 12 月 1 日	2014 年 6 月 1 日
	MEPC.225(64)	2012 年 10 月 5 日	2013 年 12 月 1 日	2014 年 6 月 1 日
10	MSC.369(93)	2014 年 5 月 22 日	2015 年 7 月 1 日	2016 年 1 月 1 日
	MEPC.250(66)	2014 年 4 月 4 日	2015 年 7 月 1 日	2016 年 1 月 1 日
11	MSC.460(101)	2019 年 6 月 14 日	2020 年 7 月 1 日	2021 年 1 月 1 日
	MEPC.318(74)	2019 年 5 月 17 日	2020 年 7 月 1 日	2021 年 1 月 1 日

现行的 IBC 规则共包括 21 章和 1 个附录,下面简要介绍相关章节的主要内容。

（一）第 1 章: 总则

1.适用范围

本规则适用于各种尺度(包括小于 500 总吨)从事散装运输危险化学品或有毒液体物质

的船舶,但是,不包括载运石油或下列类似的易燃货物的船舶:

(1)具有重大火灾危险性的货物,其危险程度超过石油产品和类似的易燃货物;

(2)除具有易燃性外,还有其他重大危险性的货物,或虽然没有易燃性但有其他重大危险性的货物。

业经审查并确定其安全和污染危害程度未达到需要实施本规则的货品,见本规则第18章。

就 SOLAS 74 公约而言,IBC 规则适用于载运根据安全特性被列入本规则第 17 章且在 d 栏中被定为"S"或"S/P"的货物的船舶。

就 MARPOL 73/78 而言,IBC 规则适用于 MARPOL 73/78 附则 Ⅱ 定义的 NLS 船,此类船舶所载运的是在本规则第 17 章 C 栏中被定为 X、Y 或 Z 的有毒液体物质。

当拟散装运输尚未列入本规则第 17 或 18 章的货物时,主管机关以及与此类运输有关的港口当局应根据散装化学品危险性评定准则,对适于运载的初步条件做出规定。在评估货品的污染危害和确定其污染类别时,必须遵循 MARPOL 73/78 公约附则 Ⅱ 相应条款规定的程序,并考虑将该货物列入本规则的情况通知国际海事组织。

2.相关定义

(1)液体物质

本规则包括的液体物质是指那些在温度为 37.8 ℃时,其蒸气压力不超过 0.28 MPa 绝对压力的液体。

(2)有毒液体物质

有毒液体物质是指在 IBC 规则第 17 或 18 章中列入污染类别栏或在现行的《散装液体物质临时分类通函》(MEPC.2/Circular)中规定的或根据 MARPOL 73/78 公约附则 Ⅱ 第 6.3 条规定经临时评估的被列为 X、Y 或 Z 类的物质。

(3)危险化学品

危险化学品是指根据本规则第 17 章中货物安全标准所认定的会引起安全危害的液体化学品。

(4)货品

货品是指有毒液体物质及危险化学品的总称。

(5)化学品液货船

化学品液货船是指建造或改建并用于散装运输本规则第 17 章所列任何液体货物的货船。

(6)沸点

沸点是指货物的饱和蒸气压力与大气压力相等时的温度。

(7)基准温度

基准温度是指货物蒸气压力与压力释放阀的设定压力值相当时的温度。

(8)驱气

驱气是指使惰性气体进入已经处于惰化状态的液货舱,进一步减少氧气含量和液货舱中碳氢气体或其他易燃蒸气的含量,使得即使空气随后进入液舱,也无法支持燃烧。

(9)除气

除气是指为使有害气体或蒸气浓度降至可安全进入液舱的水平,使用便携式或固定式通风系统使新鲜空气进入液舱的过程。

3.散装液体化学品船的检验与发证

（1）检验要求

化学品船的结构、设备、附件、装置和材料应接受下列检验：

①初次检验

此类检验应在船舶被投入营运前或在第 1 次签发《国际散装运输危险化学品适装证书》前进行。该检验应包括对结构、设备、附件、装置和材料的全面检查。初次检验应确保结构、设备、附件、布置和材料完全符合本规则中适用的规定。

②换证检验

换证检验的间隔期应由主管机关规定，除特殊情况外，不得超过 5 年。换证检验时应确保结构、设备、附件、装置和材料完全符合本规则中适用的规定。

③中间检验

此类检验应在证书的第二个周年日前或后的 3 个月内或在证书的第三个周年日前或后的 3 个月内进行，并应取代规定的 1 次年度检验。中间检验应确保安全设备和其他设备及其附属的泵和管系完全符合本规则中适用的规定并处于良好的工作状态。此种中间检验应在签发的《国际散装运输危险化学品适装证书》上签署。

④年度检验

此类检验应在证书的周年日前或后的 3 个月内进行，包括对船舶结构、设备、附件、装置和材料的总体检查，以确保按相应要求进行了维护并满足船舶预定的用途。此种年度检验应在《国际散装运输危险化学品适装证书》上签署。

⑤附加检验

此类检验应在经过特殊规定的调查后有要求时进行，根据情况可以是总体的或局部的，或在任何重大修理或更新时进行。此种检验应确保必要的修理或更新有效，修理或更新的材料和工艺应是令人满意的，且船舶适于出海航行，不会危及船舶或船上人员安全，也不会危害海洋环境。

（2）国际散装运输危险化学品适装证书的签发或签署

①符合本规则有关规定、从事国际航行的化学品船，经初次检验或换证检验后，应签发一份《国际散装运输危险化学品适装证书》。

②该适装证书应按 IBC 规则附录给出的格式编制，如所使用的文字不是英文、法文或西班牙文，则其文本应包括这些语言之一的文字译本。

③按规定签发的证书应存放于船上，以供随时检查。

④既是 SOLAS 74 公约缔约国政府，又是 MARPOL 73/78 公约当事国的政府，应另一缔约国政府的要求，可对悬挂另一船旗国国旗的船舶进行检验；如确认该船符合本规则的规定，可向该船签发或授权签发《国际散装运输危险化学品适装证书》，若适当，则可按本规则对船上的证书进行签署或授权签署。但是如此签发的任何证书应声明该证书是受船旗国政府要求签发的。

（3）国际散装运输危险化学品适装证书的有效期限

①《国际散装运输危险化学品适装证书》的期限应由签发证书的主管机关规定，但不得超过 5 年。如果换证检验是在原有证书到期日前 3 个月前内完成，则新证书应从完成换证检验之日起至原有证书到期日起不超过 5 年有效；如果换证检验是在原有证书到期日前 3 个月前完成，则新证书应从完成换证检验之日起不超过 5 年有效；如果换证检验是在原有证书到期日

之后完成,则新证书应从完成换证检验之日起至从原有证书到期日起不超过5年有效。

②如果原证书签发的有效期少于5年,则主管机关可将该证书的有效期延长至规定的最长期限,只要按相关要求进行适用于签发期限为5年证书的各种检验即可。

③如果换证检验已完成,新证书不能在原有证书到期日前签发或将新证书存放在船上,则主管机关授权的人员或机构可在原有证书上签署。此种签署的证书,从到期日起不超过5个月的期限内应视为有效。

④如果证书到期时船舶不在应进行检验的港口,则主管机关可延长证书的有效期;但此种延期的目的仅是以使船舶完成驶往应接受检验的港口的航次为限,并只有在适当和合理时才能这样做。

⑤签发从事短途航行的船舶的证书,如未进行上述延期的证书,则主管机关可给予延期,但不得超过从证书到期日起为期1个月的宽限期;换证检验完成后,新证书的有效期应从原有证书未获得宽限期前的到期日起不超过5年。

(4)国际散装运输危险化学品适装证书的失效条件

在下列任一情况下,应终止证书的有效期:

①有关检验未在规定的期限内完成;

②证书未按规定进行签署;

③船舶变更船旗国。

(二)第2章: 船舶残存能力和液货舱位置

本规则适用的船舶,应能承受在某种外力作用下船体遭受假定破损后浸水的正常影响。此外,为了保护船舶和环境,应对某种类型船舶的液货舱加以保护,以防船舶产生较小破损而引起渗漏,并且应采取保护措施以防止船舶碰撞或触礁而引起破损,即把液货舱布置在船内距船体外板不小于规定的最小距离之处。假定的破损以及液货舱与船体外板之间的距离,均取决于所装货物的危险程度。

1.满足规则要求的化学品船分类

(1)1型船舶

1型船舶是指用于运输第17章中对环境或安全有非常严重危险的货物的化学品船,需用最有效的预防措施消除此类货物漏逸。

(2)2型船舶

2型船舶是指用于运输第17章中对环境或安全有相当严重危险的货物的化学品船,需用有效的预防措施消除此类货物漏逸。

(3)3型船舶

3型船舶是指用于运输第17章中对环境或安全有足够严重危险的货物的化学品船,需用中等程度的围护以增大其在破损条件下的残存能力。

综上所述,1型船舶是用于运输具有最大危险性货物的化学品船,2型和3型船舶是用于运输危险性相继减少的货物的化学品船。相应地,1型船舶应能承受最严重的破损标准,其液货舱应位于舷内离外板具有最大规定距离之处。

各种货物所要求的船型,已在第17章最低要求一览表"c"栏内列出。拟载运第17章表列出的一种以上货物的船舶,其破损标准应与货物要求最严格的船型相一致。但对各个液货舱位置的要求,按照所拟载运的各种货物有关的船型要求而定。

2.破损假定和浸水假定

IBC规则中对化学品船的舷侧和船底做了最大破损假定,具体如表7-2所示。在假定的破损范围内给出了假定浸水标准,即假定破损处所渗透率,具体如表7-3所示。

表7-2　最大破损假定表

舷侧破损		
纵向范围	$L^{2/3}/3$ 或 14.5 m,取小者	
横向范围 (在夏季水线平面上,从船体外壳型线沿垂直于船体中心线方向向船内量取)	$B/5$ 或 11.5 m,取小者	
垂向范围 (从船体外壳型线量取)	向上无限制	
船底破损	距船舶首垂线 0.3L 范围	船舶的其他部位
纵向范围	$L^{2/3}/3$ 或 14.5 m,取小者	$L^{2/3}/3$ 或 5 m,取小者
横向范围	$B/6$ 或 10 m,取小者	$B/6$ 或 5 m,取小者
垂向范围	$B/15$ 或 6 m,取小者,在中心线的船底外板型线量起	$B/15$ 或 6 m,取小者,在中心线的船底外板型线量起

表7-3　假定破损处所渗透率表

处所	渗透率
物料贮存处所	0.60
起居处所	0.95
机器处所	0.85
留空处所	0.95
货舱处所	0.95
用于装消耗液体的处所	0~0.95
用于装其他液体的处所	0~0.95

3.破损标准

船舶应能在表7-3所述的假定浸水情况下经受表7-2所述的破损。其假定浸水的范围根据船型符合下列标准:

(1)1型船舶:应假定在其长度范围内的任何部位经受破损。

(2)2型船舶:船长超过150 m的2型船舶,应假定在其长度范围内的任何部位经受破损;船长为150 m或以下的2型船舶,应假定在其长度范围内除尾机型机舱边界舱壁之外的任何部位经受破损。

(3)3型船舶:船长超过225 m的3型船舶,应假定在其长度范围内的任何部位经受破损;船长为125 m或以上但不超过225 m的3型船舶,应假定在其长度范围内除尾机型机舱边界舱壁之外的任何部位经受破损;船长小于125 m的3型船舶,应假定在其长度范围内除尾机型机舱之外的任何部位经受破损,但对机舱浸水后的船舶残存能力应满足主管机关的规定。

4.残存要求

适用本规则的船舶,应能按上述破损标准在稳定平衡状态下经受表7-2所述的破损,并应满足下述衡准。

(1)在浸水的任何阶段

①考虑下沉、横倾和纵倾后的水线应低于可能发生连续浸水或向下浸水的任何开口的下缘;此类开口应包括空气管和将风雨密门或舱口盖用作关闭装置的开口,但可以不包括那些用水密人孔盖和水密平舱口盖、能保持甲板高度完整性的小型水密液货舱舱口盖、遥控操纵的水密滑动门以及非开启式舷窗作为关闭设施的开口。

②由于不对称浸水引起的最大横倾角不应超过25°,若不出现甲板浸没,此角度可增大到30°。

③浸水中间阶段的剩余稳性力臂应使主管机关满意,但不应明显低于浸水后最终平衡状态的要求。

(2)浸水后的最终平衡状态

①复原力臂曲线在平衡位置以外应有一个20°的最小横倾范围,且在20°横倾范围内的最大剩余复原力臂至少为0.1 m。在此范围内,该曲线下的面积应不小于0.017 5 m·rad。在上述横倾范围内,未被保护的开口不应被浸没,除非相关处所已被假定浸水,但规定的任何开口和能被风雨密关闭的其他开口均可允许被浸没。

②应急电源应能工作。

5.液货舱位置

液货舱位置的要求与船型相关,具体为:

(1)1 型船舶

1 型船舶液货舱位置距舷侧外板应不小于表7-2中规定的舷侧破损横向范围,距中心线的船底外板型线应不小于表7-2中规定的船底破损垂向范围,但其任何部位距船体外板都应不小于 760 mm。本要求不适用于用作稀释洗舱污水的液舱。

(2)2 型船舶

2 型船舶液货舱位置距中心线处的船底外板型线应不小于表7-2中规定的船底破损垂向范围,但其任何部位距船体外板都应不小于 760 mm。本要求不适用于用作稀释洗舱污水的液舱。

(3)3 型船舶

3 型船舶对液货舱位置没有要求。

(三)第 3 章: 船舶布置

1.货物分隔

(1)液货舱与起居处所、服务处所、机器处所、饮用水舱和生活用品储藏室的分隔

液货舱应用隔离舱、留空处所、货泵舱、泵舱、空液舱、燃油舱或其他类似处所与起居处所、服务处所、机器处所、饮用水舱和生活用品储藏室等分隔开。

(2)易发生反应的货物之间的分隔

对于装有易与其他货物或货物的残余物或混合物起危险反应的货物或货物的残余物或混合物的液货舱,应按以下要求布置:

①用隔离舱、留空处所、货泵舱、泵舱、空液舱或装有相容货物的液货舱与装有其他货物的

液货舱分隔开；

　　②有独立的泵和不通过装有此类货物的其他液货舱的管系，除非它们被包围在隧道内；

　　③有独立的液货舱透气系统。

　　（3）货物管系的布置要求

　　货物管系不应通过任何起居处所、服务处所和除货泵舱或泵舱以外的机器处所。

　　2.起居处所、服务处所和机器处所以及控制站

　　起居处所或服务处所或控制站不得设置在货物区域内，液货舱或污液舱不应设置在任何起居处所的前端之后。

　　为了防止危害性蒸气的侵袭，应适当考虑与液货管系和液货舱透气系统有关的通往起居处所、服务处所和机器处所及控制站的空气进口和开口的位置。

　　起居处所、服务处所、机器处所和控制站的入口、空气进口和开口不应面向货物区域。

　　3.货泵舱

　　货泵舱的布置应确保：

　　（1）在任何时候都能从扶梯平台或从舱底板通行而不受限制；

　　（2）货物装卸操作所需的一切阀能让穿着保护服的人员不受限制地到达。

　　货泵舱应设有能用救生绳提升受伤人员的固定装置，提升受伤人员时应不受任何凸出物的阻碍。所有扶梯和平台上都应设有栏杆。正常出入货泵舱的扶梯不应垂直设置，而且应在适当间隔处设置平台。

　　在货泵舱内应装有能处理货物泵和阀的排泄物或任何可能的泄漏物的设施。供货泵舱用的舱底管系应能从货泵舱外进行操作。应提供一个或几个污液舱，用以储存受污染的舱底水或洗舱水，还应配备标准通岸接头或其他设备，以便把污液输送至岸上接收设备。

　　货泵的排放压力表应装在货泵舱之外。由穿过舱壁或甲板的轴驱动机器时，应在舱壁或甲板处安装有高效润滑的气密装置或能确保永久气密的其他设施。

　　4.进入货物区域内各处所的通道

　　进入货物区域内的隔离舱、压载舱、液货舱和其他处所的通道应直接通到开敞甲板，并应能确保对上述舱室的全面检查。进入双层底处所的通道可以通过货泵舱、泵舱、深隔离舱、管隧或类似舱室，但必须对其通风方面予以考虑。

　　通过水平开口、舱口或人孔的通道，其尺寸应足够能让携带自给式呼吸器及穿着保护服的人员上下扶梯不受阻碍。还应设置一无障碍的开口，以便从该处所底部提升受伤人员，该开口的尺寸不得小于 600 mm×600 mm。

　　5.舱底及压载布置

　　为固定压载舱服务的泵、压载管路、透气管路和类似设备应独立于服务液货舱的类似设备和液货舱本身。邻接液货舱的固定压载舱的排放装置应设在机器处所和起居处所的外面。充装设备可设置在机器处所内，条件是此类设备应能确保从压载舱顶甲板水平面进行充装，并应设置止回阀。

　　对液货舱进行压载充装时，可以使用服务于固定压载舱的泵，从舱顶甲板将压载水注入，但注入管路与液货舱或液货舱管路不应固定连接，且应在注入管路上设置止回阀。

　　用于货泵舱、泵舱、留空处所、污液舱、双层底舱和类似处所的舱底水泵装置应位于货物区域内。但留空处所、双层底舱和压载舱用双层舱壁与含有货物或货物残余物的液货舱相隔开

时,则为例外。

6.泵和管路的标识

泵、阀和管路上应设有区别标记,以标识它们的用途和它们所服务的舱。

7.船首或船尾的装卸装置

可允许设置船首或船尾的装卸装置,但不准使用便携式装置。船首或船尾的装卸装置不应用于驳运要求 1 型船舶载运的货物。除非经主管机关特别批准,否则船首或船尾的装卸装置也不得用于驳运散发有毒蒸气的货物。

(四)第 4 章:货物围护系统

不同特性的货品采用不同的货物围护系统,才能保证运输的完全。液货舱根据货物围护系统与船体结构的关系分为独立液货舱和整体液货舱;根据货物围护系统压力表的设计气体压力分为重力液货舱和压力液货舱。

1.独立液货舱

独立液货舱是指不与船体结构相连接或不是船体结构的组成部分的货物围护容器。建造和安装独立液货舱是为了尽可能消除或降低因相邻的船体结构的应力或运动所造成的应力。独立液货舱不是船体的结构完整性所必需的。

2.整体液货舱

整体液货舱是指构成船体结构的一部分的货物围护容器,且以相同的方式与邻近的船体结构一起承受相同的载荷。它通常是船体的结构完整性所必需的。

3.重力液货舱

重力液货舱是指顶部设计气体压力不大于 0.07 MPa(表压力)的液货舱。重力液货舱可以是独立液货舱或整体液货舱。

4.压力液货舱

压力液货舱是指顶部设计气体压力大于 0.07 MPa(表压力)的液货舱,压力液货舱应为独立液货舱。

(五)第 5 章:货物驳运

1.货物驳运控制系统

为适当控制货物,货物驳运系统应满足下述要求:

(1)在每个液货舱的注入管路和排放管路靠近管子穿过液货舱舱壁处应设 1 个可以手动操作的截止阀;如果独立深井泵用来排放液货舱的货物,则不要求在该舱的排放管路上设置截止阀。

(2)每个货物软管连接处应设 1 个截止阀。

(3)所有货泵和类似设备应设有遥控关闭装置。

除规则其他条文已涉及的货泵舱内的控制装置外,驳运或输送 IBC 规则所规定的货物所必需的控制装置不应设置在露天甲板以下。

2.船用货物软管

(1)用于驳运气体和液体的货物软管应与货物相容,并应适合于货物的温度。

(2)承受液货舱压力或货泵排放压力的货物软管的设计爆破压力应不低于在驳运货物期

间软管所承受的最大压力的 5 倍。

（3）在 2002 年 7 月 1 日或以后安装在船上的装有端部附件的每一新型货物软管应进行原型试验,其试验压力在正常环境温度下从 0 到至少 2 倍于规定的最大工作压力进行 200 次压力循环。经循环压力试验后,原型试验应证明在极端营运温度下其爆破压力至少 5 倍于规定的最大工作压力。

用于原型试验的软管不应再用于输送货物,其后所生产的每一段新货物软管在投入使用之前都应在环境温度下进行静水压力试验,试验压力应不小于规定的最大工作压力的 1.5 倍,但不大于其爆破压力的 2/5。软管应采用模板喷刷或其他方法标出其试验日期和规定的最大工作压力。若非在环境温度下工作的货物软管,则还应标出其最大和最小使用温度。货物软管规定的最大工作压力应不小于 1 MPa(表压力)。

（六）第 6 章: 构造材料、防护衬料及涂层

用于液货舱连同与其相关的管路、泵、阀、透气管及其接头的构造材料,应适合于所载货物的温度和压力,并应符合认可的标准。通常的构造材料为钢材。

船厂应负责向船舶操作人员和/或船长提供相容性信息,且必须在交船之前或完成对某一构造材料的相关改造之时及时提供该信息。

货物托运人应负责向船舶操作人员和/或船长提供相容性信息,且必须在运输货物之前及时提供该信息。所装运的货物应适于所有构造材料,以确保:

（1）不会损坏船舶构造材料的完整性;

（2）不会引起危险或潜在危险的反应。

（七）第 7 章: 货物温度控制

(1)任何货物温度控制系统(加热或冷却系统)应配备设施,确保在任何情况下(系统排空者除外)均能使系统的压力高于液货舱内货物作用于该系统的最大压力。

(2)应备有下述测量货物温度的装置。

①当第 17 章表中"j"栏内所示个别货物要求采用限制式或闭式测量装置时,测量货物温度的装置应分别为限制式或封闭式。

②限制式温度测量装置应符合相关条款对限制式测量装置的定义,如可携式温度计安放在限制式测量管内。

③封闭式温度测量装置应符合相关条款对封闭式测量装置的定义,如传感器安装在液货舱内的遥控读数式温度计。

④当过热或过冷会导致危险情况时,应设有监测货物温度的报警系统。

（八）第 8 章: 液货舱透气和除气装置

1.液货舱透气系统要求

所有液货舱应设置适合于所载运货物的透气系统,这些系统应独立于该船所有其他舱室的空气管和透气系统。液货舱透气系统应设计成能尽量减少货物蒸气在甲板集聚和进入起居处所、服务处所和机器处所及控制站的可能性,同时还能尽量减少易燃蒸气进入或聚集在有点火源的处所或区域的可能性。液舱透气系统应布置成能防止水进入液货舱,同时,透气出口处应能使蒸气以不受阻碍的喷射形式直接向上排出。

透气系统应连接到每个液货舱的顶部,应尽可能在所有可正常操作的横倾和纵倾的条件下使货物透气管路能自行将货物蒸气排放回液货舱内。对于必须在任何压力/真空阀上面的

透气系统,应配置封盖式或塞封式排放旋塞。

应配备设施以确保任何液货舱内的液体压头不超过该液货舱的设计压头。为此适当的高液位报警、溢流控制系统或溢流阀连同测量和液货舱的充装程序等都是可以被接受的。当限制液货舱过压装置中包括一个自动关闭阀时,该阀应符合有关规定的要求。

2.液货舱透气系统的类型

(1)开式液货舱透气系统

该系统是指在正常操作期间,货物蒸气进出液货舱的自由流动(除摩擦损失外)无任何限制的系统。开式液货舱透气系统的每个液货舱可设置单独的透气管,也可以在考虑货物适当分隔的情况下,将上述单独的透气管汇合成一个或几个总管。但在任何情况下,在各个透气管或总管上均不得设置截止阀。

(2)控制式液货舱透气系统

该系统是指在每一液货舱设置压力和真空释放阀或压力/真空阀,以限制液货舱内的压力或真空。控制式液货舱透气系统的每个液货舱可设置单独的透气管,也可以考虑到货物适当分隔的情况下,将上述仅与压力有关的透气管组合成一个或几个总管。但在任何情况下,在压力或真空释放阀或压力/真空阀的上面或下面不应设置截止阀。

控制式液货舱透气系统的透气出口的位置应布置成:

①在露天甲板上的高度不小于 6 m,如设在升高步桥的 4 m 范围内,则在升高步桥以上的高度应不小于 6 m;

②离开起居处所、服务处所和机器处所的空气进口或开口及点火源的最近水平距离至少为 10 m。

载运闪点不超过 60 ℃(闭杯试验)的货物的液货舱,其控制式液货舱透气系统中应设有防止火焰进入液货舱的装置。

3.液货舱驱气

在对液货舱除气之前,应使用惰性气体驱气,排气管的横截面积应为:当同时向任何三个液货舱供给惰性气体时,排气速度至少保持在 20 m/s。其出口应高出甲板之上至少 2 m。驱气应持续至液货舱内的碳氢或者其他易燃蒸气的浓度减少至容积的 2%以内。

4.液货舱除气

装载不允许使用开式透气的货物的液货舱,其除气装置应能使易燃或有毒蒸气在大气中的扩散危害或易燃或有毒蒸气混合物在液货舱中所造成的危害降到最低限度,此类蒸气放出时应立即按规定进行除气作业。

(九)第 9 章:环境控制

液货舱的环境控制通常可以利用四种方式进行。

1.惰化法

惰化法是指用不助燃且不与货物反应的气体或蒸气充入液货舱及其管系和液货舱周围空间,并维持这种状态。

2.隔绝法

隔绝法是指用能使货物与空气隔绝的液体、气体或蒸气充入液货舱及其管系,并维持这种状态。

3. 干燥法

干燥法是指将无水气体或标准大气压力下露点为−40 ℃或更低的蒸气充入液货舱及其管系，并维持这种状态。

4. 通风法

通风法是指进行强制通风或自然通风。

（十）第 11 章：防火和灭火

1. 货泵舱的消防设备要求

（1）应在任何船舶的货泵舱中设置 SOLAS 74 公约第Ⅱ-2/10.9.1.1 条所规定的固定式二氧化碳灭火系统。在控制站应标明："由于有静电点火的危险，此系统仅用于灭火而不得被用作惰化。"SOLAS 74 公约第Ⅱ-2/10.9.1.1.1 条所要求的报警装置，应能在易燃货物蒸气/空气混合气体中安全使用。因此，应设置适合于机器处所使用的灭火系统。但在任何情况下，船上携带灭火剂的数量应足以供应相当于货泵舱总容积 45%体积的自由气体。

（2）专门载运数量有限货物的船舶的货泵舱，应采用由主管机关认可的适合的灭火系统加以保护。

（3）如果拟载运的货物不宜采用二氧化碳或等效介质进行灭火，则货泵舱应设置包含有固定的压力水雾系统或高倍泡沫系统的灭火系统。《国际散装运输危险化学品适装证书》应能反映出这一附加要求。

2. 货物区域的消防设备要求

（1）每一艘船舶都应装设符合相关要求的固定甲板泡沫系统。

（2）船舶应只提供一种类型的泡沫原液，该泡沫原液应对拟载运的最大可能数量的货物有效。如果泡沫是无效的或泡沫与其他货物不相容，船舶另设主管机关满意的附加灭火布置。船舶不应使用普通蛋白泡沫。

（3）输送泡沫的装置应能把泡沫输送入整个液货舱甲板区域，并且能把泡沫送入假定甲板已经破裂的任何液货舱内。

（4）甲板泡沫系统应能简便、迅速地操作，系统的主控制站应设在货物区域外的适当位置，并应邻近起居处所，以便受保护区域万一发生火灾时能易于到达和操作。

（十一）第 12 章：货舱区域的机械通风

1. 货物操作期间经常进入的处所

（1）货泵舱和容纳货物装卸设备的其他围蔽处所以及进行货物操作的类似处所应装设机械通风系统，且能从该处所外部对通风系统进行控制。

（2）应采取措施，以便在进入舱室并操作设备之前，对上述处所进行通风。另外，该舱室之外应设有需要进行通风的警告牌。

（3）机械通风的进气口和出气口应布置能保证有足够的空气流经该处所，以避免有毒气体或易燃蒸气或两者的积聚，同时应确保有足够的氧气，以便提供一个安全的工作环境。但无论如何，按处所的总容积计算，通风系统应具有每小时不少于 30 次的空气交换能力。

（4）通风系统应为固定型的，且通常应为抽出式的，并应能从地板的上方和下方抽出空气。在装有驱动货泵的电动机的舱室内，通风系统应为正压式。

（5）货物区域内各处所的通风排气管道应向上排放，其排气口的位置与起居处所、服务处所、机器处所、控制站及货物区域以外的其他处所的开口之间的水平方向距离至少为 10 m。

2.经常进入的泵舱及其他围蔽处所

对经常有人进入的泵舱和其他围蔽处所应设置机械通风系统,且能从该处所外部对通风系统进行控制。根据上述处所的总容积计算,系统每小时不少于 20 次空气交换。明确规定:在人员进入该处所之前要求对处所进行通风。

（十二）第 13 章：测量设备

（1）测量装置:

液货舱应设有下列型式之一的液位测量装置。

①开式液位测量装置

开式液位测量装置是指利用液货舱的开口进行测量的一种装置,它可以将测量仪表放置于货物或其蒸气之中,如空当测量孔。

②限制式液位测量装置

限制式液位测量装置是指此装置伸入液货舱,使用时允许少量货物蒸气或液体逸入大气。不使用时,这种装置是完全封闭的。其设计应确保在打开这种装置时不致使舱内货物(液体或气雾)发生外溢。

③封闭式液位测量装置

封闭式液位测量装置是指此装置伸入液货舱,成为封闭系统的一部分,且能防止舱内货物逸出,如浮子式系统、电子探测器、磁性探测器和带有防护的观察装置等;也可采用不穿过液货舱壳板而与液货舱无关的间接式装置,如货物称重装置和管式流量计等。

（2）测量装置应独立于溢流装置。

（3）开式和限制式液位测量装置只允许用于下列情况:

①本规则允许使用开式通风时;或

②设有能在操作测量装置之前能释放舱内压力的措施时。

（十三）第 14 章：人员保护

1.保护设备

为保护从事装卸货操作的船员,船上应有合适的保护设备,包括大围裙、带有长袖的特别手套、适用的鞋袜、用抗化学性材料制成的连衣裤工作服以及贴肉护目镜和/或面罩等。用于保护人身的衣服和设备应围罩人体全身皮肤,使全部人体受到保护。

工作服和保护设备应保存在易于到达处的专用储存柜内。任何可能对人员产生危险的所有作业,均应使用保护设备。

2.安全设备

船上应有足够数量的但不少于 3 整套的安全设备,每套设备应保证使人员进入充满气体的舱室并在舱室内工作至少 20 min。整套安全设备应包括:

（1）具自吸式空气呼吸器(不使用储存纯氧气);

（2）保护服、长靴、手套和贴肉护目镜;

（3）配有能抵抗所载货物影响的腰带的防火救生绳索;

（4）防爆灯。

载运有毒货物时,船舶应具有下列设备中的一种:

（1）为每具呼吸器配备 1 套充满空气的备用空气瓶；

（2）1 台能供应所需纯度高压空气的特种空气压缩机；

（3）1 台能为呼吸器使用的足够的备用空气瓶充注的充气总管；或

（4）超出 SOLAS 74 公约相关条款要求的船上每具呼吸器配备的充满空气的备用空气瓶，其总容量至少应达 6 000 L 的自由空气。

3.应急设备

对从事载运本规则第 17 章最低要求一览表中的"n"栏内标识为"Yes"的货物的船舶，应为船上每个人员配足在应急逃生时使用的合适的呼吸防毒面具和眼保护设备，并应符合下列要求：

（1）不能使用过滤式的呼吸防毒面具；

（2）自给式呼吸器一般应具有至少 15 min 的持续工作时间的能力；

（3）不得将应急逃生防毒面具用于消防或装卸货物，并应对其做出有效的标志。

根据 IMO 制定的指南，在船上应设有医疗急救设备，包括氧气复苏设备和供所载货物用的解毒剂。

用于从货泵舱等处所抬起受伤人员的担架应放置在易于到达的位置。

在甲板上方便的地方，应设置有合适标志的能消除污染的淋浴和眼冲洗设备。这些设备应在所有环境条件下均能使用。

（十四）第 15 章：特殊要求

该章内容主要涉及多种散装液体化学品在货物维护和安全操作方面的特殊要求。

（十五）第 16 章：操作要求

1.每个液货舱的最大允许装货量

（1）要求使用 1 型船舶载运的货物，在任一液货舱中装载的货物量不得超过 1 250 m³。

（2）要求使用 2 型船舶载运的货物，在任一液货舱中装载的货物量不得超过 3 000 m³。

（3）液货舱在环境温度下载运液体货物，应考虑所装的货物可能达到的最高温度，以避免在航行期间液货舱被液体涨满。

每一货物适用的船型在第 17 章最低要求一览表中已经列明。

2.货物资料

（1）本规则所适用的每艘船，应备有 IBC 规则的副本或备有结合本规则要求的船旗国规则。

（2）需要散装的任何货物，应在运输文件上用本规则第 17、18 章或 MEPC.2/Circ.最新版本中所列的名称或暂定的名称予以标明。如果货物是混合物，则应有标明构成货物整体危害的主要危险因素或完整的分析；若可能，应有 1 份经制造厂或经主管机关承认的专家给予核证的完整分析。

（3）船上应备有安全载运货物所必需的资料，以供一切有关人员查阅。上述资料中应包括货物装载计划，并将其存放在易于到达之处，并应列出船上的所有货物，包括所载运的每一种危险化学品：

①货物安全围护时所需的物理和化学性能（包括反应性）的详细说明书；

②发生溢漏或渗漏时应采取的措施；

③防止人员意外接触的措施；

④消防程序和灭火剂；

⑤货物驳运、液货舱清洗、除气和压载的程序；

⑥那些需要稳定或抑制的货物，如果制造厂没有提供要求的证书，则应拒绝载运。

如果不能得到安全运输货物所需的足够资料，则拒运该货物。应拒运能放出觉察不到的剧毒蒸气的货物，除非在货物中放入能觉察到的添加剂。

3.人员培训

所有人员应经过使用保护设备的适当培训，同时还应对他们进行与其职务相称的在应急情况下采取必要的操作程序的基本训练。

从事货物操作的人员应进行货物操作程序方面的适当培训。

根据 IMO 制定的指南，高级船员应进行应急程序的培训以便处理货物的泄漏、溢出或火灾等情况，并且对他们中的足够人员进行所载货物的基本急救方法的指导和训练。

4.不得暴露于过热状态下的货物

(1)货物在液货舱或附属管路内受到局部的过分加热后，若可能产生危险的反应，如聚合、分解、热不稳定性或放出气体等，则这些货物应与温度高于其初始反应温度的其他货物进行足够分隔。

(2)载运上述货物的液货舱内的加热盘管应予以盲断或采用等效的安全措施。

(3)热敏感货物不能载运在未经绝热的甲板液货舱。

(4)为避免温度升高，该类货物不应装在甲板液货舱内。

（十六）第 17 章：最低要求一览表

最低要求一览表列出了具有安全危害性的货物、具有污染危害性的货物及同时具有安全危害性和污染危害性的货物所需化学品船舶构造和设备及安全运输的最低要求。

（十七）第 18 章：不适用本规则的货品清单

本章包括安全和污染危害性已被进行过审查并已确定其危害性尚不足以列入 IBC 规则适用范围的货品，共 32 种。货品清单见表 7-4。

虽然本章所列的货品不在规则的范围内，但主管机关仍需注意，为安全运输这些化学品可能需要采取某些安全措施。因此，主管机关还须规定一些适合的安全要求。

对于表 7-4 中被确定为污染类别 Z 的液体物质，载运时还须满足 MARPOL 73/78 公约附则 Ⅱ 的某些要求。

对于按 MARPOL 73/78 公约附则 Ⅱ 第 6.3 条被评定或临时评定为污染类别为 Z 或 OS 的、不具有安全危害的液体混合物，可按本章对"有毒的或无毒的液体物质，未另列明的"条目的规定进行载运。

表 7-4　不适用 IBC 规则货品一览表

序号	货品名称	污染类别
1	丙酮 Acetone	Z
2	含酒精饮料，未另列明的 Alcoholic beverages, N.O.S.	Z
3	苹果汁 Apple juice	OS
4	正-丁醇 n-Butyl alcohol	Z

续表

序号	货品名称	污染类别
5	仲-丁醇 sec-Butyl alcohol	Z
6	碳酸钙浆料 Calcium carbonate slurry	OS
7	黏土泥浆 Clay slurry	OS
8	煤泥浆 Coal slurry	OS
9	乙醇 Ethyl alcohol	Z
10	葡萄糖溶液 Glucose solution	OS
11	甘油乙氧基酯 Glycerol ethoxylated	OS
12	氢化淀粉水解液 Hydrogenated starch hydrolysate	OS
13	异丙醇 Isopropyl alcohol	Z
14	高岭土浆 Kaolin slurry	OS
15	卵磷脂 Lecithin	OS
16	麦芽糖醇溶液 Maltitol solution	OS
17	硅粉浆 Microsilica slurry	OS
18	糖蜜 Molasses	OS
19	有毒液体,(11)未另列明的(商品名……,包含……)Z类 Noxious liquid,(11) N.O.S.(trade name…, contain…) Cat.Z	Z
20	无毒液体,(12)未另列明的,(商品名……,包含……)OS类 Non noxious liquid,(12) N.O.S.(trade name…, contains…) Cat.OS	OS
21	橘子汁(浓缩的) Orange juice (concentrated)	OS
22	橘子汁(非浓缩的) Orange juice (not concentrated)	OS
23	氯化钾溶液(26%以下) Potassium chloride solution (less than 26%)	OS
24	丙二醇 Propylene glycol	Z
25	乙酸钠溶液 Sodium acetate solution	Z
26	碳酸氢钠溶液(10%以下) Sodium bicarbonate solution(less than 10%)	OS
27	山梨(糖)醇溶液 Sorbitol solution	OS
28	磺化聚丙烯酸酯溶液 Sulphonated polyacrylate solution	Z
29	四乙基硅酸单体/低聚体(在乙醇中占 20%) Tetraethyl silicate monomer/oligomer(20% in ethanol)	Z
30	三乙二醇 Triethylene glycol	Z
31	植物蛋白溶液(水解) Vegetable protein solution(hydrolysed)	OS
32	水 Water	OS

（十八）第 19 章：散装运输货物索引

散装运输货物索引如表 7-5 所示。第一栏提供索引名称,第二栏提供货物名称,第三栏表示货品列入的章节为第 17 章或第 18 章。当索引名称为黑体大写时,表示该名称与第 17 或 18 章中的货物名称一致,此时列出货物名称的第二栏中为空白。当索引名称为非黑体小写时,表示该名称为第二栏内所列出的第 17 或 18 章中货物名称的同义名称。第三栏表示 IBC 规则的有关章节。

索引的目的仅在于提供信息。第一栏中所列的非黑体小写索引名称不得作为运输文件中的货物名称。

表 7-5　散装运输货物索引表(部分)

索引名称	货物名称	章
松香酸酐 Abietic anhydride	松香 ROSIN	17
二甲基乙酰胺 Dimethylacetamide	N,N-二甲基乙酰胺 N,N-DIMETHYLACETAMIDE	17
乙醛氰醇溶液(80%或以下) Acetaldehyde cyanohydrin solution (80% or less)	乳腈溶液(80%或以下) LACTONITRILE SOLUTION (80% OR LESS)	17
乙醛三聚物 Acetaldehyde trimer	三聚乙醛 PARALDEHYDE	17
乙酸 ACETIC ACID		17
乙酸酐 Acetic acid anhydride	乙酸酐 ACETIC ANHYDRIDE	17
乙酸乙烯酯 Acetic acid, ethenyl ester	乙烯乙酸 VINYL ACETATE	17
乙酸甲酯 Acetic acid, methyl ester	乙酸甲酯 METHYL ACETATE	17
乙酸乙烯酯 Acetic acid, vinyl ester	乙烯乙酸 VINYL ACETATE	17
乙酸酐 ACETIC ANHYDRIDE		17
乙酸酯 Acetic ester	乙酸乙酯 ETHYL ACETATE	17

（十九）附录：散装运输危险化学品适装证书范本

散装运输危险化学品适装证书包括船舶信息、船型、船级社证明、经批准的稳性和装载手册要求、签发时间和地点、签发机构盖章、填写证书注意事项、中间检验和年度检验签注页、证书附录 1 货品清单及附录 2 液舱位置图,具体见图 7-2。附录 1 货品清单如表 7-6 所示,船舶只能载运列入货品清单中的散装运输危险化学品。

格式
Form CFCI(CHN)
编号
No. _____

中 华 人 民 共 和 国
THE PEOPLE'S REPUBLIC OF CHINA

散 装 运 输 危 险 化 学 品 适 装 证 书
CERTIFICATE OF FITNESS FOR THE CARRIAGE
OF DANGEROUS CHEMICALS IN BULK

经中华人民共和国政府授权，中国船级社根据散装运输危险化学品船舶构造和设备规则(以下简称规则)
[经修正的MSC.9(53)和MEPC.20(22)号决议]的规定签发
Issued under the provisions of the Code for the Construction and Equipment of Ships Carrying Dangerous Chemicals
in Bulk (hereinafter referred to as the Code)[Resolutions MSC. 9(53) and MEPC. 20(22), as amended] under the authority of the
Government of the People's Republic of China by
China Classification Society

船名
Name of ship _____

船舶编号或呼号
Distinctive number or letters _____

船籍港
Port of registry _____

总吨位
Gross tonnage _____

船型 （规则2.2.4）
Ship type (Code paragraph 2.2.4) _____

船舶登记号　　　　　　　　　　　国际海事组织编号
Class No. _____　　　　　IMO Number _____

安放龙骨或处于相应相应建造阶段的日期或改建为化学品船的开始日期:
Date on which keel was laid or on which the ship was at a similar stage of construction or (in the
case of a converted ship) date on which conversion to a chemical tanker was commenced: _____

本船也完全符合规则的下列修正案:
The ship also complies fully with the following amendments to the Code:

本船免除符合规则的下列规定:
The ship is exempted from compliance with the following provisions of the Code:

中国船级社证明: CHINA CLASSIFICATION SOCIETY CERTIFIES:
1. 本船已按照规则第1.6节的规定进行了检验。
   That the ship has been surveyed in accordance with the provisions of section 1.6 of the Code.
2. 检验表明该船的结构和设备及其状况均合格，并该船符合适用于下列船舶的规则的有关规定:
   That the survey showed that the construction and equipment of the ship and the condition thereof are in all
   respects satisfactory and that the ship complies with the relevant provisions of the Code applicable to:
   (1) 1.7.2中提到的船舶*; Ships referred to 1.7.2*;
   (2) 1.7.3中提到的船舶*。Ships referred to 1.7.3*.
3. 本船已按照MARPOL 73/78公约附则Ⅱ第14条规定配备了符合MARPOL 73/78公约附则Ⅱ附录4的手册，
   并且该手册所述的船舶布置和设备各方面均合格。
   That the ship has been provided with a Manual in accordance with Appendix 4 of MARPOL 73/78 Annex
   Ⅱ as called for by Regulation 14 of the Annex Ⅱ, and that the arrangements and equipment of the ship
   prescribed in the Manual are in all respects satisfactory.

＊ 不适用者删去或标识"Not Applicable"。
* Delete or mark with "Not Applicable" as appropriate.

Page 1/3　　　　　　　Ver. 2.3 202001

图7-2　散装运输危险化学品适装证书(a)

格式
Form **CFCl(CHN)**
编号
No. _____

4. 本船满足散装运输本证书附件一所列货品的要求，但须遵守本规则和MARPOL 73/78公约附则Ⅱ的所有有关操作规定。
   That the ship meets the requirements for the carriage in bulk of the products listed in Attachment 1 to this Certificate, provided that all relevant operational provisions of the Code and MARPOL 73/78 Annex Ⅱ are observed.

5. 根据_____的规定，本规则的要求对本船在下列方面做出了变更。
   That, in accordance with _____ , the provisions of the Code are modified in respect of the ship in the following manner.

6. 本船备有经批准的按本规则2.2.1.1要求的装载和稳性手册。
   That the loading and stability manuals required by paragraph 2.2.1.1 of the Code have been supplied to the ship in an approved form.

7. 本船的装载必须:
   That the ship must be loaded:

   *(1) 仅根据使用按本规则2.2.1.2 配备的认可的稳性仪进行完整和破损稳性要求符合性验证的装载工况进行装载。
       only in accordance with loading conditions verified compliant with intact and damage stability requirements using the approved stability instrument fitted in accordance with paragraph 2.2.1.2 of the Code.　**Not applicable**

   *(2) 如给予本规则2.2.1.3 允许的免除并且未配备本规则2.2.1.2 要求的认可的稳性仪，应按以下一种或多种认可方法进行装载:
       where a waiver permitted by paragraph 2.2.1.3 of the Code is granted and the approved stability instrument required by paragraph 2.2.1.2 of the Code is not fitted, loading should be made in accordance with one or more of the following approved methods:　**Not applicable**

       *(i) 根据上述6中所述的经批准的装载和稳性手册所述的装载工况; 或
           in accordance with the loading conditions provided in the approved loading and stability manuals referred to in 6 above; or　**Not applicable**

       *(ii) 根据使用认可的方法远程验证的装载工况; 或
           in accordance with loading conditions verified remotely using an approved means _____ ; or　**Not applicable**

       *(iii) 根据上述6所述的经批准的装载和稳性手册所定义的批准的工况范围内的装载工况; 或
           in accordance with a loading condition which lies within an approved range of conditions defined in the approved loading and stability manuals referred to in 6 above; or　**Not applicable**

       *(iv) 根据使用上述6所述的经批准的装载和稳性手册所定义的批准的临界KG/GM数据所验证的装载工况; 和
           in accordance with a loading condition verified using approved critical KG/GM data defined in the approved loading and stability manuals referred to in 6 above; and　**Not applicable**

   *(3) 符合本证书所附的装载限制。
       in accordance with the loading limitations appended to this Certificate.　**Not applicable**

   当要求不按上述规定装载时，应将证明所拟装载状态的必要的计算书呈送本社批准，经本社批准的计算书应附于本证书的后面。
   Where it is required to load the ship other than in accordance with the above instruction, then the necessary calculations to justify the proposed loading conditions should be communicated to this Society for approval, and the approved calculations is to be appended to this Certificate.

本证书有效期至 This Certificate is valid until _____

签发本证书所基于的检验的完成日期:
Completion date of the survey on which this certificate is based: _____

PENDING ISSUANCE OF A FINAL CERTIFICATE

发证地点
Issued at _____

发证日期
Issued on _____

中 国 船 级 社
CHINA CLASSIFICATION SOCIETY

* 不适用者删去或标识"Not Applicable"。
* Delete or mark with "Not Applicable" as appropriate.

图 7-2　散装运输危险化学品适装证书(b)

格式
Form CFCh(CHN)
编号
No. _____

填写本证书注意事项：
Notes on completion of the Certificate:

① 本证书只能签发给船旗国MARPOL是73/78成员国的船舶。
The Certificate can be issued only to ships entitled to fly the flags of States which are a Party to MARPOL 73/78.

② 船型：填入本栏内的船型必须与所有有关建议内容相关联，例如：填入"Ⅱ型"系指完全符合本规则规定的Ⅱ型；此栏通常不适用现有船舶，在这种情况下应注明"参见2.2款"。
Ship Type: Any entry under this column must relate to all relevant recommendations, e.g. an entry "Type 2": should mean Type 2 in all respects prescribed by the Code. This column would not usually apply in the cases of an existing ship and in such a case should be noted "see paragraph 2.2".

③ 货品：规则第Ⅵ章所列货品或经主管机关按本规则1.8评定的货品应列入表内，对于后来"新"的货品应注明任何暂行的特殊要求。
Products: Products listed in Chapter Ⅵ of the Code, or which have been evaluated by the Administration in accordance with 1.8 of the Code, should be listed. In respect of the latter "new" products, any special requirements provisionally prescribed should be noted.

④ 货品：所列本船适宜装载的货品，应包括规则未覆盖的Z类有毒液体物质，并应注明为"第Ⅶ章Z类货品"。
Products: The list of products the ship is suitable to carry should include the noxious liquid substances of Category Z which are not covered by the Code and should be identified as "Chapter Ⅶ Category Z".

⑤ 载运条件：如果证书发给按照MARPOL 73/78附则Ⅱ第1（12）的规定改建的船舶，应在证书中的货品表及装载条件的上面声明：该船仅核准装运有污染危险的化学品。
Conditions of carriage: If a Certificate is issued to a ship which is modified in accordance with the provision of regulation 1(12) of MARPOL 73/78 Annex Ⅱ, the Certificate should indicate in the top of the table of products and conditions of carriage the following statement :"The ship is certificated to carry only pollution hazard chemicals."

本证书附录：   编号
Attachments to the Certificate: （No. _____ ）

1. 附录一：   货品表
   Attachment 1 LIST OF PRODUCTS
2. 附录二：   液舱位置图
   Attachment 2 Tank Plan

图 7-2 散装运输危险化学品适装证书(c)

表 7-6 货品清单示例(2 型和 3 型船)

Products	Conditions of Carriage		Pollution Category
	Tank Numbers	Key to Conditions	
Acrylic acid/ethenesulphonic acid copolymer with phosphonate groups, sodium salt solution	All Cargo Tanks (P&S)		Z
Alkanes (C10 ~ C26), linear and branched (Fp ≤ 60 ℃)	All Cargo Tanks (P&S)		Y
n-Alkanes (C9~C11)	All Cargo Tanks (P&S)		Y
Aluminium hydroxide, sodium hydroxide, sodium carbonate solution (40% or less)	All Cargo Tanks (P&S)		Y
tert-Amyl ethyl ether	All Cargo Tanks (P&S)		Z
Bis(2-ethylhexyl) terephthalate	All Cargo Tanks (P&S)		Y
2-Butoxyethanol (58%)/Hyperbranched polyesteramide (42%) (mixture)	All Cargo Tanks (P&S)		Y
Camelina oil	All Cargo Tanks (P&S)		Y
Grape Seed Oil	All Cargo Tanks (P&S)		Y
Maleic anhydride-sodium allylsulphonate copolymer solution	All Cargo Tanks (P&S)		Z
(Polyisobutene) amino products in aliphatic hydrocarbons	All Cargo Tanks (P&S)		Y
Poly (4+) isobutylene (MW>224)	All Cargo Tanks (P&S)		X
Polyisobutylene (MW≤224)	All Cargo Tanks (P&S)		Y
Soybean oil fatty acid methyl ester	All Cargo Tanks (P&S)		Y
Tall oil soap, crude	All Cargo Tanks (P&S)		Y

四、BCH 规则

1971 年,政府间海事协商组织 IMCO 在第 7 次安全会议上做出决议 A212(Ⅶ),通过了《散装运输危险化学品船舶构造和设备规则》(Code for the Construction and Equipment of ships Carrying Dangerous Chemicals in Bulk,简称 BCH 规则),并于 1972 年 4 月开始生效。

BCH 规则仅仅是对各国政府的一个建议,生效后至 1983 年间,又被修正了多次,使其不断得到改进并与技术发展同步。1983 年,国际海事组织海上安全委员会通过了 IBC 规则,并规定 IBC 规则仅适用于 1986 年 7 月 1 日或以后建造的任何型式的化学品船,而现有船舶将继续执行原来的 BCH 规则,即原来的 BCH 规则适用于 1986 年 7 月 1 日以前建造的任何型式的化学品船。

海上安全委员会同时还通过了涉及 SOLAS 74 公约第Ⅶ章 B 部分的修正案。由此,把 IBC 规则作为 SOLAS 74 公约修正案下的强制性规则。IBC 规则对于 1986 年 7 月 1 日或以后建造的化学品船是强制性的,BCH 规则及其修正案对 1986 年 7 月 1 日以前建造的化学品船是建议性的。

1985 年 12 月,国际海事组织环境保护委员会第 22 届会议通过了 MARPOL 73/78 公约附则Ⅱ 的修正案,并于 1987 年 4 月 6 日开始生效。该修正案规定,IBC 规则和 BCH 规则在本公约下都是强制执行的。由此可见,BCH 规则在 MARPOL 73/78 公约下是强制性的,而在 SOLAS 74 公约下是建议性的。

截至 2024 年,BCH 规则的有效版本为国际海事组织于 2019 年 6 月 14 日通过的 MSC.463 (101)决议和于 2019 年 5 月 17 日通过的 MEPC.319(74)决议,生效日期均为 2021 年 1 月 1 日。

五、船舶载运散装液体物质分类评估管理办法

为加强船舶载运散装液体物质的监督管理,保障航行安全,保护水域环境,交通运输部海事局根据《中华人民共和国船舶载运危险货物安全监督管理规定》及相关国际公约、规则制定并颁布了《船舶载运散装液体物质分类评估管理办法》(海船舶〔2007〕239 号),并自 2007 年 5 月 15 日起施行。该办法共 5 章 20 条,其中,相关章节如下:

（一）第一章: 总则

(1)第 2 条:本办法适用于在中华人民共和国管辖水域内载运未分类散装液体物质的分类评估。

(2)第 3 条:中华人民共和国海事局负责分类评估的管理工作。各级海事管理机构负责本办法的实施。

(3)第 4 条:大连危险货物运输研究中心作为中华人民共和国海事局委托的评估机构,具体负责对未分类散装液体物质进行分类评估。

(4)第 5 条:未分类散装液体物质应当按照本办法的规定进行分类评估,否则不得载运。

(5)第 6 条:本办法下列用语的定义。

①未分类散装液体物质是指未收录在 IBC 规则第 17、18 和 19 章中的物质。

②三方协定是指 MARPOL 73/78 公约附则Ⅱ 所规定的与作业有关的缔约国政府就未分类散装液体物质的暂定类别所达成的一致意见。

（二）第二章: 申请与请求

(1)第 7 条:未分类散装液体物质的托运人或其代理人应当事先向当地海事管理机构申请对该物质进行分类评估,并附送以下资料:

①散装液体物质分类评估申请书(详见附件一);

②托运人企业法人营业执照复印件;

③散装液体物质技术资料(详见附件二)。

(2)第 8 条:当地海事管理机构受理书面申请后,应当要求申请人到评估机构进行散装液

体物质分类评估。

(3)第9条:中华人民共和国海事局接受来自其他国家的三方协定请求,并委托评估机构进行评估。

(三)第三章: 评估

(1)第10条:评估机构应当制定相应评估程序,报中华人民共和国海事局备案。

(2)第11条:评估机构应当按照有关标准进行取样,并填写未分类散装液体物质抽样登记表(详见附件三)。

(3)第12条:对国内托运人的申请,评估机构应当对样品进行检验,并根据检验结果和提供的申请材料进行评估。

(4)第13条:对境外请求的评估,评估机构应当对所提供的数据进行核准,并对其建议的分类及运输要求准确性进行评估。

(5)第14条:评估机构在完成评估后应当出具评估报告,评估报告内容应包括对散装液体物质的分类及运输要求建议。

(四)第四章: 审定与公布

(1)第15条:当地海事管理机构依据评估报告,制定对未分类散装液体物质的分类及运输要求,报中华人民共和国海事局确认。

(2)第16条:中华人民共和国海事局与相关国家就涉及三方协定的散装液体物质分类及运输要求进行协商。

(3)第17条:对已确认的散装液体物质分类及运输要求,由中华人民共和国海事局予以公布。

(五)附件1: 散装液体物质分类评估申请书

该评估申请书结构和内容如表7-7所示。

表 7-7　散装液体物质分类评估申请书

编号:_____　　　　　　　　　　　　　　　　　____年____月____日

申请单位		联系人	
(签章)	联系方式	电话	
		传真	
		通信地址	
		电子邮件	
货物生产单位		联系人	
(签章)	联系方式	电话	
		传真	
		通信地址	
		电子邮件	

续表

拟评估货物			
拟装运时间			
拟运送国家			
分类评估要求			
备注			

注：本表一式三份，申请单位/受理单位/评估机构各一份。

受理单位：_____   时间：_____

（六）附件2：散装液体物质技术资料

散装液体物质技术资料的结构和内容如表7-8所示。

表7-8 散装液体物质技术资料表
（本技术资料可附页）

1：产品名称

1.1：产品名称：_____（提供运输时运输单证上的名称）；

1.2 主要贸易名称：_____；

1.3 化学名称：_____分子式：_____化学结构：_____；

2：相关产品

相关产品名称	说明

3：产品组成

组分名称	比例	类型

4：物理特性

5：化学特性

6：其他相关资料

申请单位签章：单位_____   时间：_____年_____月_____日

（七）附件3：未分类散装液体物质抽样登记表

未分类散装液体物质抽样登记表的结构和内容如表7-9所示。

表 7-9　未分类散装液体物质抽样登记表

编号：_____　　　　　　　　　_____年_____月_____日

抽样名称					
被抽样单位				联系电话	
抽样时间				抽样地点	
抽样说明	抽样数量				
	封装类型/代码				
抽样人	姓名			联系电话	
	姓名			联系电话	
备注：					

第二节　散装液体化学品的定义、分类及危险特性

一、散装液体化学品的定义

散装液体化学品是指除了石油及石油制品,具有易燃易爆和/或其他危险性的液体货品,主要包括石油化工产品、煤焦油产品、碳水化合物的衍生物(糖蜜与酒精制品、动植物油)、强化学剂等,如硫酸、硝酸、盐酸、苯、煤焦石脑油、甲醛等。

根据 IBC 规则,散装液体化学品是指在温度为 37.8 ℃时,其蒸气压力不超过 0.28 MPa 绝对压力的散装液体,具体货物名称列入本规则第 17 章(最低要求一览表)和第 18 章(不适用规则的货物清单)。其中,第 17 章中的散装液体化学品包括具有安全危害性的货物、具有污染危害性的货物及同时具有安全危害性和污染危害性的货物,共 800 种;第 18 章中的散装液体化学品包括经审查并确定其安全性和污染危害性尚不足以列入本规则适用范围的液体物质,共 32 种。

根据 IBC 规则,危险化学品是指第 17 章中货物安全标准所认定的会引起安全危害的液体化学品;货品是指有毒液体物质及危险化学品的总称。

根据 MARPOL 73/78 公约附则Ⅱ,有毒液体物质是指 IBC 规则第 17 或 18 章的污染类别栏中所指明的或根据附则Ⅱ第 6.3 条规定经临时评定列为 X、Y 或 Z 类的任何物质。

根据危险化学品安全管理条例,危险化学品是指具有毒害、腐蚀、爆炸、燃烧、助燃等性质,对人体、设施、环境具有危害的剧毒化学品和其他化学品。

二、散装液体化学品的分类

（一）MARPOL 73/78 公约附则Ⅱ的分类

MARPOL 73/78 公约附则Ⅱ根据散装液体化学品的毒性和操作排放对环境污染造成的影响，将其分为 4 大类：

1.X 类

这类有毒液体物质如从洗舱或排压载的作业中排放入海，将被认为会对海洋资源或人类健康产生重大危害，因而应严禁向海洋环境排放该类物质。

2.Y 类

这类有毒液体物质如从洗舱或排压载的作业中排放入海，将被认为会对海洋资源或人类健康产生危害，或对海上的休憩环境或其他合法利用造成损害，因而对排放入海的该类物质的质和量应采取限制措施。

3.Z 类

这类有毒液体物质如从洗舱或排压载的作业中排放入海，将被认为会对海洋资源或人类健康产生较小的危害，因而对排放入海的该类物质应采取较严格的限制措施。

4.OS 类

以 OS（其他物质）形式被列入 IBC 规则第 18 章污染类别栏目中的物质，并经评定认为不能列入上述定义的 X、Y 或 Z 类物质之内。因为这些物质如从洗舱或排压载的作业中排放入海，目前认为对海洋资源、人类健康、海上休憩环境或其他合法利用并无危害。排放仅含有被列为"OS 类"物质的舱底水或压载水或其他残余物或混合物，不受本附则任何要求的约束。

（二）美国海岸警卫队 USCG 的分类

1.美国海岸警卫队根据散装液体化学品的反应性分类

美国海岸警卫队根据散装液体化学品的反应性不同，将其分为 5 类：

（1）0 类

0 类是指几乎不发生反应，但在某种条件下能与 4 类物质发生反应的物质，如饱和烃等。

（2）1 类

仅与 4 类物质发生反应的液体化学品，如芳香烃、烯烃、醚和酯等。

（3）2 类

2 类是指不能与 0 类和 1 类物质发生反应，或本类物质不能互相反应，但能与 3 类和 4 类物质发生反应的物质，如醇、酮、聚合物等。

（4）3 类

3 类是指能与 2 类和 4 类物质发生反应，且本类化学品能相互反应的物质，如有机酸、液氨、环氧衍生物等。

（5）4 类

4 类是指可以相互反应，并能与所有其他类的化学品发生反应的物质，如无机酸、强碱、磷、硫等。

2.美国海岸警卫队 USCG 根据化学相容性分类

美国海岸警卫队根据散装液体化学品的相容性,将其分为 36 类,1~22 为反应类,30~43 为相容类(见表 7-10),并编制了货物相容性表,如表 7-11 所示。

表 7-10　散装液体化学品分类表

	反应类			相容类
1	非氧化性无机酸	30		烯烃
2	硫酸	31		链烯烃
3	硝酸	32		芳香烃
4	有机酸	33		其他烃类混合物
5	苛性碱	34		酯
6	氨	35		卤代乙烯
7	脂肪胺	36		卤代烃
8	醇胺	37		腈
9	芳香胺	38		二硫化碳
10	酰胺	39		硫醚,二硫化物
11	有机酸酐	40		乙二醇醚
12	异氰酸盐	41		醚
13	醋酸乙烯酯	42		硝基化合物
14	丙烯酸盐	43		其他水溶液
15	烯丙基类取代物			
16	烷撑氧化物			
17	表氯代醇			
18	酮			
19	醛			
20	醇,乙二醇			
21	酚,甲酚			
22	己内酰胺溶液			

表 7-11　货物相容性表

	1	2	3	4	5	6	7	8	9	10	11	12	13	14	15	16	17	18	19	20	21	22
1		×			×	×	×	×	×	×	×	×	×			×	×		A	E		
2	×		×	×	×	×	×	×	×	×	×	×	×	×	×	×	×	×	×	×	×	×
3		×																				
4		×			×	×	×	×	C			×				×	×			F		
5	×	×	×	×								×	×		×	×	×	×	×	×	×	×
6	×	×	×	×						×	×	×	×		×	×	×					
7	×	×	×	×							×	×	×	×	×	×	×	×	×	×	×	×

续表

	1	2	3	4	5	6	7	8	9	10	11	12	13	14	15	16	17	18	19	20	21	22
8	×	×	×	×							×	×	×	×	×	×	×	B	×			
9	×	×	×	C							×	×							×			
10	×	×	×			×						×									×	
11	×	×	×		×	×	×	×	×													
12	×	×	×	×	×	×		×	×	×					D					×		×
13	×	×	×			×	×															
14		×	×				×	×														
15		×	×			×	×				D											
16	×	×	×	×	×	×		×														
17	×	×	×	×	×			×														
18		×	×			×	B															
19	A	×	×		×	×	×	×	×													
20	E	×	×	F			×					×										
21		×	×		×		×			×												
22		×			×		×					×										
30		×	×																			
31																						
32			×																			
33			×																			
34		×	×																			
35			×																			×
36		G	×		H		I															
37		×																				
38							×	×														
39																						
40		×										×										
41		×	×																			
42					×	×	×	×	×													
43		×																				

注："×"为两者不相容；空格为两者可以装载；以下为反应性有偏差的注解：

A：丙烯醛(19)、丁烯醛(19)和2-乙基-3-丙基丙烯醛(19)与第1类非氧化性无机酸不相容；

B：异佛尔酮(18)和甲基异丁烯基酮(18)与第8类醇胺不相容；

C：丙烯酸(4)与第9类芳香胺不相容；

D：烯丙基醇(15)与第12类异腈酸酯不相容；

续表

E:呋喃甲醇(20)与第 1 类非氧化性无机酸不相容;
F:呋喃甲醇(20)与第 4 类有机酸不相容;
G:二氯乙醚(36)与第 2 类硫酸不相容;
H:三氯乙烯(36)与第 5 类苛性碱不相容;
I:乙二胺(7)与二氯乙烯不相容

三、散装液体化学品的危险特性

散装液体化学品具有多种理化特性,其中可能具有一种或多种危险特性。

（一）火灾危险性

根据 IBC 规则,火灾危险性由化学品的闪点、易爆性/易燃性的限制/范围和自燃温度来确定。散装液体化学品通常都具有易燃性,可用闪点、燃点、自燃点、沸点(汽化点)及可燃范围来衡量。

（二）健康危险性

健康危险性主要包括:

(1)在液体状态下,对皮肤的刺激作用。

(2)急性毒害作用:

散装液体化学品的毒害性将会导致人员由于直接接触而危害健康,或由于货品溶于水中或混入空气中形成间接接触而造成水污染或空气污染的危害。直接接触毒害性可用半数致死量 LD_{50}(口服或皮肤接触)及半数致死浓度 LC_{50}(吸入)来衡量;间接接触毒害性可用紧急暴露限值 EEL(指一次临时性接触的允许浓度)和货品的水溶性、挥发性等来衡量。

(3)其他的健康危害,如致癌和致敏等。

（三）海洋污染危险性

海洋污染危险性包括:生物积聚性造成危害,缺乏生物易降解性造成危害,对水中有机体的急性毒性作用,对水中有机体的慢性毒性作用,对人类健康具有长期的不利影响,引起货物漂浮或下沉的物理特性并因此造成对海洋生物的负面影响。

（四）腐蚀性

部分散装液体化学品具有很强的腐蚀性,不仅与人体皮肤接触会造成严重损伤,对载运工具或货舱结构材料也有严重的腐蚀作用。货舱结构通常采用不锈钢,不能采用黄铜、青铜或铝等材料。

（五）反应危险性

散装液体化学品的反应危险性主要包括自身的分解、聚合、氧化、腐蚀反应并产生毒气和大量热量,与水发生反应,与空气发生反应,与其他化学品发生反应以及化学品本身的反应(如聚合作用)等。

（六）黏度大,凝点高

货物黏度决定了货物的泵吸率和货物的残余量。一般情况下,温度越高,货物的黏度越低。部分货品装卸时需要通过加温来降低黏度,保证货物顺利装卸,减少卸货后的残余量。但加温应适当,以防止加温过高产生气阻,导致流速降低。如 MARPOL 73/78 公约附则 Ⅱ 要求装载高黏度 Y 类[黏度>50 mPa·s(20 ℃)]的液货舱时应进行预洗。

（七）热敏感性

某些散装液体化学品因受热会发生氧化、老化等反应而变质,如鱼油、糖浆、豆油等会因过热变质而影响品质。

（八）忌杂质

散装液体化学品在使用过程中对纯净度有严格的要求,如果被杂质污染,则会导致货品丧失使用价值。

（九）静电聚集

某些散装液体化学品是静电聚集体,在聚集到一定程度之后会因放电而引起舱室火灾。已知的静电积聚化学品主要有枯烯(异丙基苯)、环己烷、苯乙烯以及甲苯等,此类化学品在运输时应注意采取相应的预防措施。

第三节 散装液体化学品船的分类及特点

一、散装液体化学品船的分类

根据 MARPOL 73/78 公约附则 Ⅱ 的规定,散装液体化学品船是指经建造为或改建用于散装运输 IBC 规则第 17 章所列的任何一种液体货品的船舶。有毒液体物质(NLS)液货船是指经建造为或改建用于散装运输有毒液体物质货物的船舶,包括本公约附则 Ⅰ 定义的核准用于散装运输全部或部分有毒液体物质货物的油船。

根据 IBC 规则的规定,散装液体化学品船是指建造或改建并用于散装运输本规则第 17 章所列任何液体货物的货船。

由于散装液体化学品船所运载的货品种类繁多、性质各异,因此其分类方法也较多。

（一）按载运液体化学品的危险程度及防范措施分

1.1 型船舶

1 型船舶适用于运输 IBC 规则第 17 章对环境或安全有非常严重危险的货品,该船型的结构要求能够经受最严重的破损,并需要用最有效的预防措施来防止货物的泄漏。因此,其液货舱舱壁与船外板之间要求的间隔距离最大,左右间距不小于 $B/5$ 或 11.5 m,取小者;下边与船底板的间距不小于 $B/15$ 或 6 m,取小者;但离船体外壳的任何位置处的距离都不得小于 760 mm,如图 7-3(a)所示。

该型船舶经受住其船长范围内的任何部位的破损。

2.2 型船舶

2 型船舶适用于运输 IBC 规则第 17 章对环境和安全有相当严重危险的货品,该船型需要用有效的预防措施来防止泄漏。因此,2型船舶的液货舱舱壁与船舶的外板之间,左右间距不小于760 mm;下边与船底板的间距不小于 $B/15$ 或6 m,取小者;但离船体外壳的任何位置处的距离都不得小于760 mm,如图7-3(b)所示。

船长超过150 m的2型船舶,能经受住其船长范围内的任何部位的破损;船长为150 m或以下的2型船舶,能经受住其船长范围内的任何部位的破损,但不包括船尾机器处所边界的任一舱壁。

3.3型船舶

3型船舶适用于运输IBC规则第17章对环境或安全有足够严重危险的货品,该船型需要用中等程度的围护来提高破舱条件下的残存能力。船上液货舱的位置没有特殊要求,基本上与油船相同,如图7-3(c)所示。

船长超过225 m的3型船舶,能经受住其船长范围内的任何部位的破损;船长为125 m或以上但不超过225 m的3型船舶,能经受住其船长范围内的任何部位的破损,但不包括船尾机器处所边界的任一舱壁;船长小于125 m的3型船舶,能经受住其船长范围内的任何部位的破损,但不包括船尾机器处所的破损。但主管机关应考虑机器处所浸水后的船舶残存能力。

由三种船舶分类的标准可知,1型船舶可以装载要求2型船舶或3型船舶的货物,2型船舶可以装载要求3型船舶的货物。拟载运第17章"最低要求一览表"中的一种以上货物的船舶,其破损标准应与货物要求最严格的船型相一致。但对各个液货舱位置的要求,应按照与拟载运的各种货物有关的船型要求而定。

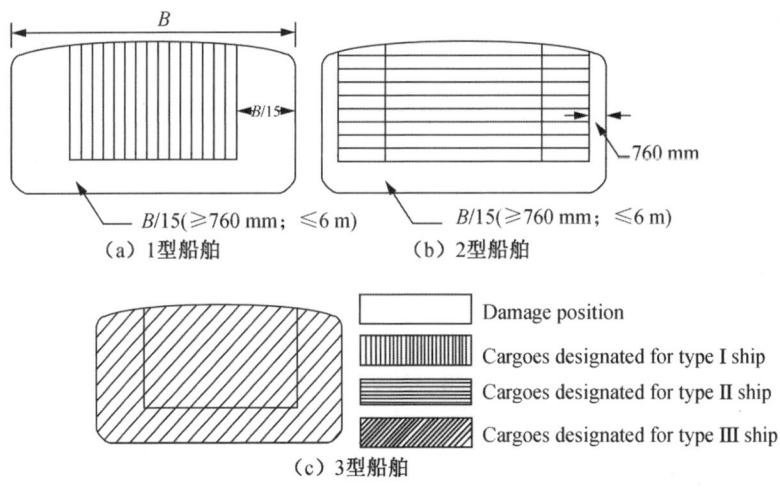

图7-3 三种类型化学品船液货舱位置

(二)按液货舱与船体结构的关系分

1.独立液货舱型化学品船

独立液货舱是指不与船体结构相连接或不是船体结构的组成部分的货物围护容器。建造和安装独立液货舱是为了在所有可能的时刻,能够将因相邻船体机构的应力或移动对液货舱所造成的应力消除或降至最小。独立液货舱对船体结构的完整性不是必需的。

2.整体液货舱型化学品船

整体液货舱是指构成船体结构的一部分的货物围护容器,且以相同方式与邻近的船体结构一起承受相同的载荷。它对船体结构的完整性是必需的。

（三）按液货舱舱顶设计压力分

1.重力液货舱型化学品船

重力液货舱是指舱顶设计压力不大于 0.07 MPa 的液货舱。它既可以是独立液货舱,也可以是整体液货舱。重力液货舱的建造和试验应按照认可的标准,且应考虑货物的载运温度和相对密度。

2.压力液货舱型化学品船

压力液货舱是指舱顶设计压力大于 0.07 MPa 的液货舱。它只能是独立液货舱,对其结构的设计应按照经认可的对压力容器的设计标准。

绝大多数的货物可以用整体重力液货舱(2G)运载,如图 7-4(a)所示;少量货物,如盐酸、二硫化碳、硝酸铵溶液等要求用独立重力液货舱(1G)运载,如图 7-4(b)所示。独立压力液货舱一般用于 LPG 船或 LNG 船上,如图 7-4(c)所示。

(a)整体重力液货舱　　　　(b)独立重力液货舱　　　　(c)独立压力液货舱

图 7-4　不同类型的液货舱

（四）按液货舱材料分

散装液体化学品船按液货舱材料不同可分为不锈钢化学品船、特殊涂层化学品船和橡胶衬里化学品船。

1.不锈钢化学品船

不锈钢化学品船是指其液货舱全部或部分采用不锈钢建造的船舶。不锈钢化学品船又分为部分不锈钢化学品船、纯不锈钢化学品船、复合不锈钢化学品船、带不锈钢甲板罐化学品船。有的船液货舱全部采用不锈钢;有的船中央舱采用不锈钢,边舱则采用软钢加涂层。目前新型化学品船液货舱所使用的多为奥氏体不锈钢,主要是因为其与大范围的货物性质相容。不锈钢依赖于其表面氧化铬膜的抗腐蚀性,该膜的厚度约为 0.000 001 mm。

2.特殊涂层化学品船

特殊涂层化学品船是指其液货舱表面采用涂层工艺处理的船舶。

货舱涂层的目的是便于货舱清洗及减少污染,并保证货舱与货物的相容性。不同类型的涂层与货物的相容性是有区别的,因此涂层有多种,常见的涂层有:

(1)硅酸锌涂层

该涂层的单层厚度为 75~100 μm,适用于芳香烃溶剂、卤代烃、醇、酮等,不耐酸碱和海水侵蚀。

(2)环氧树脂涂层

该涂层是用气密高压喷涂的方式在舱壁上涂 2~4 层,厚度为 250~300 μm,固化一周后即可使用,耐碱性较好,耐酸性较差,适用于动植物油脂、乙二醇、海水和碱液等。

(3)聚氨酯涂层

它是一种新型涂料,凡是环氧树脂和硅酸锌涂层适用的货物都可使用这种涂层。其特点是表面光滑、残渣不易沉积在舱壁上,便于清洗。这种涂层已开始代替环氧树脂涂层。

(4)酚醛树脂涂层

该涂层所用树脂以环氧酚醛树脂的性能为最优。该涂层可适用于大多数上述三种涂层适用的货物,还能适用于对环氧树脂和聚氨酯有侵蚀作用的强溶剂,使用越来越广泛,但是费用高。

3.橡胶衬里化学品船

橡胶衬里化学品船是指货舱采用耐磨、防腐以及耐高温的橡胶作为衬里层的船舶。丁腈橡胶、顺丁橡胶和氯丁橡胶耐酸性很好,能承受高腐蚀性的磷酸以及对软钢和不锈钢都有腐蚀性的盐酸,但是对其他氧化酸不适用,主要原因是橡胶氧化后容易破裂。橡胶衬里比其他涂层要厚,因此必须黏结牢固,并使表面平整。

(五)按所载货物种类分

散装液体化学品船按设计载货种类可分为专用化学品船、化学品/成品油船和多用途化学品船。

1.专用化学品船

该类船舶是指载运特定化学品的船舶,常用在专门航线上,如磷酸船、棕榈油船、硫黄船、沥青船等。

2.化学品/成品油船

该类船舶是指对特定的一些化学品与成品油、动植物油或糖浆等兼运的化学品船。

3.多用途化学品船

该类船舶通常设有几十个隔离液货舱,各隔离液货舱设有完全独立的液货装卸系统和液货保护系统,能够同时运输多种化学品。如第四代化学品船可以载运几十种甚至几百种化学品,且能同时载运十几种甚至几十种化学品。

二、散装液体化学品船的特点

散装液体化学品船具有不同于油船的特点:

(1)液体化学品种类繁多,运输批量少,因此散装液体化学品船通常具有许多较小的水密货舱。

(2)液体化学品多数为有毒、易燃、腐蚀性强的液体货物,因此舱壁多用耐腐蚀的不锈钢制成。

(3)货舱有透气系统和温度控制系统,有的还设有惰性气体保护系统。

(4)为防止船舶触碰后造成化学液体外溢而发生污染,货舱区域采用双壳体结构。

(5)液货舱用隔离舱与机舱、起居处所及饮用水舱等分隔开来。

(6)配载时,应将有毒物品装于中间一列货舱内,不可装在两舷侧的舱内,且液货的装卸需要用蒸汽带动泵来进行。

（7）货舱和泵舱布置有足够大的出入口，保证任何时候都能顺利通行。

第四节　散装液体化学品安全装运要求

一、散装液体化学品的排放控制要求

从 20 世纪 50 年代起，国际社会对海上散装运输有毒液体物质安全与防污染问题就给予了高度重视，并先后通过了多个规则，对防止船舶载运散装有毒液体物质污染起到了积极的作用。但由于当时有毒液体物质运输量还不是很大，各国在防止有毒液体物质污染的措施方面还存在严重分歧，因此，虽然一些措施得到广泛的采用，但相应规则并未实际生效。直到 1987 年 MARPOL 73/78 公约附则 II（控制散装有毒液体物质污染规则）强制生效后，船舶载运散装有毒液体物质防污染管理才真正走向成熟。我国关于船舶载运散装有毒液体物质的立法，基本援引了 MARPOL 73/78 公约附则 II 的要求。

（一）排放规定

（1）应禁止将 X、Y 或 Z 类物质或临时评定为此类物质的残余物或含有此类物质的压载水、洗舱水或其他混合物排放入海，除非此类排放完全符合附则 II 所含的适用操作要求。

（2）在根据附则 II 第 13 条进行的任何预洗或排放程序操作前，相关液货舱应根据程序和布置手册（Procedures and Arrangements Manual，P&A 手册）中所规定的程序最大限度地被排空。

（3）禁止装载附则 II 第 6 条述及的未经分类和临时评定的物质，或含有此类残余物的压载水、洗舱水或其他混合物，同时禁止将此类物质排放入海。

（二）排放标准

（1）如果附则 II 第 13 条规定允许将 X、Y 或 Z 类物质或临时评定为此类物质的残余物或含有此类物质的压载水、洗舱水或其他混合物排放入海，应符合下列排放标准：

①船舶在海上航行，自航船航速至少为 7 kn，或非自航船航速至少为 4 kn；

②在水线以下通过水下排放口进行排放，不超过水下排放口的最高设计速率；和

③排放时距最近陆地不少于 12 n mile，水深不少于 25 m。

（2）在 2007 年 1 月 1 日以前建造的船舶，对于将 Z 类物质或临时评定为此类物质的残余物或含有此类物质的压载水、洗舱水或其他混合物在水线以下排放入海并无强制规定。

（3）对 Z 类物质，主管机关可对仅在本国主权或所辖水域内航行的悬挂其国旗的船舶免除上述（1）中③关于排放时距最近陆地不少于 12 n mile 的要求。

此外，主管机关还可对在其邻近国家主权或所辖水域内航行的悬挂其国旗的特定船舶免除同样的排放时距最近陆地不少于 12 n mile 的要求。

（三）货物残余物的通风

经主管机关认可的通风程序可用以驱除舱内的货物残余物。此类程序应符合附则 II 附录 VII 通风程序的要求。驱除残余物后输进舱的任何水应被视为清洁水，并不应受附则 II 排放要

求的影响。

（四）预洗免除

如满足下列要求,接收方政府可根据船长要求,准予免除预洗:

(1)卸完货的货舱拟再装载相同物质或另一种与前者相容的物质,并且该货舱在装货前不予清洗或压载;

(2)卸完货的货舱在海上既没被清洗也没被压载,则可在另一港口进行预洗,但应有书面证明该港口有足够的接收设备;或

(3)货物残余物应通过经主管机关认可的通风程序予以清除。

（五）清洁剂或添加剂的使用

如使用其他介质,如矿物油或氯化溶剂替代水清洗货舱,则其排放应符合这种介质作为货物运输时适用的附则Ⅰ或附则Ⅱ的规定。使用这类介质的货舱清洗程序应包括在 P&A 手册中并经主管机关批准。

如为便于货舱清洗而在水中加入少量清洁添加剂(洗涤用品),则清洁剂中不能含有污染类别为 X 类的成分,除非这些成分易于生物降解,且在清洁剂中的浓度不超过 10%。除与之前所载货物的适用性外,清洁剂的使用没有其他限制。

（六）X 类物质残余物的排放

除上述排放规定外,下列规定应适用:

(1)已卸完 X 类物质的货舱,应在船舶离开卸货港之前预洗。洗舱水应排至接收设施,直至检查官通过取样分析确定残余物的质量浓度低于 0.1%。当浓度达到要求后,应将舱内剩余的洗舱水继续排入接收设施,直至该舱排空。这些作业应在货物记录簿内做相应记录,并由符合要求的检查官签字。

(2)参照上述排放标准,预洗后灌入舱内的任何水均可被排放入海。

(3)如果接收方的缔约国政府确信,当既要测量排出物中的物质浓度同时又不对船舶造成不当延误的方案不可行时,该缔约国可接受(1)中所要求浓度作为等效的替代措施,但应按主管机关批准的程序对液货舱进行预洗,并符合附则Ⅱ附录Ⅵ的要求;在货物记录簿中做相应记录,并由符合要求的检查员签署。

（七）Y 和 Z 类物质残余物的排放

(1)除上述排放规定外,下列规定应适用:

①关于 Y 或 Z 类物质残余物排放程序,排放标准应适用。

②如果 Y 或 Z 类物质未按 P&A 手册的要求进行卸载,在船舶离开卸货港口之前,应予以预洗,除非采取了使检查员满意的、从船上去除附则Ⅱ规定数量的货物残余物的其他措施。预洗后的洗舱水应被排放至卸货港口的接收设备或排放至有合适接收设备的另一港口,但应有书面确认该港口的接收设备足以用于该用途。

③关于 Y 类高黏度或固化物质,下列情况应适用:

a.附则Ⅱ附录Ⅵ中规定的预洗程序应适用;

b.预洗时产生的残余物/水混合物应被排放至接收设备,直至货舱排空;和

c.随后灌入舱内的任何水可按上述排放标准排放入海。

(2)对于压载和排压载的操作要求:

①卸货后及预洗后(如有要求),可用液货舱压载。这类压载水的排放程序在上述排放标

准中有明确规定。

②洗舱后再次装入压载水，其上次载运的物质浓度低于 1ppm 时，压载水可排放入海而不受排放速率、航速、排放口位置的限制，但是如船舶位于距最近陆地不小于 12 n mile，且水深不小于 25 m 的水域除外。当船舶按照附录Ⅵ进行了预洗，其后又用洗舱机进行了一个完整循环的清洗（对于 1994 年 7 月 1 日以前建造的船舶），或水量不少于 $k=1$ 的情况，则认为已达到所要求的清洁程度。

③附则Ⅱ的要求不适用于清洁或专用压载水的排放情况。

（八）南极区域排放

（1）南极区域是指南纬 60°以南的海域。

（2）禁止任何有毒液体物质或含有此类物质的混合物排放入南极区域。

二、散装液体化学品船应具有的文书

（一）程序和布置手册

核准装运 X、Y 或 Z 类物质的每艘船舶应备有经主管机关批准的程序和布置手册（P&A 手册）。该手册应有符合附则Ⅱ附录Ⅳ的标准格式。如果是国际航行船舶，其所使用语言既非英语、法语，也非西班牙语，则条文内容应包括其中一种语言的译文。

P&A 手册的主要目的是为船舶高级船员确定实际安排和所有有关操作程序，即为符合附则Ⅱ的要求而必须遵守的货物装卸、洗舱、污水处理及液货舱压载和排放程序。

P&A 手册连同船舶的货物记录簿以及在附则Ⅱ下签发的证书一起被主管机关用于控制目的，以确保船舶完全符合附则Ⅱ的要求。

船长应确保对含有 X、Y 或 Z 类物质的货物残余或残余物/水混合物不排放入海，除非这种排放完全符合 P&A 手册中所规定的操作程序。

P&A 手册一经主管机关批准，则在未征得主管机关事先同意的前提下，不允许对其中的任何部分做变动或修改。

P&A 手册包括附则Ⅱ的主要内容说明，船舶设备和布置的说明，卸货程序和扫舱，关于液货舱清洗、残余物排放、压载和排压载的程序，资料与程序等。

（二）货物记录簿

适用 MARPOL 73/78 公约附则Ⅱ的船舶，应备有一份货物记录簿。该记录簿不论是作为船舶航海日志的一部分，还是作为须经主管机关虑及 IMO 制定的导则批准的电子记录簿，或其他形式，均应按附则Ⅱ附录Ⅱ中规定的格式记录。

（1）在完成了附则Ⅱ附录Ⅱ中所述的任何操作后，均应将该操作立即记入货物记录簿。

（2）任何有毒液体物质或含有这种物质的混合物的意外排放，或发生附则Ⅱ中例外情况的排放时，均应记入货物记录簿，并说明这种排放的情况和理由。

（3）每项记录应由负责该项作业的高级船员签字以及每填完一页或每一组电子记录还应由船长签字。对持有 NLS 证书或《国际散装运输危险化学品适装证书》的船舶，货物记录簿的记录应至少为英文、法文或西班牙文中的一种。若同时使用船旗国的官方文字做记录，则在遇有争议或不相一致的情况时，应以船旗国官方文字记录为准。

（4）货物记录簿应存放于随时可以取来检查的地方，除了没有配备船员的被拖船舶外，均应存放在船上。货物记录簿在完成最后一次记录后应保存 3 年。

(5) 缔约国政府的主管机关可对适用于附则 Ⅱ 的任何船舶在港时上船检查货物记录簿,并可将该记录簿中的任何记录制成副本,也可要求船长证明该副本是该项记录的真实副本。凡经船长证明为船上货物记录簿中某项记录的真实副本者,将在任何法律诉讼中成为该项记录中所述事实的证据。主管当局根据本规定对货物记录簿的检查和制作正确无误的副本应尽速进行,而不对船舶造成不当延误。

(三) 船上有毒液体物质海洋污染应急计划

每艘 150 总吨及以上核准装载散装有毒液体物质的船舶,应备有主管机关批准的《船上有毒液体物质海洋污染应急计划》。

该应急计划应以 IMO 制定的指南为基础,并应以船长和高级船员的工作语言书写。其内容至少应包括:

(1) 由船长或其他负责人员报告有毒液体物质污染事故所遵循的程序;

(2) 在发生有毒液体物质污染事故时应与之联系的当局或人员名单;

(3) 在事故发生后由船上人员为减少或控制排除有毒液体物质所立即采取的措施的详细说明书;

(4) 在处理污染时与政府及地方当局协调船上行动的程序和联络点。

若适用,《船上有毒液体物质海洋污染应急计划》可与《船上油污应急计划》合并使用,标题改为《船上海洋污染应急计划》。

三、散装液体化学品安全运输最低要求一览表

最低要求一览表为 IBC 规则第 17 章的主要内容,主要包括具有安全危害性的货物、具有污染危害性的货物及同时具有安全危害性和污染危害性的货物,共 800 种。该表列出了货物所需化学品船舶构造和设备及安全装运的最低要求,如表 7-12 所示。

最低要求一览表共有 15 栏,依次为货品名称(a 栏)、联合国编号(b 栏)、污染类别(c 栏)、危害性(d 栏)、船型(e 栏)、液货舱类型(f 栏)、液货舱透气(g 栏)、液货舱环境控制(h 栏)、电气设备(i 栏)、测量(j 栏)、蒸气探测(k 栏)、防火(l 栏)、构造材料(m 栏)、应急设备(n 栏)及特殊和操作要求(o 栏),按照 IBC 规则,b 栏和 m 栏已被删除。每一栏要求的解释见表 7-13。

此外,对于仅有污染危害的有毒液体物质的混合物如按 MARPOL 73/78 公约附则 Ⅱ 第 6.3 条的要求进行过评估或临时评估,适用于第 17 章"有毒液体物质,未另列明的"条目,则可按照 IBC 规则的相关要求进行载运。

表 7-12　最低要求一览表（部分）

No.	a	c	d	e	f	g	h	i'	i''	i'''	j	k	l	n	o
720	三甲苯(所有异构体) Trimethylbenzene (all isomers)	X	P	2	2G	Cont	No	T1	IIA	No	R	F	A	No	15.19.6
721	丙氧化三羟甲基丙烷 Trimethylol propane propoxylated	Z	S/P	3	2G	Open	No	—	—	Yes	O	No	ABC	No	
722	2,2,4-三甲基-1,3-戊二醇二异丁酸酯 2,2,4-Trimethyl-1,3-pentanedioldiisobutyrate	Z	P	3	2G	Open	No			Yes	O	No	AB	No	
723	2,2,4-三甲基-1,3-戊二醇-1-异丁酸酯 2,2,4-Trimethyl-1,3-pentanediol-1-isobutyrate	Y	P	2	2G	Open	No			Yes	O	No	A	No	15.19.6
724	1,3,5-三噁烷 1,3,5-Trioxane	Y	S/P	3	2G	Cont	No	T2	IIB	No	R	F	AD	No	15.19.6, 16.2.9
725	三聚丙烯二醇 Tripropylene glycol	Z	P	3	2G	Open	No			Yes	O	No	A	No	
726	磷酸三酯 Trixylyl phosphate	X	P	2	2G	Open	No			Yes	O	No	A	No	15.19.6, 16.2.6
727	桐油 Tung oil	Y	S/P	2(k)	2G	Open	No	—	—	Yes	O	No	ABC	No	15.19.6, 16.2.6, 16.2.9
728	松节油 Turpentine	X	P	2	2G	Cont	No	T1	IIA	No	R	F	A	No	15.19.6
729	十一烷酸 Undecanoic acid	Y	P	2	2G	Open	No			Yes	O	No	A	No	16.2.6, 16.2.9
730	1-十一碳烯 1-Undecene	X	P	2	2G	Open	No			Yes	O	No	A	No	15.19.6
731	十一醇 Undecyl alcohol	X	P	2	2G	Open	No			Yes	O	No	A	No	15.19.6, 16.2.9
732	尿素/硝酸铵溶液 Urea/Ammonium nitrate solution	Z	P	3	2G	Open	No			Yes	O	No	A	No	

表 7-13 关于最低要求一览表的注释

货品名称 （a 栏）	对任何托运的散货,在运输单证中应使用货品名称。任何其他名称可以放在货品名称后的括号内。某些货品名称可能与本规则以前版本中所列的名称不一致
联合国编号 （b 栏）	已删除
污染类别 （c 栏）	字母 X、Y 或 Z 系指按 MARPOL 73/78 公约附则 II 所确定的每一货品的污染类别
危害性 （d 栏）	"S"系指本规则所包括的具有安全危害性的货品;"P"系指本规则所包括的具有污染危害的货品;"S/P"系指本规则所包括的同时具有安全危害性又具有污染危害性的货品
船型 （e 栏）	1:1 型船舶(第 2.1.2.1); 2:2 型船舶(第 2.1.2.2); 3:3 型船舶(第 2.1.2.3)
液货舱类型 （f 栏）	1:独立液货舱(第 4.1.1); 2:整体液货舱(第 4.1.2); G:重力液货舱(第 4.1.3); P:压力液货舱(第 4.1.4)
液货舱透气 （g 栏）	Cont:控制式透气; Open:开放式透气
液货舱 环境控制 （h 栏）	Inert:惰化(第 9.1.2.1); Pad:液体垫或气体垫(第 9.1.2.2); Dry:干燥(第 9.1.2.3); Vent:自然或强制通风(第 9.1.2.4); No:根据本规则无特殊要求
电气设备 （i 栏）	温度等级(i′)　　T1 至 T6: 　　　　　　　　—表示无要求; 　　　　　　　　空白 无资料。 设备分类(i″)　　IIA、IIB 或 IIC: 　　　　　　　　—表示无要求; 　　　　　　　　空白 无资料。 闪点(i‴)　　　　Yes:闪点超过 60 ℃(第 10.1.6); 　　　　　　　　No:闪点不超过 60 ℃(第 10.1.6); 　　　　　　　　NF:非易燃货品(第 10.1.6)

续表

测量 （j 栏）	O：开放式测量（第 13.1.1.1）； R：限制式测量（第 13.1.1.2）； C：封闭式测量（第 13.1.1.3）
蒸气探测 （k 栏）	F：易燃蒸气； T：有毒蒸气； No：本规则无特殊要求
防火 （l 栏）	A：抗乙醇泡沫或多用途泡沫； B：普通泡沫；包括所有非抗乙醇型的泡沫，其中包括氟化蛋白质和水膜泡沫（AFFF）； C：水雾； D：化学干粉； No：本规则无特殊要求
构造材料 （m 栏）	已删除
应急设备 （n 栏）	Yes：见第 14.3.1； No：本规则无特殊要求
特殊和操 作性要求 （o 栏）	当在 IBC 规则第 15 章和/或第 16 章中特别提及时，这些要求须增加到其他栏目的要求中

对于电气设备（i 栏），如果货物的闪点≤60 ℃或者受热至闪点的 15 ℃以内，则要求的电气设备根据以下标准确定，否则，在 i′和 i″栏中填入"—"。

（1）i′栏——温度等级

T1：自燃温度≥450 ℃；

T2：自燃温度≥300 ℃但<450 ℃；

T3：自燃温度≥200 ℃但<300 ℃；

T4：自燃温度≥135 ℃但<200 ℃；

T5：自燃温度≥100 ℃但<135 ℃；

T6：自燃温度≥85 ℃但<100 ℃。

（2）i″栏——设备分类

对于气体和蒸气，只要符合以下情况，仅确定最大试验安全间隙（MESG）或最低点火电流（MIC）其中之一即可：

ⅡA 组：MESG>0.90 mm 或 MIC 比例>0.80；

ⅡB 组：MESG>0.50 mm 且≤0.90 mm；或者 MIC 比例>0.50 且≤0.80；

ⅡC 组：MESG≤0.50 mm 或 MIC 比例≤0.45。

（3）i‴栏——闪点

闪点>60 ℃：是；

闪点≤60 ℃：否；

非易燃货物：NF。

四、散装液体化学品添加剂/抑制剂

(1)添加剂/抑制剂的使用目的：

IBC 规则第 17 章危险货物一览表"o"栏内列出的某些货物，按其具有的化学性质，在某些温度暴露于空气或与催化剂接触的条件下，可能会发生聚合、分解、氧化或其他的化学反应，导致危险的发生。为了保证这些货物的安全运输，可在液体货物中加入少量化学添加剂或通过控制液货舱的环境来减缓这种趋向。

如苯乙烯(单体)，该货物在常温常压下是一种无色、油状的易燃液体。作为苯的一种衍生物，每个苯分子都带有一个不饱和的乙烯基，从而有发生聚合反应的趋势。在运输和储存中一旦发生苯乙烯的适量聚合反应，不但造成货物的品质下降，还可能因放热而发生危险。所以，在交付运输前应适时适量添加抑制剂，以满足货物"稳定"的条件。

(2)设计要求：

载运这些货物的船舶在设计时，应考虑在液货舱和货物装卸系统内排除任何结构材料或污染物对货物起催化作用或破坏抑制剂的可能性。

(3)证书内容：

为了确保这些货物在整个航行期间能受到保护，防止其发生有害的化学反应，载运这种货物的船舶应备有制造厂提供的保护证书，并在航行期间将其存放在船上，该证书应注明：

①所用添加剂的名称和数量；

②添加剂是否依赖氧气；

③添加剂加入的日期及有效期；

④确保添加剂有效期的任何温度界限；和

⑤航行期超过添加剂有效期时应采取的措施。

(4)当载运含有需氧型抑制剂的货品的要求：

①对于 SOLAS 74 公约相关条款要求惰化的船舶，不应在装货前或航行中使用惰性气体，而应在开始卸货前使用惰性气体。

②对于不适用于 SOLAS 74 公约相关条款要求的船舶，则可以在无惰化的情况下(容积不大于 3 000 m³ 的液货舱)载运货品。如果在此类船舶上进行了惰化，不应在装货前或航行途中使用惰性气体，而应在开始卸货前使用惰性气体。

(5)透气系统的设计应考虑该系统能消除由于化学聚合物增多而造成的阻塞，透气设备的型式应能定期检查是否具有足够的使用性能。

(6)对于通常在熔化状态下载运的货物，其结晶或凝固可能会导致液货舱中部分货物的抑制剂消耗。随后的重新熔化可能产生无抑制液体的积囊，进而出现聚合的危险。为防止这种现象发生，应采取措施保证货物在任何时候和在液货舱的任何部分都不会产生全部或局部的结晶或凝固。

任何所需的加热装置应能保证不使液货舱内任何部分的货物被过分加热至可能产生危险聚合反应的程度。若蒸汽盘管温度可能导致货物被过分加热，应使用间接的低温加热系统。

五、我国内河运输散装液体化学品的相关要求

（一）危险化学品安全管理条例

（1）第54条：禁止通过内河封闭水域运输剧毒化学品以及国家规定禁止通过内河运输的其他危险化学品。

前款规定以外的内河水域，禁止运输国家规定禁止通过内河运输的剧毒化学品以及其他危险化学品。

禁止通过内河运输的剧毒化学品以及其他危险化学品的范围，由国务院交通运输主管部门会同国务院环境保护主管部门、工业和信息化主管部门、安全生产监督管理部门，根据危险化学品的危险特性、危险化学品对人体和水环境的危害程度以及消除危害后果的难易程度等因素规定并公布。

（2）第55条：国务院交通运输主管部门应当根据危险化学品的危险特性，对通过内河运输本条例第54条规定以外的危险化学品（以下简称通过内河运输危险化学品）实行分类管理，对各类危险化学品的运输方式、包装规范和安全防护措施等分别做出规定并监督实施。

（3）第56条：通过内河运输危险化学品，应当由依法取得危险货物水路运输许可的水路运输企业承运，其他单位和个人不得承运。托运人应当委托依法取得危险货物水路运输许可的水路运输企业承运，不得委托其他单位和个人承运。

（4）第57条：通过内河运输危险化学品，应当使用依法取得危险货物适装证书的运输船舶。水路运输企业应当针对所运输的危险化学品的危险特性，制定运输船舶危险化学品事故应急救援预案，并为运输船舶配备充足、有效的应急救援器材和设备。

通过内河运输危险化学品的船舶，其所有人或者经营人应当取得船舶污染损害责任保险证书或者财务担保证明。船舶污染损害责任保险证书或者财务担保证明的副本应当随船携带。

（5）第58条：通过内河运输危险化学品，危险化学品包装物的材质、型式、强度以及包装方法应当符合水路运输危险化学品包装规范的要求。国务院交通运输主管部门对单船运输的危险化学品数量有限制性规定的，承运人应当按照规定安排运输数量。

（6）第59条：用于危险化学品运输作业的内河码头、泊位应当符合国家有关安全规范，与饮用水取水口保持国家规定的距离。有关管理单位应当制定码头、泊位危险化学品事故应急预案，并为码头、泊位配备充足、有效的应急救援器材和设备。

用于危险化学品运输作业的内河码头、泊位，经交通运输主管部门按照国家有关规定验收合格后方可投入使用。

（7）第60条：船舶载运危险化学品进出内河港口，应当将危险化学品的名称、危险特性、包装以及进出港时间等事项，事先报告海事管理机构。海事管理机构接到报告后，应当在国务院交通运输主管部门规定的时间内做出是否同意的决定，通知报告人，同时通报港口行政管理部门。定船舶、定航线、定货种的船舶可以定期报告。

在内河港口内进行危险化学品的装卸、过驳作业，应当将危险化学品的名称，危险特性，包装和作业的时间、地点等事项报告港口行政管理部门。港口行政管理部门接到报告后，应当在国务院交通运输主管部门规定的时间内做出是否同意的决定，通知报告人，同时通报海事管理机构。

载运危险化学品的船舶在内河航行,通过过船建筑物的,应当提前向交通运输主管部门申报,并接受交通运输主管部门的管理。

(8)第61条:载运危险化学品的船舶在内河航行、装卸或者停泊,应当悬挂专用的警示标志,按照规定显示专用信号。

载运危险化学品的船舶在内河航行,按照国务院交通运输主管部门的规定需要引航的,应当申请引航。

(9)第62条:载运危险化学品的船舶在内河航行,应当遵守法律、行政法规和国家其他有关饮用水水源保护的规定。内河航道发展规划应当与依法经批准的饮用水水源保护区划定方案相协调。

(10)第63条:托运危险化学品的,托运人应当向承运人说明所托运的危险化学品的种类、数量、危险特性以及发生危险情况的应急处置措施,并按照国家有关规定对所托运的危险化学品妥善包装,在外包装上设置相应的标志。

运输危险化学品需要添加抑制剂或者稳定剂的,托运人应当添加,并将有关情况告知承运人。

(二)内河禁运危险化学品目录

《内河禁运危险化学品目录(2019 版)》共禁运 313 个品种。其中,全面禁运 228 个,禁止散装运输 85 个。

(三)船舶载运危险货物安全监督管理规定

第37条:载运散装液体危险货物的内河船舶卸货完毕后,应当在具备洗舱条件的码头、专用锚地、洗舱站点等对货物处所进行清洗,洗舱水应当交付港口接收设施、船舶污染物接收单位或者专业接收单位接收处理。

载运散装液体危险货物的内河船舶,有以下情形之一的,可以免于前款规定的清洗:

(1)船舶拟装载的货物与卸载的货物一致;

(2)船舶拟装载的货物与卸载的货物相容,经拟装载货物的所有人同意;

(3)已经实施海事管理机构确认的可替代清洗的通风程序。

卸货港口没有接收能力,船舶取得下一港口的接收洗舱水书面同意,可以在下一港口清洗,并及时报告海事管理机构。

六、典型散装液体化学品运输的特殊要求

(一)硝酸铵溶液(93%或以下)

硝酸铵溶液按重量计至少含水 7%。该溶液在按重量以 10 份水兑 1 份溶液进行稀释时,酸碱度(pH)应在 5.0~7.0。该溶液中所含的氯离子和铁离子均不应超过 10ppm,并不得含有其他杂质。

运输特殊要求包括:

(1)用于装载硝酸铵溶液的液货舱和设备应独立于装载其他货物或易燃货品的液货舱和设备。不得使用那些在使用中或在发生故障时会将可燃物(如润滑油)释放至货物中的设备。液货舱不得用于海水压载。

(2)除非主管机关明确表示同意,不得在以前装过其他货物的液货舱内装运硝酸铵溶液,

但能将液货舱及其相关设备清洗至主管机关满意者除外。

（3）液货舱加热系统中，热交换媒介的温度不得超过 160 ℃。该加热系统应设有控制装置，使散装货物的平均温度保持在 140 ℃。应设有能在 145 ℃ 和 150 ℃ 时发出警报的高温警报装置及在 125 ℃ 时发出警报的低温警报装置。当热交换媒介的温度超过 160 ℃ 时，也应发出警报。温度警报及控制应位于驾驶室内。

（4）如果散装货物的平均温度达到 145 ℃，则应对货物取样，按重量以 10 份蒸馏水或软水兑 1 份货物进行稀释，使用具有精确测量范围的试纸或试棒确定其 pH 值。酸度测量应每隔 24 h 进行一次。如果 pH 值低于 4.2，则应将氨气注入货物，直至 pH 值达到 5.0。

（5）应设有能将氨气注入货物的固定装置。该系统的控制器应位于驾驶室内。为此目的，船上每 1 000 t 硝酸铵溶液应备有 300 kg 氨气。

（6）货泵应为离心式深井泵或水密封式离心泵。

（7）气管上应设有经认可的风雨帽盖，以防阻塞。此种帽盖应能易于接近进行检查和清洗。

（8）凡是与硝酸铵溶液接触过的液货舱、管系和设备，只有在彻底清除其内外的所有硝酸铵的痕迹后，方可进行热工作业。

（二）二硫化碳

1.在水垫下载运

在装载、卸载和驳运期间，应采取措施保持液货舱内有一层水垫。此外，在驳运期间应保持液货舱液面以上的空间有一层惰性气体垫。

所有开口应位于液货舱顶部甲板以上，装载管路的端头应接近液货舱底部，配备标准的液面测量孔以便用于应急测量。货物管路和透气管路应独立于其他货物的管路和透气管路。

可用深井泵或液压驱动的可潜泵卸货。深井泵的驱动装置不应产生能点燃二硫化碳的着火源，并且不得采用温度可能超过 80 ℃ 的设备。如果采用卸货泵，则应把它放入一个从舱顶伸到接近舱底的圆柱形井内。在准备把泵取出之前，井内应形成一层水垫，除非能证明该液货舱已无气体。如果货物系统是按预计压力和温度设计的，则可以用水或惰性气体置换进行卸货。

安全释放阀应使用不锈钢制造。

由于二硫化碳的低着火温度和需用较小的间隙阻止其火焰传播，在危险位置只允许设置自身安全的系统和电路。

2.在适当的惰性气体垫下载运

二硫化碳应装载于设计压力不小于 0.06 MPa 表压的独立液货舱中，所有开口都应位于液货舱顶部甲板之上。用于围护系统的垫圈，应为不会与二硫化碳发生反应或溶解于二硫化碳的材料，在包括蒸汽管路在内的货物围护系统中，不允许使用螺纹接口。

装载之前，在液货舱内注入适当的惰性气体直到氧气水平按体积为 2% 或以下。装载、运输、卸载过程中，应使用适当的惰性气体自动保持液货舱的正压力。系统应能够将该正压力保持在 0.01～0.02 MPa，能够遥控监视并应装有高压/低压警报。

应对装有二硫化碳的独立液货舱周围的货舱处所注入适当的惰性气体，直到氧气水平为 2% 或以下。在整个航程内应具有保持这种条件的措施。还应具有措施能够取样检查这些处所的二硫化碳蒸气。

装载、运输和卸载二硫化碳应防止其向空气中透气。如果二硫化碳蒸气在装载时被输送回岸上或在卸载时被输送回船上,则蒸气回流系统应独立于其他所有围护系统。只能使用浸没的深井泵或适当的惰性气体置换卸载二硫化碳。浸没的深井泵应防止泵内热量的升高。泵壳上还应装有温度传感器,其遥控读数器和警报器装在货物控制室内。警报器应设定在80 ℃。货泵还应设有自动关闭装置,卸载时货舱压力如果低于大气压力则自动关闭。

系统内含有二硫化碳时不允许空气进入液货舱、货泵或管路中。在装载或卸载二硫化碳的过程中不允许进行其他货物装卸、货舱清洗或减压载。

船上设置具有足够容量的水雾灭火系统,以有效地覆盖设有装载支管的周围区域、露天甲板上与货品装卸有关的管路和液货舱顶部。对管路和喷嘴的布置应能以喷洒率 10 L/m²/min 均匀喷洒。应将遥控手动操作装置设在货物区域外、邻近居住处所的合适位置,以便在受保护区域发生火灾时能遥控启动水雾系统的供水泵,遥控操作该系统中所有通常关闭的阀门。应能对该水雾系统进行就地和远距离的人工操作,而且应将其布置成能把任何泄漏的货物冲洗掉。此外,在大气温度许可时,应将加压的供水软管与喷嘴相连接,以便在进行装卸作业时可以立即使用。

可以在无须打开液货舱或不扰动惰性气体层的情况下测量和取样检查货品。

船舶只有按照主管机关批准的货物装卸计划才可运输货物。货物装卸计划应标明整个货物管系。船上应保存一份经认可的货物装卸计划的副本,对《国际散装运输危险化学品适装证书》的签注应包括提及经批准的货物装卸计划。

(三)二乙醚

除非已被惰化,否则在船舶航行时,对液货舱周围的留空处所应进行自然通风。如果设有机械通风系统,所有鼓风机应为无火花型结构。不得将机械通风设备置于液货舱周围的留空处所内。

对于重力液货舱,其压力释放阀的调定值不得小于 0.02 MPa 表压。

如果货物系统是按预计压力设计的,则可用惰性气体置换进行压力舱卸货。

为防止发生火灾,应在货物区域内采取措施避免产生任何着火源或热量。

可以用泵卸货,但这种泵的设计型式应不会对泵轴的密封压盖产生液体压力,或采用适于该种货物的液压操作的可潜泵。

液货舱在装载、卸载和驳运时,应采取措施以使舱内保持惰性气体垫。

(四)过氧化氢溶液

1.按质量计 60%以上但不超过 70%的过氧化氢溶液

只能用专用船舶载运按质量计 60%以上但不超过 70%的过氧化氢溶液,该船不得载运其他货物,只允许载运那些在 25 ℃时的年最大分解率为 1%的过氧化氢溶液。托运人用以说明货品符合这一标准的证书应送交船长并将被存放在船上。制造商应派技术代表上船监察驳运操作。技术代表应具有测试过氧化物稳定性的能力,并应向船长证明,货物是在稳定状况下被装载的。

运输该货物的船舶应该满足以下条件:

(1)液货舱及相关设备应采用纯铝(99.5%)或全不锈钢(304L、316、316L 或 316Ti)制造,并按认可的程序钝化。甲板上的管路不得用铝制造。所有非金属材料制造的围护系统应不能与过氧化氢起化学反应,也不能有助于过氧化氢的分解。

（2）泵舱不应使用驳运货物作业。

（3）液货舱应与隔离舱与燃油舱或与含有易燃或可燃材料的其他处所隔开。

（4）拟载运过氧化氢的液货舱不得用海水压载。

（5）液货舱的顶部和底部应设置温度传感器。驾驶室内应设有温度遥测读数器及连续监测器。如果液货舱内温度超过 35 ℃，则在驾驶室内应发出声光报警。

（6）邻接液货舱的留空处所内应设有固定式氧气监测器（或气体取样管路），以探测是否有货物泄漏到这些处所。驾驶室内也应设有此遥测读数器、连续监测器（如果采用气体取样管路，则可同意采用间歇取样）以及类似用于温度传感器的声光报警装置。如果这些留空处所内氧气浓度超过30%（按容积计），则应发出声光警报。应配备两个随时可用的便携式氧气探测仪作为备用装置。

（7）液货舱的透气系统应具有用于正常控制透气的压力/真空释放阀和用于应急透气的安全隔断薄膜或类似装置，以防因无法控制货物分解而导致液货舱压力迅速升高。安全隔断薄膜的尺寸应根据液货舱的设计压力、液货舱的尺寸和预计的货物分解率来确定。

（8）应设置固定式喷水系统，以便稀释并洗掉溢流在甲板上的任何浓度的过氧化氢溶液。

2.按质量计 8%以上但不超过 60%的过氧化氢溶液

过氧化氢应在彻底有效地清除了以前所装货物的痕迹及货物蒸气或压载水的液货舱内载运。液货舱的检验、清洗、钝化和装载的程序应符合第 MSC/Circ.394 号通函的要求，表明已遵循通函中规定程序的证书应存放在船上。对于国内短途航行的船舶，主管机关可免除其钝化要求。为确保安全载运过氧化氢，还应特别注意下列关键性要求：

（1）载运过氧化氢时不得同时装运其他货品；

（2）对于装运过过氧化氢的液货舱，按第 MSC/Circ.394 号通函规定的程序进行清洗后可用于装运其他货物；

（3）设计液货舱时应考虑尽量减少舱内构件、舱底自由排放、卸空后舱内无液货存留以及易于进行外观检查。

只有那些在 25 ℃时年最大分解率为 1%的过氧化氢溶液才允许被装运，且托运人用以说明货品符合这一标准的证书应送交船长并被存放在船上。制造商应派技术代表上船监督驳运操作。技术代表应具有测试过氧化物稳定性的能力，并应向船长证明，货物是在稳定状况下被装载的。

在进行过氧化氢驳运作业时，应将与驳运有关的管系与所有其他管系分隔开。在用于驳运过氧化氢的货物软管上应标明"过氧化氢驳运专用"。

3.装载过其他货物的液货舱载运 8%~60%过氧化氢溶液或在载运过氧化氢之后装载其他货物的检查、清洗、钝化和装载程序

装载过除过氧化氢以外货物的液货舱，在重新用于运输过氧化氢之前，应经过检查、清洗、钝化。

（1）清洗

以前装载的货物卸载后，应保证液货的舱使用安全，并检查其是否有残余物、水锈和铁锈。

使用经过滤的清水清洗液货舱及相关设备，所使用的水应至少符合含氯量低的饮用水的要求。使用蒸汽清洗液货舱及相关设备，清除以前装载货品的残余物和蒸气。再次使用清水（要求如上）清洗液货舱及设备，并用经过滤的不含油的气体风干。对液货舱的空气进行取

样,检查其是否含有有机蒸气及氧气浓缩物。

再次通过目测检查液货舱是否还有以前所载货物的残余物、水锈、铁锈以及以前所载货物的味道。如检查或测量发现有以前所载货品的残余物或其蒸气,应重复上述清洗。

（2）钝化

①用不锈钢建造的液货舱及设备,如果曾装载过氧化氢之外的货物或经过检修,无论其以前是否经过钝化,应按照以下程序进行清洗和钝化:

a.新的焊接管和其他检修零件使用不锈钢丝刷、凿子、砂纸或皮革清洁和抛光。磨平粗糙表面,最后还要擦光。

b.油脂或油类残余物应使用适当的有机溶剂或清洁剂水溶液去除。不得使用含氯化合物的清洁剂,因为它们会严重影响钝化。

c.应去除脱脂剂的残余物,然后用水清洗。

d.应使用酸(如硝酸和氢氟酸的混合物)去除水锈和铁锈,再用清水清洗。

e.所有与过氧化氢发生接触的金属表面应使用质量浓度为 10%～35% 的硝酸进行钝化。所用硝酸不得含有重金属、其他氧化剂或氟化氢。钝化过程应视酸的浓度、环境温度及其他因素持续 8～24 h。在此过程中,应保证所需钝化的表面与硝酸的持续接触。如所需钝化表面的面积过大,可再循环使用酸。钝化过程中可能产生氢气,导致液货舱内存在爆炸气体,因此还需采取适当措施避免爆炸气体的积累和点燃。

f.钝化之后,表面应用经过滤的清水彻底清洗。清洗过程应持续到注入水与流出水的 pH 值相同为止。

g.按以上步骤处理的表面首次接触过氧化氢时可能引起一些分解。这种分解在短时间内可以消除(通常需 2～3 天),因此建议再用过氧化氢清洗至少 2 天。

h.在此过程中只能使用过氧化氢生产者建议使用的脱脂剂及酸性清洁剂。

②铝质的液货舱及设备,如果曾装载过氧化氢之外的货物或经过检修,应进行清洗和钝化,以下为建议采取的程序的示范:

a.液货舱应使用磺化清洁剂的热水溶液清洗,随后用清水清洗。

b.表面应使用质量浓度为 7% 的氢氧化钠溶液处理 15～20 min,或使用浓度较低的溶液处理更长时间(如用 0.4%～0.5% 的氢氧化钠溶液处理 12 h)。为防止使用较高浓度氢氧化钠溶液时对液货舱底部造成过度腐蚀,应不断注入清水,稀释聚集在液货舱底部的氢氧化钠溶液。

c.液货舱应使用清洁的过滤水彻底清洗。清洗之后应尽快使用质量浓度为 30%～35% 的硝酸对其表面进行钝化。钝化过程应持续 16～24 h,在此过程中应保持钝化表面与硝酸的持续接触。

d.钝化之后,表面应用清洁的过滤水彻底清洗。清洗过程应持续到流出水与注入水的 pH 值相同时为止。

e.应进行目测检查,以确保所有表面都已经过处理。建议使用质量浓度约为 3% 的过氧化氢稀释溶液再次冲洗至少 24 h。

（3）装载

确定装载的过氧化氢溶液的浓度和稳定性。装载过氧化氢时,应不断从适当的开口目测检查液货舱的内部。如发现严重起泡现象且在完成装载之后 15 min 内不消失,卸载液货舱里所有货品并以环保的方式进行处理,液货舱及设备应按照上述程序再次钝化。

再次确定过氧化氢溶液的浓度和稳性。如果取得的各项指标均在上述钝化误差范围内,则可认为液货舱已完成适当钝化可以装载。

清洗工作应在船长或托运人监督下进行。钝化及装载工作应在过氧化氢制造商所派代表或熟悉过氧化氢相关安全属性的人员的现场监督和负责之下进行。

（4）曾装载过氧化氢溶液的液货舱用于载运其他货品

尽可能排净液货舱和设备里的过氧化氢残余物,液货舱及设备应用清水冲洗,随后用清水彻底清洗。液货舱内部应晾干并检查其是否有残余物。

特别警告:过氧化氢分解可能增加空气中的氧气含量,必须采取适当的预防措施;在钝化过程中可能产生氢气,导致液货舱中出现爆炸气体,因此还应采取适当的措施避免爆炸气体的积累和点燃。

（五）发动机燃油抗爆化合物（含有烷基铅）

用于装载这些货物的液货舱不得被用于运输任何其他货物,但用于装载炼制发动机燃油的含有烷基铅的抗爆化合物的液货舱除外。如果货泵舱位于甲板平面上,通风系统的排气导管距通向起居处所、工作区域或其他类似处所的开口及通风系统的进口至少应为 10 m,并应至少高出液货舱甲板 4 m。通风系统的最小能力应为按该处所的总容积至少每小时换气45 次。

非经主管机关批准,不得进入用于运输这些货物的液货舱。在允许人员进入货泵舱或液货舱周围留空处所之前,应对其进行空气分析,以测定其含铅量是否合格。

（六）磷（黄磷或白磷）

无论何时,对磷进行装载、运输和卸载都必须使其处于最小深度为 760 mm 的水垫之下。在卸载作业期间,应做出安排以确保水能占据已卸去的磷的体积。装载磷的液货舱排出的水,只能被输回到岸上的装置。

按设计的装载条件,并考虑磷所处的深度、相对密度和装卸方法,液货舱的设计和试验至少能使液货舱能承受高出舱顶2.4 m 的水头。液货舱的设计应尽量减少液体磷与其水垫之间的交界面积。在水垫上面至少应保持1%舱容的空间,在这些空间内充以惰性气体,或用两个具有通风帽的不同高度竖管对其进行自然通风,竖管至少高出甲板 6 m,至少高出泵室顶 2 m。

液货舱的所有开口都应位于舱的顶部,用于制造开口的附件和连接件的材料均应为能抵御五氧化二磷的材料。

应在温度不超过 60 ℃的条件下装载磷。液货舱的加热装置应位于液货舱外,并应备有合适的温度控制方法以确保磷的温度不超过 60 ℃。应装设高温警报器。

在液货舱周围的所有留空处所内,均应设有主管机关接受的水淋系统。当发生磷溢出的情况时,该系统能自动运转。在留空处所配备有效的机械通风装置,在遇到紧急情况时应能迅速将其关闭。

在装卸磷时,应由船上中央系统予以控制,该系统除有高液位警报器外,还应能保证液货舱不会溢流,而且遇紧急情况时,能在船上或岸上迅速停止装卸作业。在货物驳运中,应将甲板上的水龙带与水源连接,并保持在整个作业中有水流通,以保证能够立刻用水洗去任何溢漏的磷。

（七）环氧丙烷或环氧乙烷含量（按质量）不超过 30% 的环氧乙烷/环氧丙烷混合物

运输的该货物中不应含有乙炔,除非液货舱已被适当清洗,凡以前三个航次中有一个航次曾装过已知能产生催化聚合作用的货物的液货舱,不得装运这些货物。已知能产生催化聚合作用的货物有无机酸(如硫酸、盐酸、硝酸)、羧酸和酐(如甲酸、醋酸)、卤化羧酸(如氯醋酸)、磺酸(如苯磺酸)、苛性碱(如氢氧化钠、氢氧化钾)、氨及氨溶液、胺及胺溶液、氧化物质。

在装载前,应对液货舱进行彻底和有效的清洗,以便清除液货舱及其管路内以前所装货物的所有痕迹,但前一次所装货物是环氧丙烷或环氧乙烷/环氧丙烷混合物者除外。在用非不锈钢建造的钢质液货舱内装载氨时,应予以特别注意。

在任何情况下,应以适当的试验或检查对液货舱及其管路的清洁程序的有效性进行检查,以确定其不存在酸或碱的物质痕迹,这些物质的存在可能会导致危险情况的产生。

在液货舱首次装载这些货物之前,每次均应进入液货舱并进行检查,确保不存在污迹、大量的铁锈沉淀物和明显的结构缺陷。如果液货舱连续载运这些货物,则此种检查的间隔期应不超过2年。装运这些货物的液货舱应为钢或不锈钢结构。在对装运这些货物的液货舱及其附属管路系统进行彻底清洗或驱气以后方可装运其他货物。

用于装有这些货物的液货舱的围护系统应设有由阀门控制的蒸气回路接头。在装卸这些货物时,不能使液货舱与大气相通。如果在液货舱装载期间将蒸气输回到岸上的装置,连接到该货物围护系统的蒸气回路系统与所有其他围护系统分开。在卸货作业期间,液货舱的压力必须保持在0.007 MPa表压以上。只能使用深井泵、液压操作的可潜泵或惰性气体置换法卸货。每一货泵的布置应确保在泵的排出管路被关闭或阻塞时不致使货物大量生热。

载运这些货物的液货舱的透气管应独立于载运其他货物的液货舱的透气管。应配备无须向大气开口而能对货舱进行取样的设施。载运这些货物的液货舱的透气管应独立于载运其他货物的液货舱的透气管。应配备无须向大气开口而能对货舱进行取样的设施。用于驳运这些货物的货物软管上应标明"驳运烯化氧专用"。

船舶只有按照主管机关批准的货物装卸计划才可运输这些货物。所拟定的每种装载布置应显示在单独的货物装卸计划中。货物装卸计划应显示整个货物管系和为符合上述管系分隔要求需安装的盲板法兰的位置。船上应保存1份经认可的货物装卸计划的副本。应对《国际散装运输危险化学品适装证书》予以签注,包括提及经批准的货物装卸计划。

(八)氯酸钠溶液(质量浓度为50%或以下)

对于装过本货物的液货舱及其附属设备,只有经过彻底的清洗或驱气后,才能装运其他货物。一旦发生泄漏应立即将所有泄漏的液体彻底冲洗掉,不得延误。为使火灾危险降至最低,不允许使泄漏物干透。

(九)硫(熔化的)

应对液货舱提供通风,以便在所有载运条件下均能保持液货舱内的整个蒸气空间中的硫化氢浓度低于其爆炸下限的一半(即按体积低于1.85%)。如果使用机械通风系统保持液货舱内的低气体浓度,应设有一个警报系统以便在系统失效时发出警报。通风系统的设计和布置应防止硫在该系统内积存。

通向邻接液货舱的留空处所开口的设计和安装应能防止水、硫或货物蒸气进入该留空处所。设置能对留空处所内的蒸气进行取样和分析的接头以及货物温度控制装置,以确保硫的温度不超过155 ℃。

硫(熔融的)的闪点超过60 ℃;且对释放的气体而言,电气设备应被认证是安全的。

（十）酸类

主管机关可以考虑关于采用抗腐蚀材料作为钢质液货舱和有关的管系衬里的建议。衬里的弹性应不低于其支承周界板的弹性。除非完全采用抗腐蚀材料建造或舱内装有经认可的衬里,确定舱壁厚度时还应考虑其受货物腐蚀的影响。

装卸支管的连接法兰应设有防护罩,以防货物喷出,该防护罩可以是移动式的。此外,还应设有滴盘,以防货物滴漏到甲板上。

由于在装载这些酸类物质时会出现产生氢的危险,所以电气设备应符合相关规定。经认可的安全型设备应适合于在氢气和空气的混合气体中使用,而且在这些处所内不得有其他着火源。酸类货物除按规定被分隔之外,还须与燃油舱隔开。

配备合适的仪器以探测货物是否溢漏到邻近处所,货泵舱的舱底泵装置及排放装置均应由抗腐蚀材料制成。

（十一）有毒货品

货舱透气系统排放口的位置应符合下列规定:

(1)在露天甲板以上的高度为 $B/3$ 或 6 m（取大者）,对于甲板液货舱,该高度从通道步桥量起;

(2)如设在距步桥 6 m 的范围内,则其高度应为前后步桥以上不小于 6 m;

(3)与通向起居和服务处所的任何开口或空气入口间的距离不小于 15 m;以及

(4)如适用,透气管的高度可被减至在甲板或前后步桥以上 3 m,但在透气管上应设置主管机关认可型式的高速透气阀,将蒸气和空气的混合物以至少 30 m/s 的出口速度向上无阻挡地喷出。

液货舱的透气系统应配备能使其蒸气回路与岸上装置连接的接头。

此类货品不得在邻接燃油舱的液货舱内储存;应具有独立的管系;以及应将液货舱的透气系统与装载无毒货品的液货舱的透气系统分开。

液货舱压力释放阀的调定压力的最小值应为 0.02 MPa 表压。

（十二）硝酸辛酯（C7—C9）,所有异构体

应将该货物的运输温度保持在 100 ℃ 以下以防其发生自续放热分解反应。不可将该货物装于永久固定在船舶甲板上的独立压力容器内进行运输,除非将液货舱与火充分隔绝以及船上设有用于液货舱的浸水系统,使货物温度能保持在 100 ℃ 以下。并且当火的温度为 650 ℃ 时,液货舱中的温升不超过每小时 1.5 ℃。

第五节　散装液体化学品运输报告和申报实务

一、货物适运、船舶适装、码头适靠要求

（一）货物适运

所装载的货物必须是 IBC 规则或 BCH 规则中所列的货品。未列明的货物应根据规定进

行分类评估后才能运输。

（二）船舶适装

船舶应持有有效的《（国际）散装运输危险化学品适装证书》，且所装载的货物名称在证书附件货品清单中列明，按规定需提交的其他证书、文书，材料齐全有效。

（三）码头适靠

进行散装液体化学品装卸作业的港口、码头、泊位，应具备相应资质，并且符合安全、防污染及保安要求。其应急管理应满足《港口作业安全要求 第1部分：油气化工码头》（GB 16994.1—2021）的相关要求。

码头持有有效的危险货物港口作业认可证和危险货物港口作业附证，且所装卸的货物应属于许可证的认可范围之内，且载明于附证上。进出港航道的水深、宽度和交通现状具备安全航行条件。

从事散装液体化学品装卸作业的船舶和码头、装卸站应当建立作业前会商制度，并就货物操作、压载操作、应急等事项达成书面协议。

二、散装液体化学品适运报告和载运申报

散装液体化学品适运报告和载运申报的法规依据、应提交的材料、报告和申报要素，以及填写、报告和申报流程等与第六章的散装油类货物基本一致。

（一）适运报告规定及应提交的材料或证明

拟交付船舶载运的危险货物托运人应当在交付载运前向承运人说明所托运的危险货物种类、数量、危险特性以及发生危险情况的应急处置措施，提交以下货物信息，并报告海事管理机构：

（1）危险货物安全适运声明书。

（2）危险货物安全技术说明书。

（3）按照规定需要进出口国家有关部门同意后方可载运的，应当提交有效的批准文件。

（4）危险货物中添加抑制剂或者稳定剂的，应当提交抑制剂或者稳定剂添加证明书。

（5）载运危险性质不明的货物，应当提交具有相应资质的评估机构出具的危险货物运输条件鉴定材料。

承运人应当对上述货物信息进行审核，对不符合船舶适装要求的，不得受载、承运。

（6）向海事管理机构报告时，若有委托，则应提交委托证明及委托人和被委托人身份证明及其复印件。

（二）载运申报规定及应提交的材料或证明

1.申报规定

（1）船舶载运危险货物进出港口，应当在进出港口24 h前（航程不足24 h的，在驶离上一港口前），向海事管理机构办理船舶载运危险货物申报手续，提交申请书和交通运输部有关规章要求的证明材料，经海事管理机构批准后，方可进出港口。

船舶在运输途中发生危险货物泄漏、燃烧或者爆炸等情况的，应当在办理船舶载运危险货物申报手续时说明原因、已采取的控制措施和目前状况等有关情况，并于抵港后送交详细

报告。

定船舶、定航线、定货种的船舶可以办理定期申报手续。定期申报期限不超过 30 天。

（2）海事管理机构应当在受理船舶载运危险货物进出港口申报后 24 h 内做出批准或者不批准的决定；属于定期申报的，应当在 7 日内做出批准或者不批准的决定。不予批准的，应当告知申请人不予批准的原因。海事管理机构应当将有关申报信息通报所在地港口行政管理部门。

（3）载运危险货物或者海上载运污染危害性货物进出港口审批的条件：

①所载运的危险货物或者污染危害性货物符合水上安全运输和防治船舶污染水域环境要求，且不属于国家规定禁止通过水路运输的货物；

②船舶的装载符合所持有的证书、文书的要求；

③拟靠泊或者进行危险货物或者污染危害性货物装卸作业的港口、码头、泊位具备有关法律、行政法规规定的危险货物作业经营资质；

④需要办理货物进出口手续的已按有关规定办理。

船舶载运的污染危害性货物同时属于危险货物的，其货物所有人、承运人或者代理人可将船舶载运污染危害性货物进出港口申报和船舶载运危险货物进出港口申报合并办理。对于过境停留的污染危害性货物，免于办理货物适运申报或者报告。

2.载运申报应提交的材料

承运人及其代理人在办理船舶载运散装液体化学品申报时，应按实际情况提交以下材料：

（1）船舶载运危险货物申报单（散装液体）；

（2）危险货物安全适运声明书（散装液体）；

（3）（国际）防止油污证书、船舶适航证书、船舶适装证书或符合证明复印件（适用时）；

（4）载运危险货物的船舶在运输途中发生过意外情况的，还应当在船舶载运危险货物申报单内扼要说明所发生意外情况的原因、已采取的控制措施和目前状况等有关情况，并于抵港后送交详细报告；

（5）列明实际装载情况的清单、舱单或者积载图；

（6）定期申报还应提交定期申报申请、证明在固定航线上运输固定危险货物的有关材料；

（7）委托证明，委托人和被委托人身份证明及其复印件（委托时）。

第六节　案例分析

该案例为一起散装化学品船未经海事管理机构批准载运污染危害性货物进出港口的事件。

一、案件概述

某海事局于 2019 年 10 月 14 日发现内河散装化学品船"×××"船涉嫌存在未经海事管理机构批准载运污染危害性货物进出上海港。经查该船装载 910 t 异辛烷于 2019 年 10 月 5 日靠泊上海杨浦高桥炼油厂 1 号码头，并于 2019 年 10 月 7 日载运原货物离开上海港，未经海事管理机构批准。A 船务有限公司作为承运人，该航次未在"船舶载运危险货物、污染危害性货物、固体散装货物审核系统(EDI)"中向海事管理机构办理船舶载运申报手续而载运污染危害性货物异辛烷(见表7-14)进出港口,其行为事实清楚,证据确凿,属未经海事管理机构批准,船舶载运污染危害性货物进出港口的违法行为,海事局依法对其进行了处罚。

表7-14 污染危害性货物名录2011(部分)

序号	中文名称	英文名称	联合国编号	运输方式
2295	硝酸银	SILVER NITRATE	1493	P
2296	辛醇(所有异构体)	OCTANOL (all isomers)		B
2297	辛二烯	OCTADIENE	2309	P
2298	辛基癸基己二酸酯	OCTYL DECYL ADIPATE		B
2299	辛基三氯硅烷	OCTYLTRICHLOROSILANE	1801	P
2300	辛醛类	OCTYL ALDEHYDES	1191	B,P
2301	辛酸(所有异构体)	OCTANOIC ACID (all isomers)		B
2302	辛烷(所有异构体)	OCTANE (all isomers)	1262	B,P
2303	辛烯(所有异构体)	OCTENE (all isomers)		B
2304	锌粉或锌粉尘	ZINC POWDER or ZINC DUST	1436	P

二、案件详述

2019年10月14日,海事局执法人员在EDI核查时发现"×××"船涉嫌装载910 t异辛烷从安庆出发,10月5日靠泊上海杨浦高桥炼油厂1号码头,并于2019年10月7日离港,未经海事管理机构批准进出港口。经查,该船于2019年10月初装载910 t异辛烷从安庆出发计划靠泊炼油厂1号码头,通知船舶代理公司代为进行污染危害性货物货报及船报。10月5日靠泊炼油厂1号码头,后经码头化验货物不合格,10月7日该船载运原货物出港。该公司管理人员介绍说船舶靠港期间未卸货,随即通知代理公司对进港的货报及船报进行了撤销操作,并对出港行为未进行任何相关申报,也未进行船舶进出港报告。该公司认为船舶未有污染危害性货物的装卸行为,无须进行任何相关申报,造成了该航次进出港口未经海事管理机构批准。

三、责任分析

"×××"船未经海事管理机构批准载运污染危害性货物进出港的行为违反了以下规定:

(1)《防治船舶污染海洋环境管理条例》第二十二条"载运污染危害性货物进出港口的船舶,其承运人、货物所有人或者代理人,应当向海事管理机构提出申请,经批准方可进出港口或者过境停留"。

(2)《中华人民共和国船舶及其有关作业活动污染海洋环境防治管理规定》第二十四条"船舶载运污染危害性货物进出港口,承运人或者代理人应当在进出港24 h前(航程不足24 h的,在驶离上一港口时)向海事管理机构办理船舶适载申报手续;货物所有人或者代理人应当在船舶适载申报之前向海事管理机构办理货物适运申报手续。货物适运申报和船舶适载申报经海事管理机构审核同意后,船舶方可进出港口或者过境停留"。

经营人 A 船务有限公司应对未申报事件的发生负主要责任。

四、处理结果

依据《防治船舶污染海洋环境管理条例》第六十四条的规定,给予当事人 A 船务有限公司处罚款人民币 1 万元的行政处罚。

五、体会与建议

该起案件的违法当事人是一家以危险品及成品油运输为主的航运单位,其所属散装化学品船及油船经常从外地装载危险品及污染危害性货物进出本港。该船舶当事人对相关申报及报告的依据未全面了解,认为船舶装卸货行为是污染危害性货物相关申报的前提而不是船舶载运污染危害性货物进出港口,说明船舶、航运单位对相关法律、法规的学习掌握不到位,也没有就该申报问题咨询海事主管机关。建议该公司进一步强化内部监督管理和人员教育培训,加强对危险品及污染危害性货物相关内容的掌握。

第八章 散装液化气体运输管理

第一节 散装液化气体相关公约、规则及管理规定

为确保海上运输散装液化气体的安全,将其对船舶、船员及环境所造成的危害降至最低程度,IMO、相关行业协会和散装液化气体运输国主管机关制定了相关的公约、规则、规范和管理规定。

一、SOLAS 74 公约

现行 SOLAS 74 公约共 14 章,其中与散装液化气体运输相关的章节主要是第Ⅶ章 C 部分"散装运输液化气体船舶的构造和设备"。

除另有明文规定外,C 部分适用于 1986 年 7 月 1 日或以后建造的气体运输船,也包括小于 500 总吨者。此类气体运输船除符合本公约任何其他适用的要求外,还应符合本部分的要求。无论何时建造的船舶,一经改建成气体运输船后,均应视作在开始改建之日建造的气体运输船。

其中,气体运输船系指经建造或改建用于散装运输 IGC 规则第 19 章所列的任何液化气体或其他货品的货船。

SOLAS 74 公约第 13 条"气体运输船的要求"规定:

(1)气体运输船应符合 IGC 规则的要求,并且除 SOLAS 74 公约第Ⅰ/8 条"货船救生设备和其他设备的检验"、第Ⅰ/9 条"货船无线电装置的检验"和第Ⅰ/10 条"货船结构、机器和设备的检验"的适用要求外,还应按 IGC 规则中的规定予以检验和发证。就本条而言,该规则的

要求应视作强制性要求。

（2）持有按本条（1）的规定签发证书的气体运输船，均应受到公约第Ⅰ/19条"控制"所规定的控制。为此，该证书应视作按公约第Ⅰ/12条"证书的签发或签署"或第Ⅰ/13条"他国政府签发或签署证书"的要求所签发的证书。

公约第Ⅰ/19条"控制"规定：每艘船舶，当其在另一缔约国政府的港口时，应受该国政府正式授权的官员的控制。这种控制的目的在于查明按第Ⅰ/12条或第Ⅰ/13条所签发的证书是否有效。

二、MARPOL 73/78 公约附则Ⅱ

MARPOL 73/78 公约附则Ⅱ"控制散装有毒液体物质污染规则"中与散装液化气体运输相关的主要是第5条"等效"，其主要内容为：

（1）主管机关可允许在船上安装任何装置、材料、设备或器具，以代替本附则的相关要求，条件是此种装置、材料、设备或器具至少与本附则所要求的同样有效。主管机关的此种权力不应扩大到以操作方法来达到控制排放有毒液体物质并作为本附则各条所规定的那些设计和构造的特点。

（2）允许以某种装置、材料、设备或器具代替本附则相关要求的主管机关应按（1）将其详细资料送交本组织，以便转发本公约各缔约国，供其参考和采取适当行动（如有时）。

（3）尽管有本条（1）和（2）的规定，但是装运列入IGC规则中有毒液体物质的液化气船的构造和设备应视为等效于本附则第11条和12条的相关要求，前提是该液化气船应满足下列所有条件：

①持有"国际散装液化气体适装证书"；

②持有"国际散装运输有毒液体物质防污染证书（NLS证书）"，且应核准该液化气船仅可装运IGC规则中确认和列明的有毒液体物质；

③设有专用压载舱；

④设有泵浦和管系布置，能确保卸货后货舱及其有关管系内的货物残余量不超过本附则第12.1、12.2或12.3条要求的数量，并使主管机关满意；

⑤备有一份主管机关批准的手册，确保操作中无任何货物残余物与水混合在一起，并在使用手册中规定的通风程序后，舱内无任何货物残余物。

三、国际散装运输液化气体船舶构造和设备规则

《国际散装运输液化气体船舶构造和设备规则》（简称IGC规则）是国际海事组织（IMO）为了保障海上散装液化气体安全运输专门制定的关于液化气体运输船的设计、构造和设备等方面的规则。IGC规则于1983年6月17日召开的IMO海上安全委员会第48届会议上以MSC.5(48)号决议通过；同时，本届会议还以MSC.6(48)号决议通过了对SOLAS 74公约的重大修正，该修正案包括第Ⅶ章的全新文本。新的第Ⅶ章使得以MSC.5(48)号决议通过的IGC规则条款在SOLAS 74公约下成为强制性的条款，并于1986年7月1日起生效。自生效之日起，该规则经历了多次修正，具体如表8-1所示。

表 8-1　IGC 规则修正表

序号	决议案	通过日期	认为接受	生效日期
1	MSC.17(58)	1990 年 5 月 24 日	—	2000 年 2 月 3 日
2	MSC.30(61)	1992 年 12 月 11 日	1994 年 1 月 1 日	1994 年 7 月 1 日
3	MSC.32(63)	1994 年 5 月 23 日	1998 年 1 月 1 日	1998 年 7 月 1 日
4	MSC.59(67)	1996 年 12 月 5 日	1998 年 1 月 1 日	1998 年 7 月 1 日
5	MSC.103(73)	2000 年 12 月 5 日	2002 年 1 月 1 日	2002 年 7 月 1 日
6	MSC.177(79)	2004 年 12 月 10 日	2006 年 1 月 1 日	2006 年 7 月 1 日
7	MSC.220(82)	2006 年 12 月 8 日	2008 年 1 月 1 日	2008 年 7 月 1 日
8	MSC.370(93)	2014 年 5 月 22 日	2015 年 7 月 1 日	2016 年 1 月 1 日
9	MSC.411(97)	2016 年 11 月 25 日	2019 年 7 月 1 日	2020 年 1 月 1 日
10	MSC.441(99)	2018 年 5 月 24 日	2019 年 7 月 1 日	2020 年 1 月 1 日
11	MSC.476(102)	2020 年 11 月 11 日	2023 年 7 月 1 日	2024 年 1 月 1 日

IGC 规则制定的原则和目的是为第 19 章所列的散装液化气体和某些其他物质的海上安全运输提供一个国际标准,并根据所涉及货品的危险性确定运输所需的船型,同时规定了相关船舶的设计和建造标准及其所应装配的设备,以便使其将对船舶、船员和环境所造成的风险降至最低。

现行的 IGC 规则共包括 19 章和 5 个附录,下面简要介绍各章的主要内容。

(一)第 1 章: 总则

本章内容主要包括规则的适用范围和实施、等效原则、涉及术语及其定义、船舶的检验和发证要求等。

1.适用范围和实施

(1)规则适用于各种尺度(包括 500 总吨以下)从事散装运输本规则第 19 章所列的温度为 37.8 ℃时其蒸气压力超过 0.28 MPa(绝对压力)的液化气体和其他货品的船舶。

(2)除非另有明文规定,该规则适用于 1986 年 7 月 1 日或以后安放龙骨或处于相似阶段的液化气船;不论何时建造的船舶,凡在 1986 年 7 月 1 日以后被改建成液化气船的,也适用本规则。

(3)如果拟载运的货品可能被认为是属于本规则的范围,但未在本规则第 19 章中列出,则主管机关和涉及载运的港口主管当局应根据临时评估制定三方协议,并根据 IGC 规则的要求制定初步的适运条件。

对于这类货品的评估,货主应向主管机关提交完成的评定表,包括建议的船舶类型和载运要求。

(4)当船舶设计和建造成载运下列货品时,首先应满足本规则的要求:

①本规则第 19 章中列出的货品;

②既在 IGC 规则中又在 IBC 规则中列出的货品,在规则第 19 章最低要求一览表的"a"栏内用星号予以标记。当船舶拟专门载运该货品时,还应符合经修正的 IBC 规则的要求。

(5)尽管 IGC 规则是强制性文件,但规则第 4 章"货物围护"第 4.28 节内容(第 4 章的指导性说明)和附录 1(IGC 规则货品数据报告格式)为建议性和提供信息类的。

2.检验和发证

（1）检验

液化气体船舶的结构、设备、附件、装置和材料应进行初次检验、换证检验、中间检验、年度检验和附加检验。

①初次检验

应在船舶投入营运前或在第一次签发《国际散装运输液化气体适装证书》前进行此类检验。该检验应包括对结构、设备、附件、装置和材料的全面检查。该检验应确保结构、设备、附件、布置和材料完全符合IGC规则中适用的规定。

②换证检验

此类检验的间隔期，应由主管机关规定，但除特殊情况外，不得超过5年。换证检验时应确保结构、设备、附件、装置和材料完全符合IGC规则中适用的规定。

③中间检验

应在证书的第2个周年日前或后的3个月内或在此证书的第3个周年日前或后的3个月内进行此类检验，并应取代规定的其中一次年度检验。中间检验应确保安全设备和其他设备以及附属的泵和管系完全符合IGC规则中适用的规定并处于良好的工作状态。对此种检验，应在证书上签署。

④年度检验

应在证书的每个周年日前或后3个月内进行此类检验，包括对结构、设备、附件、装置和材料的总体检查，以确保按规定进行了维护并满足船舶的预定用途。对于此种年度检验，应在证书上签署。

⑤附加检验

在经过规定的调查后有要求时或在任何重大修理或换新后应根据情况对船舶进行全面或部分检验。此类检验应确保必要的修理或换新有效，此种修理或换新的材料和工艺应是令人满意的，船舶适于出海航行，不会对船舶或船上人员产生危险或不会对海洋环境造成危害威胁。

（2）发证

符合规则相关规定从事国际航行的液化气船，经初次检验或换证检验后，应给予签发《国际散装运输液化气体适装证书》。证书应按规则附录所示样本相一致的格式写成。如所用语言不是英文、法文或西班牙文，则其文本应包括其中一种语言的译文。该证书应存放在船上，供随时检查。

SOLAS 74公约的缔约国政府应另一缔约国政府的要求，有权对悬挂该缔约国国旗的船舶进行检验；如果确认该船符合IGC规则的要求，可向该船签发或授权签发《国际散装运输液化气体适装证书》，并在适当时，也按IGC规则对船上的证书进行签署或授权签署。在如此所签发的任何证书上应声明：该证书系应船旗国政府的要求签发的。

《国际散装运输液化气体适装证书》的有效期限应由签发证书的主管机关规定，但不得超过5年。

但如果换证检验在现有证书期满之日前3个月内完成，则新证书应从换证检验完成之日起，至现有证书期满之日后不超过5年的日期内有效。

如果换证检验在现有证书期满之日后完成，则新证书应从换证检验完成之日起，至现有证书期满之日后不超过5年的日期内有效。

如果换证检验在现有证书期满之日的前 3 个月前完成,则新证书应从换证检验完成之日起不超过 5 年的日期内有效。

如果所发证书的有效期限少于 5 年,则主管机关可将证书有效期自期满日延长至 5 年,条件是在签发 5 年期的证书时进行了中间检验和年度检验。

如果换证检验已完成,而新证书在现有证书期满之日前不能签发或不能存放船上,则主管机关授权的人员或组织可在现有证书上签署,签署后的证书自期满日起不超过 5 个月的期限内应视为继续有效。

如果证书期满时船舶不在应进行检验的港口,则主管机关可延长该证书的有效期,但此项展期仅以能使该船完成其驶抵应进行检验的港口的航次为限,并且仅在正当和合理的情况下才能如此办理。

签发给短程航行船舶的证书未按前述规定展期时,主管机关可给予自该证书所示的期满之日起至多 1 个月的宽限期。换证检验完成后,新证书的有效期应自现有证书展期前的期满日起不超过 5 年。

在特殊情况下(由主管机关确定),新证书无须按前述要求从现有证书的期满之日起计算日期。在此特殊情况下,新证书的有效期应自换证检验完成之日起不超过 5 年。

《国际散装运输液化气体适装证书》在下列任何情况下应终止有效:

①相关检验未在规定的期限内完成。

②如果证书未按规定的要求进行签署。

③船舶变更船旗国。只有当换发新证书的政府确信该船符合相关要求时,才能签发新的证书。如果变更船旗是在 SOLAS 74 公约缔约国之间进行的,则在变更后的 3 个月内,前船旗国政府收到申请时,应尽快将变更船旗前该船所携证书的副本以及相关的检验报告副本(如备有)送交该船新的主管机关。

(二)第 2 章: 船舶残存能力和液货舱位置

本章规定的目的是在发生较小船体破损时,确保液货舱处于保护位置且船舶能在假定浸水条件下残存。本章主要包括通则、干舷和稳性、破损假定、液货舱位置、浸水假定、破损标准、残存能力等内容。

(1)适用于本规则的船舶,在船体受到外力作用发生假定破损后引起浸水的静水力作用下应能残存。此外,为了保护船舶和环境,应将液货舱布置于舷内距船舶外板不小于规定的最小距离,以防船舶在与码头、拖船等接触产生较小破损时液货舱被戳穿,或在碰撞或搁浅时引起液货舱破坏。对破损的假定和液货舱与船舶外板间的距离均取决于所载运货品的危险程度,而液货舱与船舶外板间的距离还应取决于液货舱的容积。

(2)满足规则要求的液化气船分类:

①1G 型船舶:是指用于载运本规则第 19 章所列要求采取**最严格防漏**保护措施的货品的气体运输船。

②2G 型船舶:是指用于载运本规则第 19 章所列要求采取相当**严格防漏**保护措施的货品的气体运输船。

③2PG 型船舶:是指长度为 150 m 及以下用于载运本规则第 19 章所列要求采取相当严格防漏保护措施的货品的气体运输船。

该类货品应被装载于 C 型独立液货舱内,其释放阀最大调定值(MARVS)至少为 0.7 MPa 表压力,且其货物围护系统的设计温度在−55 ℃或以上。若这类船舶的长度超过 150 m 时,则应将其认定为 2G 型船舶。

④3G 型船舶：是指用于载运本规则第 19 章中所列要求采取中等防漏保护措施的货品的气体运输船。

综上所述，按 1G 型至 3G 型的顺序，船舶所载运货品的危险程度依次减小，即 1G 型液化气船用于载运具有最大综合危险性的货品，该型船舶应能在最严重的破损标准下残存，且其液货舱应位于舷内离船体外板具有最大的规定距离之处。

各种货品所要求的船型已被列于本规则第 19 章的最低要求一览表中"c"栏内。当某液化气船拟载运 1 种以上的本规则第 19 章的表列货品时，其破舱标准应与要求最严格船型的那种货品相一致；但对各个液货舱位置的要求，则应依据所拟载运的各种货品所要求的船型而定。

（3）应向船长提供装载和稳性资料手册。该手册应包括典型的营运装载状态、装卸货和压载操作、对估算其他装载工况的规定以及对船舶残存能力的总结等详细资料。该手册也应有充分的资料，使船长能以安全和适航的方式装载货物和操纵船舶。

（4）适用本规则的所有船舶应配备能进行完整和破损稳性要求符合性验证并经主管机关认可的装载仪。

（5）破损假定和浸水假定：

规则中对液化气船的舷侧和船底做了最大破损假定，具体如表 8-2 所示；在假定的破损范围内给出了假定浸水标准，即假定破损处所的渗透率，具体如表 8-3 所示。

表 8-2　最大破损假定表

舷侧破损		
纵向范围：	$L^{2/3}/3$ 或 14.5 m，取小者	
横向范围： （在夏季水线平面上，从船体外壳型线沿垂直于船体中心线方向量取）	$B/5$ 或 11.5 m，取小者	
垂向范围： （从船体外壳型线量取）	向上无限制	
船底破损：	距船舶首垂线 0.3L 范围	船舶的其他部位
纵向范围：	$L^{2/3}/3$ 或 14.5 m，取小者	$L^{2/3}/3$ 或 14.5 m，取小者
横向范围：	$B/6$ 或 10 m，取小者	$B/6$ 或 5 m，取小者
垂向范围：	$B/15$ 或 2 m，取小者，在中心线的船底外板型线量起（见 2.4.3）	$B/15$ 或 2 m，取小者，在中心线的船底外板型线量起（见 2.4.3）

表 8-3　假定破损处所的渗透率表

处所	渗透率
物料贮存处所	0.60
起居处所	0.95
机器处所	0.85
留空处所	0.95
货舱处所	0.95
用于装消耗液体的处所	0~0.95
用于装其他液体的处所	0~0.95

（6）破损标准

船舶应能在假定浸水的情况下经受住舷侧和船底的最大假定破损。对于其假定浸水的范围,根据船型应符合下列标准:

①对于 1G 型船舶,应假定在其船长范围内的任何部位均能经受破损;

②对于船长大于 150 m 的 2G 型船舶,应假定在其船长范围内的任何部位均能经受破损;

③对于船长等于或小于 150 m 的 2G 型船舶,应假定在其船长范围内的任何部位任一舱壁均能经受破损,但不包括邻接于尾机型机舱边界壁;

④对于 2PG 型船舶,应假定在其船长范围内的任何部位均能经受破损,但不包括间距超过规则规定的纵向破损范围($L^{2/3}/3$ 或 14.5 m,取小者)的横舱壁;

⑤对于船长等于或大于 80 m 的 3G 型船舶,应假定在其船长范围内的任何部位均能经受破损,但不包括间距超过规定的纵向破损范围($L^{2/3}/3$ 或 14.5 m,取小者)的横舱壁;

⑥对于船长小于 80 m 的 3G 型船舶,应假定在其船长范围内的任何部位均能经受破损,但不包括间距大于规定的纵向破损范围($L^{2/3}/3$ 或 14.5 m,取小者)的横舱壁和尾部机器处所的破损。

（7）残存要求

适用于本规则的船舶,按规定的破损标准,经受假定的破损范围,在稳定平衡条件下残存能力应能满足下列衡准。

①浸水任何阶段

a.计及下沉、横倾和纵倾的水线应位于可能产生连续浸水或向下(注灌)浸水的任何开口的下缘。此类开口应包括空气管和用风雨密门或舱口盖关闭的开口,但不包括用水密人孔盖关闭的开口和水密平舱口、能保持甲板高度完整性的小型水密液货舱舱口盖、能遥控操纵的水密滑动门和固定式(非开启)舷窗。

b.不对称浸水引起的最大横倾角应不超过 30°。

c.浸水中间阶段的剩余稳性不应比浸水后的最终平衡阶段所要求的值小。

②浸水后的最终平衡阶段

a.复原力臂曲线在平衡位置应有 20°的最小范围,在 20°范围内最大剩余复原力臂至少应有 0.1 m;在此范围内,该曲线下的面积应不小于 0.017 5 m·rad。

20°范围可从平衡位置与 25°(或 30°,如果未发生甲板浸没)角之间开始的任何角度测量。在此范围内未加保护的开口不应被浸没,除非这些处所已被假定浸水的。在此范围内浸水阶段①所列的任何开口及能以风雨密关闭的其他开口可以允许浸没。

b.应急电源应能操作。

（8）液货舱位置

根据规则的规定,对液货舱位置的要求应考虑 19 章所列货物的危险性大小,即对不同类型液化气船的要求不同。当在一个处所内设有一个以上的独立液货舱时,应在液货舱之间留有供检查和维修用的足够空隙。

液货舱应设在船舷内下列位置:

①1G 型船舶

距船体外壳型线应不小于规定的横向破损范围(B/5 或 11.5 m,取小者)和在中心线上距船底板型线不小于规定的垂向破损范围(B/15 或 2 m,取小者),其任何部位都应不小于 d,d 根据液货舱容积大小按以下标准确定:

$V_e \leqslant 1\ 000\ \mathrm{m}^3$,$d=0.8\ \mathrm{m}$;

$1\ 000\ \mathrm{m}^3 < V_e < 5\ 000\ \mathrm{m}^3$,$d=0.75+V_e \times 0.2/4\ 000$;

$5\ 000\ \mathrm{m}^3 \leqslant V_e < 30\ 000\ \mathrm{m}^3$,$d=0.8+V_e/25\ 000$;

$V_e \geqslant 30\ 000\ \mathrm{m}^3$,$d=2\ \mathrm{m}$。

②2G/2PG 型船舶

在中心线上距船底板型线应不小于规定的垂向破损范围(B/15 或 2 m,取小者),其任何部位都应不小于①中所述的 d。

③3G 型船舶

在中心线上距船底板型线应不小于规定的垂向破损范围(B/15 或 2 m,取小者),其任何部位都应不小于 d,$d=0.8\ \mathrm{m}$。

（三）第 3 章: 船舶布置

本章要求的目的是确保货物围护和装卸操作系统的位置能将货物任何的泄放的后果降至最低,并提供安全通道进行操作和检查。本章主要包括货物区域的分隔,起居、服务和机器处所以及控制站,货物机器处所和转塔舱,货物控制室,通往货物区域内各处所的通道,空气闸,舱底水、压载和燃油装置,船首或船尾装卸货物装置等内容及要求。

（四）第 4 章: 货物围护系统

本章要求的目的是确保在所有设计和操作条件下货物的安全围护,并考虑到所载货物的性质。货物围护系统应满足:具有承受规定载荷的强度;保持货物处于液体状态;设计成防止船体结构暴露于低温之中;防止水或空气进入货物围护系统。本章主要包括定义、适用范围、A 部分货物围护、B 部分设计载荷、C 部分结构完整性、D 部分材料和构造、E 部分液货舱类型、F 部分新颖形状的货物围护系统及 G 部分指导。

1.液货舱定义及类型

(1)独立液货舱

独立液货舱是指自身支持的液货舱,它不构成船体结构的一部分,对船体强度不是必需的。独立液货舱分为 A 型、B 型、C 型三类。

A 型独立液货舱是指按照公认标准,应用传统的船舶结构分析程序进行设计的液货舱。如果这种液货舱主要由平面构成,则其设计蒸气压力 P_0 应小于 0.07 MPa。如果在大气压力下货物温度低于-10 ℃,则应按要求设置完整的次屏壁。

B 型独立液货舱是指采用模型试验、精确分析手段和分析方法确定应力水平、疲劳寿命和裂纹扩展特性进行设计的液货舱。如果这类液货舱主要由平面构成(棱柱形液货舱),则其设计蒸气压力 P_0 应小于 0.07 MPa。如果在大气压力下货物温度低于-10 ℃,则应按要求设置具有小泄漏保护系统的部分次屏壁。

C 型独立液货舱是指基于经修改的包含断裂力学和裂纹扩展衡准的压力容器准则设计的液货舱。其规定的最小设计压力旨在确保动应力足够低,以使得在液货舱使用寿命期间,初始表面裂纹不会扩展超过外壳厚度的一半。

(2)整体液货舱

整体液货舱是指构成船体结构的一部分并与相邻船体结构一起受到载荷影响的整体液货舱。其设计蒸气压力 P_0 通常应不超过 0.025 MPa。如果船体构件尺寸相应增大,P_0 亦可相应增加到一较高值,但应小于 0.07 MPa。

整体液货舱可用于载运沸点不低于-10 ℃的货品,经主管机关或代表主管机关的被认可组织特别考虑,也可同意更低的温度,但在这种情况下,应设有完整的次屏壁。规则第 19 章要求的 1G 型船舶载运的货品不能载于整体液货舱。

(3)薄膜液货舱

薄膜液货舱是指非自身支持的液货舱,它由邻接的船体结构通过绝热层支持的一层液密和气密层(薄膜)组成。薄膜围护系统的设计基础是为了使热膨胀和其他膨胀或收缩得到补偿,以免出现丧失薄膜密性的风险。

(4)半薄膜液货舱

半薄膜液货舱是指装载工况下非自身支持的液货舱,它由一层薄膜组成,该薄膜的大部分由相邻船体结构通过绝热层来支持。设计蒸气压力 P_0 通常应不超过 0.025 MPa。若船体构件尺寸相应增大,并且对支持绝热层的强度做了适当考虑,则 P_0 可相应增加到一较高值,但应小于 0.07 MPa。

2.货物围护安全原则

(1)货物围护系统应设有能安全控制通过主屏壁的所有潜在泄漏的完整的液密次屏壁,并且该次屏壁能与绝热系统一起防止船舶结构的温度下降至不安全的程度。

(2)已确定结构失效导致临界状态的可能性极低,但不能排除主屏壁泄漏可能性的货物围护系统,应设有能安全处理泄漏的部分次屏壁和小泄漏保护系统。

(3)如果主屏壁的结构失效和泄漏的可能性很低且可忽略不计,则货物围护系统不要求设次屏壁,如 C 型独立液货舱。

(4)如果大气压力下的货物温度为-10 ℃或以上,则不要求设次屏壁。

3.与液货舱类型相关的次屏壁

表 8-4 清楚地列明了不同类型液货舱对次屏壁的要求。

表 8-4　不同类型液货舱对次屏壁的要求

液货舱类型 ＼ 次屏壁设置要求 ＼ 大气压力下的货物温度	−10 ℃及以上	−10 ℃至−55 ℃	−55 ℃以下
	不要求设置次屏壁	船体可作为次屏壁	要求设置单独的次屏壁
整体液货舱		通常不允许采用此类舱型[1]	
独立液货舱			
A 型独立液货舱		完整的次屏壁	
B 型独立液货舱	不要求设置次屏壁	部分的次屏壁	要求设置单独的次屏壁
C 型独立液货舱		不要求次屏壁	
薄膜液货舱		完整的次屏壁	
半薄膜液货舱		完整的次屏壁[2]	

注 1：如按相关规定，允许大气压力下货物的温度低于−10 ℃，则通常应要求设置完整的次屏壁。

注 2：如半薄膜液货舱在各方面均能符合适用于 B 型独立液货舱的要求（支持方式除外），经主管机关特别考虑，可同意设置部分的次屏壁。

4.绝热

应按要求设置绝热层，以防止船体温度降至许用值以下并将进入液货舱的热流限制在第 7 章使用的压力和温度控制系统能维持的水平。

在确定绝热性能时，应适当注意与船上的再液化装置、主推进机械或其他温度控制系统有关的可接受的蒸发量。

（五）第 5 章：处理用受压容器及液体、蒸气和压力管系

本章主要对处理用受压容器、货物管路系统的设计、构造、试验及布置等提出了要求。其目的是确保所有货物和处理用液体和蒸气在所有营运状态下的安全装卸，考虑到所涉及货品的性质，将对船舶、船员和环境的风险降至最低。本章主要包括确保处理用受压容器、管系和货物软管的完整性；防止货物的不受控驳运；确保注入和排空围护系统的方式可靠；防止货物围护系统的压力或真空变化范围在货物过驳作业中超过设计参数。本章主要包括一般要求，系统要求，货物区域外货物管系的布置，设计压力，货物系统阀门要求，货物驳运布置，安装要求，管路制造和连接细节，焊接、焊后热处理和无损探伤，货物区域外货物管系的安装要求，管系部件要求，材料要求，试验要求等。

（六）第 6 章：构造材料和质量控制

本章规定的目的是确定金属和非金属材料要求的特性，试验标准和稳性以及货物围护和管路系统建造中使用的制造工艺以确保其具有第 4 章和第 5 章中要求的功能。本章主要包括有关材料的定义、范围和一般要求、一般试验要求和说明、对金属材料的要求、金属材料的焊接和无损探伤、金属材料构造的其他要求、非金属材料等。

（七）第 7 章：货物压力和温度控制

本章规定的目的是使液货舱压力和温度保持在围护系统设计限制和/或货物载运要求范

围内。本章主要包括控制方法、系统设计、货物蒸气的再液化、蒸气的热氧化(燃烧)、压力积聚(蓄压)系统、液相冷却、隔离等。

（八）第8章：货物围护的透气系统

本章规定的目的是避免货物围护系统受到过压或欠压造成的损坏。所有液货舱均应具有与货物围护系统的设计以及其所装载的货物相适应的压力释放系统。对于所承受的压力可能超过其设计承受能力的货舱处所和屏壁间处所，也应具有合适的压力释放系统。本章主要包括通则、压力释放系统、真空保护系统、压力释放系统的排量等。

（九）第9章：货物围护系统的环境控制

本章规定的目的是监控围护系统的完整性并确保货物围护系统和货舱处所内的气体环境在船舶营运期间一直处于安全状态。本章主要包括货物围护系统内的环境控制、货舱处所(除 C 型独立液货舱以外的货物围护系统)内的环境控制、C 型独立液货舱周围处所的环境控制、惰化、船上惰性气体的制造等。

1.货物围护系统内的环境控制

(1)应设有一个管路系统，以便能对每个液货舱安全地除气以及在除气后的状态下安全地充入货物蒸气。应将系统布置成能在气体环境改变后使气体或空气存留死角的可能性降至最低限度。

(2)应对每个液货舱和货物管路系统设置足够数量的气体采样点，以充分地监测气体环境改变的进程。气体采样连接管应在主甲板以上设有单个阀，并用适当的盖板或盲板密封。

(3)在上述作业过程中所使用的惰性气体，可由岸上或船上供给。

2.货舱处所(除 C 型独立液货舱以外的货物围护系统)内的环境控制

(1)对于要求全部或部分设置次屏壁的用于易燃气体的货物围护系统的屏壁间处所和货舱处所，均应使用适当的干燥惰性气体进行惰化，并用船上惰性气体发生系统或用船上储存的惰性气体提供补充的惰性气体以保持惰化。船上储存的惰性气体应至少能满足 30 天的正常消耗。

(2)当载运非易燃气体时，上述处所可用合适的干燥空气或惰性气体予以保持。

3.C 型独立液货舱周围处所的环境控制

对于未设置次屏壁的液货舱周围处所，应充填适当的干燥惰性气体或干燥空气，并应用船上惰性气体发生系统或贮存的惰性气体提供补充的惰性气体或用合适的干燥空气设备提供的干燥空气，以保持上述处所的环境。如果货物在环境温度下载运，干燥空气或惰性气体的要求不适用。

4.惰化

惰化是指添加相容的气体以提供一个不燃环境的过程。在处所内所有可能出现的温度下，此惰性气体与货物在化学性质方面和操作方面均应是相容的，并应考虑惰性气体的露点。

（十）第10章：电气装置

本章规定的目的是确保电气装置设计成能使易燃货品失火和爆炸的危险降至最低程度，且设有与货物液体和蒸气的安全载运、装卸和调节相关的发电和配电系统。

（十一）第11章：防火与灭火

本章规定的目的是确保设有合适的系统在货物区域发生火灾时保护船舶和船员。本章主要包括防火安全要求、消防总管和消火栓、水雾系统、化学干粉灭火系统、设有货物装卸设备的围蔽处所、消防员装备等。其中，对于载运易燃货品的每艘船舶，均应按下述规定配备符合SOLAS公约第Ⅱ-2/10.10条要求的消防员装备：

货舱总容量在 5 000 m³ 及以下时，装备数量为 4 套；货舱总容量在 5 000 m³ 以上时，装备数量为 5 套。

对于作为消防员装备组成部分所必需的任何呼吸器，均应为至少具有 1 200 L 自由空气容量的自给式压缩空气呼吸器。

（十二）第 12 章：货物区域内的机械通风

本章规定的目的是确保货物区域内的围蔽处所设有控制易燃和/或有毒蒸气积聚的装置。本章主要包括正常装卸货物作业中需要进入的处所的通风要求、通常不进入的处所的通风要求等。

其中，对于电动机舱、货物压缩机舱和货泵舱、装有货物装卸设备的处所以及货物蒸气可能积聚的其他围蔽处所，均应安装能在上述处所外面进行控制的固定式机械通风系统。应持续通风以防止有毒和/或易燃蒸气积聚，并采取主管机关接受的监控措施。在此类舱室外面设有"进入前需要进行通风"的警告牌。根据该处所的总容积，通风系统的换气次数应不少于30 次/小时。作为例外，非危险货物控制室的换气次数可为 8 次/小时。

（十三）第 13 章：仪表和自动化系统

本章规定的目的是确保仪表和自动化系统提供货物液体和蒸气的安全载运、装卸和调节。对每个液货舱都应设有显示货物的液位、压力和温度的装置。在液体和蒸汽管系以及货物制冷装置中均应装设压力表和温度指示器。

如果船舶的装卸货是通过遥控的阀和泵等设施予以实现的，则应将与该液货舱有关的所有控制装置和指示器集中在一个控制位置。

对仪表应进行试验，以保证其在工作条件下的可靠性，并应对其进行定期校准。仪表的试验方法和重新校准的时间间隔，应按照制造商的建议并经相应的船级社认可。

（十四）第 14 章：人员保护

本章规定的目的是确保为船上人员提供保护设备，并考虑到日常操作或紧急情况和装卸货品可能的短期或长期影响。本章主要包括对保护设备、急救设备、安全设备的要求。

1. 保护设备

为了保护从事正常货物作业的船员，在考虑了所载货品的特性后，应为船员提供符合国家或国际公认标准的包括眼睛保护在内的合适的保护设备。

应将符合要求的个人保护和安全设备适当地保存在易于接近的且具有明显标志的柜子内。

压缩空气设备应由负责的高级船员每月至少进行 1 次检查，并将检查结果记录在航行日志内。该设备也应由适任人员每年至少进行 1 次检查和试验。

2. 急救设备

应在易于接近之处放置一副担架，以便能从甲板以下的处所用其抬起受伤人员，并基于医疗急救指南（MFAG 指南）对《国际散装运输液化气体适装证书》中所列的货物的要求，在船上配备医疗急救设备，包括氧气复苏设备。

3.安全设备

除要求的消防人员的装备以外,还应提供足够的且不少于 3 整套的安全设备,每套应提供足够的人员保护以允许进入充满气体的处所内工作。该设备应考虑到《国际散装运输液化气体适装证书》中所列的货物的性质。

每整套安全设备应包括:

(1)具自给式正压空气呼吸器(包含整个面罩),但不使用存储的氧气,其容量至少为 1 200 L 的自由空气。每套应与消防人员中的要求相容。

(2)符合公认标准的防护服、长靴和手套。

(3)配有腰带的钢芯援救绳。

(4)防爆灯。

应配备能提供足量压缩空气的设施,并应由下列设备组成:

(1)每 1 具要求的呼吸器至少配备 1 个充满空气的备用空气瓶;

(2)1 台适于供应所需纯度的高压空气并具有足够容量且能连续操作的空气压缩机;

(3)1 个能对呼吸器的备用空气瓶进行充气的充气阀箱。

(十五)第 15 章: 液货舱的充装极限

本章的规定用于确定能装载的货物的最大数量。液货舱充装极限(FL)的默认值应为在基准温度下 98%;充装极限(FL)是指当液体货物达到基准温度时,液货舱内的最大液体体积与整个液货舱容积之比。

应向船舶提供一份文件,规定每个液货舱和货品在每种适用的装载温度以及最高基准温度下的最大许可装载极限。该文件中的信息应经主管机关或代表主管机关的被认可组织认可。压力释放阀已经调定的压力也应列于文件中。上述文件的副本应由船长负责长期保存在船上。

(十六)第 16 章: 用货物作燃料

本章的规定用于确保安全使用货物作燃料。甲烷(LNG 蒸气或蒸发气体)是可用于 A 类机器处所的唯一货物,且仅限用于这些处所内的系统[例如锅炉、惰性气体发生器、内燃机、气体燃烧装置(GCU)和燃气轮机]。

(十七)第 17 章: 特殊要求

本章规定的目的是制定关于具体货物的附加要求。条款要求适用于本规则第 19 章最低要求一览表中的"i"栏引述到本章的货物。这些规定是对本规则一般要求的补充。本章主要包括通则、结构材料、独立液货舱、制冷系统、要求 1G 型船舶的货物、排除蒸气处所中的空气、湿度控制、抑制、透气出口处的防火网、每个液货舱的最大允许装货量、货泵和排放装置等内容及要求,以及环氧乙烷、氨、甲基乙炔—丙二烯混合物、氮、氯、环氧丙烷和含有环氧乙烷不超过 30%(按重量计)的环氧乙烷–环氧丙烷混合物、氯乙烯、混合 C4 货物、高纯度二氧化碳、再利用品质的二氧化碳等货物的运输要求。

(十八)第 18 章: 操作要求

本章规定的目的是确保所有涉及货物作业的船上人员有足够的关于货物性质和操作货物系统的资料,以使其能安全进行货物操作。涉及液化气体运输船舶操作的人员应意识到与其安全操作相关的特殊要求和安全操作必需的预防措施。本章主要包括通则、货物操作手册、货物资料、载运的适合性、在低温下载运货物、货物驳运操作、人员培训、进入围蔽处所、货物取样、货物应急切断(ESD)系统、货物围护系统上或附近的热工、附加操作要求等内容和要求。

1.货物操作手册

船舶应配备经主管机关批准的详细的货物系统操作手册副本,以使经过培训的人员能安全操作船舶,并适当考虑到允许载运的货物的危险和特性。

手册内容应包括但不限于:

(1)货物从干坞至干坞的整个操作,包括液货舱冷却和暖舱、驳运(包括船至船驳运)、货物取样、除气、压载、清洗液货舱和更换货物的程序;

(2)货物温度和压力控制系统;

(3)货物系统限制,包括最低温度(货物系统和船体内壳)、最大压力、驳运速度、充装极限和晃荡限制;

(4)氮气和惰性气体系统;

(5)灭火程序:灭火系统的操作和维护以及灭火剂的使用;

(6)用于特种货物安全操作所需的特殊设备;

(7)固定和可携式气体探测;

(8)控制、报警和安全系统;

(9)应急关闭系统;

(10)按照相关规定变更液货舱压力释放阀设定压力的程序;

(11)应急程序,包括液货舱释放阀隔离、单舱除气、进入和应急船至船驳运操作。

2.货物资料

船上应备有可供所有相关方使用的货物资料数据单形式的资料,这些资料能为安全载运货物提供必要的数据。这些资料应包括所载运的每一种货品。其具体项目如下:

(1)一份货物安全载运和围护所必需的物理和化学性能的详细说明;

(2)其他按照《国际散装运输液化气体适装证书》能够在船上载运的货物的反应特性;

(3)当发生货物溢出或泄漏时所需要采取的措施;

(4)防备人员意外与货物接触的防范措施;

(5)灭火程序和灭火剂;

(6)用于特种货物安全操作所需的特殊设备;和

(7)应急程序。

3.载运的适合性

船长应确认船上所装载的每一货品的数量和特性是在 IGC 规则所要求的《国际散装运输液化气体适装证书》和装载和稳性资料手册所述的范围内,且按《国际散装运输液化气体适装证书》的要求,这些货品已列入其中。

如要求抑制货物,在开航前应提供 IGC 规则第 17 章 17.8 款要求的证书,否则不得载运该货物。

（十九）第19章: 最低要求一览表

现行 IGC 规则第 19 章在最低要求一览表中列出了 37 种散装液化气体,根据其危险特性对载运船型、液货舱类型、液货舱环境控制、蒸气检测形式、液位测量方式等提出了具体要求,同时给出了部分货品的特殊运输要求。

1.最低要求一览表栏目注释

最低要求一览表共有9栏,其栏目注释如表8-5所示。

表8-5　最低要求一览表栏目注释表

栏目	注释
货品名称(a栏)	任何被提供用于散装货物运输的运输文件中所使用货品名称。任何附加的名称可放在货品名称后的括号内。货品名称有时可能与以前颁发的IGC规则中所提供的名称不一致
(b栏)	删除
船型(c栏)	1:1G型船舶; 2:2G型船舶; 3:2PG型船舶; 4:3G型船舶
要求的C型独立液货舱(d栏)	C型独立液货舱
液货舱环境控制(e栏)	Inert:惰化; Dry:干燥; —:本规则无特殊要求
蒸气探测(f栏)	F:易燃蒸气的探测; T:有毒蒸气的探测; F+T:易燃和有毒蒸气的探测 A:窒息
测量(g栏)	I:间接型或封闭型; R:间接型、封闭型或限制型; C:间接型或封闭型
(h栏)	删除
特殊要求(i栏)	当引用第14章和/或第17章条款,这些条款中的要求应作为任何其他栏的附加要求
制冷气体	无毒和不易燃烧体

2.最低要求一览表

表8-6中列出了37种液化气体的具体运输要求。

表 8-6　最低要求一览表

a 货品名称	b	c 船型	d 要求的 C 型独立液货舱	e 液货舱环境控制	f 蒸气探测	g 测量	h	i 特殊要求
乙醛 Acetaldehyde		2G/2PG	—	Inert	F+T	C		14.4.3, 14.3.3.1, 17.4.1, 17.6.1
氨-无水的 Ammonia, anhydrous		2G/2PG	—	—	T	C		14.4, 17.2.1, 17.12
丁二烯（所有异构体） Butadiene (all isomers)		2G/2PG	—	—	F+T	C		14.4, 17.2.2, 17.4.2, 17.4.3, 17.6, 17.8
丁烷（所有异构体） Butane (all isomers)		2G/2PG	—	—	F	R		
丁烷/丙烷混合物 Butane-propane mixture		2G/2PG	—	—	F	R		
丁烯（所有异构体） Butylenes (all isomers)		2G/2PG	—	—	F	R		
二氧化碳（高纯度） Carbon Dioxide (high purity)		3G	—	—	A	R		17.21
二氧化碳（再利用品质） Carbon Dioxide (Reclaimed quality)		3G	—	—	A	R		17.22
氯 Chlorine		1G	Yes	Dry	T	I		14.4, 17.3.2, 17.4.1, 17.5, 17.7, 17.9, 17.13
二乙醚* Diethyl ether*		2G/2PG	—	Inert	F+T	C		14.4.2, 14.4.3, 17.2.6, 17.3.1, 17.6.1, 17.9, 17.10, 17.11.2, 17.11.3
二甲基胺 Dimethylamine		2G/2PG	—	—	F+T	C		14.4, 17.2.1
二甲醚 Dimethyl Ether		2G/2PG	—	—	F+T	C		
乙烷 Ethane		2G	—	—	F	R		

续表

a 货品名称	b	c 船型	d 要求的C型独立液货舱	e 液货舱环境控制	f 蒸气探测	g 测量	h	i 特殊要求
氯乙烷 Ethyl Chloride		2G/2PG	—	—	F+T	C		
乙烯 Ethylene		2G	—	—	F	R		
环氧乙烯 Ethylene oxide		1G	Yes	Inert	F+T	C		14.4, 17.2.2, 17.3.2, 17.4.1, 17.5, 17.6.1, 17.14
环氧乙烷/环氧丙烷混合物,但环氧乙烷含量按重量不超过30%* Ethylene exide-propylene oxide mixtures with ethylene oxide content of not more than 30% by weight*		2G/2PG	—	Inert	F+T	C		14.4.3, 17.3.1, 17.4.1, 17.6.1, 17.9, 17.10, 17.18
异戊二烯*(所有异构体) Isoprene*(all isomers)		2G/2PG	—	—	F	R		14.4.3, 17.8, 17.9, 17.11.1
异戊二烯(部分精炼*) Isoprene (part refined)*		2G/2PG	—	——	F	R		14.4.3, 17.8, 17.9, 17.11.1
异丙胺* Isopropylamine*		2G/2PG	—	—	F+T	C		14.4.2, 14.4.3, 17.2.4, 17.9, 17.10, 17.11.1, 17.15
甲烷(液化天然气) Methane (LNG)		2G	—		F	C		
甲基乙炔丙二烯混合物 Methyl acetylene-propadiene mixtures		2G/2PG	—	—	F	R		17.16

续表

a 货品名称	b	c 船型	d 要求的C型独立液货舱	e 液货舱环境控制	f 蒸气探测	g 测量	h	i 特殊要求
溴甲烷 Methyl bromide		1G	Yes	—	F+T	C		14.4, 17.2.3, 17.3.2, 17.4.1, 17.5
氯甲烷 Methyl chloride		2G/2PG	—		F+T	C		17.2.3
混合C4货物 Mixed C4 Cargoes		2G/2PG			F+T	C		14.4, 17.2.2, 17.4.2, 17.4.3, 17.6, 17.20
乙胺* Monoethylamine*		2G/2PG	—	—	F+T	C		14.4, 17.2.1, 17.3.1, 17.9, 17.10, 17.11.1, 17.15
氮 Nitrogen		3G		—	A	C		17.17
戊烷（所有异构体）* Pentane (all isomers)*		2G/2PG	—	—	F	R		17.9, 17.11
戊烯（所有异构体）* Pentene (all isomers)*		2G/2PG	—	—	F	R		17.9, 17.11
丙烷 Propane		2G/2PG	—	—	F	R		
丙烯 Propylene		2G/2PG	—	—	F	R		
环氧丙烷* Propylene oxide*		2G/2PG	—	Inert	F+T	C		14.4.3, 17.3.1, 17.4.1, 17.6.1, 17.9, 17.10, 17.18
制冷气体 Refrigerant gases		3G				R		
二氧化硫 Sulphur dioxide		1G	Yes	Dry	T	C		14.4, 17.3.2, 17.4.1, 17.5, 17.7
氯乙烯 Vinyl chloride		2G/2PG	—	—	F+T	C		14.4.2, 14.4.3, 17.2.2, 17.2.3, 17.3.1, 17.6, 17.19

续表

a 货品名称	b	c 船型	d 要求的C型独立液货舱	e 液货舱环境控制	f 蒸气探测	g 测量	h	i 特殊要求
乙烯基乙基醚* Vinyl ethyl ether*		2G/2PG	—	Inert	F+T	C		14.4.2,14.4.3,17.2.2, 17.3.1,17.6.1,17.8, 17.9,17.10,17.11.2, 17.11.3
二氯乙烯* Vinylidene chloride*		2G/2PG	—	Inert	F+T	C		14.4.2,14.4.3,17.2.5, 17.6.1,17.8,17.9, 17.10

注:*此货物也包括在IBC规则内,即适用于双规则。

3.常见货品的理化特性及运输要求

(1)液化天然气

液化天然气(Liquefied Natural Gas,LNG)是无色、无味、无毒且无腐蚀性的低温液体,比水轻且不溶于水。LNG主要由甲烷、乙烷、丙烷、丁烷、氮气、二氧化碳等组成,其主要成分为甲烷(分子式为CH_4),占其体积的70%~99%。甲烷含量在90%以上的LNG称为干气,在90%以下的称为湿气。LNG的成分因产地的不同而有所差异,如澳大利亚的LNG中甲烷含量为89%~90%,卡塔尔的LNG中甲烷含量约为90%,马来西亚的LNG中甲烷含量为91%~94%,阿拉斯加的LNG中甲烷含量则达到99%以上。目前,海运进出口的LNG中甲烷含量一般为95%~97%。LNG具有易燃易爆、窒息、低温、易蒸发、翻滚及快速相变等危险特性,其理化性质参数见表8-7。该类货物只能在低温条件下运输,适用船型为2G型。

表8-7 液化天然气理化性质参数表

沸点	-161.5 ℃	相对蒸气密度(空气=1)	0.55
熔点	-182.5 ℃	相对密度(水=1)	0.42(-164 ℃)
闪点	-188 ℃	燃烧热	889.5 kJ/mol
临界温度	-82.6 ℃	爆炸极限%(V/V)	5.3~15
临界压力	4.59 MPa	饱和蒸气压	53.32 kPa(-168.8 ℃)

(2)液化石油气

液化石油气(Liquefied Petroleum Gas,LPG)是一种碳氢化合物的混合物,主要成分为丙烷(分子式为C_3H_8)和丁烷(分子式为C_4H_{10})。气态时密度大,比空气重,为空气的1.5~2.1倍;液态时比水轻,约为水的1/2。液化石油气液体膨胀系数大,是水的16倍;爆炸极限范围较窄,为1.5%~9.5%,但爆炸下限比其他可燃气体低;纯净的液化石油气无色、无味、无毒。该类货物可通过全压、全冷、半冷冻等方式运输,适用的船型为2G/2PG型。

(3)乙烯

乙烯是一种最简单的烯烃,分子式为C_2H_4。它是一种无色、稍有气味的气体,比空气的密度略小,难溶于水,易溶于四氯化碳等有机溶剂。其理化性质参数如表8-8所示。该类货物一般在全冷冻条件下运输,常压下降温到-104 ℃左右,适用的船型为2G型。

表8-8　乙烯理化性质参数表

沸点	−103.9 ℃	相对蒸气密度(空气 = 1)	0.98
熔点	−169.4 ℃	相对密度(水 = 1)	0.61
闪点	无意义	燃烧热	1 409.6 kJ/mol
临界温度	9.2 ℃	爆炸极限%(V/V)	2.7~36.0
临界压力	5.04 MPa	饱和蒸气压	4 083.40 kPa(0 ℃)

(4)无水氨

液化气船运输的无水氨为无色的液化气体(Liquefied Ammonia Gas, LAG),其分子式为 NH_3。该类货物具有强烈的刺激性气味,极易溶于水、乙醇、乙醚;气体氨可燃,燃烧时呈黄色火焰;有较强的毒性,有害气体浓度阈值 TLV 为 25ppm;2 000ppm 浓度下呼吸会感到困难并会在 30 min 内致命;6 000ppm 浓度下只需呼吸几分钟便会致命;10 000ppm 浓度下无保护的皮肤不能忍受。液体溅到皮肤上会造成严重的化学灼伤和冻伤,少量液体进入眼中会造成永久性损害。

氨是碱性气体,化学性质活泼,易与酸性气体和酸性物质起反应,如二氧化碳和二氧化硫等,因此装氨的液化气船不能用船上生产的含有 CO_2 的惰性气体。氨可在全压、全冷或半冷条件下运输,适用的船型为 2G/2PG 型。

(5)氯乙烯

氯乙烯(分子式为 C_2H_3Cl)是一种应用于高分子化工的重要单体,可由乙烯或乙炔制得。氯乙烯为无色、有醚样气味、有毒、易液化的气体。该类货物与空气易形成爆炸性混合物,在压力下更易爆炸,因此储运时必须注意容器的密闭及氮封,并应添加少量抑制剂。其适用船型为 2G/2PG 型。

(6)液氯特殊的运输要求

液态氯为黄绿色液体,有剧毒,在常压下即可汽化成气体,被吸入会导致严重中毒,有剧烈的刺激作用和腐蚀性。液氯不会燃烧,但可助燃。一般可燃物大都能在氯气中燃烧,一般易燃气体或蒸气也都能与氯气形成爆炸性混合物。氯气能与许多化学品(如乙炔、松节油、乙醚、氨、燃料气、烃类、氢气、金属粉末等)猛烈反应发生爆炸或生成爆炸性物质。它对金属和非金属都有腐蚀作用。因此,运输该类货物时,对船舶的货物围护系统、管系、仪器、人员防护及充装极限等都有特殊要求,其适用船型为 1G 型。

①货物围护系统

a.每一液货舱的容积应不超过 600 m³,所有液货舱的总容积应不超过 12 00 m³。

b.液货舱的设计蒸气压力应不低于 1.35 MPa。

c.应对在上甲板以上的液货舱突出部分配备保护设施,以防在被火焰包围时所产生的热辐射。

d.每一液货舱应配置 2 只压力释放阀。在液货舱和压力释放阀之间应安装用合适材料制成的安全膜片。安全膜片的破裂压力应比压力释放阀的开启压力低 0.1 MPa,将释放阀的开启压力设定为液货舱的设计蒸气压力,但不低于 1.35 MPa(表压),并通过超流量阀使安全膜片与释放阀之间的空隙与压力表和气体探测系统相连接。应采取措施以保持这一空隙的压力在正常作业时保持或接近大气压力。

e.应将压力释放阀出口布置成能使船上以及周围环境的危险降至最低限度。释放阀的渗漏应全部引至吸收装置,以尽可能降低气体的浓度。释放阀的排放管应布置在船的前端,能在甲板平面上向舷外排放,并设有能选择向左舷或右舷排放的装置,同时还应有一个机械联锁装置,以确保有一根排放管始终是开通的。

f.主管机关和港口主管当局可要求在规定的最大压力下以冷冻状态载运氯。

②货物管系

a.进行货物卸载时应采用岸上的压缩氯气、干燥空气或其他可接受的气体或全潜液泵。船上的货物卸货压缩机不应用于此用途。在卸货期间,液货舱蒸气空间的压力应不超过 1.05 MPa 表压力。

b.货物管系的设计压力应不低于 2.1 MPa 表压力。货物管的内径应不超过 100 mm。对于管系热变形的补偿只能采用弯管,并尽量限制使用法兰接头,如果要使用法兰,则应采用带有槽和舌片的焊颈型法兰。

c.货物管系的释放阀的排放管应接至吸收装置,设计释放阀系统时,需要考虑该装置产生的流量限制。

d.仪器(安全装置):

船上应设有与货物管系和液货舱相连接的氯吸收装置。吸收装置应具有按合理的吸收率至少能中和货舱总容量的 2% 的能力。在对液货舱进行除气期间,不应将蒸气排向大气;应配备能探测氯浓度至少为 1ppm(按容积计)的气体探测系统,气体探测系统应配备声光报警器,其调定点为 5ppm。

e.每一液货舱应配备 1 个高压报警器,在压力达到 1.05 MPa 表压力时,报警器应能发出声响报警。

③人员保护

为了保护人员,应设置满足下列要求的围蔽处所:

a.应能从开敞甲板和起居处所通过空气闸方便而迅速地进入处所,并能快速关闭处所并保证其气密性;

b.按要求设置的能消除污染的喷淋设备中应有 1 套位于进入该处所的露天甲板空气闸附近;

c.该处所应设计成能容纳船上的全部船员,并能提供维持不少于 4 h 的未受污染的空气源;

d.处所内应配备 1 套医用氧气治疗设备。

④液货舱的充装极限

氯气装载后,液货舱蒸气空间内氯气含量应大于 80%(按容积计)。

(7)环氧乙烷的特殊运输要求

环氧乙烷是一种有机化合物,分子式为 C_2H_4O,是一种有毒的致癌物质,属于中低毒性物质,且极易被血液吸收,可引起动物和人以呼吸系统和神经系统为主的多脏器损害。其在低温下为无色透明液体,在常温下为无色、带有醚刺激性气味的气体,气体的蒸气压高,30 ℃时可达 141 kPa。环氧乙烷易燃、易爆,不易长途运输,因此有强烈的地域性。海上运输环氧乙烷时的特殊要求如下:

①甲板液货舱不应用于载运环氧乙烷。

②环氧乙烷的货物围护系统和管系不能使用 416 型和 442 型的不锈钢及铸铁。

③装载前,应对液货舱进行彻底、有效的清洗,以除去液货舱内及有关管路中前次所装货物的痕迹,除非前次所装货物是环氧乙烷、环氧丙烷或是这些货物的混合物。

④环氧乙烷只能采用深井泵或惰性气体置换法卸货。

⑤环氧乙烷只能在冷却状态下载运，并应保持其温度低于 30 ℃。

⑥压力释放阀的调定压力应不低于 0.55 MPa 表压力。最大调定压力应经主管机关特别批准。

⑦氮气保护气垫应能在任何时候使液货舱蒸气空间内的氮浓度不低于 45%（按容积计）。

⑧在装载前及当液货舱内含有环氧乙烷液体或蒸气的任何时间，应用氮气对液货舱进行惰化。

⑨在火焰包围货物围护系统的情况下，喷水系统应能自动喷洒。

⑩应设有货物投弃装置，以便在发生不可控制的环氧乙烷自反应时，紧急排放环氧乙烷。

（二十）附录 2

IGC 规则共有 5 个附录，其中，附录 2 为《国际散装运输液化气体适装证书》格式样本。《国际散装运输液化气体适装证书》主要包括船舶资料、船级社证明、年度检验和中间检验的签证栏、货品清单、液舱位置图等内容。

1.船舶资料

船舶资料包括船名、船舶编号或呼号、船籍港、货舱容量、船型、船舶登记号、IMO 号、安放龙骨或处于相应建造阶段的日期或对于改建船舶改建为气体运输船的开始日期等。

2.船级社证明

船级社证明包括已按 IGC 规则相关规定进行检验的说明、液货舱种类和编号、液货舱材料、液货舱释放阀最大设定压力、确定液货材料机械性能的温度、装载和稳性资料手册的说明、附加的装载限制、证书有效期等内容。

3.年度检验和中间检验的签证栏

本部分内容主要包括年度检验和中间检验的时间、地点、验船师的签章等。

4.货品清单

货品清单基本格式和内容如表 8-9、表 8-10 所示，船舶只适于载运列入货品清单的液化气体货物。

表 8-9　货品清单示例（VLGC 船）

货品 Products	载运条件 Conditions of Carriage	最低温度 Minimum Temperature （℃）
n-Butane 正丁烷	Cargo tank No.1/2/3/4 MARVS: 0.45 barg/Harbour 0.275 barg/Seagoing Filling limit：according to approved drawing/Loading manual dwg.Nb.：70101003GB	−0.5
i-Butane 异丁烷		−11.7
Mixture of n-Butane and i-Butane in any portion 正丁烷和异丁烷混合物		—
Commercial Propane 工业丙烷 （Max.8 mol% ethane in liquid phase）		−51.7
Butane-propane mixtures 丁烷-丙烷混合物		—
Propane 丙烷		−42.1
Propylene 丙烯		−47.7

表 8-10 货品清单示例（LNG 船）

货品 Products	载运条件 Conditions of Carriage				
	液舱编号 Tanks No.	最低温度 Minimum Temperature （℃）	最大压力 Maximum Pressure （kPa）	最大密度 Maximum Density （t/m³）	液舱装载条件 Tank Loading Conditions
Methane（LNG） 甲烷	1~4	−164	350	0.5	Max.97.7% cargo filling limit 货物充装极限

5.液舱位置图

以俯视图的形式展示每一个液货舱的具体位置。

四、GC 规则和 EGC 规则

（一）GC 规则

《散装运输液化气体船舶构造和设备规则》（简称 GC 规则）是政府间海事协商组织 IMCO 于 1975 年制定的关于新液化气船的设计、制造（包括改装）及运输管理的第一个国际性标准。因为该规则是 IMO 以 A.328（Ⅸ）决议通过的，所以也称 A328 规则，它仅为建议性质的国际标准。该规则公布后，IMO 对其进行了多次修正，目前仍在不断进行相应修订。

该规则适用于下述液化气船：

（1）1976 年 10 月 31 日以后签订建造（或重大改装）合同的船舶；

（2）当无建造（或重大改装）合同时，于 1976 年 12 月 31 日以后放龙骨（或开始改装）的船舶；

（3）1980 年 6 月 30 日以后交付使用（或改装完毕）的船舶。

（二）EGC 规则

由于 GC 规则只是针对当时新设计制造（或改装）的液化气船而制定的安全标准，而对当时已经交付使用以及已处于建造阶段的液化气船的安全要求，并未做出规定。故 IMCO 又制定了《现有散装运输液化气体船舶规则》（简称 EGC 规则），对这些现有的液化气船的结构与设备提出了一个共同的国际性标准。

EGC 规则是 IMO 以 A.329（Ⅸ）决议通过的，因此也称 A329 规则。EGC 规则实质上是对 GC 规则的补充，它对不受 GC 规则约束的现有液化气船制定了一个安全标准。EGC 规则是一个过渡性的规则，它主要适用于 1976 年 10 月 31 日之前建造的液化气船。该规则在设备方面的要求与 GC 规则基本相同，但在构造方面的要求低于 GC 规则的要求。该规则目前已经不再进行修订。

五、我国与散装液化气体运输相关的管理规定及要求

为了保障我国水上散装液化气体的安全运输，我国相关部门相继制定了与散装液化气体

运输相关的管理规定、安全技术要求和安全作业要求。

（一）中华人民共和国船舶载运危险货物安全监督管理规定

《船舶载运危险货物安全监督管理规定》中与散装液化气体运输直接相关的条款有：

（1）第 27 条：从事散装液化气体装卸作业的船舶和码头、装卸站应当建立作业前会商制度，并就货物操作、压载操作、应急等事项达成书面协议。

从事散装液化天然气装卸作业的船舶和码头、装卸站还应当采取装货作业期间在船上设置岸方应急切断装置控制点和卸货作业期间在岸上设置船方应急切断装置控制点等措施，确保在发生紧急情况时及时停止货物输送作业。

协助散装液化气船舶靠泊的船舶应当设置烟火熄灭装置及实施烟火管制。

禁止其他无关船舶在作业期间靠泊液化气码头、装卸站。

（2）第 32 条：船舶从事加注液化天然气及其他具有低闪点特性的气态燃料作业活动，应当遵守有关法规、标准和相关操作规程，落实安全措施，并在作业前将作业的种类、时间、地点、单位和船舶名称等信息向海事管理机构报告；作业信息变更的，应当及时补报。

通过船舶为液化天然气及其他具有低闪点特性的气态燃料水上加注船、趸船补给货物燃料的，应当执行本规定水上过驳的要求。

（3）第 33 条：载运危险货物的船舶应当遵守海事管理机构关于航路、航道等区域性的特殊规定。

载运爆炸品、放射性物品、有机过氧化物、闪点 28 ℃以下易燃液体和散装液化气的船舶，不得与其他驳船混合编队拖带。

（4）第 34 条：散装液化天然气船舶应当在抵港 72 小时前（航程不足 72 小时的，在驶离上一港口时）向抵达港海事管理机构报告预计抵港时间。预计抵港时间有变化的，还应当在抵港 24 小时前（航程不足 24 小时的，在驶离上一港口时）报告抵港时间。

（5）第 35 条：散装液化气船舶进出港口和在港停泊、作业，应当按照相关标准和规范的要求落实安全保障措施。在通航水域进行试气试验的，试气作业单位应当制定试验方案并组织开展安全风险论证，落实安全管理措施。

载运散装液化天然气船舶及载运其他具有低闪点特性的气态燃料的船舶，进出沿海港口和在港停泊、作业，应当通过开展专题论证，确定护航、安全距离、应急锚地、安全警示标志等安全保障措施。

载运散装液化天然气船舶及载运其他具有低闪点特性的气态燃料的船舶，在内河航行、停泊、作业时，应当落实海事管理机构公布的安全保障措施。海事管理机构根据当地实际情况评估论证，确定护航、合理安全距离、声光警示标志等安全保障措施，征求相关港航管理部门意见后向社会公布。在船舶吨位、载运货物种类、航行区域、航线相同，且周边通航安全条件没有发生重大变化的情况下，不再重新进行评估论证。

（6）第 38 条：载运危险货物的船舶航行、装卸或者停泊，应当悬挂专用的警示标志，按照规定显示专用信号。

载运散装液化天然气的船舶在内河航行，应当事先确定航行计划和航线。

载运散装液化天然气的船舶由沿海进入内河水域的，应当向途经的第一个内河港口的海事管理机构报告航行计划和航线；始发地为内河港口的，船舶应当将航行计划和航线向始发地海事管理机构报告。

（二）液化气体船舶安全作业要求

《液化气体船舶安全作业要求》(GB 18180—2022)为强制的国家标准。它规定了我国水域内液化气体船舶的一般安全要求、靠离泊作业要求、装卸货作业要求、其他作业要求及水上过驳作业附加要求等,适用于我国水域内液化气体船舶作业。

该标准有四个资料性附录:附录 A(资料性)船/岸安全检查表、附录 B(资料性)装卸作业后检查表、附录 C(资料性)碰垫配备表、附录 D(资料性)船/船安全检查表。

（三）港口作业安全要求　第 1 部分：油气化工码头

《港口作业安全要求　第 1 部分:油气化工码头》(GB 16994.1—2021)为强制的国家标准。它规定了油气化工码头作业过程中的一般要求、作业安全要求、特殊作业要求和应急管理要求,适用于油气化工码头作业。

油气化工码头是指包括装卸油品、液体化学品、液化天然气、液化烃在内的油气化工品码头的统称。

第二节　液化气体的定义、分类及特性

一、液化气体的定义

液化气体是指常温常压下为气体,经过加压、降温或降温加压转化为液态的物质。国家标准《瓶装气体分类》(GB/T 16163—2012)中将液化气体定义为临界温度高于 -50 ℃的气体。本节所指的散装液化气体是温度在 37.8 ℃时,蒸气绝对压力超过 0.28 MPa 的被液化的气体和 IGC 规则第 19 章所列的其他货品。

二、液化气体的分类

（一）工业气体分类

1.GB 13690 中的分类

《化学品分类和危险性公示通则》(GB 13690—2009)中根据气体的理化危险性将其分为 3 类:

(1)易燃气体:是指在 20 ℃和 101.3 kPa 标准压力下与空气有易燃范围的气体。

(2)氧化性气体:是指一般通过提供氧气,比空气更能导致或促使其他物质燃烧的任何气体。

(3)压力下气体:是指高压气体在压力等于或大于 200 kPa(表压)下装入贮器的气体,或是液化气体或冷冻液化气体。

压力下气体包括压缩气体、液化气体、溶解气体、冷冻液化气体。

2.GB/T 16163 中的分类

《瓶装气体分类》(GB/T 16163—2012)中根据气体的临界温度和在气瓶内的物理状态将

其分为4类：

（1）压缩气体：临界温度低于等于−50 ℃的气体。它在正常环境温度（−40~60 ℃）下充装、贮运和使用过程中均为气态。

（2）液化气体：临界温度高于−50 ℃的气体，是高压液化气体和低压液化气体的统称。临界温度高于−50 ℃且低于等于65 ℃的气体为高压液化气体；临界温度高于65 ℃的气体为低压液化气体。

高压液化气体在正常环境温度（−40~60 ℃）下充装、贮运和使用过程中随着气体温度、压力的变化，其状态也在气、液两态间变化，此类气体在温度超过其临界温度时为气态。

低压液化气体在充装、贮运和使用的过程中，正常环境温度（−40~60 ℃）均低于此类气体的临界温度。

（3）溶解气体：在压力下溶解于气瓶内溶剂的气体。在标准中，溶解气体是指易分解或聚合的可燃气体。

（4）冷冻液化气体：在运输过程中由于深冷低温而部分呈液态的气体。在充装时及在绝热焊接气瓶中以深冷液体形式运输，在使用过程中呈液态或液体汽化及常温气态。

（二）液化气体分类

1.按液化气体的主要成分分类

（1）液化石油气（LPG）：其主要成分为丙烷和丁烷。

（2）液化天然气（LNG）：其主要成分为甲烷。

（3）其他液化气体：取决于货品种类。

2.按液化气体的沸点和临界温度分类

（1）高沸点液化气体：指沸点不低于−10 ℃的物质。如丁二烯、二氧化硫等。

（2）中沸点液化气体：指沸点在−55~−10 ℃且临界温度在45 ℃以上的物质，如氨、丙烷等。

（3）低沸点液化气体：指沸点低于−55 ℃或临界温度低于45 ℃的物质，如甲烷、乙烯、氮等。该类物质必须采用低温或低温加压方式贮运。

三、液化气体的理化特性

（一）易燃易爆性

由于液化气体沸点低、挥发性大，一旦泄漏，其危险性比石油类物质更大。所以具有易燃特性的液化气体必须在其可燃范围以外的状态下运输和装卸。

（二）毒害性

有些液化气体的蒸气与人的皮肤、眼睛接触或被人体吸入会引起中毒，如异丙胺、溴甲烷、氯甲烷、乙胺、氧化丙烯、二氧化硫、氯乙烯、乙氧基乙烯、乙醛、氨、氯、乙醚、二甲基胺、氯乙烷、环氧乙烷、环氧乙烷/氧化丙烯混合物等。货物作业和应急操作时根据需要穿防护服，在有吸入有毒蒸气的危险时应戴合适的呼吸器。

（三）腐蚀性

有的液化气体本身具有腐蚀性，有的液化气体能与容器、船体材料及其他物质发生反应产生不同程度的腐蚀性。腐蚀性不仅对人体有害,还会对船体机构产生损伤。

（四）化学反应性

化学反应包括货物自身的分解、聚合反应,货物与水的反应,货物与空气的反应,货物与货物之间的反应,货物与冷却介质之间的反应,以及货物与船体材料之间的反应。

丁二烯、异戊二烯、氧乙烯、氯乙烯单体和二氯乙烯(亚乙烯基氯)等货品在海上运输条件下可能会发生自身的聚合反应。

液化气货品中,乙醛、氨和环氧乙烷完全溶于水,二甲基胺和氧化丙烯易溶于水,氯、乙醚、异丙胺、溴甲烷、氯甲烷、二氧化硫和氯乙烷等可溶或微溶于水,其他货品都不溶于水。

有些烃类化合物货品在一定温度压力下会与水结合生成结晶状水合物,水合物类似碎冰或半溶状的雪,它会卡住液货泵,破坏轴承或密封,影响阀门、滤网、仪表和管路,所以应避免生成水合物,尽可能不让货物含有水分。

有些液化气货物会与空气反应生成不稳定的过氧化物,并会导致爆炸。这些过氧化物不稳定,会引起货物发生自身聚合反应。为了避免过氧化物的生成,必须利用抗氧化剂等对这些货物进行抑制,或在惰性气体覆盖下载运。会与空气发生反应的液化气货品主要是非饱和的碳氢化合物,包括乙醛、丁二烯、乙醚、环氧乙烷、异戊间二烯、氯乙烯和乙氧基乙烯等。

某些货物之间会发生剧烈的危险反应,因此当同一船舶载运两种或多种不相容的货品时,每种货品必须分别采用独立的管系、液货舱、再液化设备和透气系统等。对于常见的液化气货品,如甲烷、乙烷、丙烷、丁烷、乙烯、丙烯、丁烯、丁二烯、异戊间二烯、氨、氯乙烯单体等是化学相容的货品,但上述货品都与氯(干燥的)不相容,会有危险反应。

（五）低温和压力危险性

(1)低温运输液化气时,低温会对船体、设备造成脆性破坏,也会导致人员冻伤。

(2)压力危险性包括高压危害、压力叠加危害和液货舱负压危害。

①高压危害

在封闭系统中,温度升高,液化气蒸气压力增加,对有压力限制的货物系统而言,一旦压力高于设计许可值,则会对系统造成损坏或造成危险。因此,在操作时应利用仪表等来检查、判断系统内是否存在高压的蒸气或液体,以免对人员、设备造成损害。为了保护货物系统免受高压损害,应对压力释放阀保持良好的维护与校正,定期将积聚在出口处会影响压力释放阀工作的液体排放掉,使之处于有效工作状态。

②压力叠加危害

对于某些不相容的液体,混装后其蒸气总压力会线性叠加。因此,在储存运输过程中应注意避免货物系统中的任何部位出现这种不相容的液体和蒸气混合的现象。当同时装载不相同货物时,应注意货物的绝对分隔;在换装货品时,应进行充分的扫舱和净化。

③液货舱负压危害

为了防止外界空气进入货舱与货物形成爆炸性混合气体,液货舱及系统内部应保持正压,即使舱内仅有货物蒸气或惰性气体时也应如此。货舱内出现负压,除可能会渗入空气外,还可能会破坏货舱结构。对于压力式容器货舱,设计上是可以承受一定负压的,但对于屏蔽材料很薄的薄膜式围护系统和半薄膜式围护系统,较小的负压或压力差也容易损坏其结构。

第三节　液化气船分类及特点

本章的液化气船是指从事散装运输 IGC 规则第 19 章所列的温度为 37.8 ℃时,其蒸气压力超过 0.28 MPa(绝对压力)的液化气体和其他货品的船舶。

一、按所装货物种类分类

1.液化石油气船

液化石油气船(Liquefied Petroleum Gas Carrier,LPG 船)主要装运液化石油气,还可以装运无水氨、氯乙烯单体等。

2.液化天然气船

液化天然气船(Liquefied Natural Gas Carrier,LNG 船)主要装运液化天然气。

3.液化乙烯船

液化乙烯船(Liquefied Ethylene Gas Carrier,LEG 船)主要装运液化乙烯气,还可以装运液化石油气。

4.液态氨运输船

液态氨运输船(Liquefied Ammonia Gas Carrier,LAG 船)主要装运液态氨。

5.液化氯气运输船

液化氯气运输船一般只能装运液化氯气。

6.兼用液化气船

这种船舶除了能装运液化气货物以外,还能装运其他种类的货物,如 LPG 和成品油运输船、液化气兼化学品运输船等。

二、按设计装运货物的危险程度分类

1.1G 型液化气船

1G 型液化气船用于载运要求采取最严格防漏保护措施的货品的液化气船。液氯、环氧乙烷、溴甲烷和二氧化硫等货物适用 1G 型液化气船。

2.2G 型液化气船

2G 型液化气船用于载运要求采取相当严格防漏保护措施的货品的液化气船。甲烷、丙烷、丁烷、乙烯等货物适用 2G 型液化气船。

3.2PG 型液化气船

2PG 型液化气船指长度为 150 m 及以下,载运要求采取相当严格防漏保护措施货品的液化气船。这些货品要求装载于其释放阀最大调定值(MARVS)至少为 0.7 MPa(表压力)及货物围护系统设计温度在-55 ℃或以上的 C 型独立液货舱内。

4.3G 型液化气船

3G 型液化气船用于载运要求采取中等防漏保护措施的货品的液化气船。氮气、二氧化碳、制冷气体等货物适用 3G 型液化气船。

三、按所装货物的液化方法分类

1.压力式液化气船

压力式液化气船又称全加压式液化气船,主要用于运输液化石油气和氨,其液舱为圆柱形、球形或具有纵隔壁的双圆柱形及三圆柱形。

该型船的优点是液舱管系不需要绝热、船上不需要设置再液化装置且操作简便,缺点是船舶的空间利用率低、载货量较少、液舱的厚度随设计压力的增大而增加,所以规模一般较小。图 8-1 为一艘小型全压式液化气船。

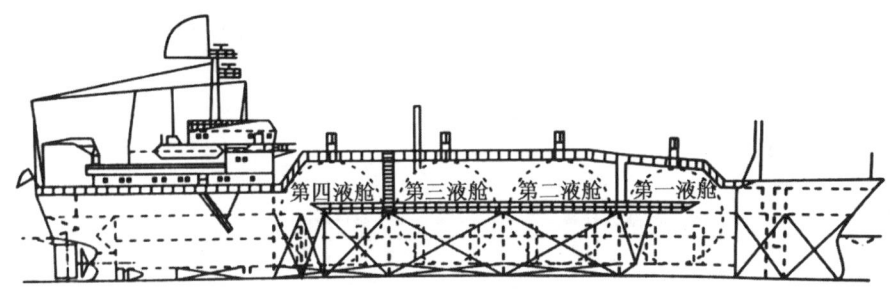

图 8-1　小型全压式液化气船

2.低温式液化气船

低温式液化气船又称冷冻式液化气船,是指装运在常压下将气体冷却至其沸点以下而液化的气体货物的船舶。该型船用于运输液化石油气时,其冷却温度为-55 ℃;用于运输乙烯时,其冷却温度为-104 ℃;用于运输液化天然气(只能采用常压低温方式运输)时,其冷却温度为-162 ℃。目前,世界上专门运输液化天然气的船舶根据货舱围护系统的不同共有三种形式,薄膜液舱型(Membrane Type)、球形液舱型(Moss Type)、SPB 菱形液舱型(Self-supporting Prismatic Shape IMO Type "B")。

该型船因液舱多为棱柱形或梯形而使船舶的空间利用率提高,又因低温使液货的密度增大而使船舶载货量增加,从而提高了其经济性。但该型船因液货舱必须采用耐低温材料并要求采取相应的绝热措施,液舱周围需用惰性气体保护且需设置再液化装置。图 8-2 为球罐型 LNG 船(无再液化装置),图 8-3 为薄膜型 LNG 船(有再液化装置)。

3.低温低压式液化气船

低温低压式液化气船又称半冷冻式液化气船,是压力式和低温式两种液化方式的折中方案,采用在一定的压力下使气体冷却液化的方法进行运输。一般设计压力为 0.3~0.7 MPa,冷却温度则随运输对象不同而异,较多的是在-10 ℃左右。由于设计压力减小,液舱舱壁厚度可以相应减小,对材料的耐高压和耐低温的要求也降低,从而使建造成本降低。其液舱形状有圆柱形、圆锥形、球形或双凸轮形。图 8-4 为一艘小型的低温低压式液化气船。

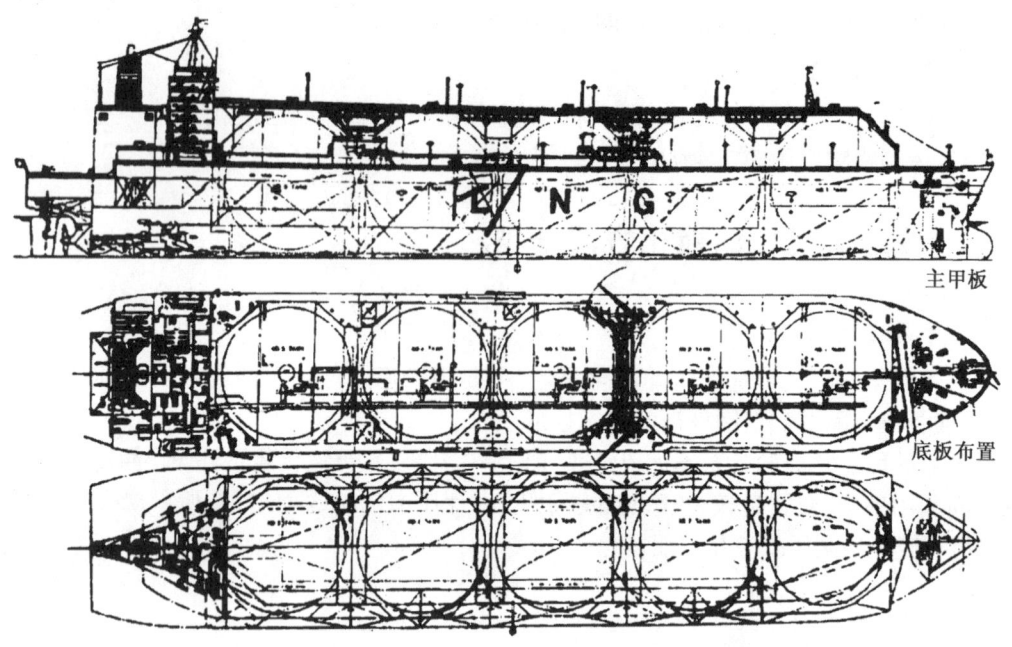

图 8-2　球罐型 LNG 船(无再液化装置)

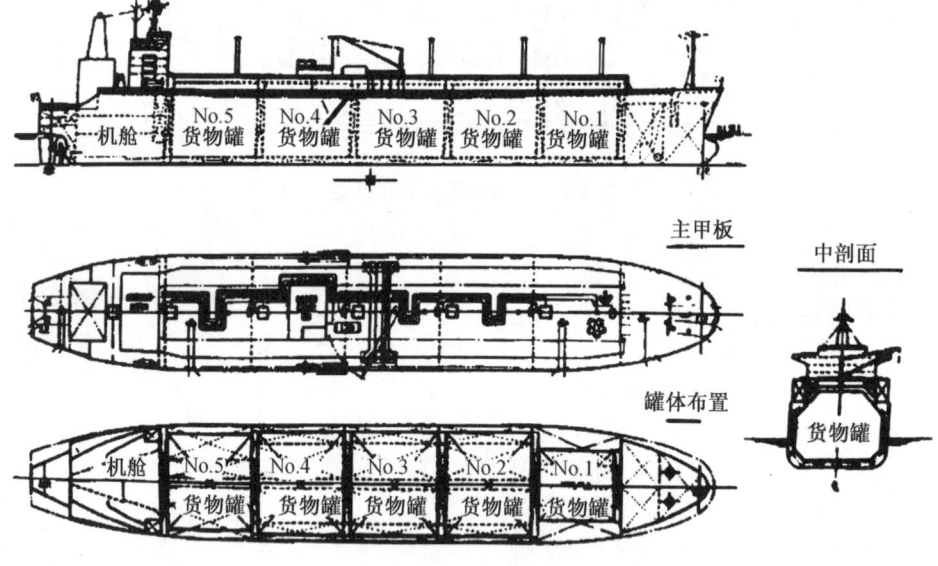

图 8-3　薄膜型 LNG 船(有再液化装置)

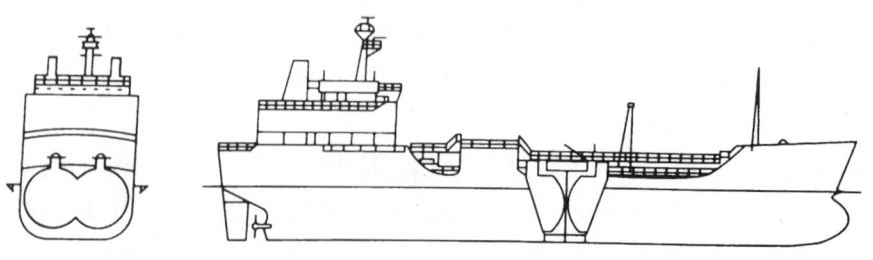

图 8-4　小型的低温低压式液化气船

第四节　液化气船的构造及设备要求

一、IGC 规则对液化气船构造和布置的要求

（一）货物区域的分隔

（1）货舱处所应与机器处所、锅炉处所、起居处所、服务处所、控制站、锚链舱、生活用水舱以及储物舱隔开。货舱处所应位于 A 类机器处所的前方。基于 SOLAS 74 公约第 Ⅱ-2/17 条，在进一步考虑到相关风险（包括货物泄放风险和减轻措施）后，可接受替代布置，包括使 A 类机器处所在前方。

（2）若在不要求设有完整或部分次屏壁的货物围护系统内载运货物，则货舱处所与上述处所之间，或与其下面或外侧的处所之间，可用隔离舱、燃油舱或形成 A-60 级分隔的全焊接结构的单层气密舱壁予以分隔。如果相邻处所内不存在点火源或火灾危险，则可接受气密 A-0 级分隔。

（3）若在要求设有完整或部分次屏壁的货物围护系统内载运货物，则货舱处所与（1）所述处所之间，或与其下面或外侧存在点火源或火灾危险的处所之间，应用隔离舱或燃油舱予以分隔。如果相邻处所内不存在点火源或火灾危险，则可接受气密 A-0 级分隔。

（4）转塔舱与（1）中所述处所之间，或与其下面或外侧存在点火源或火灾危险的处所之间，应用隔离舱或 A-60 级分隔予以分隔。如果相邻处所内不存在点火源或火灾危险，则可接受气密 A-0 级分隔。

（5）从转塔舱至相邻处所的火灾扩展风险应通过风险分析进行评估，并应在需要时提供预防措施，例如在转塔舱周围布置隔离舱。

（6）若在要求设有完整或部分次屏壁的货物围护系统内载运货物，则应符合下列规定：

①当货物温度低于-10 ℃时，货物舱处所与海水之间应设置双层底；

②当货物温度低于-55 ℃时，货物舱处所还须设置构成边舱的纵舱壁。

（7）露天甲板上为货物围护系统所设开口处应设有密封装置。

（二）起居、服务和机器处所以及控制站

（1）任何起居处所、服务处所或控制站应不位于货物区域内。对货物围护系统要求设置次屏壁的船舶，应将起居处所、服务处所或控制站面向货物区域的舱壁布置成能避免仅因甲板或舱壁的单一破损而使货物舱的气体进入这些处所。

（2）为了防止有害蒸气进入起居处所、服务处所、机器处所和控制站，在确定上述处所的空气进口/出口和开口的位置时，应考虑货物管路、货物透气系统以及机器处所内气体燃烧装置排出的废气对上述处所的影响。

（3）非危险区域到危险区域之间，不允许设置气密或其他型式的门的通道，但当起居处所位于船尾时，通过规定的空气闸而进出货物区域前面的服务处所所设的通道是允许的。

（4）起居处所、服务处所、机器处所和控制站的入口、空气进口和开口不应面向货物区域，

它们应设置在不面向货物区域的端壁上，或设置在上层建筑或甲板室的外侧壁上，这些开口离面向货物区域上层建筑或甲板室的端壁之间的距离至少为船长（L）的4%，且不小于3 m，然而不必超过5 m。

（5）面向货物区域和在上述距离内的上层建筑或甲板室两外侧壁上的窗和舷窗应是固定（非开启）型的。驾驶室的窗可以为非固定型的，而门可位于上述范围内，只要它们能确保迅速而有效的气密和蒸气密。

（6）对于专用于载运既不易燃又无毒性危害货物的船舶，在执行上述要求时，经主管机关认可后可予以放宽。

（7）进入包含点火源的首楼处所的通道可允许通过面向货物区域的单扇门，但门应位于IGC规则第10章中定义的危险区域外。

（8）面向货物区域和在上述规定的限制内的上层建筑或甲板室两外侧壁上的窗和舷窗（驾驶室窗除外）应建造成A-60级。最上层连续甲板以下外板上的舷窗以及在第一层上层建筑或甲板室的舷窗均应为固定（非开启）型的。

（9）起居处所、服务处所和控制站的所有空气进口、出口和其他开口均应设有关闭装置。载运有毒货品时，它们应能在处所内部操作。对于有毒货品，空气进口和开口设置能在处所内部操作的关闭装置的要求不必适用于不经常有人的处所，例如甲板贮存室、首楼储藏室、工作间。另外，此要求不适用于货物区域内的货物控制室。

（10）转塔系统的控制室和机器处所可位于具有这类装置的船上液货舱前后的货物区域。进入包含点火源的此类处所的通道可允许通过面向货物区域的门，条件是门位于危险区域外或通道通过空气闸。

（三）货物机器处所和转塔舱

（1）货物机器处所应位于露天甲板上，且应位于货物区域内。货物机器处所和转塔舱应被视为货泵舱，在防火要求方面按照SOLAS 74公约第Ⅱ-2/9.2.4条的要求；在防止潜在的爆炸方面按照SOLAS 74公约第Ⅱ-2/4.5.10条的要求。

（2）当货物机器处所位于最后货舱处所的后面或最前货舱处所的前面时，货物区域的界限应扩展到包括货物机器处所在内的整个船宽和船深的范围以及这些处所上方的甲板区域。

（3）当货物区域的界限按要求扩展时，货物机器处所与起居处所、服务处所、控制站和A类机器处所之间的分隔舱壁应布置成能避免气体通过甲板或舱壁的单一破损进入这些处所。

（4）货物压缩机和货泵可由经舱壁或甲板分隔的相邻非危险处所中的电动机驱动，条件是舱壁贯穿周围的密封能够确保该两个处所的有效气密分隔。

（5）货物机器处所和转塔舱应布置成能让穿防护服和戴呼吸器的人员安全无阻地进出，并且在人员受伤时，能及时将昏迷的伤员救出。货物机器处所内应设有至少2个远离的脱险通道和门，除非当至门的最大距离小于或等于5 m时，可接受单个脱险通道。

（6）穿防护服的人员应易于接近装卸货物所需的所有阀。在货泵舱和货物压缩机舱内应配备合适的排水装置。

（7）转塔舱应设计成在发生爆炸或不可控的高压气体泄放（过压和/或脆性断裂）时，保持其结构完整性，其特征应基于风险评估予以证明，并适当考虑到压力释放设备的性能。

（四）货物控制室

（1）任何货物控制室均应位于露天甲板以上，且可位于货物区域内。货物控制室可设于

起居处所、服务所处或控制站内,还应满足下列条件:

①货物控制室是非危险区域;

②如果货物控制室的入口符合要求,则货物控制室可以设置到上述处所的通道;

③如果货物控制室的入口不符合要求,则货物控制室不得设置到上述处所的通道,且货物控制室与这些处所之间的周界应达到A-60级分隔完整性。

(2)如果货物控制室设计成非危险区域,则货物控制室内的仪表设备应尽可能采用间接读出系统,且仪表设备应设计成在任何情况下能防止气体漏逸至货物控制室内的空气中。如果气体探测系统是按规定安装的,则在货物控制室内的气体探测系统设置不应使控制室变成危险区域。

(3)对于载运易燃货物的船舶,如果货物控制室是危险区域,则应排除点火源,且任何电气设备应按照IGC规则第10章的要求安装。

(五)通往货物区域内各处所的通道

(1)在不移动任何固定结构或装置的情况下,至少对船体内壳结构的一侧应能进行目测检验,若这种目测检验只能检查内壳的外表面,则此船体内壳不应是构成燃油舱周界的舱壁。

(2)应能对货舱处所内任何绝热层的一侧进行检验。若对于绝热系统的完整性,能在液货舱处于营运温度时通过对货舱处所周界外侧的检验予以验证时,则对货舱处所内一侧绝热层的检验可不要求。

(3)对货舱处所、留空处所、液货舱和归为危险区域的其他处所进行布置时,应考虑身穿防护服和戴呼吸器的人员能进入上述任何处所并进行检验,且允许受伤和/或昏迷人员撤离。

(4)露天开敞甲板至非危险区域的通道应位于IGC规则第10章中规定的危险区域外,除非通道是按照空气闸的要求设置。

(5)转塔舱应设有2个独立的通道/出口。

(6)不允许设置从露天开敞甲板下的危险区域至非危险区域的通道。

(六)空气闸

(1)露天开敞甲板上的危险区域与非危险处所之间的通道应依靠空气闸。空气闸应由两扇能确保气密的钢质门组成,此类门应是自闭式的,无任何门背扣装置,能保持过压,它们之间的距离至少为1.5 m,但不大于2.5 m。空气闸处所应从非危险区域机械通风并相对露天开敞甲板上的危险区域保持过压状态。

(2)如果(受空气闸保护)处所受到加压保护,通风应按照公认标准设计和安装。

(3)空气闸处所的两端应配备声光报警系统。当一侧门开启时,应发出光报警。当空气闸两侧的门从关闭位置开启时,应发出声报警。

(4)在载运易燃货品的船上,受空气闸所保护处所内的非合格防爆型电气设备,当处所内的过压状态消失时应能切断其供电。

(5)位于空气闸所保护的处所内用于操纵、锚泊和系泊以及应急消防泵的电气设备应为合格防爆型。

(6)空气闸处所内应监测货物蒸气。

(7)按照现行《国际载重线公约》的要求,空气闸的门槛高度应不小于300 mm。

(七)舱底水、压载和燃油布置

(1)如果货物载运在不要求设有次屏壁的货物围护系统,则在货舱处所内应配备不与机器处所相连的合适的排水装置,还应设有探测任何泄漏的装置。

（2）如果设有次屏壁,则应配备适当的排水装置,用于处理通过相邻船体结构漏入货舱处所或绝热处所的泄漏。吸口不应引向机器处所内的泵。还应设有能探测此类泄漏的装置。

（3）A 型独立液货舱的货舱处所或保护层处所,应设有适当的排水系统,以处理在液货舱泄漏或破裂时漏出的液货,这种装置还应提供将漏出的液货返回液货舱的管路。

（4）压载处所(包括用作压载水管路的湿箱形龙骨)、燃油舱和非危险处所可与机器处所内的泵相连接。有压载水管通过的干箱形龙骨可与机器处所内的泵相连接,条件是连接管直接同泵连接,并从泵直接排出舷外,且从箱形龙骨连至泵以及从泵排出舷外的管路不应与服务于非危险处所的管路连接。泵的透气管的开口不应通向机器处所。

二、IGC 规则对液化气船相关设备系统的要求

（一）货物系统阀门要求

（1）每一液货舱和管系应设有规定的用于隔离的手动操作阀。

（2）应视情况设置遥控阀作为紧急切断(ESD)系统的一部分,ESD 系统的目的是当货物液体或蒸气在驳运时出现紧急情况时,停止货物流动或泄漏。ESD 系统旨在将货物系统回归到安全的静态状态,以便可以采取补救行动。ESD 系统的设计应对避免货物驳运管路内产生冲击压力给予充分考虑。ESD 启动时切断的设备包括装卸货时的汇管阀,任何在船舶内部或外部(如至岸上或另一船舶/驳船)驳运货物的泵或压缩机等和液货舱阀(如释放阀最大设定值 MARVS 超过 0.07 MPa)。

（3）液货舱连接管:

①除安全释放阀和液位测量装置以外,在所有液体和蒸气的连接管上均应设切断阀。应将这些阀尽可能地靠近液货舱。这些阀应能完全关闭并应能就地手动操作。这些阀还可被遥控操作。

②对 MARVS 超过 0.07 MPa 的液货舱,上述连接管上还应设有遥控 ESD 阀。应将这些阀尽可能地靠近液货舱。若 1 个单独的阀符合相关要求,并能将管路完全关闭,则可用 1 个单独的阀代替 2 个分开的阀。

（4）货物总管连接管:

①应为在使用的每一货物通岸驳运连接处设置 1 个遥控 ESD 阀,以停止液相或气相货物装入或驳出船舶。对于不使用的通岸驳运连接接头,应用合适的盲板法兰予以隔断。

②如液货舱 MARVS 超过 0.07 MPa,应为在使用的每一通岸驳运连接接头设置一个额外的手动阀,该阀可设在 ESD 阀的内侧或外侧以适应船舶的设计。

（5）当受保护管路的直径不超过 50 mm 时,可用超流量阀代替 ESD 阀。超流量阀在达到制造厂设定的蒸气或液体的额定关闭流量时应自动关闭。包括附件、阀和由超流量阀保护的附属设备的管路应具有比超流量阀的额定关闭流量大的容量。应将超流量阀设计成具有 1 个直径不超过 1 mm 的圆形旁通孔,以便在超流量阀关闭后能使压力保持平衡。

（6）对于仪表或测量装置的液货舱连接管,不必设置超流量阀或 ESD 阀,但这些装置的结构应能保证液货舱内货物的外流量不超过通过直径为 1.5 mm 的圆孔的流量。

（7）在管路充满液体情况下,对可能被隔断的所有管路或部件均应装设释放阀以应对热膨胀和蒸发。

（8）对于可能由于火灾被自动隔断的所有管路或部件,如其内部的液体容积超过0.05 m³,释放阀 PRV 的排量应适应火情。

（二）货物驳运布置

（1）当使用货泵驳运货物,且在液货舱处于使用状态又不能接近货泵进行修理时,则至少应设有 2 套独立装置,以便能从每个液货舱驳运货物,同时应设计成当 1 台货泵或驳运装置发生故障时,不致妨碍使用另外 1 台泵或泵组,或其他货物驳运装置驳运货物。

（2）采用气体加压驳运货物时,在驳运过程中应防止释放阀开启。气体加压可以被作为用于液货舱驳运货物的一种方法。但在设计这些液货舱时,应考虑使其在货物驳运作业期间不致降低液货舱的设计安全系数。

（3）应设置通向岸上装置的蒸气回路接头。

（4）应将压力释放系统与液货舱透气管系相连接,对透气管系的设计应使货物蒸气积聚在甲板上或进入居住处所、服务处所和控制站以及机器处所或可能造成危险状态的其他处所的可能性降至最低。

（5）货物取样连接管的布置要求:

①连接至货物管系并用于货物液体取样的连接管应清晰标记,其设计应将货物蒸气的释放降至最低。对于允许载运有毒货品的船舶,取样系统应为闭环设计,以确保货物液体和蒸气不挥发至大气。

②液体取样系统应在取样入口设有两个阀,其中之一应为多回转阀门以防止意外开启,并且两者之间的距离应足够远以确保如遇诸如冰或水合物造成堵塞时可隔断管路。

（6）货物滤器要求:

货物液体和蒸气系统应能设置滤器以免受异物损坏。此类滤器可以是固定或临时的,过滤标准应与碎片等进入货物系统的风险相适应。应设有设施能够显示滤器正被堵住,还应制定能将滤器隔断、减压和安全地清洁的措施。

（三）货物压力/温度控制要求

（1）液货舱的压力和温度应通过下列一种或几种方法一直保持在设计范围内:

①货物蒸发气的再液化;

②货物蒸发气的热氧化(燃烧);

③压力积聚(蓄压);

④液相货物的制冷。

（2）隔离:

如果同时载运 2 种或 2 种以上能起危险化学反应的货物时,对于每种货物,均应设有规定的独立系统,每个系统符合规定的可用衡准。如果同时载运 2 种或 2 种以上不互相反应但由于其蒸气的特性而需要单独系统的货物,则可通过隔离阀进行隔离。

（四）液货舱透气系统

所有液货舱均应具有与货物围护系统的设计以及其所装载的货物相适应的压力释放系统。对于所承受的压力可能超过其设计承受能力的货舱处所和屏壁间处所,也应具有合适的压力释放系统。需要注意的是,液货舱压力控制系统应独立于压力释放系统。

（1）液货舱(包括甲板液货舱)应设有最少 2 个压力释放阀(PRV),每个阀的尺寸均相同且偏差在制造商的公差范围之内,其设计和制造能够满足预定的用途。

（2）屏壁间处所应设有压力释放装置。

（3）压力释放阀的调定压力应不高于设计该液货舱时所采用的蒸气压力。

（4）如果液货舱安装的压力释放阀发生故障,应有紧急隔离安全装置。

（5）安装在液货舱上的每个压力释放阀应与透气系统相连接。

（6）应将液货舱压力释放阀排气管出口布置成使其与最近的通向起居处所、服务处所和控制站或其他非危险区域空气进口、出口或开口之间的距离至少为 B 或 25 m,取其小者。

（7）应将所有与货物围护系统相连的其他透气管出口布置成使其与最近的通向起居处所、服务处所和控制站或其他非危险区域的空气进口、出口或开口之间的距离至少为 10 m。

（8）如果同时载运几种相互间会起危险反应的货物,则对所载运的每种货物均应设置一个独立的压力释放系统。

（9）应将压力释放阀连接至甲板平面以上的液货舱最高部分。

（五）液化气船的防火和灭火

1.防火安全要求

根据 SOLAS 74 公约的相关规定,为了灭火,应将在最后面的货舱处所后端或在最前面的货舱处所前端的隔离舱、压载舱或留空处所上方的任何开敞甲板区域都包括在货物区域内。

2.消防水总管设备

对于载运受本规则约束的货品的船舶,不论其尺度大小,均应满足 SOLAS 74 公约第Ⅱ-2/10.2条对货船的要求。但是,当消防泵用于供给 IGC 规则规定的水雾系统时,则所要求的消防泵的排量以及消防总管和消防水管的直径应不受 SOLAS 74 公约第Ⅱ-2/10.2.2.4.1 条和第Ⅱ-2/10.2.1.3 条规定的限制。消防泵的排量应在具有船上使用的最大尺寸水枪的消防水带在至少 0.5 MPa(表压力)的压力下同时提供 2 股水柱时使这些区域得到保护。

对水灭火系统的布置,应至少使 2 股水柱能喷射到货物区域内甲板的任何部分以及甲板以上的货物围护系统和液货舱舱口盖等部位。应设置必要数量的消火栓,以满足上述布置的需要并满足 SOLAS 74 公约第Ⅱ-2/10.2.1.5.1 条和第Ⅱ-2/10.2.3.3 条的要求,消火栓所配备的消防水带的长度按第Ⅱ-2/10.2.3.1.1 条的规定。此外,SOLAS 74 公约第Ⅱ-2/10.2.1.6 条所要求的压力至少应达到 0.5 MPa(表压力)。

水枪应为经认可的设有关闭装置的两用型(水雾/水柱型)。

3.水雾系统

在载运易燃和/或有毒货品的船上,应安装用于冷却、防火以及船员防护的水雾系统,其范围应包括:

（1）暴露的液货舱气室、液货舱的任何暴露部分和含有货物的相邻设备着火时暴露于热的液货舱盖的任何部分。

（2）在甲板上暴露的用于易燃或有毒货品的储存容器。

（3）甲板上的气体处理装置。

（4）货物液体和蒸气的装卸连接,包括法兰及其控制阀所在的区域,其范围至少等于所设滴盘的区域。

（5）货物液体和蒸汽管中所有暴露的应急切断阀,包括向用气装置供气的总阀。

（6）面向货物区域的暴露限界面,例如经常有人的上层建筑和甲板室的舱壁、货物机器处所、装有高度失火危险物品的储藏室和货物控制室。这些区域暴露的水平限界面不要求保护,除非在其上面或下面布置可拆卸的货物管路连接。对不存放高度失火危险物品或设备的无人首楼结构的限界面,不要求水雾保护。

(7)面向货物区域的暴露救生艇、救生筏和集合站,不论至货物区域的距离。

(8)任何半围蔽货物机器处所和半围蔽货物机舱。

4.化学干粉灭火系统

(1)对凡拟载运易燃货品的船舶,均应安装经主管机关认可的固定式化学干粉灭火系统,以便用其扑灭货物区域甲板上的火灾(包括甲板上任何货物液体和蒸气排放和装载连接),如适用,也可用其扑灭首尾货物装卸区域的火灾。

(2)该系统具有至少能用 2 个手持软管或干粉炮与手持软管的联合装置将干粉喷洒到暴露货物液体和蒸汽管路、装卸连接和暴露气体处理装置的任何部分。

(3)化学干粉灭火系统应设计成具有不少于 2 个独立装置。

(4)干粉炮的排量不得小于 10 kg/s。

(六)仪表和自动化系统

每个液货舱都应设有显示货物的液位、压力和温度的装置。在液体和蒸汽管系以及货物制冷装置中均应装设压力表和温度指示器。

1.用于液货舱的液位指示器

每个液货舱应安装液位测量装置,其布置应确保只要液货舱处于运作状态,一直能获得液位读数。设备应设计成能在液货舱的设计压力范围内以及在货物操作温度范围内的温度下进行工作。

2.溢流控制

每个液货舱均应装设一个独立于其他液位指示器的高液位报警装置,并在动作时发出声、光报警信号。

3.压力监控

每一液货舱的蒸气空间均应设有一个直接读数压力表。在要求的控制位置应设有间接指示。应清晰标出最高和最低的允许压力。应在驾驶室内设一个高压报警装置。如需要真空保护,在驾驶室和要求的控制位置还要设一个低压报警装置。在达到调定压力之前,应触发报警。

4.温度指示装置

每个液货舱应至少设 2 个货物温度指示装置,一个位于液货舱底部,另一个接近液货舱顶部且低于最高允许液面。《国际散装运输液化气体适装证书》上显示的液货舱的设计最低温度应通过温度指示设备上或温度指示设备附近的标记清晰指示。

5.气体探测

下列处所/空间内应设有固定安装的气体探测系统以及视觉和听觉报警:

(1)包含气体管道、气体设备或用气设备的所有围蔽货物和货物机器处所(包括转塔舱);

(2)可能积聚货物蒸气的其他围蔽或半围蔽处所,包括除 C 型独立液货舱之外的独立液货舱的屏壁间处所和货舱处所;

(3)空气闸;

(4)气体燃料内燃机中的处所;

(5)要求的通风罩和气体管道;

（6）要求的冷却介质/加热介质环路；

（7）惰性气体发生器供应联箱；

（8）用于货物装卸机械的电动机舱。

第五节　散装液化气体运输报告和申报实务

一、货物适运、船舶适装、码头适靠要求

（一）货物适运

所装载的货物必须是 IGC 规则或 GC 规则中所列的货品。

（二）船舶适装

船舶应持有有效的《（国际）散装运输液化气体适装证书》，且所装载的货物名称在证书附件货品清单中列明，按规定需提交的其他证书、文书，材料齐全有效。

（三）码头适靠

进行散装液化气装卸作业的港口、码头、泊位，应具备相应资质，并且符合安全、防污染及保安要求。其应急管理应满足《港口作业安全要求　第 1 部分：油气化工码头》（GB 16994.1—2021）的相关要求。

码头持有有效的危险货物港口作业认可证和危险货物港口作业附证，且所装卸的货物应属于许可证的认可范围之内，且载明于附证上。进出港航道水深、宽度和交通现状具备安全航行条件。

从事散装液化气体装卸作业的船舶和码头、装卸站应当建立作业前会商制度，并就货物操作、压载操作、应急等事项达成书面协议。

从事散装液化天然气装卸作业的船舶和码头、装卸站还应当采取装货作业期间在船上设置岸方应急切断装置控制点和卸货作业期间在岸上设置船方应急切断装置控制点等措施，确保在发生紧急情况时及时停止货物输送作业。

二、散装液化气体适运报告和载运申报

散装液化气体适运报告和载运申报的法规依据、应提交的材料、报告和申报要素，以及填写、报告和申报流程等与第六章的散装油类货物和第七章的散装液体化学品基本一致。

（一）适运报告规定及应提交的材料或证明

拟交付船舶载运的危险货物托运人应当在交付载运前向承运人说明所托运的危险货物种类、数量、危险特性以及发生危险情况的应急处置措施，提交以下货物信息，并报告海事管理机构：

（1）危险货物安全适运声明书。

（2）危险货物安全技术说明书。

（3）按照规定需要进出口国家有关部门同意后方可载运的,应当提交有效的批准文件。

（4）危险货物中添加抑制剂或者稳定剂的,应当提交抑制剂或者稳定剂添加证明书。

（5）载运危险性质不明的货物,应当提交具有相应资质的评估机构出具的危险货物运输条件鉴定材料。

承运人应当对上述货物信息进行审核,对不符合船舶适装要求的,不得受载、承运。

（6）向海事管理机构报告时,若有委托,则应提交委托证明,委托人和被委托人身份证明及其复印件。

（二）载运申报规定及应提交的材料或证明

1.申报规定

（1）船舶载运危险货物进出港口,应当在进出港口 24 小时前(航程不足 24 小时的,在驶离上一港口前),向海事管理机构办理船舶载运危险货物申报手续,提交申请书和交通运输部有关规章要求的证明材料,经海事管理机构批准后,方可进出港口。

船舶在运输途中发生危险货物泄漏、燃烧或者爆炸等情况的,应当在办理船舶载运危险货物申报手续时说明原因、已采取的控制措施和目前状况等有关情况,并于抵港后送交详细报告。

定船舶、定航线、定货种的船舶可以办理定期申报手续。定期申报期限不超过 30 天。

（2）海事管理机构应当在受理船舶载运危险货物进出港口申报后 24 小时内做出批准或者不批准的决定;属于定期申报的,应当在 7 日内做出批准或者不批准的决定。不予批准的,应当告知申请人不予批准的原因。海事管理机构应当将有关申报信息通报所在地港口行政管理部门。

（3）载运危险货物或者海上载运污染危害性货物进出港口审批的条件:

①所载运的危险货物或者污染危害性货物符合水上安全运输和防治船舶污染水域环境要求,且不属于国家规定禁止通过水路运输的货物;

②船舶的装载符合所持有的证书、文书的要求;

③拟靠泊或者进行危险货物或者污染危害性货物装卸作业的港口、码头、泊位具备有关法律、行政法规规定的危险货物作业经营资质;

④需要办理货物进出口手续的已按有关规定办理。

船舶载运的污染危害性货物同时属于危险货物的,其货物所有人、承运人或者代理人可将船舶载运污染危害性货物进出港口申报和船舶载运危险货物进出港口申报合并办理。对于过境停留的污染危害性货物,免于办理货物适运申报或者报告。

2.载运申报应提交的材料

承运人及其代理人在办理船舶载运散装液化气体货物申报时,应按实际情况提交以下材料:

（1）船舶载运危险货物申报单(散装液体);

（2）危险货物安全适运声明书(散装液体);

（3）(国际)防止油污证书、船舶适航证书、船舶适装证书或符合证明复印件(适用时);

（4）载运危险货物的船舶在运输途中发生过意外情况的,还应当在船舶载运危险货物申报单内扼要说明所发生意外情况的原因、已采取的控制措施和目前状况等有关情况,并于抵港后送交详细报告;

（5）列明实际装载情况的清单、舱单或者积载图;

（6）定期申报还应提交定期申报申请、证明在固定航线上运输;

（7）委托证明,委托人和被委托人身份证明及其复印件(委托时)。

第九章　危险货物事故应急处理

近年来,我国经济快速增长、航运业迅猛发展,在货物运输、港口作业过程中涉及危险货物的事故也随之增加,不但导致了重大的经济损失,而且造成严重的环境污染,船舶灭失和人员伤亡的情况也时有发生。危险货物事故主要包括岸上危险货物事故和船上危险货物事故。发生危险货物事故时,正确、及时的应急措施和处理方法可以有效降低事故损失和保障人员安全。而危险货物申报员和集装箱装箱检查员正确履行职责是危险货物安全运输的保障,因此,危险货物申报员和集装箱装箱检查员应具备必要的危险货物事故应急处理知识。

不同运输形式的危险货物事故应急处理主要包括包装危险货物事故应急处理、散装固体危险货物事故应急处理和散装液体危险货物事故应急处理。

第一节　包装危险货物事故应急处理

岸上或者船上发生包装危险货物事故后,应当按照应急预案进行处置。处置流程通常为事故报告及信息通报、事故分析与技术支持、预案启动、应急处置行动的实施等。其中,应急处置行动的正确实施尤为关键。

一、包装危险货物事故分类

常见的包装危险货物事故主要包括火灾事故、爆炸事故、泄漏事故等。

（一）火灾事故

火灾事故主要是指易燃液体、易燃固体、自燃物品、遇湿易燃物品以及其他危险货物发生燃烧而导致的损害。

（二）爆炸事故

爆炸事故主要是指易燃固体、自燃物品、遇湿易燃物品、易燃液体、易燃气体的火灾爆炸，危险货物产生的粉尘、气体、挥发物的爆炸，液化气体和压缩气体的物理爆炸以及其他化学反应爆炸而导致的损害。

（三）泄漏事故

泄漏事故主要指气体或液体危险货物发生了一定规模的泄漏，虽然没有发展成为火灾、爆炸或中毒事故，但造成了严重的财产损失或环境污染等后果的危险货物事故。危险货物泄漏事故一旦失控，往往造成重大火灾事故、爆炸事故或中毒事故。

在处置上述事故时，应特别注意对现场人员的保护，避免发生中毒和窒息事故、灼伤事故等次生事故。中毒和窒息事故主要指人体吸入、食入或接触有毒有害物质或者危险货物反应的产物而导致的中毒和窒息损害，具体包括：吸入中毒事故（中毒途径为呼吸道）、接触中毒事故（中毒途径为皮肤、眼睛等）、误食中毒事故（中毒途径为消化道）以及其他中毒和窒息事故。灼伤事故主要指腐蚀性危险货物意外与人体接触，在短时间内即在人体被接触表面发生化学反应，造成明显破坏的事故。腐蚀品包括酸性腐蚀品、碱性腐蚀品和其他不显酸碱性的腐蚀品。灼伤类型包括：化学灼伤与物理灼伤。

二、危险货物事故应急处理技术和原则

（一）岸上危险货物事故应急处理

1.火灾、爆炸事故处置的一般原则及措施

（1）危险货物发生火灾事故时，应立即停止作业，并及时查清火灾位置、火灾性质及周边环境等。

（2）根据《危险货物运输应急救援指南　第 2 部分：应急指南》（GB/T 39652.2—2021）及《危险货物运输应急救援指南　第 3 部分：救援距离》（GB/T 39652.3—2021）设置隔离范围。评估现场危险货物火灾可能影响的范围等相关内容，确定警戒隔离区。

在警戒隔离区边界设警示标志，疏散警戒组负责警戒。对通往事故现场的道路实行交通管制，严禁无关车辆进入。清理主要交通干道，保证道路畅通。设置出入口，除应急救援人员外，严禁无关人员进入。

根据事故发展、应急处置和动态监测情况，适当调整警戒隔离区。

（3）进行现场监测工作。

（4）进入现场的处置人员应按照事故涉及危险货物的安全技术说明书的建议来进行防护。现场应急救援人员在处理事故时，应处在一旦现场失控便于逃生的上风口处以及地势较高处，以免出现灼伤、中毒情况。

（5）当发现危险货物集装箱、罐体等发生变形、抖动、响声异常、火焰由红变白时，爆炸即将发生，应迅速撤离现场。

（6）在应急处置过程中,应确保不间断供水。因为现场连续喷雾降水既可吸收大量的热,使可能爆炸的设施及时得到冷却,防止其爆炸,又可使环境温度降低,减少辐射热对人体的影响;同时,利用喷雾水也能够驱散和稀释有毒气体或蒸气,降低现场毒气浓度。对能与水发生反应的危险货物,需根据其具体性质选择合适的处置方式。

（7）对现场中接触污染的人员和应急队员进行清洁净化;对现场中被污染的仪器和设备进行清洁和清理;对事故中造成的动植物、土壤、水源、空气的现实危害和可能危害进行封闭、隔离、洗消;对事故外溢的有毒有害物质和可能对人和环境继续造成危害的物质予以清除;对有毒有害危险化学品事故造成的危害进行监测、处置,直至符合国家环境保护标准。

2.泄漏事故处置的一般原则及措施

（1）危险货物发生泄漏时,应立即停止作业。查清泄漏点位置与货物情况。

（2）根据《危险货物运输应急救援指南　第 2 部分:应急指南》(GB/T 39652.2—2021)及《危险货物运输应急救援指南　第 3 部分:救援距离》(GB/T 39652.3—2021)设置隔离范围。评估现场危险货物自身泄漏所涉及的范围等相关内容,确定警戒隔离区。

在警戒隔离区边界设警示标志,疏散警戒组负责警戒。对通往事故现场的道路实行交通管制,严禁无关车辆进入。清理主要交通干道,保证道路畅通。设置出入口,除应急救援人员外,严禁无关人员进入。

根据事故发展、应急处置和动态监测情况,适当调整警戒隔离区。

（3）根据事故情况采取堵漏等措施控制泄漏源和泄漏物。

对气体泄漏物可采取喷雾状水、释放惰性气体、加入中和剂等措施,降低泄漏物的浓度或燃爆危害。喷水稀释时,应筑堤收容产生的废水,防止水体污染。

对于液体泄漏物,可以采取适当的收容措施如筑堤、挖坑等阻止其流动,利用吸油毡、沙土等对泄漏的物料进行围堵、吸附,要防止液体泄漏物流向禁忌物所在区域或下水道等区域。若液体易挥发,可以适当地使用泡沫覆盖,减少泄漏物的挥发;若泄漏物可燃,还应消除其燃烧、爆炸隐患。

对于固体泄漏物,要避免泄漏的货物被引燃,引发更大的事故。

当发生泄漏物入水时,比水轻且不溶于水的,可采用围栏吸附收容;溶于水的,可用相应的化学方法处置。

（4）进行现场监测工作。

（5）进入现场的处置人员应按照事故涉及危险货物的安全技术说明书的建议来进行防护。现场应急救援人员在处理事故时,应处在一旦现场失控便于逃生的上风口处以及地势较高处,以免出现灼伤、中毒情况。

（6）对现场中接触污染的人员和应急队员进行清洁净化;对现场中被污染的仪器和设备进行清洁和清理;对事故中造成的动植物、土壤、水源、空气的现实危害和可能危害进行封闭、隔离、洗消;对事故外溢的有毒有害物质和可能对人和环境继续造成危害的物质予以清除;对有毒有害危险化学品事故造成的危害进行监测、处置,直至符合国家环境保护标准。

（二）船上包装危险货物事故的应急处理

1.涉及包装危险货物事故的相关规定

（1）一般规定

根据 IMDG 规则,涉及危险货物事故的详细建议应参考《船舶载运危险货物应急反应措施》(EmS 指南)。在处置涉及危险货物的事故时,若人员受到伤害,则应参考《危险货物事故医疗急救指南》(MFAG 指南)进行处置。当船舶在港发生危险货物事故时,还应通知港口主管当局并遵循相应的程序进行应急处置。

①当处理涉及闭杯闪点为 60 ℃ 或 60 ℃ 以下的易燃气体或易燃液体的事故时,应避免一切火源。

②当危险货物发生溢漏时,由船长决定是否把溢漏的危险货物转移到舷外处理。若能保证安全,则将属于海洋污染物的物质、物品及材料的溢漏物和渗漏物予以收集处理,对于液体渗漏物应使用惰性材料吸收;若无法保证安全,则建议用充足的水将舱面的溢漏物冲出舷外,遇有可能与水发生危险反应的情况,应尽可能远离。

③在采取应急行动之前,应尽可能驱除舱内货物处所中有毒的、腐蚀性的和易燃的蒸气。如使用机械通风系统,则应注意确保易燃蒸气不被点燃。

④当船舶进行装货作业时,如果船方有理由怀疑这些货物存在泄漏情况,应禁止该货物进入货舱或货物处所,只有在船长或负责的高级船员已经采取了所有的安全措施且确保安全的前提下,才能允许该货物进入货舱或货物处所。

⑤需要在应急情况下进入货舱时,只应由配备自给式呼吸器具和其他防护服的、经过训练的人员进入。

⑥在处理完对钢有腐蚀性的物质和低温液态物质的泄漏事故后,相关人员应对结构性破损状况做仔细检查。

(2)特殊规定

①感染性物质事故的特殊规定

如果负责承运或开拆装有感染性物质包件的人员发现该包件存在损坏或泄漏的情况,则应当:

a.避免搬运该包件或尽量少接触该包件;

b.检查邻近包件是否受到污染并将所有已沾污的包件放到别处;

c.通知有关公共卫生机关或畜牧主管当局,并提供有关人员可能因此受到危险的其他过境国信息;

d.通知货物生产商和/或收货人。

此外,曾用于运输感染性物质的货物运输组件、散装容器或船舶的货物处所,在重新使用之前,应该进行物质泄漏的检查,如发生感染性物质泄漏,则货物运输组件、散装容器或船舶的货物处所在重新使用之前应消除污染。

②放射性材料事故的特殊规定

a.如果装有放射性材料的包件存在明显损坏或泄漏的情况,或怀疑包件可能已泄漏或损坏,则应对接触包件的人员进行限制,相关人员应尽快评估污染的程度及由此产生的辐射水平。评估的范围应包括包件、运输工具、邻近的装卸区域,如有必要,还应包括运输工具中已运输的所有其他物质。必要时,应根据有关主管当局制定的规定,采取额外的措施保护人员、财产和环境,以最大限度地减少这种泄漏或损坏的危害。

b.当超过正常运输条件允许的限值时,损坏的包件或泄漏的放射性内装物可在监督下被移至可接受的临时地点,但在得到修理或整修和净化之前,不得再转送。

c.在放射性材料运输过程中发生核或辐射紧急情况时,为保护人员、财产和环境,应遵守有关国家和/或国际组织的规定,这些规定包括根据国家和/或国际要求并以与国家和/或国际应急安排一致和协调的方式建立的防备和应急安排。

d.防备和应急反应安排应以分级办法为基础,并考虑到已确定的危险及其潜在后果,包括在发生核或辐射紧急情况时,托运货物的内装物与环境发生反应可能产生的其他危险物质的情况。

e.如载有放射性材料的包件在港期间破损或外泄,应通知港口当局,并向他们或主管当局征询意见。许多国家已制定相关应急程序,在任何紧急情况下应启动辐射援助措施。

2.火灾事故应急处置

船上包装危险货物发生火灾时,首先应明确发生事故危险货物的具体信息,以便采取适当的火灾应急措施。对于一些体积较小或者重量较轻的包装危险货物在发生火灾时,应该及时清除或抛弃。对于完全装满或几乎装满货物的集装箱等运输组件,因难以被清理或抛弃,在火情得不到有效控制的情况下,热量通过热辐射,会引起相邻可燃物的燃烧,同时有些危险货物燃烧也会产生有毒气体,威胁人员健康。因此,船舶应在确保船员安全的情况下,尽可能探明火灾位置、分析火灾原因、确认货物名称和类别,按照 IMDG 规则补册中的各类危险货物应急反应措施和医疗急救指南开展救助行动。

（1）火灾事故应急总体建议

①考虑安全第一;

②避免接触危险物质,远离火种、禁止吸烟、远离烟雾和有毒气体;

③拉起火警警报,启动消防程序;应尽可能使驾驶台、生活处所保持在上风处;

④确定燃烧或冒烟货物的积载位置;

⑤获取事故危险货物的 UN 编号和类别,确认适用的灭火措施并遵照执行;

⑥检查其他危险货物是否有潜在卷入火灾的可能,并确定相应的火灾应急措施;

⑦穿戴适宜的防护服和自给式呼吸器,并依据医疗急救指南的要求,做好准备工作;

⑧与船公司负责船舶营运的指定人员或救助协调中心保持联系,以获得相关专家对事故危险货物应急反应措施的意见;

⑨若存在皮肤污染,则应立即清除并冲洗。

（2）火灾事故应急具体措施

为了增强灭火效果,保证安全,针对不同种类的危险货物,应采用不同的火灾应急措施。

①火灾应急具体措施总述

a.在火灾中,暴露的货物可能爆炸或其包装可能破裂,尽可能在远处有防护位置上灭火。

b.若事故货物积载在舱面,则应尽可能使用多个水龙喷雾。

c.若事故货物积载在舱内,则应停止通风并关闭舱盖,并使用货物处所固定的灭火系统。如不可能,则使用大量的水喷雾。

d.若事故货物暴露在火中,可行时应清除或抛弃可能着火的包件,否则用水冷却。

e.对于适用的危险货物,在火灾扑灭后应立即按溢漏处理。

②爆炸性物质和物品

a.在火灾中,暴露的货物可能爆炸或其包装可能破裂,尽可能在远处有防护的位置上灭火,因此所有船员应了解爆炸的危险性并在指导下采取相应的措施。

b.若事故货物积载在舱面,则应尽可能使用多个水龙大量喷雾。

c.若事故货物积载在舱内,则应停止通风并关闭舱盖,并使用货物处所的固定灭火系统;若效果不佳,则使用大量的水喷雾。

　　d.若事故货物暴露在火中,则应按如下措施操作:不应移动已受热的包件;如可行,应清除或抛弃可能着火的包件;如果包件没有直接卷入火灾,则应防止包件着火,可在尽可能远的安全地方用水喷射使货物保持潮湿;如果货物着火,则消防人员应撤至安全地区继续灭火;如可行,将暴露于火灾的物品与没有暴露在火中的物品分开,保持潮湿,并在安全距离地方监视;扑灭火后应立即按溢漏处理。

　　e.对于适用的危险货物,应了解其特殊危险性,做好相应的防护措施。例如,催泪弹或有毒气体爆炸之后,只有自给式呼吸器才能有效防护;水激活装置遇水将变得更易爆炸;气囊充气器受热时会自行分解,其温度可高达500 ℃并产生气体,即便受热过后,也可能会导致货物爆炸。

　　③非易燃气体

　　a.在该类货物火灾事故应急时,应充分了解其特殊性质造成的损害。如储存在封闭罐柜内的气体在火灾中或火灾后受热时,发生膨胀爆炸,造成受热的或破裂的钢瓶飞溅;某些气体尽管本身不易燃,却可助燃;火灾导致溢漏的大多数气体对人体有害,某些气体还具有腐蚀性,建议喷水控制。确认火源并采取相应措施。

　　b.若事故货物积载在舱面,则应尽可能使用多个水龙大量喷水。

　　c.若事故货物积载在舱内,则应使用固定灭火系统。

　　d.若事故货物暴露在火中,可行时应清除或抛弃可能着火的包件,否则用水冷却几小时。应注意,事故可能造成受热或破裂的钢瓶飞溅。

　　e.对于适用的危险货物,虽然其本身不易燃,却可助燃。

　　④易燃气体

　　a.在该类货物火灾事故应急时,应充分了解其特殊性质造成的损害。如储存在封闭罐柜内的气体在火灾中或火灾后受热时,发生膨胀爆炸;现场相关人员应了解爆炸的危险并采取相应的措施,并用大量的水保持罐柜冷却;尽可能在远离火源的安全防护位置上灭火;扑灭泄漏的燃烧气体时,可能会导致爆炸;同时应注意,灭火时可能看不到火焰。

　　b.若事故货物积载在舱面,对包件而言,应尽可能使用多个水龙喷雾,并不要试图扑灭气体火焰;对货物运输组件而言,应用大量的水冷却着火的运输组件和附近暴露于火灾中的货物,并不要力图扑灭气体火焰。

　　c.若事故货物积载在舱内,则应停止通风并关闭舱盖,并使用货物处所的固定灭火系统。若效果不佳,则使用大量的水喷雾。

　　d.若事故货物暴露在火中,可行时应清除或抛弃可能着火的包件,否则用水冷却几小时。

　　e.对于适用的危险货物,应注意其突发或瞬间爆炸的危险性,如乙炔具有潜在的爆炸危险,应予以特别重视;任何粗暴的操作或局部发热都可能导致爆炸,因此应用水冷却几小时且不要挪动容器。应抛弃经过粗暴操作或局部发热的容器。

　　对于包装破裂可能溢出易燃液体、膏状物或粉末的货物,应采取相应的火灾应急措施。

　　⑤非遇水反应易燃液体

　　a.在该类货物火灾事故应急时,应充分了解其特殊性质造成的损害。如储存在封闭罐柜内的气体在火灾中或火灾后受热时,发生膨胀爆炸,应用大量的水保持罐柜冷却;尽可能在远离火源的安全防护位置上灭火;如可行,应关闭开着的阀门,阻止泄漏;同时应注意,灭火时可能看不到火焰。

　　b.若事故货物积载在舱面,对包件而言,应尽可能使用多个水龙喷雾;对货物运输组件而言,应用大量的水冷却着火的运输组件和附近暴露在火中的货物。

c.若事故货物积载在舱内,则应停止通风并关闭舱盖,并使用货物处所的固定灭火系统;若效果不佳,则使用大量的水喷雾。

d.若事故货物暴露在火中,可行时应清除或抛弃可能着火的包件,否则用水冷却几小时。

e.对于适用的危险货物,遇水可产生氢氯酸,因此应远离其流出的污水。

⑥控温自反应物质和有机过氧化物

a.在该类货物火灾事故应急时,应充分了解其特殊性质,如:暴露的货物可迅速分解,并有爆炸的危险,应尽可能在远离火源的安全防护位置上灭火;救火期间应切断电源;如可能,应适时检查货物温度,一旦温度升高或冒烟,应及时采取措施,并尽快与货物生产商联系。

b.若事故货物积载在舱面,对货物运输组件而言,应用大量的水冷却着火的运输组件和附近暴露在火中的货物;火被扑灭停止冒烟后方可打开组件,如可能,恢复冷却并保持监视。

c.若事故货物暴露在火中,对装有中型散装容器和常规包件的货物运输组件而言,应用水冷却暴露在火中的组件,在火被扑灭后应进行检查,恢复冷却并保持监视;需经常测试货物温度,一旦温度上升或出现冒烟,应按相关指示采取措施。对盛装事故货物的罐柜而言,发生火灾时,应远离罐柜,防止液体从释放装置喷出造成伤害;应用大量的水冷却暴露于火灾的罐柜,火被扑灭后应进行检查,恢复冷却并保持监视,随时测温。

d.若事故货物温度上升,对装有中型散装容器和常规包件的货物运输组件而言,当超过控制温度时,则须检查冷藏装置并修理;如温度控制无法恢复,则须与货物生产商联系;如达到应急温度,但冷藏设备依然运行正常,则应与货物生产商联系,找出原因并采取处理措施,做好消防准备;如因冷藏装置失效而达到应急温度,则应与货物生产商联系。

对盛装事故货物的罐柜而言,当超过控制温度时,则须检查冷藏装置并修理;如温度控制无法恢复,则须与货物生产商联系;如达到应急温度,但冷藏装置运行正常,应与货物生产商联系,保持安全距离并用软管从罐柜底部开口,将内装物排出舷外,清空罐柜;如因冷藏装置失效而达到应急温度,只要货物温度不超过应急温度5 ℃,则可以进行维修,否则考虑用软管从罐柜底部开口并将内装物排出舷外,清空罐柜。

e.若事故货物发生冒烟,对装有中型散装容器和常规包件的货物运输组件而言,应做好消防准备,且不能接近集装箱;当冒烟增加时,应注意保持安全距离;冒烟停止后,应检查冷藏系统,并按温度上升指南采取措施,保持监视是否有新烟冒出。

对盛装事故货物的罐柜而言,应远离罐柜,防止液体从释放装置喷出造成损害;应在有安全防护的位置上用水喷雾,冷却暴露于火中的罐柜;如冒烟不太厉害或减压通风量不大且温度低于应急温度,则应考虑用软管从罐柜底部开口并将内装物排出舷外,清空罐柜;即使冒烟停止和减压通风,也应喷水冷却几小时,并保持监视是否有新烟冒出。

⑦遇水反应物质

a.在火灾事故应急时,应注意该类货物存在的风险。例如,暴露的货物可能爆炸或其包装可能破裂,导致液体从破裂的容器中泄漏并有可能被点燃和传播火情;罐柜中的货物暴露在着火的环境下时,由于沸腾的液体膨胀可能会突然爆炸。鉴于此,应尽可能在远处有防护的位置上灭火,并采用大量的水冷却热辐射和冷却附近的过热货物。

水与货物直接接触将引起或加剧其燃烧,只有当水可以直接接触着火货物且着火的货物可能被水淹没时,大量的水才可显著减弱热反应和灭火。

b.若事故货物积载在舱面,对包件而言,不要使用水或泡沫,可用干的惰性粉末状物质窒息灭火或让其燃烧,应用大量的水冷却附近的货物;对货物运输组件而言,可让火继续燃烧,并用大量的水冷却相邻的货物。如可行,建议使用可移动水幕作为水盾来阻止火的蔓延,并尽量避免将水喷进燃烧着的货物运输组件。

c.若事故货物积载在舱内,则应停止通风并关闭舱盖,并使用货物处所的固定灭火系统。若不可行,不要用水扑救舱内封闭处所里的事故货物,但应用大量的水冷却附近的货物。

d.若事故货物暴露在火中,在可行的情况下,清除或抛弃有可能着火的包件,否则用大量的水冷却货物。如可行,可使用可移动水幕作为水盾来阻止火的蔓延。

e.对于适用的危险货物,处置时应注意其与水接触会产生大量可燃气体且不被立即点燃时可能会形成高危险性的易燃易爆气体环境的特性。

⑧具有潜在爆炸危险的氧化物质

a.在火灾中,暴露的货物可能爆炸或其包装可能破裂,尽可能在远处有防护的位置上灭火,因此所有船员应了解爆炸的危险性并在指导下采取相应的措施,并特别注意突发或瞬间爆炸可能危及船舶安全。

b.若事故货物积载在舱面,则应尽可能使用多个水龙喷雾。

c.若事故货物积载在舱内,则应打开舱盖,尽量通风;固定的气体灭火系统可能对这样的火灾无效,应尽可能使用多个水龙喷雾。

d.若事故货物暴露在火中,不要移动已暴露受热的包件,如可行,则应清除或抛弃可能着火的包件;假如包件没有直接着火,应尽可能在远处用水枪驱赶火势防止其着火;如果包件着火,则须将其撤离至安全地方继续灭火;如果允许,暴露在火中的货物应与没有暴露在火中的货物分隔开来,并保持潮湿和安全的监控距离。

⑨放射性材料

a.在处理该类危险货物火灾时,非重要人员应撤离舱室或处于下风区,不要接触损坏的包件;在怀疑有放射性污染的情况下,应尽可能以最短的时间限制消防人员进入;配备放射性检测设备的船舶,应及时测量辐射程度,并咨询专家意见。

火灾扑灭后,应用大量的水清洁船舶表面;先清除救火人员外表污染后再让其脱掉防护服,并隔离可能被污染的服装和设备;如果怀疑人员被污染,则用热水、香皂清洁身体和头发,并记录怀疑被污染人员的姓名,以便让其去医疗机构进行检查;火灾扑灭后,用船舶配备的放射性检测设备继续检测辐射程度。

b.若事故货物积载在舱面,对事故包件而言,应尽可能使用多个水龙喷雾;对货物运输组件而言,应尽可能使用多个水龙喷雾,并用大量的水冷却着火的运输组件和附近暴露在火中的货物。

c.若事故货物积载在舱内,则应停止通风并关闭舱盖,并使用货物处所的固定灭火系统;如不可行,则使用大量的水喷雾。

d.若事故货物暴露在火中,可行时,应清除或抛弃有可能着火的包件,否则用大量的水冷却几小时。

e.对于适用的危险货物,部分化学危险性大于辐射危险性,部分遇湿生成有毒和腐蚀性气体,部分的流出物可能具有腐蚀性,因此应保持远离;有的货物暴露在火中会爆炸,应使用水喷雾;有的货物泄漏时能产生可见的刺激性蒸气,且释放的蒸气可能与碳氢化合物发生激烈反应。若盛装有放射性材料的内容器从包件中露出,不要触碰并尽快远离。

⑩非控温自反应物质或有机过氧化物

a.在该类货物火灾事故应急时,应充分了解其特殊性质,如暴露在火中的货物可剧烈分解,并有爆炸的危险,应尽可能在远离火源的安全防护位置上灭火。

b.若事故货物积载在舱面,对货物运输组件而言,应用大量的水冷却着火的运输组件和附近暴露在火中的货物;火灾扑灭后应继续用水喷淋集装箱数小时,完全停止冒烟后方可打开集装箱;开箱后,如可行,用水冷却包件或中型散装容器至少 1 h,否则每隔一段时间要检查货物,一旦再次冒烟则应继续喷水冷却并保持监视。

c.若事故货物暴露在火中,对装有中型散装容器和常规包件的货物运输组件而言,应用水冷却暴露在火中的组件,在火被扑灭后应进行检查,恢复冷却并保持监视;一旦出现冒烟,应按相关指示采取措施。对盛装事故货物的罐柜而言,发生火灾时,应远离罐柜,防止液体从释放装置喷出造成伤害;应用水持续冷却暴露在火中的罐柜,直到其温度低于 50 ℃,此后随时测温,如温度升高,则继续用水冷却,并考虑用软管从罐柜底部的开口并清空罐柜。

d.若事故货物发生冒烟时,对装有中型散装容器和常规包件的货物运输组件而言,在有防护的位置上用水喷雾冷却,冒烟没有完全停止之前不要打开集装箱;开箱后,如可行,用水冷却包件或中型散装容器至少 1 h,否则应定期检查货物,一旦再次冒烟则继续喷水冷却。

对盛装事故货物的罐柜而言,应远离罐柜,防止液体从释放装置喷出造成伤害;应在有防护的位置上用水喷淋冷却暴露于火中的罐柜,即使不冒烟或停止减压通风,也要继续冷却直到温度低于 50 ℃,此后随时测温,如温度升高,则继续用水冷却,并考虑用软管从罐柜底部的开口并清空罐柜。

3.溢漏事故应急处置

船舶载运危险货物时,由于积载、绑扎不当,装卸操作违规,遭遇恶劣海况或者货物包装缺陷等原因导致的溢漏事故时有发生,溢漏的危险货物对人员、船舶及环境等造成极大的危害。因此,对溢漏事故进行快速、正确的应急处置是保证危险货物安全运输的关键。

应急处置时,首要的工作是确认和识别事故货物的名称和类别、溢漏情况、溢漏原因等,并在确保人员安全的前提下,按照 IMDG 规则补册中的各类危险货物应急反应措施和医疗急救指南开展应急行动。

(1)溢漏事故应急总体建议

①考虑安全第一;

②避免与任何危险货物接触,不要进入溢漏液体或粉尘区域,远离蒸气和气体;

③拉响警报,尽可能将驾驶台和生活处所置于上风处;

④配备全套防护服和自给式呼吸器;

⑤确定溢漏货物的积载位置,识别事故货物并获取其 UN 编号,确认适用的溢漏应急措施并遵照执行;

⑥依据医疗急救指南做好准备;

⑦与船公司负责船舶营运的指定人员或救助协调中心保持联系,以获得相关专家对事故危险货物应急反应的指导;

⑧应立即用水冲洗被危险货物污染的皮肤。

(2)溢漏事故应急具体措施

为了增强溢漏处置效果,确保安全,针对不同种类的危险货物,应采用不同的溢漏应急措施。下面介绍几种典型危险货物溢漏事故的应急措施。

①有毒物质

a.在处理该类危险货物溢漏时,应配备适当的防护服和自给式呼吸器,即便穿着防护服也应避免直接接触;如可行,立即阻断溢漏;将污染的衣物用水冲洗后,再进行处理。

b.若事故货物在舱面发生溢漏,对包件(少量溢漏)和运输组件(大量溢漏)而言,应用大量的水冲洗下船,不得向溢漏物直接喷水,最后应清除流出的污水并彻底清洁现场。

c.若事故货物在舱内发生溢漏,对包件(少量溢漏)而言,处理时,不戴自给式呼吸器不得进入现场,进入前应测毒测爆,否则在毒气自然散去前不得进入。当泄漏物为液体时,应提供良好的通风,并将液体限制在封闭的区域。当泄漏物为固体时,应收集溢漏物并妥善处理下船。

对运输组件(大量溢漏)而言,应根据专家对危险性的评估意见采取措施。处理时,应提供充足的通风,不戴自给式呼吸器不得进入现场,进入前应测毒测爆,否则在毒气自然散去前不得进入;通风系统启动后,不得让有毒气体进入生活处所、机舱和工作区域。当泄漏物为液体时,应保持溢漏区域的良好通风,将泄漏物冲洗至舱底并泵至船外;当泄漏物为固体时,应收集溢漏物,并用塑料布盖好以保持其干燥,妥善处理下船。

d.对适用的海洋污染物而言,应尽可能少地处理下船,用大量的水稀释,并根据 MARPOL 73/78 公约中事故报告程序进行报告。

②腐蚀性物质

a.在处理该类危险货物溢漏时,应配备适当的防护服和自给式呼吸器,即使穿着防护服也应避免直接接触;应清除污水和蒸气;应注意溢漏物遇水会发生激烈反应并产生有毒气体,同时也对船舶结构造成损害;将污染的衣物用水冲洗后,再进行处理。

b.若事故货物在舱面发生溢漏,对包件(少量溢漏)而言,应用大量的水将溢漏物冲洗下船,不得向其直接喷水,最后应清除流出的污水并彻底清洁现场。对运输组件(大量溢漏)而言,应将驾驶台和生活处所置于上风处,并用水喷雾驱除蒸气;应用大量的水将溢漏物冲洗下船,不得向其直接喷水,最后应清除流出的污水并彻底清洁现场。

c.若事故货物在舱内发生溢漏,对包件(少量溢漏)而言,处理时,应提供充足的通风,不戴自给式呼吸器不得进入现场,进入前应测毒测爆,否则在毒气自然散去前不得进入。当泄漏物为液体时,应提供良好的通风,并使用大量的水彻底冲洗,泵至船外;当泄漏物为固体时,应收集溢漏物并妥善处理下船,使用大量的水,将残留物冲洗至舱底,泵出船外。

对运输组件(大量溢漏)而言,应根据专家对危险性的评估意见采取措施。处理时,应提供充足的通风,不戴自给式呼吸器不得进入现场,进入前应测毒测爆,否则在毒气自然散去前不得进入;通风系统启动后,不得让有毒气体进入生活处所、机舱和工作区域。当泄漏物为液体时,应提供良好的通风,并使用大量的水彻底冲洗,泵至船外;当泄漏物为固体时,应收集溢漏物并妥善处理下船,使用大量的水,将残留物冲洗至舱底,泵出船外。

d.对于适用的危险货物,如可行,收集溢漏物,尽量避免处理下船,并根据 MARPOL 73/78 公约中事故报告程序进行报告。

③易燃液体

a.在处理该类危险货物溢漏时,应配备适当的防护服和自给式呼吸器,即使穿着防护服也要避免直接接触;避免所有火源;如可行,立即阻断溢漏;将污染的衣物用水冲洗后,再进行处理。

b.若事故货物在舱面发生溢漏,对包件(少量溢漏)和运输组件(大量溢漏)而言,应用大量的水冲洗下船,不得向溢漏物直接喷水,最后应清除流出的污水并彻底清洁现场。

c.若事故货物在舱内发生溢漏,对包件(少量溢漏)而言,处理时,应切断舱内所有可能的火源,并提供充足的通风;不戴自给式呼吸器不得进入现场,进入前应测毒测爆,否则在毒气自然散去前不得进入;在舱内用水雾对流出物进行控制,避免易燃蒸气被点燃,而后冲洗至舱底并泵出船外。

对运输组件(大量溢漏)而言,应根据专家对危险性的评估意见采取措施。处理时,应提供充足的通风,不戴自给式呼吸器不得进入现场,进入前应测毒测爆,否则在毒气自然散去前不得进入;通风系统启动后,不得让有毒气体进入生活处所、机舱和工作区域;在舱内用水雾对流出物进行控制,避免易燃蒸气被点燃,而后用大量的水冲洗至舱底并泵出船外。

d.对于适用的危险货物,根据 MARPOL 73/78 公约报告的要求报告事故,同时应注意某些溢漏物可自燃。

④溶于水的海洋污染物

a.在处理该类危险货物溢漏时,应配备适当的防护服和自给式呼吸器;如实际可行,立即阻断溢漏。由于该类物质对海洋环境有害,应尽量避免清理到船外;若将溢漏物清除到船外,则应联系港口主管机关,并根据 MARPOL 73/78 公约的要求报告船外排放情况。

b.若事故货物在舱面发生溢漏,对包件(少量溢漏)而言,当溢漏物为液体时,应使用惰性吸附材料覆盖溢漏物,并将溢漏物收集在油桶、金属箱或救助包装里;当溢漏物为固体时,应及时收集。

对运输组件(大量溢漏)而言,应将溢漏物限制在围闭区域内;当溢漏物为液体时,应将溢漏物收集在空罐、油桶、金属箱或救助包装里,也可以使用惰性吸附材料;当溢漏物为固体时,应将溢漏物收集在油桶或金属箱里。

c.若事故货物在舱内发生溢漏,对包件(少量溢漏)而言,当溢漏物为液体时,应使用惰性吸附材料覆盖溢漏物,并将溢漏物收集在油桶、金属箱或救助包装里;当溢漏物为固体时,应及时收集。

对运输组件(大量溢漏)而言,应将溢漏物限制在围闭区域内;当溢漏物为液体时,应将溢漏物收集在空罐、油桶、金属箱或救助包装里,也可以使用惰性吸附材料;当溢漏物为固体时,应将溢漏物收集在油桶或金属箱里或将溢漏物用大量的水清洗到货舱的底部,并根据船上油污应急计划处理污水。

⑤易自燃,与水反应物质

a.在处理该类危险货物溢漏时,应配备适当的防护服和自给式呼吸器,避免所有点火源,并穿防火花软底鞋;禁止用水处置。

b.若事故货物在舱面发生溢漏,用干燥的惰性物质覆盖,并立即清除到船外,禁止把水弄到溢漏物上或货物运输组件里。

c.对于适用的危险货物,若允许舱内运输,应采取适用于舱面积载的措施。

⑥氧化物质

a.在处理该类危险货物溢漏时,应配备适当的防护服和自给式呼吸器,避免所有点火源,并穿防火花软底鞋;应注意该类货物可能点燃木头、纸张、衣服等易燃物质;如实际可行,立即阻断溢漏。

b.若事故货物在舱面发生溢漏,应用大量水将溢漏物冲洗下船并清除污水。

c.若事故货物在舱内发生溢漏,对包件(少量溢漏)而言,未戴自给式呼吸器时不要进入该舱内;若该物质是干的,可行时,则收集并装好溢漏物后清除到船外;若该物质是湿的,则应使用惰性材料吸附,但不要使用易燃物质;若该物质是液体,则用大量水清洗到货舱的底部并泵出船外。

对运输组件(大量溢漏)而言,应提供充分的通风,未戴自给式呼吸器时不要进入该舱内;若该物质是干的,可行时,则收集并装好溢漏物后清除到船外;若该物质是湿的,则应使用惰性材料吸附,但不要使用易燃物质;若该物质是液体,则用大量水清洗到货舱的底部并泵出船外。

⑦爆炸性物质和物品

a.在处理该类危险货物溢漏时,应避免所有火源,注意静电危险,保持溢漏物远离静电发生器;应穿着防火花软底鞋。

b.若事故货物在舱面发生溢漏,当泄漏物为爆炸性物品时,应进行扫除或收集,若物品整体完整但出现损坏,应将其隔离并联系征求专家意见;当溢漏物为爆炸性物质时,应保持其湿润,并用大量水清洗下船。

c.若事故货物在舱内发生溢漏,当泄漏物为爆炸性物品时,应进行扫除或收集,若物品整体完整但出现损坏,应将其隔离并联系征求专家意见;当溢漏物为爆炸性物质时,应保持其湿润,可行时,收集溢漏物并清除到船外。

三、包装危险货物事故报告

(一)港口危险货物事故报告

如果包装危险货物事故发生在港口等岸上设施,则应按照当地相关机构制定的《港口危险货物事故应急预案》或相关单位制定的应急预案进行报告。表 9-1 为某城市港口危险货物事故报告表。

表 9-1　港口危险货物事故报告表

报告人姓名		报告单位			
报告日期		报告时间		电话	
事发单位:					
事故发生时间:　　　年　　月　　日　　时　　分					
事故发生地点:					
事故原因(燃爆、泄漏、污染、中毒等):					
危险货物名称和数量:					
事故性质的初步判断:					
1.事故简要经过: 2.伤亡情况:					
1.事故抢救处理的情况: 2.已采取的应急处置措施:					
1.事故影响范围: 2.发展趋势及可能扩大影响范围的初步判断:					
需要有关部门和单位支援和确保的资源等有关事宜:					

注:填写内容多的可另外附页。

（二）船上危险货物事故报告

对于在船上发生的包装危险货物事故的报告,由船舶按照船公司规定的程序和报告要求向海上搜救中心办公室、距事故发生地最近的海事主管部门和指挥部有关成员单位进行报告。在事故发生初期,需要提供一个船载危险货物事故的初始报告,如表9-2所示。船载危险货物事故初始报告应该包括最关键的信息,比如事故船的船名,事故发生的时间、地点,船舶类型,船长,总吨,船员人数等,除此之外,根据需要,还应根据需要报告下列信息:

（1）事故危险货物的理化性质和种类;

（2）事故初步原因;

（3）是否可能引发火灾、爆炸;

（4）对人员伤害、环境破坏进行初步分析判断;

（5）事故危险货物的数量、装载位置等情况;

（6）事故现场相关水文、海况和气象资料;

（7）事故危险货物进一步溢出的可能性;

（8）当事故危险货物具有危险性时,须预计将受污染物威胁的区域;

（9）船舶已采取的紧急措施以及救助要求;

（10）危险品防护、应急处理措施;

（11）船舶所有人、经营人或者管理人、保险人的名称、地址和联系方式。

表9-2　船载危险货物事故初始报告表

报告人姓名			报告单位	
报告日期		报告时间	电话	
事故船舶或设施名称		船舶国籍		
船舶IMO编号/初始登记号		船舶呼号		
船舶类型		货物名称		
货物数量		装载位置		
事故发生日期和时间				
事故发生地点（经纬度或最近的陆地标志）				
事故性质（火灾、爆炸、化学品泄漏等）				
事故部位				
泄漏物品种				
估计溢出数量和进一步溢出的可能性				
事故当地环境条件	风速		风向	
	气温		能见度	
	海况		浪	
	溢出物运动方向			
预计将受溢出物威胁的区域				
已采取和准备采取的防治措施				
请求支援事宜				

在进行应急处置时,根据现场的情况随时进行继续报告和补充报告(报告应包括发生事故的危险货物的信息和技术说明书内容),掌握发生事故的危险货物的性质,包装危险货物信息表(如表 9-3 所示)。在事故完成应急处置后,还应提供最终报告。

表 9-3　包装危险货物信息表(范例)

正确运输名称		商品名称 (普通名称、俗名)	
Ⅰ.理化性质			
状态	固体/液体/气体	备注	
分子量			
密度			
相对密度			
溶解性:水			
溶解度 (溶解的)			
沸点			
熔点			
蒸气压力			
蒸气密度			
闪点	开杯: 闭杯:		
Ⅱ.危险特性			
A.毒性危害	是否具有危害性	浓度	备注
吸入			
吞服			
皮肤、眼睛吸收			
致癌物质			
引起畸形的			
诱变的			
B.易燃危险	是否具有危害性	浓度	备注
燃烧性			
有毒的副产品			
可燃性			
爆炸性			
C.反应危险	是否具有危害性	浓度	备注
与什么物质反应			

续表

正确运输名称			商品名称 （普通名称、俗名）	
Ⅱ.危险特性				
D.腐蚀危险	是否具有危害性	浓度	备注	
pH 值				
中和剂				
E.放射危害	是否具有危害性	浓度	备注	
F.GESAMP 危害分类	是否具有危害性	浓度	备注	
生物积累				
生物降解				
口吸入				
皮肤接触和吸入				
舒适度下降				
G.其他危害	是否具有危害性	浓度	备注	
急性毒性				
慢性毒性				
感染				
海洋污染物				
MARPOL 污染类别				
Ⅲ.建议的监测取样方法				
Ⅳ.建议的防护水平	工作人员：			
	公众：			
Ⅴ.其他信息				

注：GESAMP 是海洋环境保护科学问题联合专家组的缩写。该专家组是联合国系统内涉及海洋环境保护科学方面的咨询机构，对保护海洋环境的相关专题进行研究、分析和审查。

（三）危险货物申报员在事故报告中的职责

危险货物申报员和集装箱装箱检查员在事故报告中的职责：

（1）与船舶保持紧密联系；装箱检查员应与货物托运人、港口、码头保持紧密联系。

（2）获取发生事故的信息后，应立即向主管机关进行报告，并报告代理公司、船舶公司、码头等有关各方。

（3）迅速提供包装危险货物性质等信息，协助主管机关开展事故应急处置。

四、包装危险货物事故应急处置案例

2015 年，某船所装载的一个 40 ft 危险货物集装箱发生泄漏，箱内所装货物为"树脂溶液",该货物属于第 3 类危险货物,联合国编号 UN 1866,PG Ⅲ,共 18 托盘,76 个铁桶,共计 12 560 kg。该集装箱载于舱内第 7 层,箱内污染严重,泄漏的污染物顺箱门流向下层集装箱,造成下层集装箱外表污染(见图 9-1)。

图 9-1　危险货物集装箱发生泄漏

确定初步应急处置方案后,首先通知船公司并要求船方做好以下安全措施:

(1)做好泄漏货物所在舱室的定期通风,避免可燃气体的聚集。

(2)做好应急消防准备,将消防皮龙准备到位。

(3)首先,做好人员的安全防护措施;其次,要求码头方将集装箱卸船后,通知交通委做好应急处置准备,并要求码头方向海事局通报应急处置期间的安全措施;最后,提前安排好应急处置人员,并将事故概况、应急处置要点、个人防护要求等信息告知现场的应急处置人员。

1 月 30 日 0900 时,应急处置人员准时到达现场,待船舶靠妥后登船。登船后,应急处置人员首先向船方了解船上对此泄漏集装箱的处置情况,目前采取的安全和消防措施等,然后与码头方、船方共同商定处置方案。在确认船上对泄漏物进行了初步控制,暂无其他安全风险的情况下,为确保船方和货物的安全,应急处置人员做出决定,将该泄漏集装箱第一时间卸下船。卸货时要求船方在该大舱准备好消防水龙,设置警戒区,并做好其他有关消防措施。1115 时,上述泄漏集装箱安全卸载,并拖至危险品仓库进行后续处理(见图 9-2)。

图 9-2　泄漏集装箱安全卸载

1300 时，危险品仓库应急处置人员将上述集装箱拖至港城危库泄漏池，并进行开箱处置。开箱后发现泄漏物已经把整个集装箱箱底全部污染，货物全部桶装，三桶一个托盘，只堆码一层。执法人员要求将所有的货物全部移除，查找泄漏原因。结果在箱门往里第二层的一托货物中的一桶货物桶底部位发现一个 2~3 cm 的破洞。该桶容积约 200 L，里面货物泄漏殆尽。对其他所有桶装货物进行逐个排查，未发现有包装破损情况，前述桶装货物的破洞是此次泄漏事故的主要原因。经初步判断，上述货物估计在装箱作业时，放入最外一层货物时，第二层的货物不慎被叉车的叉尖捅破，货物在运输途中一点点泄漏出来，造成了此次泄漏事故（见图 9-3）。

(a)　　　　(b)

(c)　　　　(d)

图 9-3　查找泄漏原因

第二节　散装固体危险货物事故应急处理

一、散装固体危险货物事故应急处理技术和原则

（一）散装固体危险货物潜在危险性

散装固体危险货物具有多种潜在危险性,这些危险性主要来源于货物的物理、化学或生物特性。以下是一些主要的潜在危险性。

1.火灾或爆炸

某些散装固体危险货物,如易燃固体、易自燃物质或遇水放出可燃气体的物质等,在特定条件下可能会产生爆炸。此外,除了易燃易爆的物质,还有一些物质可能在高温或火源下发生燃烧。涉及的散装固体危险货物具体如下:

(1)易燃的货物。

(2)可能自燃的货物。

(3)某些粉尘可能存在引起爆炸危险的货物。

(4)某些释放的易燃气体可能存在失火或爆炸危险的散装货物。

2.其他危险性

散装固体危险货物还具有其他特殊危险性,如与水发生反应的危险性、窒息危险性以及环境污染危害性等。

(1)不相容的货物可能发生危险反应。

(2)可能发生氧化作用、消耗氧气和释放有毒气体的货物,尤其是潮湿货物。

(3)对皮肤、眼睛和船体结构有腐蚀性的货物,尤其是货物潮湿时。

(4)可能产生氧气消耗的货物。

(5)货舱或毗邻舱中危险气体的聚集。

此外,在船舶进行其他作业时,也可能产生某些危险,如供受油作业、船舱中移动设备的使用和维护等。此类危险虽然并非由散装固体危险货物直接引发,但也要充分考虑在此环境下危险货物可能受到的影响,及时采取相应措施,以避免对船舶、人员等造成伤害。

（二）散装固体危险货物事故应急处理

前述第五章介绍了固体散货的分类及特性,其中 B 组散货为具有化学危险性的散装固体危险货物,其主要危险性有燃烧、毒害、腐蚀、放射等。不同种类的散装固体危险货物在发生事故时,应充分考虑其物理化学特性,采取针对性的有效处理方法。根据 IMSBC 规则的要求,散装固体危险货物事故应急处理时,主要考虑配备专用应急设备、应急程序、火灾时的紧急行动、医疗急救等方面。

1.配备专用应急设备

专用应急设备主要有防护服(手套、靴子、工作服、安全帽等)、自给式呼吸器、喷雾嘴、混

合或独立的氧气/一氧化碳探测仪等。

2.应急程序

穿着防护服或/及戴自给式呼吸器。

3.火灾时的紧急行动

散装固体危险货物发生火灾或处在火场中时,应根据其化学性质做好充分的防护,有些散装固体危险货物对眼睛有刺激性(如煤焦油沥青),要戴好防护手套、防尘口罩、护目镜,穿好防护服。在采取适当的紧急行动时,尤其需要注意的是能否用水灭火。例如,具有以下特点的散装固体危险货物,不得用水灭火:

(1)易流态化,如硫化金属精矿。

(2)与水反应产生有毒或易燃气体,如硅铁铝粉、锌灰、硅锰合金(低碳的)。

(3)受潮时有强烈腐蚀作用的物质,如硫黄。

常见的散装固体危险货物火灾时的应急处置措施如表9-4所示。

4.医疗急救

参见经修正的《危险货物事故医疗急救指南》(MFAG 指南)。

表9-4 常见的散装固体危险货物火灾时的应急处置措施

散装固体危险货物	应急设备	应急防护	火灾应急行动	注意事项
铝熔炼副产品、铝再熔副产品、铝熔炼/再熔副产品,经处理的	无	无	关闭货物处所,若可能则应使用二氧化碳,不应用水。若无效,则应设法制止火势蔓延,驶往最近的合适港口	该货物不易发生火灾,但发生后可引起可燃气体爆炸,且灭火困难。在港内可考虑使用大量的水,但应注意船舶的稳性
硅铝铁、无涂层的硅铝粉、磷铁、硅铁、硅锰软绒棉花籽	自给式呼吸器	戴自给式呼吸器	关闭货物处所,若可能则应使用二氧化碳,不应用水	这类物质干燥时完全不可燃
焙烧黄铁矿氟石、未熟化的石灰、未熟化的镁氧矿、硅酸钠,非晶体、硼酸	无	无	无(不可燃)	若未熟化的石灰或未熟化的镁氧矿被卷入火中,不应用水

续表

散装固体危险货物	应急设备	应急防护	火灾应急行动	注意事项
硝酸铵,A型和B型硝酸铵基化肥,无危险的硝酸铵基化肥	防护服(靴子、手套、套服、帽子)、自给式呼吸器	穿着防护服和戴自给式呼吸器	该货物处所内的火灾:打开舱盖,进行最大量通风。船舶固定消防设施可能不够用。可以考虑用大量的水将货物处所灌满,但应考虑船舶的稳性。毗邻货物处所中的火灾:打开舱盖,进行最大量通风。毗邻货物处所火灾所传导的热量能引起该货物分解并产生毒气。对分隔舱进行冷却	无
硝酸铝、硝酸钡、硝酸钙、硝酸铅、硝酸镁、硝酸钾、硝酸钠、硝酸钠和硝酸钾混合物	防护服(靴子、手套、套服、帽子)、自给式呼吸器水雾喷嘴	穿着防护服和戴自给式呼吸器	大量的水,使用呈雾状水以免扰动货物表面。货物可能呈流态或发生分解,这种情况用水可能导致溶解货物流淌。隔绝空气或使用二氧化碳均不能控制火势。应考虑积水对船舶稳性的影响	除非受到污染,否则这些物质不可燃
木炭、干椰子肉、锯屑、木片木浆球团、木球团、草泥	无	无	封舱;如有可能,使用船舶固定消防装置。断绝空气可控制火势	无
蓖麻籽、废的氧化铁、石油焦炭、沥青球、磷酸一钙	防护服(靴子、手套、套服、帽子)、自给式呼吸器水雾喷嘴	穿着防护服和戴自给式呼吸器	封舱;如有可能,使用船舶固定消防装置。隔离空气以控制火势	无
稳定的鱼粉或鱼渣、种子饼、动物肥料	自给式呼吸器	戴自给式呼吸器	封舱;如有可能,使用船舶固定消防装置	对于利用溶剂萃取法制得的种子饼,应在见火后再用二氧化碳。对于动物肥料,在火灾情况下应穿全身防护服
硫化金属精矿、硫化金属精矿,腐蚀性的、硫黄	自给式呼吸器	戴自给式呼吸器	封舱;使用船舶固定消防装置隔绝空气可能足以控制火势。不应用水	大多数情况下,闻到恶臭性的二氧化硫气味即可知发生火灾

续表

散装固体危险货物	应急设备	应急防护	火灾应急行动	注意事项
钒矿	自给式呼吸器	戴自给式呼吸器	封舱；如有可能，使用船舶固定消防装置。隔绝空气足以控制火势	无
锌灰	防护服（靴子、手套、套服、帽子）、自给式呼吸器	穿着防护服和戴自给式呼吸器	封舱；如有可能，使用船舶固定消防装置。不应用水	若无法扑灭锌灰粉火，则应设法限制火势蔓延，并驶往最近的合适港口
放射性物质，低比活度的（LSA-Ⅰ）及放射性物质，表面受到污染的物体（SCO-Ⅰ）、砂、精矿，放射性的，低比活度的（LSA-Ⅱ）	防护服（靴子、手套、套服、帽子）、自给式呼吸器	穿着防护服和戴自给式呼吸器	封舱；如有可能，使用船舶固定消防装置。若有必要，可用喷水控制粉尘扩散	大多数物质不可燃。将可能受到污染的设备和遮盖物集中起来并加以隔离。请求专家指导
黑色金属钻屑、削屑、旋屑或切屑	无	无	在海上，货物表面温度升高即表明处所内存在自热；若温度升至80 ℃则表明火灾正在酝酿，应将船舶驶往最近的合适港口。封舱；但在海上不应用水。闷烧时及早使用惰性气体会有效果	在港内可用大量水但应注意船舶的稳性
褐煤砖、煤	无	无	封舱；隔绝空气可足以控制火势。不应用水。请求专家指导，并考虑驶往最近的合适港口	在未见火前，不应使用CO_2或惰性气体
直接还原铁	无	无	在紧急情况下，应遵守船舶规定的特殊程序。不应使用蒸气，不应使用CO_2。不应用水。封舱，如船上可用，利用补给或设备恢复惰性气体。增加监测频率，如温度和/或氢气含量持续上升尽可能快地寻求专家的意见。如果货物处所的温度超过120 ℃，船舶应驶往最近的适当港口以卸下受影响的货物。应准备利用抓斗卸货。如果额外的氮气可用，使用该气体降低氧气浓度，并可控制火势，且如果产生氢气，氮气可防止爆炸性气体的产生	对受影响的货舱用水灌舱应是预计的最后手段，评估保持船舶稳性和强度

续表

散装固体危险货物	应急设备	应急防护	火灾应急行动	注意事项
氢氧化铝、镍锍,粒状	防护服(靴子、手套、连体衣、帽子)、自给式呼吸器	穿着防护服和戴自给式呼吸器	无(不可燃)	无
熟料粉煤灰	防护服(靴子、手套、连体衣、帽子)	穿着防护服	无(不可燃)	无
煤焦油沥青	防护服(靴子、手套、连体衣、帽子、防尘口罩和护目镜)	穿着防护服,戴防护手套、口罩和护目镜	封舱,使用船上固定灭火设备。排除空气可足以控制火势	无
固体燃料,回收纸和塑料制成	防护服(防护眼镜、隔热手套、连体衣)	穿着防护服	封舱,使用船上固定灭火设备;使用水、泡沫或干化学品灭火	无
烘焙木材、甘蔗生物质颗粒	自给式呼吸器;氧气一氧化碳探测仪	无	封舱,使用船上固定灭火设备,气封能有效控制火势;使用二氧化碳、泡沫或水灭火	无
磷酸一铵,富矿涂层	防护服(手套、靴子、连体衣、安全帽),自给式呼吸器	穿着防护服并戴自给式呼吸器	封舱,使用船上固定灭火设备	无

二、散装固体危险货物事故报告

根据相关规定,岸上和船上都应有书面的事故应急程序。当发生岸上散装固体危险货物事故时,应按照当地制定的《港口危险货物事故应急预案》或者相关单位的应急预案进行报告;当发生船上散装固体危险货物事故时,船舶应按照船公司规定的程序和报告要求向海上搜救中心办公室、距事故发生地最近的海事主管部门和指挥部有关成员单位进行报告。在事故发生初期,船舶需要提供一个船载危险货物事故的初始报告,如表9-2所示。

在进行应急处置时,根据现场的情况随时进行继续报告和补充报告(报告应包括发生事故的危险货物的信息和技术说明书内容),掌握发生事故的危险货物的性质。散装固体危险货物信息表如第五章表5-4所示。

三、几种散装固体危险货物应急救援指南

（一）硝酸钠，UN 1498，氧化剂

1.火灾

发生轻微火灾时,可以用水灭火,不得用干粉或泡沫灭火剂灭火,而二氧化碳或哈龙灭火剂的灭火作用有限。发生重大火灾时,用大量的水在保持一定距离的情况下灭火,如果货物已经与热源接触,不要移动货物。

2.急救

(1)确保医护人员知晓事故中涉及的有关物质,并采取适当的自我防护措施;

(2)将患者转移到新鲜空气区域,尽量保持患者温暖和安静;

(3)如果出现呼吸困难要进行吸氧,当患者不能呼吸时应采取人工呼吸措施;

(4)脱去并隔离受污染的衣服和鞋袜,受污染的衣物干燥后存在火灾隐患;

(5)若皮肤或眼睛不慎接触到此类物质,应立即用自来水冲洗至少 20 min。

3.环境安全

(1)立即拨打运输单证中的应急处理电话;

(2)在隔离四周至少 25 m 区域,应撤离无关人员;

(3)停留在上风口,远离低洼区,进入封闭区域时先通风。

（二）硅铝粉，UN 1398，与水反应放出易燃气体

1.火灾

不得用水或者泡沫灭火,可以用干粉灭火剂、石灰或沙石。

2.急救

(1)确保医护人员知晓事故中涉及的有关物质,并采取适当的自我防护措施;

(2)将患者转移到新鲜空气区域,尽量保持患者温暖和安静;

(3)如果出现呼吸困难要进行吸氧,当患者不能呼吸时应采取人工呼吸措施;

(4)脱去并隔离受污染的衣服和鞋袜;

(5)若皮肤或眼睛不慎接触到此类物质,应立即用自来水冲洗至少 20 min。

3.环境安全

(1)立即拨打运输单证中的应急处理电话;

(2)在隔离四周至少 25 m 区域,应撤离无关人员;

(3)停留在上风口,进入封闭区域时先通风。

四、散装固体危险货物事故应急处置案例

1984 年 11 月 3 日,我国远洋运输公司的 38 000 t 载重量的"柳林海"号货船,从秘鲁装载了 18 300 t 鱼粉,横渡太平洋回国。11 月 27 日 19 时,船员发觉一号舱内鱼粉自燃,第二天六号舱内也开始冒烟。船上人员立即开始灭火救灾,当时船上配备有 100 多只二氧化碳钢瓶,但

是全部施放完毕后仍然没有将火扑灭，于是只能采取封舱措施，由于封舱措施得当，这两个舱口的火情得到了有效的控制。

12月7日，"柳林海"号驶抵国内某海港。如果作为遇难船舶处理，应当立即组织抢险，边灭火边卸货。港方人员上船后开启六号舱观察，没有发现明火，认为没有必要作为遇难船舶处理。于是要求国内收货人按正常程序办理卸货手续，联系接卸运力（火车车皮和市内道路运输车辆）等，然后安排卸货。"柳林海"号则在锚地抛锚候泊。

由于六号舱的舱盖被打开过，大量空气进入舱内，结果12月11日该船引发第二次火灾。船员再次使用二氧化碳灭火没有奏效，只能向港口求救。第二天该船再度进港，港方立即组织人力一边卸货，一边向舱内注水灭火。这两个舱的鱼粉绝大部分被毁损。

鱼粉属于第4.2类中的易自燃物质，联合国编号为UN 1374。鱼粉未经过抗氧化处理时容易引起自燃，其主要成分是粗蛋白、粗脂肪、水分、磷酸钙等，其中含粗蛋白33.8%～59%，含油脂14%左右。油脂的主要成分是多种脂肪酸的甘油三酯，系高度的不饱和脂肪酸。它能发生多种化学反应，如氧化、卤化、碳化、热解等，其中氧化反应最容易引起自燃。鱼粉在光线、空气、温度和水分的作用下，很容易发生氧化反应，生成氧化物和过氧化物。在氧化过程中产生的热量如不能及时散发，就会引起自燃。因此鱼粉要投入运输，必须经过抗氧化处理，并储于阴凉、通风、干燥的场所。

"柳林海"号在秘鲁装货时，正值秘鲁的夏季，天气湿热，因此鱼粉容易积热，船舱内的通风散热条件较差，尤其在靠近机舱部位，更容易积聚热量。这批鱼粉可能由于在生产过程中干燥、浓缩、脱脂等工艺不完善，不能抑制微生物的生长、繁殖，因而在运输途中发生了自燃。

由于远洋船舶航程远、航行时间长、船舱的条件相对封闭，因而鱼粉自燃绝大部分发生在运输途中。但港口储存期间也有时会发生自燃现象。鱼粉自燃时，喷洒灌注二氧化碳灭火是一项有效措施。在无法彻底灭火时，封舱也能达到控制火灾的目的。"柳林海"号在海上采取的自救措施是完全正确的。问题发生在该船抵达之后，港方对鱼粉自燃的特性显然认识不足，仅仅凭肉眼观察就以为火已扑灭，不做遇难船舶抢险作业安排。如果当时立即组织卸货，并在作业现场做好消防灭火的准备，下舱工人做好安全防护工作（舱内可能充斥着二氧化碳及其他对人体有害的气体、烟雾和粉尘），在有明火处所先灭火、后卸货，在无明火情况下一边卸货一边寻找可能存在的火源，是完全可以避免发生第二次火灾的。

第三节 散装液体危险货物事故应急处理

一、散装液体危险货物事故应急处理技术和原则

散装液体危险货物因其易燃、腐蚀、有毒和反应性等特性，以及可能引发大规模事故风险，具有极高的危险性。一旦发生事故，散装液体危险货物将会对人员、船舶及环境产生极大的危害；为最大限度地降低事故的危害性，应急处置程序的合理制定及快速启动将是最为有效的应对措施。

在应对散装液体危险货物事故时，应坚持以下原则：确保人员安全、优先控制事故扩散、最

小化环境影响、及时报告和记录、科学处置与后期恢复。

（一）散装液体危险货物

根据前面的章节所述，散装液体危险货物主要包括散装油类物质、散装液体危险化学品及散装液化气三大类别。当散装液体危险货物在船上发生火灾、泄漏事故时，根据其物理状态或者化学性质的不同，可将散装液体危险货物分为可燃气体类、漂浮型液体类（易挥发或者不易挥发）、溶解型液体类（易挥发或者不易挥发）和下沉型液体类（易挥发或者不易挥发）等几大类别。

（二）散装液体危险货物泄漏事故应急处理

1.可燃气体类

（1）若发生可燃气体泄漏，则应监测可燃气体浓度，确定影响范围，设置警戒区。应在上风向进行应急处理，密切监测风向，如果风向发生改变，立即调整人员位置，始终确保人员位于上风向。对危害区域内的船舶实施掩蔽或疏散，若离岸线较近，则应疏散岸线附近的人员。应急人员要注意个人防护，控制气体泄漏区域的火源。

（2）应尽可能降低可燃气体的浓度，例如采用喷雾水枪、大型喷雾器等对挥发型散装液体危险货物进行稀释或驱散；降低泄漏现场气体浓度或破坏燃烧、爆炸条件，所用电气装置均应防爆；适时监测可燃气体浓度，当可燃气体消散至其浓度降到可接受的水平时，方可宣布安全。

（3）若事故船舶在码头、通航密集区域或距人群居住区较近，则应在确保安全的条件下，将其航行或拖至安全区域。

2.漂浮型液体类（易挥发）

（1）若发生挥发漂浮类散装液体危险货物泄漏，则应监测气体浓度，确定影响范围，设置警戒区。应在上风向进行应急处理，密切监测风向，如果风向发生改变，立即调整人员位置，始终确保人员位于上风向。对危害区域内的船舶实施掩蔽或疏散，若离岸线较近，则应疏散岸线附近的人员。应急人员要注意个人防护，控制气体泄漏区域的火源。

（2）针对已挥发的气体，降低可燃或有毒气体的浓度，例如采用喷雾水枪、大型喷雾器等对挥发型散装液体危险货物进行稀释或驱散，降低泄漏现场毒气浓度或破坏燃烧、爆炸条件。

（3）针对水面漂浮的散装液体危险货物，可使用围油栏、泡沫覆盖等方法控制其扩散。

（4）如果散装液体危险货物不能回收，通过水或大气让其自然扩散，如可采用分散剂法等措施。

（5）对于可回收的散装液体危险货物，可采取以下控制措施：

①机械回收。通过浮油回收器、浮油回收船等作用于水体表面，回收泄漏物，最后对回收泄漏物进行无害化处理。

②吸收剂法。使用吸油棉/索科罗/活性炭等吸收材料，吸附水面的泄漏物，最后对回收泄漏物进行无害化处理。

（6）监测水或大气的污染物浓度。当通过水或大气的稀释或消散，经专业机构检测其浓度降到可接受的水平时，方可宣布安全。

3.溶解型液体类（易挥发）

（1）若发生挥发溶解类散装液体危险货物泄漏，则应监测气体浓度和水中散装液体危险货物的浓度，确定影响范围，设置警戒区。发生泄漏时，散装液体危险货物溶解于水中，同时该危险货物可能挥发扩散形成燃爆或有毒气体。应在上风向进行应急处理,密切监测风向,如风向发生改变,应立即调整人员位置,始终确保人员位于上风向。对危害区域内的船舶实施掩蔽或疏散,若离岸线较近,则应疏散岸线附近的人员。应急人员要注意个人防护,控制气体泄漏区域的火源。

(2)针对已挥发的气体,降低可燃或有毒气体的浓度,例如采用喷雾水枪、大型喷雾器等对挥发型散装液体危险货物进行稀释或驱散,降低泄漏现场毒气浓度或破坏燃烧、爆炸条件。

(3)针对已溶解的散装液体危险货物,监测溶解的扩散范围,采用围油栏及吸油棉/索科罗/活性炭吸附装置对水面尚未溶解的泄漏物进行控制。

(4)对于个别酸/碱性较强的散装液体危险货物,若泄漏位于封闭或半封闭水域,聚集在相对固定位置,可考虑使用适当的化学试剂进行中和处置。

(5)监测水或大气的污染物浓度。当通过水或大气的稀释或消散,经专业机构检测其浓度降到可接受的水平时,方可宣布安全。

4.下沉型液体类(易挥发)

(1)若发生挥发下沉类散装液体危险货物泄漏,则应监测气体浓度和水中散装液体危险货物的沉淀范围,确定影响范围,设置警戒区。发生泄漏时,散装液体危险货物难溶于水且密度较大,沉淀于水中,同时该危险货物可能挥发扩散形成燃爆或有毒气体。应在上风向进行应急处理,密切监测风向,如风向发生改变,立即调整人员位置,始终确保人员位于上风向。对危害区域内的船舶实施掩蔽或疏散,若离岸线较近,则应疏散岸线附近的人员。应急人员要注意个人防护,控制气体泄漏区域的火源。

(2)针对已挥发的气体,降低可燃或有毒气体的浓度,例如采用喷雾水枪、大型喷雾器等对挥发型散装液体危险货物进行稀释或驱散,降低泄漏现场毒气浓度或破坏燃烧、爆炸条件。

(3)对于已卜沉的散装液体危险货物,人部分可能随着海水的潮汐运动分散漂移。在部分封闭或半封闭水域,下沉的液体可能会聚集在相对固定的位置,此时可以使用抽吸装置回收下沉的物质,对于泄漏后大部分沉降到水底并在水底部形成一定的沉降层的液体,可采用挖泥船等对沉降在水底的散装液体危险货物进行深水挖掘。

5.漂浮型液体类(不易挥发)

(1)若发生漂浮类散装液体危险货物泄漏,则应监测水面污染物范围,确定影响范围,设置警戒区。对危害区域内的人群实施掩蔽或疏散,对危害区域内的船舶实施掩蔽或疏散,若离岸线较近,则应疏散岸线附近的人员。应急人员注意个人防护。

(2)针对水面漂浮的散装液体危险货物,可使用围油栏、泡沫覆盖等方法控制其扩散。

(3)如果散装液体危险货物不能回收,通过水或大气让其自然扩散,如可采用分散剂法等措施。

(4)对于可以回收的散装液体危险货物,可采取以下控制措施:

①机械回收。通过收油机、浮油回收船等作用于水体表面,回收泄漏物,最后对回收泄漏物进行无害化处理。

②吸收剂法。使用吸油棉/活性炭等吸收材料,吸附水面的泄漏物,最后对回收泄漏物进行无害化处理。

(5)监测水中污染物浓度。当通过水的稀释或消散后其浓度降到可接受的水平时,方可宣布安全。

6.溶解型液体类(不易挥发)

(1)若发生溶解类散装液体危险货物泄漏,则应监测水中化学品的浓度,确定影响范围,设置警戒区。对危害区域内的船舶实施掩蔽或疏散,若离岸线较近,则应疏散岸线附近的人员。应急人员要注意个人防护。

(2)针对已溶解的散装液体危险货物,监测溶解的扩散范围,采用围油栏及吸油棉/索科罗/活性炭吸附装置进行控制。

(3)对于个别酸/碱性较强的散装液体危险货物,若泄漏位于封闭或半封闭水域,聚集在相对固定位置,可考虑使用适当的化学试剂进行中和处置。

(4)监测水中的污染物浓度。当通过水的稀释或消散后其浓度降到可接受的水平时,方可宣布安全。

7.下沉型液体类(不易挥发)

(1)若发生下沉类散装液体危险货物泄漏,则应监视监测污染物沉淀范围,确定影响范围,设置警戒区。对危害区域内的船舶实施掩蔽或疏散,若离岸线较近,则应疏散岸线附近的人员。应急人员要注意个人防护。

(2)对于已下沉的散装液体危险货物,大部分可能随着海水的潮汐运动分散漂移。在部分封闭或半封闭水域,下沉的液体可能会聚集在相对固定的位置,此时可以使用抽吸装置回收下沉的物质;对于泄漏后大部分沉降到水底并在水底部形成一定的沉降层的液体,可采用挖泥船等对沉降在水底的散装液体危险货物进行深水挖掘。

(三)散装液体危险货物火灾事故应急处理

1.船上火灾应急措施

虽然船载散装液体危险货物种类繁多,针对不同的货物在火灾事故中船方需要采取的应急处置措施也不尽相同,但总体来说,散装液体危险货物的火灾处置要点一般可总结如下:

(1)发现货舱火灾后应立即发出火警警报,并用附近的灭火器材进行扑救,然后通知岸方,并启动灭火程序。

(2)停止燃油转驳、货物、压载和货油舱清洗等相关危险作业,关闭所有阀门和开口,清除管路内和输油臂内的残余货物准备拆管。

(3)断开与失火舱室的油管和通风管的连接,最好拆开连接的弯头或阀门。

(4)迅速探明着火部位,查明火情,了解原因。可能的话迅速将船首转到适当的方向,使着火部位处于下风,以免火势迅速蔓延。

(5)启动大型灭火系统,开启消防泵或应急消防泵冷却起火货舱周围舱室。

(6)开启泡沫泵向起火舱室喷洒泡沫进行覆盖灭火。

(7)参与人员需要穿着重型防护服,戴自给式呼吸器。

(8)当载运易燃货物时,若火灾发展到无法控制,则应弃船且撤离所有人员。

2.岸上火灾应急措施

液货码头发生火灾后,码头应采取一切可能措施避免火情对船舶、码头的危害,一般应包括以下要点:

(1)立即停止所在泊位及相邻泊位的装卸作业,按下紧急停车按钮,以关闭相关管线/设备上阀门,阻止货物继续泄漏;疏散泊位上无关人员。

（2）及时启动消防泡沫炮覆盖液态货物燃烧表面,启动消防水炮冷却周边设施,启动泊位前沿水幕系统,阻隔船/岸界面。

（3）视情况请求消防部门消防援助,消防车到达码头喷射泡沫和消防水,协助灭火和冷却。

（4）视情况请求消拖两用船从海面上协助灭火。

（5）视情况将船舶拖离码头至安全区域。

（6）火灾扑灭后,现场确认无复燃,气体测试合格后,方可宣布火灾处置结束。

（四）散装液体危险货物事故中的人员安全防护

在船载散装液体危险货物应急处置中,为保障应急处置人员自身安全,应根据具体货物种类,为应急处置人员配备个体防护装备。个体防护装备（PPE）,即从业人员为防御物理、化学、生物等外界因素伤害所穿戴、配备和使用的各种护品的总称,一般包括呼吸防护、眼面防护、身体防护、手部防护和足部防护等。针对货物的性质,应选用不同的个体防护装备。表9-5为个体防护装备的防护类型及常用选型。

表9-5　个体防护装备的防护类型及常用选型

防护类型	常用选型
呼吸防护	一、空气呼吸器:自给式空气呼吸器（SCBA）。 二、过滤式呼吸防护用品: 1.全面具; 2.半面具; 3.滤盒,用于防护有机气体或蒸气（OV）; 4.滤盒,用于防护二氧化硫和其他酸性气体或蒸气（AG）; 5.滤盒,用于防护氨及氨的有机衍生物（AM）; 6.滤棉,用于防护非油牲或油性颗粒物（P95）; 7.滤棉,用于防护非油性颗粒物（N95）; 8.综合滤盒,同时防护有机+酸+碱等。 注:文中列出的"（F）+滤盒名称"指使用全面具+滤盒的防护方式,仅列出"滤盒名称"的指使用半面具+滤盒的防护方式,如:（F）OV指使用全面具和防护有机气体或蒸气的滤盒;OV指使用半面具和防护有机气体或蒸气的滤盒
眼面防护	一、全面具。 二、眼罩。 全面具和眼罩应具备:抗冲击性能（Z87+）和化学雾滴防护性能（D3）
身体防护	一、气体致密型化学防护服（Type 1）,带有头罩、视窗和手足部防护,为穿着者提供对气态、液态和固态有毒有害化学物质防护的化学防护服,内置空气呼吸器。 二、喷射液密型化学防护服（Type 3）,有效防护液态化学品承压喷射。 三、泼溅液密型化学防护服（Type 4）,有效防护液体化学品喷洒
手部防护	防护手套: 1.丁腈; 2.氟橡胶/丁基; 3.复合膜; 4.氯丁。 （具体选型参照ANSELL手套选型手册）
足部防护	防化靴

二、几种常运的散装液体危险货物事故应急措施

（一）汽油

汽油是非持久性油类,属于散装油类物质,为漂浮型液体类(易挥发),其联合国编号为 UN 1203。汽油通常是油品运输中闪点最低、最容易燃烧的物质,是从石油里分馏、裂解出来的具有挥发性、可燃性的烃类混合物液体,外观为透明液体,可用作燃料。

1.船载汽油泄漏应急措施

（1）立即停止货泵和货物作业;停止一切可能产生火花的作业。

（2）发出警报并把泄漏的情况向当值驾驶员报告,当值驾驶员应立即发出相应的应急信号并报告船长,同时报告给码头长。

（3）必要时可直接报告沿岸国港口主管机关,以取得必要的支持。

（4）船长按照应变部署表的要求安排人员穿着重型防护服、戴自给式呼吸器,检查溢漏原因,采取措施使漏源处不再泄漏并防止溢漏扩散。检查甲板落水孔是否塞紧,避免流出船舷之外。如果是货舱满溢,设法把满溢舱的部分货物放到空舱,将溢出的货物用空气泵或便携式泵浦驳至空货舱或抽入甲板上的专用空桶内;如果是软管爆裂,在码头方关闭阀门后,设法清空输油臂或管路内的残货,并准备拆管。

（5）如果流到船舷外的水域里面,应立即通知岸方设置围油栏围控。在泄漏区域放置围油栏,防止泄漏物扩散,便于清除。

（6）如果使用消油剂,应该事先征得港口当局的同意。

2.船载汽油火灾应急措施

（1）发现货舱火灾后应立即报警,通知岸方,并启动灭火程序;

（2）停止燃油转驳、货物、压载和货油舱清洗等相关危险作业,关闭所有阀门和开口,清除管路内和输油臂内的残油准备拆管;

（3）断开与失火舱室的油管和通风管的连接,最好拆开连接的弯头或阀门;

（4）迅速探明着火部位,查明火情,了解原因;

（5）开启消防泵或应急消防泵冷却起火货舱周围舱室;

（6）开启泡沫泵向起火舱室喷洒泡沫进行覆盖灭火;

（7）参与人员需要穿着重型防护服,戴自给式呼吸器;

（8）若为易燃易爆货物,当火灾发展到无法控制的状态时,要选择弃船人员撤离。

3.码头事故应急措施

（1）立即停止所在泊位及相邻泊位的装卸作业,按下紧急停车按钮,以关闭相关管线/设备上阀门,阻止汽油继续泄漏。疏散泊位上的无关人员。

（2）及时启动消防泡沫炮覆盖汽油燃烧表面,启动消防水炮冷却周边设施,启动泊位前沿水幕系统,阻隔船/岸界面。

（3）请求消防部门的消防援助,消防车到达码头喷射泡沫和消防水,协助灭火和冷却。

（4）请求消拖两用船从海面上协助灭火。

（5）视情况将船舶拖离码头至安全区域。

火灾扑灭后,现场确认无复燃,气体测试合格后,方可宣布火灾处置结束。

（二）原油

汽油是持久性油类,属于散装油类物质,为漂浮型液体类(易挥发),其联合国编号为 UN 1267。原油一般是指未经加工处理的石油,是一种黑褐色并带有绿色荧光、具有特殊气味的黏稠性油状液体,是烷烃、环烷烃、芳香烃和烯烃等多种液态烃的混合物。

1.船载石油泄漏应急措施

（1）立即停止货泵和货物作业。

（2）发出警报并把泄漏的情况向当值驾驶员报告,当值驾驶员应立即发出相应的应急信号并报告船长,同时报告给码头长。

（3）必要时可直接报告沿岸国港口主管机关,以取得必要的支持。

（4）船长按照应变部署表的要求安排人员穿着重型防护服、戴自给式呼吸器,检查溢漏原因,采取措施使漏源处不再泄漏并防止溢漏扩散。检查甲板落水孔是否塞紧,避免流出船舷之外。如果是货舱满溢,设法把满溢舱的部分货物放到空舱,将溢出的货物用空气泵或便携式泵浦驳至空货舱或抽入甲板上的专用空桶内;如果是软管爆裂,在码头方关闭阀门后,设法清空输油臂或管路内的残货,并准备拆管。

（5）如果流到船舷外的水域里面,应立即通知岸方设置围油栏围控。在泄漏区域放置围油栏,防止泄漏物扩散,便于清除。

（6）如果使用消油剂,应该事先征得港口当局的同意。

2.船载石油火灾应急措施

（1）发现货舱火灾后应立即报警,通知岸方,并启动灭火程序;

（2）停止燃油转驳、货物、压载和货油舱清洗等相关危险作业,关闭所有阀门和开口,清除管路内和输油臂内的残油准备拆管;

（3）断开与失火舱室的油管和通风管的连接,最好拆开连接的弯头或阀门;

（4）迅速探明着火部位,查明火情,了解原因;

（5）开启消防泵或应急消防泵冷却起火货舱周围舱室;

（6）开启泡沫泵向起火舱室喷洒泡沫进行覆盖灭火;

（7）参与人员需要穿着重型防护服、戴自给式呼吸器;

（8）若为易燃货物,当火灾发展到无法控制的状态时,要选择弃船人员撤离。

3.码头事故应急措施

（1）立即停止所在泊位及相邻泊位的装卸作业,按下紧急停车按钮,以关闭相关管线/设备上阀门,阻止原油继续泄漏。疏散泊位上的无关人员。

（2）及时启动消防泡沫炮覆盖原油燃烧表面,启动消防水炮冷却周边设施,启动泊位前沿水幕系统,阻隔船/岸界面。

（3）请求消防部门的消防援助,消防车到达码头喷射泡沫和消防水,协助灭火和冷却。

（4）请求消拖两用船从海面上协助灭火。

（5）视情况将船舶拖离码头至安全区域。

（6）火灾扑灭后,现场确认无复燃,气体测试合格后,方可宣布火灾处置结束。

（三）乙烯

乙烯属于散装液化气,为可燃气体类,其联合国编号为 UN 1038。乙烯是石油化工工业基本原料之一,用于生产塑料、酒精、聚氯乙烯、聚苯乙烯和聚酯纤维等。乙烯是在石油化工厂中通过裂解石脑油等工艺生产出来,全世界乙烯的年产量近 1 亿吨,但只有 100 多万吨借助半冷半压式液化气船进行长途运输。

1.船载乙烯泄漏应急措施

(1)立即停止货泵和货物作业。

(2)发出警报并把泄漏的情况向当值驾驶员报告,当值驾驶员应立即发出相应的应急信号并报告船长,同时报告给码头长。

(3)必要时可直接报告沿岸国港口主管机关,以取得必要的支持。

(4)船长按照应变部署表的要求安排人员穿轻型防护服、检查溢漏原因,采取措施使漏源处不再泄漏并防止溢漏扩散。检查甲板落水孔是否塞紧,避免流出船舷之外。如果是货舱满溢,设法把满溢舱的部分货物放到空舱,将溢出的货物用空气泵或便携式泵浦驳至空货舱或抽入甲板上的专用空桶内;如果是软管爆裂,在码头方关闭阀门后,设法清空输油臂或管路内的残货,并准备拆管。

(5)如果流到船舷外的水域里面,应立即通知岸方设置围油栏围控。在泄漏区域放置围油栏,防止泄漏物扩散,便于清除。

2.船载乙烯火灾应急措施

(1)发现货舱火灾后应立即报警,通知岸方,并启动灭火程序;

(2)停止燃油转驳、货物、压载和货油舱清洗等相关危险作业,关闭所有阀门和开口,清除管路内和输油臂内的残油准备拆管;

(3)断开与失火舱室的油管和通风管的连接,最好拆开连接的弯头或阀门;

(4)迅速探明着火部位,查明火情,了解原因;

(5)开启消防泵或应急消防泵冷却起火货舱周围舱室;

(6)开启泡沫泵向起火舱室喷洒泡沫进行覆盖灭火。

3.码头事故应急措施

(1)立即停止所在泊位及相邻泊位的装卸作业,按下紧急停车按钮,以关闭相关管线/设备上阀门,阻止乙烯继续泄漏,切断泄漏源。疏散泊位上的无关人员。

(2)及时启动干粉炮或泡沫炮覆盖乙烯燃烧表面,启动消防水炮冷却周边设施,启动泊位前沿水幕系统,阻隔船/岸界面。

(3)请求消防部门的消防援助,消防车到达码头喷射干粉/泡沫和消防水,协助灭火和冷却。

(4)请求消拖两用船从海面上协助灭火。

(5)视情况将船舶拖离码头至安全区域。

火灾扑灭后,现场确认无复燃,气体测试合格后,方可宣布火灾处置结束。

（四）液化天然气

液化天然气属于散装液化气,为可燃气体类,其联合国编号为 UN 1971。液化天然气(LNG)主要成分为甲烷(70%~99%),在从油气田或气田中开采出来时,混有水蒸气、二氧化碳、氮气和其他非烃类气体,还可能夹带一些天然气液体(NGL),NGL 可能含有 C2-C5(乙烷、丙烷、丁烷和戊烷)和一些更重的组分。由于甲烷比空气轻得多,泄漏后及时散失,不易聚集,也不会与空气混合成易燃气体,所以具有相对安全的特性。

1.船载液化天然气泄漏应急措施

(1)立即停止货泵和货物作业。

(2)发出警报并把泄漏的情况向当值驾驶员报告,当值驾驶员应立即发出相应的应急信号并报告船长,同时报告给码头长。

(3)必要时可直接报告沿岸国港口主管机关,以取得必要的支持。

(4)船长按照应变部署表的要求安排人员穿着轻型防护服、检查溢漏原因,采取措施使漏源处不再泄漏并防止溢漏扩散。检查甲板落水孔是否塞紧,避免流出船舷之外。如果是货舱满溢,设法把满溢舱的部分货物放到空舱,将溢出的货物用空气泵或便携式泵浦驳至空货舱或抽入甲板上的专用空桶内;如果是软管爆裂,在码头方关闭阀门后,设法清空输油臂或管路内的残货,并准备拆管。

(5)如果流到船舷外的水域里面,应立即通知岸方设置围油栏围控。在泄漏区域放置围油栏,防止泄漏物扩散,便于清除。

2.船载液化天然气火灾应急措施

(1)发现货舱火灾后应立即报警,通知岸方,并启动灭火程序;

(2)停止燃油转驳、货物、压载和货油舱清洗等相关危险作业,关闭所有阀门和开口,清除管路内和输油臂内的残油准备拆管;

(3)断开与失火舱室的油管和通风管的连接,最好拆开连接的弯头或阀门;

(4)迅速探明着火部位,查明火情,了解原因;

(5)开启消防泵或应急消防泵冷却起火货舱周围舱室;

(6)开启泡沫泵向起火舱室喷洒泡沫进行覆盖灭火。

3.码头事故应急措施

(1)立即停止所在泊位及相邻泊位的装卸作业,按下紧急停车按钮,以关闭相关管线/设备上的阀门,阻止液化气继续泄漏,切断气源。疏散泊位上的无关人员。

(2)及时启动干粉炮或泡沫炮覆盖液化气燃烧表面,启动消防水炮冷却周边设施,启动泊位前沿水幕系统,阻隔船/岸界面。

(3)请求消防部门的消防援助,消防车到达码头喷射干粉/泡沫和消防水,协助灭火和冷却。

(4)请求消拖两用船从海面上协助灭火。

(5)视情况将船舶拖离码头至安全区域。

火灾扑灭后,现场确认无复燃,气体测试合格后,方可宣布火灾处置结束。

(五)苯

苯属于散装液体危险化学品,为漂浮型液体类(易挥发),其联合国编号为 UN 1114。苯是一种碳氢化合物,即最简单的芳烃,在常温下是可燃、有致癌毒性的无色透明的甜味液体,并带有强烈的芳香气味。它难溶于水,易溶于有机溶剂,本身也可作为有机溶剂。

1.船载化学品苯泄漏应急措施

(1)立即停止货泵和货物作业。

(2)发出警报并把泄漏的情况向当值驾驶员报告,当值驾驶员应立即发出相应的应急信号并报告船长。同时报告给码头长。

（3）必要时可直接报告沿岸国港口主管机关,以取得必要的支持。

（4）船长按照应变部署表的要求安排人员穿着重型防护服、戴自给式呼吸器,检查溢漏原因,采取措施使漏源处不再泄漏并防止溢漏扩散。检查甲板落水孔是否塞紧,避免流出船舷之外。如果是货舱满溢,设法把满溢舱的部分货物放到空舱,将溢出的货物用空气泵或便携式泵浦驳至空货舱或抽入甲板上的专用空桶内;如果是软管爆裂,在码头方关闭阀门后,设法清空输油臂或管路内的残货,并准备拆管。

（5）如果流到船舷外的水域里面,应立即通知岸方设置围油栏围控。在泄漏区域放置围油栏,防止泄漏物扩散,便于清除。

2.船载化学品苯火灾应急措施

（1）发现货舱火灾后应立即报警,通知岸方,并启动灭火程序;

（2）停止燃油转驳、货物、压载和货油舱清洗等相关危险作业,关闭所有阀门和开口,清除管路内和输油臂内的残油准备拆管;

（3）断开与失火舱室的油管和通风管的连接,最好拆开连接的弯头或阀门;

（4）迅速探明着火部位,查明火情,了解原因;

（5）开启消防泵或应急消防泵冷却起火货舱周围舱室;

（6）开启泡沫泵向起火舱室喷洒泡沫进行覆盖灭火;

（7）参与人员需要穿着重型防护服,戴自给式呼吸器;

（8）为易燃货物,当火灾发展到无法控制的状态时,要选择弃船人员撤离。

3.码头事故应急措施

（1）立即停止所在泊位及相邻泊位的装卸作业,按下紧急停车按钮,以关闭相关管线/设备上的阀门,阻止苯继续泄漏。疏散泊位上的无关人员。

（2）及时启动消防泡沫炮覆盖苯燃烧表面,启动消防水炮冷却周边设施,启动泊位前沿水幕系统,阻隔船/岸界面。

（3）请求消防部门的消防援助,消防车到达码头喷射泡沫和消防水,协助灭火和冷却。

（4）请求消拖两用船从海面上协助灭火。

（5）视情况将船舶拖离码头至安全区域。

火灾扑灭后,现场确认无复燃,气体测试合格后,方可宣布火灾处置结束。

三、散装液体危险货物事故报告

（一）港口危险货物事故报告

若散装液体危险货物事故发生在港口等岸上设施,应按照当地制定的《港口危险货物事故应急预案》或者相关单位的应急预案进行报告,报告形式和内容如表9-1所示。

（二）船上危险货物事故报告

对于在船上发生的散装液体危险货物事故的报告,由船舶按照船公司规定的程序和报告要求向海上搜救中心办公室、距事故发生地最近的海事主管部门和指挥部有关成员单位进行报告。报告程序分为初始报告、补充报告、附加报告。在事故发生初期,需要提供一个船载危险货物事故的初始报告,报告形式和内容如表9-2所示。船载危险货物事故初始报告应该包括最关键的信息,比如事故船的船名,事故发生的时间、地点,船舶类型,船长,总吨,船员人数

等,此外,还应根据需要继续报告下列信息:

(1)事故危险货物的理化性质和种类;

(2)事故初步原因;

(3)是否可能引发火灾、爆炸;

(4)对人员伤害、环境破坏进行初步分析判断;

(5)事故危险货物的数量、装载位置等情况;

(6)事故现场相关水文、海况和气象资料;

(7)事故危险货物进一步溢出的可能性;

(8)当事故危险货物具有危险性时,需预计将受污染物威胁的区域;

(9)船舶已采取的紧急措施以及救助要求;

(10)危险品防护、应急处理措施;

(11)船舶所有人、经营人或者管理人、保险人的名称、地址和联系方式。

在进行应急处置时,根据现场的情况随时进行继续报告和补充报告,报告应包括发生事故的危险货物的信息和技术说明书内容,掌握发生事故的危险货物的性质,散装液体危险货物信息表与表9-3的结构和内容基本相同,只是比表9-3多了货物种类(油类/散装危险液体化学品/散装液化气)和数量的信息。在事故完成应急处置后,还应提供最终报告。

(三)危险货物申报员在事故报告中的职责

(1)与船舶保持紧密联系;与货物托运人、港口、码头保持紧密联系。

(2)获取发生事故的信息后,应立即向主管机关进行报告,并报告代理公司、船舶公司、码头等有关各方。

(3)迅速提供散装液体危险货物性质等信息,协助主管机关开展事故应急处置。

四、散装液体危险货物事故应急处置案例

2001年4月17日清晨,长江口外的东海洋面上浓雾弥漫。海上能见度极低,可视距离仅为200 m左右。8时许,在31°06′N,122°46′E,长江口鸡骨礁附近,从日本驶往宁波港的韩国籍化学品货船"大勇"号,与由上海驶往印度的中国香港籍货船"大望"号相撞。由于双方都没有发现对方,因而均未采取任何避让措施,船速都保持在11~12 kn。"大望"号的载重量为46 194 t,而"大勇"号的载重量仅为3 360 t。当"大望"号巨大的船首撞入"大勇"号的右舷时,"大勇"号几乎被拦腰折断,右4舱破损至纵隔板,甲板及舱内部分管路破损严重。

"大勇"号装载着2 300 t苯乙烯。苯乙烯,属危险化学品的第三类易燃液体,联合国编号为UN 2055。苯乙烯的化学反应性能活泼,易发生聚合反应。当它暴露在阳光下,接触空气或过氧化物时,聚合反应加快,并放出大量的热量,有爆炸危险。苯乙烯的气态物质与空气混合后成为易燃、易爆气体。其蒸气相对密度为3.6,比空气重,能扩散到相当远处,遇明火即会燃烧。苯乙烯有毒,对人体有刺激、麻痹作用,通过上呼吸道使人体中毒,严重的可因麻醉呼吸中枢致死。

当苯乙烯大量泄漏时,对环境污染的后果十分严重,严重破坏海洋生态环境,造成大批海洋生物中毒死亡。"大勇"号被撞后漏出的苯乙烯达705 t之多,这不仅在国内,在世界航运史上也是最大的化学危险品泄漏事故。针对这次事故的安全危害和污染危害的双重特性,上海海事局立即向上海市政府和中国海事局报告,向环保局、化学救援办公室发出增援请求;同时,

立即发布航行警告，设立 20 n mile 范围的警戒区域，严禁其他船只进入事故附近海域，防止发生燃爆事故。随即开展了应急化学救援：围控、清除海面上的泄漏物，组织海上过驳作业，将"大勇"号剩余的苯乙烯过载到驳船上。最后对"大勇"号实施具有巨大危险性的洗舱作业。终于在 4 月 30 日凌晨完成全部救援任务，排除了危险隐患。

海上救援的难度是不言而喻的，船舶及其货物受损情况不明，港内的大多数应急救援力量无法发挥作用等。危险化学品的泄漏与油品泄漏事故又有很大区别，其对环境安全所造成的危害性及救援过程中的危险性都需要综合考虑。上海海事局在这种情况下决定利用现代信息技术，在网上组织中外专家对事故开展"会诊"评估，提出切实可行的建议。短短几天内，一场跨国界、跨行业的专家评估、咨询活动迅速开展。这对短期内有效地实施救援起了相当大的作用。